Edward W. Said

KULTUR UND IMPERIALISMUS

Einbildungskraft und Politik

im Zeitalter der Macht

Aus dem Amerikanischen
von Hans-Horst Henschen

S. Fischer

Die amerikanische Originalausgabe mit dem Titel ›Culture and Imperialism‹
erschien 1993 bei Alfred A. Knopf, Inc., New York
Copyright © 1993 Edward W. Said
Der Text der Originalausgabe ist für die deutsche Ausgabe vom Autor
neu durchgesehen worden.

Deutsche Ausgabe:
© 1994 S. Fischer Verlag GmbH, Frankfurt am Main
Alle Rechte vorbehalten
Satz: Fotosatz Reinhard Amann, Aichstetten
Druck und Bindung: Friedrich Pustet, Regensburg
Printed in Germany
ISBN 3-10-071005-3

Für Eqbal Ahmad

»Die Eroberung der Erde, die meistens darauf hinausläuft, daß man sie denen wegnimmt, die eine andere Hautfarbe oder etwas flachere Nasen als wir haben, ist keine hübsche Sache, wenn wir ein bißchen genauer hinsehen. Was das Ganze erträglich macht, ist nur die Idee. Eine Idee dahinter: kein sentimentaler Vorwand, sondern eine Idee; und ein selbstloser Glaube an die Idee – etwas, woran man sich halten und vor dem man sich verneigen und dem man Opfer bringen kann ...«
Joseph Conrad, *Herz der Finsternis*

INHALT

Viertes Kapitel
DIE FREIHEIT VON HERRSCHAFT IN DER ZUKUNFT

KULTUR UND IMPERIALISMUS

EINLEITUNG

Ungefähr fünf Jahre nach der Veröffentlichung von *Orientalism* (1978) begann ich einige Ideen zum allgemeinen Verhältnis von Kultur und Herrschaft zu sammeln, die mir bei der Niederschrift jenes Buches klar geworden waren. Das erste Ergebnis war eine Reihe von Vorträgen, die ich in den Jahren 1985 und 1986 an verschiedenen Universitäten in den Vereinigten Staaten, Kanada und England hielt. Diese Vorträge bilden das Kernargument des vorliegenden Buches, das mich seither stetig in Atem gehalten hat. Substantielle Forschungsarbeit in Anthropologie, Geschichte und Feldstudien hat Erkenntnisse zutage gefördert, die ich in *Orientalism* dargelegt habe, wo ich mich allerdings auf den Mittleren Osten beschränkte. Also habe ich hier auch versucht, die Argumente des vorausgegangenen Buches zur Beschreibung eines allgemeineren Musters der Beziehungen zwischen dem modernen großstädtischen Westen und seinen überseeischen Territorien zu erweitern.

Worum handelt es sich bei einigen der hier verwendeten Materialien, die nicht an den Mittleren Osten geknüpft sind? Um europäische Äußerungen zu Afrika, Indien, Teilen von Fernost, Australien und der Karibik. Diese afrikanistischen und indianistischen Diskurse, wie manche davon genannt worden sind, lese ich als Beispiele des allgemeinen europäischen Projekts, entfernte Länder und Völker zu beherrschen, und deshalb als ebenso verwandt mit orientalistischen Darstellungen der islamischen Welt wie mit den eigentümlichen europäischen Versuchen, sich von den Karibischen Inseln, Irland und dem Fernen Osten ein Bild zu machen. Das Beeindruckende an diesen Diskursen sind die rhetorischen Figuren, die einem fortgesetzt sowohl in den Beschreibungen des »geheimnisvollen Ostens« entgegentreten wie in den Stereotypen über den »afrikanischen [oder indischen oder irischen oder jamaikanischen oder chinesischen] Geist«, in den Vorstellungen darüber, wie primitiven oder barbarischen Völkern die Zivilisation einzupflanzen sei, in den beunruhigend vertrauten Gedanken zu Prügelstrafe, Todesstrafe oder verschärfter Kontrolle, die geboten seien, wenn »sie« sich danebenbenahmen oder rebellisch wurden, weil »sie« nämlich nur die Sprache der Gewalt oder der Macht verstünden; »sie« waren nicht wie »wir« und verdienten deshalb, beherrscht zu werden.

Tatsächlich hat beinahe überall in der nicht-europäischen Welt die Ankunft des weißen Mannes Widerstand hervorgerufen. Was ich in *Orientalism* außer acht gelassen hatte, war genau diese Reaktion auf die westliche Dominanz in der gesamten Dritten Welt. Hand in Hand mit dem bewaffneten Kampf in so verschiedenen Ländern wie dem Algerien des 19. Jahrhunderts, Irland und Indonesien gingen vielfach bemerkenswerte Prozesse kultureller Selbstbehauptung, die Bekräftigung nationaler Identitäten und, im politischen Sektor, die Gründung von Verbänden und Parteien, deren gemeinsames Ziel Selbstbestimmung und nationale Unabhängigkeit war. Niemals hat die imperiale Konfrontation einen aktiven westlichen Eindringling gegen einen gleichgültigen oder trägen nicht-westlichen Eingeborenen auszuspielen vermocht; immer gab es, in irgendeiner Form, tätigen Widerstand, und in der überwältigenden Mehrzahl der Fälle gewann dieser Widerstand schließlich die Oberhand.

Diese beiden Faktoren – ein allgemeines, weltweites Muster imperialer Kultur und eine historische Erfahrung des Widerstandes dagegen – sind die Antriebskräfte des vorliegenden Buches, und zwar so, daß sie es nicht nur zur Fortsetzung von *Orientalism* machen, sondern darüber hinausweisen. In beiden Büchern habe ich allen Nachdruck auf etwas gelegt, das ich ganz allgemein »Kultur« genannt habe. In dem Sinne, wie ich es benutze, bedeutet das Wort »Kultur« insbesondere zweierlei.

Erstens meint es jene Praktiken der Beschreibung, Kommunikation und Repräsentation, die relative Autonomie gegenüber dem ökonomischen, sozialen und politischen Sektor genießen und sich häufig in ästhetische Formen kleiden, die u. a. Vergnügen bereiten; einbeschlossen sind da sowohl der volkstümliche Sagenschatz über entlegene Weltgegenden als auch spezialisierte Kenntnisse in akademischen Disziplinen wie Ethnographie, Geschichtsschreibung, Philologie, Soziologie und Literaturgeschichte. Da mein ausschließlicher Gesichtspunkt hier die moderne westliche Herrschaft des 19. und 20. Jahrhunderts ist, habe ich besondere Aufmerksamkeit kulturellen Schöpfungen wie dem Roman gewidmet, die, wie ich glaube, eine hohe Bedeutung bei der Herausbildung imperialer Einstellungen, Referenzen und Erfahrungen gehabt haben. Daraus folgt nicht, daß einzig der Roman bedeutsam war, sondern nur, daß ich ihn für dasjenige ästhetische Objekt halte, dessen Zusammenhang mit den expandierenden Gesellschaften Großbritanniens und Frankreichs sehr aufschlußreich ist. Der prototypische moderne realistische Roman ist *Robinson Crusoe*, und gewiß nicht zufällig handelt er von einem Europäer, der auf einer fernen, nicht-europäischen Insel ein Lehen für sich allein errichtet.

Ein Großteil neuerer Kritik hat sich auf die erzählerische Literatur konzentriert, doch wenig Beachtung ist bisher ihrer Stellung in der Geschichte der imperialen Herrschaft geschenkt worden. Die Leser dieses Buches werden rasch entdecken, daß das narrative Element für meine Beweisführung ausschlaggebend ist, wobei mein Grundsatz der ist, daß im Zentrum dessen, was Entdecker und Erzähler über fremde Weltregionen mitteilen, Geschichten stehen; Geschichten sind auch ein Mittel kolonisierter Völker, um ihre Identität und ihre eigene Geschichte zu bekräftigen. Beim Imperialismus drehte sich der Hauptkampf natürlich um Land. Als es aber darum ging, wer das Land besitzen, wer das Recht haben sollte, sich darauf niederzulassen und es zu bewirtschaften, wer es weiter in Pflege nehmen sollte, wer es zurückgewann und wer jetzt seine Zukunft plant, da wurden alle diese Probleme im Medium der Erzählung reflektiert, ausgefochten und eine Zeitlang sogar entschieden. Wie ein Kritiker zu bedenken gegeben hat, sind die Nationen selbst Erzählungen. Die Kraft, zu erzählen oder andere Erzählungen in der Entstehung oder Entfaltung zu behindern, ist für Kultur und Imperialismus hoch bedeutsam und bildet eine der Gelenkstellen zwischen ihnen. Wichtiger noch: Die großen Erzählungen von Emanzipation und Aufklärung ermutigten die Menschen in der kolonialen Welt, sich zu erheben und das Joch abzuschütteln; viele Europäer und Amerikaner wurden ebenfalls durch diese Erzählungen aufgerüttelt und zu neuen Geschichten von Gleichheit und Gemeinschaft beflügelt.

Zweitens bezeichnet Kultur – und auf beinahe unmerkliche Weise – ein Konzept der Verfeinerung und der Erhebung, das Reservoir jeder Gesellschaft »an Bestem«, was je erkannt und gedacht worden ist, wie Matthew Arnold das in den sechziger Jahren des 19. Jahrhunderts ausgedrückt hat. Arnold glaubte, daß Kultur die Verheerungen einer modernen, aggressiven, merkantilen und brutalisierenden städtischen Lebensform zu besänftigen, wenn nicht gar zu neutralisieren vermöge. Man liest Dante oder Shakespeare, um mit dem »Besten« Schritt zu halten, was gedacht und erkannt worden ist, und um sich selbst, die eigene Gesellschaft und Tradition im hellsten Licht zu sehen. Mit der Zeit wird die Kultur, häufig militant, mit der Nation oder dem Staat assoziiert, nahezu immer mit einem gewissen Grad an Xenophobie. Kultur in diesem Sinne ist eine Quelle der Identität, übrigens eine ziemlich heftige, wie wir an neueren Beispielen der »Rückkehr« zu Kultur und Tradition beobachten können. Diese Rückkehr begleiten strenge Codes intellektuellen und moralischen Verhaltens, die im Gegensatz zu der Permissivität stehen, für die man relativ liberale Philosophien, Multikulturalismus und kulturelle Mischbildung haftbar macht. In der ehedem kolonisierten Welt haben diese Versionen von »Rückkehr« eine Vielzahl religiöser und nationalistischer Fundamentalismen entfesselt.

In diesem zweiten Sinne ist Kultur eine Art Theater, bei dem verschiedenartige politische und ideologische Kräfte ineinandergreifen: kein stiller Bereich apollinischer Vornehmheit, sondern bisweilen geradezu ein Schlachtfeld, auf dem Faktoren gegeneinander wirken, die es einleuchtend machen, daß beispielsweise von amerikanischen, französischen oder indischen Studenten, die angehalten wurden, *ihre* nationalen Klassiker zu lesen, bevor sie andere zur Kenntnis nahmen, erwartet wird, ihre Nationen und Traditionen zu schätzen und ihnen loyal, häufig auch unkritisch anzuhängen, während sie andere verunglimpfen oder gar befehden.

Das Problem mit dieser Idee von Kultur ist nun, daß sie die Verehrung der eigenen Kultur nach sich zieht, aber gleichzeitig die Vorstellung fördert, sie sei von der Alltagswelt strikt geschieden. Die meisten professionellen Humanisten sind daher unfähig, eine Verbindung zwischen der Grausamkeit solcher Praktiken wie Sklaverei, Kolonialismus, rassischer Unterdrückung, imperialer Unterwerfung einerseits und der Dichtung, Literatur und Philosophie der Gesellschaft, die sich auf diese Praktiken einläßt, andererseits herzustellen. Eine der schwierigen Wahrheiten, die ich bei der Arbeit an diesem Buch entdeckte, war die, wie wenige britische oder französische Künstler, die ich bewundere, bereit waren, sich mit dem Begriff »unterjochter« oder »minderwertiger« Rassen auseinanderzusetzen, dem ihre Regierungen ungehemmt bei der obrigkeitlichen Verwaltung von Indien oder Algerien folgten. Es waren dies weithin akzeptierte Begriffe, und sie trugen im gesamten 19. Jahrhundert dazu bei, das imperiale Programm zum Erwerb von Territorien in Afrika zu schüren. Beim Gedanken an Carlyle oder Ruskin oder sogar an Dickens und Thackeray haben manche Kritiker, wie ich vermute, vor den Überlegungen dieser Schriftsteller zu kolonialer Expansion, »minderwertigen Rassen« oder »Niggern« die Augen verschlossen, um ein Vor-Urteil zu retten, das die Kultur zu einem exterritorialen Gehege erklärt, wo »in Wahrheit« die »wirklich« wichtige Arbeit ihren Ort habe.

Eine auf diese Weise vorgestellte Kultur kann zur Schutzzone werden: Geben Sie Ihre Politik in Verwahrung, bevor Sie den Park betreten! Als jemand, der sein ganzes Berufsleben als Professor für Literaturwissenschaft verbracht hat, der aber auch in der kolonialen Welt der Zeit vor dem Zweiten Weltkrieg aufwuchs, habe ich es als Herausforderung empfunden, Kultur *nicht* als antiseptische Sphäre, abgeschottet gegen alle Berührung mit der Welt, sondern als ein außerordentlich variables Feld von Bestrebungen zu begreifen. Die Romane und anderen Bücher, die ich in Erwägung ziehe, analysiere ich hier in erster Linie deshalb, weil ich sie für schätzens- und bemerkenswerte Werke von Kunst und Bildung halte, an denen ich und viele andere Leser Vergnügen gefunden haben und aus denen wir Nutzen ziehen. Allerdings liegt die Herausforderung darin, sie nicht nur mit Vergnügen und Nutzen zu verbinden, sondern auch mit dem imperialistischen Prozeß, dessen manifester und unverhohlener Bestandteil sie waren. Anstatt jedoch ihren Anteil an dem, was in ihren Gesellschaften eine unbestrittene Realität war, entweder flink zu verurteilen oder außer acht zu lassen, sollten wir, so schlage ich vor, sie mit dem offenen Blick lesen, der unser Verständnis dieser Werke tatsächlich und wahrhaftig *steigert* und erhöht.

Etwas von dem, was mir vorschwebt, will ich anhand zweier bekannter und sehr bedeutender Romane erläutern. Dickens' *Große Erwartungen* (1861) ist vor allem ein Roman über Selbsttäuschung, über Pips vergebliche Versuche, ein »gentleman« zu werden, und zwar ohne die harte Arbeit oder den aristokratischen Einkommensrückhalt, der für eine solche Rolle erforderlich ist. In einer frühen Phase seines Lebens hilft er einem verurteilten Straffälligen, Abel Magwitch, der, nachdem er nach Australien verbracht worden ist, seinen jungen Wohltäter mit erheblichen Geldsummen unterstützt; weil der beteiligte Notar die Herkunft des Geldes nicht verrät, redet sich Pip ein, daß eine ältere Dame, Miss Havisham, seine Wohltäterin sei. Magwitch taucht dann illegal wieder in London auf, von Pip durchaus nicht willkommen geheißen, da der Mann geradezu nach Delinquenz und Mißhelligkeiten riecht. Letztlich aber versöhnt sich Pip mit Magwitch und mit dessen Realität; er erkennt ihn, den gejagten, verhafteten und todkranken Magwitch, schließlich als seinen Ersatzvater an, nicht als jemanden, der verleugnet oder abgelehnt wird, obwohl Magwitch tatsächlich verpönt und geächtet ist, weil er aus Australien kommt, einer Strafkolonie, die zur Rehabilitierung, nicht zur Repatriierung dorthin verbannter englischer Krimineller bestimmt ist.

Viele, wenn nicht sogar alle Deutungen dieses bemerkenswerten Werkes siedeln es in der Großstadt-Geschichte der englischen Literatur an, während ich glaube, daß es einer inklusiveren und dynamischeren Geschichte angehört als der, die solche Interpretationen hüten. Zwei

Büchern aus neuerer Zeit – Robert Hughes' meisterlichem *The Fatal Shore* und Paul Carters glanzvoll spekulativem *The Road to Botany Bay* – blieb es vorbehalten, eine weitläufige Geschichte der Spekulation über und der Erfahrung mit Australien bekanntzumachen, einer »weißen« Kolonie wie Irland, in der wir Magwitch und Dickens nicht als bloß zufällige Referenzen in jener Geschichte, sondern als daran Beteiligte lokalisieren können, anhand des Romans und aufgrund einer sehr viel älteren und umfassenderen Erfahrung, die England mit seinen überseeischen Territorien verbindet.

Australien wurde gegen Ende des 18. Jahrhunderts als Strafkolonie eingerichtet, so daß England einen unverbesserlichen, unerwünschten Überschuß an Verbrechern in einer ursprünglich von Kapitän Cook entdeckten Region deponieren konnte, die im übrigen als Ersatzkolonie für die in Amerika eingebüßten Dominien fungieren konnte. Das Streben nach Profit, der Aufbau eines Weltreiches und das, was Hughes soziale »Apartheid« nennt, brachten gemeinsam das moderne Australien hervor, das zu der Zeit, als Dickens in den vierziger Jahren des 19. Jahrhunderts (in *David Copperfield* wandert Wilkins Micawber dort frohgemut ein) zum ersten Mal Interesse dafür bekundete, bereits zu Einträglichkeit und einer Art »freiem System« fortgeschritten war, in dem die Arbeiter, wenn man es ihnen erlaubte, selbständig auf ihre Rechnung kommen konnten. In der Gestalt des Magwitch aber

> »verknotete Dickens mehrere Stränge der englischen Wahrnehmung von Straffälligen in Australien gegen Ende der Deportation. Sie konnten Erfolg haben, aber sie konnten schwerlich, im realen Sinne, wieder heimkehren. Sie konnten ihre Verbrechen in einem technischen, gesetzlichen Sinne sühnen, aber was sie dort erduldeten, verwandelte sie in permanente Außenseiter. Und doch waren sie der Erlösung fähig – solange sie in Australien blieben.«[1]

Carters Erkundung dessen, was er Australiens räumliche Geschichte nennt, bietet eine andere Version derselben Erfahrung. In dieser Version vermessen Entdecker, Straffällige, Ethnographen, Schieber und Soldaten den weiträumigen und relativ leeren Kontinent jeweils in einem Diskurs, der die anderen verdrängt, verschiebt oder sich einverleibt. *Botany Bay* ist deshalb zunächst eine aufklärerische Abhandlung über Reisen und Entdeckungen, dann aber auch eine Anthologie von Reiseschriftstellern (darunter Cook), deren Worte, kartographische Darstellungen und Intentionen die fremden Territorien speichern und sie graduell in ein »Zuhause« verwandeln. Die Nachbarschaft der Benthamschen Organisation des Raumes (die die City von Melbourne hervorbrachte) und der offensichtlichen Wildnis des australischen Buschs ist, so Carter, zu einem optimistischen Transformationsfanal des sozialen Raumes geworden, der in den vierziger Jahren des 19. Jahrhunderts für »gentlemen« ein Elysium und für Arbeiter ein Eden war.[2] Was Dickens für Pip in Aussicht nimmt, der Magwitchs »London gentleman« ist, ist annähernd dem äquivalent, was Englands Wohltätigkeit sich für Australien vorstellte, wobei ein sozialer Raum einen anderen autorisiert.

Aber die *Großen Erwartungen* hatten nichts vor Augen, was Hughes' oder Carters Bemühungen um australisch-einheimische Darstellungen ähnelte, noch ließen sie auf eine Tradition australischer Literatur schließen oder prophezeiten sie, die sich nachmals in den Werken David Maloufs, Peter Careys und Patrick Whites kristallisieren sollte. Das über Magwitchs Rückkehr verhängte Verbot ist nicht nur strafrechtlicher, sondern auch imperialistischer Natur: Untertanen können in Regionen wie Australien deportiert werden, dürfen jedoch keinerlei Erlaubnis der »Rückkehr« in den großstädtischen Raum erhalten, der, wie die gesamte schriftstellerische Arbeit von Dickens bezeugt, gewissenhaft vermessen, zur Sprache gebracht ist und von einer Hierarchie von Großstadtfiguren bestimmt wird. So verbreiten sich Interpreten wie Hughes und Carter einerseits über die relativ geminderte Präsenz Australiens in der englischen Literatur des 19. Jahrhunderts, indem sie die Fülle und verdiente Integrität einer australischen Geschichte zum Ausdruck bringen, die im 20. Jahrhundert Unabhängigkeit von der Englands erlangte; und doch muß eine genaue Lektüre der *Großen Erwartungen* andererseits festhalten, daß, nachdem Magwitchs Vergehen sozusagen gesühnt ist und nachdem Pip seine Schuld bei dem alten, verbitterten und rachsüchtigen Sträfling erlösend anerkannt hat, dieser Pip zusammenbricht und danach in doppelter Weise zu neuem Leben erweckt wird. Ein neuer Pip tritt in Erscheinung, weniger mit den Ketten der Vergangenheit belastet als der alte – er wird flüchtig erfaßt in Gestalt eines ebenfalls Pip geheißenen Kindes; und der alte Pip schlägt zusammen mit seinem Jugendfreund Herbert Pocket eine neue Laufbahn ein, diesmal nicht als müßiger »gentleman«, sondern als hart arbeitender Händler im »Osten«, wo Englands übrige Kolonien eine Art Normalität begründen, die Australien nie zu Gebote stand.

Sogar als Dickens die Schwierigkeit mit Australien bereinigt, taucht also eine andere Struktur der Einstellung und Referenz auf, die Großbritanniens imperialen Verkehr mit dem Orient durch Handel und Reisen expliziert. In seiner neuen Laufbahn als Geschäftsmann in den Kolonien ist Pip schwerlich eine außergewöhnliche Figur, da nahezu alle Geschäftsleute, launenhaften Verwandten und abschreckenden Außenseiter bei Dickens eine geordnete und gesicherte Beziehung zum Imperium unterhalten. Aber erst in jüngster Zeit haben diese Beziehungen interpretative Bedeutung bekommen. Eine neue Generation von Forschern und Kritikern – in einigen Fällen die Kinder der Entkolonisierung und (wie sexuelle, religiöse und rassische Minderheiten) die Nutznießer von Fortschritten der Freiheit zu Hause – hat in derlei großen Texten der westlichen Literatur ein anhaltendes Interesse an dem erkannt, was als unbedeutende Welt galt, bevölkert mit unbedeutenden Menschen anderer Farben, und als offen für den Eingriff vieler Robinson Crusoes.

Gegen Ende des 19. Jahrhunderts ist das Imperium nicht mehr nur schattenhaft präsent oder bloß im unwillkommenen Auftreten eines flüchtigen Sträflings verkörpert, sondern im Werk von Schriftstellern wie Conrad, Kipling, Gide und Loti ein zentraler Gegenstand der Auseinandersetzung. Conrads *Nostromo* (1904) – mein zweites Beispiel – spielt in einer mittelamerikanischen Republik, unabhängig (wie die afrikanischen und ostasiatischen Kolonialgebilde seiner früheren Romane) und gleichzeitig wegen seiner beträchtlichen Silbervorkommen von auswärtigen Interessen beherrscht. Für einen zeitgenössischen Amerikaner ist der verblüffendste Aspekt von Conrads Werk seine »hellseherische« Kraft: er prognostiziert die unbezähmbare Unruhe und »Mißwirtschaft« in den lateinamerikanischen Republiken (sie zu regieren, sagt er, Bolivar zitierend, ist wie das Pflügen des Meeres) und hebt die besondere nordamerikanische Einflußnahme hervor, die sich ausschlaggebend, wenn auch kaum sichtbar vollzieht. Holroyd, der Finanzier aus San Francisco, der Charles Gould, den britischen Eigner der Mine von San Tomé, stützt, warnt seinen Protégé und will nicht, daß »wir als Investoren in irgendwelche größeren Schwierigkeiten hineingezogen werden«. Dennoch:

»Wir können dasitzen und zuschauen. Natürlich müssen wir uns eines Tages einmischen. Wir können sogar gar nicht anders. Aber das eilt nicht. Sogar die Zeit muß diesem größten Land in Gottes großer weiter Welt ihre Aufwartung machen. Wir werden in allem und jedem tonangebend sein – Industrie, Handel, Gesetzgebung, Journalismus, Künste, Politik und Religion, von Kap Horn bis geradewegs nach Surith's Sound und auch darüber hinaus, wenn irgend etwas bis hin zum Nordpol auftaucht, das es wert ist, innezuhalten. Und dann werden wir die Muße haben, die entlegenen Inseln und Kontinente auf Erden in die Hand zu bekommen. Wir werden das Geschäft der Welt betreiben, ob es der Welt paßt oder nicht. Die Welt kann nichts dafür – und wir auch nicht, schätze ich.«[3]

Ein Großteil der Rhetorik der »Neuen Weltordnung«, wie sie von der amerikanischen Regierung nach dem Ende des Kalten Krieges verbreitet wurde – mit ihrer penetranten Selbstbeweihräucherung, ihrem polternden Triumphgehabe, ihren gewichtigen Beteuerungen der eigenen Verantwortung –, könnte von Conrads Holroyd erfunden worden sein: Wir sind die »Nummer eins«, wir sind zur Führung entschlossen, wir stehen für Freiheit und Ordnung und so weiter. Kein Amerikaner ist der Struktur solcher Auffassungen gegenüber immun gewesen, und doch ist die implizite Warnung, die in Conrads Porträts von Holroyd und Gould enthalten ist, nur selten beachtet worden, weil die Rhetorik der Macht allzu leicht eine Illusion von Freundlichkeit und Wohlwollen erzeugt, wenn sie in einem imperialen Kontext entwickelt wird. Gleichwohl ist es eine Rhetorik, und ihr signifikantes Merkmal besteht darin, daß sie zuvor nicht nur einmal (von Spanien und Portugal), sondern mit betäubender Häufigkeit in der Moderne von den Briten, den Franzosen, den Belgiern, den Japanern, den Russen und heute den Amerikanern gebraucht worden ist.

Dennoch wäre es hoch selektiv und prekär, Conrads großes Werk nur als frühes Palimpsest dessen zu lesen, was wir im 20. Jahrhundert in Lateinamerika geschehen sehen, mit dem ganzen Rattenschwanz von United Fruit Companies, Obristen, Befreiungsarmeen und von den USA finanzierten Söldnern. Conrad ist gewiß der Vorläufer westlicher Wahrnehmungen der Dritten Welt, wie sie in den Werken so unterschiedlicher Romanautoren wie Graham Greene, V.S. Naipaul und Robert Stone, von Theoretikern des Imperialismus wie Hannah Arendt und von Reiseschriftstellern und Filmemachern hervortreten, deren Spezialität die Preisgabe der nicht-europäischen Welt entweder an das Unheil oder an den exotischen Geschmack europäischer und nordamerikanischer Bürger ist. Denn obwohl es richtig ist, daß Conrad den Imperialismus der britischen und amerikanischen Eigner der Silbermine von San Tomé als durch dessen eigene Ambitionen zum Untergang verurteilt beschreibt, so ist doch ebenfalls richtig, daß er als jemand schreibt, dessen *westliche* Anschauung der nicht-westlichen Welt ihn blind macht für andere Geschichten, andere Kulturen und andere Bestrebungen. Alles, was Conrad zu sehen vermag, ist eine Welt, die vom atlantischen Westen dominiert wird und in der jede Opposition gegen den Westen nur die verruchte Macht des Westens bestätigt. Was Conrad nicht zu sehen vermag, ist eine Alternative zu dieser grausamen Tautologie. Er konnte weder verstehen, daß Indien, Afrika und Südamerika Lebensformen und Kulturen mit jeweils eigener Integrität besaßen,

noch sich eingestehen, daß nicht alle antiimperialistischen Unabhängigkeitsbewegungen korrupt waren und im Sold der Drahtzieher in London oder Washington standen.

Diese entscheidenden Grenzen seiner Weltsicht sind ein Teil von *Nostromo*, seinen Charakteren und seiner Handlung. Conrads Roman bezeugt dieselbe paternalistische Arroganz wie seine Gestalten Gould und
Holroyd, über die er sich mockiert. Wir Abendländer, scheint Conrad
zu sagen, werden entscheiden, wer ein guter und wer ein schlechter Eingeborener ist, weil alle Eingeborenen nur dank unserer Anerkennung
einen ausreichenden Lebensunterhalt finden. Wir haben sie geschaffen,
wir haben ihnen Sprechen und Denken beigebracht, und wenn sie re-
bellieren, bestätigen sie nur unsere Auffassung, daß sie dumme Kinder
sind, die von manchen ihrer westlichen Herren betrogen werden. Genau das ist es nämlich, was die Amerikaner ihren südlichen Nachbarn
zugestanden haben: daß ihnen Unabhängigkeit zu wünschen ist, solange es sich um die Art von Unabhängigkeit handelt, die *wir* gutheißen.
Alles andere ist unannehmbar und, schlimmer noch, undenkbar.

Es ist deshalb keine Paradoxie, daß Conrad sowohl antiimperialistisch als auch imperialistisch war; progressiv, wenn es galt, furchtlos
und pessimistisch Rechenschaft abzulegen von der selbstbestätigenden,
selbsttäuschenden Korruption der Herrschaft in Übersee, gründlich reaktionär, wenn es einzuräumen galt, daß auch Afrika oder Südamerika
eine unabhängige Geschichte oder Kultur gehabt haben könnten, die
die Imperialisten gewaltsam zerstörten, der sie letztlich aber dann doch
weichen mußten. Wenn wir uns jedoch Conrad gönnerhaft als Geschöpf seiner Zeit vorstellen, täten wir gut daran, uns klarzumachen,
daß neuere Verhaltensweisen in Washington und bei westlichen Politi-
kern wenig Fortschritte in den Grundhaltungen erkennen lassen. Was
Conrad als die latente Wirkungslosigkeit der imperialistischen Philanthropie diagnostizierte, ist die Regierung der Vereinigten Staaten noch
immer außerstande wahrzunehmen, solange sie versucht, ihre Ziele
überall auf dem Globus durchzusetzen, insbesondere im Mittleren
Osten. Jedenfalls hatte Conrad den Mut zu bekennen, daß kein solches
Schema je Erfolg haben kann, weil es die Planer in Illusionen von Omni-
potenz und irreführender Selbststilisierung (wie in Vietnam) verstrickt
und weil es die Tatsachen verfälscht.

Das alles sollte man im Gedächtnis behalten, wenn *Nostromo* auf
seine Stärken und seine inhärenten Begrenztheiten hin abgetastet werden soll. Der unlängst unabhängig gewordene Staat Sulaco, der gegen
Ende des Romans in Erscheinung tritt, ist lediglich eine kleinere, eng-

maschiger kontrollierte und intolerantere Version des größeren Staates, von dem er sich abgespalten hat und den er jetzt an Wohlstand und Bedeutung ablöst. Conrad eröffnet dem Leser die Einsicht, daß der Imperialismus ein System ist. Das Leben in einer untergeordneten Erfahrungssphäre ist mit den Fiktionen und Torheiten der dominanten Sphäre gesättigt. Doch das Gegenteil ist ebenfalls richtig, sobald die Erfahrung in der dominanten Gesellschaft unkritisch von Eingeborenen und ihren Territorien abzuhängen begonnen hat, die als der »mission civilisatrice« bedürftig wahrgenommen werden.

Wie auch immer das Buch gelesen wird, *Nostromo* steht für einen von Grund auf unversöhnlichen Blick und hat ganz buchstäblich die nicht minder unerbittliche Kritik westlicher imperialistischer Illusionen in Graham Greenes *The Quiet American* oder V. S. Naipauls *A Bend in the River* vorbereitet, Romanen mit sehr unterschiedlichen »Tagesordnungen«. Wenige Leser würden heute, nach Vietnam, Iran, den Philippinen, Algerien, Cuba, Nicaragua oder Irak, widersprechen, wenn behauptet wird, daß es in der Tat die glühende Unschuld von Greenes Pyle oder Naipauls Pater Huismans ist (Männer, zu denen der Eingeborene in »unserer« Zivilisation herangebildet werden kann), von der sich herausstellt, daß sie Mord und Totschlag, die Zerrüttung und die endlose Instabilität »primitiver« Gesellschaften heraufbeschwört. Eine ähnliche Empörung durchdringt Filme wie Oliver Stones *Salvador*, Francis Ford Coppolas *Apocalypse Now* und Constantin Costa-Gavras *Missing*, in denen skrupellose CIA-Agenten und machtbesessene Beamte Eingeborene und wohlmeinende Amerikaner unterschiedslos manipulieren.

Diese Werke aber, die Conrads antiimperialistischer Ironie tief verpflichtet sind, argumentieren allesamt, daß die Quelle signifikanten Handelns und Strebens im Westen liege, dessen Repräsentanten offenbar freie Hand haben, ihre Phantasien und ihre Philanthropien in ihrer Wirkung auf eine geistig abgestumpfte Dritte Welt zu besichtigen. Dieser Anschauung zufolge haben die entlegenen Weltregionen keinerlei Leben, Geschichte oder Kultur, die der Rede wert wären, keinerlei Unabhängigkeit oder Integrität, die auch ohne den Westen zählte. Und sofern es dort etwas gibt, das sich beschreiben läßt, so ist es, laut Conrad, von Grund auf korrupt, deformiert und unverbesserlich. Doch während *Nostromo* in der Phase von Europas weitestgehend unbestrittener imperialistischer Begeisterung geschrieben worden ist, haben die zeitgenössischen Romanschriftsteller und Filmemacher, die seine Ironien gut gelernt haben, ihre Arbeit *nach* der Dekolonisation, nach der massiven intellektuellen, moralischen, imaginativen Dekonstruktion des westlichen Bildes von der nichtwestlichen Welt geleistet: *nach* dem Werk von Frantz Fanon, Amílcar Cabral, C. L. R. James, Walter Rodney, *nach* den Romanen und Theaterstücken von Chinua Achebe, Ngugi wa Thiongo, Wole Soyinka, Salman Rushdie, Gabriel García Márquez und vielen anderen.

Conrad hat also seine residualen imperialistischen Neigungen weitergegeben, obwohl seine Erben schwerlich eine Entschuldigung oder gar Rechtfertigung für die ebenso subtilen wie unreflektierten Vorurteile haben, die in ihren Werken kursieren. Das ist nun freilich kein Problem von »Westlern«, die nicht genug Sympathie oder Verständnis für fremde Kulturen aufbringen, zumal es ja einige Künstler und Intellektuelle gibt, die tatsächlich zur anderen Seite gewechselt sind: Jean Genet, Basil Davidson, Albert Memmi, Juan Goytisolo und andere. Wichtiger ist wahrscheinlich die politische Bereitschaft, die Alternativen zum Imperialismus ernst zu nehmen, wozu gewiß die Existenz anderer Kulturen und Gesellschaften gehört. Ob man nun glaubt, daß Conrads außerordentliche Literatur den eingefleischten westlichen Argwohn gegenüber Lateinamerika, Afrika und Asien bestätigt, oder ob man in Romanen wie *Nostromo* und *Große Erwartungen* die Fluchtlinien einer erstaunlich dauerhaften imperialen Weltsicht aufdeckt, welche die Perspektive von Leser wie Autor gleichermaßen verbiegt: *beide* Lesarten der realen Alternativen sind überholt. Die Welt heute ist kein Schauspiel, angesichts dessen wir entweder pessimistisch oder optimistisch sein können, in bezug auf das unsere »Texte« entweder geistreich oder langweilig sein mögen. Derlei Einstellungen bringen stets die Entfaltung von Macht und Interessen ins Spiel. Und zwar in einem Maße, daß wir Conrad sowohl als Kritiker wie als Reproduzenten der imperialen Ideologie seiner Zeit wahrnehmen, in jenem Maße, wie wir unser eigenes gegenwärtiges Verhalten bestimmen: die Projektion oder die Verweigerung des Wunsches, andere Gesellschaften, Traditionen und Geschichten zu überwältigen, den Impuls, sie zu verurteilen, oder die Energie, sie zu verstehen und uns auf sie einzulassen.

Die Welt hat sich seit Charles Dickens' und Joseph Conrads Zeiten geändert, und zwar auf eine Weise, die die großstädtischen Europäer und Amerikaner überrascht und häufig alarmiert hat, die jetzt mit großen, nicht-weißen Einwandererpopulationen in ihrer Mitte und mit einer eindrucksvollen Liste jüngst ermächtigter Stimmen konfrontiert sind, die Gehör für ihre Erzählungen verlangen. Es steht jedoch außer Frage, daß diese Populationen und Stimmen schon seit geraumer Zeit vernehmlich gewesen sind: im Gefolge von Entwicklungen, die durch den modernen Imperialismus in Gang gesetzt wurden. Die sich überschneidende Erfahrung von Okzidentalen und Orientalen zu ignorieren oder sie herabzusetzen, die Interdependenz kultureller Konstellationen zu leugnen, in denen Kolonisten und Kolonisierte aufeinandertrafen und sich häufig gegenseitig mit Projektionen ebenso befehdeten wie mit Geographien, Erzählungen, Geschichten, genau das heißt verfehlen, was an der Welt des vergangenen Jahrhunderts wesentlich ist.

Zum ersten Mal kann die Geschichte des Imperialismus und seiner Kultur nun als weder monolithisches noch vereinzeltes, isoliertes, distinktes Phänomen studiert werden. Zwar hat es einen verstörenden Ausbruch separatistischer und chauvinistischer Kräfte gegeben, ob in Indien, im Libanon, in Jugoslawien, ob in afrozentrischen, islamozentrischen oder eurozentrischen Proklamationen; aber der Wille zur Freiheit von fremder Herrschaft ist davon nicht gelähmt worden, vielmehr haben diese reduktiven Verzerrungen des kulturellen Diskurses in Wirklichkeit die Gültigkeit einer Befreiungsenergie bewiesen, die das Bedürfnis belebt, unabhängig zu sein, sich frei zu äußern und die Last ungerechten Machtgebrauchs abzuwerfen. Der einzige Schlüssel zum Verständnis dieser Energie ist allerdings der *historische*. In dem Wunsch, uns Gehör zu verschaffen, neigen wir häufig dazu, zu vergessen, daß die Erde ein überfüllter Ort ist und daß, wenn jemand auf radikaler Reinheit oder dem Vorrecht der eigenen Stimme bestünde, alles, was wir bekämen, der Lärm endlosen Haders und ein blutiges politisches Chaos wäre, dessen wirklicher Schrecken hier und da schon sichtbar zu werden beginnt: in der Wiederkehr rassistischer Politik in Europa, in der Kakophonie der Debatten über »politische Korrektheit« und »Identitätspolitik« in den Vereinigten Staaten, in der Intoleranz religiöser Vorurteile und illusionärer Verheißungen des bismarckschen Despotismus à la Saddam Hussein und seiner zahlreichen arabischen Epigonen und Kumpane.

Es ist deshalb sowohl ernüchternd als auch hilfreich, nicht nur das eigene Sichtfeld zu kennen, sondern z.B. auch gewahr zu werden, daß ein großer Künstler wie Kipling (es gibt wenige, die imperialistischer und reaktionärer sind als er) Indien mit außerordentlichem Feinsinn beschrieb und daß sein Roman *Kim* nicht nur von einer langen Geschichte anglo-indischer Wechselperspektive zehrte, sondern auch, sich selbst zum Trotz, die Brüchigkeit dieser Perspektive enttarnte und ihr Scheitern vorhersagte, da sie darauf beharrte, die Realitätsverhältnisse in Indien geböten mehr oder weniger unbeschränkt die britische Vormundschaft. Das große kulturelle Archiv liegt, behaupte ich, da, wo die intellektuellen und ästhetischen Investitionen in überseeisches Herrschaftsgebiet stattfanden und stattfinden. Ein Brite oder Franzose in den sechziger Jahren des 19. Jahrhunderts betrachtete Indien und Nordafrika mit einer Mischung aus Vertrautheit und Distanz, aber niemals unter dem Aspekt ihrer eigentümlichen Souveränität. In den Erzählungen, Geschichten, Reisebeschreibungen und Forschungsberichten fungierte das Bewußtsein des Erzählers oder Forschers als die Hauptautorität, als das Energiezentrum, das nicht nur kolonialistischen Eingriffen, sondern auch exotischen Geographien und Völkern Sinn verlieh. Und vor allem unterband das eigene Machtgefühl die Vorstellung, daß die »Eingeborenen«, die entweder unterwürfig oder auf störrische Weise unkooperativ erschienen, jemals dazu fähig oder in der Lage sein würden, die Preisgabe von Indien oder Algerien zu erzwingen.

Die Kultur des Imperialismus war nicht unsichtbar und verheimlichte auch nicht ihre weltlichen Allianzen und Interessen, so daß wir sehr wohl in der Lage sind, die häufig skrupulösen Aufzeichnungen, die davon Zeugnis ablegen, zu erschließen und auch gewahr zu werden, wie wenig Beachtung ihnen geschenkt wurde – daß sie heute von hoher Bedeutung sind, gründet weniger in retrospektiver Rachsucht als in einem verstärkten Bedürfnis nach Bindegliedern und Zusammenhängen. Eine der Leistungen des Imperialismus war es, die Welt enger zusammenzuschließen, und obwohl die Scheidung von Europäern und »Eingeborenen« ebenso tückisch wie fundamental ungerecht war, sollten wir heute die historische Erfahrung imperialer Herrschaft als eine *gemeinsame* Erfahrung ernst nehmen. Die Aufgabe lautet deshalb, sie als das kollektive Erbe von Indern *und* Briten, Algeriern *und* Franzosen, Europäern *und* Afrikanern, Asiaten, Lateinamerikanern und Australiern zu erkennen, trotz der Schrecknisse, des Blutvergießens und der rachedürstenden Verbitterung.

Meine Methode besteht darin, mich soweit wie möglich auf individuelle Werke zu konzentrieren, sie zunächst als Produkte der kreativen oder der deutenden Einbildungskraft zu lesen und dann ihren Ort in dem Beziehungsgeflecht von Kultur und Herrschaft zu beschreiben. Ich glaube nicht, daß Autoren unvermittelt durch Ideologie, Klasse oder Wirtschaftsverhältnisse geprägt werden, doch auch sie sind, wovon ich fest überzeugt bin, tief in die Geschichte ihrer Gesellschaften verstrickt, sind von dieser Geschichte und dem sozialen Austausch in unterschiedlichem Grade geformt, den sie ihrerseits formen. Kultur und die ästhetischen Imaginationen, die sie birgt, wurzeln in der Geschichtserfahrung, die in der Tat eines der Hauptthemen dieses Buches ist.

Freilich gibt es da einige Machtgefüge, die ich nicht erörtere: das österreichisch-ungarische, das russische, das osmanische und das spanisch-portugiesische. Diese Lücken sollen jedoch nicht die Vermutung beflügeln, daß Rußlands Herrschaft über Zentralasien und Osteuropa, Istanbuls Oberhoheit über die arabische Welt, die Portugals über das, was heute Angola und Mozambique heißt, und Spaniens Dominanz sowohl im pazifischen Raum wie in Lateinamerika wohltätig (und deshalb gebilligt) oder minder imperialistisch gewesen seien. Was an der britischen, französischen und amerikanischen imperialen Erfahrung besonders auffällt, ist, daß sie eine einzigartige Kohärenz und eine eigentümliche kulturelle Gravitationskraft besitzt. Englands imperiale Rolle ist zweifellos größer, bedeutender, eindrucksvoller als jede andere; beinahe zwei Jahrhunderte lang stand Frankreich in direktem Wettstreit mit ihr. Amerika begann als Imperium während des 19. Jahrhunderts, doch erst in der zweiten Hälfte des 20., nach der Entkolonisierung der britischen und französischen Imperien, trat es die direkte Nachfolge seiner beiden großen Vorgänger an.

Es gibt zwei zusätzliche Gründe für die Konzentration auf diese drei Repräsentanten. Der erste Grund ist, daß die Idee einer überseeischen Herrschaft – das Hinausgreifen über angrenzende Territorien in sehr ferne Länder – in diesen drei Kulturen einen privilegierten Status hat. Diese Idee hat sehr viel mit Projektionen zu tun, gleichgültig, ob in der Literatur, der Geographie oder der bildenden Kunst, und erwirbt sich fortgesetzte Geltung durch tatsächliche Expansion, Verwaltung, Kapitalinvestition und Engagement. Es liegt ein systematischer Zug in der imperialen Kultur, der in anderen Imperien als dem britischen oder französischen und, wenn auch auf unterschiedliche Weise, dem der Vereinigten Staaten nicht ähnlich evident ist. Der zweite Grund ist, daß diese Länder diejenigen sind, in deren Orbits ich geboren wurde, aufwuchs und jetzt lebe. Obwohl ich mich darin zu Hause fühle, bin ich, ein Abkömmling der arabischen und muslimischen Welt, jemand geblieben, der zugleich der »anderen Seite« angehört. Das hat mich in die Lage versetzt, in beiden Sphären zu denken und den Versuch einer Vermittlung zwischen ihnen zu unternehmen.

Schließlich ist dieses Buch ein Buch über Vergangenheit und Gegenwart, über »uns« und »sie« in dem Sinne, wie jeder dieser Sachverhalte von den verschiedenen, gewöhnlich einander feindlichen und voneinander geschiedenen Parteien wahrgenommen wird. Sein zeitlicher Ansatzpunkt ist die Periode nach dem Kalten Krieg, als die Vereinigten Staaten als die letzte Supermacht auftauchten. Dort zu leben, in einer solchen Zeit, bedeutet für einen Intellektuellen mit einem Stützpfeiler in der arabischen Welt eine Reihe ganz besonderer Probleme, die allesamt Eingang in das Buch gefunden haben. Und sie haben auch alles beeinflußt, was ich seit *Orientalism* geschrieben habe.

Zunächst ist da der deprimierende Eindruck, daß man vieles von dem, was die neuere amerikanische Politik an Erklärungen hervorbringt, schon einmal vernommen und gelesen hat. Jedes große metropolitanische Zentrum, das nach Weltherrschaft strebte, hat vielerlei gleichlautende Vorsätze formuliert – und leider auch verwirklicht. Immer ist die Berufung auf Macht und nationale Interessen im Spiel, wenn die Angelegenheiten kleinerer Völker »geregelt« werden; und es kommt derselbe destruktive Eifer zum Vorschein, sobald die »Eingeborenen« sich erheben und einen willfährigen und ungeliebten Herrscher ablehnen, der von der imperialen Zentrale umworben und gestützt wird; immer erklingt dann das erschreckend stereotype Dementi, daß »wir« eine Ausnahme bilden, daß »wir« nicht beutehungrig und nicht drauf und dran sind, die Fehler früherer Machthaber zu wiederholen, ein Dementi, auf das dann alsbald die Wiederholung der alten Fehler folgt, wie die Kriege in Vietnam und am Golf bezeugen. Schlimmer noch ist jedoch die verblüffende, wenngleich häufig passive Kollaboration eines Teiles der Intellektuellen, Künstler und Journalisten mit diesem Machtmanöver gewesen, deren Haltung zu Hause progressiv und voller bewundernswerter Anmutungen, aber das genaue Gegenteil davon ist, wenn es um das geht, was in ihrem Namen im Ausland angerichtet wird.

Es ist meine (vielleicht trügerische) Hoffnung, daß eine in ihre kulturellen Kontexte übersetzte Geschichte des imperialen Abenteuers eine nicht nur illustrative, sondern vielleicht sogar eine abschreckende Wirkung habe. Denn obwohl der Imperialismus sich im 19. und 20. Jahrhundert unerbittlich seinen Weg bahnte, wuchs gleichzeitig und proportional der Widerstand gegen ihn. Methodologisch versuche ich also, diesen beiden Kräften gleichermaßen und in ihrem Wechselverhältnis nachzuspüren. Das nimmt natürlich die benachteiligten kolonisierten Völker keineswegs von der Kritik aus. Wie ein Überblick über die postkolonialen Staaten rasch deutlich macht, fügen sich die Glücksfälle und Mißgeschicke des Nationalismus, dessen, was Separatismus und »Nativismus« genannt wird, durchaus nicht immer zu einem schmeichelhaften Bild. Aber auch dieses Bild muß gezeichnet werden, und sei es nur, um zu zeigen, daß stets eine Alternative zu Idi Amin und Saddam

Hussein bestanden hat. Der westliche Imperialismus und der Nationalismus der Dritten Welt nähren sich gegenseitig, doch selbst in ihren ärgsten Exzessen sind sie weder monolithisch noch deterministisch.

Nichtsdestoweniger ist diese Geschichte eine düstere und häufig entmutigende Geschichte. Was sie heute ein wenig mildert, ist der hier und da zu beobachtende Auftritt eines neuen intellektuellen und politischen Gewissens. Das ist der zweite Aspekt, der sich beim Schreiben dieses Buches ausgewirkt hat. Wieviel Klagen auch bisweilen laut werden, daß der Gang der Geisteswissenschaften politischen Pressionen unterworfen worden ist, dem, was die Kultur der »Beschwerdeführung« genannt worden ist, dem Albdruck kraß übertriebener Behauptungen zugunsten »westlicher« oder »feministischer« oder »afrozentrischer« und »islamozentrischer« Werte, so ist das doch nicht alles, was es heute gibt. Da ist beispielsweise der außerordentliche Wandel bei den Studien zum Mittleren Osten, die, als ich *Orientalism* schrieb, noch von einem aggressiv maskulinen und anmaßenden Ethos angeleitet waren. Ich verweise nur auf einige Werke aus den letzten drei oder vier Jahren: Lila Abu-Lugholds *Veiled Sentiments*, Leila Ahmeds *Women and Gender in Islam*, Fedwa Malti-Douglas' *Woman's Body, Woman's World*[4]; sie zeugen davon, daß eine sehr andere Vorstellung vom Islam, von den Arabern und vom Mittleren Osten den alten Despotismus herausgefordert und in beträchtlichem Maße untergraben hat. Werke wie diese sind feministisch, aber nicht exklusivistisch; sie demonstrieren die Verschiedenheit und Komplexität der Erfahrung, die unter den totalitären Diskursen von Orientalismus und (überwiegend männlichem) mittelöstlichem Nationalismus schwelt; sie sind sowohl intellektuell als auch politisch anspruchsvoll, mit dem historischen und theoretischen Forschungsstand in genauer Übereinstimmung, engagiert, aber nicht demagogisch, sensibel für weibliche Erfahrungen, aber nicht sentimental; und schließlich sind sie, weil von Autorinnen mit sehr verschiedenen Bildungsgängen und Herkunftsmilieus geschrieben, Arbeiten, die mit der politischen Situation der Frauen im Mittleren Osten im Kontakt stehen und häufig auch zur Verbesserung ihrer Lage beitragen.

Mit Sara Suleris *The Rhetoric of English India* und Lisa Lowes *Critical Terrains*[5] hat eine revisionistische Forschung dieser Art die Geographie des Mittleren Ostens und Indiens als homogener, reduktiv verstandener Domänen entzerrt, wenn nicht sogar aufgebrochen. Verschwunden sind die binären Oppositionen, die dem nationalistischen und dem imperialistischen Denken so teuer waren. Inzwischen beginnen wir zu spüren, daß die alte Autorität nicht einfach nur durch eine neue Autorität ersetzt werden kann, daß neue Fluchtlinien, die Grenzen, Typologien, Nationen und »Wesensbestimmungen« überqueren, sich entwickeln und daß es diese neuen Fluchtlinien sind, die den im Grund statischen Begriff der *Identität*, der in der ganzen Ära des Imperialismus das Kernstück kulturellen Denkens gewesen ist, heute ins Wanken bringen. Im Feld des Austausches zwischen den Europäern und den »anderen«, der, auf systematische Weise, vor einem halben Jahrtausend begann, ist die einzige Idee, die sich kaum verändert hat, die, daß es eben ein »wir« und ein »sie« gibt, daß beide feststehen, deutlich, unanfechtbar selbstverständlich sind. Wie ich in *Orientalism* dargelegt habe, geht diese Scheidung auf den Diskurs der Griechen über die Barbaren zurück. Doch wer auch immer diese Art von »Identitäts«-Denken entzündet hat, bis zum 19. Jahrhundert war es das Kennzeichen imperialistischer Kulturen ebenso wie jener Kulturen, die den Übergriffen Europas zu widerstehen suchten.

Noch immer sind wir die Erben jenes Stils, der jeden von uns »über die Nation« definiert, die ihrerseits ihre Autorität aus einer angeblich ungebrochenen Tradition herleitet. In den Vereinigten Staaten hat diese Sorge um kulturelle Identität eine Debatte darüber angefacht, welche Bücher und Autoritäten »unsere« Tradition bilden. Doch bevor wir Übereinstimmung darüber erzielen können, worin die amerikanische Identität besteht, müssen wir einräumen, daß die Identität Amerikas als einer Gesellschaft von eingewanderten Siedlern, die auf den Ruinen einer bemerkenswerten Eingeborenengesellschaft errichtet wurde, zu vielgestaltig ist, als daß sie Homogenität haben oder gewinnen könnte. Und in der Tat wird der innere Kampf ja zwischen den Befürwortern einer »einheitlichen Identität« und denen ausgetragen, die auf eine komplexe, nicht durch Reduktion herunterrechenbare Identität setzen. Dieser Gegensatz gründet in zwei rivalisierenden Perspektiven und zwei miteinander unverträglichen Geschichtsschreibungen: die eine linear und subsumierend, die andere kontrapunktisch und häufig nomadenhaft.

Meine These ist, daß nur die zweite Perspektive für die Realität der historischen Erfahrung voll empfänglich ist. Alle Kulturen sind, zum Teil aufgrund ihres Herrschaftscharakters, ineinander verstrickt; keine ist vereinzelt und rein, alle sind hybrid, heterogen, hochdifferenziert und nichtmonolithisch. Das gilt, wie ich glaube, für die Vereinigten Staaten ebenso wie für die moderne arabische Welt; in beiden Fällen ist wechselseitig viel Aufhebens von den Gefahren »unamerikanischer Umtriebe« oder den Bedrohungen durch den »Arabismus« gemacht worden. Leider ist der defensive, reaktive, ja geradezu paranoide Nationalismus häufig mit Bildungs- und Erziehungsstrategien verknüpft – Kinder und Jugendliche werden allzu oft dazu angehalten, die Einzigartigkeit *ihrer* Tradition zu verehren und zu zelebrieren (gewöhnlich und ungerechterweise auf Kosten anderer). Gegen solche unkritischen und gedankenlosen Erziehungs- und Erkenntnispraktiken richtet sich mein Buch – als Korrektiv, als geduldige Empfehlung, als Erkundungsversuch.

Ich möchte nicht mißverstanden werden. Trotz ihrer außerordentlichen kulturellen Diversität sind die Vereinigten Staaten eine zusammenhängende Nation und werden es sicherlich auch bleiben. (Dasselbe gilt für andere englischsprachige Länder – Großbritannien, Neuseeland, Australien, Kanada – und sogar für Frankreich, wo heute große Einwanderergruppen leben.) Gewiß gibt es polemische Entzweiung und heftige Auseinandersetzungen, wie Arthur Schlesinger in *The Disuniting of America*[6] belegt hat. Worauf es ankommt, ist, die Geschichte zu erkunden; was vermieden werden muß, ist, sie zu verdrängen oder zu verleugnen. Der Umstand, daß die Vereinigten Staaten so viele Geschichten haben, von denen manche erst heute Aufmerksamkeit verlangen, muß durchaus nicht plötzlich gefürchtet werden, da ja viele davon schon immer dagewesen sind und aus ihnen tatsächlich *eine* amerikanische Gesellschaft und Politik (sogar ein Stil von Geschichtsschreibung) geschaffen wurde. Mit anderen Worten, das Ergebnis der gegenwärtigen Debatte über Multikulturalismus ähnelt schwerlich einer »Libanonisierung«. Es ist daran zu erinnern, daß Erzählungen von Emanzipation und Aufklärung in ihren überzeugenden Ausprägungen stets auch Erzählungen von *Integration*, nicht von Separation waren.

Eine letzte Bemerkung. Dieses Buch ist das Buch eines Exilanten. Aus objektiven Gründen, über die ich keine Verfügungsgewalt hatte, wuchs ich als Araber mit westlicher Erziehung und Bildung auf. Seit ich nachdenken kann, habe ich gespürt, daß ich beiden Welten angehöre, ohne vollständig in der einen oder der anderen heimisch zu sein. Im Laufe meines Lebens haben sich die Teile der arabischen Welt, denen ich am meisten verhaftet war, entweder durch Krieg oder Bürgerkriegsumwälzungen gründlich gewandelt oder gar zu existieren aufgehört. Über lange Phasen hinweg bin ich in den Vereinigten Staaten ein Außenseiter gewesen, insbesondere als sie gegen die (von Vollkommenheit weit entfernten) Kulturen und Gesellschaften der arabischen Welt in den Krieg zogen und in schroffen Gegensatz zu ihnen traten. Doch wenn ich »Exilant« sage, meine ich nichts Trauriges oder Depriviertes. Im Gegenteil, die Zugehörigkeit zu beiden Seiten der imperialen Wasserscheide befähigt einen, sie leichter zu verstehen. Im übrigen ist New York, wo das Buch geschrieben wurde, in vieler Hinsicht die Exilstadt *par excellence*; sie birgt in sich allerdings auch die von Frantz Fanon beschriebene manichäische Struktur der Kolonialstadt. Vielleicht hat alles das die hier riskierten Interpretationen stimuliert. Gleichzeitig hat es wohl in mir das Gefühl wachgehalten, daß ich mehr als einer Gruppe und mehr als einer Geschichte angehöre. Ob ein solcher Status als wirklich heilsame Alternative zu dem Gefühl der Verpflichtung auf eine einzige Kultur und zu der Empfindung der Loyalität einer einzigen Nation gegenüber gelten kann, muß der Leser entscheiden.

Der Beweisgang des vorliegenden Buches wurde zuerst in verschiedenen Vorträgen erprobt, die von 1985 bis 1988 an Universitäten in Großbritannien, in den Vereinigten Staaten und in Kanada gehalten wurden. Für diese zusätzlichen Möglichkeiten bin ich zu Dank verpflichtet der Fakultät und den Studenten an der University of Kent, Cornell University, University of Essex, University of Western Ontario und der University of Toronto und, für eine viel frühere Fassung der Arbeit, der University of Chicago. Spätere Fassungen einzelner Abschnitte wurden ebenfalls als Vorträge gehalten, und zwar an der Yeats International School in Sligo, Oxford University (als George Antonius Lecture am St Antony's College), University of Minnesota, King's College an der Cambridge University, Princeton University Davis Center, Birkbeck College der London University und University of Puerto Rico. Mein Dank gilt Declan Kiberd, Seamus Deane, Derek Hopwood, Peter Nesselroth, Tony Tanner, Natalie Zemon Davis und Gayan Prakash, A. Walton Litz, Peter Hulme, Deirdre David, Ken Bates, Tessa Blackstone, Bernard Sharrett, Lyn Innis, Peter Mulford, Gervasio Luis Garcia und Maria de los Angeles Castro für die Gunst der Einladung und Beherbergung. Im Jahre 1989 fühlte ich mehr sehr geehrt, als ich aufgefordert wurde, in London die erste Raymond Williams Lecture zu halten; ich sprach bei dieser Gelegenheit über Camus, und dank Graham Martin und der verstorbenen Joy Williams war das für mich eine denkwürdige Erfahrung. Ich brauche kaum zu betonen, daß viele Teile meines Buches mit den Ideen und dem menschlichen und moralischen Beispiel von Raymond Williams gesättigt sind, einem guten Freund und großen Kritiker.

Ich habe mich bei der Arbeit an diesem Buch schamlos verschiedener intellektueller, politischer und kultureller Verbindungen bedient, darunter auch persönlicher Freunde, die im übrigen Herausgeber von Zeitschriften sind, in denen manche der folgenden Seiten zum ersten Mal publiziert wurden: Tom Mitchell (von *Critical Inquiry*), Richard Poirier (von *Raritan Review*), Ben Sonnenberg (von *Grand Street*), A. Sivanandan (von *Race and Class*), Joanne Wypejewski (von *The Nation*), Karl Miller (von *London Review of Books*). Dankbar bin ich auch den Herausgebern von *Guardian* (London) und Paul Keegan von Penguin Books, unter dessen Auspizien manche Ideen dieses Buches zum ersten Mal artikuliert wurden. Andere Freunde, von deren Nachsicht, Gastfreundschaft und Kritikbereitschaft ich abhängig war, waren Donald Mitchell, Ibrahim Abu-Lughod, Masao Miyoshi, Jean Franco, Marianne McDonald, Anwar Abdel Malek, Eqbal Ahmad, Jonathan Culler, Gayatri Spivak, Homi Bhabha, Benita Parry und Barbara Harlow. Besonderes Vergnügen bereitet es mir, die Brillanz und den Scharfsinn mehrerer meiner Studenten an der Columbia University anzuerkennen, für die jeder Lehrer dankbar wäre. Diese jungen Forscher und Kritiker gewährten mir den Beistand ihrer aufregenden Arbeiten, die heute gut bekannt und längst publiziert sind: Anne McClintock, Rob Nixon, Suvendi Perera, Gauri Viswanathan und Tim Brennan.

Bei der Vorbereitung des Manuskripts bin ich auf verschiedene Weisen wirkungsvoll beraten worden von Yumna Siddiqui, Aamir Mufti, Susan Lhoti, David Beams, Paola di Robilant, Deborah Poole, Ana Dopico, Pierre Gagnier und Kieran Kennedy. Zaineb Istrabadi übernahm die schwierige Aufgabe der Entzifferung meiner entsetzlichen Handschrift, die sie dann mit bewundernswerter Geduld und Gewandtheit in sukzessive Entwürfe übertrug. Ich bin ihr für freigebige Unterstützung, Wohlgelauntheit und Intelligenz zu großem Dank verpflichtet. In verschiedenen Stadien der Vorbereitung zum Druck waren mir Frances Coady und Carmen Callil aufmerksame Leser. Nicht zuletzt muß ich meine tiefe Dankbarkeit und nahezu blitzartige Bewunderung für Elisabeth Sifton gestehen: der Freundin vieler Jahre, der großartigen Lektorin, der genauen und immer sympathischen Kritikerin. George Andreou war für mich unfehlbar hilfreich, als es darum ging, das Buch durch den Druckprozeß zu schleusen. Miriam, Wadie und Najla Said, die mit mir in dieser Zeit unter häufig beschwerlichen Umständen zusammenlebten, gilt mein tiefempfundener Dank für beständige Liebe und Unterstützung.

New York, NY
Juli 1992

Erstes Kapitel

SICH ÜBERSCHNEIDENDE TERRITORIEN, VERFLOCHTENE GESCHICHTEN

»Stillschweigen vom und über das Thema war an der Tagesordnung: Manches Stillschweigen wurde gebrochen, und manches wurde von Autoren aufrechterhalten, die mit und innerhalb der beschönigenden Erzähltradition lebten. Woran ich hier interessiert bin, sind die Strategien der Brechung dieses Stillschweigens.«
Toni Morrison, *Playing in the Dark*

»Mit anderen Worten: Geschichte ist keine Rechenmaschine. Sie entfaltet sich im Geist und in der Einbildungskraft und gewinnt Substanz in den vielfältigen Reaktionen der Kultur eines Volkes, die ihrerseits die unendlich subtile Vermittlung materieller Realitäten, untermauernder ökonomischer Fakten und kerniger Objektivitäten ist.«
Basil Davidson, *Africa in Modern History*

1. Herrschaft, Geographie und Kultur

Berufungen auf die Vergangenheit gehören zu den verbreitetsten Strategien der Deutung der Gegenwart. Was diese Berufungen belebt, ist nicht nur die Meinungsverschiedenheit in bezug auf das, was in der Vergangenheit geschah und was diese Vergangenheit war, sondern auch die Ungewißheit darüber, ob die Vergangenheit wirklich vergangen ist, vorbei und abgeschlossen, oder ob sie, vielleicht, weitergeht, wenn auch in ganz eigentümlichen Formen. Diese Frage speist alle möglichen Diskussionen – über Einfluß, über Schuld und Urteil, über Augenblicksgebote und künftige Prioritäten.

In einem seiner berühmtesten frühen kritischen Essays greift T. S. Eliot einen ähnlichen Streitfall auf, und obwohl Anlaß wie Intention dieses Essays nahezu rein ästhetischer Art sind, kann man seine Formulierungen auf andere Erfahrungskontexte übertragen. Der Dichter, sagt Eliot, ist offensichtlich ein individuelles Talent, aber er arbeitet im Rahmen einer Tradition, die nicht schlicht ererbt, sondern nur »mit großer Mühe« angeeignet werden kann. Die Tradition, fährt er fort,

»bedeutet in erster Linie das historische Gespür, das wir als unerläßlich für jedermann auffassen, der über sein fünfundzwanzigstes Lebensjahr hinaus Dichter sein will; und das historische Gespür bringt eine Wahrnehmung nicht nur der Vergangenheit des Vergangenen, sondern auch seiner Präsenz mit sich; das historische Gespür zwingt einen Menschen, nicht nur mit seiner eigenen Generation in den Knochen zu schreiben, sondern mit dem Gefühl, daß das Ganze der Literatur Europas seit Homer und darin wiederum seines eigenen Landes gleichzeitig existiert und einen Bereich der Gleichzeitigkeit bildet. Dieses historische Gespür mit seinem Sinn für das Zeitliche wie für das Zeitlose und für das Zeitliche und das Zeitlose zusammen ist es, was einen Schriftsteller zum traditionellen Schriftsteller macht. Und es ist überdies das, was einem Schriftsteller das geschärfteste Bewußtsein für seinen Ort in der Zeit, für seine Zeitgenossenschaft verleiht.
Kein Dichter, kein Künstler in irgendeiner Kunstgattung verfügt allein über ihre einzige und vollständige Bedeutung.«[1]

Die Wucht dieser Äußerungen richtet sich, wie ich glaube, sowohl gegen Dichter, die kritisch denken, wie gegen Kritiker, die um eine genaue Wertung des poetischen Prozesses bemüht sind. Die Grundidee ist, daß es, gerade wenn wir gezwungen sind, volles Verständnis für die Vergangenheit des Vergangenen aufzubringen, keinerlei Mittel und Wege gibt, die Vergangenheit aus der Gegenwart zu verbannen. Vergangenes und

Gegenwärtiges halten sich gegenseitig in Kenntnis, jedes setzt das andere stillschweigend voraus und koexistiert mit ihm in dem von Eliot angedeuteten idealen Sinne. Kurzum, was Eliot vorschlägt, ist eine Auffassung der literarischen Tradition, die, obwohl sie die zeitliche Abfolge respektiert, von ihr doch nicht gänzlich bestimmt wird. Weder Vergangenes noch Gegenwärtiges hat, ebensowenig wie irgendein Dichter oder Künstler, für sich allein eine vollständige und unantastbare Bedeutung.

Eliots Synthese von Vergangenem, Gegenwärtigem und Zukünftigem ist jedoch idealistisch und in beredter Weise eine Funktion seiner eigenen besonderen Geschichte[2]; auch läßt seine Konzeption die Kampfbereitschaft außer acht, mit der Individuen und Institutionen darüber entscheiden, was Tradition ist und was nicht, was von Belang ist und was nicht. Seine zentrale Idee aber hat Gültigkeit: Die Art und Weise, wie wir die Vergangenheit begreifen oder darstellen, prägt unser Verständnis und unsere Ansicht der Gegenwart. Es sei mir ein Beispiel gestattet. Während des Golfkrieges war der Zusammenstoß zwischen dem Irak und den Vereinigten Staaten eine Funktion der beiden einander fundamental entgegengesetzten Geschichten, deren jede vom offiziellen Establishment des jeweiligen Landes zum eigenen Vorteil genutzt wurde. In der Form, wie sie von der irakischen Baath-Partei gedacht wurde, bezeugt die moderne arabische Geschichte die nichtverwirklichte, unerfüllte Verheißung der arabischen Unabhängigkeit, eine Verheißung, die ebensowohl vom »Westen« wie von einer ganzen Phalanx neuerer Gegner, z. B. der arabischen Reaktion und dem Zionismus, verleumdet werde. Iraks blutige Okkupation von Kuwait schien deshalb nicht nur aus bismarckschen Gründen gerechtfertigt, sondern auch deshalb, weil man glaubte, daß die Araber das ihnen angetane Unrecht begleichen und dem Imperialismus eines seiner größten Beutestücke entreißen müßten. Gleichzeitig waren die Vereinigten Staaten, in der amerikanischen Sicht der Vergangenheit, keine klassische imperiale Macht, sondern die Rächer von Unrecht in der ganzen weiten Welt, führend in der Verfolgung der Tyrannei, in der Verteidigung der Freiheit ohne Rücksicht auf Ort oder Kosten. Der Krieg hetzte diese beiden Geschichtsdeutungen unausweichlich gegeneinander auf.

Eliots Erwägungen zur Komplexität des Verhältnisses von Vergangenem und Gegenwärtigem sind besonders aufschlußreich in der Auseinandersetzung über die Bedeutung von »Imperialismus«, einem Wort und einer Idee, die heute so kontrovers sind, so mit allen erdenklichen Fragen, Zweifeln, Polemiken und ideologischen Prämissen belastet, daß sie nahezu unbrauchbar geworden sind. Bis zu einem gewissen

Grade bezieht die Auseinandersetzung natürlich Definitionen und Eingrenzungsversuche des Begriffes selbst ein: War der Imperialismus in der Hauptsache ökonomisch, wie weit erstreckte er sich, was waren seine Ursachen, war er systematisch, wann endete er (oder endete er überhaupt)? Das Verzeichnis der Namen, die zu dieser Diskussion in Europa und Amerika beigetragen haben, ist eindrucksvoll: Kautsky, Hilferding, Luxemburg, Hobson, Lenin, Schumpeter, Arendt, Magdoff, Paul Kennedy. In jüngster Zeit in den Vereinigten Staaten publizierte Werke wie Paul Kennedys *The Rise and Fall of the Great Powers*, die revisionistische Geschichtsschreibung von William Appleman Williams, Gabriel Kolko, Noam Chomsky, Howard Zinn, Walter Lefeber sowie bemühte Verteidigungen oder Erklärungen der amerikanischen Politik als nicht-imperialistisch, vorgetragen von Strategen, Theoretikern und Sachverständigen, haben die schwierige Bestimmung dessen, was Imperialismus sei, und das Problem ihrer Anwendbarkeit (oder Nichtanwendbarkeit) auf die Vereinigten Staaten, die Hauptmacht der heutigen Zeit, wachgehalten.

Autoritäten und Experten haben ausführlich politische und ökonomische Fragen diskutiert. Aber kaum jemals ist irgendwelche Aufmerksamkeit dem geschenkt worden, was, wie ich glaube, die privilegierte Rolle der Kultur in der modernen imperialen Erfahrung ist, und nur wenig Notiz ist davon genommen worden, daß die außerordentliche Gewalt des klassischen europäischen Imperialismus des 19. und 20. Jahrhunderts noch immer ihren Schatten über unser Zeitalter wirft. Kaum ein Individuum in Nordamerika, Afrika, Europa, Lateinamerika, Indien, Australien oder der Karibik – die Liste ist sehr lang –, das heute lebt, ist von den Imperien der Vergangenheit unberührt geblieben. Großbritannien und Frankreich haben untereinander gewaltige Territorien kontrolliert: Kanada, Australien, Neuseeland, die Kolonien in Nord- und Südamerika und in der Karibik, große Regionen Afrikas, den Mittleren Osten, den Fernen Osten (Großbritannien wird Hongkong bis 1997 als Kolonie behalten) und den indischen Subkontinent in seiner Gesamtheit – das alles stand im Banne der britischen oder französischen Herrschaft und wurde eines Tages von ihr befreit. Im übrigen waren die Vereinigten Staaten, Rußland und minder bedeutende europäische Länder, ganz zu schweigen von Japan und der Türkei, in einzelnen Phasen oder während des ganzen 19. Jahrhunderts ebenfalls imperialistische Mächte. Dieses Netzwerk von Dominien oder Besitzungen begründete das, was inzwischen tatsächlich eine globale Welt im Wortsinne geworden ist. Elektronische Kommunikationsmittel und die internationale Ausweitung des Handels, der Verfügbarkeit von Ressourcen, der Reisemöglichkeiten und der Information über Wetterlagen und ökologischen Wandel haben die entlegensten Winkel der Erde miteinander verknüpft. Und dieses Bündel von Strukturen ist, wie ich glaube, von den modernen Imperien ausgeheckt und geflochten worden.

Nach Temperament und Mentalität bin ich weitläufigen systematischen oder totalisierenden Theorien der menschlichen Geschichte eher abgeneigt. Ich muß allerdings gestehen, daß ich, nachdem ich im Gelände der modernen Imperien studiert und auch gelebt habe, davon beeindruckt bin, wie stetig sie expandierten und wie unerbittlich integrativ sie verfuhren. Ob durch Marx' oder konservative Schriften wie die von J. R. Seeley oder moderne Analysen wie die von D. K. Fieldhouse und C. C. Eldridge (dessen *England's Mission* ein Schlüsselwerk ist)[3] – man lernt erkennen, wie das britische Imperium sich Dinge einverleibte und miteinander verschmolz und zusammen mit anderen Imperien die Welt zu einer einzigen machte. Und doch kann kein Einzelner, geschweige denn ich selbst, diese ganze imperiale Welt überschauen noch sie wirklich erfassen.

Wenn wir die Auseinandersetzung zeitgenössischer Historiker wie Patrick O'Brien[4] und Davis und Huttenback verfolgen (deren Buch *Mammon and the Pursuit of Empire* die tatsächliche Profitabilität der imperialistischen Aktivitäten zu quantifizieren versucht[5]), wenn wir auf frühere Kontroversen wie die zwischen Robinson und Gallagher[6] zurückblicken oder die Untersuchungen der Ökonomen Gunder Frank und Samir Amin[7] zur Dependenz und Akkumulation lesen, sind wir als Literar- und Kulturhistoriker zu fragen gezwungen, was das alles für Interpretationen des viktorianischen Romans, der französischen Geschichtsschreibung, der italienischen Großen Oper oder der deutschen Metaphysik der Zeit bedeuten mag. Wir sind an einem Punkt unserer Arbeit angelangt, wo wir Imperien und den imperialen Kontext in unseren Studien nicht mehr außer acht lassen können. So wie O'Brien von der »Propaganda für ein expandierendes Imperium« zu sprechen, das »Illusionen von Sicherheit und falsche Erwartungen weckte, daß hohe Erträge und Zinsen für diejenigen auflaufen würden, die jenseits der Grenzen investierten«[8], meint in der Tat, von einer Atmosphäre zu sprechen, die ebenso vom Imperium wie von seinen Romanen erzeugt wurde, von Rassentheorie und geographischer Spekulation, vom Konzept der nationalen Identität und städtischem (und ländlichem) Routinebetrieb. Der Ausdruck »falsche Erwartungen« läßt *Große Erwartungen* erahnen, »die jenseits der Grenzen investierten« verweist auf

Joseph Sedley und Becky Sharp, »weckte Illusionen« auf *Illusions perdues* – die Überschneidungen zwischen Kultur und Imperialismus sind eklatant.

Es ist schwierig, diese verschiedenen Sachverhalte miteinander zu verbinden, die Verstrickung der Kultur in die expandierenden Imperien aufzudecken und Beobachtungen zur Kunst anzustellen, die deren einzigartige Vorzüge festhalten und gleichzeitig ihre Verfilzungen bloßlegen. Aber genau das müssen wir versuchen. Territoriales Einflußgebiet und Besitzungen stehen auf dem Spiel, Geographie und Macht. Alles im Umkreis der menschlichen Geschichte ist in der Erde verwurzelt, was bedeutet hat, daß wir über Bewohnbarkeit nachdenken mußten, was aber auch bedeutet hat, daß Menschen sich vornahmen, mehr territoriales Einflußgebiet zu erobern. Zunächst und grundsätzlich meint Imperialismus das Nachdenken über, die Besiedlung von und die Aufsicht über Land, das man nicht besitzt, das in weiter Ferne liegt und von anderen bewohnt und besessen wird. Aus vielerlei Gründen zieht er gewisse Leute an und bedeutet für andere oft unaussprechliches Elend. Und doch ist es im allgemeinen richtig, daß Literaturhistoriker, die beispielsweise den großen englischen Dichter des 16. Jahrhunderts Edmund Spenser studieren, seine blutrünstigen Pläne für Irland, wo, wie er sich ausmalte, eine britische Armee die einheimischen Bewohner vernichten sollte, durchaus nicht mit seinen poetischen Leistungen oder mit der Geschichte der britischen Herrschaft über Irland, die bis heute andauert, in einen Erklärungszusammenhang bringen.

Für die Zwecke des vorliegenden Buches habe ich an der Konzentration auf tatsächliche Kämpfe um Land und die angestammten Bewohner des Landes festgehalten. Was ich versucht habe, ist eine geographische Überprüfung der historischen Erfahrung, und ich habe mir dabei bewußtgehalten, daß die Erde tatsächlich eine einzige Welt ist, in der es unbewohnte Räume im Grunde nicht mehr gibt. So wie niemand von uns außerhalb oder jenseits der Geographie steht, so ist niemand von uns vollständig frei vom Kampf um die Geographie. Dieser Kampf ist komplex und lehrreich, weil er nicht nur um und mit Soldaten und Kanonen geführt wird, sondern auch um und mit Ideen, Formen, Bildern und Imaginationen.

Breite Bevölkerungsschichten in der sogenannten westlichen oder städtischen Welt haben, ebenso wie ihre Pendants in der Dritten oder ehemaligen Kolonial-Welt, den gemeinsamen Eindruck, daß die Ära des klassischen oder Hoch-Imperialismus, die ihren Gipfel mit dem erreichte, was der Historiker Eric Hobsbawm als das »Zeitalter der Imperien« beschrieben hat, und mehr oder weniger förmlich mit der Schleifung der großen kolonialistischen Strukturen nach dem Zweiten Weltkrieg endete, in mancherlei Hinsicht noch immer einen bemerkenswerten kulturellen Einfluß in der Gegenwart ausübt. Sie verspüren ein neues dringliches Bedürfnis nach Verständnis der Vergangenheit (oder *Nicht*-Vergangenheit) des Vergangenen, und dieses dringliche Bedürfnis überträgt sich in ihre Wahrnehmungen der Gegenwart und der Zukunft.

Im Zentrum dieser Wahrnehmungen steht ein Faktum, das nur von wenigen bestritten wird: daß nämlich im Laufe des 19. Jahrhunderts eine zuvor nie dagewesene Machtfülle – im Vergleich zu der die Mächte von Rom, Spanien, Bagdad oder Konstantinopel zu ihrer Zeit jeweils weit weniger gewaltig waren – in Großbritannien und Frankreich und später auch in anderen westlichen Ländern (besonders den Vereinigten Staaten) konzentriert wurde. Dieses Jahrhundert erlebte den Höhepunkt des »Aufstiegs des Westens«, und die westliche Macht erlaubte es den imperialen städtischen Zentren, Territorien und Untertanen in erstaunlichem Grade zu »sammeln« und zu akkumulieren. Man halte sich vor Augen, daß um 1800 die westlichen Mächte 55 % der Erdoberfläche für sich beanspruchten, aber tatsächlich nur 35 % unter Kontrolle hatten und daß bis 1878 ihr Anteil auf 67 % angestiegen war, eine Zuwachsrate von 83 000 Quadratmeilen pro Jahr. Im Jahre 1914 war die jährliche Zuwachsrate auf 240 000 Quadratmeilen angewachsen, und Europa kontrollierte grob geschätzt 85 % der Erdoberfläche als Kolonien, Protektorate, Schutzgebiete, Dominien und abhängige Gemeinwesen.[9] Kein anderer Kolonienverbund in der Geschichte war ähnlich groß, keiner so akribisch beherrscht, keiner an Macht der westlichen Metropole so unebenbürtig. Als Folge davon, schreibt William McNeill in *The Pursuit of Power,* »war die Welt zu einem interagierenden Ganzen von nie zuvor gekanntem Ausmaß vereinigt«.[10] Und sogar in Europa selbst war gegen Ende des 19. Jahrhunderts so gut wie keine Lebensnische von den faktischen Zugriffen des Imperialismus verschont geblieben. Die Volkswirtschaften hungerten nach überseeischen Märkten, Rohstoffen, billigen Arbeitskräften und Höchstprofite verheißenden Ländereien; Verteidigungsministerien und Auswärtige Ämter waren mehr und mehr von der Verwaltung entlegener Territorien und großer Zahlen unterworfener Völkerschaften in Anspruch genommen. Sofern die westlichen Mächte miteinander nicht in scharfem, manchmal erbarmungslosem Wettbewerb um mehr Kolonien lagen – alle modernen Imperien, sagt V. G. Kiernan[11], imitierten einander –, waren sie angestrengt mit der Besiedlung, Überwachung, Erforschung und, natürlich, Beherrschung der ihrer Jurisdiktion anheimgefallenen Territorien befaßt.

Die amerikanische Erfahrung war, wie Richard Van Alstyne in *Rising American Empire* deutlich macht, von Anfang an auf die Idee eines »Imperiums« gegründet – »ein Dominium, Staat oder Hoheitsgebiet, das an Bevölkerung und territorialer Erstreckung expandieren und an Stärke und Macht wachsen würde«.[12] Da mußten Ziele für das nordamerikanische Territorium aufgestellt und durchgesetzt werden (mit erstaunlichem Erfolg); da mußten eingeborene Volksstämme niedergeworfen, gar ausgerottet oder zumindest umgesiedelt werden; und da mußten, als die Republik an Alter und hemisphärischer Machtausbreitung zunahm, entlegene Landstriche als für amerikanische Interessen von vitaler Bedeutung ausgewiesen, da mußte eingegriffen und »reguliert« werden – etwa auf den Philippinen, in der Karibik, in Mittelamerika, an der »Affenküste«, in Teilen Europas und im Mittleren Osten, in Vietnam und Korea. Merkwürdigerweise ist der Diskurs, der hartnäckig und unbelehrt bei der amerikanischen Besonderheit, beim Altruismus Amerikas verweilte, so einflußreich gewesen, daß »Imperialismus« als Wort oder Ideologie in Darstellungen der Kultur, Politik und Geschichte der Vereinigten Staaten nur selten und erst jüngst aufgetaucht ist. Doch die Verbindung zwischen imperialer Politik und Kultur ist ziemlich direkt. Die amerikanischen Einstellungen zu amerikanischer »Größe«, zu Rassenhierarchien, zu der Gefahr *anderer* Revolutionen (wobei die amerikanische Revolution als einzigartig und nirgendwo in der Welt wiederholbar aufgefaßt wird[13]), sind konstant geblieben und haben die Realitäten des Imperiums diktiert und verdunkelt, während die Apologeten der amerikanischen Interessen in Übersee auf der amerikanischen Unschuld, auf der Angemessenheit des amerikanischen Kampfes für die Freiheit beharrten. Pyle, eine Romanfigur Graham Greenes in *The Quiet American*, verkörpert diese kulturelle Option mit gnadenloser Genauigkeit.

Zweifellos war das Imperium für englische und französische Bürger des 19. Jahrhunderts ein Hauptgegenstand ungenierter kultureller Aufmerksamkeit. Das britische Indien und das französische Nordafrika spielten unschätzbar wichtige Rollen in der Phantasie, der Ökonomie, dem politischen und sozialen Gewebe der britischen und französischen Gesellschaft. Und wenn wir Namen wie Delacroix, Edmund Burke, Ruskin, Carlyle, James und John Stuart Mill, Kipling, Balzac, Nerval, Flaubert oder Conrad nennen, markieren wir eine winzige Nische in einer sehr viel umfänglicheren Realität, als selbst gewaltige kollektive Gaben erfassen. Da gab es Gelehrte, Verwalter, Reisende, Händler, Parlamentarier, Kaufleute, Romanautoren, Theoretiker, Spekulanten, Abenteuerer, Visionäre, Dichter und eine Vielfalt von Außenseitern und Eigenbrötlern in den fernen Besitzungen dieser beiden Kolonialmächte, deren jeder zur Bildung einer kolonialen Wirklichkeit beitrug, die im Herzen des großstädtischen Lebens pulsierte.

In dem Sinne, wie ich ihn gebrauchen werde, bezeichnet der Begriff »Imperialismus« die Praxis, die Theorie und die Verhaltensstile eines dominierenden großstädtischen Zentrums, das ein abgelegenes Territorium beherrscht; »Kolonialismus«, der nahezu immer eine Folgeerscheinung des Imperialismus ist, bedeutet die Verpflanzung von Siedlungen auf entlegenes Territorium. Michael Doyle drückt das so aus: »Imperium ist eine formale oder informelle Beziehung, in der ein Staat die effektive politische Souveränität einer anderen politischen Gesellschaft kontrolliert. Sie kann durch Gewalt, durch politische Zusammenarbeit oder durch ökonomische, soziale oder kulturelle Abhängigkeit hergestellt werden. Imperialismus ist ganz einfach der Prozeß oder die Politik der Errichtung oder Aufrechterhaltung eines Imperiums.«[14] In unseren Tagen ist der direkte Kolonialismus weitgehend erloschen; der Imperialismus freilich lebt, wie wir sehen werden, eben da fort, wo er immer heimisch gewesen ist: in einer Art allgemeiner kultureller Formensprache ebenso wie in spezifisch politischen, ideologischen, ökonomischen und gesellschaftlichen Praktiken.

Weder Imperialismus noch Kolonialismus sind einfache Akte der Akkumulation oder der Aneignung. Beide werden unterstützt, vielleicht sogar angetrieben durch eindrucksvolle ideologische Programme, die Vorstellungen wie die einschließen, daß bestimmte Territorien und Menschen Herrschaft *erfordern*, sowie bestimmte Formen von Wissen, die mit Herrschaft verbunden sind – das Vokabular der klassischen imperialen Kultur des 19. Jahrhunderts kennt einen wahren Überschuß an Wörtern und Konzepten wie »mindere« oder »unterlegene Rassen«, »untergeordnete Völker«, »Abhängigkeit«, »Expansion« und »Autorität«. Im Kontext imperialer Erfahrungen wurden Vorstellungen von Kultur geklärt, verstärkt, kritisiert oder verworfen.

In *The Unbound Prometheus* von David Landes lesen wir: »Die Entscheidung bestimmter europäischer Mächte [...], ›Ansiedlungen‹ zu errichten, das heißt, ihre Kolonien als kontinuierliche Unternehmungen zu betreiben, war, was immer man von der moralischen Seite der Sache halten mag, eine folgenschwere Innovation.«[15] Eben das ist die Frage, die mich hier beschäftigt: Den anfänglichen, vielleicht obskur motivierten Drang zum Imperium, der sich von Europa aus auf die restliche Welt richtete, einmal vorausgesetzt – auf welche Weise gewann seine Idee und Praxis die Beständigkeit und Dichte einer kontinuierlichen Unternehmung, die ihr im letzten Drittel des 19. Jahrhunderts eigentümlich war?

Der Primat der britischen und französischen Imperien stellt keineswegs den bemerkenswerten modernen Expansionismus Spaniens, Portugals, Hollands, Belgiens, Deutschlands, Italiens oder, wiewohl auf unterschiedliche Weise, Rußlands und der Vereinigten Staaten in den Schatten. Rußland freilich erwarb sich seine imperialen Territorien beinahe ausschließlich im eigenen Grenzland. Im Gegensatz zu Großbritannien oder Frankreich, die Tausende von Meilen über ihre eigenen Grenzen hinausgriffen, um sich andere Kontinente zu erschließen, rührte sich Rußland nur, um sich Länder und Völker in unmittelbarer Nähe seines Herrschaftsbereiches einzuverleiben, was später zu weiteren Vorstößen nach Osten und Süden führte. Im Falle Englands und Frankreichs forderte die bloße Ferne attraktiver Landstriche die Projektion weitgespannter Ambitionen geradezu heraus, und eben das ist hier mein Hauptthema, einerseits deshalb, weil ich an der Untersuchung des Komplexes kultureller Gefühlsformen und -strukturen interessiert bin, die sie hervorbringt, und andererseits, weil das Übersee-Dominium die Welt ist, in der ich aufgewachsen bin und noch immer lebe. Rußlands und Amerikas gemeinsamer Supermacht-Status, den sie knapp ein halbes Jahrhundert lang genossen haben, erwächst aus ganz unterschiedlichen Geschichten und eigenartigen imperialen Fallinien. Es gibt gewiß vielerlei Formen von Herrschaft und darauf bezogenen Reaktionen, aber die »westliche« ist, im Verein mit dem Widerstand, den sie auslöste, der Gegenstand des vorliegenden Buches.

Bei der Expansion der großen westlichen Imperien waren Profit und die Hoffnung auf weiteren Profit offenkundig hoch bedeutsam, wie die Anziehungskraft von Gewürzen, Zucker, Sklaven, Gummi, Baumwolle, Opium, Zinn, Gold und Silber über lange Jahrhunderte hinweg bezeugt. Ebenso wichtig waren Trägheit, die Investition in bereits laufende Unternehmen, Tradition und der Markt oder die institutionellen Kräfte, die die Unternehmen in Betrieb hielten. Für Imperialismus und Kolonialismus allerdings ist mehr nötig als das. Es war ein über dem Profit rangierender und über den Profit hinausweisender Einsatz geboten, ein Einsatz in ständiger Zirkulation und erneuter Zirkulation, der es anständigen Männern und Frauen einerseits erlaubte, die Vorstellung

zu akzeptieren, daß ferne Territorien und ihre eingeborenen Völker unterworfen werden *sollten*, und der andererseits die großstädtischen
Energien wiederauffrischte, so daß diese Männer und Frauen sich das
imperium als verlängerte, nahezu metaphysische Verpflichtung zur
Beherrschung unterlegener, minderer oder weniger fortgeschrittener
Völker ausmalen konnten. Wir dürfen nicht vergessen, daß sich zu
Hause wenig Widerstand gegen die Imperien regte, obwohl sie oft unter
widrigen und sogar unvorteilhaften Bedingungen errichtet und aufrechterhalten wurden. Von den Kolonisten waren nicht nur gewaltige
Strapazen zu ertragen; stets gab es da auch die höchst risikoreiche quan-
titative Disparität zwischen einer kleinen Gruppe von Europäern in
sehr großer Entfernung von Zuhause und der immensen Eingeborenen-
population auf ihrem eigenen Territorium. In Indien beispielsweise hatten sich in den dreißiger Jahren dieses Jahrhunderts »etwa 4000 britische Beamte, unterstützt von 60000 Soldaten und 90000 Zivilisten
(zum größten Teil Geschäftsleute und Geistliche), in einem Land von
300 Millionen Einwohnern einquartiert«.[16] Der Wille, das Selbstver-
trauen, ja die Arroganz, die erforderlich waren, um diese Lage aufrechtzuerhalten, lassen sich nur schätzen; doch wie wir bei der Lektüre von
A Passage to India und *Kim* sehen werden, sind solche Haltungen zumindest ebenso bezeichnend wie die Zahl der Leute in der Armee oder
im Zivildienst oder die Millionen von Pfund, die England aus Indien
herauswirtschaftete.

Denn das imperialistische Unternehmen hängt von der *Idee* ab, *ein
Imperium zu haben*, wie das Conrad so eindringlich bemerkt zu haben
scheint, und alle erdenklichen Vorbereitungen darauf werden innerhalb
einer Kultur getroffen; der Imperialismus schafft sich dann seinerseits
eine Art Kohärenz, einen Block von Erfahrungen und das Reglement
von Herrschern und Beherrschten in der Kultur. Ein moderner Imperia-
lismusforscher hat das so ausgedrückt:

> »Der moderne Imperialismus ist ein Zusammenwachsen von nicht immer gleichge-
> wichtigen Elementen gewesen, die sich durch jede Epoche der Geschichte zurück-
> verfolgen lassen. Seine letzten Ursachen lassen sich, wie die des Krieges, wahrschein-
> lich weniger in handgreiflichen materiellen Bedürfnissen erfassen als in den beun-
> ruhigenden Spannungen einer von Klassenkonflikten zerrütteten Gesellschaft und
> deren Widerspiegelung in den zerrütteten Ideen in den Köpfen der Menschen.«[17]

Einen scharfsinnigen Hinweis, wie entscheidend die Spannungen, Ungleichheiten und Ungerechtigkeiten in der Heimat- oder großstädtischen Gesellschaft in der imperialen Kultur gebrochen und elaboriert

wurden, gibt der ausgezeichnete konservative Historiker D.K. Fieldhouse: »Die Grundlage der imperialen Autorität«, sagt er, »war die
mentale Einstellung des Kolonisierten. Seine Hinnahme der Unterordnung – entweder aufgrund des positiven Gefühls eines gemeinsamen In-
teresses mit dem Mutterland oder aufgrund der Unfähigkeit, irgendeine
Alternative zu entwerfen – machte das Imperium dauerhaft.«[18] Fieldhouse zielte mit dieser Bemerkung auf weiße Kolonisten in beiden Amerika, aber sein allgemeiner Gesichtspunkt reicht darüber hinaus: Die
Dauerhaftigkeit eines Imperiums wurde auf beiden Seiten gewährleistet, auf der der Herrscher und auf der der fernen Beherrschten, und
jede Seite verfügte über ein Bollwerk von Interpretationen ihrer gemeinsamen Geschichte – mit eigener Perspektive, eigenem historischem
Gespür, eigenen Empfindungen und Traditionen. Was ein algerischer
Intellektueller heute von der Kolonialvergangenheit seines Landes erinnert, konzentriert sich im Grunde auf Ereignisse wie die französischen
militärischen Angriffe auf Dörfer und die Folterung von Gefangenen
während des Befreiungskrieges, auf den Jubel über die 1962 errungene
Unabhängigkeit; für seinen französischen Widerpart, der an den algerischen Angelegenheiten beteiligt gewesen sein mag oder dessen Familie
in Algerien lebte, dominiert der Kummer darüber, Algerien »verloren«
zu haben, also eine eher positive Einstellung zur französischen Kolo-
nialmission – mit ihren Schulen, sauber geplanten Städten und täglichen Annehmlichkeiten – und vielleicht sogar das Gefühl, daß die
idyllische Beziehung zwischen »uns« und »ihnen« von »Unruhestif-
tern« und Kommunisten gestört wurde.

Die Ära des Hochimperialismus des 19. Jahrhunderts ist im großen
und ganzen vorbei: Frankreich und Großbritannien haben nach dem
Zweiten Weltkrieg ihre glanzvollsten Besitzungen aufgegeben, und
auch kleinere Staaten haben sich von ihren entlegenen Dominien getrennt. Und doch, um noch einmal an die Formulierungen von T.S. Eliot
zu erinnern: obwohl jene Ära eine ersichtliche Identität hatte, ist in ihr
die Bedeutung der imperialen Vergangenheit nicht vollständig aufgehoben, sondern hat in die Lebenswirklichkeit Hunderter von Millionen
Menschen Eingang gefunden, wo sie als gemeinsame Erinnerung und
als höchst konfliktuöses Gewebe von Kultur, Ideologie und Politik noch
immer schreckliche Macht ausübt. Frantz Fanon sagt: »Wir sollten die
Situation, zu der die westlichen Länder uns verurteilen möchten, rund-
weg ablehnen. Kolonialismus und Imperialismus haben ihre Schuld
noch nicht beglichen, wenn sie ihre Flaggen einholen und ihre Polizei-
truppen aus unseren Territorien zurückziehen. Jahrhundertelang haben

sich die ausländischen Kapitalisten in der unterentwickelten Welt kaum anders denn als Kriminelle verhalten.«[19] Wir müssen uns über die nostalgische Sehnsucht nach dem Imperium ebenso klar werden wie über Zorn und Groll, die sie bei den ehedem Beherrschten auslöst, und wir müssen versuchen, uns sorgsam und umfassend mit der Kultur auseinanderzusetzen, die das Erlebnis, die Grundlage und vor allem die Imagination des Imperiums hegte und pflegte. Und wir müssen überdies versuchen, die Hegemonie der imperialen Ideologie zu erfassen, die gegen Ende des 19. Jahrhunderts in die kulturellen Prozesse eingebettet worden war und deren minder bedauerliche Attitüden wir noch immer zelebrieren.

In unserem kritischen Bewußtsein gibt es heute, wie ich glaube, einen durchaus ernsthaften Bruch, der es uns erlaubt, beispielsweise beträchtliche Energie auf die Erschließung der ästhetischen Theorien von Carlyle und Ruskin zu verwenden, ohne gleichzeitig der Autorität, die ihre Ideen der Unterwerfung minderwertiger Völker und kolonialer Territorien liehen, Beachtung zu schenken. Um ein anderes Beispiel zu geben: Solange wir nicht verstehen können, wie der große europäische realistische Roman eines seiner Hauptziele erreichte – nämlich die beinahe unmerkliche Unterstützung der Zustimmung der Gesellschaft zur überseeischen Expansion, eine Zustimmung dazu, mit den Worten J. A. Hobsons, »daß die den Imperialismus leitenden eigennützigen Kräfte die Tarnfarben [...] uneigennütziger Strebungen«[20] wie Philanthropie, Religion, Wissenschaft und Kunst annehmen sollten –, werden wir weder die Bedeutung der Kultur noch ihren Widerhall im Imperium begreifen, damals wie heute.

Daraus folgt nun keineswegs die Devise, die europäische oder westliche Kunst und Kultur insgesamt mit kritischen Epitheta zu überziehen – im Sinne pauschaler Verurteilung. Ganz und gar nicht. Was ich herausfinden möchte, ist, wie die Prozesse des Imperialismus über die Ebene ökonomischer Gesetze und politischer Entscheidungen hinausgriffen und – durch Prädisposition, durch die Autorität erkennbarer kultureller Wertungen, durch fortgesetzte Konsolidierung in Erziehungswesen, Literatur, Musik und bildenden Künsten – auf einer anderen, sehr bezeichnenden Ebene manifestiert wurden, der der nationalen Kultur, die wir als Stätte unveränderlicher intellektueller Denkmäler zu dämonisieren geneigt gewesen sind, frei von allen weltlichen Verstrickungen. William Blake äußert sich zu diesem Punkt ganz ungeschützt: »Die Grundlage des Imperiums«, sagte er in seinen Anmerkungen zu Reynolds *Discourses*, »sind Kunst und Wissenschaft. Man räume sie aus dem Wege oder entwerte sie, und das Imperium ist nicht mehr. Das Imperium folgt der Kunst und nicht umgekehrt, wie das die Engländer voraussetzen.«[21]

Worin also gründet das Wechselspiel zwischen der Verfolgung nationaler, imperialer Ziele und der allgemeinen Nationalkultur? Der neuere intellektuelle und akademische Diskurs tendiert dazu, die beiden Elemente voneinander zu trennen. Die meisten Forscher sind Spezialisten; ein Großteil der Aufmerksamkeit, die den Status fachmännischen Sachverstandes erringt, gilt leidlich autonomen Gegenständen, beispielsweise industriellen Neuerungen der viktorianischen Zeit, der französischen Kolonialpolitik in Nordafrika und so fort. Die Neigung, Spezialgebiete abzugrenzen und zu mehren, ist, wie ich schon vor langer Zeit zu bedenken gegeben habe, einem Verständnis des Ganzen hinderlich, wenn der Charakter, die Interpretation und die Richtung oder Tendenz der kulturellen Erfahrung zur Debatte stehen. Den nationalen und internationalen Kontext etwa von Dickens' Darstellungen viktorianischer Geschäftsleute aus dem Blick oder ganz außer Betracht zu lassen und sich nur auf die innere Kohärenz ihrer Rollen in seinen Romanen zu konzentrieren verleitet dazu, den Zusammenhang seiner Literatur mit ihrem historischen Terrain zu vernachlässigen. Und diesen Zusammenhang aufzuhellen beschädigt oder mindert die Bedeutsamkeit der Romane als Kunstwerke durchaus nicht, im Gegenteil: aufgrund ihrer *Welthaltigkeit* sind sie als Kunstwerke erst recht aufschlußreich und wertvoll.

Zu Beginn von *Dombey and Son* sucht Dickens die Bedeutung der Geburt eines Sohnes für Dombey hervorzuheben:

>»Die Erde war für Dombey und Sohn geschaffen, um darauf Handel zu treiben, und Sonne und Mond waren dazu bestimmt, ihnen dabei zu leuchten. Flüsse und Seen waren ausersehen, ihre Schiffe darauf treiben zu lassen; die Regenbogen verhießen ihnen gutes Wetter; die Winde bliesen für oder gegen ihre Unternehmungen; Sterne und Planeten kreisten in ihren Umlaufbahnen, um ein System unversehrt zu erhalten, dessen Zentrum sie waren. Gebräuchliche Abkürzungen nahmen in seinen Augen neue Bedeutungen an und hatten nur noch Bezug auf sie: A.D. hatte nichts mehr mit anno Domini zu schaffen, sondern stand für anno Dombi – und Sohn.«[22]

Als Beschreibung von Dombeys Hochnäsigkeit, seiner narzißtischen Verblendung, seiner nötigenden Attitüde seinem soeben geborenen Kind gegenüber ist der Dienst, den diese Passage leistet, völlig klar. Gefragt werden muß aber auch, wie Dombey auf den Gedanken kommen *konnte*, daß das Universum und alle erdenkliche Zeit sein waren, um darin Handel zu treiben? Es steckt in dieser Passage – die keineswegs eine Schlüsselstelle des Romans ist – nämlich auch eine für den britischen Romanautor der vierziger Jahre des 19. Jahrhunderts spezifische Annahme: daß dies, wie Raymond Williams das ausgedrückt hat, »die entscheidende Periode war, in der das Bewußtsein einer neuen Phase der Zivilisation geformt und zum Ausdruck gebracht wurde«. Warum beschreibt Williams »diese verwandelnde, befreiende und bedrohliche Zeit«[23] dann aber *ohne* Verweisung auf Indien, Asien, den Mittleren Osten und Afrika, jenen Bereich also, in den das »verwandelte« britische Leben expandierte und eindrang, wie Dickens verstohlen andeutet?

Williams ist ein großer Kritiker, dessen Werk ich bewundere und von dem ich viel gelernt habe; aber ich spüre eine gewisse Begrenztheit in seinem Axiom, daß die englische Literatur sich hauptsächlich um England drehe, eine Annahme, die für ihn ebenso zentral ist wie für die meisten Gelehrten und Kritiker. Derlei Bräuche scheinen von der machtvollen, jedoch ungenauen Voraussetzung geleitet zu sein, daß die Werke der Literatur autonom seien, obwohl die Literatur, wie ich im Verlauf meiner Argumentation zu zeigen versuchen werde, fortgesetzt auf sich selbst Bezug nimmt, wobei sie am Atem ihres Zeitalters partizipiert und deshalb das hervorbringt, was Williams »Gefühlsstrukturen« nennt, die zum Beispiel die Praxis des Imperiums stützen, elaborieren und konsolidieren. Zwar ist Dombey weder Dickens selbst noch repräsentiert er die gesamte englische Literatur, aber die Art und Weise, wie Dickens Dombeys Egoismus vorführt, erinnert und verspottet, ist sehr wohl mit den erprobten Diskursen des imperialen Freihandels, dem britischen Handelsethos und dessen Witterung für die nahezu unbegrenzten Möglichkeiten kommerziellen Fortkommens in Übersee verwoben.

Solche Fragen sollten nicht von unserem Verständnis des Romans des 19. Jahrhunderts abgekoppelt werden, sowenig wie die Literatur von der Geschichte und der Gesellschaft abgeschnitten werden kann. Die Lehre von der Autonomie der Kunstwerke arbeitet auf eine Art Separation hin, die, wie ich glaube, eine Eingrenzung verhängt, die die Werke selbst ganz entschieden nicht nachvollziehen. Dennoch, ich habe bewußt davon abgesehen, eine allgemeine Theorie der Beziehungen zwischen Literatur und Kultur einerseits und Imperialismus andererseits vorzutragen. Vielmehr werden die Verbindungen, wie ich hoffe, aus ihrer expliziten Stellung in den verschiedenen Texten hervorgehen, mit dem umfassenden Rahmen – Imperium –, in dem sie entwickelt, elabo-

riert und kritisiert werden können. Weder Kultur noch Imperialismus
sind träge, und damit sind auch die Verbindungen zwischen ihnen als
historische Erfahrungen komplex und dynamisch. Mein Vorsatz ist
nicht, zu trennen, sondern zu verknüpfen, und ich nehme ihn philosophisch und methodologisch deshalb ernst, weil kulturelle Formen hybrid, gemischt und unrein sind und weil für die Kulturanalyse die Zeit
gekommen ist, ihre Neugier an der Wirklichkeit zu messen.

2. Bilder der Vergangenheit, rein und unrein

In dem Maße, wie das 20. Jahrhundert zu Ende geht, hat sich nahezu
überall ein wachsendes Bewußtsein der Linien *zwischen* Kulturen gebildet, der Teilungen und Differenzen, die uns nicht nur erlauben, eine Kultur von einer anderen zu unterscheiden, sondern uns auch in die Lage
versetzen, das Ausmaß zu erkennen, in dem Kulturen von Menschen geschaffene Strukturen von Autorität und Partizipation sind, wohltätig in
bezug auf das, was sie umfassen, einschließen und validieren, weniger
wohltätig in bezug auf das, was sie ausschließen und degradieren.

In allen national definierten Kulturen gibt es, wie ich vermute, das
Streben nach Souveränität, Macht und Dominanz. In dieser Hinsicht
stimmen die französische und die britische, die indische und die japanische Kultur überein. Gleichzeitig und paradoxerweise sind wir uns niemals zuvor so deutlich bewußt gewesen, wie merkwürdig hybrid historische und kulturelle Erfahrungen sind, wie sehr sie von vielerlei, häufig
widersprüchlichen Regungen und Sachverhalten beeinflußt sind und
der Polizeiaktion des einfachen Dogmas und des lauten Patriotismus
trotzen. Weit davon entfernt, einheitliche, monolithische oder autonome Gebilde zu sein, nehmen Kulturen tatsächlich mehr »Fremdes«,
Andersheiten und Differentes auf, als sie bewußt ausschließen. Wer vermöchte im heutigen Indien oder Algerien verläßlich die britische oder
die französische Komponente der Vergangenheit von den gegenwärtigen Lebensformen säuberlich zu trennen, und wer in Großbritannien
oder in Frankreich wollte einen genau markierten Bannkreis um das
britische London oder das französische Paris ziehen und den Einfluß
Indiens und Algeriens auf diese beiden imperialen Städte leugnen?

Das sind keine nostalgisch-akademischen oder theoretischen Erwägungen; sie haben bedeutsame soziale und politische Konsequenzen. In
London wie in Paris gibt es große Immigranten-Populationen aus den

früheren Kolonien, deren Alltagsleben seinerseits einen großen Boden-
satz britischer und französischer Kultur aufweist. Aber das ist allzu offenkundig. Nehmen wir als komplexeres Beispiel unsere Begriffe von
der klassischen griechischen Antike oder von der Tradition als Determi-
nante der nationalen Identität. Studien wie Martin Bernals *Black
Athena* sowie Eric Hobsbawms und Terence Rangers *The Invention of
Tradition* heben den außerordentlichen Einfluß hervor, den heutige
Ängste und Tagesparolen auf die reinen (oder gereinigten) Bilder nehmen, die wir von einer privilegierten, genealogisch sinnvollen Vergangenheit konstruieren, einer Vergangenheit, aus der wir unerwünschte
Spuren und Erzählungen tilgen. Die griechische Zivilisation hatte, laut
Bernal, ihre Wurzeln in der ägyptischen, semitischen und verschiedenen
anderen südlichen und östlichen Kulturen; im Laufe des 19. Jahrhunderts hat man sie zu einer »arischen« umgetauft und ihre semitischen
und afrikanischen Wurzeln entweder verdeckt oder unkenntlich gemacht. Weil griechische Autoren den Hybridcharakter ihrer Vergangenheit selbst erkannten, griffen europäische Philologen zum ideologischen Filter und gewöhnten sich an, die verräterischen Passagen kom-
mentarlos zu verschweigen – im Interesse der »antiken Reinheit«.[24]
(Man erinnere sich, daß europäische Historiker erst im 19. Jahrhundert
begannen, nicht mehr auf kannibalische Praktiken der fränkischen Rit-
ter der Kreuzzüge anzuspielen, obwohl der Verzehr von Menschen-
fleisch in zeitgenössischen Kreuzzugschroniken ganz schamlos erwähnt
wird.)

So wie das Bild Griechenlands wurden auch die Bilder der europäischen Autorität während des 19. Jahrhunderts retuschiert. Und wie
anders konnte das geschehen als durch künstliche Herstellung von Ri-
tualen, Zeremonien und Traditionen? Genau dies ist das von Hobsbawm, Ranger und den anderen Beiträgern zu *The Invention of Tradition* vorgebrachte Argument. Zu einer Zeit, als die älteren Fäden und
Organisationen, die vormoderne Gesellschaften innerlich verbanden,
zu zerreißen begannen und als die sozialen Spannungen unter der Last
der Verwaltung ungezählter überseeischer Territorien und großer neuer
Wählerschichten zu Hause wuchsen, verspürten die Eliten Europas das
dringliche Bedürfnis, ihren Machtgebrauch zeitlich zurückzudatieren,
um ihm eine Geschichte und eine Legitimität zu verschaffen, die von
Tradition und Langlebigkeit zeugen sollten. So wurde Victoria 1876 zur
Kaiserin von Indien gekrönt, ihr Vizekönig, Lord Lytton, wurde zu
einem Staatsbesuch dorthin geschickt, der überall im Lande mit »traditionellen jamborees« und »durbars« gefeiert wurde, ebenso mit einer

festlichen Imperial Assemblage in Delhi, so als ob die britische Herrschaft nicht hauptsächlich ein Ausdruck von Macht und einseitiger Verordnung gewesen wäre, eher jedenfalls als von altüberkommenem Brauch.[25]

Ähnliche Konstruktionen sind auf der Gegenseite, nämlich von aufständischen »Eingeborenen«, an der präkolonialen Vergangenheit vorgenommen worden, so im Falle Algeriens während des Unabhängigkeitskrieges (1954–1962), als die Dekolonialisierung Algerier und Muslime ermutigte, sich Bilder von dem zu machen, was, wie sie vermuteten, der französischen Kolonialisierung vorausgegangen war. Diese Strategie ist häufig bei nationalen Dichtern oder Literaten im Zuge von Unabhängigkeits- und Befreiungskämpfen zu beobachten; ihre mobilisierende Kraft ist beträchtlich. Man denke nur daran, was Yeats für die irische Vergangenheit mit ihren Cuchulains und ihren großen Häusern bewirkt hat, indem er dem nationalistischen Kampf Gegenstände der Bewunderung und der Revitalisierung zuführte. In postkolonialen Nationalstaaten ist die Verbindlichkeit solcher »Essenzen« wie des »keltischen Geistes«, der »négritude« oder des Islam unverkennbar: Dahinter stehen nicht nur die einheimischen Drahtzieher, die sie ebenfalls benutzen, um zeitgenössische Korruptionsphänomene und Tyranneien bloßzustellen, sondern auch der kriegerische imperiale Kontext, aus dem sie stammen und in dem sie als notwendig empfunden wurden.

Obwohl die Kolonien sich größtenteils ihre Unabhängigkeit erkämpft haben, dauern viele der imperialen Einstellungen, die der Eroberung von Kolonien zugrunde lagen, fort. Im Jahre 1910 sagte der französische Befürworter des Kolonialismus, Jules Harmand:

> »Also ist es notwendig, als Prinzip und Ausgangspunkt die Tatsache hinzunehmen, daß es eine Hierarchie von Rassen und Zivilisationen gibt und daß wir der überlegenen Rasse und Zivilisation angehören, wobei wir anerkennen, daß die Überlegenheit, wenn sie Rechte verleiht, im Gegenzug auch strenge Verpflichtungen auferlegt. Die grundlegende Legitimation für die Unterwerfung eingeborener Völkerschaften ist die Überzeugung von unserer Überlegenheit, nicht nur von unserer mechanischen, ökonomischen und militärischen Überlegenheit, sondern auch von unserer moralischen Überlegenheit. Unsere Würde beruht auf dieser Eigenschaft, und sie liegt unserem Recht zugrunde, dem Rest der Menschheit zu gebieten. Materielle Macht ist lediglich ein Mittel zu diesem Zweck.«[26]

Als Vorläufer der heutigen Polemiken gegen die Überlegenheit der westlichen Zivilisation, den Modellrang westlicher Geisteswissenschaften, den konservative Philosophen wie Allan Bloom rühmen, und die essentielle Minderwertigkeit (und Bedrohlichkeit) alles »Fremden«, wie sie von Japangegnern, ideologisch verbohrten Orientalisten und Kritikern der »Eingeborenen«-Regression in Afrika und Asien behauptet wird, ist Harmands Erklärung geradezu verblüffend vorausschauend.

Bedeutsamer als die Vergangenheit selbst ist gewiß ihr Einfluß auf die kulturellen Einstellungen in der Gegenwart. Aus Gründen, die teilweise auf die imperiale Erfahrung selbst zurückweisen, sind die alten Grenzmarken zwischen Kolonisten und Kolonisierten in dem sogenannten Nord-Süd-Konflikt wieder aufgetaucht, der Abwehrhaltungen, vielerlei ideologische und rhetorische Kontroversen und eine brodelnde Feindseligkeit nach sich gezogen hat, die durchaus in verheerende Kriege münden kann – was in einigen Fällen bereits geschehen ist. Gibt es Möglichkeiten, die imperiale Erfahrung in anderen als Teilbegriffen zu denken, nämlich so, daß unser Verständnis von Vergangenheit und Gegenwart und unsere Einstellung zur Zukunft gleichzeitig verändert werden?

Wir müssen damit beginnen, zu untersuchen, wie Menschen mit dem wirren, vielfältigen Erbe des Imperialismus in der Regel umgehen, nicht gerade diejenigen, die die Kolonien verlassen haben, sondern eben diejenigen, die dort ansässig waren und es geblieben sind, die Eingeborenen. Viele Menschen in England empfinden wahrscheinlich eine gewisse Reue und ein gewisses Bedauern über die Rolle ihrer Nation in Indien, aber ebenso gibt es viele Leute, die die gute alte Zeit vermissen, obwohl der Wert jener Zeit, der Grund, aus dem sie zu Ende ging, und ihre eigenen Reaktionen auf den Nationalismus der »Fremden« allesamt ungelöste, noch immer peinigende Probleme sind. Das ist insbesondere der Fall, wenn Rassenbeziehungen im Spiel sind, beispielsweise während der Krise im Gefolge von Salman Rushdies *Satanischen Versen* und der anschließenden *fatwa*, die auf den von Ayatollah Khomeini geforderten Tod Rushdies entschied.

Aber auch in Ländern der Dritten Welt ist die Debatte über die kolonialistische Praxis und die ihr zugrundeliegende imperialistische Ideologie überaus lebhaft und kontrovers. Große Gruppen von Menschen sind der Meinung, daß die Härten und Demütigungen dieser Erfahrung, die sie ja versklavte, auch Wohltaten einschlossen – liberale Ideen, nationales Selbstbewußtsein und technologische Güter –, die den Imperialismus zwar nicht erträglich, aber minder unerträglich gemacht haben. Andere dachten ihrerseits über den Kolonialismus nach, um die gegenwärtigen Schwierigkeiten in jüngst unabhängig gewordenen Staaten besser zu verstehen – reale Probleme mit Demokratie, Entwicklung und Schicksal dort werden durch die staatliche Verfolgung von Intellektuellen bestätigt, die ihr Denken und ihre Praxis öffentlich und mutig fortsetzen – Eqbal Ahmad und Faiz Ahmad Faiz in Pakistan, Ngugi wa Thiongo in Kenia oder Abdelrahman el Munif in der arabischen Welt –, einflußreiche Denker und Künstler, deren Leiden die Unnachgiebigkeit ihres Denkens nicht gebrochen, aber auch ihre Bestrafung nicht gemildert haben.

Sowohl Munif und Ngugi wie Faiz oder andere waren schonungslos in ihrem Haß auf einen eingepflanzten Kolonialismus und den ihn antreibenden Imperialismus. Ironischerweise fanden sie nur wenig Gehör, sei es im Westen, sei es bei den herrschenden Schichten ihrer eigenen Gesellschaften. Einerseits wurden sie von westlichen Intellektuellen als rückblickende Jeremiasse betrachtet, die die Missetaten eines vergangenen Kolonialismus brandmarkten, und andererseits von ihren Regierungen in Saudi-Arabien, Kenia und Pakistan zu Agenten ausländischer Mächte gestempelt, die Inhaftierung und Exil verdienten. Die Tragödie dieser Erfahrung – und in der Tat sehr vieler postkolonialer Erfahrungen – erwächst aus der Begrenztheit der Versuche, mit Beziehungen umzugehen, die polarisiert und radikal ungleich sind und unterschiedlich erinnert werden. Die Handlungssphären, die Tagesparolen und die Interaktionsfelder in den großstädtischen und in den früheren Kolonial-Welten scheinen sich nur partiell zu überschneiden. Der kleine Bereich, der als gemeinsame Parzelle wahrgenommen wird, setzt zum gegenwärtigen Zeitpunkt nicht mehr frei als eine *Rhetorik der Schuldzuweisung*.

Ich möchte zuerst die intellektuellen Terrains ins Auge fassen, die im postimperialen öffentlichen Diskurs ebenso vertraut wie zerrissen sind, wobei ich mich auf das konzentriere, was in diesem Diskurs der Politik und Rhetorik der Schuldzuweisung zur Entstehung verhilft und sie ermutigt. Dann will ich, unter Gebrauch der Perspektiven und Methoden dessen, was man eine vergleichende Literaturwissenschaft des Imperialismus nennen könnte, klären, wie eine postimperiale Mentalität die Gemeinschaft zwischen großstädtischen und ehemals kolonisierten Gesellschaften erweitern könnte. Mit einem kontrapunktischen Blick auf die unterschiedlichen Erfahrungen, die den Nährstoff dessen bilden, was ich ineinander verflochtene Geschichten genannt habe, will ich eine Alternative zu formulieren versuchen, eine Alternative zur Politik der Schuldzuweisung und zu der erst recht destruktiven Politik der Konfrontation und Feindseligkeit. Das erscheint mir insgesamt lohnender als die Denunziationen der Vergangenheit, das Bedauern über das Ende dieser Vergangenheit oder – noch sinnloser, weil gewaltsam und zu leicht und attraktiv – die Feinderklärungen zwischen westlichen und nicht-westlichen Kulturen, die zu Krisen führen. Die Welt heute ist zu klein und zu sehr in wechselseitige Abhängigkeiten verwickelt, als daß man sich in der Zuschauerrolle verschanzen dürfte.

3. Zwei Visionen in »Herz der Finsternis«

Herrschaft und Unbilligkeit von Macht und Wohlstand sind immerwährende Gegebenheiten der menschlichen Gesellschaft. Aber im heutigen globalen Rahmen erweisen sie sich als etwas, das durchaus mit dem Imperialismus, seiner Geschichte und seinen neuen Formen zu tun hat. Die Nationen im gegenwärtigen Asien, Lateinamerika und Afrika sind politisch unabhängig, aber in vieler Hinsicht ebenso beherrscht und abhängig, wie sie es einst unter der direkten Oberhoheit der europäischen Staaten waren. Das ist einerseits die Folge selbstzugefügter Wunden, wie Kritiker wie V. S. Naipaul zu sagen pflegen: »sie« (jeder weiß, daß »sie« Ausländer, Farbige, Nigger bedeutet) tragen selbst die Schuld an dem, was »sie« sind, und es besteht kein Grund, dafür das Erbe des Imperialismus zu beschwören. Andererseits ist die allgemeine Schuldzuweisung an die Europäer, eine Schuldzuweisung für alle Mißhelligkeiten heute, kein Analyseprogramm. Was wir brauchen, ist ein Blick auf diese Probleme, der sie als Netzwerk von wechselseitig voneinander abhängigen Geschichten erfaßt, die zu verdrängen falsch und unsinnig, die zu verstehen indes nützlich und aufschlußreich wäre.

Der springende Punkt ist leicht auszumachen. Wenn man, in Oxford, Paris oder New York sitzend, Arabern oder Afrikanern erzählt, daß sie einer im Grunde kranken oder unerlösten Kultur angehören, besteht wenig Aussicht, daß man sie davon überzeugt. Und selbst wenn man sich gegen sie durchsetzt, werden sie einem Überlegenheit oder das Recht, sie zu beherrschen, nicht einräumen, trotz unseres offensichtlichen Wohlstandes und unserer evidenten Macht. Die Geschichte dieser Distanzierung ist quer durch alle Kolonien offenbar, in denen einst weiße Herren unangefochten regierten, schließlich aber doch vertrieben wurden. Umgekehrt fanden die triumphierenden Eingeborenen bald heraus, daß sie den Westen brauchten und daß die Idee *totaler* Unabhängigkeit eine nationalistische Fiktion war, laut von denen begrüßt, die Frantz Fanon die »nationalistische Bourgeoisie« nennt und die die neuen Länder ihrerseits häufig mit einer abgefeimten, ausbeuterischen Tyrannei zügelten, die an die verabschiedeten Herren erinnerte.

Und so wiederholt sich gegen Ende des 20. Jahrhunderts der imperiale Zyklus des vorausgegangenen gewissermaßen selbst, obwohl es
heute wirklich keine leeren Räume, keine expandierenden Grenzen und
keine aufregenden neuen Siedlungsgelegenheiten mehr gibt. Wir leben
in einer Umwelt mit einer gewaltigen Zahl ökologischer, ökonomischer,
sozialer und politischer Zwänge, die an ihrem erst undeutlich wahrge-
nommenen, im Grunde ungedeuteten und unverstandenen Gewebe zer-
ren. Jeder, der auch nur über ein vages Bewußtsein von diesem Gewebe
verfügt, ist alarmiert angesichts der Tatsache, daß die erbarmungslose
Verfolgung eigennütziger und enger Interessen – Patriotismus, Chauvinismus, ethnischer, religiöser und rassischer Wahn – tatsächlich zu Mas-
senzerstörung führen kann. Und das können wir uns ganz einfach nicht
mehr leisten.

Man sollte nicht behaupten, daß Modelle für eine harmonische Weltordnung bereitliegen, und ähnlich unaufrichtig wäre es anzunehmen,
daß Ideen von Frieden und Gemeinschaft allzuviel Chancen haben,
wenn in aggressiver Wahrnehmung »vitaler nationaler Interessen« oder
unbegrenzter Souveränität Macht in die Waagschale geworfen wird:
Der Zusammenstoß der Vereinigten Staaten mit dem Irak und die irakische Aggression gegen Kuwait, die sich beide um Öl drehten, sind offenkundige Beispiele dafür. Es nimmt allerdings wunder, daß die Schulung
zu solch relativ provinziellem Denken und Handeln noch immer Vorrang genießt, unkontrolliert, unkritisch hingenommen und in der Erziehung Generation für Generation stetig wiederholt wird. Wir alle
werden dazu angehalten, unsere Nationen zu ehren und ihre Überliefe-
rungen zu achten; wir werden belehrt, ihre Interessen mit Zähigkeit
und unter Mißachtung anderer Gesellschaften zu verfolgen. Ein neuer
und meiner Meinung nach beängstigender Tribalismus spaltet die Gesellschaften, trennt die Völker und schürt Gier, blutige Konflikte und
kleine ethnische oder Gruppen-Ansprüche. Wenig Zeit wird auf das
»Lernen von anderen Kulturen« verwendet – die Phrase ist von merk-
würdiger Vagheit –, sehr viel mehr auf das Studium der Landkarte der
Interaktionen, des tatsächlichen und häufig produktiven Verkehrs, der
auf einer Tag-für-Tag- und sogar Minute-für-Minute-Grundlage zwischen Staaten, Gesellschaften, Gruppen stattfindet.

Niemand kann diese ganze Landkarte im Kopf behalten, und aus
diesem Grunde sollen die Geographie imperialer Herrschaft und die
vielseitige imperiale Erfahrung, die ihre grundlegende Textur schuf, zunächst an einigen minder auffälligen Konfigurationen beschrieben werden. Wenn wir auf das 19. Jahrhundert zurückblicken, sehen wir zu-

nächst, daß der Drang zum Imperium tatsächlich einen Großteil der
Erde in die Gewalt einer Handvoll von Großmächten brachte. Um einen
Zipfel dessen, was das bedeutet, in den Griff zu bekommen, schlage ich
vor, einen spezifischen Komplex ergiebiger kultureller Dokumente zu
betrachten, in denen die Interaktion zwischen Europa oder Amerika
einerseits und der imperialisierten Welt andererseits lebhaft vergegenwärtigt, zur Kenntnis gebracht und explizit gemacht wird – zur Ernüchterung beider Seiten. Zuvor aber mag es nützlich sein zu prüfen, was in
der neueren Kulturdiskussion noch vom Imperialismus bleibt. Denn das
ist das Residuum einer dichten, beredten Geschichte, die paradoxerweise gleichzeitig global und lokal ist, und es ist zudem ein Zeichen, wie
die imperiale Vergangenheit weiterlebt, indem sie mit überraschender
Intensität Argumente und Gegenargumente weckt. Diese Spuren der
Vergangenheit in der Gegenwart weisen, weil sie zeitgenössisch und
leicht zugänglich sind, den Weg zum Studium der Geschichten – der Plu-
ral ist hier mit Bedacht gewählt –, die vom Imperium gesetzt wurden,
nicht lediglich der Geschichten vom weißen Mann und von der weißen
Frau, sondern auch derer der Nicht-Weißen, deren Ländereien und Existenz auf dem Spiel standen, als ihre Ansprüche geleugnet oder bestritten wurden.

Eine bezeichnende zeitgenössische Auseinandersetzung über die Reste des Imperialismus, die Frage, wie »Eingeborene« in den westlichen
Medien dargestellt werden, illustriert das Überdauern wechselseitiger
Abhängigkeiten nicht nur inhaltlich, sondern auch in ihrer Form, nicht
nur in dem, was gesagt wird, sondern auch darin, wie es gesagt wird
und von wem, wo und für wen.

Im Jahre 1984, also lange vor dem Erscheinen der *Satanischen Verse*,
kritisierte Salman Rushdie die Schwemme von Filmen und Artikeln zum
Raj [i. e. die britische Herrschaft in Indien], darunter die Fernsehserien
Die Kronjuwelen und David Leans Film nach Forsters *Auf der Suche
nach Indien*. Rushdie fiel auf, daß die Nostalgie, die von diesen liebevol-
len Erinnerungen an die Zeit der britischen Herrschaft in Indien in
Dienst genommen wurde, mit dem Krieg um die Falklandinseln zusam-
menfiel und daß »der Aufschwung des Raj-Revisionismus, vom gewaltigen Erfolg dieser Sendungen exemplifiziert, das künstlerische Gegenstück zum Aufschwung der konservativen Ideologie im modernen
Großbritannien ist«. Die Kommentatoren reagierten zwar prompt auf
das, was sie als Rushdies öffentliches Jammern bezeichneten, aber sie
wichen dem Stachel seiner Argumentation aus. Rushdie versuchte seine
Beweisführung zu erweitern, und zwar so, daß sie vermutlich auch für

Intellektuelle reizvoll war, auf die sich George Orwells bekannte Beschreibung des Ortes des Intellektuellen in der Gesellschaft, nämlich innerhalb und außerhalb des Wals, nicht mehr anwenden ließ; die moderne Realität in Rushdies Sinne war tatsächlich »wallos, diese Welt ohne ruhige Nischen, [in der] es kein Entrinnen vor der Geschichte, dem Tumult und dem schrecklichen, unruhigen Gewimmel mehr geben kann«.[27] Dies freilich, Rushdies zentrales Argument, wurde keiner ernsthaften Erörterung für wert befunden. Der Hauptansatzpunkt war statt dessen, ob sich die Dinge in der Dritten Welt wirklich zum Schlechteren gewendet hätten, seitdem die Kolonien unabhängig geworden waren, und ob es nicht insgesamt besser sei, den wenigen – den glücklicherweise sehr wenigen, wie ich hinzufügen möchte – Intellektuellen der Dritten Welt Gehör zu schenken, die die Verantwortung für die gegenwärtigen Barbareien, Tyranneien und Deformationen beherzt ihren jeweils eigenen Eingeborenen-Geschichten zuschrieben, Geschichten, die *vor* dem Kolonialismus fatal gewesen waren und die *nach* dem Kolonialismus wieder in diesen Zustand zurückfielen.

Aus den von Rushdies eigenem Fall geweckten Emotionen konnte man damals und später schließen, daß viele Leute im Westen bei dem Gefühl angelangt waren, genug sei genug. Nach Vietnam und dem Iran – und man beachte, daß diese Kennmarken gewöhnlich gleichwertig benutzt werden, um Amerikas heimische Traumen (die Studentenaufstände der sechziger Jahre, die öffentliche Sorge um die Geiseln in den siebzigern) ebenso zu beschwören wie internationale Konflikte und den »Verlust« von Vietnam und dem Iran an den radikalen Nationalismus – waren bestimmte Frontlinien zu verteidigen. Die westliche Demokratie hatte Prügel bezogen, und wenn der physische Schaden auch außer Landes erlitten worden war, so war da doch ein Gefühl, wie Jimmy Carter das einst formulierte, der »gegenseitigen Zerstörung«. Dieses Gefühl wiederum bewog die Repräsentanten des Westens, den ganzen Prozeß der Dekolonisierung erneut zu überdenken. War es nicht richtig, so ihre Neueinschätzung, daß »wir« »ihnen« Fortschritt und Modernisierung gebracht hatten? Hatten wir ihnen nicht Ordnung und eine Art von Stabilität gegeben, die sie seither aus eigener Kraft zu bewahren nicht imstande gewesen sind? War es nicht falsch angebrachtes Vertrauen, an ihre Reife zur Unabhängigkeit zu glauben, hatte es doch die Bokassas und Amins gefördert, deren intellektuelle Ergänzungen Leute wie Rushdie waren? Hätten wir nicht die Kolonien gar nicht erst hergeben, die unterworfenen oder minderwertigen Rassen in Schach halten und unserer zivilisatorischen Verantwortung treu bleiben sollen?

Ich werde gewahr, daß, was ich gerade reproduziert habe, nicht die Sache selbst ist, sondern möglicherweise eine Karikatur. Dennoch hat sie eine unbehagliche Ähnlichkeit mit dem, was viele Leute sagten, die sich selbst als Sprecher der westlichen Welt auffaßten. Es schien wenig Skepsis zu geben, daß ein monolithischer »Westen« und eine geschlossene, kompakte exkoloniale Welt, die in groben Verallgemeinerungen beschrieben wurde, tatsächlich existierten. Der Exzeß der Verallgemeinerungen wurde begleitet von Berufungen auf eine imaginierte Geschichte der westlichen Stiftungen und Almosen, die mit sträflichen Beißattacken gegen die großzügig austeilende »westliche« Hand beantwortet worden waren. »Warum wissen sie uns nicht zu schätzen nach allem, was wir für sie getan haben?«[28]

Fallengelassen oder vergessen waren mit einem Schlage die ausgeplünderten Kolonialvölker, die jahrhundertelang juristische Schnellverfahren, endlose wirtschaftliche Unterdrückung, Entstellung ihres gesellschaftlichen und privaten Lebens und widerspruchslose Unterwerfung zu erdulden gehabt hatten, die eine Funktion der unwandelbaren europäischen Überlegenheit waren. Und wer sich einmal die Millionen von Afrikanern ins Gedächtnis ruft, die die Nachfrage des Sklavenmarktes deckten, dem gehen vielleicht die immensen Kosten der Aufrechterhaltung jener Überlegenheit auf. Außer acht gelassen wird allerdings oft die unendliche Zahl von Spuren in der langwierigen, gewaltsamen Geschichte der kolonialistischen Eingriffe – Minute um Minute, Stunde um Stunde – in das Leben von Individuen und Kollektiven auf beiden Seiten der kolonialen Wasserscheide.

An diesem zeitgenössischen Diskurs, der den Primat des Westens billigt, wird offensichtlich, wie totalisierend seine Form ist; er schließt aus, sogar da, wo er einschließt und konsolidiert. Plötzlich finden wir uns ins späte 19. Jahrhundert zurückversetzt.

Die imperiale Einstellung ist, glaube ich, sehr schön erfaßt in der komplizierten und reichen Erzählform von Conrads großem Roman *Herz der Finsternis*, der zwischen 1898 und 1899 entstand. Einerseits erkennt der Erzähler, Marlow, die tragische Situation alles Sprechens an – »Nein, es ist unmöglich, das Lebensgefühl einer x-beliebigen Epoche unsres Daseins zu vermitteln – das, was ihre Wahrheit, ihren Sinn ausmacht – ihr zartes und durchdringendes Wesen. Es ist unmöglich. Wir leben, wie wir träumen – allein«[29] –, andererseits gelingt es ihm, die gewaltige Kraft von Kurtz' afrikanischer Erfahrung durch seine eigene überwältigende Erzählung von seiner Reise ins Innere Afrikas Kurtz selbst nahezubringen. Diese Erzählung ist ihrerseits direkt mit der Erlösungshoffnung, aber auch dem Schrecken der europäischen Mission in dem dunklen Kontinent verbunden. Was immer in Marlows unwiderstehlicher Rezitation verlorengeht, ausgelassen oder schlicht erfunden wird, findet seinen Ausgleich im historischen Schwung des Erzählers, der zeitlichen Vorwärtsbewegung – mit Abschweifungen, Beschreibungen, aufregenden Begegnungen. Im Rahmen des Berichts von der Reiseroute, die er zu Kurtz' Inner Station einschlägt, deren Betreiber und Leiter er dann wird, bewegt sich Marlow in kleinen und großen Spiralen vorwärts und rückwärts, sehr ähnlich der Art und Weise, wie Episoden im Zuge seiner Reise flußauf der Erzählung, dem narrativen Hauptstrom, einverleibt werden.

Was nun aber Marlows Mangel an Beweiskraft, seinen Ausflüchten, seinen arabesken Meditationen über seine Gefühle und Ideen zugrunde liegt, ist der unerbittliche Verlauf der Reise selbst, die, trotz der vielen Hindernisse, durch den Dschungel, durch die Zeit und viel Mühsal ins »Herz von Afrika« führt, in Kurtz' Imperium des Elfenbeinhandels. Conrad möchte uns vor Augen führen, daß Kurtz' großes Raubzug-Abenteuer, Marlows Reise flußaufwärts und die Erzählung selbst an einem gemeinsamen Thema teilhaben: Europäer, die Dressurakte imperialen Vorrangs und Willens in (oder an) Afrika vollziehen.

Was Conrad von den anderen Kolonialschriftstellern, seinen Zeitgenossen, unterscheidet, ist, daß er, aus Gründen, die zum Teil mit eben dem Kolonialismus zu schaffen haben, der ihn, den polnischen Expatriierten, in einen Angestellten des imperialen Systems verwandelte, sich dessen, was er tat, durchaus bewußt war. Deshalb ist *Herz der Finsternis* nicht ein schnurgerader Bericht von Marlows Abenteuern; es ist vor allem eine Dramatisierung durch Marlow selbst, den früheren Reisenden in Kolonialregionen, der seine Geschichte einer Gruppe britischer Zuhörer zu einem besonderen Zeitpunkt und an einem besonderen Ort erzählt. Diese Gruppe von Leuten gehört überwiegend der Geschäftswelt an. Damit markiert Conrad die Tatsache, daß das Geschäft des Imperiums, einst ein gewagtes und individualistisches Unternehmen, in den neunziger Jahren des 19. Jahrhunderts das Imperium des Geschäfts geworden war. (In Übereinstimmung damit sollten wir festhalten, daß ungefähr zur selben Zeit Halford Mackinder, ein Forschungsreisender, Geograph und liberaler Imperialist, eine Reihe von Vorträgen über Imperialismus vor dem Londoner Institute of Bankers hielt[30]; vielleicht hatte Conrad davon Kenntnis.) Obwohl die nahezu erdrückende Wucht von Marlows Erzählung bei uns das Gefühl hinterläßt, daß aus der souveränen historischen Gewalt des Imperialismus kein Weg herausführt und daß er die Macht eines Systems hat, das alles innerhalb der Grenzen seines Dominiums sowohl repräsentiert wie auch als Wortführer vertritt, zeigt Conrad uns, daß, was Marlow tut, kontingent ist, für eine Gruppe von gleichgesinnten britischen Zuhörern ausagiert und auf diese Situation beschränkt.

Aber weder Conrad noch Marlow geben uns vollen Einblick in das, was *außerhalb* der Welteroberungs-Attitüden liegt, wie sie von Kurtz, Marlow, dem Zuhörerkreis an Bord der »Nellie« und Conrad selbst verkörpert werden. Damit meine ich, daß *Herz der Finsternis* deshalb so effizient wirkt, weil seine Politik und Ästhetik sozusagen imperialistisch sind – was in den letzten Jahren des 19. Jahrhunderts für Ästhetik, Politik und sogar Epistemologie ebenso unvermeidlich wie unausweichlich zu sein schien. Denn wenn wir die Erfahrung eines anderen nicht wirklich verstehen können und wenn wir deshalb auf die anmaßende Autorität jener Art von Macht angewiesen sind, wie sie Kurtz im Dschungel oder Marlow, ein weiterer Weißer, als Erzähler ausübt, dann ist es zwecklos, nach anderen, nicht-imperialistischen Alternativen Ausschau zu halten – das System hat sie ausgestoßen und undenkbar gemacht. Die Kreisförmigkeit, die vollkommene Geschlossenheit des Ganzen ist nicht nur ästhetisch, sondern auch mental unangreifbar.

Conrad verfährt, wenn er Marlows Bericht in einen narrativen Kontext einbettet, überaus bewußt. Dies erlaubt uns, schließlich gewahr zu werden, daß der Imperialismus, weit davon entfernt, seine eigene Geschichte zu verschlingen, im Rahmen einer umfassenderen Geschichte stattfand und von ihr umschrieben wurde, einer, die außerhalb des geschlossenen Zirkels an Bord der »Nellie« vor sich ging. Bislang aber schien niemand diese Region zu bewohnen, also ließ Conrad sie leer.

Conrad konnte Marlow wahrscheinlich zu nichts anderem als zur Präsentation einer imperialistischen Weltsicht gebrauchen, wenn man bedenkt, was damals an nichteuropäischen Perspektiven verfügbar war. Unabhängigkeit war etwas für Weiße und Europäer; die minder bedeutenden und abhängigen Völker mußten beherrscht werden; Wissenschaft, Bildung und Historie waren Schöpfungen des Westens. Zwar legte Conrad gewissenhaft Rechenschaft ab von den Unterschieden zwischen den Schandflecken der belgischen und der britischen Kolonialherrschaft, aber er konnte sich die Welt nur in westliche Herrschaftsbereiche aufgeteilt vorstellen. Da Conrad jedoch auch ein dauerhaftes Restgefühl seiner eigenen Exilanten-Marginalität besaß, stattete er Marlows Erzählung sorgsam (manche würden sagen: verrückt sorgsam) mit Vorläufigkeit aus – die Erzählung bewegte sich auf dem

Schnittpunkt einer vertrauten, festgefügten Welt mit einer anderen, unspezifizierten. Conrad war gewiß kein großer imperialistischer Unternehmer wie Cecil Rhodes oder Frederick Lugard, obwohl er sehr genau begriff, daß »die Expansion um der Expansion willen ein unendlicher Prozeß« war – mit den Worten von Hannah Arendt[31]–, »in dessen Mahlstrom niemandem erlaubt werden kann, er selbst zu bleiben. Hat man sich erst einmal darauf eingelassen, in diesem Strom mitzuschwimmen, so kann man nur den Gesetzen dieses Prozesses gehorchen, mit seinen anonymen Kräften sich identifizieren, um sie in Bewegung zu halten, sich selbst als bloße Funktion betrachten und in der Funktionalität die Inkarnation der dynamischen Stromrichtung erblicken, ja sie als höchstmögliche menschliche Leistung ansehen.« Conrad war sich im klaren darüber, daß, wenn der Imperialismus das gesamte System der Darstellung monopolisiert hat – was ihm im Falle von *Herz der Finsternis* gestattete, sowohl für die Afrikaner zu sprechen wie für Kurtz und die anderen Abenteurer, darunter Marlow und seine Zuhörer –, das Selbstbewußtsein des Außenseiters ihm aktiv verstehen hilft, wie die Maschine funktioniert, vorausgesetzt, er selbst und sie stehen grundsätzlich nicht in vollständiger Synchronie oder Korrespondenz zueinander. Conrad, der nie ein gänzlich eingemeindeter und voll akkulturierter Engländer war, wahrte deshalb in seinen Werken ironische Distanz.

Die Form seiner Erzählung eröffnet zwei mögliche Argumente und zwei Ausblicke auf das postkoloniale Zeitalter, das seinem eigenen folgte. Das eine Argument läßt der alten imperialen Welt freie Hand, sich selbst konventionell auszuspielen, die Wirklichkeit so wiederzugeben, wie der offizielle europäische oder westliche Imperialismus sie wahrhaben wollte, und sich nach dem Zweiten Weltkrieg zu konsolidieren. Man mochte die alten Kolonien in Afrika und Asien zwar physisch verlassen haben, aber man behielt sie nicht nur als Märkte, sondern auch als Stützpunkte auf der ideologischen Landkarte, über die man moralisch und intellektuell zu gebieten fortfuhr. »Zeigen Sie mir den Zulu-Tolstoi!« – so hat das ein amerikanischer Intellektueller kürzlich ausgedrückt. Die anmaßende Inklusivität dieses Arguments bestimmt die Äußerungen derer, die heute für den Westen und das, was der Westen getan hat, ebenso sprechen wie für das, was der Rest der Welt ist, war oder sein kann. Dieser Diskurs schließt aus, was als »verloren« gegolten hat, indem er darauf pocht, daß die koloniale Welt, ontologisch gesprochen, von vornherein verloren war, nämlich unverbesserlich, unheilbar minderwertig.

Das zweite Argument ist sehr viel weniger prekär. Es verhält sich zu sich selbst so, wie sich Conrad zu seinen eigenen Erzählungen verhielt:

als an eine bestimmte Zeit und einen bestimmten Landstrich gebunden, als weder bedingungslos wahr noch uneingeschränkt gesichert. Wie bereits gesagt, vermittelt uns Conrad nicht den Eindruck, er habe sich eine voll verwirklichte Alternative zum Imperialismus auszumalen vermocht: Die Eingeborenen in Afrika, Asien oder Amerika, über die er schrieb, waren für Unabhängigkeit nicht reif, und weil er die europäische Vormundschaft für gegeben nahm, konnte er nicht vorhersehen, was passieren würde, als sie zu Ende ging. Zu Ende aber würde sie gehen, und sei es nur, weil sie – wie jede menschliche Bemühung – ihre Zeit gehabt haben und zu weichen haben würde. Da Conrad den Imperialismus *datiert*, seine Kontingenz zeigt, seine Illusionen und seine schreckliche Gewalt beschreibt (in *Nostromo*), setzt er seine späteren Leser in den Stand, sich etwas anderes vorzustellen als ein in ein Dutzend europäischer Kolonien aufgeteiltes Afrika, obschon er selber wenig Ahnung davon hatte, wie ein solches Afrika aussehen könnte.

Um zur ersten Extrapolation zurückzukehren: Der Diskurs des wiederauflebenden Imperiums beweist, daß der imperiale Konflikt des 19. Jahrhunderts weiterhin Linien zieht und Dämme aufwirft. Merkwürdigerweise dauert er auch in dem komplexen Austausch zwischen einstigen Kolonialpartnern fort, etwa zwischen Großbritannien und Indien oder zwischen Frankreich und den frankophonen Staaten Afrikas. Aber dieser Austausch wird immer wieder von den lauten Antagonismen der polarisierten Auseinandersetzung der Pro- und der Anti-Imperialisten überlagert, die schrill »nationales Schicksal«, »überseeische Interessen«, »Neoimperialismus« apostrophieren, womit sie Gleichgesinnte – aggressive Vertreter des Westens und ironischerweise solche nichtwestlichen Gruppen, für die die neuen nationalistischen und aufbegehrenden Ayatollahs sprechen – von der Fortsetzung des Austauschs ablenken. *Innerhalb* jedes der beiden Lager stehen die Schuldlosen, die Gerechten, die Gläubigen, angeführt von den Omnikompetenten, denjenigen, die die Wahrheit über sich und andere wissen; *außerhalb* der Lager steht ein buntgemischter Haufen nörgelnder Intellektueller und geschwätziger Skeptiker, die sich unentwegt und wenig wirkungsvoll über die Vergangenheit beklagen.

Ein bedeutsamer ideologischer Wandel trat in den siebziger und achtziger Jahren des 20. Jahrhunderts ein; er begleitete jene Verkürzung der Horizonte, die ich den ersten der beiden Ausblicke von *Herz der Finsternis* genannt habe. Er läßt sich beispielsweise an dem dramatischen Wechsel des Tonfalls und – ganz buchstäblich – der »Richtung« bei Denkern ablesen, die vormals für ihren Radikalismus bekannt waren.

Jean-François Lyotard und Michel Foucault, hervorragende französische Philosophen, die in den sechziger Jahren als Apostel geistiger Unbotmäßigkeit fungierten, bekennen in ihrem späteren Werk einen eindrucksvollen neuen Mangel an Vertrauen in das, was Lyotard die großen universalisierenden und legitimierenden Diskurse von Emanzipation und Aufklärung nennt. Unser Zeitalter, sagte er in den achtziger Jahren, sei postmodern und nur mit lokalen Sachverhalten befaßt, nicht mit Geschichte, sondern mit akuten Problemen, nicht mit der großen Realität, sondern mit Spielen.[32] Auch Foucault zog seine Aufmerksamkeit von den oppositionellen Kräften in der modernen Gesellschaft ab und erklärte, es sei, weil Macht überall vorkomme, wahrscheinlich besser, sich auf die lokale Mikrophysik der Macht zu konzentrieren, die das Individuum umgibt. Das »Selbst« rückte in den Vordergrund, wurde analysiert und, wenn nötig, neu konstituiert.[33] Bei Lyotard wie bei Foucault finden wir den gleichen Tropus, um die Enttäuschung über die Befreiungspolitik zu begründen: Die Erzählung, die einen ermächtigenden Anfang und ein rechtfertigendes Ziel postuliert, taugt nicht mehr dazu, die Fallinie menschlichen Geschicks in der Gesellschaft zu skizzieren. Da ist nichts mehr, auf das sich vorausschauen ließe; wir sind in unserem eigenen Gehege gefangen. Nach Jahren der Unterstützung antikolonialistischer Kämpfe in Algerien, Kuba, Vietnam, Palästina oder Iran, die für viele westliche Intellektuelle ihr Engagement in Politik und Philosophie herausgefordert hatten, war ein Augenblick der Erschöpfung und Enttäuschung erreicht.[34] Nun hörte und las man, wie sinnlos es sei, Revolutionen zu stützen, wie barbarisch die neu an die Macht gekommenen Regimes seien und wie sehr – ein Extremfall – die Dekolonialisierung den »Weltkommunismus« gefördert habe.

Es treten auf: Terrorismus und Barbarei. Ebenso treten auf: exkolonialistische Experten, deren lautstark propagierte Botschaft lautete, die Kolonialvölker verdienten nichts anderes als Kolonialismus, und weil »wir« so verrückt waren, uns aus Aden, Algerien, Indien, Indochina und anderswo zurückzuziehen, wäre es eigentlich angezeigt, diese Territorien erneut zu besetzen. Weiter treten auf: Theoretiker und Sachverständige der Beziehungen zwischen Befreiungsbewegungen, Terrorismus und dem KGB. Es entstand eine Welle von Sympathien für das, was Jeane Kirkpatrick autoritäre (im Gegensatz zu totalitären) Regimes nannte, die Verbündete des Westens waren. Mit Reaganismus, Thatcherismus und ihren Folgeerscheinungen begann eine neue Phase der Geschichte.

Wie verständlich es auch im historischen Sinne hätte sein können, die

Entlastung des »Westens« von seinen Erfahrungen »in der Welt an der Peripherie« war und ist für einen heutigen Intellektuellen weder ein attraktives noch ein erbauliches Unterfangen. Es schließt die Chance aus, zu entdecken, was es heißt, außerhalb des Wals zu sein. Kehren wir deshalb zu einer Einsicht von Rushdie zurück:

> »Wir sehen, daß es ebenso falsch sein kann, einen politikfreien fiktionalen Raum zu schaffen, wie einen anderen zu schaffen, in dem niemand zu arbeiten oder zu essen, zu hassen oder zu lieben oder zu schlafen braucht. Außerhalb des Wales wird es nötig – und ist es sogar anregend –, sich mit den durch die Einverleibung politischen Materials geschaffenen Spezialproblemen auseinanderzusetzen, weil Politik abwechselnd Farce und Tragödie ist und manchmal (beispielsweise Zias Pakistan) beides gleichzeitig. Außerhalb des Wales ist der Schriftsteller hinzunehmen gezwungen, daß er (oder sie) ein Teil der Menge ist, ein Teil des Ozeans, ein Teil des Sturms, so daß Objektivität ein großer Traum wird – wie Vollkommenheit – und ein unerreichbares Ziel, um das man trotz der Unmöglichkeit von Erfolg kämpfen muß. Außerhalb des Wales liegt die Welt von Samuel Becketts berühmter Formel: *Ich kann nicht weitermachen, ich werde weitermachen.*«[35]

Gewisse Formulierungen in Rushdies Beschreibungen scheinen mir, obwohl sie manches bei Orwell entlehnen, bei Conrad mitzuschwingen. Denn hier ist die zweite Konsequenz, der zweite Strang, der aus Conrads Erzählform herausführt. In seinen expliziten Bezügen verweist er auf eine Perspektive außerhalb der im Grunde imperialistischen Darstellungen von Marlow und seinen Zuhörern, eine säkulare Perspektive, und sie ist weder bestimmten Vorstellungen vom historischen Schicksal und vom »Essentialismus« noch der historischen Gleichgültigkeit und Resignation zu Dank verpflichtet. Drinnen zu sein verhindert die volle Erfahrung des Imperialismus, verkürzt sie und unterwirft sie dem Regiment einer eurozentrischen und totalisierenden Anschauung. Die andere Perspektive läßt auf Denkbewegungen ohne besondere historische Privilegien für eine Partei schließen.

Ich möchte Rushdie nicht überinterpretieren oder Dinge in seine Prosa hineinlesen, die er nicht beabsichtigt hat. In der Kontroverse mit den örtlichen britischen Medien (bevor die *Satanischen Verse* ihn in die Clandestinität trieben) behauptete er, er könne in den populistischen Medienbildern von Indien seine eigene Erfahrung nicht wiedererkennen. Ich selbst möchte noch weiter gehen: Einer der Erfolge solcher Konjunktionen von Politik mit Kultur und Ästhetik ist die Erschließung eines gemeinsamen Terrains, das durch die Kontroverse selbst verschleiert wird. Vielleicht ist es für die direkt beteiligten Kombattanten schwer, dieses gemeinsame Terrain wahrzunehmen, da sie mehr zurückschlagen als reflektieren. Ich kann den Zorn gut verstehen, der Rushdies Argumentation antrieb, weil ich mich wie er von einem westlichen Konsens bedrängt und beiseite gedrängt fühle, der die Dritte Welt als etwas fürchterlich Lästiges, als kulturell und politisch minderwertig klassifiziert. Während wir als Mitglieder einer kleinen Minderheit schreiben und sprechen, operieren unsere journalistischen und akademischen Kritiker in einem vermögenden System ineinandergreifender akademischer und informationeller Hilfsmittel mit Zeitungen, Fernsehnetzen, meinungsbildenden Zeitschriften und Instituten – die meisten von ihnen sind inzwischen in den schrillen Chor rechts gewendeter Verurteilungen eingefallen, der nicht-weißes, nicht-westliches und nicht jüdisch-christliches Ethos vom akzeptierten und designierten westlichen Ethos scheidet und es unter herabwürdigende Parolen stellt: »terroristisch«, »marginal«, »zweitklassig«, »belanglos«. Angreifen, was unter diese Parolen fällt, heißt für diese Leute, den »westlichen Geist« verteidigen.

Kehren wir zu Conrad zurück und zu dem, was ich als die zweite, minder imperialistisch anmaßende Perspektive bezeichnet habe, die *Herz der Finsternis* bietet. Man rufe sich noch einmal in Erinnerung, daß Conrad die Geschichte an Bord eines in der Themsemündung vor Anker liegenden Bootes spielen läßt. Als Marlow seinen Bericht beginnt, geht die Sonne unter, und gegen Ende der Erzählung ist in England das »Herz der Finsternis« wieder aufgetaucht. Außerhalb des Kreises von Marlows Zuhörern liegt eine undefinierte und unklare Welt. Manchmal scheint Conrad diese Welt in den imperialen, großstädtischen Diskurs, den Marlow hält, einbinden zu wollen, aber er widersteht dieser Versuchung, und zwar mit hauptsächlich formalen Mitteln und Kunstgriffen. Conrads bewußt kreisförmige Erzählformen fesseln unsere Aufmerksamkeit als künstliche Konstruktionen, die uns ermutigen, das Kraftwerk der Realität aufzuspüren, das dem Imperialismus unzugänglich und seiner Kontrolle entzogen schien und das erst lange nach Conrads Tod im Jahre 1924 seine Wirkung entfaltete.

Das bedarf weiterer Erklärung. Trotz ihrer europäischen Namen und Manieriertheiten sind Conrads Erzähler keine unbedarften, gedankenlosen Zeugen des europäischen Imperialismus. Sie nehmen nicht umstandslos hin, was im Namen der imperialen Idee geschieht; sie denken viel darüber nach, sie sorgen sich, ja, sie sind tatsächlich beunruhigt, ob sie ihn zu einer Routineangelegenheit werden erklären können. Er wird es jedoch nie. Conrads Verfahren, die Diskrepanz zwischen der orthodoxen und seiner eigenen Sicht des Imperiums zu bezeichnen, besteht

darin, unseren Blick dafür zu schärfen, wie Ideen und Werte durch erzählerische Sprachwechsel konstruiert (und dekonstruiert) werden.
Auch sind die Deklamationen sorgfältig inszeniert: Der Erzähler ist ein
Sprecher, dessen Publikum und Gründe für seine Anwesenheit, dessen
stimmliche Eigenschaften und die Wirkung dessen, was er sagt, allesamt wichtige und eindringliche Momente der Geschichte sind, die er
erzählt. Marlow zum Beispiel wechselt zwischen Geschwätzigkeit und
verblüffender Eloquenz und widersteht nur selten der Verlockung,
auffallende Dinge noch auffallender zu machen, indem er sie falsch
darstellt oder sie vage und widersprüchlich wiedergibt. So sagt er beispielsweise, daß ein französisches Kriegsschiff »in einen Kontinent«
hineinfeuert. Und Kurtz' Redeweise ist ebenso erhellend wie betrüge-
risch, gesättigt mit seltsamen Diskrepanzen (von Ian Watt als »verzö-
gerte Decodierung«[36] bezeichnet), so daß sowohl bei seinen Zuhörern
wie beim Leser das Gefühl entsteht, was er da bietet, sei nicht ganz so,
wie es sein sollte oder erscheint.

Aber der springende Punkt alles dessen, worüber Kurtz und Marlow
sprechen, ist tatsächlich imperiale Herrschaft – von weißen Europäern
über schwarze Afrikaner und ihr Elfenbein, der Zivilisation *über* den
primitiven schwarzen Kontinent. Indem er die Diskrepanz zwischen der
offiziellen »Idee« des Imperiums und der bemerkenswert desorientierenden Wirklichkeit Afrikas unterstreicht, verwirrt Marlow das Gefühl
des Lesers nicht nur in bezug auf die Dinge selbst. Da Conrad zeigen
kann, daß alle menschliche Tätigkeit von der Kontrolle einer instabilen
Realität abhängt, der Worte nur durch Willen oder Konvention nahe-
kommen, zeigt er dasselbe auch für das Imperium und so fort. Bei Conrad bewegen wir uns in einer Welt, die mehr oder weniger fortwährend
gemacht und zugleich rückgängig gemacht wird. Was stabil und sicher
erscheint – beispielsweise der Polizist an der Ecke –, ist nur wenig sicherer als der weiße Mann im Dschungel und erfordert denselben fortgesetzten (aber widerruflichen) Triumph über eine allesdurchdringende
Dunkelheit, die sich gegen Ende der Erzählung als dieselbe für London
und Afrika erweist.

Conrads Genie ließ ihn gewahr werden, daß die allgegenwärtige
Dunkelheit kolonisiert oder erhellt werden konnte – *Herz der Finsternis*
steckt voller Anspielungen auf die »mission civilisatrice«, auf wohltä-
tige ebenso wie auf grausame Projekte, die durch Willensakte und
Machtgebrauch Licht zu den Stätten und Völkern dieser Welt bringen –,
daß sie aber auch von eigenem Recht war. Kurtz und Marlow erkennen
die Dunkelheit an, jener, als er stirbt, dieser, als er rückblickend über die

Bedeutung von Kurtz' letzten Worten nachdenkt. Sie (und natürlich auch Conrad) sind ihrer Zeit voraus, weil sie verstehen, daß das, was sie die »Finsternis« nennen, Eigenständigkeit besitzt, und können zurückgewinnen, was der Imperialismus für sich selbst in Anspruch genommen hatte. Aber Marlow und Kurtz sind auch Geschöpfe ihrer Zeit und können den nächsten Schritt nicht tun, nämlich anerkennen, daß, was sie, abweisend und geringschätzig, nicht-europäische »Finsternis« nannten, in Wirklichkeit eine nicht-europäische Welt war, die dem Imperialismus *widerstand*, um eines Tages Souveränität und Unabhängigkeit wiederzuerlangen und nicht, wie Conrad andeutet, die Finsternis wiederherzustellen. Conrads tragische Begrenztheit rührt daher, daß er, obwohl er den Imperialismus als Überwältigung und Landannexion erkannte, nicht den Schluß zu ziehen vermochte, daß er zu Ende gehen mußte, damit die »Eingeborenen« frei von europäischer Dominanz leben konnten.

Das kulturelle und ideologische Beweismaterial dafür, daß Conrad auf seine eurozentrische Weise unrecht hatte, ist so eindrucksvoll wie reichhaltig. Es gibt eine ganze Bewegung, Literatur und Theorie des Widerstandes und der Reaktion auf das Imperium – sie ist Gegenstand von Kapitel 3 des vorliegenden Buches. Ziel und Zweck dieser Zeugnisse ist es, sowohl das Engagement neu zu interpretieren wie das Terrain, um das mit Europa gestritten wird. Ein Teil dieser Vorhaben – beispielsweise das Werk von zwei bedeutenden und regen iranischen Intellektuellen, Ali Shariati und Jalal Ali i-Ahmed, die mit Reden, Büchern, Tonbandaufzeichnungen und Pamphleten der Islamischen Revolution den Weg bereiteten – bestimmt den Kolonialismus aus der Behauptung des absoluten Gegensatzes: Der Westen ist ein Feind, eine Krankheit, ein Übel. In anderen Fällen arbeiten Romanautoren wie der Kenianer Ngugi oder der Sudanese Tayib Salih mit den großen Topoi der Kolonialkultur, die sie in postkoloniale Signale verwandeln. Salihs Held in *Season of Migration to the North* tut (und ist) das genaue Gegenteil dessen, was Kurtz tut (und ist) – der Schwarze reist nach Norden in weißes Territorium.

Zwischen dem klassischen Imperialismus des 19. Jahrhunderts und dem, was er in den resistenten Eingeborenenkulturen bewirkte, besteht also sowohl Konfrontation als auch Überschneidung und wechselseitige Entlehnung. Manche der postkolonialen Schriftsteller beharren auf dem Erbe der Vergangenheit – als Narben demütigender Wunden, als Anreiz zu andersartigen Praktiken, als revidierte Vision, als neu zu interpretierende Erfahrung, aufgrund derer der früher stumme Eingeborene auf dem vom Imperium zurückgewonnenen Territorium spricht und handelt. Alle diese Aspekte erscheinen bei Rushdie, Derek Walcott, Aimé Césaire, Chinua Achebe, Pablo Neruda, Brian Friel. Sie lesen jetzt die großen kolonialen Meisterwerke, von denen sie nicht nur entstellt worden sind, sondern die ihnen auch die Fähigkeit abgesprochen haben, das, was über sie geschrieben stand, aufzunehmen und darauf zu reagieren, so wie die europäische Ethnographie die Unfähigkeit der Eingeborenen voraussetzte, in den wissenschaftlichen Diskurs über sie einzugreifen. Versuchen wir, die neue Situation genauer ins Auge zu fassen.

4. Diskrepante Erfahrungen

Beginnen wir damit, festzuhalten, daß alle Erfahrung, obwohl sie einen unreduzierbar subjektiven Kern besitzt, auch historisch und säkular ist, daß sie der Analyse und Interpretation zugänglich ist und – von zentraler Bedeutung – von totalisierenden Theorien nicht ausgeschöpft, von doktrinären oder nationalen Grenzen nicht markiert wird und auf analytische Konstrukte nicht ein für allemal beschränkt bleibt. Ich meine damit nicht dasselbe, was Leute meinen, die sagen, daß jede Frage zwei Seiten hat. Die Schwierigkeit bei Theorien über »Essentialismus« und Ausschließlichkeit hängt damit zusammen, daß sie Polarisierungen erzeugen, die eher Ignoranz und Demagogie als Erkenntnis fördern. Ein flüchtiger Blick auf die neueren Schicksale von Theorien über Rasse, den modernen Staat, den modernen Nationalismus bestätigt das. Wenn man im voraus annimmt, daß die afrikanische oder iranische oder chinesische oder jüdische oder deutsche Lebenswirklichkeit grundlegend integral, kohärent, separat und deshalb nur für Afrikaner, Iraner, Chinesen, Juden oder Deutsche verständlich ist, postuliert man erstens etwas als essentiell, das, wie ich glaube, sowohl historisch geschaffen als auch das Ergebnis von Interpretation ist – nämlich die Existenz von Afrikanertum, Judentum, Deutschtum oder Orientalismus und Okzidentalismus. Und zweitens verteidigt man, als Folge davon, eher die »Essenz« der Erfahrung, als unser Wissen und unser Bewußtsein von ihren Abhängigkeiten zu bereichern. Schließlich degradiert man die Erfahrung anderer.

Sofern wir jedoch gleich anfangs die verknoteten und komplexen Geschichten besonderer, aber dennoch einander überschneidender und miteinander verknüpfter Erfahrungen – von Frauen, Vertretern des Westens, Schwarzen, Nationalstaaten und Kulturen – anerkennen, erlischt der Anreiz, allem und jedem einen ideellen und seinem Wesen nach separaten Status einzuräumen. Und doch möchten wir das Einzigartige an ihnen ebenso festhalten, wie wir ein Gefühl der menschlichen Gemeinschaft und der tatsächlichen Kämpfe, die zu ihrer Bildung beitragen und deren Teil sie allesamt sind, festhalten möchten. Ein ausgezeichnetes Beispiel dafür ist der Ansatz, auf den ich bereits verwiesen habe: die Essays in *The Invention of Tradition*, Essays, die »erfundene Traditionen« in Betracht ziehen, die zwar hochspezialisiert und lokal sind, aber, obwohl sie sehr verschieden sind, ähnliche Merkmale haben. Das Hauptargument dabei ist, daß verschiedenartige Lebenspraktiken zusammen gedeutet und verstanden werden können, weil sie vergleichbare Erfahrungskontexte haben, nämlich solche, die Hobsbawm als Versuche beschreibt, »Kontinuität mit einer passenden historischen Vergangenheit herzustellen«.[37]

Es ist eine vergleichende oder, besser, kontrapunktische Perspektive erforderlich, um eine Verbindung zwischen englischen Krönungsritualen und den indischen »durbars« im späten 19. Jahrhundert zu entdecken. Das heißt, wir müssen in der Lage sein, Erfahrungen gemeinsam zu interpretieren, die diskrepant sind und jeweils ihre eigene Gewichtung und Entwicklungsgeschwindigkeit haben, eigentümliche innere Bauelemente, innere Kohärenz und ein spezifisches System äußerer Beziehungen, die allesamt koexistieren und mit anderen interagieren. Kiplings Roman *Kim* beispielsweise nimmt in der Entwicklung des englischen Romans und in der spätviktorianischen Gesellschaft einen ganz besonderen Platz ein, aber sein Indienbild steht in einer tief antithetischen Beziehung zur Entwicklung der indischen Unabhängigkeitsbewegung. Entweder der Roman oder die politische Bewegung verfehlen, jeweils ohne den Widerpart dargestellt und gedeutet, die entscheidende Diskrepanz, die ihnen die tatsächliche Erfahrung des Imperiums einprägt.

Ein bestimmter Sachverhalt bedarf der Klärung. Mit dem Begriff der »diskrepanten Erfahrungen« soll nicht das Problem der Ideologie vernebelt werden. Im Gegenteil, keine Erfahrung, sofern sie reflektiert oder gedeutet wird, kann als unvermittelt charakterisiert werden, so wie auch kein Kritiker oder Interpret glaubhaft ist, der behauptet, eine archimedische Perspektive gefunden zu haben, die von historischer oder sozialer Determinierung unberührt sei. Weit davon entfernt, die Bedeutung der Ideologie zu entkräften, hebt die Wahrnehmung und Dramatisierung der Diskrepanz vielmehr ihr kulturelles Gewicht hervor; das befähigt uns, ihre Macht zu würdigen und ihren Einfluß zu begreifen.

Wir wollen zwei annähernd zeitgleiche Texte des frühen 19. Jahrhunderts (beide stammen aus den zwanziger Jahren) miteinander konfrontieren: die *Description de l'Égypte* in ihrer ganzen massigen, eindrucksvollen Kohärenz und einen vergleichsweise schlanken Band, *'Aja'ib al-Athar* von 'Abd al-Rahman al-Jabarti. *Description* war der vierundzwanzigbändige Bericht von Napoleons Ägyptenexpedition, zusammengestellt von dem Team französischer Wissenschaftler, die er mitgenommen hatte. 'Abd al-Rahman al-Jabarti war ein ägyptischer Notabler und religiöser Führer, der Augenzeuge der französischen Expedition wurde und sie überlebte. Ich zitiere zunächst aus der allgemeinen Einführung zur *Description*, verfaßt von Jean-Baptiste-Joseph Fourier:

> »Zwischen Afrika und Asien gelegen und für und von Europa leicht erreichbar, nimmt Ägypten das Zentrum des alten Kontinents ein. Dieses Land bietet nur große Erinnerungen; es ist das Heimatland der Künste und bewahrt ungezählte Monumente; seine wichtigsten Tempel und die von seinen Königen bewohnten Paläste existieren noch, obwohl seine am wenigsten altertümlichen Bauwerke bereits zur Zeit des Trojanischen Krieges erbaut waren. Homer, Lykurg, Solon, Pythagoras und Plato gingen nach Ägypten, um dort die Wissenschaften, Gesetze und Religion zu studieren. Alexander gründete hier eine üppige Stadt, die lange eine kommerzielle Vormachtstellung innehatte und Pompeius, Caesar, Marcus Antonius und Augustus erlebte, wie sie das Schicksal von Rom und das der ganzen Welt unter sich ausmachten. Es ist deshalb bezeichnend für dieses Land, daß es die Aufmerksamkeit berühmter Fürsten auf sich zieht, die das Geschick von Nationen lenken. Keine bemerkenswerte Macht wurde je von irgendeiner Nation im Westen oder in Asien angehäuft, die diese Nation nicht in Richtung Ägypten führte, das in gewisser Hinsicht als ihr natürliches Geschick betrachtet wurde«.[38]

Fourier fungiert als das rationalisierende Sprachrohr von Napoleons Invasion Ägyptens im Jahre 1798. Der Nachklang großer Namen, die er aufzählt, die Einordnung, Sicherung und Normalisierung eines Zugriffs auf das Ausland im Orbit der europäischen Existenz – das alles verwandelt die Eroberung aus einer Schlacht zwischen einer siegreichen und einer geschlagenen Armee in einen längerfristigen, langsamen Prozeß, der für die europäische, in ihre eigene kulturelle Anmaßung eingebettete Sensibilität offensichtlich eher annehmbar war, als es die Erfahrung des Zusammenbruchs für einen Ägypter gewesen sein kann, der die Eroberung zu erdulden hatte.

Zu etwa derselben Zeit trägt Jabarti in seinem Buch eine Reihe angstvoller und scharfsichtiger Reflexionen über die Eroberung zusammen; er schreibt als wehrhafte religiöse Standesperson, die die Invasion ihres Landes und die Zerstörung seiner Gesellschaft vermeldet:

»Dieses Jahr ist der Beginn einer durch große Schlachten geprägten Periode; plötzlich wurden auf erschreckende Weise schwerwiegende Ergebnisse zustande gebracht; große Nöte mehrten sich ohne Ende, der Lauf der Dinge war gestört, der gewohnte Sinn des Lebens war verderbt, die Zerstörung nahm überhand, und die Verheerung war allgemein. [Dann wendet er sich als guter Muslim zurück, um über sich selbst und sein Volk zu reflektieren.] ›Gott‹, sagt der Koran (XI, 9), ›macht nicht ungerechterweise Städte zuschanden, deren Einwohner Gerechte sind.‹«[39]

Die französische Expedition wurde von einer Wissenschaftlergruppe begleitet, deren Aufgabe es war, Ägypten zu vermessen, wie es noch nie zuvor vermessen worden war – das Resultat war die gigantische *Description* selbst. Aber Jabarti hat nur Augen für und würdigt nur die Fakten der Macht, deren Bedeutung er in einer Bestrafung Ägyptens erblickt. Die französische Macht hat Folgen für seine Existenz als besiegter Ägypter, eine Existenz, die zu der eines Unterworfenen zusammenschrumpft, der wenig mehr zu tun vermag, als das Kommen und Gehen der französischen Armee aufzuzeichnen, ihre gebieterischen Dekrete, ihre überwältigend harten Maßnahmen, ihre furchtbare und anscheinend unkontrollierte Fähigkeit, zu tun, was sie will, und zwar aufgrund von Befehlen, die Jabartis Landsleute nicht beeinflussen können. Die Diskrepanz zwischen der die *Description* hervorbringenden Politik und Jabartis unmittelbarer Reaktion ist starr und markiert das Terrain, das sie einander auf höchst ungleiche Weise streitig machen.

Es ist heute nicht schwierig, Jabartis Einstellung nachzuvollziehen, und Generationen von Historikern haben das in der Tat getan. Seine Erfahrung erzeugte einen tiefsitzenden antiwestlichen Affekt, der ein beharrliches Thema der ägyptischen, der arabischen, der islamischen und der Geschichte der Dritten Welt ist. Auch lassen sich bei Jabarti die Keimzellen des islamischen Reformismus ausmachen, der, in der Version, wie er später von dem großen Azhar-Kleriker und Reformer Muhammad ‘Abdu und seinem bemerkenswerten Zeitgenossen Jamal al-Din al-Afghani verkündet wurde, dafür votierte, der Islam solle sich entweder auf die Modernisierung einlassen, um mit dem Westen in Wettbewerb treten zu können, oder zu seinen Wurzeln in Mekka zurückkehren, um den Westen besser bekämpfen zu können. Im übrigen deutet Jabarti zu einem frühen Zeitpunkt der Geschichte die ungeheure Woge nationalen Selbstbewußtseins an, die dann in der ägyptischen Unabhängigkeit, in der Theorie und Praxis von Nasser und in zeitgenössischen Bewegungen des sogenannten islamischen Fundamentalismus kulminierte.

Freilich haben die Historiker die Entwicklung der französischen Kultur und Geschichte nicht sonderlich bereitwillig im Sinne von Napoleons Ägypten-Expedition interpretiert. (Dasselbe gilt für die britische Herrschaft in Indien, eine Herrschaft von so gewaltiger Reichweite und Überfülle, daß sie für Mitglieder der imperialen Kultur zu einer Art Naturtatsache geworden ist.) Was aber spätere Gelehrte und Kritiker zu den europäischen Texten sagen, die von der in der *Description* angelegten Konsolidierung der Eroberung des Orients buchstäblich ermöglicht wurden, ist interessanterweise ebenfalls eine leicht abgeschwächte und höchst implizite Funktion jenes früheren Kampfes. Heute über Nerval und Flaubert zu schreiben, deren Werk nachhaltig vom Orient beeinflußt worden ist, heißt auf einem Feld arbeiten, das ursprünglich vom französischen imperialen Sieg abgesteckt wurde, heißt dessen Spuren aufnehmen und sie durch 150 Jahre europäischer Wirklichkeit weiterverfolgen. Der imperiale Kampf war kein einmaliges Zerreißen des Schleiers, sondern eine kontinuierlich wirkende, institutionalisierte Kraft im französischen Leben, wo die Antwort auf die stumme Disparität zwischen der französischen Kultur und den unterworfenen Kulturen vielerlei Formen annahm.

Auffallend ist die Asymmetrie. Im einen Falle setzen wir voraus, daß der bessere Teil der Geschichte in den Kolonialterritorien eine Funktion des imperialen Eingriffs war; im anderen Fall, daß kolonialistische Unternehmungen für die großen metropolitanischen Kulturen und ihre zentralen Entwürfe eher marginal, vielleicht sogar exzentrisch waren. Kurz, die Tendenz in Anthropologie, Historie und Kulturwissenschaften in Europa und den Vereinigten Staaten geht dahin, das Ganze der Weltgeschichte als von einem westlichem Über-Subjekt erfaßbar zu behaupten, dessen historisierende und disziplinierende Strenge den Menschen und Kulturen »ohne« Geschichte die Geschichte entweder wegnimmt oder sie ihnen, in der postkolonialen Periode, zurückerstattet. Nur wenige kritische Studien haben sich auf die Beziehung zwischen dem modernen westlichen Imperialismus und seiner Kultur konzentriert, wobei der Ausschluß dieser symbiotischen Beziehung ein Ergebnis der Beziehung selbst ist. Genauer, auch die außerordentliche formale und ideologische Abhängigkeit der realistischen englischen und französischen Romane von der Tatsache des Imperiums ist niemals zureichend erforscht worden. Diese Mängel und Leugnungen werden, wie ich glaube, allesamt in den schrillen journalistischen Debatten über Dekolonialisierung reproduziert, in denen der Imperialismus immer wieder mit der Botschaft zitiert wird: Ihr seid, was ihr seid, nur durch uns; als wir abzogen, seid ihr in den alten bejammernswerten Zustand zurückgefallen; macht euch das klar, oder ihr werdet gar nichts erkennen, denn am Imperialismus ist nicht viel zu erkennen, das euch oder uns zum gegenwärtigen Zeitpunkt helfen könnte.

Wäre der Streit um den Wert der Erkenntnis des Imperialismus lediglich eine Kontroverse über Methodologie oder akademische Lesarten der Kulturgeschichte, so müßte man ihn zwar beachten, aber nicht wirklich ernst nehmen. In Wirklichkeit reden wir jedoch über eine wichtige und aufschlußreiche Konfiguration in der Welt der Mächte und Nationen. So steht beispielsweise außer Zweifel, daß die Wiederbelebung tribaler und religiöser Praktiken im letzten Jahrzehnt weltweit unter Gemeinwesen Spannungen vertieft hat, die sich seit der Periode des europäischen Hochimperialismus erhalten haben – wenn sie nicht geradezu von ihm geschaffen worden sind. Auch haben die Dominanzkämpfe unter Staaten, Nationalismen, ethnischen Gruppen, Regionen und kulturellen Einheiten die Manipulation von Meinung und Diskurs gelenkt und verstärkt, die Produktion und Konsumtion von ideologisch eingefärbten Mediendarstellungen, die Reduktion komplexer Sachverhalte zu wohlfeiler Währung, die leicht im Interesse staatlicher Strategien auszubeuten ist. Bei alledem haben Intellektuelle eine wichtige Rolle gespielt, nirgendwo entscheidender *und* gefährdeter als in den einander überschneidenden Sphären von Erfahrung und Kultur, also bei den Hinterlassenschaften des Kolonialismus, wo die Politik säkularer Deutung mit sehr hohem Einsatz weitergeführt wird. Natürlich hat das Übergewicht an Macht auf seiten der selbstkonstituierten Gesellschaften des »Westens« und der öffentlichen Intellektuellen gelegen, die ihnen als Apologeten und Ideologen dienen.

In zahlreichen einstmals kolonisierten Staaten hat es interessante Reaktionen auf dieses Ungleichgewicht gegeben. Insbesondere jüngere Studien über Indien und Pakistan (etwa die *Subaltern Studies*) haben die Komplizenschaften zwischen postkolonialer Staatssicherheit und nationalistischer intellektueller Elite enttarnt; arabische, afrikanische und lateinamerikanische oppositionelle Intellektuelle haben ähnliche Aufklärung geleistet. Ich möchte mich hier jedoch auf die unglückseligen Impulse konzentrieren, die die Westmächte unkritisch zum Handeln gegen Ex-Kolonialvölker treiben. Während der Zeit, in der ich dieses Buch geschrieben habe, hat sich die Krise, die durch den Angriff des Irak auf Kuwait und dessen Annektierung ausgelöst wurde, voll entfaltet: Hunderttausende amerikanischer Soldaten, Flugzeuge, Schiffe, Panzer und Raketen kamen in Saudi-Arabien an; der Irak ersuchte die arabische Welt (die völlig gespalten war in Anhänger der Vereinigten Staaten wie Mubarak in Ägypten, die saudische Königsfamilie, die anderen Golf-Scheichs, die Marokkaner einerseits und vorbehaltlose Opponenten wie Libyen, der Sudan oder die Mittelmächte wie Jordanien und Palästina anderseits) um Hilfe; die Vereinten Nationen schwankten in ihrer Politik; letztlich behielten die Vereinigten Staaten die Oberhand, und es kam zu einem verheerenden Krieg. Zwei zentrale Ideen aus der Vergangenheit wurden revitalisiert und sind noch immer im Spiel: die des Rechts der Großmacht, ihre Ferninteressen bis zum Ernstfall der militärischen Intervention zu schützen; und die, daß schwächere Mächte auch schwächere Völker mit schwächeren Rechten, Moralen und Ansprüchen seien.

Daß die Wahrnehmungen und politischen Einstellungen von den Medien geformt und manipuliert wurden, war durchaus signifikant. Im Westen waren die Bilder der arabischen Welt seit 1967 stets reduktionistisch und grob rassistisch gewesen, wie ein Großteil der kritischen Literatur in Europa und den Vereinigten Staaten bestätigt hat. Und noch immer haben Filme und Fernsehserien, die Araber als »schmutzige Kameltreiber«, »Terroristen« und anstößig reiche »Scheichs« porträtieren, Konjunktur. Als sich die Medien hinter Präsident Bushs Anweisungen zusammenscharten, den amerikanischen *way of life* zu verteidigen und den Irak in die Schranken zu weisen, wurde wenig über die politischen, sozialen und kulturellen Verhältnisse in der arabischen Welt gesagt und gezeigt (die zu großen Teilen tief von den Vereinigten Staaten beeinflußt waren), Verhältnisse, für die sowohl die schreckliche Gestalt Saddam Husseins als auch bedeutende kulturelle Errungenschaften stehen, zum Beispiel der arabische Roman (dessen hervorragender Repräsentant, Naguib Mahfouz, 1988 den Nobelpreis zugesprochen erhielt) oder die vielen Institutionen, die in dem weiterlebten, was von der zivilen Gesellschaft übrig blieb. Obwohl es gewiß zutrifft, daß die Medien weitaus besser für den Umgang mit Karikatur und Sensation gerüstet sind als für die Entzifferung der leisen Zeichen von Kultur und Gesellschaft, ist der tiefere Grund für diese Mißverständnisse die imperiale Dynamik, vor allem ihre trennenden, essentialisierenden, reaktiven und Herrschafts-Tendenzen.

Selbstdefinition ist eine der Aufgaben, die sich allen Kulturen stellt; sie hat eine Rhetorik, sie hat Anlässe und Autoritäten (nationale Feste beispielsweise, Krisenzeiten, Gründerväter, Grundtexte usw.), und sie hat eine ganz eigene Zwanglosigkeit. Gleichwohl ist die Behauptung von Identität in einer Welt, die durch die Gebote elektronischer Kommunikation und die Bedingungen von Handel, Reisen, regionalen und Umwelt-Konflikten so eng zusammengeschlossen ist wie nie zuvor, keineswegs lediglich eine Frage des Zeremoniells. Besonders gefährlich erscheint mir, daß sie atavistische Leidenschaften mobilisieren kann, die Menschen in eine frühere imperialistische Zeit zurückversetzt, als der Westen und seine Gegner Tugenden übten und sogar verkörperten, die sozusagen nicht als Tugenden ausersehen waren, sondern für den Krieg.

Ein vielleicht triviales Beispiel für diesen Atavismus fand sich in einer Kolumne im *Wall Street Journal* vom 2. Mai 1989, geschrieben von Bernard Lewis, einem der in den USA arbeitenden älteren Orientalisten. Lewis mischte sich in die Debatte über die Veränderung des »westlichen Kanons« ein. Gegen Studenten und Professoren an der Stanford University, die dafür gestimmt hatten, die Lehrpläne so umzugestalten, daß sie mehr Texte von Nicht-Europäern und Frauen umfaßten, verfocht Lewis – der sich als Experte für den Islam äußerte – die Extremposition, daß, »wenn die westliche Kultur tatsächlich weichen muß, eine Reihe von Dingen mit ihr weichen und andere an ihre Stelle treten werden«. Niemand hatte etwas derart Lächerliches gesagt wie »die westliche Kultur muß weichen«, aber Lewis verstieg sich zu der bemerkenswerten These, da eine derartige Modifikation der Lektürelisten einer Abdankung der westlichen Kultur gleichkäme, sei die unausweichliche Folge die Wiederherstellung der Sklaverei, der Polygamie und der Kinderheirat. Dem fügte er noch hinzu, die »Neugier für andere Kulturen«, die er einzig im Westen am Werke sieht, werde ebenfalls ihr Ende finden.

Diese Argumentation, symptomatisch und ziemlich grotesk, ist nicht nur ein Hinweis auf ein geblähtes westliches Ausschließlichkeitsgefühl, was kulturelle Leistungen betrifft, sondern auch auf eine beschränkte, nahezu hysterisch antagonistische Wahrnehmung des Rests der Welt. Wer behauptet, daß Sklaverei und Bigamie wiederkehren würden, der schließt die Möglichkeit aus, daß außerhalb des Westens irgendein Fortschritt über Tyrannei und Barbarei hinaus erzielt werden konnte oder könnte. Anstatt die Interdependenz verschiedener Geschichten *von*einander und die notwendige Interaktion zeitgenössischer Gesellschaften *mit*einander zu bekräftigen, arbeitet die rhetorische Trennung von Kulturen auf einen mörderischen imperialen Wettstreit zwischen ihnen hin – die Tragödie ist wieder und wieder erzählt worden.

Ein anderes Beispiel ereignete sich Ende 1986, im Zusammenhang mit der Sendung einer Fernsehserie mit dem Titel *The Africans*. Ursprünglich von der BBC in Auftrag gegeben und überwiegend auch finanziert, war das Drehbuch von einem hervorragenden Fachmann, Professor für politische Wissenschaften an der University of Michigan, Ali Mazrui, verfaßt worden, einem muslimischen Kenianer, dessen Kompetenz und Glaubwürdigkeit außer Frage standen. Mazruis Serie beruhte auf zwei Prämissen: erstens, daß zum ersten Mal in einer von westlichen Darstellungen Afrikas beherrschten Geschichte (um den Ausdruck aus Christopher Millers Buch *Blank Darkness* zu benutzen, einem Diskurs, der bis in die geringfügigste Verästelung hinein völlig afrikanistisch ist[40]) ein Afrikaner sich selbst und Afrika vor einem westlichen Publikum präsentierte, und zwar vor eben dem Publikum, dessen Gesellschaften mehrere Jahrhunderte lang Afrika ausgeplündert, kolonisiert und versklavt hatten; zweitens, daß die afrikanische Geschichte aus drei Elementen oder, in Mazruis Sprache, konzentrischen Kreisen besteht: der Erfahrung des heimischen Afrika, der Erfahrung des Islam und der Erfahrung des Imperialismus.

Zuerst revozierte das National Endowment for the Humanities seine finanzielle Unterstützung für die Sendung der Dokumentation, obwohl die Serie bereits auf PBS lief. Dann zog *The New York Times*, die führende amerikanische Zeitung, nach und attackierte die Serie in verschiedenen Artikeln (14. September, 9. und 26. Oktober 1986) des (damaligen) Fernsehkorrespondenten John Corry. Corrys Einlassungen als unsinnig oder halb-hysterisch zu bezeichnen, wäre keine Übertreibung. Im wesentlichen bezichtigte er Mazrui »ideologischer« Gewichtungen wie der, daß er an keiner Stelle Israel erwähnte (für eine Sendereihe über die Geschichte Afrikas mag Mazrui Israel durchaus als nichtrelevant betrachtet haben) und daß er die Missetaten des westlichen Kolonialismus gewaltig überzeichnet habe. Corrys Polemik rieb sich an Mazruis »moralischen und politischen Ordinaten«, ein besonderer Euphemismus, der unterstellte, daß Mazrui im Grunde ein skrupelloser Propagandist sei, um seine Angaben über die Zahl der Opfer beim Bau des Suezkanals, die Zahl der im algerischen Befreiungskrieg Getöteten usw. mit dem Verdacht der Täuschung zu überziehen. Da war also wirklich ein Afrikaner, der, hierzulande und zur besten Fernsehzeit, den Westen dessen zu beschuldigen wagte, was er angerichtet hatte, und so eine für geschlossen erachtete Akte wieder öffnete. Daß Mazrui überdies positiv über den Islam sprach, daß er eine durchaus sichere Beherrschung »westlicher« historischer Methoden und politischer Rhetorik an den Tag legte – das alles lief der wiederhergestellten imperialistischen Ideologie zuwider, für die Corry vielleicht unabsichtlich sprach. Und in deren Mittelpunkt stand das Axiom, daß Nicht-Europäer nicht ihre

Auffassungen von der Geschichte Europas und Amerikas und davon ausbreiten sollten, wie diese Geschichten auf die Kolonien übergriffen; wenn sie es doch taten, dann mußte entschlossen Einspruch erhoben werden.

Das ganze Erbe dessen, was man metaphorisch als die Spannung zwischen Kipling, der letztlich nur die Politik des Imperiums im Auge hatte, und Fanon bezeichnen könnte, der hinter die auf den klassischen Imperialismus folgenden nationalistischen Anmaßungen zu schauen versuchte, ist verhängnisvoll gewesen. Berücksichtigen wir, daß es, angesichts der Diskrepanz zwischen der europäischen Kolonialmacht und den kolonisierten Gesellschaften, eine Art historischer Notwendigkeit gab, aufgrund derer der koloniale Druck einen antikolonialen Widerstand erzeugte. Was mich hier beschäftigt, ist, wie der Konflikt sich Generationen später in abgeschwächter und deshalb um so gefährlicherer Weise fortsetzt, dank einer unkritischen Gleichschaltung von Intellektuellen und Institutionen der Macht, die das Grundschema der früheren imperialistischen Geschichte wiederholt. Das läuft, wie ich bereits angemerkt habe, auf eine Politik der Schuldzuweisung und eine drastische Beschneidung des Materials hinaus, das Intellektuellen und Kulturhistorikern zur Prüfung und Bewertung vorgelegt wird.

Was ergibt die Inventur der Strategien, die unser Bewußtsein davon, wie Vergangenheit und Gegenwart des imperialen Konflikts miteinander interagieren, schärfen und vertiefen können? Das scheint mir von unmittelbarer Bedeutung zu sein. Ich möchte das in aller Kürze mit zwei Beispielen erläutern.

Von einigen Jahren hatte ich eine Zufallsbegegnung mit einem arabisch-christlichen Geistlichen, der, wie er erzählte, in die Vereinigten Staaten gekommen war, um eine dringliche und unangenehme Mission zu erfüllen. Da ich selbst durch Geburt zufällig Mitglied der kleinen Minderheit bin, um die er sich kümmerte – die arabisch-christlichen Protestanten –, war ich sehr an seiner Meinung interessiert. Seit ca. 1860 hat es eine protestantische Gemeinde gegeben, die mehrere in der Levante verstreute Sekten umfaßte und weitgehend das Ergebnis imperialen Wettstreits um Konvertiten und Abkömmlinge des alten osmanischen Imperiums war, hauptsächlich in Syrien, im Libanon und Palästina. Mit der Zeit bildeten diese – presbyterischen, evangelischen, episkopalischen, baptistischen – Kongregationen eigene Identitäten, Traditionen und Institutionen aus, die alle und ausnahmslos eine ehrenhafte Rolle in der Phase der arabischen Renaissance spielten. Etwa 110 Jahre später schienen die europäischen und amerikanischen Synoden und Kirchen, die die frühen missionarischen Anstrengungen autorisiert, ja tatkräftig unterstützt hatten, das ganze Problem erneut und ohne Vorwarnung wieder aufzugreifen. Es war ihnen klargeworden, daß das östliche Christentum in Wirklichkeit von der Griechisch-Orthodoxen Kirche repräsentiert wurde (aus der, wie festgehalten werden sollte, die überwältigende Mehrzahl der levantinischen Konvertiten zum Protestantismus kam – die christlichen Missionare des 19. Jahrhunderts waren bei der Bekehrung von Muslimen und Juden erfolglos geblieben). Jetzt, nämlich in den Jahren um 1980, ermutigten die westlichen Oberhäupter der arabischen protestantischen Gemeinden ihre Akkolyten, wieder in den Schoß der orthodoxen Kirche zurückzukehren. Es war die Rede von Entzug der finanziellen Unterstützung und der Auflösung der Kirchen und Schulen. Die missionarischen Oberhirten hätten vor hundert Jahren einen Fehler gemacht, als sie die östlichen Christen von der Mutterkirche losrissen. Jetzt sollten sie heimkehren.

Für meinen geistlichen Freund war das eine wahrhaft drastische Empfehlung. Was mich jedoch am meisten beeindruckte, war die Art und Weise, wie er seine Argumentation führte. Folgendes wollte er in Amerika seinen ekklesiastischen Oberhirten sagen: er könne zwar die neuerdings verfochtene Doktrin verstehen, daß der moderne Ökumenismus im allgemeinen eher die Auflösung kleiner Sekten zugunsten der Großgemeinde anstreben solle, als diese Sekten zu ermutigen, unabhängig von der Mutterkirche zu bleiben. Was ihn aber erschreckend imperialistisch und ganz auf Machtpolitik gegründet anmute, sagte er, sei die rabiate Mißachtung, die mehr als ein Jahrhundert arabischen Protestantismus ausstreiche, so als habe es ihn gar nicht gegeben. Sie scheinen nicht zu merken, sagte mein tief betroffener Freund zu mir, daß wir, während wir einst ihre Konvertiten und Zöglinge waren, in Wirklichkeit mehr als ein Jahrhundert lang ihre Partner gewesen sind. Wir haben unsere eigene Integrität entwickelt und in unserer Sphäre unsere eigene arabisch-protestantische Identität, aber spirituell zugleich in ihrer Sphäre gelebt. Wie können sie von uns erwarten, daß wir unsere neuzeitliche Geschichte, die eine autonome Geschichte ist, einfach auslöschen? Wie können sie sagen, daß der Fehler, den sie vor einem Jahrhundert begangen haben, heute durch einen einzigen Federstrich in London oder New York bereinigt werden kann?

Man sollte sich vor Augen halten, daß diese bewegende Geschichte eine Erfahrung von Imperialismus betrifft, die im wesentlichen eine Erfahrung von Sympathie und Kongruenz, nicht von Antagonismus, Verstimmung und Widerstand ist. Der dringende Appell einer der beiden Parteien galt den Werten wechselseitigen Austauschs. Zwar hatte es ehedem Oberhaupt und untergeordnetes Glied gegeben, aber auch Dialog und Kommunikation. In dieser Geschichte läßt sich, wie ich meine, die Macht vernehmen, Aufmerksamkeit zu schenken oder vorzuenthalten, eine Macht, die für Interpretation und für Politik gleich folgenreich ist. Die westlichen missionarischen Autoritäten hatten stillschweigend vorausgesetzt, daß die Araber dem, was ihnen gegeben worden war, etwas Wertvolles hatten entnehmen können. Aber in einem Verhältnis historischer Abhängigkeit und Subordination fiel alles Geben der einen Hand zu, war der Wert hauptsächlich auf einer Seite. Gegenseitigkeit galt im Grunde als ausgeschlossen.

Der zweite Sachverhalt, auf den ich hinweisen möchte, läßt sich ebenfalls durch ein Beispiel belegen. Eines der kanonischen Themen der modernen Geistesgeschichte ist die Entwicklung dominanter Diskurse und fachlicher Traditionen auf den Hauptgebieten wissenschaftlicher, sozialer und kultureller Untersuchung gewesen. Ohne daß ich von Ausnahmen wüßte, sind dabei die Paradigmen einzig aus westlichen Quellen gezogen worden. Foucaults Werk ist ein Beispiel, auf einem anderen Feld das von Raymond Williams. Ich bin den genealogischen Entdeckungen dieser beiden erstaunlichen Gelehrten in beträchtlicher Sympathie verbunden und ihnen zu großem Dank verpflichtet. Für beide aber ist die imperiale Erfahrung irrelevant, ein theoretisches Versäumnis, das in westlichen Kultur- und Wissenschaftsdisziplinen die Norm ist, ausgenommen gelegentliche Studien zur Geschichte der Anthropologie – wie Johannes Fabians *Time and the Other* und Talal Asads *Anthropology and the Colonial Encounter* – oder zur Entwicklung der Soziologie wie Brian Turners *Marx and the End of Orientalism*.[41] Ein Teil der Bestrebung, die hinter meinem Buch *Orientalism* stand, war es, die Abhängigkeit dessen, was als unbeschwerte und apolitische Kulturanalyse in Erscheinung trat, von einer ziemlich schmutzigen Geschichte der imperialistischen Ideologie und kolonialistischen Praxis zu zeigen.

Ich will jedoch gestehen, daß ich ebenso bewußt versucht habe, mein Unbehagen an den Mauern der Leugnung zu bekunden, die um politische Untersuchungen gezogen worden waren, die sich als pragmatische fachspezifische Unternehmungen ausgegeben haben. Welche Wirkung mein Buch auch gehabt haben mag, sie würde nicht eingetreten sein, wenn es nicht eine gewisse Bereitschaft der jüngeren Forschergeneration im Westen und in der einstigen Kolonialwelt gegeben hätte, einen unbefangenen Blick auf ihre kollektiven Geschichten zu werfen. Trotz

der Gegenklagen, die auf ihre Anstrengungen folgten, sind viele bedeutsame revidierende Werke erschienen. (In Wirklichkeit begannen sie bereits vor hundert Jahren zu erscheinen, während des Widerstandes gegen das Imperium in der ganzen nicht-westlichen Welt.) Viele dieser
neueren Arbeiten, die ich in diesem Buch an anderer Stelle erwähne,
sind schon deshalb wertvoll, weil sie über die verdinglichten Polaritäten
Ost *versus* West hinausgreifen sowie intelligent und konkret die heterogenen und häufig merkwürdigen Entwicklungen zu erhellen suchen,
die den sogenannten Welthistorikern ebenso zu entgehen pflegten wie
den Orientalisten der Kolonialzeit, die dazu neigten, eine gewaltige
Fülle von Materialien unter schlichten und generalisierenden Gesichts-
punkten zusammenzupferchen. Zu den beachtenswerten Beispielen
zählen hier Peter Grans Studie zu den islamischen Wurzeln des modernen Kapitalismus in Ägypten, Judith Tuckers Forschungen zur ägyptischen Familien- und Dorfstruktur unter dem Einfluß des Imperialismus, Hanna Batatus monumentales Werk über die Bildung moderner
staatlicher Institutionen in der arabischen Welt und S. H. Alatas große
Arbeit *The Myth of the Lazy Native*.[42]

Doch nur wenige Autoren haben sich mit der komplexen Genealogie
der zeitgenössischen Kultur und Ideologie auseinandergesetzt. Einen
bemerkenswerten Anstoß dazu hat das kürzlich veröffentlichte Werk
einer indischen Doktorandin an der Columbia University gegeben,
einer gebildeten Forscherin und Lehrerin für englische Literatur, die
den politischen Ursprüngen der modernen Anglistik nachgespürt und
sie in signifikantem Maße aus dem System der Kolonialerziehung erschlossen hat, das im Indien des 19. Jahrhunderts den Einheimischen
auferlegt wurde. Das Buch von Gauri Viswanathan, *The Masks of Conquest*, ist insgesamt ungewöhnlich aufschlußreich, besonders wichtig
aber ist seine Grundeinsicht: daß nämlich das, was üblicherweise als
»Disziplin« vorgestellt wurde, die ganz und gar für die britische Jugend
gedacht war, in Wirklichkeit von Kolonialverwaltern des frühen 19.
Jahrhunderts für die ideologische Befriedung einer potentiell aufständischen indischen Bevölkerung entworfen und dann zu verwandten
Zwecken nach England reimportiert worden war.[43] Das Beweismaterial
ist, wie ich meine, unbestreitbar und frei von »Nativismus«, einer besonders zähen Fessel postkolonialer Forschung. Was aber am wichtigsten
ist: Die Studie annonciert eine neue, vielschichtige Archäologie der
Erkenntnis, unterhalb der Oberfläche und Textualität dessen, was wir
Literatur, Historie, Kultur und Philosophie nennen. Die Implikationen
sind schwerwiegend und führen uns weit weg von routinisierten Polemi-

ken gegen die Überlegenheit des Westens über nicht-westliche Lebensmodelle.

Es führt kein Weg an der Wahrheit vorbei, daß die gegenwärtige ideologische und politische Konstellation den alternativen Kriterien intellektueller Arbeit, die ich im folgenden vorschlage, nicht günstig ist. Allerdings steckt eine resistente, vielleicht letztlich subjektive Komponente oppositioneller Energie im intellektuellen oder kritischen Beruf selbst, und man muß darauf bauen, sie zu mobilisieren, besonders wenn kollektive Leidenschaften mit Bewegungen für patriotische Herrschaft und nationalistischen Zwang verbunden scheinen, selbst bei Studien und in Wissenschaftsdisziplinen, die einen humanistischen Anspruch erheben. Indem wir ihnen entgegentreten und sie herausfordern, sollten wir uns für das einzusetzen versuchen, was wir von anderen Kulturen und Epochen wahrhaft verstehen können.

Für einen geschulten Vertreter komparatistischer Literaturwissenschaft, eines Fachs, das programmatisch der Engstirnigkeit und dem Provinzialismus entgegenarbeitet und das verschiedene Literaturen und Kulturen kontrapunktisch zusammenschaut, liegt in dem Einspruch gegen reduktiven Nationalismus und sturen Dogmatismus bereits eine bemerkenswerte Investition: Es war der Vorsatz komparatistischer Literaturwissenschaft von Beginn an, den Blick über die eigene Nation hinauszuführen, die Landkarte zu studieren anstelle des kleinen Winkels, den die eigene Kultur, Literatur und Geschichte besetzt. Ich schlage vor, uns zunächst klarzumachen, was komparatistische Literaturwissenschaft ursprünglich war, als Vision und Praxis; ironischerweise ist das Studium »vergleichender Literatur«, wie wir noch sehen werden, in der Periode des europäischen Hochimperialismus entstanden und mit ihr verknüpft. Dann wollen wir aus der späteren Entwicklung der Komparatistik einen genaueren Eindruck davon gewinnen, was sie in der modernen Kultur und Politik zu leisten vermag, die weiterhin vom Imperialismus beeinflußt sind.

5. Die Verbindung von Imperium und säkularer Deutung

Schon lange vor dem Zweiten Weltkrieg – und bis in die frühen siebziger Jahre – war der Hauptstrom der Komparatistik in Europa und den Vereinigten Staaten von einem Forschungsstil bestimmt, der heute nahezu verschwunden ist. Das Merkmal dieses älteren Stils war, daß er im wesentlichen *scholarship* [Wissenschaft] war und nicht das, was wir heute *criticism* [Literaturkritik] zu nennen gewohnt sind. Niemand ist heute noch ähnlich vielseitig gebildet, wie dies von Erich Auerbach und Leo Spitzer gilt, zwei der großen deutschen Komparatisten, die, beide Opfer des Faschismus, in den Vereinigten Staaten Zuflucht fanden. Während ein Komparatist von heute seine Qualifikation gewöhnlich mit Arbeiten über die Romantik zwischen 1795 und 1830 in Frankreich, England oder Deutschland unter Beweis stellt, hatte der Komparatist von gestern zunächst eine frühere Epoche studiert, dann eine lange Lehrzeit bei philologischen und wissenschaftlichen Experten an verschiedenen Universitäten absolviert und schließlich eine gründliche Kenntnis der meisten klassischen Sprachen, der alten europäischen Verkehrssprachen und ihrer Literaturen erworben. Der Komparatist des frühen 20. Jahrhunderts war ein *Philologe*, der, wie Francis Fergusson das in seiner Rezension von Erich Auerbachs *Mimesis* ausgedrückt hat, überaus beschlagen und in der Lage war, »unsere unnachgiebigsten ›Gelehrten‹« – diejenigen, die mit den ehrlichsten Gesichtern Anspruch auf wissenschaftliche Strenge und vollständige Ausschöpfung ihres Faches erheben – »schüchtern und nachlässig [aussehen zu lassen]«.[44]

Hinter solchen Forschern stand eine lange Überlieferung humanistischer Gelehrsamkeit, die sich dem Aufstieg einer säkularen Anthropologie verdankte – die eine Revolution in den philologischen Disziplinen einschloß –, wie wir sie mit dem späten 18. Jahrhundert und mit Gestalten wie Vico, Herder, Rousseau und den Gebrüdern Schlegel assoziieren. Die Grundlage *ihrer* Arbeit war die Überzeugung, daß die Menschheit ein wunderbares, nahezu symphonisches Ganzes bildete, dessen Fortschritt und Gestaltungsformen, wiederum als Ganzes, ausschließlich im Zeichen gemeinsamer historischer Erfahrung ermittelt werden konnten. Weil der »Mensch« die Geschichte gemacht hatte, gab es einen bestimmten hermeneutischen Weg des Studiums der Geschichte, der sich nach Intention und Methode von den Naturwissenschaften unterschied. Diese zentralen Einsichten der Aufklärung fanden weite Verbreitung und wurden in Deutschland, Frankreich, Italien, Rußland, der Schweiz und später auch England zustimmend aufgenommen.

Es ist keine Vulgarisierung der Geschichte, wenn man feststellt, daß ein Hauptgrund dafür, warum eine derartige Anschauung der menschlichen Kultur während der beiden Jahrhunderte zwischen 1745 und 1945 in Europa und Amerika die Regel wurde, der eindrucksvolle Aufstieg des Nationalismus in eben dieser Periode war. Die Wechselbeziehungen zwischen Wissenschaft (oder Literatur) und den Institutionen des Nationalismus sind noch nicht so ernsthaft untersucht worden, wie das eigentlich der Fall sein sollte; dennoch ist evident, daß die europäischen Denker, wenn sie Kultur oder Menschheit feierten, im wesentlichen Ideen feierten, die sie ihrer eigenen nationalen Kultur oder Europa im Unterschied zum Orient, zu Afrika oder gar beiden Amerika zuschrieben. Was meine Studie zum Orientalismus motivierte, war nicht zuletzt Kritik an der Art und Weise, wie der angebliche Universalismus von Fächern wie den klassischen Altertumswissenschaften (ganz zu schweigen von Geschichtsschreibung, Anthropologie und Soziologie) verfuhr, nämlich äußerst eurozentrisch, so als ob andere Literaturen oder Gesellschaften eine entweder mindere oder inzwischen erloschene Bedeutung hätten. (Sogar die Komparatisten in der geheiligten Tradition, die Auerbach und Curtius beflügelte, zeigten wenig Interesse an asiatischen, afrikanischen oder lateinamerikanischen Texten.) Und als der nationale und internationale Wettbewerb zwischen den europäischen Ländern im Laufe des 19. Jahrhunderts zunahm, stieg auch der Intensitätsgrad der Rivalität zwischen nationalen wissenschaftlichen Interpretationsmustern. Ernest Renans Polemik gegen die deutsche und die jüdische Tradition sind ein bekanntes Beispiel dafür.

Allerdings wurde der engstirnige, häufig schrille Nationalismus durch eine großzügige kulturelle Vision kompensiert, wie ihn die intellektuellen Ahnen von Curtius und Auerbach repräsentierten, Gelehrte, deren Ideen im vorimperialen Deutschland (möglicherweise zum Ausgleich für die politische Einheit, die dem Land nicht gelang) und wenig später in Frankreich keimten. Man faßte den Nationalismus als befristetes, sekundäres Problem auf. Was dagegen ins Gewicht fiel, war das Konzert der Menschen und Geister, das die schäbige politische Realität von Bürokratie, Armeen, Brauchtumsschranken und Fremdenfeindlichkeit übertönte. Aus dieser katholischen Tradition, auf die sich europäische Denker (im Gegensatz zu nationalen) in Zeiten schwerer Konflikte beriefen, erwuchs die Vorstellung, das vergleichende Studium von Literaturen könnte einen nationenübergreifenden Begriff literarischer Produktivität begründen.

Goethes Idee der *Weltliteratur* – ein Konzept, das zwischen der Vorstellung »großer Bücher« und einer vagen Synthese *aller* Literaturen der Welt schwankte – war zu Beginn des 20. Jahrhunderts professionellen Komparatisten durchaus geläufig. Ihr praktischer Gebrauch und ihre wirksame Ideologie aber legten unverändert fest, daß Europa den Weg wies und der Hauptinteressengegenstand war. Für große Gelehrte wie Karl Vossler oder De Sanctis ist es die Romania, die das Zentrum

der gewaltigen Gruppe weltweit produzierter Literaturen bildet: die
Romania untermauert Europa, so wie (auf merkwürdig regressive
Weise) die Kirche und das Heilige Römische Reich die Integrität des
Kerns europäischer Literaturen verbürgen. Und nicht zuletzt sei es ja die
Menschwerdung Christi, aus der die realistische westliche Literatur, so
wie wir sie kennen, hervorgehe. Diese hartnäckig vorgetragene These
erklärte Dantes oberste Bedeutung für Auerbach, Curtius, Vossler und
Spitzer.

Von komparativer Literaturwissenschaft zu sprechen meinte also,
von der Interaktion der Weltliteraturen untereinander zu sprechen,
doch das Gegenstandsfeld war epistemologisch in hierarchischer Weise
organisiert, mit Europa und seinen lateinisch-christlichen Literaturen
als Zentrum und Gipfel. Wenn Auerbach in einem zu Recht berühmten
Essay »Philologie der Weltliteratur«, der nach dem Zweiten Weltkrieg
entstanden ist, zur Kenntnis nimmt, wie viele »andere« Literaturspra-
chen und Literaturen aufgetaucht zu sein schienen (gleichsam aus dem
Nichts, er erwähnt weder Kolonialismus noch Dekolonialisierung), bereitet ihm die Aussicht auf das, was er widerstrebend anerkennt, mehr
Furcht als Vergnügen. Die Romania ist bedroht.[45]

Sicherlich hielten amerikanische Praktiker und akademische Fachbereiche das europäische Schema für nachahmenswert. Das erste amerikanische Department of Comparative Literature wurde 1891 an der Columbia University ins Leben gerufen, ebenso die erste Zeitschrift für
Komparatistik. Man halte sich vor Augen, was George Edward Woodberry – der erste Lehrstuhlinhaber dort – über seine Disziplin zu vermel-
den hatte:

»Die Erdteile wachsen zusammen und mit ihnen die Teilbereiche der Erkenntnis,
die sich langsam zu der einen Gelehrtenrepublik verbinden, die, über der Sphäre
der Politik und mit nicht mehr institutionellem Triebwerk als Tribunale von Juristen und Herrenkongressen, letztlich das wahre Band der Welt sein wird. Der moderne Gelehrte hat mehr als andere Bürger an den Wohltaten dieser Ausdehnung
und wechselseitigen Kommunikation teil, dieses Zeitalters, das gleichermaßen ein
Zeitalter der Expansion und der Konzentration in großem Maßstab ist, dieser
unendlich ausgedehnten und innigen Verschmelzung der Nationen miteinander
und mit der Vergangenheit; seine gewöhnliche mentale Erfahrung schließt mehr
an Gedächtnis seiner Rasse und Imagination seiner Rasse ein, als seinen Vorgängern eigen war, und sein Blick nach vorn und zurück erschließt ihm weitere Horizonte; er lebt in einer größeren Welt – er ist tatsächlich nicht mehr nur in der
Freiheit einer Stadt geboren, wie stattlich sie auch sein mag, sondern in der neuen
Bürgerschaft im heraufziehenden Staat, der – der dunklere oder hellere Traum al-

ler großen Gelehrten von Plato bis Goethe – ohne die Grenzen von Rasse oder Macht ist, wo vielmehr die Vernunft auf dem Thron sitzt. Das Wachsen und Werden des neuen Faches der Komparatistik ist ein Begleitumstand der Heraufkunft dieser neuen, größeren Welt und des Eintritts von Gelehrten in ihre Arbeit: das Studium wird seinen Lauf nehmen und strebt zusammen mit anderen konvergierenden Elementen seinem Ziel in der Einheit der Menschheit zu, die in den spirituellen Einheiten von Wissenschaft, Kunst und Liebe zu finden ist«.[46]

In dieser Rhetorik klingt ungebrochen und naiv der Einfluß von Croce und De Sanctis, der Ideen von Wilhelm von Humboldt nach. Es steckt jedoch eine gewisse altmodische Note in Woodberrys Rede vor »Tribunalen von Juristen und Herrenkongressen«, die von der »größeren Welt«, von der er spricht, Lügen gestraft wird. In einer Zeit der umfassendsten westlichen imperialen Hegemonie gelingt es Woodberry, diese dominierende politische Einheit zu ignorieren. Er ist sich nicht klar darüber, wie die »spirituellen Einheiten von Wissenschaft, Kunst und Liebe« mit den minder angenehmen Realitäten auskommen sollen, und noch weniger, wie von »spirituellen Einheiten« erwartet werden kann, daß sie der Fakten von Materialität, Macht und politischer Teilung Herr werden sollen.

Die akademische Tätigkeit auf dem Felde der Komparatistik folgte der Überzeugung, daß Europa und die Vereinigten Staaten gemeinsam das Zentrum der Welt bildeten, nicht nur kraft ihrer politischen Positionen, sondern auch deshalb, weil ihre Literaturen die einzig achtenswerten seien. Als Europa dem Faschismus erlag und die USA außerordentlich von den vielen emigrierten Gelehrten profitierten, die ins Land kamen, schlug nur wenig von deren Krisenbewußtsein hier Wurzeln. *Mimesis* beispielsweise, ein Buch, das geschrieben wurde, als Auerbach ins Exil nach Istanbul geflohen war, war nicht einfach eine Übung in Texterklärung, sondern – er sagt das in seinem Essay von 1952, auf den ich gerade angespielt habe – ein Dokument zivilisatorischen Überlebens. Für ihn hatte es den Anschein gehabt, daß es seine Aufgabe als Komparatist war, vielleicht zum letzten Mal die komplexe Entwicklung der europäischen Literatur in ihrer ganzen Vielgestaltigkeit von Homer bis Virginia Woolf zu präsentieren. Curtius' Buch über europäische Literatur und lateinisches Mittelalter war aus derselben peinigenden Angst entstanden. Doch wie wenig von diesem Geist überdauerte in den Tausenden akademischer Komparatisten, die von diesen beiden Büchern beeinflußt wurden! *Mimesis* wurde als bemerkenswerte analytische Leistung wahrgenommen, doch das Bewußtsein ihrer Mission versickerte in dem häufig trivialen Gebrauch, der davon gemacht wurde.[47]

Schließlich erschien in den späten fünfziger Jahren der Sputnik am
Himmel und verwandelte das Studium ausländischer Literaturen – und
der vergleichenden Literaturwissenschaft – in eine Unternehmung, die
direkt die nationale Sicherheit berührte. Der National Defense Education Act[48] schrieb die neue Konvention fest, der ein willfähriger Ethno-
zentrismus und ein verstecktes »Kaltes Kriegertum« Begleitschutz
gaben.

Wie *Mimesis* jedoch auf der Stelle enthüllt, hebt der Begriff der westlichen Literatur, der im innersten Gehege der Komparatistik wirkt, eine
bestimmte Idee von Geschichte hervor und dramatisiert sie, während er
gleichzeitig die politische und geographische Realität, die zu dieser Idee
ermächtigt, verdunkelt. Die Vorstellung von europäischer oder westlicher Literaturgeschichte, die darin und in anderen Werken der vergleichenden Literaturwissenschaft enthalten ist, ist ihrem Wesen nach idealistisch und auf unsystematische Weise hegelianisch. So ist das Prinzip
der Entwicklung, anhand derer die Romania angeblich ihre Dominanz
erworben hat, inkorporierend und synthetisch. Mehr und mehr Realität wird in eine Literatur eingeschlossen, die sich von den mittelalterlichen Chroniken zu den großen Gebäuden narrativer Fiktion im
19. Jahrhundert erweitert und ausdifferenziert – in den Werken von
Stendhal, Balzac, Zola, Dickens oder Proust. Jedes einzelne Werk in der
progredierenden Reihe markiert eine Synthese problematischer Elemente, die die klassische christliche Ordnung stören, wie sie denkwürdig in der *Divina Commedia* entfaltet ist. Klassenbildung, politische
Umwälzungen, Wandlungen der ökonomischen Strukturen und Organisationen, Kriege – alle diese Themen werden angesichts so großer Autoren wie Cervantes, Shakespeare und Montaigne ebenso wie einer
Schar geringerer Schriftsteller zu Strukturen verdünnt, die allesamt die
von Europa selbst repräsentierte beständige dialektische Ordnung bezeugen.

Die Heilsvision einer »Weltliteratur«, die im 20. Jahrhundert eine Art
Erlösungsstatus gewann, geht mit dem einher, was damals Theoretiker
der Kolonialgeographie sich ausmalten. In den Schriften von Halford
Mackinder, George Chisolm, Georges Hardy, Leroy-Beaulieu und
Lucien Febvre kommt eine sehr viel offenere, gleichermaßen metrozen-
trische und imperiale Einschätzung des Weltsystems zum Vorschein;
anstelle der Geschichte allein wirkten jetzt das Imperium und der
geographische Raum zusammen, um ein von Europa geleitetes »Welt-
Imperium« hervorzubringen. In dieser geographisch gefaßten Vision
(die zum größten Teil, wie Paul Carter in *The Road to Botany Bay* zeigt,

auf den kartographischen Ergebnissen tatsächlicher geographischer Erforschung und Eroberung beruht) ist freilich die nach wie vor verbindliche Überzeugung präsent, daß die europäische Vorrangstellung natürlich sei, die Kulmination dessen, was Chisolm verschiedene »historische
Vorteile« nennt, die es Europa erlaubten, sich über die »natürlichen Vorteile« der Regionen hinwegzusetzen, die es kontrollierte.[49] Febvres *La
Terre et l'évolution humaine* (1922), eine kraftvolle Enzyklopädie,
gleicht in ihrem utopischen Zuschnitt Woodberrys Weltbild.

Für ihr Publikum im späten 19. und beginnenden 20. Jahrhundert boten die großen geographischen Synthetiker technische Erklärungen für
verfügbare politische Tatbestände auf. Europa *lenkte* die Welt; die imperiale Landkarte *ermächtigte* zur kulturellen Scheidung. Für uns, ein
Jahrhundert später, erscheint die Koinzidenz oder Ähnlichkeit zwischen der einen Sicht eines Weltsystems und der anderen, zwischen
Geographie und Literaturgeschichte, interessant, aber fragwürdig. Was
sollen wir mit dieser Ähnlichkeit anfangen?

Zunächst bedarf sie, wie ich glaube, der *Artikulation* und der *Akti-
vierung*, die sich jedoch nur dann einstellen, wenn wir ernsthaft die Gegenwart und insbesondere die Schleifung der klassischen Imperien sowie die neue Unabhängigkeit Dutzender früher kolonisierter Völker
und Territorien in Betracht ziehen. Wir müssen sehen lernen, daß das
zeitgenössische globale Arrangement – sich überschneidende Territorien, verflochtene Geschichten – bereits in den Koinzidenzen und Kon-
vergenzen von Geographie, Kultur und Geschichte, die den Pionieren
der Komparatistik so wichtig erschienen, angelegt und vorgeprägt war.
Dann erst können wir sowohl den idealistischen Historismus, der das
komparatistische Schema einer »Weltliteratur« nährte, als auch die
konkrete imperiale Weltkarte desselben Zeitpunktes erfassen.

Das aber geht nicht ohne die Anerkennung ab, daß, was beiden gemeinsam bleibt, die Entfaltung von Macht ist. Die genuin tiefe Gelehrsamkeit von Menschen, die an Weltliteratur glaubten und sie ernst
nahmen, setzte das Privileg von im Westen ansässigen Beobachtern voraus, die die gesamte literarische Produktion tatsächlich mit einer Art
souveräner Gelassenheit überblicken konnten. Diesen Vorteil genossen
Orientalisten und andere Spezialisten der nicht-westlichen Welt – Anthropologen, Historiker, Philologen –, und er war, wie ich andernorts
zu zeigen versucht habe, verknüpft mit einem bewußt betriebenen imperialen Unternehmen.

Ein explizit geographisches Modell liefert Gramscis Essay »Einige
Aspekte der Frage des Südens«. Zu wenig gelesen und unzureichend er-

kundet, ist diese Studie das einzige durchgehaltene Stück politischer und kultureller Analyse, das Gramsci geschrieben hat (obwohl er es nicht fertigstellte); sie wendet sich dem geographischen Rätsel zu, das seinen Kameraden zum Handeln aufgegeben war, nämlich dem Rätsel, wie sich für Süditalien denken und planen und wie es sich studieren ließ, vorausgesetzt, daß seine soziale Desintegration es unverständlich und für ein Verständnis des Nordens zugleich ausschlaggebend machte. Gramscis brillante Analyse weist, wie ich glaube, weit hinaus über ihre taktische Bedeutung für die italienische Politik im Jahre 1926, denn sie markiert den Höhepunkt dessen, was er vor und bis 1926 geschrieben hatte, und ist überdies ein Präludium zu den *Gefängnisheften*, in denen er, im Gegensatz zu Georg Lukács, den territorialen, räumlichen und geographischen Faktoren des gesellschaftlichen Lebens ein überragendes Gewicht zumaß.

Lukács gehört zur hegelschen Tradition des Marxismus, Gramsci zu jenem Zweig, der von Vico und Croce ausging. Für Lukács ist die zentrale Kategorie in seinem Hauptwerk *Geschichte und Klassenbewußtsein* (1923) die der Zeitlichkeit; bei Gramsci werden soziale Geschichte und Wirklichkeit in geographischen Begriffen erfaßt – Ausdrücke wie »Terrain«, »Territorium«, »Block« und »Region« haben Vorrang und überwiegen. In »Das Problem des Südens« bemüht sich Gramsci nicht nur zu zeigen, daß die Trennung von nördlichen und südlichen Regionen ausschlaggebend für das Problem ist, wie in einer ausweglosen Situation von und mit der nationalen Bewegung der Arbeiterklasse verfahren werden soll; er ging überdies wählerisch in seiner Beschreibung der Topographie des Südens vor, die, wie er sagt, bemerkenswert ist für den grellen Gegensatz zwischen der großen, undifferenzierten Masse von Bauern auf der einen und der Präsenz von »Großgrundbesitzern«, bedeutenden Verlagshäusern und berühmten kulturellen Gebilden auf der anderen Seite. Croce, eine der wichtigsten Figuren Italiens, wird von Gramsci scharfsinnig als »südlicher Philosoph« charakterisiert, dem es leichter fällt, eine Beziehung zu Europa und zu Plato anzubahnen als zu seiner eigenen zerfallenden meridionalen Umwelt.

Das Problem ist deshalb, den Süden, dessen Armut und riesiges Arbeitskräftereservoir ihn für die nördliche Wirtschaftspolitik schwer erschließbar macht, mit einem Norden zu verbinden, der von diesem Reservoir abhängig ist. Gramsci formuliert seinen Vorschlag in einer Weise, die seine berühmte Kritik des Intellektuellen in den *Quaderni* vorwegnimmt: er konzentriert sich auf Piero Gobetti, der, ein Intellektueller, die Notwendigkeit eines Bündnisses des nördlichen Proletariats mit der südlichen Bauernschaft begriff, eine Strategie, die in scharfem Kontrast zu den Laufbahnen von Croce und Giustino Fortunato stand, und der Norden und Süden kraft seiner Fähigkeit, Kultur zu organisieren, zusammenschloß. Sein Werk »stellte die Frage des Südens auf einem anderen Gebiet als dem traditionellen [indem es den Süden nämlich nicht einfach zur zurückgebliebenen Region Italiens stempelte], und zwar dadurch, daß es das Proletariat des Nordens darin einführte«.[50] Diese Einführung aber, fährt Gramsci fort, konnte erst geschehen, als man sich erinnerte, daß die geistige Arbeit langsamer und in längeren Zeitrhythmen verläuft als die irgendeiner anderen sozialen Gruppe. Kultur muß (wie er in den *Quaderni* schreiben sollte) *sub specie aeternitatis* gesehen werden. Es verstreicht viel Zeit, bevor neue kulturelle Gebilde und Entwürfe auftauchen, und für diesen Prozeß sind Intellektuelle unerläßlich, die freilich auf viele Jahre der Vorbereitung und den Hort der Überlieferung angewiesen sind.

Ebenso begreift Gramsci, daß in der ausgedehnten Zeitspanne, während derer sich die korallenartige Herausbildung einer Kultur vollzieht, »Brüche organischen Charakters« erforderlich sind. Gobetti repräsentiert einen solchen Bruch, einen Sprung, eine Spaltung, die sich in den kulturellen Strukturen auftat, die die Nord-Süd-Diskrepanz in der Geschichte Italiens lange stützten und zementierten. Für Gramsci liegt Gobettis politische und soziale Bedeutung in der Frage des Südens – und es wirkt passend, daß der unvollendete Essay mit der Betrachtung Gobettis abrupt endet – darin, daß er das Bedürfnis nach einer gesellschaftlichen Formation hervorhebt, die auf »Bruch« und »Durchbruch« gegründet werden muß.

Das, was wir den Gobetti-Faktor nennen können, funktioniert wie ein belebendes Bindeglied, das die Beziehung zwischen der Entwicklung komparativer Literaturwissenschaft und dem Auftauchen einer imperialen Geographie zum Ausdruck bringt und repräsentiert, und zwar dynamisch und organisch. Von beiden Diskursen lediglich sagen, daß sie imperialistisch sind, heißt wenig darüber sagen, wo und wie sie stattfinden. Vor allem läßt es alles außer Betracht, was uns ermöglicht, sie *gemeinsam* zu artikulieren, als ein Ensemble, als etwas, das eine mehr als zufällige, konjunkturale, mechanische Beziehung hat. Zu diesem Zweck müssen wir die Beherrschung der nichteuropäischen Welt aus der Perspektive einer resistenten, graduell zunehmend herausfordernden Alternative ins Auge fassen.

Ohne bezeichnende Ausnahme saugen die universalisierenden Diskurse des modernen Europa und der Vereinigten Staaten das – bereitwillige oder ertrotzte – Schweigen der nichteuropäischen Welt auf. Es gibt Einverleibung; es gibt Inklusion; es gibt direkte Herrschaft; es gibt Zwang. Aber es gibt nur selten das Eingeständnis, daß die kolonisierten Völker gehört, daß ihre Ideen bekanntgemacht werden sollten.

Man kann durchaus argumentieren, daß die Produktion der westlichen Kultur selbst bis ins 20. Jahrhundert genau diese Voraussetzung teilte, sogar dann noch, als sich politischer Widerstand gegen die Macht des Westens in der »Peripherie« rührte. Deshalb und aufgrund dessen, wozu es führte, wird es jetzt möglich, das westliche Kulturarchiv als durch die imperiale Wasserscheide geographisch gebrochen neu zu interpretieren und eine ganz andere Art von Lektüre und Interpretation anzuregen. Westliche Kulturformen können aus den autonomen Gehegen, in denen sie Schutz genossen haben, herausgelöst und nun in das vom Imperialismus geschaffene dynamische Globalarrangement gestellt werden, das seinerseits als fortdauernder Widerstreit zwischen Nord und Süd, Metropole und Peripherie, Weißen und Nicht-Weißen überprüft werden muß. Auf diese Weise wird der Imperialismus als Prozeß sichtbar: als Bestandteil der großstädtischen Kultur, die das andauernde Geschäft des Imperiums selbst zuzeiten anerkennt, zu anderen Zeiten jedoch verdunkelt. Der springende Punkt ist, wie die nationalen britischen, französischen und amerikanischen Kulturen ihre Hegemonie über die Peripherien aufrechterhielten. Wie haben sie den Konsens in bezug auf die Herrschaft über Eingeborenenvölker und Territorien in der Ferne hergestellt und immer wieder konsolidiert?

Beginnen wir damit, das kulturelle Archiv nicht als univokes Phänomen neu zu lesen, sondern *kontrapunktisch*, mit dem Bewußtsein der Gleichzeitigkeit der metropolitanischen Geschichte, die erzählt wird, und jener anderen Geschichten, gegen die (und im Verein mit denen) der Herrschaftsdiskurs agiert. Im Kontrapunkt der klassischen Musik des Westens werden verschiedene Themen gegeneinander ausgespielt, wobei jedes einzelne ein zeitweiliges Privileg zugesprochen erhält; in der daraus resultierenden Polyphonie aber herrscht Einklang und Ordnung, ein organisiertes Wechselspiel, das aus den Themen erwächst, nicht aus einem strengen melodischen oder formalen Prinzip außerhalb des Werkes. Auf dieselbe Weise können wir, wie ich glaube, beispielsweise englische Romane lesen und interpretieren, deren (gewöhnlich unterschlagene) Auseinandersetzung etwa mit West-Indien oder Indien durch die spezifische Geschichte von Kolonisierung, Widerstand und schließlich Eingeborenen-Nationalismus geformt, ja vielleicht sogar bestimmt ist. An diesem Punkt tauchen abweichende oder neue Erzählungen auf und werden zu institutionalisierten oder in Diskursen stabilisierten Einheiten.

Es sollte deutlich sein, daß die imperialistische Unternehmung nicht von einem einzigen überwölbenden theoretischen Diskurs gelenkt wird, und es sollte ebenso deutlich sein, daß das Prinzip von Herrschaft und Widerstand, das auf der Scheidung des Westens vom Rest der Welt beruht, sich überall als Sprung und Bruch bemerkbar macht. Dieser Bruch zog die vielen lokalen Konflikte, Überschneidungen und wechselseitigen Abhängigkeiten in Afrika, Indien und anderswo in den Peripherien in Mitleidenschaft, jede anders, jede mit eigentümlicher Dichte von Verbänden und Formen, eigenen Motiven, Werken, Institutionen und – von unserem Standpunkt als Wiederlesende besonders wichtig – eigenen Möglichkeiten und Bedingungen von Erkenntnis. Für jeden Schauplatz, auf dem sich die Auseinandersetzung vollzieht, das imperialistische Modell zerlegt wird und seine einverleibenden, universalisierenden und totalisierenden Codes unwirksam und unanwendbar werden, beginnt sich ein besonderer Typus von Forschung und Erkenntnis herauszubilden.

Ein Beispiel dafür wäre etwa das Studium von Orientalismus oder Afrikanismus und, um einen verwandten Sachverhalt zu nennen, das von Engländer- und Franzosentum. Derlei Fragestellungen ergeben sich aus der Zusammenarbeit zwischen afrikanischer Geschichtsforschung und Afrika-Studien in England oder zwischen französischer Geschichtsforschung und der Reorganisation des Wissens während des Ersten Kaiserreiches. In einem wichtigen Verstande setzen wir uns mit der Bildung kultureller Identitäten auseinander, die nicht als Essentialisierungen aufgefaßt werden (obwohl ein Teil ihres fortdauernden Reizes darin liegt, daß sie Essentialisierungen zu sein scheinen und als solche betrachtet werden), sondern als kontrapunktische Phänomene, denn es ist nun einmal so, daß Identität nicht aus sich selbst und ohne Widerparts, Negationen und Oppositionen existiert: Griechen brauchen Barbaren, Europäer brauchen Afrikaner, Orientalen usw. Das Gegenteil ist sicherlich ebenso richtig. Sogar die Mammut-Kontroversen unserer eigenen Zeit über Essentialisierungen wie »der Islam«, »der Westen«, »der Orient« usw. lassen besondere Strukturen der Einstellung und Referenz zu, und sie erfordern sorgfältige Untersuchung.

Betrachtet man einige der größeren metropolitanischen Kulturen – beispielsweise die Englands, Frankreichs und der Vereinigten Staaten – im geographischen Kontext ihrer Kämpfe um (und für) Imperien, so wird eine distinktive kulturelle Topographie offenkundig. Beim Gebrauch des Ausdrucks »Strukturen der Einstellung und Referenz« habe ich diese Topographie vor Augen, ebenso wie Raymond Williams' Schlüsselbegriff »Gefühlsstrukturen«. Ich spreche über die Art und Weise, wie Strukturen der Lage und der geographischen Referenz in den kulturellen Sprachen von Literatur, Geschichte oder Ethnographie in Erscheinung treten, manchmal auf dem Wege der Anspielung, manchmal sorgfältig ausgeführt, und zwar durch Bündelung mehrerer individueller Werke, die sonst in keinerlei Beziehung zueinander oder zur offiziellen Ideologie des »Imperiums« stehen.

In der britischen Kultur beispielsweise läßt sich, bei Spenser, Shakespeare, Defoe und Austen, eine gewisse konsistente Bemühung beobachten, den sozial erwünschten, machtbewehrten Raum im großstädtischen England oder in Europa zu situieren und ihn durch Entwurf, Triebkraft und Entwicklung mit entlegenen oder peripheren Welten (Irland, Venedig, Afrika, Jamaika), die als erwünscht, aber zweitrangig vorgestellt werden, zu verbinden. Und zusammen mit diesen streng aufrechterhaltenen Referenzen treten Einstellungen zutage – zu Herrschaft, Kontrolle, Profit, Erweiterung und Schicklichkeit –, die sich mit erstaunlicher Kraftentfaltung vom 17. bis zum Ende des 19. Jahrhunderts vertiefen und verstärken. Diese Strukturen erwachsen nicht aus einer Art präexistentem (halb-verschwörerischem) Vorsatz, den die Autoren dann manipulieren, sondern sie sind eng mit der Entwicklung der kulturellen Identität Großbritanniens verwoben, nämlich damit, wie sich diese Identität in einer geographisch erfaßten Welt selbst vorstellt. Ähnliche Strukturen lassen sich in der französischen und in der amerikanischen Kultur beobachten. Wir sind noch nicht so weit, daß wir sagen können, ob diese integralen Strukturen vorbereitende Anstalten für imperiale Kontrolle und Eroberung sind, ob sie solche Unternehmungen begleiten oder auf absichtliche oder unbedachte Weise ein Ergebnis imperialen Machtstrebens sind. Wir sind gerade erst in einem Stadium, wo wir nach der erstaunlichen Häufigkeit geographischer Verbindungen in den drei westlichen Kulturen Ausschau halten müssen, die weit entfernte Territorien beherrschten. Im zweiten Kapitel werde ich dieser Frage nachgehen und weitere Argumente dazu vorbringen.

Soweit ich diese »Strukturen der Einstellung und Referenz« richtig gedeutet und verstanden habe, war schwerlich irgendein Dissens, irgendeine Abweichung, irgendein Bedenken dagegen zu vernehmen; es bestand im Grunde Einstimmigkeit und Einmütigkeit, daß mindere Rassen beherrscht werden sollen, daß sie mindere Rassen *sind*, daß *eine* Rasse das Recht verdient und sich dauerhaft erworben hat, als die Rasse betrachtet zu werden, deren Hauptaufgabe es ist, über ihr eigenes Dominium hinaus zu expandieren. Es ist möglicherweise peinlich, daß bestimmte Teile und Mitglieder der großstädtischen Kulturen, die seither zu Vorreitern in den sozialen Konflikten der Gegenwart geworden sind, damals klaglos in diesen imperialen Konsensus einstimmten. Mit wenigen Ausnahmen war sowohl die Frauen- als auch die Arbeiterbewegung proimperialistisch. Und während man sich sonst immer mühen muß nachzuweisen, daß unterschiedliche Sensibilitäten, Ideen, Vorstellungsgaben und Philosophien am Werk waren und daß jedes Werk der Literatur oder Kunst ein Einzelfall ist, bestand in dieser Hinsicht Einmütigkeit: Das Imperium muß aufrechterhalten werden, und es *wurde* aufrechterhalten.

Eine neue Lektüre und Deutung der wichtigsten Texte metropolitanischer Kulturen wäre nicht möglich gewesen ohne die Widerstandsbewegungen, die sich allenthalben in den Randzonen gegen das Imperium richteten. Im dritten Kapitel stelle ich die Behauptung auf, daß alle diese lokalen Zeichen antiimperialen Kampfes durch ein neues globales Bewußtsein miteinander verbunden sind. Heute haben Schriftsteller und Gelehrte aus der einstmals kolonialisierten Welt ihre verschiedenen Geschichten den großen kanonischen Texten des europäischen Zentrums auferlegt und ihnen ihre lokalen Geographien einbeschrieben. Und aus diesen einander überschneidenden, wenn auch diskrepanten Interaktionen beginnen die neuen Deutungen und Erkenntnisse hervorzugehen. Man braucht sich nur der Umwälzungen zu erinnern, die Ende der achtziger Jahre stattfanden – die Schleifung von Mauern, die Volksaufstände, der Drang über Grenzen hinweg, die bedrohlich näherrückenden Probleme von Einwanderer-, Flüchtlings- und Minderheitenrechten im Westen –, um zu sehen, wie obsolet die alten Kategorien, die scharfen Trennungen und die beruhigenden Autonomien geworden sind.

Dennoch ist es sehr wichtig einzuschätzen, wie diese Einheiten aufgebaut wurden, und zu verstehen, wie beharrlich sich beispielsweise die Idee einer ungehinderten englischen Kultur ihre Autorität und ihre Macht erwarb, sich überseeischen Territorien aufzudrängen. An diesem Unterfangen arbeitet bereits eine ganze neue Generation von Gelehrten und Intellektuellen aus der Dritten Welt.

Hier ist ein Wort der Vorsicht und der Vernunft angebracht. Eines der Themen, die ich aufgreife, ist das unsichere Verhältnis von Nationalismus und Befreiung. Im wesentlichen ist es richtig, daß die Schaffung sehr vieler jüngst in die Unabhängigkeit entlassener Nationalstaaten in

der postkolonialen Welt Erfolg bei der Wiederaufrichtung des Primats
dessen gehabt hat, was »imagined communities« [»eingebildete Gemeinschaften«] genannt worden ist, Gemeinschaften, die von Autoren
wie V. S. Naipaul und Conor Cruise O'Brien parodiert und bespöttelt,
von einer Schar von Diktatoren und Provinztyrannen ausgeplündert
und in staatliche Nationalismen eingekapselt worden sind. Dennoch
trägt das Bewußtsein vieler Gelehrter und Intellektueller der Dritten
Welt einen oppositionellen Stachel, besonders (aber nicht ausschließlich) bei denen, die Verbannte, Expatriierte, Flüchtlinge und Immigran-
ten im Westen sind (viele von ihnen sind Erben der Arbeit, die von Expatriierten im frühen 20. Jahrhundert geleistet worden ist, etwa George
Antonius und C. L. R. James). Ihr Versuch einer Verknüpfung von Erfahrungen diesseits und jenseits der imperialen Trennscheide, einer
Überprüfung der großen Kanons und der Hervorbringungen einer kritischen Literatur kann nicht von den wiedererwachenden Nationalismen, Despotismen und Ideologien kooptiert werden – und ist im
allgemeinen auch nicht kooptiert worden –, die das Befreiungsideal zugunsten der nationalistischen Unabhängigkeitswirklichkeit verraten haben. Überdies sollte ihre Arbeit als Bestandteil von Bestrebungen gesehen werden, die sie mit Minderheiten und »unterdrückten« Stimmen in
der Metropole selbst verbinden: Feministinnen, afrikanisch-amerikanischen Schriftstellern, Intellektuellen, Künstlern u. a. Doch auch hier
sind Wachsamkeit und Selbstkritik von hoher Bedeutung, weil jede oppositionelle Anstrengung Gefahr läuft, institutionalisiert zu werden, so
wie Randständigkeit sich in Separatismus verwandeln und Widerstand
sich zum Dogma verhärten kann.

Da meine Hauptthemen hier eine Art Nachspiel und Fortsetzung von
Orientalism sind, das, genau wie das vorliegende Buch, in den Vereinigten Staaten geschrieben wurde, ist eine gewisse Aufmerksamkeit für die
kulturelle und politische Umwelt Amerikas am Platze. Die Vereinigten
Staaten sind kein gewöhnliches großes Land. Die Vereinigten Staaten
sind die letzte Supermacht, eine überaus einflußreiche und häufig inter-
venierende Macht – nahezu überall auf der Welt. Die Bürger und Intellektuellen der Vereinigten Staaten tragen eine besondere Verantwortung für das, was sich zwischen ihrem Land und dem Rest der Welt
abspielt, eine Verantwortung, die keineswegs durch den Hinweis entlastet oder erfüllt wird, daß die Sowjetunion, Großbritannien, Frankreich oder China schlechter waren oder sind. Richtig ist, daß wir in der
Tat für die Einflußnahme auf *dieses* Land verantwortlich sind. Also sollten wir zunächst gewissenhaft zur Kenntnis nehmen, daß und wie die

Vereinigten Staaten in Mittel- und Lateinamerika – um nur die eklatanten Fälle zu erwähnen – ebenso wie im Mittleren Osten, in Afrika und Asien die großen älteren Imperien abgelöst haben und zu *der* dominierenden auswärtigen Macht geworden sind.

Die Bilanz ist, genau besehen, nicht sonderlich gut. Es ist nach dem Zweiten Weltkrieg auf beinahe jedem Kontinent zu militärischen Interventionen der Vereinigten Staaten gekommen (und kommt weiterhin dazu), unter beträchtlicher nationaler Beteiligung, wie wir erst jetzt zu verstehen beginnen. Das alles ist, mit den Worten von William Appleman William, »empire as a way of life« – Imperialismus als Lebensstil. Die fortgesetzten Enthüllungen über den Krieg in Vietnam, über die amerikanische Unterstützung der »Contras« in Nicaragua, über die Krise im Persischen Golf sind lediglich ein Teil der Geschichte solcher Interventionen. Nur unzureichend wird beachtet, daß die Mittelost- und Mittelamerika-Politik der USA – ob sie nun eine geopolitische Öffnung unter den sogenannten Gemäßigten des Iran ausbeutet oder die sogenannten »Contra Freedom Fighters« dabei unterstützt, die gewählte, legale Regierung Nicaraguas zu stürzen, oder ob sie den saudischen und kuwaitischen Königsfamilien zu Hilfe kommt – nicht anders als imperialistisch genannt werden kann.

Selbst wenn wir zugeben müßten, wie das viele getan haben, daß die Außenpolitik der Vereinigten Staaten im Prinzip altruistisch und auf solch unanfechtbare Ziele wie Freiheit und Demokratie ausgerichtet ist, bleibt da noch immer viel Anlaß zu Skepsis. Wiederholen wir nicht als Nation, was Frankreich und Großbritannien, Spanien und Portugal, Holland und Deutschland vor uns getan haben? Und versuchen wir nicht, uns dennoch von den schmutzigeren imperialistischen Abenteuern auszunehmen, die unseren eigenen vorausgingen? Und liegt da nicht außerdem die Grundannahme vor, daß das Schicksal uns dazu bestimmt habe, die Welt zu lenken und zu beherrschen, ein Schicksal, das wir uns selbst, zur Bestärkung unseres Vorstoßes in die Wildnis, zugeschrieben haben?

Kurzum, wir sehen uns mit der dringlichen, tief verstörten und verstörenden Frage nach unserem Verhältnis zu anderen konfrontiert – anderen Kulturen, Staaten, Geschichten, Erfahrungen, Traditionen, Völkern und Geschicken. Es gibt keinen archimedischen Punkt jenseits dieser Frage, von dem aus sie sich beantworten ließe; es gibt dafür kein vernünftiges Kriterium außerhalb der Wirklichkeit der Beziehungen zwischen Kulturen, zwischen ungleichen imperialen und nicht-imperialen Mächten, zwischen uns und anderen; niemand hat das epistemologi-

sche Privileg der Beurteilung, Bewertung und Deutung der Welt, die frei
wären von den belastenden Interessen und Engagements der Beziehungen selbst. Wir sind sozusagen *innerhalb* dieser Verbindungen, nicht
außerhalb und jenseits davon. Und es obliegt uns als Intellektuellen,
Humanisten und Kritikern, die Vereinigten Staaten im Kontext der Nationen und der Macht von *innen* zu verstehen, aus dem Zentrum ihrer
Wirklichkeit, als Teilnehmende, nicht als neutrale Beobachter, die, mit
Yeats treffender Formulierung, wie Oliver Goldsmith bedächtig an den
Honigtöpfen des Geistes saugen.

Zeitgenössische Werke der neueren europäischen und amerikanischen Anthropologie spiegeln diese Rätsel und Verwirrungen in sym-
ptomatischer Weise wider: daß nämlich kulturelle Praxis und intellektuelle Tätigkeit ein ungleiches Kräfteverhältnis zwischen dem von
draußen kommenden westlichen Ethnographen-Beobachter und den
»primitiven«, jedenfalls verschiedenen, aber fraglos schwächeren und
weniger entwickelten nicht-europäischen, nicht-westlichen Gesellschaften stiften. In *Kim* extrapoliert Kipling die politische Bedeutung
dieses Verhältnisses und verkörpert sie in der Figur des Colonel Creighton, eines Ethnographen im Dienst des Survey of India, der überdies
Chef des britischen Geheimdienstes in Indien ist, des »Großen Spiels«,
in das der junge Kim hineingezogen wird. Die moderne westliche Anthropologie hat dieses prekäre Verhältnis häufig wiederholt und setzt
sich in neueren Arbeiten mit dem nahezu unüberwindlichen Widerspruch zwischen einer auf Macht gegründeten politischen Wirklichkeit
und dem wissenschaftlichen und humanen Bedürfnis auseinander, sich
dem Anderen hermeneutisch und sympathetisch mit nicht von Macht
geprägten Mitteln zu nähern.

Ob diese Versuche Erfolg haben oder fehlschlagen, ist eine weniger
interessante Frage als die, was sie auszeichnet, was sie ermöglicht: ein
genaues und peinlich berührtes Bewußtsein von dem alles durchdrin-
genden, allgegenwärtigen imperialen Wirkungszusammenhang. Ich
kenne in der Tat kein Verfahren, die Welt aus der Optik der amerikanischen Kultur zu erfassen (mit einer ganzen Geschichte von Ausrottung
und Einverleibung dahinter), ohne nicht gleichzeitig den imperialen
Kampf selbst zu erfassen. Das ist ein kulturelles Faktum von hoher politischer und interpretativer Bedeutung, das als solches in der kulturellen
und literarischen Theorie freilich nicht ernstgenommen und in kulturellen Diskursen gewöhnlich gemieden oder verschwiegen wird. Die kul-
turorientierten Dekonstruktivisten, Marxisten oder neuen Historiker
lesen heißt in der Regel Autoren lesen, deren politischer Wahrneh-

mungsradius und deren historischer Standort von einer Gesellschaft und Kultur bestimmt sind, die tief in imperiale Herrschaft verstrickt sind. Und doch wird die Verstrickung wenig bemerkt. Vielmehr hat man den Eindruck, daß die Interpretation fremder Kulturen, Texte und Völker sich in einem zeitlosen Vakuum vollzieht, das die Interpretation direkt einem von Bindung, Hemmung und Interesse freien Universalismus anheimgibt.

Wir leben natürlich in einer Welt nicht nur der Produkte, sondern auch der Repräsentation, und Repräsentationen – ihre Herstellung, Zirkulation, Geschichte und Deutung – sind das eigentliche Element aller Kultur. In einem Großteil neuerer Theorie wird das Problem der Repräsentation für zentral erachtet und doch nur selten in seinen politischen Kontext gestellt. Wir haben auf der einen Seite eine isolierte kulturelle Sphäre, die als frei und offen für schwerelose theoretische Spekulation und Forschung gilt, und auf der anderen eine politische Sphäre, in der sich angeblich der reale Interessenkonflikt abspielt. Für den Kulturtheoretiker – den Humanisten, den Kritiker, den Gelehrten – ist nur eine Sphäre relevant, genauer, es gilt als ausgemacht, daß die beiden Sphären getrennt sind, während sie in Wahrheit nicht nur miteinander verbunden, sondern im Grunde ein und dieselbe sind.

In dieser Trennung hat sich eine radikale Verfälschung verfestigt. Kultur wird von allen Verfilzungen mit Macht entlastet, Darstellungen und Repräsentanzen werden für apolitische Bilder genommen, die wie so viele Austauschgrammatiken zergliedert und konstruiert werden können, und die Scheidung der Gegenwart von der Vergangenheit erscheint als unantastbar und komplett. Und doch ist diese Scheidung, weit davon entfernt, eine neutrale oder zufällige Wahl zu sein, in ihrer realen Bedeutung ein Akt der Komplizität, die Bevorzugung eines maskierten oder systematisch gereinigten textuellen Modells vor einem eher offensiven Modell, dessen Hauptzüge in der Auseinandersetzung mit der Frage des Imperiums selbst zusammenwachsen.

Ich will das anders ausdrücken und dabei Beispiele benutzen, die jedermann vertraut sind. Wenigstens ein Jahrzehnt lang hat es in den Vereinigten Staaten eine durchaus ernsthafte Debatte über die Bedeutung, die Inhalte und die Ziele liberaler Erziehung gegeben. Diese Debatte wurde hauptsächlich, wenn auch nicht ingesamt von der Universität stimuliert, und zwar nach den Unruhen der sechziger Jahre, als zum ersten Male in diesem Jahrhundert deutlich wurde, daß Struktur, Autorität und Tradition des amerikanischen Erziehungswesens von marodierenden Energien bedrängt wurden, die durch sozial und intellektuell ge-

steuerte Provokationen freigesetzt worden waren. Die neueren Tendenzen im akademischen Leben und die Kraft dessen, was Theorie genannt
wird (eine Rubrik, in der Disziplinen wie Psychoanalyse, Linguistik
und Nietzschesche Philosophie zusammengefaßt wurden, die aus den
traditionellen Fachbereichen wie Philologie, Moralphilosophie und
Naturwissenschaften ausgegrenzt worden waren), erwarben sich Beachtung und Ansehen; sie schienen die Autorität und Stabilität der etablierten Bildungskanons, die festgefügten Fachbereiche, dauerhaften
Beglaubigungsverfahren, die Forschung und die intellektuelle Arbeitsteilung zu untergraben. Daß all das im gemäßigten und genau um-
schriebenen Terrain der kulturell-akademischen Praxis gleichzeitig mit
den großen Anti-Kriegs-Protesten geschah, war nicht zufällig, sondern
eine genuine politische und intellektuelle Konjunktion.

Es ist eine bemerkenswerte Ironie, daß die in der Metropole begonnene Suche nach einer neuerlich bestärkten, zurückgewonnenen Tradition auf die Erschöpfung der Moderne folgt und verschiedentlich als
Postmoderne oder, wie ich früher, Lyotard zitierend, sagte, als Verlust
der legitimierenden Kraft der großen westlichen Erzählungen von
Emanzipation und Aufklärung begriffen wird. Denn gleichzeitig wird
die Moderne in den einst kolonisierten Regionen wiederentdeckt, wo
Widerstand, die Logik des Wagemuts und die Überprüfung jahrhunder-
tealter Traditionen (*al-Turath* in der islamischen Welt) gemeinsam den
Ton angeben.

Eine bestimmte Reaktion des Westens auf die neuen Konjunktionen
ist gründlich reaktionär gewesen: die Anstrengung, alte Autoritäten
und Kanons wieder einzusetzen, die Bemühung, zehn, zwanzig oder
dreißig westliche Bücher wieder auf den Thron zu heben, ohne deren
Kenntnis man im Westen kein Gebildeter sein kann. So hat man die Rhetorik des militanten Patriotismus geschürt.

Es ist aber auch eine andere Reaktion möglich, auf die sich hier zu-
rückzukommen lohnt, weil sie eine wichtige theoretische Chance enthält. Die kulturelle Wirklichkeit, ja jede kulturelle Form ist radikal und
ihrem Wesen nach hybrid. Und wenn es im Westen seit Immanuel Kant
verbreitete Praxis gewesen ist, Kultur und Ästhetik aus dem weltlichen
Dominium zu isolieren, so scheint es jetzt an der Zeit, sie wieder damit
zu verbinden. Das ist keine einfache Sache, zumal es, wie ich glaube, seit
dem späten 18. Jahrhundert das Substanzzeichen der westlichen Erfahrung gewesen ist, nicht nur den Herrschaftsbereich auszudehnen und
die Hegemonie zu verstärken, sondern auch Kultur und Lebenswirklichkeit strikt voneinander zu scheiden. Entitäten wie Rassen und Natio-

nen, Essenzen wie Engländertum oder Orientalismus, Produktionswei-sen wie die asiatische oder die abendländisch-kapitalistische – sie alle stellen meiner Meinung nach eine Ideologie unter Beweis, deren kultu-relle Gegenstücke der tatsächlichen Akkumulation imperialer Territo-rien weltweit vorausgehen.

Die meisten Historiker des Imperialismus sprechen vom »Zeitalter des Imperiums« in dem Sinne, daß sie seinen förmlichen Beginn auf etwa 1878 datieren, mit dem »Wettlauf um Afrika« einsetzend. Ein ge-nauerer Blick auf die kulturelle Wirklichkeit enthüllt eine sehr viel äl-tere, tiefere und hartnäckig verfochtene Auffassung europäischer Hege-monie. Wir können ein kohärentes, voll ausgearbeitetes System von Ideen bereits gegen Ende des 18. Jahrhunderts lokalisieren, und darauf folgt eine Reihe gewichtiger Entwicklungen wie die ersten großen Er-oberungen unter Napoleon, der Aufstieg des Nationalismus und des europäischen Nationalstaates, die Anfänge einer weitflächigen Indu-strialisierung und die Konsolidierung der Macht im Bürgertum. Das ist überdies die Periode, in der die Romanform und die neue historische Er-zählung zu Leitgattungen werden und in der die Bedeutung der Subjek-tivität für die historische Zeit fest verankert wird.

Und dennoch haben die meisten Kulturhistoriker und sicherlich alle Literaturwissenschaftler es versäumt, die *geographische* Festlegung, die theoretische Vermessung und Kartographie des Territoriums zu beden-ken, die der Literatur des Westens sowie der Geschichtsschreibung und dem philosophischen Diskurs der Zeit zugrunde liegen. Zunächst ist da die Autorität des europäischen Beobachters – des Reisenden, Händlers, Gelehrten, Historikers oder Romanautors. Dann gibt es die Hierarchie der Räume, die das großstädtische Zentrum und allmählich auch die metropolitanische Ökonomie in Abhängigkeit von einem überseeischen Netz territorialer Kontrolle, wirtschaftlicher Ausbeutung und sozio-kultureller Vision sehen läßt; andernfalls wären Stabilität und Prosperi-tät zu Hause – wobei »Zuhause« ein Ausdruck mit kräftigem, tiefem Unterton ist – unmöglich. Das vollkommene Beispiel für das, was ich meine, findet sich in Jane Austens *Mansfield Park*, einem Buch, in dem Thomas Bertrams Sklavenplantage in Antigua auf mysteriöse Weise un-abdingbar ist für die Ruhe und Schönheit von Mansfield Park, einem Ort, der, im moralischen und ästhetischen Sinne, weit vor dem »Wett-lauf um Afrika« oder vor dem offiziellen Beginn des »Zeitalters der Im-perien« beschrieben wird. John Stuart Mill hat das in seinen *Principles of Political Economy* so ausgedrückt:

»Sie [unsere überseeischen Territorien] können kaum als Länder, die mit anderen
Ländern Warenaustausch betreiben, sondern eher als getrennt liegende, Landwirt-
schaft oder Gewerbe treibende Niederlassungen angesehen werden, die zu einem
größeren Gemeinwesen gehören. Zum Beispiel können die englischen westindischen Kolonien nicht als Länder mit eigenem produktiven Kapital angesehen werden [sondern eher als eine Region], wo England die Durchführung seiner Zucker-,
Kaffee- und anderer Kolonialwarenerzeugung für gut befindet.«[51]

Man lese diese Passage im Zusammenhang mit Jane Austen, und es beginnt sich ein gewiß minder freundliches Bild abzuzeichnen als das der
Kulturkonventionen im vorimperialistischen Zeitalter. Bei Mill vernehmen wir den erbarmungslosen Eigentümer-Tonfall des weißen Herrn,
der es gewohnt ist, die Arbeit und das Leiden von Millionen von Sklaven
abzuschöpfen, die über die »middle passage« herangeschafft wurden;
sie sind reduziert auf einen Warenstatus »zum Nutzen der Eigentümer«.
Die Kolonien lassen sich, so Mill, schwerlich als irgend etwas anderes
denn als »vorteilhafte« Ressource betrachten, eine Einstellung, die
Austen bestätigt, die in *Mansfield Park* das Siechtum der Karibik zu
einem halben Dutzend beiläufiger Hinweise auf Antigua verdünnt. Und
genau dasselbe Verfahren läßt sich bei anderen kanonischen Autoren in
Großbritannien und Frankreich beobachten. Kurzum, die Metropole
zieht ihre Autorität in bemerkenswertem Grade sowohl aus der Entwertung als auch aus der Ausbeutung der Kolonialbesitzungen. (Nicht
zufällig hat Walter Rodney 1972 seiner großen Abhandlung zur Dekolonisierung den Titel *How Europe Underdeveloped Africa* gegeben.)

Die Autorität des Beobachters und der geographischen Zentrallage
Europas wird schließlich von einem kulturellen Diskurs gestützt, der
die nicht-europäische Welt auf einen rassisch, kulturell und ontologisch
sekundären Status verweist und beschränkt. Allerdings und paradoxerweise ist diese Zweitklassigkeit wesentlich für die Erstklassigkeit des
Europäers. Das ist die von Césaire, Fanon und Memmi enthüllte Paradoxie, und es ist nur eine der zahlreichen Ironien der modernen kritischen Theorie, daß sie von den Erforschern der Aporien der Lektüre
und Deutung selten untersucht worden ist, vielleicht deshalb, weil sie
den Nachdruck weniger darauf legt, *wie* zu lesen ist, sondern eher auf
das, *was* gelesen und *worüber* geschrieben und reflektiert wird. Es ge-
reicht Conrad zu hoher Ehre, daß er die authentische imperialistische
Melodie in einer komplexen und gebrochenen Prosa hat ertönen lassen
– ganz so wie man die Kräfte weltweiter Akkumulation und Herrschaft
mit einem selbstbestätigenden ideologischen Motor ausstattet (das,
was Marlow in *Herz der Finsternis* Effizienz im Hinblick auf eine Idee

dahinter nennt, die Eroberung der Erde nämlich, »die meistens darauf hinausläuft, daß man sie denen wegnimmt, die eine andere Hautfarbe oder etwas flachere Nasen haben«) und gleichzeitig einen Tarnschleier über den ganzen Prozeß legt, indem man vorschützt, daß Kunst und Kultur »damit« nichts zu tun haben.

Was man lesen und was man mit dieser Lektüre anfangen soll – das ist die Frage. Die Energien, die in die kritische Theorie, in entmystifizierende Konzepte wie Neue Geschichtswissenschaft, Dekonstruktivismus und Marxismus investiert wurden, haben den bestimmenden politischen Horizont der modernen westlichen Kultur gescheut, nämlich den Imperialismus. Diese massive Vermeidung hat kanonische Verfahren der Ein- und Ausschließung befestigt: Man schließt die Rousseaus, Nietzsches, Wordsworths, Dickens, Flauberts usw. ein, und gleichzeitig schließt man ihre Berührungen mit dem Geschäft des Imperiums aus. Warum aber ist das eine Frage, was zu lesen sei und worüber?

Deshalb, weil der kritische Diskurs die aufregende, vielgestaltige postkoloniale Literatur nicht zur Kenntnis genommen hat, die in den vergangenen beiden Jahrhunderten im Widerstand gegen die Expansion Europas und der Vereinigten Staaten entstanden ist. Austen zu lesen, ohne auch Fanon und Cabral – und so weiter und so weiter – zu lesen bedeutet, die moderne Kultur aus ihren Kontroversen und Verstrickungen zu lösen. Das ist ein Prozeß, der umgekehrt werden sollte.

Aber es sollte noch mehr getan werden. Kritische Theorie und historische Literaturwissenschaft haben die Hauptwerke der westlichen Literatur, Kunst und Philosophie neu interpretiert und neu bewertet. Ein Großteil davon ist anregende und kraftvolle Arbeit gewesen, obwohl man häufig eher den Eindruck einer Vertiefung und Verfeinerung hat als den einer säkularen und affiliierten Kritik. Eine solche Kritik setzt ein ziemlich starkes Gespür dafür voraus, daß und wie bewußt gewählte historische Modelle für sozialen und intellektuellen Wandel von Belang sind. Liest und deutet man jedoch die moderne europäische und amerikanische Kultur in ihrem Zusammenhang mit dem Imperialismus, dann muß man auch den Kanon im Lichte der Texte neu interpretieren, deren Ort unzureichend gewichtet worden ist im Verhältnis zur Expansion Europas. Anders ausgedrückt, dieses Verfahren gebietet eine Lektüre des Kanons als polyphone Begleitung zur Expansion Europas und gibt Autoren wie Kipling und Conrad eine revidierte Wertigkeit, Autoren, die meist zum Zeitvertreib gelesen worden sind, nicht im Zeichen ihrer manifest imperialistischen Thematik, die ein langes unterirdisches Vorleben im Werk von Autoren wie etwa Austen oder Chateaubriand hat.

Auch muß die theoretische Arbeit mit der Formulierung der Beziehung zwischen Imperium und Kultur beginnen. Es hat dazu zwar einige Pionierleistungen gegeben – Kiernans Schriften beispielsweise oder die von Martin Green –, aber die Bemühung ist nicht sonderlich intensiv gewesen. Die Dinge fangen jedoch an sich zu wandeln. Eine ganze Reihe von Arbeiten in anderen Disziplinen, eine Gruppe zumeist jüngerer Gelehrter und Kritiker – in den Vereinigten Staaten, in der Dritten Welt, in Europa – lassen sich zunehmend auf solche theoretischen und historischen Unternehmungen ein; viele davon scheinen in Fragen des imperialistischen Diskurses, der kolonialistischen Praxis usw. zu konvergieren. Theoretisch sind wir erst im Stadium des Versuchs einer Inventarisierung der *Interpellationsversuche* des Imperiums bei der Kultur, und noch sind die Ergebnisse ziemlich rudimentär. In dem Maße freilich, wie sich das Studium der Kultur auch auf die Massenmedien, die Volkskultur und die Mikropolitik ausdehnt, wird der Blick auf die Wirkungsweisen von Macht und Hegemonie schärfer.

Schließlich sollten wir uns vor den Prärogativen der Gegenwart als Wahrzeichen und Paradigmen für das Studium der Vergangenheit hüten. Wenn ich auf den Verbindungen zwischen Vergangenheit und Gegenwart, Imperialist und Imperialisiertem, zwischen Kultur und Imperialismus beharrt habe, dann nicht deshalb, um die Unterschiede zu verwischen oder zu verringern, sondern eher um ein nachdrückliches Gefühl für die wechselseitige Abhängigkeit der Dinge zu vermitteln. Imperialismus als Erfahrungsphänomen mit entscheidenden kulturellen Dimensionen ist so weitläufig und zugleich so detailliert, daß wir von sich überschneidenden Territorien, von ineinander verflochtenen Geschichten sprechen müssen, die Frauen und Männern, Weißen und Nicht-Weißen, Metropolen-Einwohnern und Bewohnern der Peripherien gemeinsam sind, der Vergangenheit nicht weniger als der Gegenwart und der Zukunft. Diese Territorien und Geschichten lassen sich allein aus der Perspektive der gesamten säkularen menschlichen Geschichte wahrnehmen.

Zweites Kapitel

DIE VERFESTIGTE VISION

»Wir nannten uns als Gruppe die
Eindringlinge; denn wir beabsichtigen,
in die anerkannten Erbhöfe der englischen Außenpolitik einzubrechen und
im Osten ein neues Volk aufzubauen,
trotz der Gleise, die uns von unseren
Vorfahren gelegt worden waren.«
T. E. Lawrence, *Die sieben Säulen
der Weisheit*

1. Erzählung und sozialer Raum

Nahezu überall in der britischen und französischen Kultur des 19. und beginnenden 20. Jahrhunderts finden sich Anspielungen auf die Tatsachen des Imperialismus, aber vielleicht nirgendwo mit größerer Regelmäßigkeit und Häufigkeit als im englischen Roman. Zusammengenommen bilden diese Anspielungen das, was ich eine Struktur der Einstellung und Referenz genannt habe. In *Mansfield Park*, jenem Buch, das im Rahmen von Jane Austens Gesamtwerk bedachtsam die Moral und die sozialen Werte definiert, die auch ihre anderen Romane prägen, sind durchgehend Verweise auf die überseeischen Besitzungen von Thomas Bertram eingewoben. Diese Besitzungen verleihen ihm seinen Wohlstand, bedingen seine Abwesenheiten, fixieren seinen sozialen Status zu Hause und »drüben« und begründen seine Wertvorstellungen, die letztlich auch Fanny Price (und Jane Austen selbst) gutheißt. Insofern *Mansfield Park* ein Roman über »ordination« [die Übernahme einer Pfarrei; hier synonym mit Eintritt ins Erwachsenenleben und sozialem Aufstieg] ist, wie Austen sagt, trägt das Recht auf Kolonialbesitz direkt zur sozialen Ordnung und zur Errichtung moralischer Prioritäten zu Hause bei. Bertha Mason, Rochesters gestörte Frau in *Jane Eyre*, ist ebenfalls eine Westinderin von übrigens bedrohlicher Präsenz, allerdings auf eine Dachkammer beschränkt. Thackerays Joseph Sedley in *Vanity Fair* ist ein indischer Nabob, dessen lärmendes Gebaren und ausschweifender (möglicherweise unverdienter) Reichtum von Beckys letztlich inakzeptabler Verschlagenheit kontrapunktiert werden, die ihrerseits einen starken Kontrast zu Amelias letztlich angemessen belohnter Schicklichkeit bildet; Joseph Dobbin ist gegen Ende des Romans in gelassener Heiterkeit in der Niederschrift einer Geschichte des Pandschab versunken. Der Frachter »Rose« in Charles Kingsleys *Westward Ho!* durchsegelt die Karibik mit Kurs auf Südamerika. In Dickens' *Great Expectations* ist Abel Magwitch der nach Australien verbannte Sträfling, dessen Wohlstand – in günstiger Entfernung von Pips Triumphen als Provinz-Schwerenöter, der in London als »gentleman« protzt – ironischerweise die großen Erwartungen möglich macht, die Pip hegt. In vielen anderen Romanen von Dickens unterhalten Geschäftsleute Verbindungen zum Imperium, Dombey und Quilp sind zwei bemerkenswerte Beispiele dafür. Für Disraelis *Tancred* und Eliots *Daniel Deronda* ist der Osten zum einen Teil Habitat eingeborener Völker (oder eingewanderter europäischer Volksgruppen), zum anderen Teil im Einflußbereich des Imperiums gelegen. Henry James' Ralph Touchett in *Portrait of a Lady* unternimmt Reisen in Algerien und Ägypten. Und wenn man schließlich zu Kipling, Conrad, Arthur Conan Doyle, Rider Haggard, R. L. Stevenson, George Orwell, Joyce Cary, E. M. Forster und T. E. Lawrence greift, bildet das Imperium da allenthalben den Hauptschauplatz.

Die Situation in Frankreich war anders, und zwar insofern, als die imperialistische Leitlinie Frankreichs im frühen 19. Jahrhundert sozusagen von der Kontinuität und Stabilität der englischen Politik selbst gestützt wurde. Die politischen Rückschläge und Kolonienverluste, die Besitzunsicherheit und die Wandlungen in der Philosophie, die Frankreich während der Revolution und der Napoleonischen Ära erlebte und erlitt, signalisierten, daß sein Imperium eine minder feste Präsenz und Identität in der französischen Kultur hatte. Bei Chateaubriand und Lamartine hört man zwar die Rhetorik imperialer Größe heraus; und in der Malerei, im historischen und philologischen Schrifttum, in Musik und Theater gibt es zwar oft lebhafte Reflexe von Frankreichs überseeischen Besitzungen. In der Kultur im großen und ganzen aber ist – bis nach der Jahrhundertmitte – nur selten jenes gewichtige, nahezu philosophische Pathos einer imperialen Mission zu spüren, das sich in Großbritannien findet.

Auch in Amerika gibt es, zeitgleich mit dem britischen und dem englischen, ein schwerwiegendes Korpus von Schriften, das eine scharf ausgeprägte imperiale Signatur zeigt, obwohl in seinem Zentrum paradoxerweise ein gegen die Alte Welt gerichteter wilder Anti-Kolonialismus steht. Man denke beispielsweise an den »Aufbruch in die Wildnis« der Puritaner und später an jene obsessive Besorgnis Coopers, Twains, Melvilles und anderer angesichts der Expansion der Vereinigten Staaten nach Westen, im Verein mit der Entwürdigung und Vernichtung amerikanischer Eingeborenenstämme im großen Stil (die von Richard Slotkin, Patricia Limerick und Michael Paul Rogin[1] untersucht worden ist); ein imperiales Motiv taucht auf, das sich mit dem europäischen zu rivalisieren anschickt.

Als Referenz, als Definitionsansatz, als leicht akzeptierter Ort von Reise, Wohlstand und Versorgung funktioniert das Imperium über weite Etappen des 19. Jahrhunderts als codifizierte, wiewohl nur beiläufig wahrnehmbare Lichtquelle in der Literatur, ganz ähnlich den Bediensteten in großen Haushalten und Romanen, deren Arbeit als selbstverständlich gilt, aber meist bloß erwähnt und selten untersucht wird (obwohl Bruce Robbins kürzlich darüber geschrieben hat[2]) und keinerlei Erhellung findet. Um eine weitere verblüffende Analogie zu zitieren: Imperiale Besitzungen sind ebenso nützlich *da*, anonym und kollektiv, wie die (von Gareth Stedman Jones[3] analysierten) Ausschußpopulationen der Wanderarbeiter, Teilzeitbeschäftigten, Saisonhandwerker; ihre Existenz zählt zwar, obwohl ihre Namen und Identitäten nicht zählen, sie sind gewinnbringend, ohne jedoch vollends gegenwärtig zu sein. Dies ist ein literarisches Äquivalent – in Eric Wolfs leicht selbstbelobigenden Worten – der »Menschen ohne Geschichte«[4], Menschen, von denen die im Imperium fundierte Ökonomie und Politik abhängen, die aber keinerlei historische oder kulturelle Beachtung finden.

In allen diesen Fällen sind die imperialen Tatsachen mit dauerhaftem Besitz, mit entlegenen und manchmal unbekannten Räumen, mit exotischen oder unangenehmen Menschenwesen, mit glück- und vermögensteigernden oder phantasierten Praktiken wie Auswanderung, Geldscheffelei und sexuellem Abenteurertum assoziiert. In Ungnade gefallene jüngere Söhne werden in die Kolonien geschickt, heruntergekommene ältere Verwandte wandern aus, um verlorene Vermögen wieder einzubringen (wie in Balzacs *Cousine Bette*), unternehmungslustige junge Reisende suchen sich dort ihre Ziele, um sich die Hörner abzustoßen und Exotica zu sammeln. Die Kolonialterritorien sind das Unterpfand unbegrenzter Möglichkeiten, und sie haben immer mit dem realistischen Roman in Verbindung gestanden. Robinson Crusoe ist undenkbar ohne die Kolonisierungsmission, die es ihm erlaubt, aus eigenem Ratschluß eine neue Welt in den Gefilden der afrikanischen, pazifischen und atlantischen Wildnis zu schaffen. Doch die meisten der großen realistischen Romanautoren des 19. Jahrhunderts sind in bezug auf koloniale Herrschaft und Besitzungen minder selbstgewiß als Defoe oder Schriftsteller wie Conrad und Kipling, zu deren Lebzeiten Wahlreformen und Massenbeteiligung an der Politik darauf hinwirkten, daß der imperiale Wettbewerb zu einem eher lästigen Problem zu Hause wurde. Im letzten Jahr des 19. Jahrhunderts und mit dem »Wettlauf um Afrika«, mit der Konsolidierung der französischen Union Impériale, der amerikanischen Annexion der Philippinen und der britischen Herrschaft über den indischen Subkontinent auf ihrem Höhepunkt war Imperialismus ein universales Projekt.

Zu bedenken gebe ich, daß die kolonialen und imperialen Realitäten von einer Kritik ignoriert wurden, die im übrigen gründlich und findig beim Aufspüren diskussionswürdiger Themen gewesen ist. Die wenigen Schriftsteller und Kritiker, die das Verhältnis von Kultur und Imperium erörtern – darunter Martin Green, Molly Mahood, John McClure und insbesondere Patrick Brantlinger –, haben zwar ausgezeichnete Arbeit geleistet, aber ihr Verfahren ist im wesentlichen narrativ und deskriptiv – Verweis auf die Bedeutung bestimmter historischer Konjunkturen, den Einfluß oder Fortbestand von Ideen zum Imperialismus –, und sie beziehen ein immenses Material ein.[5] Nahezu einhellig äußern sie sich kritisch über den Imperialismus, jenen Lebensstil, den William Appleman Williams als mit allen anderen Arten ideologischer Überzeugungen, sogar antinomischen, kompatibel beschreibt, weshalb es der imperialistische Ausgriff im Laufe des 19. Jahrhunderts »erforderlich machte, eine angemessene Ideologie zu entwickeln«, im Gleichtakt mit militärischen, ökonomischen und politischen Vorhaben. Das erst ermöglichte es, »das Imperium aufrechtzuerhalten und zu erweitern, ohne seine psychische, kulturelle oder ökonomische Substanz zu vergeuden«. Es gibt Hinweise im Werk dieser Forscher, daß der Imperialismus, um erneut Williams zu zitieren, höchst fragwürdige Selbstbilder erzeugt, beispielsweise das eines »wohltätigen, progressiven Polizeibeamten«.[6]

Doch diese Kritiker sind überwiegend deskriptiv und positivistisch verfahrende Schriftsteller, deren Beiträge sich auffallend von der Handvoll theoretischer und ideologiekritischer Werke unterscheiden – darunter Jonah Raskins *The Mythology of Imperialism*, Gordon Lewis' *Slavery, Imperialism and Freedom: Studies in English Radical Thought* und V. G. Kiernans *Marxism and Imperialism* sowie sein Hauptwerk, *The Lords of Human Kind*.[7] Alle diese Bücher, die marxistischer Kritik und ihren Prämissen viel verdanken, lenken das Augenmerk auf den zentralen Platz imperialistischen Denkens in der westlichen Kultur.

Niemand von diesen Autoren aber ist so einflußreich gewesen, wie das eigentlich nötig gewesen wäre, und zwar gerade bei der Veränderung unserer Anschauung der kanonischen Werke des 19. und 20. Jahrhunderts der europäischen Kultur. Bedeutende Praktiker dieser Kritik ignorieren den Imperialismus ganz einfach. Als ich kürzlich Lionel Trillings schönes kleines Buch über E. M. Forster wiederlas, fiel mir auf, daß er in seiner sonst überaus scharfsichtigen Erörterung von *Howards End* das Phänomen des Imperialismus nicht einmal erwähnt, das allerdings schwer zu verfehlen, gar zu ignorieren ist. Immerhin sind Henry Wilcox und seine Familie koloniale Gummibarone: »Sie hatten den kolonialistischen Geist und waren stets auf der Suche nach irgendwelchen Stellen, wohin der weiße Mann seine Ladung unbeobachtet tragen konnte.«[8] Forster bringt dieses Faktum häufig in Gegensatz zu oder Verbindung mit den Veränderungen, die in England stattfinden, Veränderungen, die Leonard und Jacky Bast, die Schlegels und *Howards End* selbst berühren. Und da ist der noch überraschendere Fall von Raymond Williams, dessen *Culture and Society* die imperialistische Lebenspraxis überhaupt nicht zur Kenntnis nimmt. (Als Williams in einem Interview aufgefordert wurde, sich dazu zu äußern, weil der Imperialismus »nichts Sekundäres oder Äußerliches war – er war absolut konstitutiv für das ganze Wesen der politischen und sozialen Ordnung Englands, [...] der springende Punkt«[9] –, antwortete er, daß seine walisische Erfahrung, die ihn eigentlich befähigt haben sollte, die imperialistische Lebenspraxis zu reflektieren, zu der Zeit, als er *Culture and Society* schrieb, noch »sehr unausgebildet« gewesen sei.[10])

Warum kam es zu diesen Defiziten? Und wie wurde die Zentralstellung der imperialistischen Vision von der Kultur registriert, die sie hervorbrachte, sie dann bis zu einem gewissen Grade verschleierte, aber auch von ihr transformiert wurde? Wenn man selbst einen kolonialen Herkunftshintergrund hat, ist das Thema Imperialismus natürlich das ausschlaggebende, und man wird ebenfalls darauf stoßen, wenn man zufällig ein engagierter Kritiker der europäischen Literatur ist. Ein indischer oder afrikanischer Anglist liest beispielsweise *Kim* oder *Herz der Finsternis* mit einer kritischen Dringlichkeit, wie sie ein amerikanischer oder britischer nicht leicht spüren wird. Wie aber können wir das Verhältnis von Kultur und Imperialismus jenseits der Beteuerungen persönlicher Zeugenschaft formulieren? Daß ehemalige Kolonialuntertanen als Interpreten des Imperialismus und seiner großen kulturellen Werke sich zu Wort melden, hat dem Imperialismus eine merkliche, um nicht zu sagen aufdringliche Identität als Thema für Studium und Revision verliehen. Doch wie kann diese besondere Art von postimperialer Zeugenschaft, die gewöhnlich in die Randzonen des kritischen Diskurses verwiesen wird, in aktiven Kontakt mit gegenwärtigen theoretischen Bestrebungen gebracht werden?

Imperiale Belange als konstitutiv für die Kultur des modernen Westens aufzufassen meint, diese Kultur, wie ich vorgeschlagen habe, aus der Doppelperspektive des antiimperialistischen Widerstands *und* der proimperialistischen Apologie zu betrachten. Was bedeutet das? Es bedeutet, daran zu erinnern, daß westliche Schriftsteller bis zur Mitte des 20. Jahrhunderts, ob Dickens und Austen oder Flaubert und Camus, mit einem ausschließlich westlichen Lesepublikum vor Augen schrieben, selbst dann, wenn sie Charaktere, Orte oder Situationen schilderten, die auf von Europäern in Besitz gehaltene überseeische Territorien

anspielten oder sie beschworen. Daß Austen in *Mansfield Park* auf Antigua und in *Persuasion* auf von der britischen Marine angelaufene Regionen ohne jeden Gedanken an mögliche Reaktionen der karibischen
oder indischen Ureinwohner Bezug nahm, ist für uns kein Grund, es ihr
nachzutun. Wir wissen jetzt, daß diese nicht-europäischen Völker die
über sie verhängte obrigkeitliche Gewalt oder das allgemeine Stillschweigen, das ihre Anwesenheit ebenso bekundete wie verdeckte, nicht
gleichgültig hinnahmen. Deshalb müssen wir die großen kanonischen
Texte, ja vielleicht das ganze Archiv der modernen und vormodernen
europäischen und amerikanischen Kultur mit dem Vorsatz lesen, alles,
was in solchen Werken stumm, nur marginal präsent oder ideologisch
verzerrt dargestellt ist, herauszustellen, zu bezeichnen und ihm Nachdruck und Stimme zu verleihen (ich habe vor allem Kiplings indische
Figuren vor Augen).

Praktisch bedeutet »kontrapunktisches Lesen« die Lektüre eines Textes mit wachem Verständnis für das, was im Spiele ist, wenn ein Autor
beispielsweise darlegt, daß eine koloniale Zuckerplantage wichtig für
die Aufrechterhaltung eines besonderen Lebensstiles in England ist. Anspielungen auf Australien in *David Copperfield* oder auf Indien in *Jane
Eyre* werden gemacht, weil sie *möglich sind*, weil die britische Macht
(und eben nicht die Phantasie des Romanautors) beiläufige Hinweise
auf diese Besitzergreifungen ermöglicht hat. Aber andere Lektionen
sind nicht weniger wahr: daß nämlich diese Kolonien später von direkter und indirekter Herrschaft befreit wurden, ein Prozeß, der begann
und sich entwickelte, während die Briten (oder Franzosen, Portugiesen,
Deutschen usw.) noch immer dort waren, obwohl er, im Gefolge der Unterdrückung des einheimischen Nationalismus, nur gelegentlich zur
Kenntnis genommen wurde. Entscheidend ist, daß eine kontrapunktische Lektüre beides in Rechnung stellen muß, den Imperialismus und
den Widerstand gegen ihn, und zwar indem wir die Lektüre der Texte
so erweitern, daß sie einschließt, was einst gewaltsam ausgeschlossen
worden war – in *L'Étranger* beispielsweise die ganze frühere Geschichte
des französischen Kolonialismus, die Zerstörung des algerischen Staates und die schließliche Gründung eines unabhängigen Algerien (der
sich Camus widersetzte).

Jeder Text hat seinen eigenen, besonderen Genius, genauso wie jede
geographische Region mit ihren jeweils eigenen sich überschneidenden
Erfahrungen und interdependenten Konfliktverläufen. Sofern die kulturelle Arbeit betroffen ist, läßt sich sinnvoll zwischen Partikularität und
Souveränität (oder hermetischer Exklusivität) unterscheiden. Es darf

freilich keine Lektüre die Identität eines besonderen Textes, Autors oder einer spezifischen Bewegung so verallgemeinern, daß sie erlischt. Auch muß sie zulassen, daß alles, was bei einem Werk oder Autor sicher war oder erschien, wieder strittig werden kann. Kiplings Indien in *Kim* hat eine Qualität von Dauerhaftigkeit und Unausweichlichkeit, die nicht zu diesem wunderbaren Roman gehört, sondern zu British India, seiner Geschichte, seinen Verwaltungsbeamten, Apologeten und, nicht weniger wichtig, zu dem Indien, das von indischen Nationalisten als ihr Land erkannt wurde, das zurückgewonnen werden mußte. Wenn wir uns diese Reihe von Druck- und Gegendruck-Phasen in Kiplings Indien vergegenwärtigen, verstehen wir den Prozeß des Imperialismus selbst und des späteren antiimperialistischen Widerstandes in dem Sinne, wie das große Kunstwerk sie einsetzt. Die Lektüre eines Textes muß ihn für das öffnen, was darin Eingang gefunden, *und* für das, wogegen sein Autor ihn abgedichtet hat. Jedes kulturelle Gebilde markiert eine Augenblicksvision, und wir müssen neben diese Vision die Revisionen stellen, die es später bewirkte – in diesem Falle die nationalistischen Erfahrungen im Indien nach der Unabhängigkeit.

Es gilt, die Strukturen einer Erzählung mit den Ideen, Konzepten und Erfahrungen zusammenzuschließen, an denen sie Rückhalt findet. Conrads Afrikaner beispielsweise stammen sozusagen ebensosehr aus einer riesigen Bibliothek zum *Afrikanismus* wie aus Conrads persönlichen Erlebnissen. *Direkte* Erfahrung oder Widerspiegelung der Dinge in der Sprache eines Textes gibt es nicht. Conrads Eindrücke von Afrika waren unausweichlich von Folklore und Literatur über Afrika beeinflußt, worauf er in *A Personal Record* hinweist. Was er in *Herz der Finsternis* vorlegt, ist das Ergebnis seiner Eindrücke von schöpferisch interagierenden Texten im Verbund mit den Erfordernissen und Konventionen der Erzählkunst, seiner eigenen Begabung und seiner Geschichte. Von dieser außerordentlich ergiebigen Mischung zu behaupten, daß sie Afrika »widerspiegelt«, oder gar, daß sie eine Erfahrung von und mit Afrika »widerspiegelt«, ist ebenso kleinmütig wie irreführend. Was wir in *Herz der Finsternis* vor uns haben – einem Werk von gewaltiger Wirkung, das viele Deutungen hervorgerufen hat –, ist ein politisiertes, ideologisch getränktes Afrika, das in mancher Hinsicht die imperialisierte Region mit den vielfältigen Interessen und Ideen war, die dort mit wilder Betriebsamkeit am Werk waren, aber eben keine photographisch genaue »Widerspiegelung« davon.

Das alles heißt vielleicht zu weit gehen, aber ich halte fest, daß *Herz der Finsternis* und sein Afrikabild, weit davon entfernt, »nur« Literatur zu sein, sehr eng in den »Wettlauf um Afrika« verwickelt, ja sogar ein organischer Teil davon ist, ein Wettlauf, der zeitgleich mit Conrads Niederschrift stattfand. Gewiß, Conrads Leserschaft war klein, und ebenso gewiß stand er dem belgischen Kolonialismus kritisch gegenüber. Für die Mehrzahl der Europäer indes war die Lektüre eines derart verfeinerten Textes wie *Herz der Finsternis* die einzige Chance, Afrika näherzukommen, und in diesem eingeschränkten Sinne war er Teil der europäischen Bemühung, an Afrika festzuhalten, über Afrika nachzudenken und dafür zu planen. Afrika darstellen heißt in den Kampf um Afrika eintreten, der wiederum zwangsläufig mit dem späteren Widerstand, der Entkolonisierung verbunden ist.

Literarische Werke, insbesondere solche, deren manifestes Hauptthema das Imperium ist, haben in einem so bedeutungsschweren, so dicht besetzten politischen Kontext einen seltsamen Anschein von Unordentlichkeit, ja Sperrigkeit. Aber trotz ihrer wunderbaren Komplexität verkörpern literarische Werke wie *Herz der Finsternis* Destillationen oder Vereinfachungen oder ein Bündel von Wahlentscheidungen eines Autors, die sehr viel weniger unordentlich und durchmischt sind als die Realität. Es wäre nicht zutreffend, sie für Abstraktionen zu halten, obwohl literarische Fiktionen wie *Herz der Finsternis* von ihren Urhebern so kunstvoll ausgeführt und von Lesern so mitfühlend nacherlebt werden, daß sie sich der Erzählform fügen, die als Folge davon, wie wir hinzufügen müssen, einen hochspezialisierten Eintritt in den Kampf um Afrika eröffnet.

Ein derart hybrider, unreiner und komplexer Text erheischt besondere Wachsamkeit, wenn er interpretiert wird. Der moderne Imperialismus war so allumfassend, daß ihm im Grunde nichts entging; außerdem dauert der Kampf des 19. Jahrhunderts um Imperien, wie bereits gesagt, heute noch an. Ob man sich nun entschließt, die leisen Allianzen zwischen kulturellen Texten und Imperialismus ins Auge zu fassen oder nicht, man wird eine Position beziehen, die tatsächlich *bezogen worden ist* – entweder die Verbindung untersuchen, um sie zu kritisieren und nach Alternativen Ausschau zu halten, oder sie nicht untersuchen, um sie ungeprüft und wahrscheinlich unverändert gelten zu lassen. Einer meiner Gründe dafür, das vorliegende Buch zu schreiben, ist der, zu zeigen, wie weit die Jagd nach, die Sorge um und das Bewußtsein von den überseeischen Dominien sich ausdehnten – nicht gerade bei Conrad, sondern bei Autoren wie Thackeray und Austen, an die wir in diesem Zusammenhang kaum einmal denken – und wie bereichernd und bedeutsam für den Kritiker dieses Material ist, nicht nur aus offensichtlichen politischen Gründen, sondern auch deshalb, weil diese besondere Aufmerksamkeit es ihm und dem Leser erlaubt, kanonische Werke des 19. und 20. Jahrhunderts mit neuerlich geschärftem Interesse zu interpretieren.

Kehren wir zu *Herz der Finsternis* zurück. Conrad markiert dort einen höchst suggestiven Ansatzpunkt, um diesen schwierigen Sachverhalten beizukommen. Es sei daran erinnert, daß Marlow römische Kolonisatoren auf merkwürdig scharfsichtige Weise mit ihren modernen »Gegenstücken« kontrastiert, indem er die spezielle Mischung von Macht, ideologischer Energie und praktischer Einstellung erhellt, die den europäischen Imperialismus charakterisiert. Die alten Römer, sagt er, waren »keine Kolonisten; ihre Administration saugte das Land aus, und nur das, vermute ich«. Sie waren Eroberer und wenig mehr. »Was uns dagegen rettet, ist unsere Tüchtigkeit – unsere Vergötterung der Tüchtigkeit«, anders als bei den Römern, die sich auf rohe Gewalt verließen, die schwerlich mehr ist als ein Zufall und die »Folge der Schwäche anderer«. Dagegen heute:

> »Die Eroberung der Erde, die meistens darauf hinausläuft, daß man sie denen wegnimmt, die eine andere Hautfarbe oder etwas flachere Nasen als wir haben, ist keine hübsche Sache, wenn wir ein bißchen genauer hinsehen. Was das Ganze erträglich macht, ist nur die Idee. Eine Idee dahinter: kein sentimentaler Vorwand, sondern eine Idee; und ein selbstloser Glaube an die Idee – etwas, woran man sich halten und vor dem man sich verneigen und dem man auch Opfer bringen kann ...«[11]

In dem Bericht von seiner großen Reise stromauf geht Marlow sogar noch weiter und macht einen Unterschied zwischen belgischer Habgier und (selbstredend) britischer Rationalität bei der Durchsetzung des Imperialismus.[12]

Errettung ist in diesem Zusammenhang ein aufschlußreicher Begriff. Sie hebt »uns« ab von den verdammten, verachteten Römern und Belgiern, deren Gier keinerlei Wohltaten weder für ihr Gewissen noch für die Länder und Leiber ihrer Untertanen bereithält. »Wir« sind gerettet, weil wir zunächst einmal die Resultate dessen, was wir tun, nicht direkt ins Auge fassen müssen; »wir« werden bekränzt und bekränzen uns selbst mit der praktischen Effizienz, mit der Land und Leute ausgeplündert werden; das Territorium und seine Einwohner werden von unserer Herrschaft einverleibt, die sich wiederum uns einverleibt, sofern wir effizient auf ihre Anforderungen reagieren. Weiter spricht Conrad, durch Marlow, von Erlösung – ein Schritt, der seiner Bedeutung nach weit

über Errettung hinausweist. Wenn die Errettung uns rettet, Zeit und
Geld spart und uns auch vor dem Ruin kurzfristiger Eroberung schützt,
dann dehnt die Erlösung diese Errettung ins geradezu Unermeßliche
aus. Erlösung findet man in der selbstrechtfertigenden Praxis einer Idee
oder Mission über lange Zeitspannen, in einer Struktur, die einen vollständig erfaßt, obwohl man sie, ironisch genug, selbst zur Macht
bringt, und die man gar nicht mehr näher untersucht, weil man sie für
selbstverständlich hält.

So faßt Conrad zwei verschiedene, aber eng miteinander verbundene
Aspekte von Imperialismus zusammen: die Idee, die auf der Macht beruht, sich ein Territorium anzueignen, eine in ihrer Wirkung und ihren
unmißverständlichen Konsequenzen völlig klare Idee; und die Praxis,
die das verschleiert oder verdunkelt, indem sie ein rechtfertigendes Regime sich selbst erhöhender, sich selbst begründender Autorität entwik-
kelt, die sich zwischen das Opfer des Imperialismus und den Täter
schiebt.

Wir würden die schreckliche Gewalt dieses Arguments verfehlen,
wenn wir es aus *Herz der Finsternis* zögen wie eine Botschaft aus der
Flasche. Conrads Argumentation ist der erzählerischen Form selbst einbeschrieben, in der Gestalt, wie er sie ererbte und sie praktizierte. Ich
gehe sogar so weit zu sagen: Ohne Imperium kein europäischer Roman,
wie wir ihn kennen. Und wenn wir die Impulse studieren, die ihn inspiriert haben, dann werden wir die mehr als beiläufige Konvergenz zwischen den Schemata der Erzählerautorität einerseits, die für den Roman
konstitutiv ist, und einer komplexen ideologischen Konfiguration andererseits erkennen, die der Tendenz zum Imperialismus zugrunde liegt.

Jeder Romanautor und jeder Kritiker oder Theoretiker des europäischen Romans bemerkt seinen institutionellen Charakter. Der Roman
ist grundlegend mit der bürgerlichen Gesellschaft verwoben; mit den
Worten von Charles Morazé: er begleitet die und ist ein Teil der Eroberung der westlichen Gesellschaft durch die, die er »les bourgeois
conquérants« nennt. Nicht minder bezeichnend ist, daß der Roman in
England durch *Robinson Crusoe* inauguriert wird, ein Werk, dessen
Protagonist eine neue Welt gründet, die er beherrscht und für die er
Christenheit und England in Dienst nimmt. Sicherlich, während hinter
Crusoe explizit eine Ideologie der überseeischen Expansion wirkt –
die nach Stil und Form direkt mit den Reiseerzählungen des 16. und
17. Jahrhunderts verwoben ist, die ihrerseits die Fundamente der gro-
ßen Kolonialimperien legten –, scheinen die wichtigsten Romane nach
Defoe und auch Defoes spätere Werke selbst nicht unmittelbar mit

überseeischen Abenteuern im Bunde zu stehen. Gewiß, *Captain Single-*
ton ist die Geschichte eines weitgereisten Piraten, der Indien und Afrika
kennt, und *Moll Flanders* gehorcht der Aussicht auf Erlösung der Heldin aus einem Verbrecherdasein, die ihr dann in der Neuen Welt zuteil
wird; bei Fielding, Richardson, Smollett und Sterne jedoch sind die Erzählformen nicht so eklatant mit dem Akt der Akkumulation überseeischer Reichtümer und Territorien verkoppelt.

Gleichwohl situieren diese Romanautoren ihr Werk in einem sorgfältig vermessenen, territorial größeren Britannien und leiten es daraus
her, und das hat allerdings mit dem zu tun, was Defoe vorausschauend
begann. Während nun bedeutende Untersuchungen zur englischen Literatur des 18. Jahrhunderts – von Ian Watt, Lennard Davis, John Richetti
und Michael McKeon – der Beziehung zwischen Roman und sozialem
Raum große Aufmerksamkeit gewidmet haben, ist die imperiale Perspektive sträflich vernachlässigt worden.[13] Das ist nicht einfach ein
Ausdruck der Unsicherheit, ob beispielsweise Richardsons minutiöse
Konstruktionen bürgerlicher Verführung und Habgier tatsächlich mit
britischen Truppenbewegungen gegen die Franzosen in Indien im Zusammenhang stehen, die zur gleichen Zeit stattfanden; zweifellos tun
sie das nicht in einem buchstäblichen Sinne. Aber es gibt da durchaus
gemeinsame Werte in bezug auf Wettbewerb, Überwindung von Hindernissen und Geduld beim Aufbau von Befehlsgewalt durch die Kunst
der langfristigen Allianzen von Prinzip und Profit. Mit anderen Worten,
wir brauchen ein kritisches Gespür dafür, auf welche Weise die großen
Räume in *Clarissa* oder *Tom Jones* zwei Sachverhalte zugleich bezeugen: die häuslich-heimische Begleitung zum imperialen Projekt der Präsenz und Kontrolle in Übersee und die praktische Schilderung von Expansion und Bewegung im Raum, der aktiv bewohnt und genossen werden muß, bevor Disziplin oder Grenzen anerkannt werden können.

Ich sage nicht, daß der Roman – oder die Kultur im weitesten Sinne
– den Imperialismus »verursachte«, sondern nur (und allerdings), daß
der Roman, als kulturelles Artefakt der bürgerlichen Gesellschaft, und
der Imperialismus ohne einander nicht denkbar sind. Der Roman ist
das jüngste der literarischen Hauptgenres, sein normatives Schema der
sozialen Autorität ist das am genauesten strukturierte; Imperialismus
und Roman verstärkten einander in solchem Maße, daß es, wie ich
meine, unmöglich ist, den einen zu erschließen, ohne sich mit dem anderen auseinanderzusetzen.

Aber das ist nicht alles. Der Roman ist eine einverleibende, quasi-
enzyklopädische kulturelle Form. Er hat einen hoch geregelten Hand-

lungsmechanismus und ein ganzes soziales Referenzsystem, das von
den Institutionen der bürgerlichen Gesellschaft, ihrer Autorität und
Macht abhängt. Der Romanheld und die Romanheldin stellen die Ru-
helosigkeit und die Energie zur Schau, die für die Unternehmer-Bour-
geoisie charakteristisch sind, und ihnen werden Abenteuer zugestanden, bei denen ihre Erfahrungen ihnen die Grenzen dessen enthüllen, wonach sie streben können, wohin sie gehen und was sie werden
können. Romane enden deshalb entweder mit dem Tod des Helden oder
der Heldin (Julien Sorel, Emma Bovary, Bezarow), die ihrer überschie-
ßenden Energie wegen nicht in das Ordnungsschema der Dinge passen,
oder mit dem Eintritt des Protagonisten in Stabilität (gewöhnlich durch
Heirat oder bestätigte Identität wie in Romanen von Austen, Dickens,
Thackeray und George Eliot).

Aber, so wird man fragen, warum so viel Gewicht dem Roman und
England einräumen? Und wie läßt sich die Distanz überbrücken, die
diese solitäre ästhetische Form von großen Unternehmungen wie »Kultur« oder »Imperialismus« trennt? Das britische Imperium war zur
Zeit des Ersten Weltkrieges unbestreitbar dominant geworden, das Ergebnis eines Prozesses, der gegen Ende des 16. Jahrhunderts begonnen
hatte; dieser Prozeß war so mächtig und sein Ergebnis so endgültig,
daß, wie Seeley und Hobson gegen Ende des 19. Jahrhunderts zu bedenken gaben, es die zentrale Tatsache der britischen Geschichte war und
eine, die vielerlei Unternehmungen einschloß.[14] Es ist also nicht zufällig,
daß Großbritannien auch eine Erzählweise erfand und institutionalisierte, die kein europäisches Äquivalent hatte. Frankreich besaß zwar
höher entwickelte intellektuelle Institutionen – Akademien, Universitäten, Institute, Zeitschriften usw. –, zumindest in der ersten Hälfte des
19. Jahrhunderts, wie eine Schar britischer Intellektueller beklagte,
darunter Arnold, Carlyle, Mill und George Eliot. Aber die außergewöhnliche Entschädigung dafür bildeten der stetige Aufstieg und der
allmählich unangefochtene Vorrang des englischen Romans. (Erst als
Nordafrika nach 1870 eine Art metropolitanischer Präsenz in der
französischen Kultur gewinnt, setzt eine vergleichbare kulturelle und
ästhetische Entwicklung ein; das ist die Periode, in der Loti, der frühe
Gide, Daudet, Maupassant, Mille, Psichari, Malraux, die Exotiker wie
Segalen und natürlich Camus eine globale Übereinstimmung zwischen
heimischen und imperialen Situationen skizzieren.)

In den vierziger Jahren des 19. Jahrhunderts genoß der englische
Roman eine Vorrangstellung als *die* ästhetische Form und sozusagen
als wichtigstes intellektuelles Organ der englischen Gesellschaft. Und

so wie der Roman beispielsweise eine überaus wichtige Rolle in der »condition of England«-Frage spielte, so partizipierte er auch an Englands überseeischem Imperium. Mit dem Entwurf dessen, was Raymond Williams eine »knowable community« [kennenswerte Gemeinschaft] englischer Männer und Frauen genannt hat, bauten Jane Austen, George Eliot und Mrs. Gaskell die Idee von England um, indem sie ihr Identität, Präsenz und bestimmte wiederverwendbare Artikulationsweisen verliehen.[15] Bestandteil dieser Idee war auch das Verhältnis von »Zuhause« und »Drüben«. England wurde literarisch vermessen, bekannt gemacht; an das »Drüben« heftete sich freilich sehr viel weniger Neugier als an London, das Landesinnere oder die nördlichen Industriezentren wie Manchester oder Birmingham.

Diese stetige Leistung, die der Roman erbrachte, ist einzig für England bezeichnend und muß als bedeutsame kulturelle Affiliation aufgefaßt werden; sie ist jedoch undokumentiert und unerforscht in bezug auf das, was in Indien, Afrika, Irland oder der Karibik stattfand. Eine Analogie liegt in der Beziehung zwischen Großbritanniens Außenpolitik und seinem Handels- und Finanzwesen, eine Beziehung, die sehr wohl untersucht worden ist. Einen lebhaften Eindruck davon, wie dicht und komplex sie war, gewinnen wir aus D. C. Platts klassischer (wiewohl noch immer umstrittener) Studie *Finance, Trade and Politics in British Foreign Policy 1815–1914* – und wie sehr die außerordentliche Paarung von britischem Welthandel und imperialer Expansion von kulturellen und sozialen Faktoren wie Erziehung, Journalismus, Mischehe und Klasse abhing. Platt spricht von »sozialem und intellektuellem Kontakt [Freundschaft, Gastfreundschaft, gegenseitige Hilfe, gemeinsamer sozialer und Erziehungs-Hintergrund], der den tatsächlichen Druck auf die britische Außenpolitik mit Energie versorgte«, und er fährt mit der Bemerkung fort, daß »ein konkreter Beweis [für die tatsächlichen Leistungen dieser Kontakte] wahrscheinlich nie existiert hat«. Dennoch, wenn man sich genauer anschaut, wie die Haltung der Regierung zu Fragen wie »Auslandskrediten, [...] dem Schutz von Pfandbriefinhabern und der Förderung von Verträgen und Konzessionen in Übersee« sich entwickelte, dann wird nachvollziehbar, was Platt »ministerielle Sicht« nennt, eine Art Konsensus in bezug auf das Imperium, der von einer Reihe dafür Verantwortlicher geteilt wird. Dieser Konsensus »ließ erahnen, wie Offizielle und Politiker aller Wahrscheinlichkeit nach reagieren würden«.[16]

Wie läßt sich diese »Sicht« charakterisieren? Unter Fachleuten scheint es Übereinstimmung darüber zu geben, daß bis etwa 1870 die

britische Politik (beispielsweise dem frühen Disraeli zufolge) darin bestand, nicht zu expandieren, sondern »das Imperium zu schützen und
aufrechtzuerhalten und es vor Desintegration zu bewahren«.[17] Nach
1870 (Schumpeter zitiert Disraelis Rede von 1872 im Crystal Palace als
Beispiel eines aggressiven Imperialismus, als »das Schlagwort der heimischen Politik«[18]) machten der Schutz Indiens (die Parameter wurden
immer zahlreicher) und die Verteidigung gegen Rivalen, etwa Rußland,
die britische Expansion in Afrika sowie im Mittleren und Fernen Osten
erforderlich. Danach war England, wie Platt schreibt, in einer Region
des Globus nach der anderen »damit beschäftigt, das aufrechtzuerhalten, was es bereits besaß, und was immer es dazugewann, wurde erworben, weil es dazu beitrug, das Übrige zu schützen. Großbritannien
gehörte zur Partei von ›les satisfaits‹, aber es hatte immer härter zu
kämpfen, um deren Mitglied zu bleiben, und es hatte auch bei weitem
das meiste zu verlieren.«[19] Die »ministerielle Sicht« der britischen Politik ließ Bedachtsamkeit walten. Ronald Robinson und John Gallagher
haben das in einer Neuformulierung von Platts These so ausgedrückt:
»Die Briten expandierten durch Handel und Einfluß, wenn sie konnten,
aber durch imperiale Herrschaft, wenn sie mußten.«[20] Wir sollten nicht
vergessen oder bagatellisieren, so erinnern sie uns, daß die Indienarmee
dreimal zwischen 1829 und 1856 in China eingesetzt wurde, wenigstens einmal in Persien (1856), Äthiopien und Singapur (1867), Hongkong (1868), Afghanistan (1878), Ägypten (1882), Burma (1885),
Ngasse (1893), im Sudan und in Uganda (1896).
   Über Indien hinaus erweiterte die britische Politik das Bollwerk für
den imperialen britischen Festlandshandel selbst (mit Irland als Kolo-
nialproblem) und für die sogenannten weißen Kolonien (Australien,
Neuseeland, Kanada, Südafrika und sogar die früheren amerikanischen Besitzungen). Kontinuierliche Investition in und routinierte
Bewahrung der überseeischen Territorien Großbritanniens waren ohne
Parallele bei anderen europäischen oder amerikanischen Mächten, wo
plötzliche Gewinne oder Verluste und Improvisationen weitaus häufiger vorkamen. Kurz, die britische Macht war dauerhaft und wurde kontinuierlich verstärkt. In der benachbarten kulturellen Sphäre wurde
diese Macht vom Roman strukturiert und artikuliert. Doch wir müssen
so vorsichtig verfahren wie möglich. Ein Roman ist weder eine Fregatte
noch ein Bankwechsel. Ein Roman existiert erstens als Projekt eines Autors, zweitens als von einem Publikum abhängiger Lektüregegenstand.
Allmählich werden die Romane zu dem, was Harry Levin eine Institution der Literatur genannt hat, aber niemals verlieren sie ihren Status als

Ereignisse oder ihre spezifische Dichte als Teile einer kontinuierlichen Unternehmung, die als solche von Lesern und anderen Schriftstellern anerkannt wird. Doch trotz ihrer sozialen Präsenz sind Romane nicht auf einen soziologischen Index reduzierbar; sie sind weder ästhetisch noch kulturell, noch politisch Hilfs- oder Nebenformen von Klasse, Ideologie oder Interesse. Zugleich steht fest, daß Romane nicht einfach das Produkt einsamer Genies (was eine Schule moderner Interpreten wie Helen Vendler uns einzureden versucht), Manifestationen einer von allen Bedingtheiten losgelösten Kreativität sind. Ein Teil der aufregendsten neueren Literaturwissenschaft – Fredric Jamesons *The Political Unconscious* und David Millers *The Novel and the Police* sind zwei gefeierte Beispiele dafür[21] – hat uns darüber belehrt, daß der Roman im allgemeinen und die Erzählform im besonderen eine regulierende soziale Präsenz in den westeuropäischen Gesellschaften besitzen. In diesen sonst wertvollen Beschreibungen fehlen jedoch die Verweise auf die reale Welt, in der die Romane und Erzählungen spielen. Eine englische Schriftstellerexistenz bedeutete etwas spezifisch und ganz und gar anderes als etwa eine französische oder portugiesische. Für den britischen Schriftsteller hatte das »Drüben« den vagen Beigeschmack von etwas, das »draußen« war oder exotisch und fremdartig oder auf diese oder jene Weise »unser«, etwas, das man kontrollieren, worin man »freien« Handel treiben oder das man unterdrücken konnte, wenn die Eingeborenen sich zu offenem militärischen oder politischen Widerstand aufrafften. Der Roman trug signifikant zu diesen Gefühlen, Einstellungen und Referenzen bei und wurde ein Hauptelement der festgefügten Vision oder der »ministeriellen« kulturellen Anschauung des Globus.

Hier ist eine Anmerkung geboten, wie der Beitrag des Romans zustande kam und warum er die eher aggressiven und verbreiteten imperialistischen Gefühle, die nach 1880 manifest wurden, weder abschreckte noch hemmte.[22] Romane sind Bilder der Realität im allerfrühesten oder allerspätesten Stadium der Erfahrung, die der Leser von ihnen hat; tatsächlich entfalten und bekräftigen sie eine Realität, die sie aus anderen Romanen ererben und die sie entsprechend der Situation, den Gaben und den Vorlieben ihrer Schöpfer neu bezeichnen und neu bevölkern. Platt hebt das Moment der *Bewahrung* in der »ministeriellen Sicht« hervor; das ist auch für den Romanautor charakteristisch – der englische Roman des 19. Jahrhunderts pocht auf die kontinuierliche Existenz Englands. Überdies machen die Romanautoren sich nie zu Fürsprechern einer Preisgabe der Kolonien, sondern beharren darauf, daß, weil die Kolonien im Bannkreis der britischen Dominanz stehen,

diese Dominanz eine Art Norm ist, die zusammen mit den Kolonien bewahrt wird.

Wir haben also ein langsam aufgebautes Bild mit England im Zentrum – einem sozial, politisch und moralisch bis in die feinsten Veräste-
lungen vermessenen und ausdifferenzierten England – und einer Reihe
von damit verbundenen überseeischen Territorien an der Peripherie. Die
Kontinuität der imperialen Politik Englands im Verlauf des 19. Jahrhunderts – allerdings wirklich eine Erzählung – wird aktiv begleitet von
diesem romanhaften Prozeß, dessen Hauptziel es ist, Irritationen und
Fragen zu vermeiden, nicht zu stören, das Imperium in seinen überkom-
menen Grenzen zu erhalten. Die regulative Idee ist, daß (entsprechend
den allgemeinen Prinzipien des Freihandels) entlegene Territorien zum
freien Gebrauch verfügbar sind, nach Belieben, nach Geschmack des Romanautors, gewöhnlich für relativ konkrete Zwecke wie Immigration,
Vermögensbildung oder Exil. Erst weit nach der Jahrhundertmitte
wurde das Imperium zum vorrangigen Gegenstand der Aufmerksamkeit, bei Autoren wie Haggard, Kipling, Doyle und Conrad ebenso wie
in den Diskursen der Ethnographie, Kolonialverwaltung, Theorie und
Ökonomie, Historiographie der nicht-europäischen Regionen und in
Spezialgebieten wie Orientalismus, Exotismus und Massenpsychologie.

Die tatsächlichen Folgen dieser stetigen Struktur der Einstellung und
Referenz, wie sie vom Roman artikuliert werden, sind unterschiedlich.
Die erste ist die, daß in der Literaturgeschichte eine ungewöhnliche or-
ganische Kontinuität zwischen den früheren Erzählformen, die nicht im
Ruf besonderer Nähe zum Imperium stehen, und den späteren, die ganz
explizit um das Imperium kreisen, wahrnehmbar ist. Kipling und Conrad werden vorbereitet von Austen und Thackeray, Defoe, Scott und
Dickens; auch stehen sie mit Zeitgenossen wie Hardy und James in Verbindung, die nur eingeschränkt den überseeischen Schaustellungen zu-
geordnet werden können. Aber sowohl die formalen Eigentümlichkeiten als auch die Substanz der Werke aller dieser Romanciers gehören zu
derselben kulturellen Formation, wobei die Differenzen eher solche von
Nachdruck, Hervorhebung und Brechung sind.

Zweitens: Die Struktur der Einstellung und Referenz wirft die Frage
der Macht auf. Der heutige Kritiker kann und sollte einem Roman nicht
abrupt legislative oder direkte politische Autorität zuschreiben. Wir
müssen uns auch weiterhin gegenwärtig halten, daß Romane an einer
extrem langsamen, unendlich kleinen Politik teilnehmen, die bisweilen
eine Politik ist, die Vorstellungen von und Einstellungen zu England und
der Welt klärt, verstärkt, gelegentlich vielleicht sogar vorantreibt. Auf-

fallend ist, daß diese Welt »da drüben« im Roman immer nur als unterworfene und beherrschte, daß die englische Anwesenheit dort als regulierend und normativ angesehen wird. Die außerordentliche Neuheit von Aziz' Versuch in *A Passage to India* beruht nicht zuletzt darauf, daß Forster einräumt, die »reine Farce des Prozesses«[23] könne nicht aufrechterhalten werden, weil er eine »Phantasie« sei, die die britische Macht (real) mit unvoreingenommener Gerechtigkeit für Inder (irreal) kompromittiere. Deshalb läßt er die Szene (mit einer Art frustrierter Ungeduld) in der »Komplexität« Indiens aufgehen, die vierundzwanzig Jahre zuvor in Kiplings *Kim* genauso präsent war. Der Hauptunterschied zwischen den beiden Romanen ist, daß der andrängende Aufruhr rebellierender Eingeborener seinen Schatten über Forsters Bewußtsein geworfen hatte. Forster konnte nicht etwas ignorieren, wovon Kipling noch unbeschwert und beiläufig Notiz nahm (wenn er etwa die berühmte »Meuterei« von 1857 als bloße Widerspenstigkeit schilderte, nicht als ernsthaften indischen Aufstand gegen die britische Herrschaft).

Es kann kein Bewußtsein davon geben, daß der Roman die Machtungleichheit unterstreicht und akzeptiert, wenn die Leser deren Zeichen nicht in individuellen Werken registrieren und wenn die Geschichte des Romans nicht im Sinne einer kohärenten, kontinuierlichen Unternehmung verstanden wird. So wie die ungebrochene Solidität und die ziemlich unerschütterliche »ministerielle Sicht« der entlegenen britischen Territorien das ganze 19. Jahrhundert hindurch fortwirkten, so wirkte, auf literarische Weise, der ästhetische (folglich kulturelle) Ausgriff nach überseeischen Ländereien im Roman fort, manchmal verdeckt, manchmal offenkundig – seine »konsolidierte Vision« war der Ausdruck einander überschneidender Behauptungen, die eine nahezu einmütige Weltdeutung legitimierten. Daß das in den Kategorien des einzelnen Mediums oder Diskurses (Roman, Reisebeschreibung, Ethnographie) und nicht unter von außen verordneten Imperativen geschah, läßt auf Konformität und Bereitwilligkeit schließen, nicht zwangsläufig auf eine explizite politische Geschäftsordnung, zumindest nicht bis in die zweite Jahrhunderthälfte, als das imperiale Programm selbst klarer und vornehmlich eine Sache der direkten Propaganda im Volk war.

Noch ein dritter Gesichtspunkt verdient Beachtung. Quer durch *Vanity Fair* finden sich Anspielungen auf Indien, aber keine ist, was den Wandel in Beckys Geschicken oder in Dobbins, Josephs und Amelias Positionen betrifft, mehr als beiläufig. Dennoch werden wir ausführlich von der sich vertiefenden Auseinandersetzung zwischen England und

Napoleon mit ihrem Höhepunkt bei Waterloo in Kenntnis gesetzt. Die überseeischen Dimensionen machen *Vanity Fair* schwerlich zu einem Roman, der das ausbeutet, was Henry James später das »Thema des Internationalismus« nennen sollte, ebensowenig wie Thackeray zum Club der Schauerromanciers um Walpole, Radcliffe oder Lewis gehört, die ihr Werk in einem recht phantastischen »Drüben« ansiedeln. Und doch machten sich Thackeray und, wie ich behaupten möchte, alle bedeutenderen englischen Romanautoren der Mitte des 19. Jahrhunderts eine geläufige Weltsicht zu eigen und konnten in der Tat den überseeischen Ausgriff der britische Macht nicht übersehen (und taten es in den meisten Fällen auch nicht). Wie wir an dem früher zitierten kleinen Beispiel aus *Dombey and Son* sahen, war die heimische Ordnung mit einer spezifisch *englischen* Ordnung »drüben« verbunden, darin lokalisiert und wurde von ihr sogar erhellt. Ob es sich um Thomas Bertrams Pflanzung in Antigua oder, hundert Jahre später, um die nigerianische Gummiplantage der Wilcox handelt, die Romanciers maßen die Teilhabe an Macht und Privilegien »drüben« an vergleichbaren Sachverhalten zu Hause.

Wenn wir diese Romane sorgfältig lesen, eröffnet sich uns eine sehr viel anspruchsvollere und subtilere Anschauung als die dürftige »globale« und imperiale Vision, wie ich sie bisher beschrieben habe. Das führt mich zur vierten Konsequenz dessen, was ich die Struktur der Einstellung und Referenz genannt habe. Wenn wir, was unerläßlich ist, auf der Integrität künstlerischer Werke bestehen und uns weigern, die unterschiedlichen Hervorbringungen einzelner Autoren in ein allgemeines Schema zu pressen, müssen wir akzeptieren, daß die Struktur, die diese Romane miteinander verbindet, außerhalb der Romane selbst keinerlei Existenz hat, was bedeutet, daß man die besondere, konkrete Erfahrung eines »Drüben« nur in individuellen Romanen macht, und umgekehrt, daß nur individuelle Romane die Beziehung beispielsweise zwischen England und Afrika mit Leben erfüllen, artikulieren und verkörpern können. Das verpflichtet die Kritiker dazu, Werke, deren paraphrasierbaren Inhalt sie für politisch und moralisch anstößig halten mögen, zu analysieren, anstatt sie summarisch zu beurteilen. Einerseits sagt Chinua Achebe, wenn er in einem Essay Conrads Rassismus kritisiert, entweder nichts zu den Grenzen, die der Roman als ästhetische Form auferlegt, oder setzt sich darüber hinweg; andererseits zeigt er, daß er durchaus begreift, wie diese Form funktioniert, wenn er in einigen seiner eigenen Romane Conrad – sorgsam und mit Originalität – »um«schreibt.[24]

Das alles gilt hauptsächlich für die englische Literatur, weil nur England ein überseeisches Imperium hatte, das sich selbst in einem derart großen Bereich, über derart lange Zeit und mit solch beneideter Bedeutung aufrechterhielt und beschützte. Zwar rivalisierte Frankreich damit, aber das französische imperiale Bewußtsein ist, wie ich andernorts dargelegt habe, bis zum Ende des 19. Jahrhunderts nur periodisch greifbar, weil die Wirklichkeit zu sehr von England besetzt ist. In der Hauptsache ist der europäische Roman des 19. Jahrhunderts jedoch eine kulturelle Form, die die Autorität des *status quo* konsolidiert, aber auch differenziert. Wie sehr beispielsweise Dickens seine Leser auch gegen das juristische System, die Provinzschulen oder die Bürokratie aufstachelt, seine Romane inszenieren letztlich doch das, was ein Kritiker eine »Literatur der Lösung«[25] genannt hat. Die häufigste Version dieser Lösung ist die Wiedervereinigung der Familie, die im Falle von Dickens stets als Mikrokosmos der Gesellschaft fungiert. Bei Austen, Balzac, George Eliot und Flaubert schließt die Konsolidierung der Autorität sowohl Privateigentum als auch Ehe ein, ja ist in deren innerste Textur verwoben, Institutionen, die selten in Zweifel gezogen werden.

Der Hauptaspekt dessen, was ich die Konsolidierung von Autorität durch den Roman genannt habe, ist nicht unvermittelt mit der Funktionsweise sozialer Macht und Herrschaft gesetzt, sondern soll im Laufe der Erzählung sowohl normativ als auch souverän, das heißt: selbstbestätigend, entfaltet werden. Das ist nur dann paradox, wenn man vergißt, daß die Setzung eines (und sei es abnormen oder ungewöhnlichen) erzählerischen Subjekts bzw. Themas ein sozialer Akt *par excellence* ist und als solcher die Autorität von Geschichte und Gesellschaft hinter oder in sich hat. Da ist zunächst die Autorität des Autors – jemandes, der die Prozesse der Geschichte in annehmbar institutionalisierter Form aus- und umschreibt, der die Konventionen beachtet, die Schemata befolgt und so weiter. Dann ist da die Autorität des Erzählers, dessen Diskurs die Erzählung in wiedererkennbaren und damit existentiell referentiellen Umständen verankert. Und schließlich ist da etwas, das man die Autorität der Gemeinschaft nennen könnte, deren Repräsentant zumeist die Familie ist, bisweilen auch die Nation, die spezifische Örtlichkeit und der konkrete historische Augenblick. Zusammengenommen funktionierten diese Elemente im frühen 19. Jahrhundert höchst energetisch, als der Roman sich in zuvor ungekannter Weise der Geschichte öffnete. Conrads Marlow hat all das auf direktem Wege geerbt.

Lukács hat mit bemerkenswertem Gespür das Auftauchen der Ge-

schichte im europäischen Roman untersucht[26] – wie Stendhal und besonders Scott ihre Erzählungen in und als Teil der öffentlichen Geschichte plazieren und damit diese Geschichte jedermann zugänglich
machen, nicht nur, wie zuvor, Königen und Aristokraten. Der Roman
ist also eine konkret-historische Erzählung, die von der realen Geschichte realer Nationen geformt wird. Defoe siedelt Crusoe auf einer
namenlosen Insel in einer entlegenen Weltregion an, und Moll Flanders
wird auf die wenig bekannten Karolinen geschickt, aber Thomas Bertram und Joseph Sedley ziehen ihren spezifischen Wohlstand und ihre
spezifischen Gewinne aus historisch annektierten Territorien – der Karibik bzw. Indien –, annektiert in bestimmten historischen Augenblik-
ken. Und Scott konstruiert, wie Lukács überzeugend zeigt, das britische
Gemeinwesen in Gestalt einer historischen Gesellschaft, die sich ihren
Weg aus Abenteuern in der Fremde[27] (beispielsweise den Kreuzzügen)
und wechselseitig tödlichen heimischen Konflikten (die Rebellion von
1745, die einander befehdenden Highland-Clans) bahnt, um dann zur
Metropole zu werden, die sich mit gleichem Erfolg gegen lokale Revolution und kontinentale Provokation behauptet. In Frankreich bestätigt
die Geschichte die postrevolutionäre Reaktion, wie sie von der bürgerlichen Restauration verkörpert wird, und Stendhal schreibt die Chronik
ihrer – für ihn – beklagenswerten Leistungen. Später wird Flaubert annähernd das gleiche für 1848 tun. Aber der Roman erhält auch Beistand
von der Historikerarbeit eines Michelet und eines Macaulay, deren Erzählungen der Textur nationaler Identität Dichte verleihen.

Die Aneignung der Geschichte, die Historisierung der Vergangenheit
und die Narrativierung der Gesellschaft, die den Roman gleichsam mit
Kraft ausstatten, schließen die Akkumulierung und Differenzierung des
sozialen Raumes ein, eines Raumes, der für soziale Zwecke genutzt werden soll. Das ist ganz augenscheinlich im späten 19. Jahrhundert, in der
offen kolonialistischen Literatur der Fall: in Kiplings Indien beispielsweise, wo die Eingeborenen und der Raj unterschiedlich ausgestaltete
Räume bewohnen und wo Kipling jenen Kim ansiedelt, eine wunderbare Figur, deren Jugend und Energie ihm erlauben, beide Räume zu
erkunden, indem er mit waghalsiger Anmut vom einen zum anderen
übergeht, so als ob es sich darum handelte, die Autorität kolonialer
Schranken zu erschüttern. Die Schranken innerhalb des sozialen Raumes gibt es auch bei Conrad, ebenso bei Haggard, Loti, Gide, Psichari,
Malraux, Camus und Orwell.

Dem sozialen Raum liegen Territorien, Länder und geographische
Domänen zugrunde, der tatsächliche geographische Unterbau des im-

perialen und auch des kulturellen Wettstreits. Über ferne Gegenden nachzudenken, sie zu kolonisieren, sie zu bevölkern oder zu entvölkern – das alles geschieht für, aufgrund von oder wegen Land. Der geographische Besitz von Land ist alles, worum das Imperium letzten Endes kreist. Zu dem Zeitpunkt, da eine Koinzidenz von realer Kontrolle und Macht eintritt, die Vorstellung davon, was ein gegebener Raum war (sein konnte, werden könnte) und ein tatsächlicher Raum – zu diesem Zeitpunkt entzündet sich der Kampf um Imperien. Diese Koinzidenz ist die Logik sowohl für Vertreter des Westens, wenn sie von Land Besitz ergreifen, als auch, während der Dekolonisierung, für Widerstand leistende Eingeborene, die es zurückfordern. Der Imperialismus und die damit assoziierte Kultur bekräftigen sowohl den Primat der Geographie als auch eine Ideologie zur Kontrolle des Territoriums. Der geographische Sinn macht Entwürfe – imaginative, kartographische, militärische, ökonomische, historische oder, in einem allgemeinen Sinne, kulturelle; er ermöglicht überdies den Aufbau verschiedener Kategorien von Wissen, die auf die eine oder andere Weise allesamt vom Charakter und Geschick einer besonderen Geographie abhängen.

Hier sind drei Einschränkungen geboten. Erstens: Die räumlichen Differenzierungen, die in Romanen des späten 19. Jahrhunderts so offenkundig sind, treten nicht einfach und plötzlich als passive Widerspiegelung eines aggressiven »Zeitalters der Imperien« in Erscheinung, sondern gründen in früheren sozialen Unterscheidungen, die in früheren historischen und realistischen Romanen gerechtfertigt worden waren.

Jane Austen betrachtet die Legitimität von Sir Thomas Bertrams überseeischen Besitzungen als natürliche Weiterung der Ruhe, der Ordnung und der Schönheiten von Mansfield Park, wobei der eine, zentrale Besitz die ökonomisch flankierende Rolle des peripheren anderen bestätigt. Und selbst dann, wenn Kolonien nicht beharrlich oder wahrnehmbar ins Blickfeld treten, sanktioniert die Erzählung einen räumlichen Sittenkodex, ob in der kommunalen Wiederherstellung der Stadt Middlemarch, die während einer Phase nationaler Unruhe von entscheidender Bedeutung ist, oder in den entlegenen Räumen von Abweichung und Zweifelhaftigkeit, wie sie von Dickens in Londons Unterwelt oder auf Brontës Sturmhöhen entdeckt werden.

Ein zweiter Punkt. In dem Maße, wie die Romanschlüsse eine zugrundeliegende Hierarchie von Familie, Eigentum, Nation usw. bestätigen und hervorheben, tritt auch eine starke räumliche, der Hierarchie verliehene »hereness« [Hiesigkeit] in Erscheinung. Die verblüffende Kraft der Szene in *Bleak House*, die Lady Dedlock schluchzend am

Grabe ihres lange verstorbenen Gatten zeigt, *gründet* das, was wir über
ihre geheime Vergangenheit ahnen – ihr kaltes und unmenschliches Verhalten, ihre verstörend unfruchtbare Autorität –, auf den Friedhof, wohin sie geflüchtet ist. Das kontrastiert nicht nur mit dem Wirrwarr der
Jellyby-Niederlassung (mit ihrer ausgefallenen Bindung an Afrika),
sondern auch mit dem auserwählten Haus, in dem Esther und ihr Be-
schützer-Gatte leben. Die Erzählung erforscht diese Orte, berührt sie
flüchtig und stattet sie schließlich mit bestätigenden positiven und/oder
negativen Valenzen aus.

Diese moralische Entsprechung im Wechselspiel von narrativem und
häuslich-heimischem Raum läßt sich auf die Welt jenseits großstädti-
scher Zentren wie Paris oder London ausdehnen, ja sogar dort reproduzieren. Und was immer an heimischen Orten gut oder schlecht ist, wird
verschifft und erhält »drüben« einen vergleichbaren Wert oder Makel
zugesprochen. Als Ruskin 1870 in seiner Antrittsvorlesung als Slade
Professor in Oxford von Englands reiner Rasse spricht, fährt er fort, indem er sein Publikum auffordert, England »wieder zu einem Land zu
machen, [das] ein Herrscherthron von Königen, eine szeptertragende
Insel [ist], für die ganze Welt eine Quelle von Licht, ein Zentrum des
Friedens«. Die Anspielung auf Shakespeare soll ein bevorzugtes Gefühl
für England zu erneuter Geltung bringen und wieder heimisch machen.
Diesmal jedoch denkt Ruskin an ein England, das formal auf einer Welt-
skala rangiert; die Zustimmungsgefühle für das Inselkönigreich, das
sich Shakespeare hauptsächlich, aber nicht ausschließlich auf seine
natürlichen Grenzen beschränkt vorgestellt hatte, werden nun für imperialen, ja sogar aggressiven Kolonialdienst mobilisiert. Werdet Kolonisten, gründet »Kolonien, so schnell und so fern [ihr] nur könnt«,
scheint er zu sagen.[28]

Mein dritter Punkt ist, daß kulturelle Phänomene wie erzählende Literatur und Geschichtsschreibung (erneut verweise ich mit Nachdruck
auf die narrative Komponente) auf den registrierenden, ordnenden und
beobachtenden Kräften des zentralen autorisierenden Subjekts beruhen. Von diesem Subjekt auf gleichsam tautologische Weise zu sagen,
daß es schreibt, weil es schreiben *kann*, bedeutet, sich nicht nur auf die
heimische Gesellschaft zu beziehen, sondern auch auf die Welt draußen.
Die Fähigkeit darzustellen, zu schildern, zu charakterisieren und abzu-
bilden ist nicht für jedes beliebige Mitglied jeder beliebigen Gesellschaft
leicht verfügbar; überdies sind das *Was* und das *Wie* bei der Darstellung
der »Dinge«, obwohl sie beträchtliche individuelle Freiheit erlauben,
genau markiert und gesellschaftlich geregelt. Wir sind uns in jüngster

Zeit der Zwänge, die auf der kulturellen Darstellung von Frauen lasten, und der Pressionen deutlich bewußt geworden, die in die erstmaligen Darstellungen »minderer« Rassen und Klassen einfließen. In allen diesen Belangen – Geschlecht, Klasse und Rasse – hat sich die Kritik korrekterweise auf die institutionellen Kräfte in den modernen westlichen Gesellschaften konzentriert, die die Darstellung derer, die als untergeordnet aufgefaßt werden, formen und ihr Grenzen setzen. Diese Darstellung selbst ist dadurch charakterisiert, daß sie die Untergeordneten untergeordnet hält, die Minderen minder.

2. Jane Austen und das Imperium

Wir befinden uns auf sicherem Boden bei V. G. Kiernan, wenn er sagt, daß »Imperien eine Gußform für Ideen oder konditionierte Reflexe zur Ausfüllung haben müssen, und junge Nationen träumen von einem bedeutenden Rang in der Welt, so wie junge Männer von Ruhm und Glückslosen träumen«.[29] Es ist unzulänglich und reduktiv, zu argumentieren, daß alles in der europäischen oder amerikanischen Kultur auf die große Idee des Imperiums vorbereite oder sie befestige. Es ist jedoch ebenso historisch ungenau, solche Tendenzen – ob in der erzählenden Literatur, der politischen Theorie oder der malerischen Technik – außer acht zu lassen, Tendenzen, die die Bereitschaft des Westens, die Erfahrung und Wirklichkeit des Imperiums auf sich zu nehmen und zu genießen, ermächtigten, ermutigten und gewährleisteten. Wenn es denn Widerstand gegen die Vorstellung einer imperialen Sendung gab, so war jedenfalls auf den Hauptfeldern kulturellen Denkens wenig Unterstützung für diesen Widerstand zu finden. Obwohl liberal gesinnt, konnte John Stuart Mill sagen: »Die heiligen Pflichten, die zivilisierte Nationen der Unabhängigkeit und Nationalität jeder anderen schulden, sind nicht verbindlich für diejenigen, für die Nationalität und Unabhängigkeit ein sicheres Übel oder bestenfalls ein fragwürdiges Gut sind.« Ideen wie diese hatten ihren Ursprung nicht bei Mill; sie waren bereits bei der englischen Unterwerfung Irlands im 16. Jahrhundert verbreitet und, wie Nicholas Canny überzeugend nachgewiesen hat, gleichermaßen nützlich in der Ideologie der englischen Kolonisierung beider Amerika.[30] Nahezu alle kolonialen Entwurfsschemata beginnen mit der Annahme, daß Eingeborene rückständig und durchaus unfähig seien, unabhängig, »gleich« und tüchtig zu sein.

Warum das so sein muß, warum eine »heilige Pflicht« an einer Front an einer anderen nicht verbindlich sein soll, warum Rechte, die im einen Lager akzeptiert werden, im anderen bestritten werden können, sind Fragen, die am besten in den Begriffen einer Kultur verstanden werden können, die auf wohlbegründeten moralischen, ökonomischen und sogar metaphysischen Normen mit dem Ziel beruht, eine zufriedenstellende lokale, das heißt europäische Ordnung zu bestätigen und die Aufhebung des Rechtes auf eine ähnliche Ordnung »drüben« zu erlauben. Eine solche Feststellung mag widersinnig oder extrem erscheinen. In Wirklichkeit formuliert sie den Zusammenhang zwischen dem Wohlergehen Europas und seiner kulturellen Identität auf der einen Seite und der imperialen Unterwerfung von Territorien in Übersee auf der anderen Seite fast allzu behutsam. Ein Teil unserer heutigen Schwierigkeit, überhaupt den Zusammenhang zu akzeptieren, rührt daher, daß wir dazu neigen, dieses komplizierte Problem auf ein scheinbar einfaches Kausalproblem zu reduzieren, das dann seinerseits eine Rhetorik der Schuldzuweisungen und Abwehrmechanismen hervorbringt. Ich sage *nicht*, der Hauptfaktor in der frühen europäischen Kultur sei der gewesen, daß sie den Imperialismus des späten 19. Jahrhunderts *verursachte*, und ich unterstelle auch nicht stillschweigend, daß alle Nöte der einst kolonisierten Welt Europa angekreidet werden sollten. Ich sage jedoch, daß die europäische Kultur häufig, wenn nicht sogar immer ihre eigenen Präferenzen für gültig erklärte und sie *auch* in Verbindung mit ferner imperialer Herrschaft befürwortete. Mill tat das ganz gewiß; er empfahl stets, Indien *keine* Unabhängigkeit zu gewähren. Als die imperiale Herrschaft Europa aus verschiedenen Gründen nach 1880 intensiver beschäftigte, wurde diese schizophrene Gewohnheit nützlich.

Das erste, was heute getan werden muß, ist, die simple Kausalität bei der Analyse der Beziehung zwischen Europa und der nicht-europäischen Welt aufzubrechen und die Macht der ähnlich simplen zeitlichen Sequenz über unser Denken zu mindern. Es ist jeder Auffassung zu widersprechen, die darauf beharrt, daß Wordsworth, Austen oder Coleridge, weil sie *vor* 1857 schrieben, tatsächlich der Errichtung einer förmlichen britischen Regierungsgewalt in Indien *nach* 1857 Vorschub geleistet hätten. Wir sollten statt dessen den Kontrapunkt zwischen offenen Schemata in der englischen Literatur über England und Darstellungen der Welt jenseits der britischen Inseln wahrnehmen. Dieser Kontrapunkt ist nicht zeitlich, sondern räumlich bestimmt. Wie situieren und sehen Schriftsteller in der Periode vor dem Zeitalter expliziter, programmatischer Kolonialexpansion – etwa dem »Wettlauf um Afrika« –

ihre Arbeit und sich selbst in der größeren Welt? Wir werden sie erstaunliche, aber sorgfältige Strategien gebrauchen sehen, von denen viele aus leicht verständlichen Quellen hergeleitet sind – positiven Ideen von Heimat, von der Nation und ihrer Sprache, von geziemender Ordnung, gutem Verhalten und moralischen Werten.

Positive Ideen dieser Art aber validieren »unsere« Welt nicht mehr. Sie haben zudem die Neigung, andere Welten zu entwerten, und sie verhüten die entsetzlichen imperialistischen Praktiken nicht, hemmen sie nicht und leisten ihnen auch keinen Widerstand. Nein, kulturelle Formen wie Roman oder Oper veranlassen die Menschen nicht, hinauszugehen und zu imperialisieren – Carlyle reiste nicht direkt nach Rhodos und trägt zweifellos keine »Schuld« an den Problemen im heutigen Südafrika –, aber es ist wahrhaft beunruhigend zu beobachten, wie wenig Großbritanniens große humanistische Ideen, Institutionen und Denkmäler, die wir immer noch feiern, die sich beschleunigenden imperialistischen Prozesse behinderten. Wir haben einen Anspruch darauf zu fragen, warum und wie dieses Korpus humanistischer Ideen so einträchtig mit dem Imperialismus koexistierte und warum es – bis sich der antiimperialistische Widerstand *im imperialen Bereich* selbst formierte, unter Afrikanern, Asiaten, Lateinamerikanern – zu Hause kaum ausgeprägte Opposition gegen das Imperium gab. Wahrscheinlich liegt in den großen humanen Ideen und Werten, wie sie der Hauptstrom der europäischen Kultur verbreitete, eben jene »Gußform von Ideen und konditionierten Reflexen« vor, von der Kiernan spricht und in die sich später das Geschäft des Imperialismus ergoß.

Das Ausmaß, in dem diese Ideen in geographische Unterscheidungen zwischen realen Orten investiert werden, ist das Thema von Williams' ergiebigstem Buch, *The Country and the City*. Sein Beweisgang zu dem Wechselspiel zwischen urbanen und ruralen Landstrichen in England läßt die außergewöhnlichsten Transformationen zu – vom seelsorgerlichen Populismus von Langland über Ben Jonsons Landhaus-Gedichte und Dickens' London-Romane bis hin zu den Metropolen-Visionen in der Literatur des 20. Jahrhunderts. In der Hauptsache kreist das Buch natürlich darum, wie die englische Kultur mit dem Land umgegangen ist, mit seinem Besitz, seiner Imagination und seiner Bewirtschaftung. Doch wenn sich Williams dem Export in die Kolonien zuwendet, tut er das, wie ich bereits zu bedenken gegeben habe, weniger konzentriert, als es die tatsächliche Praxis bestätigt. Gegen Ende von *The Country and the City* erlaubt er sich die Anmerkung, daß es »wenigstens seit der Mitte des 19. Jahrhunderts und mit wichtigen früheren Ausnahmen dieser größere Kontext war [die Beziehung zwischen England und den Kolonien, deren Auswirkungen auf die englische Phantasie ›weiter und tiefer reichen, als sich leichthin aufspüren läßt‹], innerhalb dessen jede Idee und jedes Bild davon bewußt und unbewußt betroffen war«. Rasch geht er dazu über, die »Idee der Auswanderung in die Kolonien« als ein solches Bild zu zitieren, das in Romanen von Dickens, den Brontës und Gatskell vorherrscht, und zeigt zu Recht, daß die »neuen ruralen Gesellschaften«, allesamt Kolonialgesellschaften, in die imaginierte metropolitanische Ökonomie der englischen Literatur über Kipling, den frühen Orwell und Maugham Eingang finden. Nach 1880 kommt es dann zu einer »dramatischen Expansion von Landschaft und sozialen Beziehungen« – das entspricht mehr oder weniger genau dem großen Zeitalter der Imperien.[31]

Es ist gefährlich, Williams nicht zuzustimmen, und doch wage ich zu behaupten, daß die imperiale Weltkarte in der englischen Literatur schon lange vor der Mitte des 19. Jahrhunderts auftauchte, und nicht nur mit beharrlicher Regelmäßigkeit, die auf etwas Selbstverständliches schließen läßt, sondern – viel bedeutsamer – in die Textur der sprachlichen und kulturellen Praxis verwoben. Es gab festbegründete englische Binnenland-Interessen in Irland, Amerika, der Karibik und Asien, und zwar seit dem 16. Jahrhundert, und selbst eine rasche Bestandsaufnahme verzeichnet Dichter, Philosophen, Historiker, Dramatiker, Staatsmänner, Romanautoren, Reiseschriftsteller, Chronisten, Soldaten und Schwindler, die diese Interessen mit beständigem Eifer priesen, pflegten und verfolgten. (Dieses Thema wird erörtert in Peter Hulmes *Colonial Encounters*.[32]) Ähnliche Feststellungen lassen sich für Spanien, Frankreich und Portugal treffen. Wie können wir diese Interessen in ihrer Wirksamkeit im vorimperialen Zeitalter erschließen, das heißt in der Phase zwischen 1800 und 1870?

Wir tun gut daran, Williams' Vorschlag aufzunehmen und zuerst nach jener Krisenperiode Ausschau zu halten, die auf Englands großräumige Landerfassung gegen Ende des 18. Jahrhunderts folgte. Die alten organischen ländlichen Gemeinschaften wurden gesprengt, und neue schlossen sich unter dem Antrieb von parlamentarischer Aktivität, von Industrialisierung und demographischer Verschiebung zusammen; doch zugleich kam es zu einer Relokalisierung Englands (und in Frankreich Frankreichs) innerhalb eines größeren Ausschnitts der Weltkarte. Während der ersten Hälfte des 18. Jahrhunderts war der englisch-französische Wettstreit in Nordamerika und Indien intensiv; in der zweiten Hälfte gab es zahlreiche gewaltsame Zusammenstöße zwischen England und Frankreich in beiden Amerika, der Karibik, der Levante und natürlich in Europa selbst. Die wichtigste vorromantische Literatur in Frankreich und England birgt ein reiches Arsenal von Anspielungen auf die überseeischen Dominien, man denke an verschiedene Enzyklopädisten, den Abbé Raynal, de Brosses und Volney, aber auch an Edmund Burke, Beckford, Gibbon, Johnson und William Jones.

Im Jahre 1902 definierte Hobson den Imperialismus als »Expansion von Nationalität«, wobei er voraussetzte, daß *Expansion* als die wichtigere der beiden Komponenten galt, weil »Nationalität« eine vollausgebildete, feste Quantität[33] war, während sie ein Jahrhundert zuvor noch im Prozeß der *Ausbildung* steckte, zu Hause wie »drüben«. In *Physics and Politics* (1887) spricht Walter Bagehot überaus triftig von »nationmaking« [Nationenbildung]. Zwischen Frankreich und Großbritannien gab es Ende des 18. Jahrhunderts zwei Konfliktstoffe: den Kampf um strategische Vorteile in Indien, im Nildelta, in der westlichen Hemisphäre und den Kampf um eine triumphierende Nationalität. In beiden Fällen prallen »Engländer-« und »Franzosentum« aufeinander, und gleichgültig, wie persönlich und in sich geschlossen das angebliche englische oder französische »Wesen« auch erscheinen mag, es war nahezu immer als etwas zu Schaffendes (im Gegensatz zu etwas bereits Gegebenem) umkämpft. Thackerays Becky Sharp beispielsweise ist die Aufsteigerin, die sie ist, vor allem infolge ihres zur Hälfte französischen Erbteils. Zu Beginn des Jahrhunderts entwickelte sich die aufrechte sklavereifeindliche Einstellung von Wilberforce und seinen Verbündeten nicht zuletzt aus dem Wunsch, die französische Hegemonie auf den Antillen zu erschüttern.[34]

Diese Erwägungen fügen *Mansfield Park* (1814), dem in seinen ideologischen und moralischen Parteinahmen wohl explizitesten Roman von Austen, eine faszinierend erweiternde Dimension hinzu. Auch hier hat Williams im allgemeinen recht: Austens Roman bringt eine »erreichbare Lebensqualität« zum Ausdruck, in dem Sinne, wie Geld und Vermögen erworben, moralische Unterscheidungen getroffen, die richtigen Wahlentscheidungen gefunden, die richtigen »Errungenschaften« auf den Weg gebracht werden und die feinnuancierte Sprache bekräftigt und klassifiziert werden kann. Doch Williams fährt fort:

»Was [Cobett] benennt, wenn er auf der Straße vorbereitet, sind Klassen. Jane Austen kann das alles aus dem Häuserinnern durchaus nicht sehen, trotz der Differenziertheit ihrer Gesellschaftsschilderung. Ihr gesamtes Unterscheidungsvermögen ist verständlicherweise intern und exklusiv. Sie ist mit dem Verhalten von Menschen befaßt, die, in den Komplikationen der Veredelung, wiederholt versuchen, in eine Klasse aufgenommen zu werden. Wo aber nur eine Klasse gesehen wird, werden gar keine Klassen gesehen«.[35]

Als allgemeine Beschreibung, wie es Austen gelingt, bestimmte »moralische Unterscheidungen« zu »unabhängigen Werten« zu erheben, ist das ausgezeichnet. Wo aber *Mansfield Park* betroffen ist, muß noch einiges hinzugefügt werden, das Williams' Überblick mehr Deutlichkeit und Weite verleiht. Vielleicht erweisen sich dann Austen und wohl auch die vorimperialistischen Romanautoren im allgemeinen als tiefer in die Grundprinzipien der imperialistischen Expansion verstrickt, als der erste Anschein vermuten ließ.

Nach Lukács und Proust haben wir uns so sehr daran gewöhnt, Handlungsgefüge und Struktur des Romans durch Temporalität konstituiert zu sehen, daß wir die Funktion von Raum, Geographie und Örtlichkeit aus dem Blick verloren haben. Denn nicht nur der blutjunge Stephen Dedalus, sondern auch jeder andere junge Protagonist vor ihm findet sich selbst in eine immer weiter ausgreifende Spirale einbezogen, zu Hause, in Irland, in der Welt. Wie viele andere Romane kreist *Mansfield Park* in einem sehr genauen Sinne um eine Reihe kleiner und großer Entfernungen und Wiederannäherungen im Raum, bevor gegen Ende dann Fanny Price, die Nichte, zur spirituellen Herrin von Mansfield Park wird. Und dieser Ort selbst wird von Austen ins Zentrum eines Bogens von Interessen und Bestrebungen gestellt, der die Hemisphäre, zwei Ozeane und vier Kontinente überspannt.

Wie in den anderen Romanen Austens ist die Gruppe, die letztlich mit der »Weihe« von Ehe und Eigentum in Erscheinung tritt, nicht ausschließlich auf Blutsbande gegründet. Ihr Roman inszeniert die Ausgliederung (im buchstäblichen Sinne) einiger Mitglieder einer Familie und die Eingliederung anderer sowie eines oder zweier erwählter und geprüfter Außenseiter. Mit anderen Worten, Blutsbande reichen nicht aus, heimische wie internationale Kontinuität, Hierarchie und Autorität zu gewährleisten. Damit erwirbt sich Fanny Price – die arme Nichte, das verwaiste, spröde und rechtschaffene Mauerblümchen aus der fernen Stadt Portsmouth – allmählich einen Status, der dem der meisten ihrer vermögenderen Verwandten entspricht oder gar überlegen ist. In diesem Affiliationsschema und bei der Übernahme von Autorität bleibt Fanny Price relativ passiv. Sie widersteht den Vergehen und Zudringlichkeiten anderer, und sehr gelegentlich handelt sie auch auf eigene Faust; alles in allem hat man jedoch den Eindruck, daß Austen Pläne mit ihr verfolgt, die Fanny selbst kaum zu verstehen in der Lage ist, so wie sie auch im Verlaufe der Geschichte von jedermann als »Trost« und »Bereicherung« empfunden wird. Wie Kiplings Kim O'Hara ist Fanny sowohl Kunstgriff und Instrument in einem größeren Schema als auch eine vollentwickelte Romanfigur.

Fanny braucht wie Kim Lenkung, braucht den Schutz und die äußere Autorität, die ihr ihre eigene verarmte Existenz nicht bieten. Bewußte Beziehungen unterhält sie zu einigen Menschen und zu einigen Orten, aber der Roman enthüllt andere Verbindungen, von denen sie nur eine schwache Ahnung hat, die jedoch ihren Dienst erfordern. Sie gerät in eine Situation, die mit einer verwickelten Folge von Schritten einsetzt, die zusammengenommen Anpassung und Neuansatz erzwingen. Sir Thomas Bertram ist von einer der Ward-Schwestern umgarnt worden, die anderen Schwestern sind nicht gerade wohlgeraten, und ein »absoluter Bruch« zeichnet sich ab; ihre »Kreise waren so unterschiedlich«, die Entfernungen zwischen ihnen so groß, daß sie elf Jahre lang nicht mehr in Kontakt miteinander gewesen sind[36]; die Prices, die schlimme Zeiten durchzustehen haben, spüren die Bertrams auf. Mit der Zeit rückt Fanny, obwohl sie nicht die älteste ist, in den Mittelpunkt der Aufmerksamkeit, als sie nach Mansfield Park geschickt wird, um dort ein neues Leben zu beginnen. Auch die Bertrams haben London verlassen (das Ergebnis von Lady Bertrams »schwankender Gesundheit und einem Großteil Trägheit«) und sich entschlossen, ganz auf dem Lande zu leben.

Was dieses Leben materiell stabilisiert, ist Bertrams Besitzung in Antigua, die aber wenig Ertrag abwirft. Austen bemüht sich, dem Leser zwei scheinbar disparate, tatsächlich aber konvergierende Prozesse vorzustellen: Fannys wachsende Bedeutung für das Hauswesen der Bertrams, einschließlich Antigua, und Fannys Standhaftigkeit angesichts zahlreicher Herausforderungen, Bedrohungen und Überraschungen. Bei beiden Prozessen arbeitet Austens Einbildungskraft in geradezu stählerner Energie mit einem Verfahren, das wir den Modus der geographischen und räumlichen Klärung nennen können. Fannys Unwissenheit wird, als sie, ein verschrecktes zehnjähriges Mädchen, in Mansfield ankommt, durch ihre Unfähigkeit ausgewiesen, »die Landkarte von Europa zusammenzukriegen«[37], und in beinahe der ganzen ersten Hälfte des Romans kreist die Handlung um ein Bündel von Problemen, deren mißbrauchter oder mißverstandener gemeinsamer Nenner der Raum ist – Sir Thomas ist in Antigua, um die Dinge dort und zu Hause zum Guten zu wenden, und in Mansfield Park sind Fanny, Edmund und ihre

Tante Norris ständig damit beschäftigt, auszuhandeln, wo sie wohnen, lesen und arbeiten soll, welche Herde angezündet werden sollen usw.; die Freunde und Vettern befassen sich mit der Verbesserung der Vermögenslage; es wird die Bedeutung von Kapellen (d. h. der religiösen Autorität) für die Dienerschaft erwogen. Als die Crawfords – ein Mittel, um die Dinge in Bewegung zu bringen – vorschlagen, ein Theaterstück aufzuführen, wird Fannys Verwirrung auf polarisierende Weise akut. Sie kann nicht mitspielen, kann nicht ohne weiteres hinnehmen, daß die Wohnräume in eine Theaterbühne verwandelt werden, obwohl das Stück, Kotzebues *Kind der Liebe* mit seiner rätselhaften Verquikkung von Rollen und Absichten, dann doch geprobt wird.

Offenbar sollen wir vermuten, daß während Sir Thomas' Abwesenheit zur Bestellung seines Koloniengartens unvermeidliche Mißgeschicke (die explizit mit weiblicher »Unbotmäßigkeit« assoziiert werden) vorfallen könnten. Sie werden denn auch nicht nur in unschuldigen Spaziergängen der drei Paare junger Freunde in einem Park offenkundig, wobei die Beteiligten einander unerwartet aus den Augen verlieren und wieder zusammentreffen, sondern vor allem in den Flirts und Verlobungen zwischen den jungen Männern und Frauen, die aus dem Bannkreis der väterlichen Autorität entlassen sind, wobei Lady Bertram sich gleichgültig, Mrs. Norris dagegen unschicklich zeigt. Es kommt zu Wortwechseln, verstohlenen Andeutungen und zu riskantem Rollenspiel. Das alles verdichtet sich in den Vorbereitungen zur Aufführung des Theaterstücks, mit dem etwas inszeniert wird, das der Libertinage gefährlich nahe kommt (aber nie ausagiert wird). Fanny, deren Gefühl von Fremdheit, Distanz und Scheu sich aus ihrer ersten Entwurzelung herleitet, wird jetzt zu einer Art Ersatzgewissen in bezug auf das, was angemessen ist und was nicht. Aber sie hat nicht die Kraft, ihrem Unbehagen Geltung zu verschaffen, und bis zu Sir Thomas' plötzlicher Heimkehr setzt sich das unkoordinierte Treiben fort. Als er auftaucht, werden die Theaterproben unverzüglich abgebrochen, und in einer Passage, die wegen ihrer Promptheit bemerkenswert ist, erzählt Austen die Wiederherstellung von Sir Thomas' häuslicher Oberhoheit:

> »Er hatte viel zu tun an diesem Vormittag, wobei die Gespräche mit seinen Angehörigen nur einen geringen Teil seiner Zeit beanspruchten. Er mußte sich wieder in all die gewohnten Aufgaben hineinfinden, die mit dem Leben in Mansfield verbunden waren, mußte mit seinem Hausverwalter und Gutsverwalter sprechen, um alles in Augenschein zu nehmen und Rechnungen zu prüfen, und sich zwischen diesen Tätigkeiten seine Ställe, Gärten und nächstgelegenen Baumschulen ansehen; doch bei seinem zupackenden und methodischen Vorgehen hatte er nicht nur all

dies erledigt, ehe er beim Dinner seinen Platz als Hausherr wieder einnahm, sondern auch den Tischler mit dem Abriß dessen beauftragt, was erst kürzlich im Billardzimmer aufgebaut worden war, und den Bühnenmaler bereits so früh am Morgen entlassen, daß man sich in der angenehmen Vorstellung wiegen durfte, er werde mittlerweile mindestens bis Northampton gelangt sein. Der Bühnenmaler war weg, wobei er lediglich in einem Zimmer den Fußboden ruiniert, sämtliche Schwämme des Kutschers unbrauchbar gemacht und fünf von den untergeordneten Dienstboten zu Müßiggang und Unzufriedenheit animiert hatte, und Sir Thomas hegte die Hoffnung, daß weitere ein oder zwei Tage ausreichen würden, um alle äußeren Hinweise auf das, was gewesen war, zu beseitigen, bis hin zur Vernichtung jedes im Haus befindlichen ungebundenen Exemplars der ›Liebesschwüre‹ [so der Titel der engl. Kotzebue-Bearbeitung], denn er verbrannte alles, was ihm davon unter die Augen kam.«[38]

Dieser Abschnitt ist unmißverständlich. Hier ist nicht nur ein Crusoe am Werk, der die Dinge in Ordnung bringt; hier wütet ein früher Protestant, der alle Spuren frivolen Verhaltens tilgt. Indessen kommt nichts in *Mansfield Park* vor, was unserer Annahme widerspräche, daß Sir Thomas ganz ebenso – allerdings in größerem Maßstab – auf seinen »Pflanzungen« in Antigua verfährt. Was immer dort an Schwierigkeiten auftrat – und aus der inneren Logik der Erzählung schließt Warren Roberts, daß wirtschaftliche Depression, Sklaverei und Wettbewerb mit Frankreich im Spiel sein müssen[39] –, Sir Thomas war in der Lage, die Kontrolle über seine Kolonialdomäne aufrechtzuerhalten. Markanter als irgendwo sonst in ihrem literarischen Werk synchronisiert Austen hier häuslich-lokale und internationale Autorität, indem sie zu verstehen gibt, daß Werte, die mit höheren Belangen wie Ordination, Gesetz und Eigentum verknüpft sind, fest auf Herrschaft und Territorialbesitz gegründet sein müssen. Sie macht deutlich, daß die Führung und Leitung von Mansfield Park die Führung und Leitung einer imperialen Besitzung in enger, um nicht zu sagen unvermeidlicher Verbindung damit bedeutet. Die häusliche Ruhe und die anziehende Harmonie des einen Bereichs wird von der Produktivität und geregelten Disziplin des anderen gewährleistet.

Bevor nun aber beide vollends gesichert werden können, muß Fanny aktiver in die sich entwickelnde Handlung verstrickt werden. Aus der verängstigten und häufig geprellten armen Verwandten wird in allmählicher Verwandlung ein direkt partizipierendes Mitglied des Bertram-Hauswesens in Mansfield Park. Diesem Prozeß hat Austen den zweiten Teil des Buches vorbehalten, der nicht nur das Scheitern der Beziehung von Edmund und Mary Crawford und die Liederlichkeit von Lydia und

Henry Crawford schildert, sondern auch Fanny Prices Wiederbegegnung mit und ihre Abscheu vor ihrem Heimathaus in Portsmouth, das Unrecht und die Entmündigung von Tom Bertram (dem ältesten Sohn) und den Beginn der seemännischen Laufbahn von William Price. Dieses Netz von Beziehungen und Ereignissen schließt sich endlich mit Edmunds Ehe mit Fanny, deren Platz in Lady Bertrams Hauswesen von Susan Price, ihrer Schwester, übernommen wird. Es ist sicherlich keine Übertreibung, die Schlußabschnitte von *Mansfield Park* als die Inthronisierung eines halbwegs unnatürlichen (oder zumindest unlogischen) Prinzips im Herzen einer ersehnten englischen Ordnung zu deuten. Die Kühnheit von Austens Vision wird ein wenig verstellt durch ihre Stimme, die trotz ihrer gelegentlichen Schalkhaftigkeit untertrieben und zurückhaltend klingt. Doch wir sollten die knappen Verweise auf die Außenwelt nicht mißverstehen, ebensowenig die Anspielungen auf Arbeit, Prozeß, Klasse und deren offensichtliche Fähigkeit, (mit den Worten von Raymond Williams) »eine kompromißlose Alltagsmoral zu abstrahieren, die letztlich von ihrer sozialen Grundlage trennbar ist«. In Wirklichkeit ist Austen weniger zaghaft als vielmehr bestimmt.

Hinweise darauf lassen sich bei Fanny finden, insbesondere in der Unbeugsamkeit, die sie ausstrahlt. Zwar erschüttert der Besuch ihres Elternhauses in Portsmouth, wo ihre nächste Verwandtschaft noch immer lebt, das ästhetische und emotionale Gleichgewicht, an das sie sich in Mansfield Park zu gewöhnen begonnen hat; zwar hat sie angefangen, seine wunderbaren Annehmlichkeiten für selbstverständlich, ja sogar für essentiell zu halten. Das sind halbwegs routinemäßige und natürliche Folgen der Einstimmung auf einen neuen Aufenthaltsort. Aber Austen äußert sich zu zwei weiteren Sachverhalten, die wir beachten müssen. Der eine ist Fannys unlängst entdecktes Gefühl dafür, was es bedeutet, *zu Hause* zu sein. Als sie sich nach der Ankunft in Portsmouth darüber klar wird, ist das nicht nur ein Reflex des erweiterten Raumes:

»Fanny saß da wie gelähmt. Aufgrund der Enge des Hauses und der dünnen Wände war sie all dem Trubel so ausgesetzt, daß sie, erschöpft von der Reise und der vorhergegangenen Aufregung, kaum wußte, wie sie das aushalten sollte. *Im Zimmer* selbst indessen herrschte Ruhe. Denn da Susan mit den anderen verschwunden war, blieben bald nur noch ihr Vater und sie selbst zurück. Er zog eine Zeitung hervor, die er wie üblich von einem Nachbarn ausgeliehen hatte, und vertiefte sich in die Lektüre, wobei er die Existenz seiner Tochter offenbar schon vergessen hatte. Ohne auf ihre Bequemlichkeit die geringste Rücksicht zu nehmen, hielt er die einzige Kerze, die es im Zimmer gab, zwischen sich und die Zeitung, doch sie hatte ja nichts zu tun und war froh, daß ihr schmerzender Kopf von dem

Licht abgeschirmt war, während sie so dasaß und bestürzt und traurig zusammen-
hanglosen Gedanken nachging.
Sie war zu Hause. Aber ach, es war kein Zuhause, es war keine Begrüßung wie –
sie hielt inne, nannte sich unvernünftig ... In ein oder zwei Tagen mochte es ja anders sein. Sie allein war zu tadeln. Und dennoch glaubte sie, daß es in Mansfield
nicht so gewesen wäre. Nein, im Hause ihres Onkels hätte man auf Zeit und Umstände Rücksicht genommen, ein Thema nach dem anderen besprochen und gegenüber jedermann Anstand und Höflichkeit walten lassen, was hier nicht der Fall
war.«[40]

In einem zu kleinen Zimmer kann man nicht klar sehen, nicht klar denken, kann man kein Thema nach dem anderen besprechen oder Aufmerksamkeit im strengen Sinne entwickeln. Austens Detailtreue (»ohne
auf ihre Bequemlichkeit die geringste Rücksicht zu nehmen, hielt er die
einzige Kerze, die es im Zimmer gab, zwischen sich und die Zeitung«)
gibt sehr genau die Gefahren von Ungeselligkeit, Vereinzelung und Be-
wußtseinsbedrängnis wieder, die in größeren und besser bewirtschafte-
ten Räumen abgewendet werden können.
   Daß solche Räume für Fanny weder durch direkte Erbschaft oder
rechtmäßigen Besitz noch durch Verwandtschaft, Nachbarschaft oder
leichte Zugänglichkeit verfügbar sind (Mansfield Park und Portsmouth
sind durch eine vielstündige Reise voneinander getrennt) – eben das ist
das entscheidende Signal bei Austen. Um sich ein Anrecht auf Mansfield
Park zu erwerben, muß man zuerst seine Heimat als lehrverpflichteter
Dienstbote oder, um es zuzuspitzen, als eine Art transportabler Ge-
brauchsartikel verlassen – das ist ja das Schicksal von Fanny und ihrem
Bruder William –, dann freilich hat man die Verheißung künftigen
Wohlstandes vor sich. Ich bin der Meinung, daß Austen das, was Fanny
tut, als häusliche oder kleinkarätige Bewegung im Raum auffaßt, die
den größeren, unverhohlen kolonialistischen Strebungen von Sir Thomas entspricht, ihrem Mentor, dem Mann, dessen Besitz und Vermögen
sie erbt. Die beiden Bewegungen hängen voneinander ab.
   Der zweite, komplexere Sachverhalt, zu dem Austen sich wenn auch
indirekt äußert, wirft ein interessantes theoretisches Problem auf. Austens Bewußtsein von der imperialen Wirklichkeit ist offenbar sehr verschieden von dem Conrads oder Kiplings und tritt auch in ihren Anspielungen nur sehr beiläufig zutage. Zu ihrer Zeit waren die Briten in der
Karibik und in Südamerika äußerst aktiv, vor allem in Brasilien und Argentinien. Austen scheint sich der Details dieser Aktivitäten nur vage
bewußt zu sein, obwohl das Gefühl, daß ausgedehnte westindische
Plantagen wichtig waren, im metropolitanischen England ziemlich ver-

breitet war. Antigua und Sir Thomas' Reisen dorthin haben eine zentrale Funktion in *Mansfield Park*, die, wie bereits gesagt, sowohl beiläufig und auf flüchtige Anspielungen reduziert als auch absolut unabdingbar für die Handlung ist. Wie also sind Austens wenige Verweise auf Antigua zu bewerten, und wie haben wir sie zu deuten?

Meine These ist: Austen gibt durch die merkwürdige Kombination von Beiläufigkeit und Hervorhebung zu erkennen, daß sie die Bedeutung eines Imperiums für die Situation zu Hause *annimmt* (so wie Fanny sie, in beiden Wortbedeutungen, annimmt). Ich will jedoch die These noch fortspinnen. Da Austen Antigua in der Weise benutzt und darauf anspielt, wie sie es in *Mansfield Park* tut, bedarf es einer entsprechenden Anstrengung des Lesers, um die historischen Valenzen der Anspielung konkret zu entziffern. Mit anderen Worten, wir sollten zu verstehen versuchen, *worauf* sie anspielte, warum sie ihm die Bedeutung verlieh, die sie ihm verlieh, und warum sie gerade diese Wahl traf, denn sie hätte ja auch anders verfahren können, um Sir Thomas' Wohlstand zu legitimieren. Und damit wollen wir die signifizierende Kraft der Berufungen auf Antigua genauer bestimmen: Warum nehmen sie den Platz ein, den sie einnehmen, und welche Rolle spielen sie?

Austen zufolge sollen wir zu dem Schluß kommen, daß, wie isoliert und abgelegen der englische Landstrich (nämlich Mansfield Park) auch sein mag, er gleichwohl Unterstützung aus Übersee braucht. Sir Thomas' Besitztum in der Karibik ist eine Zuckerplantage, die durch Sklavenarbeit betrieben wird (an der bis in die dreißiger Jahre des 19. Jahrhunderts festgehalten wurde): Das sind keine toten historischen Fakten, sondern, wie Austen sicherlich wußte, bewiesene Realitäten. Vor dem englisch-französischen Wettstreit war das Hauptunterscheidungsmerkmal westlicher Imperien (des römischen, spanischen und portugiesischen), daß sie auf Kriegsbeute und Ausplünderung beruhten, wie Conrad das ausdrückt, auf dem Transport von Schätzen aus den Kolonien nach Europa, bei geringer Rücksicht auf Entwicklung, Organisation und System in den Kolonien selbst; Großbritannien und in kleinerem Maßstab auch Frankreich wollten dagegen ihre Imperien zu langfristigen, profitablen und stetig fließenden Erwerbsquellen machen; sie rivalisierten in diesem Bestreben, und zwar nirgendwo mehr als in den Kolonien in der Karibik, wo der Transport von Sklaven, der Betrieb großer Zuckerplantagen, die Entwicklung von Zuckermärkten mit den damit zusammenhängenden Problemen von Protektionismus, Monopolen und Preisgestaltung dauernd die Tagesordnung bestimmten. Weit davon entfernt, etwas Abgelegenes »da draußen« zu sein, waren die briti-

schen Kolonialbesitzungen auf den Antillen und den Leeward Islands
zu Zeiten von Jane Austen einer der Hauptschauplätze des englisch-
französischen Kolonialwettbewerbs. Revolutionäre Ideen aus Frankreich wurden dorthin exportiert, und es kam zu einem beträchtlichen
Verfall der britischen Profite – die französischen Zuckerplantagen produzierten Zucker unter geringeren Kosten. Aber Sklavenaufstände in
und außerhalb von Haiti warfen Frankreich zurück und spornten die
britischen Interessenten zu direktem Eingreifen und zu verstärktem lokalen Machtstreben an. Überdies hatte die karibische Zuckerproduktion
Englands, verglichen mit ihrer früheren Bedeutung für den heimischen
Markt, im 19. Jahrhundert den Wettbewerb mit Zuckerrohrlieferungen
aus Brasilien und Mauritius, einer neu auftauchenden Zuckerrüben-
industrie in Europa und der allmählichen Vorherrschaft einer Freihan-
delsideologie und -praxis zu bestehen.

In *Mansfield Park* – sowohl in seinen formalen Besonderheiten als
auch in seinen Inhalten – konvergiert eine Reihe dieser Tendenzen. Die
wichtigste ist die eingestandenermaßen vollständige Unterwerfung der
Kolonie unter die Metropole. Sir Thomas scheint, wiewohl in Mansfield Park abwesend, niemals in Antigua *präsent*. Es gibt eine auszugs-
weise bereits früher zitierte Passage in John Stuart Mills *Principles of
Political Economy*, die den Geist der Antigua-Szenerie bei Austen voll
erfaßt. Ich zitiere sie hier insgesamt:

>»Sie [unsere überseeischen Territorien] können kaum als Länder, die mit anderen
>Ländern Warenaustausch betreiben, sondern eher als getrennt liegende, Landwirt-
>schaft oder Gewerbe treibende Niederlassungen angesehen werden. Zum Beispiel
>können die englischen westindischen Kolonien nicht als Länder mit eigenem pro-
>duktiven Kapital angesehen werden [sondern eher als eine Region], wo England
>die Durchführung seiner Zucker-, Kaffee- und anderer Kolonialwarenerzeugung
>für gut befindet. Alles dort arbeitende Kapital ist englisches Kapital; fast die ganze
>Industrie wird nur für englische Zwecke betrieben; außer den Ausfuhrwaren wird
>kaum etwas anderes erzeugt, und diese werden nach England gesandt, nicht um ge-
>gen in die Kolonien ausgeführte und von den dortigen Einwohnern verbrauchte
>Waren ausgetauscht, sondern um in England zum Vorteil ihrer hiesigen Eigentü-
>mer verkauft zu werden. Der Handel mit Westindien kann daher kaum als Handel
>mit dem Ausland angesehen werden, sondern gleicht mehr dem Handel zwischen
>Stadt und Land«.[41]

Bis zu einem gewissen Grade ähnelt Antigua London oder Portsmouth:
zwar eine weniger erwünschte Umwelt als ein Landsitz wie Mansfield
Park, aber Güter produzierend, die von jedermann konsumiert werden
können (im frühen 19. Jahrhundert verbrauchte jeder Brite Zucker),

und von einer kleinen Gruppe von Aristokraten und Oberschicht-Mitgliedern in erblichem Besitz gehalten und betrieben. Die Bertrams und die anderen Figuren in *Mansfield Park* sind eine Untergruppe dieser Minderheit, und für sie bedeutet die Insel Wohlstand, den Austen als in Eigentum, Grundbesitz, Ordnung und, gegen Ende des Romans, auch in Trost konvertierbar auffaßt, ein zusätzliches Gut. Warum »zusätzlich«? Weil es Austen, wie sie in den Schlußkapiteln hervorhebt, dazu drängt, »jeden, der nicht zu sehr gefehlt hat, wieder in einen Zustand zu versetzen, in dem er sich einigermaßen wohl fühlt, und mit allen anderen rasch fertig zu werden«.[42]

Das läßt sich zunächst so interpretieren, daß der Roman genug Destabilisierung im Leben von »jedermann« gestiftet hat und ihnen jetzt Ruhe gönnen muß. Tatsächlich sagt Austen das explizit mit einem Anhauch metafiktionaler Ungeduld, indem sie ihr eigenes Werk dahin kommentiert, es habe nun lange genug gewährt und müsse jetzt zu Ende gebracht werden. Es kann aber, zweitens, auch bedeuten, daß es jedem jetzt endlich freisteht, gewahr zu werden, was es heißt, im eigentlichen Sinne zu Hause und bei sich zu sein, ohne die Notwendigkeit, umherzustreifen oder zu kommen und zu gehen. (Das gilt allerdings nicht für den jungen William, der, wie wir annehmen wollen, auch weiterhin die Gewässer im Dienste der britischen Marine durchstreifen wird, wohin immer ihn kommerzielle und politische Missionen berufen. Auf solche Fragen verwendet Austen nur einen letzten kurzen Hinweis, eine beiläufige Bemerkung zu Williams »fortgesetzter guter Führung und seinem wachsenden Ansehen«.) Was die zu guter Letzt in Mansfield Park Verbleibenden betrifft, so wird diesen nunmehr heimisch gewordenen Seelen ein Zuwachs an häuslichen Vorteilen gewährt, und niemandem mehr als Sir Thomas. Zum ersten Mal begreift er, was er bei der Erziehung seiner Kinder versäumt hat, und er begreift es in einem Sinne, wie ihn paradoxerweise namenlose äußere Kräfte ihm vermitteln, nämlich der Wohlstand von Antigua und das importierte Beispiel von Fanny Price. Man beachte hier, wie der merkwürdige Wechsel von Draußen und Drinnen demselben Schema folgt, das Mill benutzt, wenn er vom Draußen spricht, das durch Gebrauch und, um Austen zu zitieren, »disposition« zum Drinnen *wird*:

>»Hier [nämlich mit seinem Vertrauen in die falschen Erziehungsmethoden von Mrs. Norris und als er seinen Töchtern beibrachte, in seiner Gegenwart ihr Temperament zu unterdrücken] hatte man schwere Fehler begangen; aber so schlimm das auch war, so kam er doch allmählich zu der Einsicht, daß es sich dabei noch nicht einmal um den unheilvollsten Irrtum in seinem Erziehungssystem gehandelt hatte.

Innen drin mußte irgend etwas gefehlt haben, sonst hätte die Zeit vieles von seinen schlechten Wirkungen abgemildert. Er hegte die Befürchtung, daß es an Grundsätzen, an echten, wirksamen Grundsätzen, gemangelt habe, daß ihnen nie richtig beigebracht wurde, ihre Neigungen und Launen mit Hilfe jenes Pflichtgefühls zu beherrschen, das durch nichts anderes zu ersetzen ist. Zwar hatte man sie theoretisch in der Religion unterwiesen, niemals aber von ihnen verlangt, diese in die tägliche Praxis umzusetzen. Daß sie sich durch Eleganz und Bildung hervortaten – worin ja das erklärte Ziel ihrer Jugend bestanden hatte –, konnte in dieser Hinsicht keinen hilfreichen Einfluß, keine sittliche Wirkung auf ihre Persönlichkeit haben. Es war seine Absicht gewesen, anständige Menschen aus ihnen zu machen, doch seine Bemühungen hatten sich auf ihren Verstand und ihre Umgangsformen, nicht aber auf ihren Charakter gerichtet; und von der Notwendigkeit, Selbstverleugnung und Demut zu üben, hatten sie, so fürchtete er, nie etwas aus dem Mund von jemandem gehört, dessen Autorität sie anerkannt hätten.«[43]

Was da »innen drin« fehlte, wurde in Wirklichkeit von dem aus einer westindischen Plantage erwirtschafteten Wohlstand und einer armen Verwandten aus der Provinz geliefert, die beide nach Mansfield Park überführt und dort in Dienst genommen worden waren. Für sich genommen freilich hätte weder der eine noch der andere Einflußfaktor genügt; sie sind aufeinander angewiesen und, wichtiger noch, bedürfen geistiger Fähigkeiten, die ihrerseits den übrigen Bertramschen Kreis bessern helfen. Alles das überläßt Austen dem Leser, der es sich auf dem Wege buchstäblicher Erklärung zu ergänzen hat.

Und eben das hat eine Lektüre ihres Werkes zur Folge. Aber alle diese Dinge, die mit der nach drinnen verpflanzten Außenseite zu schaffen haben, scheinen in der Suggestivität ihrer anspielungsreichen und abstrakten Sprache unverkennbar *dort* zu sein. Ein Prinzip, das »innen drin fehlt«, soll, wie ich glaube, Erinnerungen an Sir Thomas' Abwesenheiten in Antigua oder die halb-schrullige Launenhaftigkeit der drei mit unterschiedlichen Mängeln behafteten Ward-Schwestern beschwören, durch die eine Nichte aus einem Hauswesen in ein anderes verpflanzt wird. Daß die Bertrams besser, wenn auch nicht ganz und gar gut wurden, daß ihnen ein gewisses Pflichtgefühl eingeflößt wurde und sie lernten, Neigungen und Launen zu beherrschen und Religion in die tägliche Praxis umzusetzen, daß sie ihren »Charakter formten« – zu alledem kam es, weil äußere (oder aus der Ferne wirkende) Faktoren verinnerlicht und in Mansfield Park heimisch wurden, mit der Nichte Fanny als der endgültigen geistigen Herrin und dem jüngeren Sohn Edmund als dem geistigen Herrn.

Ein zusätzlicher Vorteil ist, daß Mrs. Norris auszieht; dieser Auszug wird beschrieben als »großer zusätzlicher Trost im Leben von Sir Thomas«.[44] Wenn die Prinzipien erst einmal verinnerlicht sind, folgen die Tröstungen: Fanny wird vorübergehend in Thornton Lacey untergebracht, »mit aller erdenklichen Sorge für ihr Wohlbefinden«; ihr Haus wird später »das Heim von Zuneigung und Trost«; Susan wird schlechterdings unentbehrlich, »zuerst als Trost für Fanny, dann als ihre rechte Hand und zu guter Letzt als ihre Nachfolgerin«[45], als der neue Import Fannys Platz an der Seite von Lady Bertram einnimmt. Das zu Beginn des Romans entwickelte Schema setzt sich ungebrochen fort, es hat jetzt lediglich ein internalisiertes und rückblickend verbürgtes Grundprinzip. Es ist dieses Grundprinzip, das Raymond Williams als »kompromißlose Alltagsmoral« beschreibt.

Ich habe zu zeigen versucht, daß diese Moral nicht von ihrer sozialen Basis zu trennen ist – bis zum allerletzten Satz bekräftigt und wiederholt Austen den geographischen Prozeß der Expansion auf der Grundlage von Handel, Produktion und Konsumtion, der der Moral vorangeht, ihr zugrunde liegt und sie verbürgt. Und Expansion durch koloniale Herrschaft, wie Gallagher uns erinnert, ob »nun beliebt oder unbeliebt, [ihre] Erwünschtheit war auf die eine oder andere Weise allgemein anerkannt. Also lasteten auf der Expansion schließlich nur sehr wenige heimische Beschränkungen.«[46] Die meisten Kritiker waren geneigt, diesen Prozeß außer acht zu lassen, der ihnen weniger wichtig erscheinen mochte, als Austen selbst zu glauben schien. Eine Interpretation der Welt von Jane Austen aber hängt davon ab, *wer* sie vornimmt, *wann* sie vorgenommen wird und, nicht weniger wichtig, *von wo aus* sie vorgenommen wird. Nachdem wir bei Feministinnen, bei Kulturkritikern wie Williams, die für Geschichte und Klassenverhältnisse hellhörig sind, oder bei Kultur- und Stilinterpreten für die Probleme sensibilisiert worden sind, die ihr Interesse erwecken, sollten wir jetzt die geographische Scheidung der Welt – die letztlich für *Mansfield Park* bezeichnend ist – nicht länger für neutral halten (genausowenig wie Klasse und Geschlecht neutral sind), denn sie ist politisch besetzt und der Erhellung bedürftig. Die Frage ist also nicht nur, wie Austens Moral zu verstehen und womit sie und ihre soziale Basis zu assoziieren ist, sondern auch, *was* von ihr zu verstehen und zu deuten ist.

Kommen wir noch einmal auf die knappen Anspielungen auf Antigua und die Leichtigkeit zurück, mit der Sir Thomas' Bedürfnisse in England durch einen kurzen Karibik-Aufenthalt erfüllt werden, auf die unflektierten, unreflektierten Zitate Antiguas (oder des Mittelmeerraumes oder Indiens, wohin Lady Bertram, in einem Ausbruch zerstreuter

Ungeduld, ihren Sohn William reisen sehen möchte: »Ich wünsche, daß er nach Indien fährt, damit ich meinen Schal bekomme. Ich glaube, ich möchte zwei Schals, Fanny.«)[47] Sie stehen für eine Signifikanz »da draußen«, die die im Grunde einzig wichtige Handlung *hier* umrahmt, jedoch nicht für eine hohe Signifikanz. Und doch umfassen diese Zeichen des »Draußen«, gerade weil sie es verdrängen, eine reiche und komplexe Geschichte, die seither einen Status erlangt hat, den die Bertrams, die Prices und Austen selbst nicht erkannten, nicht erkennen konnten. Angesichts dessen von »Dritter Welt« zu sprechen bedeutet zwar, Realitätstüchtigkeit einzuklagen, erschöpft aber keineswegs die politische oder kulturelle Geschichte.

Vorab müssen wir uns über die in *Mansfield Park* auftauchenden Präfigurationen einer späteren englischen Geschichte klarwerden, wie sie in der Literatur gespeichert sind. Die von den Bertrams ausgebeutete Kolonie in *Mansfield Park* läßt sich als Zeichen deuten, das auf Charles Goulds Silbermine von San Tomé in *Nostromo* oder auf die anglo-imperiale Rubber Company der Wilcox in Forsters *Howards End* vorausweist – oder auf irgendeine dieser entlegenen, aber bequemen Schatztruhen in *Große Erwartungen*, Jean Rhys' *Das wilde Sargassomeer* oder *Herz der Finsternis* –, Ressourcen, die besucht, beredet, beschrieben oder aus heimischen Gründen geschätzt werden können, um des lokalen metropolitanischen Eigennutzes willen. Wenn wir in Richtung dieser anderen Romane weiterdenken, gewinnt Sir Thomas' Antigua rasch eine erheblichere Dichte als die diskrete, leichte Aura, die es auf den Seiten von *Mansfield Park* hat. Und schon beginnt unsere Deutung des Romans an den Punkten einzuhaken, an denen sich Austen ironischerweise höchst ökonomisch und ihre Kritiker (darf man das zu sagen wagen?) höchst nachlässig gaben. Ihr »Antigua« ist keine flüchtige, sondern eine definitive Markierung der äußeren Grenzen dessen, was Williams heimische »Vermögensaufbesserung« nennt, oder eine flinke Anspielung auf die merkantile Waghalsigkeit des Erwerbs von überseeischen Dominien als Quelle häuslicher Kapitalbildung oder eine von vielen Referenzen einer historischen Sensibilität, die ihrerseits eben nicht mit Sitten und Verbindlichkeiten getränkt ist, sondern mit Ideenwettstreit, Kämpfen mit dem napoleonischen Frankreich und dem seismischen Bewußtsein ökonomischen und sozialen Wandels während einer revolutionären Periode der Weltgeschichte.

Sodann müssen wir erkennen, daß »Antigua« in Austens moralischer Geographie und in ihrer Prosa einen genau bestimmten Platz einnimmt, bestimmt von historischen Wandlungen, auf deren Wellen ihr

Roman wie ein Schiff auf hoher See »reitet«. Die Bertrams wären ohne Sklavenhandel, Zuckerproduktion und die Klasse von Pflanzern in den Kolonien nicht möglich gewesen; als sozialer Typus wäre Sir Thomas Lesern des 18. und frühen 19. Jahrhunderts vertraut gewesen, die den mächtigen Einfluß dieser Klasse aus der Politik, aus Theaterstücken (wie Cumberlands *The West Indian*) und gesellschaftlichen Projekten kannten (große Häuser, soziale Rituale, bekannte Wirtschafts- und Handelsunternehmen, denkwürdige Eheschließungen). In dem Maße, wie das alte System der geschützten Monopolstellung allmählich verschwand und eine neue Klasse von Siedler-Pflanzern das seinerseits alte System des Absentismus ersetzte, büßte das Westindien-Engagement seine Dominanz ein: Die Baumwollmanufaktur, ein offeneres Handelssystem und die Abschaffung des Sklavenhandels schwächten Macht und Prestige von Leuten wie den Bertrams, deren Karibikbesuche an Häufigkeit abnahmen.

So spiegeln Sir Thomas' seltene Antigua-Reisen als absenter Plantagenbesitzer die Minderung der Macht seiner Klasse wider, eine Einbuße, die ganz direkt im Titel von Lowell Ragatz' klassischer Studie *The Fall of the Planter Class, 1763–1833* (1928) hervortritt. Aber wird, was bei Austen verschleiert oder nur in Anspielungen vorkommt, bei Ragatz mehr als hundert Jahre später hinreichend deutlich gemacht? Findet das ästhetische Stillschweigen oder die Diskretion eines großen Romans von 1814 eine angemessene Erklärung in einem Hauptwerk der historischen Forschung eines späteren Jahrhunderts? Dürfen wir annehmen, daß der Prozeß der Interpretation abgeschlossen ist, oder wird er sich in dem Maße fortsetzen, wie neues Material ans Tageslicht tritt?

Trotz seiner beeindruckenden Gelehrsamkeit findet sich Ragatz immer noch bereit, von der »Neger«-Rasse im Sinne der folgenden Eigenschaften zu sprechen: »Er stahl, er log, er war einfältig, argwöhnisch, ineffizient, verantwortungslos, faul, abergläubisch und lose in seinen sexuellen Beziehungen.«[48] Eine »Geschichte« wie diese mußte zum Glück der Revisionsarbeit karibischer Historiker wie Eric Williams und C. L. R. James sowie kürzlich Robin Blackburns in *The Overthrow of Colonial Slavery, 1776–1848* weichen; in diesen Werken wird gezeigt, daß Sklaverei und Imperialismus den Aufstieg und die Konsolidierung des Kapitalismus weit über die alten Plantagenmonopole hinaus gefördert haben, daß sie auch ein mächtiges ideologisches System bildeten, dessen ursprüngliche Allianz mit spezifischen ökonomischen Interessen zwar erloschen sein mag, dessen Auswirkungen aber noch jahrzehntelang fortschwelten.

»Die politischen und moralischen Ideen des Zeitalters müssen in engster Beziehung zur ökonomischen Entwicklung untersucht werden. [...]
Ein überholtes Interesse, dessen Bankrott [...] zum Himmel stinkt, kann einen hinderlichen und störenden Effekt ausüben, der sich nur aus den mächtigen Diensten, die es zuvor geleistet hatte, und seiner früheren Bollwerksfunktion erklären läßt. [...]
Die auf diese Interessen gegründeten Ideen wirken noch lange nach dem Untergang dieser Interessen fort und richten ihr altes Unheil an, das um so unheilvoller ist, als die Interessen, denen sie entsprachen, nicht mehr existieren«.[49]

So Eric Williams in *Capitalism and Slavery* (1961). Die Frage der Interpretation, ja sogar die des Schreibens selbst ist an die Interessenfrage geknüpft, die wir, damals wie heute, in ästhetischen wie in historischen Schriften am Werk gesehen haben. Wir dürfen nicht sagen, daß, weil *Mansfield Park* ein Roman ist, seine Verknüpfungen mit einer schmutzigen Geschichte irrelevant oder transzendent sind, nicht zuletzt deshalb, weil wir zuviel wissen, um das guten Glaubens behaupten zu können. Wenn man *Mansfield Park* als Bestandteil der Struktur einer expandierenden imperialistischen Unternehmung gelesen und gedeutet hat, kann man es nicht mehr dabei belassen, den Roman dem Kanon der »großen literarischen Meisterwerke« zuzuordnen, zu dem er ganz zweifellos gehört. Vielmehr erschließt der Roman ebenso stetig wie unaufdringlich einen weiten Raum heimischer imperialistischer Kultur, ohne den Großbritanniens späterer Territorialerwerb nicht möglich gewesen wäre.

Ich habe viel Zeit auf *Mansfield Park* verwendet, um einen Typus von Analyse zu illustrieren, dem man im geläufigen Interpretationsgeschäft ebenso selten begegnet wie bei Deutungen, die sich eng an die eine oder andere der avancierten neuen theoretischen Schulen anlehnen. Aber nur in der globalen Perspektive, die Jane Austen und ihre Charaktere voraussetzen, kann die erstaunliche allgemeine Position des Romans verdeutlicht werden. Ich halte eine solche Deutung für eine Vervollständigung oder Ergänzung anderer, die sie nicht beeinträchtigt oder ersetzt. Und es sollte mit allem Nachdruck hervorgehoben werden, daß, weil *Mansfield Park* die Wirklichkeit der britischen Macht in Übersee mit dem heimischen Imbroglio auf dem Bertram-Landsitz verbindet, es keinen anderen Weg der Deutung in meinem Sinne gibt, kein anderes Tor zur »Struktur der Einstellung und Referenz« als den Roman »durchzuarbeiten«. Nur durch sorgfältige Lektüre erwerben wir ein Gespür dafür, wie Ideen über untergeordnete Rassen und Territorien sowohl von Beamten der Außenministerien, Kolonialbürokraten und Militärstrategen als auch von intelligenten Romanlesern vorgebracht wurden, die sich in den Feinheiten moralischer Bewertung, literarischer Vergleichung und stilistischer Akribie schulten.

Bei meiner Deutung tritt allerdings eine Paradoxie zutage, die mich beeindruckt hat, der ich jedoch nicht beikommen kann. Alles verfügbare Material besagt, daß sogar die alltäglichsten Effekte der Sklavenhaltung auf einer westindischen Zuckerplantage von grausamer Härte geprägt waren. Und alles, was wir über Austen und ihre Wertvorstellungen wissen, steht im Widerspruch zur Grausamkeit der Sklaverei. Fanny Price erinnert ihren Vetter daran, daß, nachdem sie Sir Thomas über den Sklavenhandel befragt habe, »sich eine [...] Totenstille ausbreitete«[50] und die Vermutung sich aufdrängte, die beiden Welten könnten nicht miteinander versöhnt werden, weil es schlechterdings keine gemeinsame Sprache für beide gebe. Das ist richtig. Aber was diese außerordentliche Diskrepanz so stechend macht, ist der Aufstieg, Niedergang und Fall des britischen Imperiums selbst und, in seinem Windschatten, die Ausbildung eines postkolonialen Bewußtseins. Im Laufe der Zeit breitete sich nicht mehr Totenstille aus, wenn von Sklaverei die Rede war, und das Thema wurde zentral für ein neues Verständnis dessen, was Europa war.

Es wäre töricht zu erwarten, daß Jane Austen die Sklaverei etwa mit der Leidenschaft eines Abolitionisten oder eines jüngst befreiten Sklaven hätte darstellen sollen. Dennoch attackiert das, was ich die Rhetorik der Schuldzuweisung genannt habe, die heute häufig von Minderheiten oder Benachteiligten aufgeboten wird, sie und andere rückblickend als weiß, privilegiert, fühllos und mitschuldig. Ja, Jane Austen gehörte einer sklavenhaltenden Gesellschaft an. Aber verwerfen wir deshalb ihre Romane wie viele andere triviale Exerzitien in ästhetischer Schlamperei? Keineswegs, sofern wir unsere intellektuelle und interpretative Aufgabe ernst nehmen, Verbindungen zu stiften, uns mit so viel Material wie möglich auseinanderzusetzen und, vor allem, zu lesen, was da steht und was nicht da steht, kurz: Komplementarität und Wechselseitigkeit anstelle isolierter, ehrfurchtblinder oder formalisierter Erfahrung, die die Einmischungen der menschlichen Geschichte ausschließt oder untersagt.

Mansfield Park ist insofern ein ergiebiges Werk, als seine ästhetische Komplexität eine langsame Analyse erfordert, die übrigens auch seine geographische Thematik gebietet. Wenn Sir Thomas nach Antigua reist oder von dort kommt, wo er Landbesitz hat, ist das nicht dasselbe wie die An- und Abreisen von Mansfield Park, wo seine Präsenz, seine Ankünfte und Aufbrüche beträchtliche Konsequenzen haben. Aber gerade weil Austen im einen Kontext so summarisch und im anderen so herausfordernd eindringlich ist, sind wir, aufgrund eben dieses Ungleichgewichts, in der Lage, den Roman von innen wahrzunehmen und diese auf seinen glanzvollen Seiten kaum je erwähnte Wechselseitigkeit aufzudecken und zu akzentuieren. Ein minder bedeutendes Werk trägt seine historische Abstammung offener zur Schau; sein Weltbezug ist einfach und direkt. *Mansfield Park* verschlüsselt Erfahrungen und wiederholt sie nicht einfach. Aus unserer späteren Erfahrung können wir Sir Thomas' Macht, in Antigua nach Belieben zu kommen und zu gehen, als in dem gedämpften nationalen Erlebnis von individueller Identität, Haltung und »Ordination« begründet deuten, das mit viel Ironie und Geschmack in Mansfield Park inszeniert wird. Die Aufgabe ist, weder die historische Plausibilität der ersten Erfahrung preiszugeben noch den Genuß der zweiten, wenn man beide gleichzeitig ins Auge faßt.

3. Die kulturelle Integrität des Imperiums

Bis weit über die Mitte des 19. Jahrhunderts hinaus hat diese Art leichten, jedoch andauernden Handels zwischen Mansfield Park (Ort und Roman) und seinem Territorium in Übersee in der französischen Kultur kaum ein Äquivalent. Natürlich gab es vor Napoleon ein literarisches Korpus von Ideen, Reisen, Polemiken und Spekulationen über die nichteuropäische Welt, man denke nur etwa an Volney oder Montesquieu (manches davon wird diskutiert in Tzvetan Todorovs neuem Buch *Nous et les autres*[51]). Ohne signifikante Ausnahme war diese Literatur entweder spezialisiert – beispielsweise bei dem berühmten Bericht des Abbé Raynal über die Kolonien – oder gehörte einem Genre an (etwa der Moralphilosophie), das Probleme wie Sterblichkeit, Sklaverei oder Korruption als Argumente in einer allgemeinen Auseinandersetzung über Humanität nutzte. Die Enzyklopädisten und Rousseau sind ausgezeichnete Illustrationen für den letzteren Fall. Als Reisender, Memoirenschreiber, beredter Selbstbeobachter und Romantiker verkörpert Chateaubriand einen Individualismus in Tonfall und Stil, der ohne gleichwertiges Beispiel ist; zweifellos wäre es sehr schwierig zu beweisen, daß er mit *René* oder *Atala* einer literarischen Institution wie dem Roman oder »gelehrten« Diskursen wie Geschichtsschreibung oder Sprachwissenschaft zuzurechnen ist. Seine Reiseerzählungen aus Ame-

rika und dem Nahen Osten sind, nebenbei gesagt, allzu exzentrisch, als
daß sie leicht einzuordnen wären.

In Frankreich also gab es eine zwar unregelmäßige, vielleicht gar spo-
radische, sicherlich aber begrenzte und spezialisierte literarische oder
kulturelle Auseinandersetzung mit Gebieten, in die Händler, Gelehrte,
Missionare oder Soldaten eindrangen und wo sie, im Osten oder in beiden Amerika, ihre britischen Gegenstücke antrafen. Frankreich hatte,
bevor es 1830 Algerien an sich brachte, kein Indien und verfügte, wie
ich andernorts ausgeführt habe, vorübergehend über brillante Übersee-
Erfahrungen, auf die allerdings mehr in der Erinnerung und im literarischen Ausdruck gepocht wurde als in der Wirklichkeit. Ein berühmtes
Beispiel sind die *Lettres de Barbarie* (1785) des Abbé Poiret, die eine
ebenso verständnislose wie stimulierende Begegnung zwischen einem
Franzosen und muslimischen Afrikanern beschreiben. Der beste Historiker des französischen Imperialismus, Raoul Girardet, gibt zu
bedenken, daß zwischen 1815 und 1875 in Frankreich zwar reichlich
kolonialistische Tendenzen existierten, von denen aber keine die anderen dominierte oder in der französischen Gesellschaft eine ausschlaggebende Rolle spielte.[52] Er spezifiziert Waffenhändler, Ökonomen sowie militärische und klerikal-missionarische Kreise als verantwortliche
Agenten, die die französischen imperialen Institutionen zu Hause am
Leben erhalten, obwohl er, im Gegensatz zu Platt und anderen Beobachtern des englischen Imperialismus, nichts derart Gravierendes entdek-
ken kann wie eine französische »ministerielle Sicht«.

Aus der literarischen Kultur Frankreichs ließen sich leicht falsche
Schlüsse ziehen; deshalb ist hier eine Reihe von Gegensätzen erwäh-
nenswert. Englands verbreitete, unspezialisierte Aufgeschlossenheit für
Interessen in Übersee hat kein direktes französisches Äquivalent. Das
französische Äquivalent für Austens Landadel oder Dickens' Geschäftsleute, die gelegentliche Anspielungen auf die Karibik oder Indien machen, ist nicht leicht zu finden. Dennoch treten, auf zwei oder drei Spezialgebieten, Frankreichs Übersee-Interessen im kulturellen Diskurs in
Erscheinung. Das eine markiert interessanterweise die nahezu ikoni-
sche Figur Napoleons (wie in Hugos Gedicht »Lui«), der den romantischen französischen Geist draußen verkörpert, weniger Eroberer (der er
in Ägypten tatsächlich war) als lastende, melodramatische Präsenz, dessen *persona* als Maske agiert, durch die hindurch Reflexionen zum Vorschein gebracht werden. Lukács hat scharfsinnig den gewaltigen Einfluß kommentiert, den Napoleons Karriere auf die der Romanhelden
der französischen und russischen Literatur ausgeübt hat; im frühen

19. Jahrhundert besaß der korsische Napoleon im übrigen eine exotische Aura.

Stendhals junge Helden sind ohne ihn unverständlich. In *Le Rouge et le noir* ist Julien Sorel völlig von seiner Napoleon-Lektüre besessen, insbesondere von den Aufzeichnungen aus St. Helena mit ihrem Gespür für mittelmeerischen Schwung und ihrem ungestümen »arrivisme«. Die Reproduktion einer solchen Lebensspur nimmt in Juliens Laufbahn eine Reihe außerordentlicher Wendungen, die in einem Frankreich, das jetzt durch Mittelmäßigkeit und ränkeschmiedende Reaktion gekennzeichnet ist, sämtlich die napoleonische Legende herabmindern, ohne freilich ihre Macht über Sorel zu schmälern. So mächtig ist die napoleonische Lebensspur in *Le Rouge et le noir*, daß es geradezu als Überraschung wirkt, wenn man gewahr wird, daß nirgendwo im Roman direkt auf Napoleon angespielt wird.

Ein zweites Vehikel für die kulturelle Aneignung der imperialen Errungenschaften Frankreichs ist der Komplex neuer und glanzvoller Wissenschaften, die ursprünglich von Napoleons überseeischen Abenteuern auf den Plan gerufen wurden. Das spiegelt ganz und gar die soziale Struktur der französischen Erkenntnisszene wider, die dem amateurhaften, häufig peinlich »démodé« wirkenden englischen Geistesleben auf dramatische Weise unähnlich ist. Die (von Napoleon geförderten) großen Pariser Lehr- und Forschungsinstitute haben einen prägenden Einfluß auf die Entstehung von Archäologie, Linguistik, Historiographie, Orientalismus und Experimentalbiologie (Disziplinen, von denen manche an der *Description de l'Égypte* beteiligt waren). Typischerweise zitieren die Romanautoren den akademisch gelenkten Diskurs über den Osten, Indien und Afrika – Balzac etwa in *La Peau de Chagrin* oder *La Cousine Bette* – mit einer Beschlagenheit und Kennerschaft, die ganz unenglisch sind. In den Schriften britischer Übersee-Einwohner findet man, von Lady Wortley Montague bis hin zu den Webbs, die Sprache beiläufiger Beobachtung, bei Kolonial-»Experten« (wie Sir Thomas Bertram und den Mills) eine kennerhafte, aber im Grunde inoffizielle Attitüde, im offiziellen oder Verwaltungs-Jargon, für den Macaulays »Minute on Indian Education« von 1835 ein berühmtes Beispiel ist, eine hochnäsige und zugleich persönliche Starrheit. Das alles ist selten der Fall in der französischen Kultur des frühen 19. Jahrhunderts, wo das Prestige der Akademie und von Paris jede Äußerung formt und färbt.

Wie bereits gesagt, leitet sich das Vermögen – sogar in der ungezwungenen Konversation – der Darstellung dessen, was jenseits der metro-

politanischen Grenzen liegt, von der Macht einer imperialen Gesellschaft her, und diese Macht nimmt die diskursive Gestalt der Umformung oder Neuordnung »roher« oder primitiver Daten für die lokalen
Konventionen narrativen oder formalen Ausdrucks in Europa oder, wie
im Falle Frankreichs, für die Systematik eines wissenschaftlichen Fach-
bereichs an. Als es um das ging, was außerhalb des metropolitanischen
Europa lag, standen die Künste und Disziplinen der Darstellung – auf
der einen Seite Literatur, Historie und Reisebeschreibung, Malerei, auf
der anderen Soziologie, Verwaltungs- und Bürokratiesprache, Philologie, Rassentheorie – in Abhängigkeit von den Mächten Europas, um die
nicht-europäische Welt zur Darstellung zu bringen, um sie genauer zu
sehen, sie zu beherrschen und vor allem festhalten zu können. Philip
Curtis' zweibändiges Werk *Image of Africa* und Bernard Smith' *European Vision and the South Pacific* sind wahrscheinlich die ausführlich-
sten Analysen dazu. Eine gute gemeinverständliche Charakterisierung
gibt Basil Davidson in seinem Überblick über die Afrika-Literatur bis
zum 20. Jahrhundert:

> »Die Literatur der Erforschung und Eroberung [Afrikas] ist ebenso weitläufig und
> vielgestaltig wie diese Prozesse selbst. Mit einigen wenigen hervorragenden Aus-
> nahmen aber orientieren sich die Berichte an einer einzigen Herrschaftsattitüde:
> sie sind die Tagebücher von Männern, die Afrika entschlossen von außen sehen.
> Ich sage nicht, daß man von ihnen hätte erwarten können, anders zu verfahren:
> ausschlaggebend ist, daß ihre Beobachtung sich innerhalb eingeengter Grenzen zu
> vollziehen hatte, und mit dieser Einschränkung vor Augen müssen sie gelesen wer-
> den. Wenn sie Geist und Handeln der Afrikaner, die sie kannten, zu verstehen ver-
> suchten, dann im Vorbeigehen und nur selten. Nahezu alle waren überzeugt, daß
> sie ›Urmenschen‹ gegenüberstanden, einer Menschheit, wie sie vor dem Anbeginn
> der Geschichte gewesen war, Gesellschaften, die in die Morgenröte der Zeit zu-
> rückreichten. [Brian Streets bedeutsames Buch *The Savage in Literature* analysiert
> die Schritte, mit denen das in der akademischen und volkstümlichen Literatur als
> wahr erwiesen wurde.] Dieser Standpunkt verbreitete sich im Gleichschritt mit der
> überwältigenden Expansion der Macht und des Wohlstandes von Europa, mit sei-
> ner politischen Stärke und Energie und Verfeinerung und mit seinem Glauben, ge-
> wissermaßen der erwählte Kontinent Gottes zu sein. Was sonst ehrbare Forscher
> dachten und taten, läßt sich an den Schriften von Männern wie Henry Stanley oder
> an den Taten von Männern wie Cecil Rhodes und seinen Diamantensuchern able-
> sen, so sehr sie auch bereit waren, sich ihren afrikanischen Freunden als ehrliche
> Verbündete zu präsentieren, solange die Verträge gesichert waren – die Verträge,
> mittels derer man sich ›tatsächliche Inbesitznahme‹ durch die Regierungen oder
> private Interessen bestätigen konnte, denen sie dienten und die sie bildeten.«[53]

Alle Kulturen neigen dazu, sich Bilder von fremden Kulturen zu machen, um sie besser beherrschen und in gewisser Weise auch besser kontrollieren zu können. Aber nicht alle Kulturen machen sich Bilder von fremden Kulturen *und* beherrschen und kontrollieren sie tatsächlich. Das ist das Unterscheidungsmerkmal der modernen westlichen Kulturen. Es bedarf des Studiums des westlichen Wissens und der Darstellungen der nichteuropäischen Welt, damit daraus ein Studium sowohl dieser Darstellungen als auch der politischen Mächte wird, die sie zum Ausdruck bringen. Autoren des späten 19. Jahrhunderts wie Kipling und Conrad oder auch der Jahrhundertmitte wie Gérôme und Flaubert reproduzieren die entlegenen Territorien nicht nur; sie arbeiten sie aus und beleben sie, indem sie eine narrative Technik, historische und sondierende Einstellungen sowie positive Ideen von der Art einsetzen, die Denker wie Max Müller, Renan, Charles Temple, Darwin, Benjamin Kidd oder Emer de Vattel liefern. Alle diese Männer akzentuierten die wesentlichen Positionen in der europäischen Kultur mittels der Beteuerung, daß die Europäer herrschen und die Nicht-Europäer beherrscht werden sollten. Und die Europäer herrschten *wirklich*.

Wir sind uns heute ziemlich genau bewußt, wie dicht dieses Material und wie verbreitet sein Einfluß ist. Ich erinnere beispielsweise an Stephen Jay Goulds und Nancy Stepans[54] Studien zur Macht von Rassenideen in der Welt wissenschaftlicher Entdeckung, Praxis und Institutionen des 19. Jahrhunderts; es gab keinen tatsächlichen Dissens in bezug auf Theorien der schwarzen Unterlegenheit oder auf Hierarchien fortgeschrittener und unentwickelter (später »unterlegener«) Rassen.

Kein Erfahrungsbereich entging der erbarmungslosen Durchsetzung dieser Hierarchien. Das für Indien entworfene Erziehungs- und Bildungssystem lehrte die Studenten nicht nur englische Literatur, sondern auch die inhärente Überlegenheit der englischen Rasse. Vertreter der beginnenden ethnographischen Feldforschung in Afrika, Australien und Asien, wie sie George Stocking beschrieben hat, brachten Analysewerkzeuge und einen ganzen Schatz von Bildern, Vorstellungen und quasiwissenschaftlichen Begriffen über Barbarei, Primitivismus und Zivilisation mit; in der sich formierenden Disziplin der Archäologie verbanden sich Darwinismus, Christentum, Utilitarismus, Idealismus, Rassentheorie, Rechtsgeschichte, Sprachwissenschaft und die Überlieferung einer Handvoll unerschrockener Reisender zu einem befremdlichen Gemisch, von dem jedoch kein Element ins Wanken geriet, wenn es darum ging, die überlegenen Werte der weißen (das heißt englischen) Zivilisation zu bekräftigen.[55]

Je weiter man sich in diesen Problemkreis einarbeitet und je mehr
man die moderne Forschung dazu zur Kenntnis nimmt, um so eindrucksvoller erweisen sich Beharrlichkeit und Vorurteilsbereitschaft,
wenn es um »andere« geht. Vergleicht man beispielsweise Carlyles gran-
diose Aufwertung des englischen Geisteslebens in *Past and Present* mit
dem, was er dort oder in »Occasional Discourse on the Nigger Question« über Schwarze sagt, so fallen zwei Faktoren besonders auf. Der
eine ist, daß Carlyles energische Mahnungen zur Reaktivierung Großbritanniens, sein Aufruf zu Arbeit, organischen Verbindungen, unein-
geschränkter industrieller und kapitalistischer Entwicklung und
dergleichen nichts dazu beiträgt, »Quashee« wiederzubeleben, den
sinnbildlichen Schwarzen, dessen »Häßlichkeit, Faulheit und Rebellion« ihn für immer zum Status des »Untermenschen« verdammen.
Ganz unzweideutig äußert sich Carlyle dazu in *The Nigger Question*:

> »Nein: die Götter wünschen, daß neben Kürbissen [jener besonderen Pflanzenart,
> die von Carlyles ›Niggern‹ bevorzugt wird] auch Gewürze und wertvolle Produkte
> auf den Westindischen Inseln angebaut und erwirtschaftet werden; eben das haben
> sie erklärt, als sie Westindien schufen: unendlich viel dringlicher wünschen sie,
> daß tatkräftige Männer ihr Westindien in Besitz nehmen, kein träges zweibeiniges
> Vieh, und mag es auch ›glücklich‹ sein mit seinen im Überfluß vorhandenen Kür-
> bissen! Beides haben die unsterblichen Götter beschlossen, wie wir versichert sein
> dürfen, beides durch ewigen Ratschluß festgelegt: und beides soll geschehen,
> wenn auch alle irdischen Parlamente und Körperschaften es mit dem Tode bedro-
> hen. Quashee wird, wenn er nicht hilft, die Gewürze zu ziehen, wieder zum Skla-
> ven gemacht (ein Zustand, der etwas weniger häßlich sein wird als sein gegenwär-
> tiger) und, weil andere Methoden nichts nützen, mit der wohltätigen Peitsche zur
> Arbeit gezwungen werden.«[56]

Nichts wird den Minderen geboten, wozu sie sich äußern könnten,
während England auf schreckliche Weise expandiert und sich zu etwas
wandelt, dessen Kultur zu Hause auf Industrialisierung und in Übersee
auf geschütztem Freihandel beruht. Der Status der Schwarzen wird
durch »eternal Act of Parliament«, durch »ewigen Ratschluß« verord-
net, so daß keinerlei reale Chance zu Selbsthilfe, Mobilität nach oben
oder etwas Besserem als offener Sklaverei besteht (obwohl Carlyle sagt,
er sei gegen Sklaverei). Die Frage ist, ob Carlyles Logik und Einstellungen ganz seine eigenen (und damit exzentrisch) sind oder ob sie, auf unterschiedliche und extreme Weise, Positionen markieren, die nicht sonderlich verschieden sind von denen Austens einige Jahrzehnte zuvor
oder von denen John Stuart Mills ein Jahrzehnt später.
Die Ähnlichkeiten sind bemerkenswert, und die Unterschiede zwi-

schen den Individuen sind ähnlich groß, denn das Gewicht der Kultur ließ schwerlich andere Proportionen zu. Weder Austen noch Mill bieten einem nicht-weißen Karibik-Insulaner irgendeinen anderen imaginativen, diskursiven, ästhetischen, geographischen oder wirtschaftlichen Status als den des Zuckerproduzenten in dauerhaft untergeordneter Stellung. Das ist die konkrete Bedeutung einer Herrschaft, deren andere Seite *Produktivität* ist. Carlyles Quashee gleicht Sir Thomas' Besitzungen in Antigua: beide sind dazu ausersehen, den zum Gebrauch in England bestimmten Wohlstand zu erzeugen. Also ist Quashees Chance, still und ruhig *dort* zu sein, für Carlyle das Äquivalent gehorsamer und bescheidener Arbeit zum Betrieb der britischen Wirtschaft und des britischen Handels.

Der zweite wichtige Aspekt an Carlyles Äußerungen zu diesem Thema ist, daß sie nicht dunkel, okkult oder esoterisch sind. Was er zu den Schwarzen meint, sagt er auch, und er ist ebenso unumwunden hinsichtlich der Drohungen und Bestrafungen, die er auszuteilen beabsichtigt. Carlyle spricht die Sprache totaler Allgemeinheit, die in unerschütterlichen Gewißheiten über das Wesen von Rassen, Völkern und Kulturen verankert ist, Gewißheiten, die allesamt wenig zusätzlicher Erläuterung bedürfen, weil sie seiner Leserschaft vertraut sind. Er spricht die *lingua franca* für das metropolitanische Großbritannien: global, umfassend und mit weitläufiger sozialer Autorität, die jedermann zugänglich ist, der über die und zur Nation spricht. Diese *lingua franca* lokalisiert England im Zentrum einer Welt, die ihrerseits von seiner Macht überschattet, von seinen Ideen und seiner Kultur erhellt und von den Stellungnahmen seiner Moralapostel, Künstler und Gesetzgeber produktiv gehalten wird.

Ähnliche Akzente vernimmt man in den dreißiger Jahren des 19. Jahrhunderts bei Macaulay und dann, wiederum vier Jahrzehnte später und weitgehend unverändert, bei Ruskin, dessen »Slade Lectures« von 1870 in Oxford mit einem feierlichen Bittgebet für das Geschick Englands anheben. Das verdient in aller Ausführlichkeit zitiert zu werden, nicht weil es Ruskin in schlechtem Licht zeigt, sondern weil es nahezu die gesamte Skala seiner Kommentare zur Kunst umrahmt. (Cooks und Weddenburns kritische Ausgabe der Werke Ruskins bringt übrigens eine Fußnote zu dieser Stelle, die ihre Bedeutung für ihn unterstreicht; er betrachtete sie »als ›die prägnanteste und wesentlichste‹ seiner ganzen Vorlesungstätigkeit«.[57]

»Ein Schicksal ist uns jetzt erreichbar – das höchste, das je von einer Nation angenommen oder abgelehnt werden konnte. Wir sind als Rasse noch immer unverderbt; eine aus bestem nordischen Blut gemischte Rasse. Wir sind unserem Temperament nach nicht zügellos, sondern haben noch immer die Festigkeit zu herrschen und die Tugend zu gehorchen. Wir haben eine Religion der reinen Gnade gelehrt, die wir jetzt entweder verraten oder durch Erfüllung verteidigen lernen müssen. Und wir verfügen über eine reiche Erbschaft an Ehre, die uns durch tausend Jahre einer edlen Geschichte überkommen ist und die mit herrlicher Habsucht zu mehren unser täglicher Drang sein sollte, so daß Engländer, wenn es eine Sünde wäre, nach Ehre zu trachten, die anstößigsten lebenden Seelen wären. Innerhalb der letzten Jahre haben wir die Gesetze der Naturwissenschaften sich uns mit einer Raschheit öffnen sehen, die durch ihren Glanz blendete; und uns mit Verkehrs- und Verständigungsmitteln ausgestattet gefunden, die den bewohnbaren Erdball zu einem einzigen Königreich gemacht haben. Ein Königreich – aber wer soll König sein? Oder glauben Sie, es sollte gar keinen König geben und jeder nur tun, was in seinen Augen recht ist? Oder nur Könige des Schreckens und die obszönen Imperien von Mammon und Belial? Oder willst Du, Englands Jugend, Dein Land erneut zum Herrscherthron von Königen machen; zu einer szeptertragenden Insel, für die ganze Welt eine Quelle von Licht, ein Zentrum des Friedens; Herrin von Wissenschaften und Künsten; getreue Hüterin von großen Erinnerungen inmitten unehrerbietiger und ephemerer Visionen; getreue Dienerin zeiterprobter Prinzipien, der Versuchung durch kühne Experimente und ausschweifende Begierden ausgesetzt; und inmitten der grausamen und tobenden Eifersüchteleien der Nationen verehrt in seinem fremdartigen Mut zum Wohlwollen gegenüber den Menschen?
29. ›Vexilla regis prodeunt.‹ Ja, aber welches Königs? Da sind die beiden Banner; welches sollen wir auf der fernsten Insel aufpflanzen – dasjenige, das im Feuer des Himmels schwebt, oder das andere, das schwer mit dem modrigen Tuch irdischen Goldes herniederhängt? In der Tat, eine Bahn glanzvollen Ruhmes steht uns offen, wie sie nie zuvor einer Schar armer Sterblicher sich aufgetan hat. Aber es muß sein – es *ist* an uns jetzt, ›Herrsche oder stirb‹. Und von diesem Lande wird gesagt werden: ›Fece per viltate, il gran rifiuto‹, die Ablehnung der Krone wird, von allen, über die die Geschichte berichtet, die schändlichste und ungelegenste sein. Und das ist, was es tun muß, oder zugrunde gehen: es muß Kolonien gründen, so schnell und fern es nur kann, mit der Schar seiner energischsten und angesehensten Männer; jedes Stück fruchtbaren Brachlandes an sich reißend, auf das es seinen Fuß setzen kann, und dort diese seine Kolonisten lehrend, daß ihre Hauptugend Treue zu ihrem Land ist und ihr erstes Ziel, die Macht Englands zu Wasser und zu Lande zu mehren: und daß sie, obwohl auf fernem Boden lebend, sich deshalb nicht mehr aus ihrem Heimatland ausgebürgert sehen sollen als die Seeleute aus seiner Flotte, weil sie auf fernen Wogen schweben. So daß diese Kolonien buchstäblich befestigte Flotten sein müssen; und jeder Mann dort unter dem Kommando von Kapitänen und Offizieren zu stehen hat, deren angemesseneres Gebiet jetzt Felder und Straßen anstelle von Linienschiffen sind; und England erwartet, in diesen jetzt reglos liegenden Flotten (oder, im wahren und machtvollsten Sinne, reglosen *Kirchen*,

gelenkt von Lotsen auf dem Galileischen See der ganzen Welt), ›daß jedermann seine Pflicht tut‹; in der Einsicht, daß Pflichterfüllung im Frieden nicht weniger möglich ist als im Krieg; und daß, wenn wir Männer finden können, die sich gegen geringen Sold aus Liebe zu England vor Kanonenschlünde werfen, wir auch Männer finden werden, die für England pflügen und säen werden, die sich ehrlich und rechtschaffen dafür einsetzen, die ihre Kinder in Liebe zu ihm aufziehen und sich im Glanze seines Ruhmes erfreuen, mehr als im Lichte von Tropenhimmeln. Damit sie das aber tun können, muß es seine eigene Majestät fleckenlos machen; es muß ihnen Gedanken an die Heimat eingeben, auf die sie stolz sein können. Jenes England, das Herrin der Hälfte des Erdballs sein soll, kann nicht selbst ein Aschenhaufen bleiben, der von streitenden und elenden Mengen zertreten wird; es muß wieder das England werden, das es einst war, und zwar in aller Schönheit, mehr noch: so glücklich, so abgeschieden und so rein, daß es an seinem – von keinerlei unheiligen Wolken getrübten – Himmel jeden Stern genau entziffern kann, den das Firmament zeigt; und auf seinen Feldern, wohlgeordnet, weit und frei, jeden Grashalm, der Tau trinkt; und unterm Laub der grünen Alleen seines Zaubergartens muß es, eine heilige Circe, die wahre Tochter der Sonne, die menschlichen Künste hüten und die göttliche Erkenntnis ferner Nationen sammeln, die aus der Wildheit dem Menschentum zugeführt und aus Verzweiflung zum Frieden erlöst wurden.«[58]

Die meisten, wenn nicht sogar alle Ruskin-Kommentatoren gehen dieser Passage aus dem Wege. Und doch spricht Ruskin, genau wie Carlyle, völlig offen. Die Bedeutung dieses Abschnitts ist, wiewohl in Anspielungen und Tropen gekleidet, ganz unmißverständlich: England muß die Welt beherrschen, weil es die beste Nation ist; Macht muß benutzt und ausgeübt werden; seine imperialen Rivalen sind minderwertig; seine Kolonien müssen vermehrt werden, müssen prosperieren und in enger Verbindung mit ihm bleiben. Das Unwiderstehliche an Ruskins Mahntiraden ist, daß er nicht nur mit Inbrunst an das glaubt, was er da befürwortet, sondern auch seine politischen Ideen zur britischen Weltherrschaft mit seiner ästhetischen und seiner Moral-Philosophie verknüpft. Insofern er leidenschaftlich an die eine glaubt, glaubt er auch leidenschaftlich an die andere, wobei der politische und imperiale Aspekt den ästhetischen und moralischen umfaßt und gewissermaßen verbürgt. Weil England »König« des Erdballs sein soll, »eine szeptertragende Insel, für die ganze Welt eine Quelle von Licht«, soll seine Jugend ein Volk von Kolonisten werden, deren oberstes Ziel es ist, Englands Macht zu Wasser und zu Lande zu mehren; weil England das tun oder »zugrunde gehen« muß, hängen seine Kunst und seine Kultur, in der Sicht Ruskins, von einem gewaltsam durchgesetzten Imperialismus ab. Wenn man diese Auffassungen ignoriert – die in nahezu jedem Text des 19. Jahrhunderts, den man sich anschaut, vorkommen –, ist das so, wie wenn man eine Straße ohne ihre Einbettung in die Landschaft beschreibt. Immer dann, wenn eine kulturelle Form oder ein kultureller Diskurs nach Totalität strebte, neigten die meisten europäischen Schriftsteller, Denker, Politiker und Merkantilisten dazu, in globalen Begriffen zu argumentieren. Und das waren keine rhetorischen Exzesse, sondern genaue Entsprechungen der tatsächlichen und expandierenden Reichweite ihrer Nationen. In einem einschneidenden Essay über Ruskins Zeitgenossen Tennyson und den Imperialismus von *The Idylls of the King* bezeichnet V. G. Kiernan die geradezu schwindelerregenden Ausgriffe britischer Überseekampagnen, die sämtlich auf den Erwerb oder die Konsolidierung von Territorialgewinnen hinausliefen und bei denen Tennyson manchmal Zeitzeuge, manchmal (durch Verwandte) direkt Beteiligter war. Da die Liste zeitgleich mit Ruskins Leben verläuft, sollten wir die von Kiernan zitierten einzelnen Punkte genau betrachten:

1839–42	Opiumkriege in China
1840ff.	Kriege gegen die Kaffern in Südafrika und die Maoris in Neuseeland; Eroberung des Pandschab
1854–56	Krim-Krieg
1854	Eroberung von Südburma
1856–60	zweiter China-Krieg
1857	Angriff auf Persien
1857–58	Unterdrückung der Mutiny in Indien
1865	der Fall von Gouverneur Eyre in Jamaika
1866	Expedition nach Abessinien
1870	Abwehr der Fenier-Expansion in Kanada
1871	Brechung des Widerstandes der Maori
1874	entscheidender Feldzug gegen die Ashanti in Westafrika
1882	Eroberung von Ägypten

Auch beschreibt Kiernan Tennyson als Parteigänger einer Fraktion, »die sich mit dem Unsinn der Afghanen nicht länger abfinden will«.[59] Was Ruskin, Tennyson, Meredith, Dickens, Arnold, Thackeray, George Eliot, Carlyle, Mill – kurz, das ganze Ensemble der wichtigsten viktorianischen Schriftsteller – vor Augen hatten, war eine pompöse internationale Zurschaustellung britischer Macht, die im Grunde weltweit unkontrolliert blieb. Es war ebenso logisch wie leicht für sie, sich auf die eine oder andere Weise mit dieser Macht zu identifizieren, nachdem sie sich bereits mit Großbritanniens heimischer Wirklichkeit identifiziert hatten. Von Kultur, Ideen, Geschmack, Moral, Familie, Geschichte, Kunst und Erziehung zu sprechen, wie sie das taten, diese Themen intellektuell zu beeinflussen und rhetorisch aufzubereiten bedeutete, sie für die ganze Welt anzuerkennen. Die internationale britische Identität, die britische Handels- und Wirtschaftspolitik, die Kraft und Mobilität britischer Waffen lieferten unwiderstehliche Vorbilder, denen nachgeeifert, Landkarten, denen gefolgt, und Herausforderungen, denen Paroli geboten werden mußte.

So wurden denn Darstellungen dessen, was jenseits der Inselgrenzen lag, beinahe von Anfang an zu *Bestätigungen* der europäischen Macht. Hier liegt eine eindrucksvolle Zirkularität vor: Wir sind dominant, weil wir die (industrielle, technologische, militärische, moralische) Macht haben, und sie haben sie nicht, weswegen sie denn auch *nicht* dominant sind; sie sind unterlegen, wir sind überlegen ... Man entdeckt diese Tautologie bereits in britischen Ansichten von Irland und den Iren, und zwar seit dem 16. Jahrhundert; sie wird im Laufe des 18. Jahrhunderts mit Vorstellungen über weiße Kolonisten in Australien und beiden Amerika paktieren (die Australier blieben bis weit ins 20. Jahrhundert hinein eine mindere Rasse) und dehnt ihren Einflußbereich allmählich aus, bis sie nahezu die ganze Welt jenseits der britischen Küsten umfaßt. Eine sich vergleichbar wiederholende und inklusive Tautologie in bezug auf das, was außerhalb der eigenen Grenzen liegt, taucht in der französischen Kultur auf. An den Rändern der westlichen Gesellschaft wurden alle nicht-europäischen Regionen, deren Bewohner, Gesellschaften, Geschichten und Wesensmerkmale eine nicht-europäische »Essenz« repräsentierten, einem Europa dienstbar gemacht, das seinerseits nachweislich zu kontrollieren fortfuhr, was Nicht-Europa war, und dieses Nicht-Europa so darstellte, daß die Kontrolle aufrechterhalten werden konnte.

Diese Zirkularität wirkte, was Denken, Kunst, Literatur und kulturellen Diskurs betrifft, keineswegs hemmend oder repressiv. Das gilt es zu beachten und zu wiederholen. Die einzige Beziehung, die sich nicht ändert, ist die hierarchische zwischen der Metropole und den Überseegebieten im allgemeinen, zwischen Völkern mit den Zeichen europäisch-westlich-christlich-weiß-männlich und jenen anderen, die, im geographischen und moralischen Sinne, die Sphäre jenseits von Europa bewohnen (Afrika, Asien plus Irland und Australien im britischen Falle).[60] Im übrigen steht auf beiden Seiten der Gleichung eine phantastische Entwicklung frei, mit dem allgemeinen Ergebnis, daß die Identi-

tät beider sogar dann gestärkt wird, wenn die Variationen auf der westlichen Seite zunehmen. Kommt das Grundthema des Imperialismus zur
Sprache – etwa bei Autoren wie Carlyle, der sich ganz unumwunden äußert –, so bindet es durch Affiliation eine große Zahl billigender, gleichzeitig aber interessanter kultureller Lesarten, jede davon mit eigenen
Nuancen und formalen Merkmalen.

Für den zeitgenössischen Kulturkritiker liegt das Problem darin, wie
sie sinnvoll zusammenzuführen sind. Zwar ist es richtig, daß, wie verschiedene Forscher gezeigt haben, ein aktives Bewußtsein des Imperialismus und der aggressiven, selbstbewußten imperialen Mission für europäische Schriftsteller erst in der zweiten Hälfte des 19. Jahrhunderts
unvermeidlich – häufig sogar akzeptiert, als Bezugspunkt gewählt und
aktiv befördert – wird. (In England war es in den sechziger Jahren des
19. Jahrhunderts üblich, das Wort »Imperialismus« zu gebrauchen,
wenn man sich mit einigem Widerwillen auf Frankreich als von einem
Kaiser beherrschtes Land beziehen wollte.)

Aber gegen Ende des 19. Jahrhunderts gelang es der offiziellen oder
Hoch-Kultur noch immer, der Nachprüfung ihrer Rolle bei der Herausbildung der imperialen Dynamik zu entgehen, und geheimnisvol-
lerweise blieb sie von der Analyse ausgenommen, wann immer die
Ursachen und die Wohl- oder Übeltaten des Imperialismus erörtert wurden. Das ist einer der faszinierenden Aspekte meines Themas – wie die
Kultur am Imperialismus teilhat und ihre Rolle dabei stets entschuldigt
wird. Hobson beispielsweise spricht abschätzig von Giddings Idee einer
»rückblickenden Zustimmung«[61] (daß dienstbare Völker zunächst unterworfen werden und ihnen dann rückwirkend unterstellt wird, sie
hätten ihrer Versklavung ja zugestimmt), aber er wagt nicht zu fragen,
wo oder wie die Idee bei Leuten wie Giddings aufkam. Die großen Rhe-
toriker der theoretischen Rechtfertigung des Imperiums nach 1880 – in
Frankreich Leroy-Beaulieu, in England Seeley – entfalten eine Sprache,
deren Bilderwelt von Wachstum, Fruchtbarkeit und Expansion, deren
teleologische Struktur von Eigentum und Identität und deren ideologische Unterscheidung zwischen »uns« und »ihnen« anderswo heran-
gereift war – in der Literatur, der politischen Wissenschaft, der Rassentheorie und Reisebeschreibung. In Kolonien wie dem Kongo und
Ägypten nehmen Leute wie Conrad, Roger Casement und Wilfrid Scawen Blunt die Mißbräuche und Tyranneien des weißen Mannes wahr
und berichten darüber, während zu Hause Leroy-Beaulieu in rhapsodi-
sche Verzückung darüber verfällt, daß das Wesen der Kolonisierung

»c'est dans l'ordre social ce qu'est dans l'ordre de la famille, je ne dis pas la généra-
tion seulement, mais l'éducation. [...] Elle mène à la virilité une nouvelle sortie de
ses entrailles. [...] La formation des sociétés humaines, pas plus que la formation
des hommes, ne doit être abandonnée au hasard. [...] La colonisation est donc un art
qui se forme à l'école de l'expérience. [...] Le but de la colonisation, c'est de mettre
une société nouvelle dans les meilleures conditions de prospérité et de progrès.«[62]

(»im sozialen Bereich das ist, was im familiären die – ich will nicht sagen – Zeugung, sondern die Erziehung ist. [...] Sie führt der Männlichkeit ein neues Produkt
ihrer Lenden zu. [...] Die Bildung der menschlichen Gesellschaften darf genausowenig dem Zufall überlassen bleiben wie die Bildung der Menschen. [...] Die Kolonisierung ist also eine Kunst, die sich in der Schule der Erfahrung bildet. [...] Das
Ziel der Kolonisierung besteht darin, eine neue Gesellschaft mit den besten Bedingungen für Prosperität und Fortschritt auszustatten.«)

In England wurde der Imperialismus im 19. Jahrhundert als für die
Blütezeit der englischen Fruchtbarkeit im allgemeinen und der Mut-
terschaft im besonderen ausschlaggebend erachtet.[63] Und wie eine
Prüfung von Baden-Powells Laufbahn zeigt, läßt sich seine Pfadfinder-
bewegung direkt auf die Verbindung zwischen Imperium und Gesund-
heitszustand der Nation zurückführen (Angst vor Masturbation, »Ent-
artung«, Eugenik).[64]

Es gibt also kaum Ausnahmen, was die Dominanz von Ideen betrifft,
die imperiale Herrschaft empfehlen und häufig ideologisch in Kraft setzen. Tragen wir also in einer kurzen Synthese so viel wie möglich aus
einer ganzen Batterie moderner Studien zu verschiedenen Forschungs-
bereichen zusammen, die meiner Meinung nach in dem Komplex »Kultur und Imperialismus« konvergieren. Systematisch läßt sich das folgendermaßen darstellen:

1. Hinsichtlich der grundlegenden Unterscheidung zwischen dem
Westen und dem Rest der Welt bestehen keine Meinungsverschiedenhei-
ten. Die Grenzen zwischen dem Westen und seinen nicht-westlichen Peripherien werden als derart stark empfunden und wahrgenommen, daß
sie, im geographischen und kulturellen Sinne, als absolut erscheinen.
Hand in Hand mit dem Primat dieser Unterscheidung geht das, was Johannes Fabian die Leugnung der »Gleichzeitigkeit« nennt, sowie eine
radikale Diskontinuität des menschlichen Raumes.[65] Der »Orient«,
Afrika, Indien und Australien sind Landstriche, die von Europa beherrscht, wiewohl von anderen Spezies bewohnt werden.

2. Mit dem Aufstieg der Ethnographie – so wie er von Stocking beschrieben und auch in der Linguistik, Rassentheorie und historischen
Klassifikation demonstriert wird – kommt es zu einer Codifizierung der

Differenz und verschiedener Evolutionsschemata, die von primitiven zu unterlegenen und schließlich zu überlegenen oder zivilisierten Völkern führen. Hier sind Gobineau, Maine, Renan und Humboldt von zentraler Wichtigkeit. Auch häufig gebrauchte Kategorien wie »das Primitive«, »Wilde«, »Entartete«, »Natürliche« und »Unnatürliche« gehören hierher.[66]

3. Die aktive Beherrschung der nicht-westlichen Welt durch den Westen, jetzt ein kanonisch akzeptierter Zweig der historischen Forschung, ist, ihrer Reichweite entsprechend, global (vgl. K. M. Panikar, *Asia and Western Dominance*, oder Michael Adas, *Machines as the Measure of Men: Science, Technology, and Ideologies of Western Dominance*[67]). Es kommt zur Konvergenz zwischen der geographischen Ausdehnung der Imperien, insbesondere des britischen, und den universalierenden kulturellen Diskursen. Diese Konvergenz wird durch Macht ermöglicht, und sie entfesselt den Willen, entlegene Landstriche zu betreten und zu besiedeln, Erfahrungen mit anderen Völkern zu sammeln, Erkenntnis und Wissen zu codifizieren und zu verbreiten, Beispiele anderer Kulturen zu charakterisieren, zur Schau zu stellen (durch Ausstellungen, Expeditionen, Photos, Bilder, Vermessungen, Schulen) und sie vor allem zu beherrschen. Das alles bringt dann seinerseits das hervor, was als »Pflicht« gegenüber den Einheimischen bezeichnet worden ist, das Bedürfnis, in Afrika und anderswo Kolonien zum »Nutzen« der Eingeborenen[68] und zum »Ruhm« des Mutterlandes einzurichten: die Rhetorik der »mission civilisatrice«.

4. Die Herrschaft ist nicht träge, sondern schließt in vieler Hinsicht auch die metropolitanische Kultur ein; im imperialen Raum selbst wird erst heute ihr Einfluß zu untersuchen begonnen, bis in die Einzelheiten des Alltagslebens. Eine Reihe neuerer Studien[69] hat das imperiale Motiv in der Form entschlüsselt, in der es in die Strukturen von Volkskultur, Literatur und die Rhetorik von Geschichtsschreibung, Philosophie und Geographie verwoben ist. Dank der Forschungen von Gauri Viswanathan wissen wir jetzt, daß das britische Erziehungs- und Bildungssystem in Indien, dessen Ideologie sich von Macaulay und Bentinck herleitet, mit Ideen über rassische und kulturelle Ungleichheit getränkt war, die im Unterricht weitervermittelt wurden; sie waren Teil des Lehrplanes und einer Pädagogik, die, laut Charles Trevelyan, ihrem Apologeten, darauf aus war,

> »die Kolonialuntertanen in einem platonischen Sinne zum Gedenken an ihren eingeborenen Charakter zu erwecken, der durch [...] den feudalistischen Charakter der östlichen Gesellschaft verdorben worden war. In dieser verallgemeinernden Er-

zählung, umgeschrieben nach einem Szenarium, das zuvor von den Missionaren geliefert worden war, wurde die britische Regierung als die ideale Republik vorgestellt, der die Inder ganz natürlich als spontanem Ausdruck des Selbst nachstreben sollten, als Zustand, in dem die britischen Herrscher einen sinnbildlichen Platz als platonische Hüter übernahmen.«[70]

Da ich eine ideologische Vision erörtere, die nicht nur durch direkte Herrschaft und physische Kraft verbreitet und aufrechterhalten wird, sondern über einen langen Zeitraum und sehr viel effektiver durch Mittel der *Überredung*, eignen sich die alltäglichen Prozesse der – oft kreativen, erfindungsreichen, interessanten und exekutiven – Hegemonie überraschend gut zur Erhellung und Analyse. Besonders sichtbar war die physische Verwandlung des imperialen Gefüges, entweder durch das, was Alfred Crosby »ökologischen Imperialismus« nennt[71], die Umformung der physischen Umwelt, oder durch administrative, institutionelle und architektonische Großprojekte wie den Bau neuer Kolonialstädte (Algier, Delhi, Saigon); dem entsprach »zu Hause« der Auftritt neuer imperialer Eliten, Kulturen und Subkulturen (Schulen für imperiale »Fachleute«, Institute, Fachabteilungen, Wissenschaften wie Geographie, Anthropologie usw., die von der Fortsetzung der Kolonialpolitik abhingen), neuer Kunststile unter Einschluß von Reisephotographie, exotischer und orientalischer Malerei, Dichtung, Literatur und Musik, Monumentalskulptur und Journalismus (denkwürdig charakterisiert in Maupassants *Bel ami*[72]).

Die Grundlagen einer solchen Hegemonie sind mit beträchtlicher Einsicht in Werken wie Fabians *Language and Colonial Control: The Appropriation of Swahili in the Former Belgian Congo, 1880–1938*, Ranajit Guhas *A Rule of Property for Bengal* und, als Teil der Sammlung von Hobsbawm und Ranger, Bernard Cohns »Representing Authority in Colonial India« untersucht worden (ebenso in seinen bemerkenswerten Studien zur britischen »Vermessung« der indischen Gesellschaft in *An Anthropologist Among the Historians*[73]). Diese Arbeiten enthüllen die Einwirkung der Macht auf den Alltag und die Interaktionen zwischen Eingeborenen, Weißen und den Institutionen der Obrigkeit. Der ausschlaggebende Faktor in dieser Mikrophysik des Imperialismus ist freilich, daß sich beim Übergang von »Kommunikation zu Befehlsgewalt« und zurück ein vereinheitlichter Diskurs – oder eher, wie Fabian das ausdrückt, »ein Feld von Übergängen, von sich kreuzenden und überschneidenden Ideen«[74] – bildet, der auf der Unterscheidung zwischen »Vertretern des Westens« und »Eingeborenen« beruht, die so integral und umfassend verwendbar ist, daß sie nahezu jeden Wandel ver-

eitelt. Die Wut und die Enttäuschung, die so entstanden, vernehmen wir
noch in Fanons Kommentaren zum Manichäismus des Kolonialsystems
und dem daraus entspringenden Verlangen nach Gewalt.

5. Die imperialen Attitüden und Verhaltensweisen besaßen *Autorität*,
aber in einer Phase der Expansion in Übersee und der sozialen Um-
schichtung zu Hause auch kreative Kraft. Ich meine damit nicht nur die
»Erfindung der Tradition« im allgemeinen, sondern auch die Fähigkeit,
merkwürdig autonome intellektuelle und ästhetische Bilder zu pro-
duzieren. Es entwickelten sich orientalistische, afrikanistische und
amerikanistische Diskurse, die in die Geschichtsschreibung, Malerei,
Literatur und Volkskultur verflochten waren oder sich daraus lösten.
(Foucaults »Diskurs«-Begriff ist hier treffend.) Und im 19. Jahrhundert
bildete sich, wie Bernal dargelegt hat, eine kohärente klassische Philologie heraus, die das attische Griechenland von seinen semitisch-afrikani-
schen Wurzeln reinigte. Mit der Zeit – wie Ronald Inden in *Imagining
India*[75] zu zeigen versucht – formierten sich halb-unabhängige metro-
politanische Gebilde, die sich aus imperialen Besitzungen und ihren
Interessen speisten. Conrad, Kipling, T. E. Lawrence oder Malraux gehören zu ihren Erzählern; ihre Ahnen und Kuratoren waren Clive,
Hastings, Dupleix, Bugeaud, Brooke, Eyre, Palmerston, Jules Ferry,
Lyautey, Rhodes – bei ihnen und in den großen imperialen Erzählungen
*(Die sieben Säulen der Weisheit, Herz der Finsternis, Lord Jim, No-
stromo, Der Königsweg)* wird eine imperiale »Persönlichkeit« greifbar.
Der imperialistische Diskurs des späten 19. Jahrhunderts wird dann
vertieft durch Beiträge von Seeley, Dilke, Froude, Leroy-Beaulieu, Harmand und andere, viele davon vergessen und heute ungelesen, damals
jedoch von erheblichem, sogar prophetischem Einfluß.

Die Bilder der imperialen Autorität des Westens haben Bestand – beklemmend, seltsam anziehend, verlockend: Gordon in Khartum, wie er
auf G. W. Joys berühmtem Gemälde auf die sudanesischen Derwische
hinabstarrt, nur mit Revolver und gezogenem Schwert bewaffnet; Conrads Kurtz im Zentrum Afrikas, brillant, begeistert, dem Untergang ge-
weiht, tapfer, raubgierig, beredt; Lawrence von Arabien an der Spitze
seiner arabischen Krieger, seine Wüstenliebe auslebend, die Taktik des
Guerillakrieges entwerfend, mit Prinzen und Staatsmännern verhan-
delnd, Homer übersetzend und immer bereit, Großbritanniens »Brown
Dominion« aufrechtzuerhalten; Cecil Rhodes, der Länder, Besitzungen, Schätze ebenso leicht gründet und hebt, wie andere Leute Kinder
zeugen oder Firmen gründen; Bugeaud, der Abd el Kaders Truppen auf-
reibt und Algerien zur französischen Provinz macht; die Konkubinen,

Tanzmädchen und Odalisken von Gérôme, Delacroix' Sardanapale, Matisses Nordafrika, Saint-Saëns' *Samson und Dalilah*. Die Liste ist lang, und ihre Schätze sind glänzend.

4. Das Imperium am Werk: Verdis »Aida«

Ich möchte jetzt zeigen, wie nachhaltig und erfinderisch dieses Material bestimmte kulturelle Tätigkeiten prägt, selbst solche, die heute nicht mit imperialer Ausbeutung assoziiert werden. Glücklicherweise haben jüngere Forscher das Studium der imperialen Machtdiffusion so weit vorangetrieben, daß wir jetzt auch die ästhetische Komponente beobachten können, die bei der Vermessung und Verwaltung von Ägypten und Indien beteiligt war. Ich habe da beispielsweise Timothy Mitchells *Colonising Egypt*[76] vor Augen, wo nachgewiesen wird, daß die Praxis des Baus von Modellstädten, der Entdeckung der Intimität des Haremslebens, der Einführung neuer militärischer Taktiken in einer scheinbar osmanischen, in Wirklichkeit jedoch europäischen Kolonie nicht nur die europäische Macht bestätigte, sondern auch das Vergnügen der Vermessung und Beherrschung des ganzen Landstrichs. Das Band zwischen Machtausübung und Lust an imperialer Herrschaft haben Leila Kinney und Zeynep Çelik in ihrer Arbeit zum Bauchtanz, dessen quasiethnographische Zurschaustellung in europäischen Veranstaltungen dann mit europäischem Freizeit-Konsumentenverhalten assoziiert wurde, eindringlich entfaltet.[77] Zwei Ableger davon werden freigelegt in T. J. Clarks Studie zu Manet und anderen Pariser Malern sowie durch Malek Alloulas dekonstruktivistische Deutung französischer Postkarten des frühen 20. Jahrhunderts, die algerische Frauen zeigen: *Le Harem colonial*.[78] Offenkundig ist der Orient als Ort der Verheißung und Macht hier sehr bedeutsam.

Man nehme als Beispiel *Aida*, Verdis berühmte »ägyptische« Oper. Als visuelles, musikalisches und theatralisches Schauspiel leistet *Aida* Großes für die europäische Kultur, darunter die Charakterisierung des Orients als einer exotischen, entlegenen und antiken Region, in der die Europäer ihre Kraftakte vorführen können. Zeitgleich mit der Komposition von *Aida* präsentierten die europäischen »Welt«-Ausstellungen routinemäßig Modelle von Kolonialdörfern, -städten, -höfen usw.: Exempel der Durchlässigkeit und Instabilität zweitklassiger oder minderer Kulturen. Diese subalternen Kulturen wurden dem westlichen

Publikum als Mikrokosmos des imperialen Dominiums vorgestellt. Die nicht-europäische Welt hatte wenig, wenn überhaupt irgendwelchen Freiraum, es sei denn in diesem Rahmen.[79]

Aida ist ein Synonym für »große Oper« jenes einzigartig hohen Typs des 19. Jahrhunderts. Zusammen mit einer sehr kleinen Gruppe anderer hat sie mehr als ein Jahrhundert lang als eminent beliebtes Werk überlebt – und als eines, vor dem Musiker, Kritiker und Musikwissenschaftler einen gesunden Respekt haben. Freilich sind Größe und Gipfelstellung von *Aida*, obwohl für jedermann evident, der die Oper gesehen oder gehört hat, ein komplexes Phänomen, zu dem alle möglichen spekulativen Theorien existieren, zumeist in bezug auf das, was *Aida* historisch und kulturell mit dem Westen verbindet. In *Opera: The Extravagant Art* trägt Herbert Lindenberger die These vor, daß *Aida*, *Boris Godunow* und *Die Götterdämmerung*, allesamt Opern des Jahres 1870, jeweils mit Archäologie, nationalistischer Geschichtsschreibung und Philologie ein Bündnis unterhielten.[80] Wieland Wagner, der *Aida* 1962 in Berlin inszenierte, verstand die Oper als – mit seinen Worten – »afrikanisches Mysterium«. Er sieht darin eine Präfiguration des *Tristan* seines Großvaters mit einem unauflösbaren Konflikt zwischen Ethos und Bios im Zentrum (»Verdis *Aida* ist ein Drama des unauflösbaren Konflikts zwischen Ethos und Bios, zwischen dem moralischen Gesetz und den Forderungen des Lebens«[81]). In seinem Regieentwurf ist Amneris die Hauptfigur, beherrscht von einem »Riesenphallus«, der über ihr schwebt wie eine mächtige Keule; laut der Zeitschrift *Opera* war »Aida zumeist hingestreckt oder im Hintergrund kauernd zu sehen«.[82]

Sogar dann, wenn wir über die Vulgarität hinwegsehen, zu der die berühmte Triumphszene des zweiten Akts nur allzuoft Anlaß gegeben hat, sollten wir uns gegenwärtig halten, daß *Aida* den Höhepunkt einer Entwicklung von Stil und Sichtweise markiert, die Verdi von *Nabucco* und *I Lombardi* in den vierziger Jahren über *Rigoletto, Trovatore, Traviata, Simon Boccanegra* und *Un Ballo in maschera* in den fünfzigern zu *Forza del Destino* und *Don Carlos* in den sechzigern führte. Im Laufe von drei Jahrzehnten war Verdi zum bedeutendsten italienischen Komponisten seiner Zeit geworden, wobei seine Karriere den Risorgimento geradezu zu begleiten und zu kommentieren schien. *Aida* war die letzte öffentliche und politische Oper, die er schrieb, bevor er sich dem eher häuslich-intimen, wenn auch intensiven Opernpaar zuwandte, mit dem er seine Komponistenlaufbahn beschloß: *Othello* und *Falstaff*. Alle Verdi-Spezialisten von Rang – Julian Budden, Frank Walker, William Weaver, Andrew Porter, Joseph Wechsberg – merken an, daß *Aida* nicht nur traditionelle musikalische Formen wie die *cabaletta* oder das *concertato* wiederaufnimmt, sondern ihnen auch eine neue Chromatik, eine neue Subtilität der Instrumentierung und eine dramatische Straffung verleiht, die sich bei keinem anderen Komponisten der Zeit finden, außer bei Wagner. Joseph Kermans Einwand in *Opera as Drama* ist von Interesse, was die Einzigartigkeit betrifft, die er *Aida* zuerkennt:

> »Meines Erachtens ist das Ergebnis in *Aida* eine nahezu konstante Disparität zwischen der besonderen und glatten Einfachheit des Librettos und der alarmierenden Komplexität des musikalischen Ausdrucks – denn Verdis Technik war natürlich nie so ergiebig gewesen. Nur Amneris erwacht zu wirklichem Leben; Aida ist völlig verworren; Radames erscheint wie ein Rückgriff wenn nicht auf Metastasio, so doch zumindest auf Rossini. Es versteht sich von selbst, daß manche Seiten, Nummern und Szenen über jedes Lob erhaben sind, Grund genug für die große Beliebtheit dieser Oper. Dennoch hat *Aida* einen merkwürdigen Anstrich von Falschheit, der Verdi ganz unähnlich ist und der beunruhigenderweise mehr an Meyerbeer erinnert als der große Opernapparat mit Triumphzügen, Weiheakten und Blaskapellen.«[83]

Das ist so weit unleugbar überzeugend; Kerman hat sicherlich recht, was die »Falschheit« angeht, kann aber nicht erklären, was sie hervorruft. Zunächst sollten wir uns erinnern, daß Verdis vorangegangene Arbeiten sein zumeist italienisches Publikum direkt involvierten. Seine Musikdramen porträtierten kraftstrotzende Helden und Heldinnen im vollen Licht ihrer (häufig inzestuösen) Kämpfe um Macht, Ruhm und Ehre; aber – wie Paul Robinson in *Operas and Ideas* überzeugend dargelegt hat – sie waren nahezu alle als politische Opern konzipiert und steckten voller rhetorischer Schärfe, Schlachtenmusik und aufbrausender Emotionen. »Die vielleicht offensichtlichste Komponente von Verdis rhetorischem Stil – um die Frage einmal ganz schonungslos zu formulieren – ist seine pure Lautstärke. Mit Beethoven gehört er zu den geräuschvollsten aller großen Komponisten. [...] Wie ein politischer Redner kann Verdi nicht allzu lange ruhig bleiben. Man senke die Nadel nach dem Zufallsprinzip auf die Schallplattenaufnahme irgendeiner Verdi-Oper, und gewöhnlich wird man bald mit einem substantiellen Krach belohnt werden.«[84] Robinson fährt mit der Bemerkung fort, daß Verdis berühmte Lärmigkeit tatsächlich immer mit Anlässen wie »Paraden, Kundgebungen und Reden« einhergeht, die während des Risorgimento als »Verstärkungen« von Vorfällen aus dem wirklichen Leben empfunden wurden. (*Aida* bildet da keine Ausnahme, beispielsweise im zweiten Akt mit dem gewaltigen Ensemble »Su del nilo« für mehrere Solisten und großen Chor.) Es ist heute als Gemeinplatz verbürgt, daß manche Melodien in Verdis frühen Opern (insbesondere *Nabucco*,

I Lombardi und *Attila*) seine Zuhörer zu Orgien der Begeisterung hinrissen, so offenkundig waren ihre Wirkung, die Unzweideutigkeit ihres Zeitbezuges und seine Fähigkeit, jedermann als Einpeitscher in große theatralische Höhepunkte einzubeziehen.

Waren es zuvor Italien und die Italiener gewesen, denen Verdis frühe Opern galten (mit besonderem Nachdruck, paradox genug, *Nabucco*), trotz des häufig exotischen oder outrierten Stoffes, so kreiste *Aida* um Ägypten und die Ägypter der frühen Antike, ein entlegeneres und weniger gewinnendes Sujet als alle, die Verdi bisher vertont hatte. Nicht daß es *Aida* an der üblichen politischen Aufgeregtheit fehlte, denn ohne Zweifel ist die zweite Szene des zweiten Aktes (die sogenannte Triumphszene) das Exzessivste, was Verdi je für die Opernbühne geschrieben hat, im Grunde eine Art »jamboree« alles dessen, was ein Opernhaus zusammenraffen und vorführen kann. Aber *Aida* ist auch von einer gewissen Selbstbeschränkung und geradezu atypisch verhalten, und es gibt keinen Bericht von irgendwelcher partizipatorischen Begeisterung, obwohl das Werk beispielsweise in der Metropolitan Opera von New York häufiger aufgeführt worden ist als irgendein anderes Repertoirestück. Verdis andere Werke, die von fremden Kulturen handeln, hinderten ihre Zuschauer nicht an der Identifizierung, und wie die früheren Opern dreht sich *Aida* um einen Tenor und einen Sopran, die Liebe machen möchten, daran aber durch einen Bariton und einen Mezzosopran gehindert werden. Welche Unterschiede zu diesen früheren Werken bietet *Aida*, und warum brachte Verdis gewöhnliche Mischung hier einen so ungewöhnlichen Verschnitt meisterhaften Könnens und affektiver Neutralität hervor?

Die Umstände der Erstaufführung von *Aida* und die Bedingungen, unter denen die Oper geschrieben wurde, sind in Verdis Laufbahn einmalig.[85] Der politische und sicherlich auch der kulturelle Kontext, in dem er von Anfang 1870 bis Ende 1871 arbeitete, umfaßte nicht nur Italien, sondern auch das imperiale Europa und das vizekönigliche Ägypten, ein Ägypten, das technisch im Bannkreis des osmanischen Imperiums stand, jetzt aber allmählich als abhängiger und untergeordneter Teil Europas etabliert wurde. *Aidas* Besonderheiten – ihr Stoff und Handlungsrahmen, ihre monumentale Größe, ihre ungekünstelten visuellen und musikalischen Effekte, ihre überentwickelte Musik und ihre enge häusliche Situation, ihr exzentrischer Ort in Verdis Laufbahn – erfordern das, was ich eine kontrapunktische Deutung genannt habe, die sich weder mit der Standardsicht der italienischen Oper noch mit vorherrschenden Auffassungen der großen Meisterwerke der europäischen Zivilisation des 19. Jahrhunderts gleichsetzen läßt. *Aida* ist, wie die

Opernform selbst, ein hybrides, radikal unreines Werk, das gleichermaßen von der Kulturgeschichte und der historischen Erfahrung der
Herrschaft in Übersee zehrt. Es ist ein vielfältig gemischtes Werk, aus
Diskrepanzen und Disparitäten gebaut, die entweder ignoriert oder unerforscht belassen worden sind, die jedoch erinnert und deskriptiv verzeichnet werden können; sie sind an und aus sich selbst aufschlußreich
und ergeben für *Aidas* Unausgewogenheiten, ihre Anomalien, Einschränkungen und Leerstellen mehr Sinn als Analysen, die sich ausschließlich auf Italien und die europäische Kultur konzentrieren.

Ich möchte dem Leser Material vorlegen, das eigentlich gar nicht
übersehen werden kann, aber dennoch systematisch außer acht gelassen worden ist. Und zwar zumeist deshalb, weil das Unbehagen, das
Aida bereitet, letztlich daher rührt, daß es nicht so sehr ein Werk *über*
als vielmehr *der* imperialen Herrschaft ist. Es werden sich Ähnlichkeiten mit Jane Austens Werk herausstellen – das ähnlich aufschlußreich ist
als Kunst, die sich mit dem Imperium eingelassen hat. Wenn man *Aida*
aus dieser Perspektive interpretiert, in dem Bewußtsein, daß die Oper
für ein afrikanisches Land geschrieben und dort erstaufgeführt wurde,
zu dem Verdi keinerlei Verbindung hatte, werden sich vielleicht einige
neue Sachverhalte entpuppen.

Verdi selbst sagt dazu etwas in einem Brief, der sein bis dahin nahezu
vollständig latentes Verhältnis zu einer ägyptischen Oper initiiert.
Camille du Locle gegenüber, einem engen Freund, der gerade von einer
»voyage en Orient« zurückgekehrt war, äußert sich Verdi am 19. Februar 1868: »Wenn wir uns sehen, müßt Ihr mir alle die Ereignisse
Eurer Reise beschreiben, die Wunder, die Ihr gesehen habt, und die
Schönheit und Häßlichkeit eines Landes, das einst eine Größe und Zivilisation besaß, die zu bewundern ich nie in der Lage war.«[86]

Die Eröffnung des Kairoer Opernhauses am 1. November 1869 war
ein glanzvolles Ereignis im Rahmen der Feiern zur Inbetriebnahme des
Suezkanals; die aufgeführte Oper war *Rigoletto*. Einige Wochen zuvor
hatte Verdi Khedive Ismails Angebot abgelehnt, zu diesem Anlaß eine
Hymne zu schreiben, und im Dezember betonte er du Locle gegenüber
in einem langen Brief die Gefahren von »Flickwerk«-Opern: »Ich will
die *Kunst* in welcher Gestalt auch immer, nicht das *Arrangement*, das
Künstliche und das *System*, das Ihr vorzieht«, und fuhr mit dem
Wunsch nach »einer Oper aus einem Guß« fort, »in der es nur *eine* Idee
gibt, und alles muß bestrebt sein, dieses EINE zu formen«.[87] Obwohl
diese Anregungen im Zusammenhang einer Antwort auf einen Brief du
Locles fielen, der Verdi vorschlug, eine Oper für Paris zu schreiben,

tauchten sie im Rahmen der Arbeit an *Aida* häufig genug auf, wo sie ihrerseits zu einem wichtigen Thema werden. Am 5. Januar 1871 schrieb er an Nicola de Giosa: »Heute werden Opern mit so vielen unterschiedlichen dramatischen und musikalischen Intentionen geschrieben, daß es nahezu unmöglich erscheint, sie aufzuführen; und es scheint mir, daß niemand Anstoß nehmen kann, wenn der Autor bei der Erstaufführung einer seiner Produktionen eine vertrauenswürdige Person schickt, die das Werk unter der Leitung des Autors selbst studiert hat.«[88] An Ricordi schrieb er am 11. April 1871, er erlaube für sein Werk »nur einen Schöpfer«, sich selbst; »Ich gestehe das Recht zu ›schaffen‹ keinem Sänger und keinem Dirigenten zu, weil es, wie ich schon sagte, ein Prinzip ist, das in den Abgrund führt.«[89]

Warum aber nahm Verdi schließlich Khedive Ismails Angebot an, eine besondere Oper für Kairo zu schreiben? Zweifellos war Geld ein Grund: er bekam 150000 Goldfranken. Auch war er geschmeichelt, weil er als allererste Wahl galt, noch vor Wagner und Gounod. Nicht minder bedeutsam war meiner Meinung nach die Geschichte, die ihm du Locle erzählte, der von Auguste Mariette, einem anerkannten französischen Ägyptologen, eine Skizze für ein mögliches Opernlibretto erhalten hatte. Am 26. Mai 1870 hatte Verdi du Locle geschrieben, er habe den »äyptischen Entwurf« gelesen, er sei gut und verheiße »eine blendende *mise-en-scène*«.[90] Im übrigen verrate die Arbeit »eine sehr erfahrene Hand«, die Hand jemandes, »der ans Schreiben gewöhnt ist und das Theater sehr gut kennt«. Anfang Juni begann er an *Aida* zu arbeiten und brachte unverzüglich Ricordi gegenüber seine Ungeduld zum Ausdruck, wie langsam alles vonstatten ging, sogar als er die Dienste von Antonio Ghislanzoni als Librettist nutzen konnte. »Diese Dinge sollten sehr rasch erledigt werden«, sagte er damals.

In dem einfachen, intensiven und vor allem authentischen Bühnenentwurf von Mariette erkannte Verdi eine einheitliche Intention, den Abdruck oder die Spur eines meisterlichen und erfahrenen Willens, dem er in der Musik gleichzukommen hoffte. Zu einer Zeit, da seine Karriere von Mißerfolgen, unerfüllten Hoffnungen und unbefriedigender Zusammenarbeit mit Impresarios, Kartenverkäufern und Sängern geprägt war – die Pariser Premiere von *Don Carlos* war der jüngste, noch immer schmerzende Fall –, sah Verdi nun die Chance, ein Werk zu schaffen, bei dem er von den Entwurfsskizzen bis zum Uraufführungsabend jedes Detail überwachen konnte. Zudem sollte er bei diesem Unternehmen königlichen Beistand erhalten: du Locle ließ durchblicken, daß der Vizekönig das Stück nicht nur innig für sich selbst gewünscht, sondern auch

Mariette bei der Niederschrift geholfen habe. Verdi durfte also annehmen, daß sich ein vermögender orientalischer Potentat mit einem wirklich brillanten und zielstrebigen westlichen Archäologen zusammengetan habe, um ihm Gelegenheit zu geben, eine ruhige künstlerische Darbietung ohne jeden Druck zu leiten. Die befremdliche ägyptische Herkunft und Umrahmung der Geschichte schien paradoxerweise sein Gespür für technische Meisterschaft stimuliert zu haben.

Soweit ich ermitteln konnte, hatte Verdi keinerlei genaue Vorstellungen vom modernen Ägypten, im Gegensatz zu seinen recht entwickelten Vorstellungen von Italien, Frankreich und Deutschland, obwohl er während der beiden Jahre, die er an der Oper arbeitete, fortwährend bindende Versicherungen erhielt, daß er etwas Wichtiges für Ägypten leiste, und zwar sozusagen im nationalen Sinne. Drahnet Bey (*recte* Pavlos Pavlidis), der Leiter der Kairoer Oper, bedeutete ihm das, und Mariette, der im Sommer 1870 nach Paris reiste, um für Kostüme und Bühnenbild zu sorgen (und der später im preußisch-französischen Krieg gefangengenommen wurde), erinnerte ihn häufig daran, daß keine Kosten und Mühen gescheut würden, um eine wirklich spektakuläre Aufführung zustande zu bringen. Verdi war darauf bedacht, Worte und Musik aufeinander abzustimmen, indem er darauf achtete, daß Ghislanzoni das vollkommene »theatralische Wort« fand, die »parola scenica«[91], und sämtliche Details der Aufführung mit nicht nachlassender Aufmerksamkeit überwachte. In den ungeheuer komplizierten Verhandlungen zur Besetzung der ersten Amneris sicherten Verdis Beiträge zu dem Imbroglio ihm den Titel »oberster Jesuit der Welt«.[92] Die unterwürfige oder zumindest gleichgültige Rolle Ägyptens in seinem Leben erlaubte ihm, seine künstlerischen Absichten mit kompromißloser Intensität zu verfolgen.

Ich vermute jedoch, daß Verdi diese komplexe und letztlich kollaborative Fähigkeit, einer exotischen Opernfabel zum Leben zu verhelfen, auf verhängnisvolle Weise mit dem romantischen Ideal eines organisch integrierten, fugenlosen Kunstwerks verquickte, »aus einem Guß« und einzig aus der ästhetischen Intention seines Schöpfers gespeist. So verzahnte sich ein imperiales Konzept des Künstlers zweckdienlich mit einem imperialen Konzept der nicht-europäischen Welt, deren Ansprüche an den Komponisten entweder minimal oder nicht existent waren. Für Verdi muß sich diese Konjunktion als ausbaufähig und pflegenswert dargestellt haben. Jahrelang den aufdringlichen Extravaganzen des Personals der Opernhäuser ausgeliefert, konnte er jetzt unangefochten in seinem Reich schalten. Als er die Aufführung der Oper in Kairo und

einige Monate später (Februar 1872) die italienische Premiere an der
Scala vorbereitete, bedeutete ihm Ricordi, er werde »der Moltke der
Scala« sein (2. September 1871).[93] So stark war die Anziehungskraft
dieser kriegerisch dominierenden Rolle, daß Verdi an einem bestimmten Punkt in einem Brief an Ricordi seine ästhetischen Ziele ausdrücklich mit denen Wagners und, bezeichnender noch, mit Bayreuth in Zusammenhang bringt (wenn auch nur als theoretischen Vorschlag), ein
Haus, über dessen Aufführungen Wagner für sich selbst im Grunde totale Kontrolle beanspruchte.

> »Diese Aufstellung des Orchesters ist von weitaus größerer Bedeutung, als ge-
> wöhnlich angenommen wird, wegen der *Mischung* der Instrumente, wegen des
> Klanges und der Wirkung. – Diese kleinen Verbesserungen werden dann den Weg
> zu anderen Neuerungen bahnen, die bestimmt eines Tages kommen werden; dazu
> gehört, daß die Zuschauerlogen von der Bühne entfernt werden und der Vorhang
> an die Rampe kommt. Weiterhin: das *unsichtbare Orchester* schaffen. Diese Idee
> ist nicht von mir, sie ist von Wagner: sie ist ausgezeichnet. Es scheint heutzutage un-
> möglich, zuzulassen, daß unser elender *Frack* und die weißen Fliegen vermischt
> mit z. B. ägyptischen, assyrischen, druidischen usw. Kostümen zu sehen sind; und
> dazu wird auch noch das ganze Orchester, das ein Teil der fiktiven Welt ist, fast in
> der Mitte des Parketts in der Welt der Pfeifenden und Klatschenden plaziert. Fügt
> zu all dem hinzu, wie häßlich auch die Köpfe der Harfen, die Griffbretter der Kon-
> trabässe und der Taktstock des Dirigenten in die Luft ragen.«[94]

Verdi spricht hier von einer Theatervorstellung, die den üblichen Störungen der Opernhäuser *entzogen* ist, entzogen und derart isoliert, daß sie
das Publikum mit einer neuen Mischung von Autorität und Wahrscheinlichkeit fesselt. Es gibt da auffällige Parallelen zu dem, was Steven Bann
in *The Clothing of Clio* die »historische Komposition der Örtlichkeit«
bei historischen Schriftstellern wie Walter Scott und Byron genannt
hat.[95] Der Unterschied ist der, daß Verdi sich zum ersten Mal in der Geschichte der europäischen Oper der historischen Anschauungen und akademischen Autorität der Ägyptologie bedienen konnte und auch bediente. Diese Wissenschaft verkörperte sich, in unmittelbarer Nähe Verdis, in
Auguste Mariette, dessen französische Nationalität und Ausbildung Teil
einer zentralen imperialen Genealogie waren. Vielleicht hatte Verdi
keine Möglichkeit, allzu viel über Mariette in Erfahrung zu bringen,
aber er war stark beeindruckt von dessen erstem Libretto und erkannte
in ihm einen qualifizierten Experten, dessen Fachkompetenz das alte
Ägypten mit zweifelsfreier Glaubwürdigkeit darzustellen vermochte.
    Der schlichte Einwand, der hier erhoben werden muß, ist der, daß die
Ägyptologie die Ägyptologie ist und nicht Ägypten. Mariette konnte

sich auf zwei wichtige Vorläufer stützen, beide französischer Herkunft, beide rekonstruktiv verfahrend und beide, wenn ich hier ein Wort benutzen darf, das ich Northrop Frye entlehne, »präsentational«. Der erste sind die archäologischen Bände von Napoleons *Description de l'Égypt*; der zweite ist Champollions Entzifferung der ägyptischen Hieroglyphen, die er 1822 in seinem *Lettre à M. Dacier* und 1824 in seinem *Précis du système hieroglyphique* veröffentlichte. Unter »präsentational« und »rekonstruktiv« verstehe ich eine Reihe von Merkmalen, die für Verdi geradezu maßgeschneidert schienen: Napoleons Militärexpedition nach Ägypten war von dem Wunsch beseelt, Ägypten zu erobern, die Engländer zu bedrohen und die französische Macht zu demonstrieren; aber Napoleon und seine wissenschaftlichen Experten waren auch gekommen, um Ägypten Europa vorzuführen und gewissermaßen sein Altertum zu inszenieren, seinen Reichtum an Assoziationen, seine kulturelle Bedeutung und seine einzigartige Aura *für* ein europäisches Publikum. Das konnte nicht ohne politische Absicht geschehen. Was Napoleon und sein Team von Wissenschaftlern vorfanden, war ein Ägypten, dessen antike Dimensionen durch die muslimische, arabische und sogar osmanische Präsenz abgeschirmt wurden, die sich zwischen die französische Invasionsarmee und das alte Ägypten schob. Wie ließ sich Zugang zu jenem anderen, älteren Teil finden?

Hier setzt die besondere französische Ambition der Ägyptologie ein, die sich im Werk von Champollion und Mariette fortschrieb. Ägypten mußte in Gestalt von Modellen oder Zeichnungen rekonstruiert werden, deren Maßstab, projektive Größe (ich sage »projektive Größe«, weil man beim Blättern in der *Description* den Eindruck gewinnt, daß das, was man da sieht, Zeichnungen, Diagramme, Gemälde von staubigen, verfallenen oder vernachlässigten pharaonischen Stätten sind, die so ideal und glanzvoll anmuten, als ob es keine modernen ägyptischen, sondern nur europäische Zuschauer gäbe) und exotische Distanz wahrhaft ohne früheres Beispiel waren. Die Reproduktionen der *Description* sind deshalb keine Deskriptionen, sondern Askriptionen, Zuschreibungen. Zuerst wurden die Tempel und Paläste in einer Orientierung und Perspektive reproduziert, die die Wirklichkeit des alten Ägypten in ihrer Spiegelung durch das imperiale Auge inszenierte; dann mußten sie – weil sie allesamt leer oder leblos waren – mit den Worten von Ampère zum Sprechen gebracht werden, daher die Effizienz der Entzifferung von Champollion; schließlich konnten sie aus ihrem Kontext herausgelöst und zum dortigen Gebrauch nach Europa überführt werden. Eben das war, wie wir sehen werden, der Beitrag von Mariette.

Dieser kontinuierliche Prozeß fand von ca. 1798 bis in die sechziger Jahre des 19. Jahrhunderts statt und ist ein rein französischer. Im Gegensatz zu England, das Indien hatte, und zu Deutschland, das, mit einigem Abstand, die orientalistische Begeisterung für Persien und Indien erlebte, hatte Frankreich diesen eher imaginativen und dem Wagemut offenstehenden Bereich, in dem, wie Raymond Schwab in *The Oriental Renaissance* sagt, die Gelehrten »von Rougé bis Mariette am Ende der [von Champollions Arbeit initiierten] Entwicklungslinie Forscher [...] mit einzelgängerischen Laufbahnen waren, die alles auf eigene Rechnung lernten«.[96] Die napoleonischen »savants« waren Forschungsreisende, die »alles auf eigene Rechnung lernten«, weil es kein Korpus organisierter, wirklich moderner und wissenschaftlicher Erkenntnisse gab, aus dem sie hätten schöpfen können. Wie Martin Bernal das charakterisiert hat, war Ägyptens Prestige, obwohl das ganze 18. Jahrhundert hindurch beträchtlich, weitgehend mit Esoterik und mystifizierenden Strömungen wie der Freimauererei assoziiert.[97] Champollion und Mariette waren Exzentriker und Autodidakten, aber von wissenschaftlichen und rationalistischen Energien beflügelt. Die Bedeutung dieses Umstands für die Präsentation Ägyptens in der französischen Archäologie ist die, daß Ägypten als »der erste und wesentliche Einflußfaktor des Ostens auf den Westen« beschrieben werden konnte, eine Behauptung, die Schwab mit Gründen als falsch bezeichnet, weil sie die orientalistische Forschung außer acht läßt, die von europäischen Gelehrten in anderen Teilen der alten Welt geleistet worden war. Jedenfalls sagt Schwab:

> »In seinem Aufsatz in der *Revue des Deux-Mondes* vom Juni 1868 [also gerade zu dem Zeitpunkt, als Draneht, Khedive Ismail und Mariette das zu entwerfen begannen, was dann später *Aida* werden sollte] begrüßte Ludovic Vitet die ›beispiellosen Entdeckungen‹ der Orientalisten im Laufe der vergangenen fünfzig Jahre. Er sprach sogar von der ›archäologischen Revolution, deren Schauplatz der Orient ist‹, behauptete aber in aller Ruhe, daß ›die Bewegung mit Champollion einsetzte, und alles nahm mit ihm seinen Anfang. Er ist der Ausgangspunkt für alle diese Entdeckungen.‹ Vitets eigene Laufbahn, die anfangs der bereits öffentlich etablierten folgte, führte ihn dann zu den assyrischen Monumenten und veranlaßte ihn schließlich zu einigen Äußerungen über die Vedas. Vitet fand keinen Anklang. Nach Napoleons Expedition nach Ägypten hatten die dortigen Monumente und die Forschungsreisen zu den ägyptischen Stätten bereits jedermann in Bann geschlagen. Indien lebte nie wieder auf, es sei denn auf dem Papier.«[98]

Auguste Mariettes Laufbahn ist auf mehrere und interessante Weisen bezeichnend für *Aida*. Obwohl das Ausmaß seines Beitrages zum *Aida*-Libretto umstritten war, ist sein Eingreifen von Jean Humbert definitiv bestätigt worden, und zwar als Initiationsmoment für die Entstehung der Oper.[99] (Unmittelbar dahinter rangiert seine Rolle als Ausstellungsgestalter des Ägyptischen Pavillons bei der Pariser Weltausstellung von 1867, einer der größten und frühesten Inszenierungen imperialer Potenz.)

Obwohl Archäologie, große Oper und europäische Weltausstellungen offensichtlich verschiedene Welten sind, verbindet eine Persönlichkeit wie Mariette sie auf ganz suggestive Weise. Es gibt einen scharfsinnigen Bericht über das, was Mariettes Grenzgänge zwischen den drei Welten ermöglicht haben könnte:

> »Die Weltausstellungen des 19. Jahrhunderts waren als Mikrokosmen intendiert, die den Gesamtkomplex der menschlichen Erfahrung zusammenfassen sollten – Vergangenheit und Gegenwart, mit Projektionen in die Zukunft. In ihrer sorgfältig berechneten Ordnung bezeichneten sie auch die herrschende Machtbeziehung. Ordnung und Charakterisierung reihten, rationalisierten und vergegenständlichten die verschiedenen Gesellschaften. Die sich daraus ergebenden Hierarchien bildeten eine Welt ab, in der Rassen, Geschlechter und Nationen feste Plätze einnahmen, die ihnen von den Ausstellungskomitees der Gastländer zugewiesen wurden. Die Formen, in denen die nicht westlichen Kulturen bei diesen Ausstellungen dargestellt wurden, gründeten sich auf die bereits im Gastland getroffenen sozialen Arrangements, Frankreich; es ist also wichtig, deren Parameter zu beschreiben, weil sie die Maßstäbe nationaler Repräsentation setzten und die Kanäle kulturellen Ausdrucks aushoben, durch die das von den Ausstellungen produzierte Wissen geformt wurde.«[100]

In dem Ausstellungskatalog, den Mariette für das Jahr 1867 verfaßte, hob er angestrengt die eher *rekonstruktiven* Aspekte hervor und ließ wenig Zweifel daran, daß er, Mariette, Ägypten sozusagen zum ersten Mal nach Europa gebracht habe. Er konnte das aufgrund seiner spektakulären archäologischen Erfolge in etwa 35 Grabungsstätten tun, darunter Giseh, Sakkhara, Edfu und Theben, wo er, mit den treffenden Worten von Brian Fagan, »Ausgrabungen geradezu im Überfluß« vornahm.[101] Auch war Mariette regelmäßig an der Leerung der betreffenden Stätten beteiligt, so daß er, als die europäischen Museen (insbesondere der Louvre) über wachsende äygptische Schätze verfügten, die wirklichen Gräber in Ägypten beinahe zynisch leer vorführte, wobei er in seinen Erklärungen für »enttäuschte ägyptische Offizielle« eine verbindliche Gelassenheit wahrte.[102]

Im Dienste des Khediven traf Mariette auch mit Ferdinand de Lesseps zusammen, dem Kanalarchitekten. Wir wissen, daß die beiden bei verschiedenen Restaurierungs- und Konservierungsprojekten zusammenwirkten, und ich bin überzeugt, daß sie ähnliche Grundvorstellungen hatten – die vielleicht auf frühere saint-simonistische, freimaurerische und theosophische europäische Ideen über Ägypten zurückgingen –, aus denen sie ihre außerordentlichen Projekte entwickelten, deren Effektivität, und das ist wichtig festzuhalten, bei beiden durch das Bündnis persönlichen Willens mit einer Neigung zu theatralischer und wissenschaftlicher Prahlerei gesteigert wurde.

Mariettes Libretto für *Aida* führte zu seinen Kostümen und Bühnenbildern und die wiederum zurück zu den bemerkenswert prophetischen szenischen Skizzen der *Description*. Die eindrucksvollsten Seiten der *Description* scheinen geradezu nach großartigen Handlungen oder Persönlichkeiten zu ihrer Ausfüllung zu verlangen, und ihre Leere und ihr Größenmaßstab verleihen ihnen die Aura von Opernkulissen, die darauf warten, mit Akteuren bevölkert zu werden. Der stillschweigend vorausgesetzte europäische Kontext ist ein Theater von Macht und Wissen, während ihr tatsächlicher ägyptischer Rahmen im 19. Jahrhundert längst zerfallen ist.

Der Tempel von Phylae in der Form, wie er in der *Description* wiedergegeben ist (und nicht das angebliche Original in Memphis), hat Mariette nahezu mit Sicherheit vorgeschwebt, als er die erste Szene von *Aida* entwarf, und obwohl es unwahrscheinlich ist, daß Verdi diese Drucke gesehen hat, kannte er reproduzierte Versionen davon, die in Europa zirkulierten. Es ist überdies wahrscheinlich, daß Mariettes Kostümentwürfe von den Illustrationen in der *Description* angeregt wurden, die er für die Oper adaptierte, obwohl sich da substantielle Unterschiede finden. Meines Erachtens hat Mariette die pharaonischen Originale nach seiner eigenen Vorstellung in ein annähernd modernes Äquivalent übersetzt, eine vage Annäherung an den Eindruck, den prähistorische Ägypter in den um 1870 vorherrschenden Kleidungsstilen machten: europäisierte Gesichter, Schnauzer und Bärte bringen es an den Tag.

Das Ergebnis war ein orientalisiertes Ägypten, zu dem Verdi in seiner Musik ganz eigenständig gelangt war. Beispiele dafür kommen vor allem im zweiten Akt vor: der Gesang der Priesterinnen und, ein wenig später, der rituelle Tanz. Wir wissen, daß es Verdi um die Genauigkeit gerade dieser Szene ging, die große Authentizität gebot und ihn bewog, die gründlichsten historischen Fragen zu stellen. Eine Dokumentation, die Ricordi im Sommer 1870 an Verdi schickte, enthält Material über das alte Ägypten, darunter ausführliche Dossiers über Priesterweihen, klerikale Riten und Eigentümlichkeiten der alten ägyptischen Religion.

Verdi benutzte wenig davon, aber die Quellen sind Hinweise auf eine verbreitete europäische Vorstellung vom Orient, die von Volney und Creuzer geprägt war und zu der noch die neuere archäologische Forschung von Champollion beigetragen hatte. Das alles freilich betrifft Priester: Frauen werden nicht erwähnt.

Mit dem ihm vorliegenden Material macht Verdi zweierlei. Er verwandelt einige der Priester in Priesterinnen, ganz im Banne der konventionellen europäischen Neigung, jede exotische Praxis mit orientalischen Frauen zu illuminieren – die funktionalen Äquivalente seiner Priesterinnen sind Tänzerinnen, Sklavinnen, Konkubinen und badende Haremsschönheiten, wie sie in der europäischen Kunst der Mitte des 19. Jahrhunderts vorherrschen, in den siebziger Jahren auch in der Unterhaltungsindustrie. Diese Zurschaustellung weiblicher Erotik *à l'orientale* »artikulierte Machtbeziehungen und enthüllte das Bedürfnis, Überlegenheit durch [ästhetische] Darstellung zu steigern«.[103] Manches davon ist leicht nachzuvollziehen in der Szene des zweiten Aktes im Gemach von Amneris, wo Sinnlichkeit und Grausamkeit eng assoziiert werden (beispielsweise im Tanz der maurischen Sklaven). Die andere Veränderung, die Verdi an seinem Material vornimmt, ist die, daß er das orientalische Klischee des Hoflebens in eine ziemlich direkte Attacke gegen die männliche Priesterschaft ummünzt. Der Hohepriester Ramphis ist meiner Meinung nach sowohl von Verdis Risorgimento-Antiklerikalismus als auch von seinen Vorstellungen vom despotischen orientalischen Potentaten inspiriert, der strenge Rache will aus reinem Blutdurst, der sich in Gesetzestreue und den Mantel eines schriftlichen Präzedenzfalls hüllt.

Was die tonartlich exotische Musik betrifft, so wissen wir aus seinen Briefen, daß Verdi das Werk von François-Joseph Fétis konsultierte, einem belgischen Musikwissenschaftler, der ihn gleichermaßen irritiert und fasziniert zu haben scheint. Fétis war der erste europäische Musiker, der in seinem *Resumé philosophique de l'historie de la musique* (1835) die nicht-europäische Musik als separates Gebiet der allgemeinen Musikgeschichte untersuchte. Seine unvollendete *Histoire générale de la musique depuis les temps anciens à nos jours* (1869–76) trieb dieses Projekt weiter voran, unter Beachtung der einmaligen Besonderheit der exotischen Musik und ihrer integralen Identität. Fétis scheint E. W. Lanes Werk über das Ägypten des 19. Jahrhunderts ebenso gekannt zu haben wie die beiden Bände über ägyptische Musik in der *Description*.

Fétis' Bedeutung für Verdi rührte daher, daß er in dessen Werk Beispiele »orientalischer« Musik – harmonische Wendungen, wie sie häu-

fig beim karnevalistischen Fastnachtstreiben benutzt wurden, ba-
sierend auf der Erniedrigung der Hypertonika – und Musterstücke
orientalischer Instrumentierung finden konnte, die bisweilen der Darstellung in der *Description* entsprachen: Harfen, Flöten und die inzwischen bekannte zeremonielle Fanfare, die sich Verdi in Italien nach-
bauen ließ.

Schließlich und endlich arbeiteten Verdi und Mariette imaginativ –
und meines Erachtens höchst erfolgreich – bei der ganz wunderbaren
atmosphärischen Stimmung des dritten Aktes zusammen, der sogenannten Nil-Szene. Auch hier war vermutlich eine idealisierte Darstellung in der napoleonischen *Description* das Modell für Mariettes Bild
der Szene, und Verdi intensivierte diese Konzeption eines antiken
Orients durch den Gebrauch weniger buchstäblicher und suggestiver
musikalischer Mittel. Das Ergebnis ist ein superbes Tongemälde mit
durchlässiger Struktur, die die ruhige Szenenmalerei des Aktbeginns
stützt und sich dann zur turbulenten und konfliktgeladenen Klimax mit
Aida, ihrem Vater und Radames hin öffnet. Mariettes Entwurf für das
Bühnenbild dieser Szene liest sich wie eine Synthese *seines* Ägyptens:
»Der Schauplatz stellt einen Palastgarten dar. Zur Linken die schräge
Fassade eines Pavillons – *oder Zeltes*. Im Hintergrund der Szene fließt
der Nil. Am Horizont die Berge des libyschen Atlas, lebhaft erleuchtet
von der untergehenden Sonne. Statuen, Palmen, tropische Ge-
wächse.«[104] Kein Wunder, daß er sich, genauso wie Verdi, als Schöpfer
sah: »*Aida*«, schrieb er in einem Brief an den geduldigen und immer
hilfreichen Draneht (19. Juli 1871), »ist in Wirklichkeit ein Produkt
meiner Arbeit. Ich war es, der den Vizekönig dazu überredete, ihre Aufführung anzuberaumen; *Aida*, mit einem Wort, ist ein Kind meines Geistes.«[105]

Aida inkorporiert und verschmilzt Material in einer Form, die sowohl Verdi als auch Mariette zu Recht als ihr jeweiliges geistiges Eigentum beanspruchen konnten. Dennoch möchte ich zu bedenken geben,
daß das Werk an der Selektivität und Gewichtung dessen krankt, was
eingeschlossen bzw. ausgeschlossen ist oder zumindest merkwürdig
wirkt. Verdi muß genug Gelegenheiten gehabt haben, zur Kenntnis zu
nehmen, was moderne Ägypter von seinem Werk hielten, wie einzelne
Hörer auf die Musik reagierten und was mit der Oper nach der Premiere geschah. Doch wenig davon ist schriftlich überliefert, ausgenommen einige böse Briefe, die nach der Premiere manche europäischen
Kritiker tadelten; sie hätten ihm eine schlechte Presse bereitet,
schimpfte er mürrisch. Aus einem Brief an Filippi gewinnen wir bereits

einen Eindruck von Verdis Distanz zu der Oper, eine Art *Verfremdungs-effekt*, der meines Erachtens schon in Libretto und Bühnenbild von *Aida* angelegt ist:

> »[...] Sie in Kairo? Das ist eine der mächtigsten Reklamen, die man sich für *Aida* vorstellen kann! – Mir scheint, daß die Kunst auf diese Weise nicht mehr Kunst ist, sondern ein Gewerbe, eine Vergnügungsreise, eine Jagd, irgend etwas, hinter dem man herläuft, dem man, wenn nicht Erfolg, wenigstens um jeden Preis Publizität geben möchte! Was ich dabei fühle, ist Ekel und Erniedrigung! – Ich erinnere mich stets mit Freude der Zeit meiner Anfänge, als ich fast ohne Freunde, ohne einen Menschen, der von mir gesprochen hätte, ohne jeden Einfluß mit meinen Werken vor das Publikum trat, bereit, mich den *Schüssen* zu stellen, und überglücklich, wenn es mir gelingen konnte, hier und da einen günstigen Eindruck zu erwecken. – Und jetzt – wieviel Pomp für eine Oper!!! Journalisten, Solisten, Choristen, Direktoren, Professoren usw. usw. Alle müssen sie ihre Steine zum Gebäude der Reklame tragen und damit einen Rahmen aus elenden Nichtigkeiten formen, die das Verdienst einer Oper nicht im geringsten vermehren, sondern ihren wahren Wert, falls sie den hat, sogar vermindern. Das ist beklagenswert ... tief beklagenswert!!!
> Ich danke Ihnen für Ihr liebenswürdiges Angebot für Kairo. Vorgestern schrieb ich an Bottesini über alles, was die *Aida* betrifft. Ich wünsche dieser Oper nur eine gute und vor allem intelligente gesangliche, instrumentale und szenische Aufführung. Ansonsten *à la grace de Dieu*, denn so habe ich meine Laufbahn begonnen und so will ich sie enden ...«[106]

Die Proteste, die er hier vorträgt, vertiefen seine Einstellung zur einzigen Intention der Oper sogar noch: *Aida* ist ein unabhängiges Werk, scheint er zu sagen, und dabei wollen wir's belassen. Aber ist da nicht noch etwas anderes im Spiel, nämlich das Gefühl bei Verdi, daß es sich bei *Aida* um eine Oper handelt, die für einen Ort geschrieben wurde, zu dem er keine Beziehung herstellen kann, mit einer Handlung, die hoffnungslos verfahren ist und in einer buchstäblichen Beisetzung endet?

Verdis deutliches Bewußtsein der Inkongruenzen von *Aida* wird auch anderswo vernehmlich. Gelegentlich spricht er ironisch davon, der Harmonik der ägyptischen Musik »etwas Palestrina« hinzufügen zu wollen, und er scheint sich auch über das Ausmaß im klaren gewesen zu sein, in dem das alte Ägypten nicht nur eine tote Zivilisation war, sondern auch eine Todeskultur, deren offenkundige Eroberungsideologie (in der Gestalt, wie er sie von Herodot und Mariette übernahm) mit ihrer Ideologie des Lebens nach dem Tode in Zusammenhang stand. Die eher düstere, illusionslose und rudimentäre Beziehung, die Verdi zur Politik des Risorgimento unterhielt, während er an *Aida* arbeitete, tritt in dem Werk als militärischer Erfolg in Erscheinung, der persönliches Schei-

tern nach sich zieht, oder – wie er auch beschrieben werden kann – als
politischer Triumph, der in der ambivalenten Tönung einer ausweglosen menschlichen Lage wiedergegeben wird, kurzum: als Realpolitik.
Verdi scheint die positiven Attribute von Radames' *patria* als direkte
Überleitung zu den Trauergeleitsklängen von *terra addio* gedacht zu haben, und zweifellos teilte er die Bühne im vierten Akt – eine mögliche
Quelle dafür ist einer der Drucke der *Description* – unter dem nachhal-
tigen Eindruck der *discordia concors* von Amneris' unerwiderter Leidenschaft und Aidas und Radames' glückseligem Tod.

Die Dumpfheit und Immobilität von *Aida* wird nur gelegentlich
durch Ballette und Triumphparaden aufgehoben, doch auch diese
Prunkentfaltungen sind in gewisser Hinsicht unterminiert: Verdi war
zu intelligent und aufrichtig, als daß er sie unangetastet gelassen hätte.
Der Tanz zur Schwertübergabe im ersten Akt führt zu Radames' Abdankung im dritten und vierten Akt, bietet also wenig Erfreuliches; der
Tanz der maurischen Knaben in der ersten Szene des zweiten Aktes ist
ein Tanz von Sklaven, die Amneris unterhalten, als sie böswillig mit
Aida spielt, ihrer Sklavin und Rivalin. Was den wirklich berühmten Teil
der zweiten Szene des zweiten Aktes betrifft, so stehen wir damit vielleicht im Zentrum von *Aidas* unerhörtem Reiz für Zuschauer und Thea-
terdirektoren, die sie als Gelegenheit auffassen, mehr oder weniger alles
zu geben, solange es nur überschwenglich ist und Prachtentfaltung erlaubt. Das mag allerdings Verdis Intentionen nicht ganz fernstehen.

Betrachten wir die folgenden drei Beispiel aus der Moderne. Das
erste:

»*Aida* in Cincinnati (März 1986). Eine Pressemitteilung des Opernhauses von Cincinnati kündigt an, daß an der *Aida*-Aufführung der bevorstehenden Saison die folgenden Tiere in der Triumphszene mitwirken werden: 1 Ameisenfresser, 1 Affe,
1 Elephant, 1 Boa Constrictor, 1 Pfau, 1 Tukan, 1 Rotschwanzfalke, 1 weißer Tiger,
1 sibirischer Luchs, 1 Kakadu und 1 Gepard – insgesamt 11; und daß das Ensemble für die Aufführung insgesamt 261 Mitwirkende umfassen wird, darunter
8 Hauptrollendarsteller, 117 Choristen (40 reguläre, 77 zusätzliche), 24 Balletttän-
zer, 101 Statisten (darunter 12 Zoowärter) und die oben erwähnten 11 Tiere.«[107]

Das ist *Aida* als mehr oder weniger ungebremster, teilweise komischer
Ausstoß von Opulenz, ein Kraftakt, wie er mit unvergleichlicher Vulgarität in den Thermen des Caracalla vorgeführt und immer wieder vorgeführt wird.

Im Gegensatz dazu steht Wieland Wagners zweite Szene des zweiten
Aktes, eine Parade äthiopischer Gefangener, die Totems, Masken und

rituelle Gegenstände wie Elemente einer ethnographischen Ausstellung tragen, die dem Publikum geboten wird. Das war »die Übertragung des gesamten Bühnengeschehens des Werkes aus dem Ägypten der Pharaonen ins schwärzere Afrika eines prähistorischen Zeitalters«:

> »Hinsichtlich des Bühnenbildes habe ich versucht, *Aida* das farbige Aroma mitzugeben, das darin angelegt ist – das ich aber nicht aus einem ägyptischen Museum, sondern aus dem Werk selbst hergeleitet habe. Ich wollte weg von der falschen ägyptischen Künstlichkeit und der falschen Opernmonumentalität, weg von der Historienmalerei Hollywoods und zurück zur Archaik, das heißt, im Sinne der Ägyptologie – zu prädynastischen Zeiten.«[108]

Wagners Nachdruck liegt auf der Differenz zwischen »unserer« Welt und »ihrer«, zweifellos etwas, das auch Verdi bewußt betonte, aufgrund der Einsicht, daß die Oper zunächst für einen Ort komponiert und ausgestattet worden war, der entschieden *nicht* Paris, Mailand oder Wien war. Und diese Einsicht führt uns zu einer *Aida*-Inszenierung in Mexiko (1952), wo die Sängerin der Titelrolle, Maria Callas, das gesamte Ensemble aussticht, indem sie auf dem hohen Es schließt, eine Oktave höher, als von Verdi notiert.

In allen drei Beispielen wird versucht, die einzige Leerstelle auszubeuten, die Verdi in seinem Werk zuließ, eine Öffnung, durch die er der sonst verbannten Außenwelt Zutritt gestattete. Seine Anweisungen sind gleichwohl streng. Er scheint zu sagen: »Kommt als Exotica oder Gefangene, bleibt eine Weile, aber dann überlaßt mich wieder meinem eigenen Geschäft.« Und um sein Territorium zu sichern, greift er zu musikalischen Mitteln, die er kaum je zuvor benutzt hatte und die allesamt dazu ausersehen sind, dem Publikum zu signalisieren, daß hier ein musikalischer Meister am Werk war, der mit den traditionellen Fertigkeiten des Handwerks vertraut ist, die seine zeitgenössischen »bel canto«-Kollegen geringschätzen. Am 20. Februar 1871 schrieb er seinem Jugendfreund Piroli: »Ich wünschte also für den jungen Komponisten sehr lange und strenge Übungen in allen Zweigen des Kontrapunkts. Studien in der alten kirchlichen und weltlichen Musik. Man muß allerdings beachten, daß auch bei den Alten nicht alles schön ist; folglich muß ausgewählt werden. *Keinerlei Studium der Modernen!*«[109] Das stand in Einklang mit den funeralistischen Aspekten der Oper, die er schrieb (und in der er die Mumien zum Singen brachte, wie er einmal sagte) und die mit einer Passage in strenger kanonischer Satztechnik beginnt; Verdis kontrapunktische und »stretto«-Technik erreicht in *Aida* eine Intensität und Strenge, wie sie ihm sonst selten gelangen. Im

Verein mit den Kampf- und Kriegspartien, die die Partitur von *Aida*
durchsetzen (ein Teil davon ist später zur ägyptischen Nationalhymne
des Khediven geworden) verstärken diese satztechnisch strengen Passagen die Monumentalität der Oper und insbesondere ihre mauerähnli-
che Struktur.

Kurz, *Aida* ruft sehr genau die Begleitumstände ihrer Kommissionie-
rung und Komposition in Erinnerung und entspricht den Aspekten des
zeitgenössischen Kontexts, den auszuschließen sie so angestrengt bemüht ist, wie ein Echo dem ursprünglichen Klang. Als höchst spezialisierte Gestalt ästhetischen Gedenkens verkörpert *Aida*, wie sie es der Intention der Autoren nach sollte, die Autorität der europäischen Version
von Ägypten zu einem bestimmten Zeitpunkt seiner Geschichte im
19. Jahrhundert, einer Geschichte, für die Kairo in den Jahren 1869–
1871 einen überaus geeigneten Schauplatz bot. Eine erschöpfende
kontrapunktische Würdigung von *Aida* enthüllt eine Struktur der
Einstellung und Referenz, ein Gewebe von Affiliationen, Verbindungen,
Entscheidungen und Kollaborationsversuchen, von denen gesagt werden kann, daß sie eine Vielzahl geisterhafter Spuren im visuellen und
musikalischen Text des Werkes hinterlassen haben.

Man vergegenwärtige sich die Handlung: Eine ägyptische Armee
schlägt eine äthiopische Streitmacht, aber der junge ägyptische Held
der Schlacht wird später zum Verräter, zum Tode verurteilt und lebendig
begraben. Diese Episode aus der Geschichte einer alten innerafrika-
nischen Rivalität gewinnt jedoch beträchtliche Resonanz, wenn man sie
im Zeichen der englisch-französischen Rivalität in Ostafrika liest, die
seit den vierziger Jahren und bis in die sechziger Jahre des 19. Jahrhunderts währte. Die Briten faßten die Ziele von Khedive Ismail, der auf
eine Expansion nach Süden brannte, als Bedrohung ihrer Hegemonie
am Roten Meer und der Sicherheit ihrer Indien-Route auf; dennoch
ermutigten sie, ihre Politik vorsichtig wandelnd, Ismails Vorstöße nach
Ostafrika als Mittel zur Blockade französischer und italienischer Ambitionen in Somalia und Äthiopien. Zu Beginn der siebziger Jahre war
dieser Wandel abgeschlossen, und 1882 befand sich ganz Ägypten in
britischer Hand. Vom französischen Standpunkt aus, den auch Mariette vertrat, dramatisierte *Aida* die Gefahren einer erfolgreichen
ägyptischen Politik der Stärke in Äthiopien, insbesondere weil Ismail
selbst – als osmanischer Vizekönig – an solchen Abenteuern als Mitteln
zur Erlangung größerer Unabhängigkeit von Istanbul interessiert
war.[110]

In der Einfachheit und Strenge von *Aida* ist jedoch noch mehr verborgen, insbesondere deshalb, weil ein Großteil der Oper – und das Opernhaus, das eigens für Verdis Werk erbaut wurde – Ismail selbst und seine Regentschaft (1863–1879) betrifft. In jüngster Zeit ist viel Forschungsarbeit zur ökonomischen und politischen Geschichte des europäischen Engagements in Ägypten während der achtzig Jahre nach Napoleons Militärexpedition geleistet worden. Vieles davon stimmt mit der Position nationalistischer Historiker (Sabry, Rafiᶜ, Ghorbal) darin überein, daß die Erben des Vizekönigs, die die Dynastie Mohammad Alis bildeten, in absteigender Größenordnung ihrer Verdienste (mit Ausnahme des intransigenten Abbas) Ägypten immer tiefer in das verstrickten, was »Weltwirtschaft« genannt worden ist[111], im Grunde jedoch ein lockerer Zusammenschluß *europäischer* Finanziers, Handelsbankiers, Kreditanstalten und Wirtschaftsabenteurer war. Das führte unausweichlich zur britischen Besetzung von 1882 und ebenso unausweichlich zur Rückforderung des Suezkanals durch Gamal Abd el Nasser im Juli 1956.

In den sechziger und siebziger Jahren des 19. Jahrhunderts war das auffallendste Merkmal der ägyptischen Wirtschaft der Boom in Baumwollexporten, zu dem es kam, als der amerikanische Bürgerkrieg den amerikanischen Nachschub für die europäischen Baumwollspinnereien aussperrte; das beschleunigte jedoch nur die Verzerrungen in der lokalen Wirtschaft (in den siebziger Jahren war, laut Owen, »das gesamte Delta in einen Exportsektor verwandelt worden, der sich der Produktion, Verarbeitung und dem Export zweier oder dreier Ernten widmete«[112]), die Teil einer erheblichen ökonomischen Depression waren. Ägypten öffnete sich Projekten aller Art, manche verrückt, manche sinnvoll und nützlich (wie der Eisenbahn- und Straßenbau), alle kostspielig, insbesondere der Kanalbau. Die Entwicklung wurde finanziert durch die Ausgabe von Schatzanleihen, Gelddruck und die Vergrößerung des Haushaltsdefizits; das Wachstum der Staatsverschuldung trug fraglos zur ägyptischen Auslandsverschuldung, zu den Kosten der Kreditverzinsung und der Preisgabe des Landes an ausländische Investoren und ihre lokalen Agenten bei. Die allgemeinen Kosten für ausländische Kredite scheinen zwischen 30 und 40% des Nominalwertes gelegen zu haben. (David Landes' *Bankers and Pashas* verzeichnet in aller Ausführlichkeit die Geschichte dieser schmutzigen, wenn auch erheiternden Episode.[113])

Neben der Verschärfung seiner Abhängigkeit vom europäischen Kapital erlebte Ägypten unter Ismail eine Reihe bedeutsamer antithetischer Entwicklungen. Zur selben Zeit, da die Bevölkerung auf natürliche Weise wuchs, stieg die Zahl der Ausländer auf geometrische Weise an – bis auf 90 000 Personen in den achtziger Jahren. Die Vermögenskonzentration in der Familie des Vizekönigs und denen seiner Gefolgsleute beförderten eine Struktur des im Grunde feudalen Großgrundbesitzes und urbaner Privilegien, die ihrerseits die Entzündung nationalen Widerstandsbewußtseins beschleunigten. Die öffentliche Meinung scheint sich Ismail ebenso stark widersetzt zu haben, weil er Ägypten den Ausländern auszuliefern schien, wie deshalb, weil diese Ausländer die Schwäche Ägyptens für selbstverständlich hielten. Mit Zorn wurde vermerkt, schreibt der ägyptische Historiker Sabry, daß Napoleon III. in seiner Rede zur Kanaleröffnung Frankreich und »seinen« Kanal, aber an keiner Stelle Ägypten erwähnte.[114] Andererseits wurde Ismail öffentlich von pro-osmanischen Journalisten[115] angegriffen: wegen seiner außerordentlich kostspieligen Europareisen (sie werden bis zum Überdruß im zweiten Band von Georges Douins *Histoire du Règne du Khedive Ismail*[116] ausgebreitet), wegen seines Anspruchs auf Unabhängigkeit von der Pforte, der übermäßigen Besteuerung seiner Untertanen und seiner großzügigen Einladungen europäischer Berühmtheiten zur Kanaleröffnung. Je unabhängiger Khedive Ismail erscheinen wollte, um so teurer kam seine Impertinenz Ägypten zu stehen, um so mehr verabscheuten die Osmanen die Kraftakte seines Selbständigkeitsstrebens, um so entschlossener agierten seine europäischen Gläubiger, um ihn fest in die Hand zu bekommen. Ismails Ehrgeiz und Phantasie verblüfften seine Zuhörer. Im heißen, bedrückenden Sommer 1864 dachte er nicht nur an Kanäle und Eisenbahnen, sondern auch an ein Paris-am-Nil und an Ismail als Kaiser von Afrika. Kairo sollte seine »grands boulevards«, eine Börse, eine Oper und viele Theater bekommen; Ägypten sollte eine große Armee, eine mächtige Flotte haben. Warum? fragte der französische Konsul. Er hätte auch fragen können, wie?[117]

»Wie« sollte mit der Renovierung Kairos verfahren werden, die die Beteiligung vieler Europäer (darunter Drahnet) und die Entwicklung einer neuen Klasse von Stadtbewohnern erforderte, deren Geschmack und Ansprüche wiederum auf die Expansion eines lokalen, auf teure Importgüter eingestellten Marktes angewiesen waren? Owen drückt das so aus: »Das, wofür ausländische Importe wichtig waren [...], war die Versorgung eines völlig verschiedenen Konsumverhaltens der großen ausländischen Population und der Kreise von ägyptischen Großgrundbesitzern und Offiziellen, die in Häusern europäischen Stils in den europäisierten Vierteln von Kairo und Alexandria zu leben begonnen hatten, wo nahezu alles Wichtige von außerhalb herangeschafft wurde – sogar Baumaterial.«[118] Und, wie wir hinzufügen könnten, Opern, Komponisten, Sänger, Dirigenten, Bühnenbilder und Kostüme. Ein zusätzlicher Nutzen solcher Projekte war, daß sie ausländische Geldgeber mit sichtbaren Beweisen davon überzeugten, daß ihr Geld gut angelegt war.

Anders als Alexandria war Kairo jedoch eine arabische und islamische Stadt, sogar zur Glanzzeit von Ismail. Abseits des Zaubers der archäologischen Stätten von Giseh kommunizierte Kairos Vergangenheit nicht leicht mit Europa; hier gab es keine hellenistischen oder levantinischen Assoziationen, keine sanften Brisen vom Meer, kein geschäftiges mediterranes Hafentreiben. Kairos kompakte Mittelpunktstellung in Bezug zu Afrika, zum Islam, zur arabischen und osmanischen Welt wirkte auf europäische Investoren als unüberschreitbare Schranke, und die Hoffnung, es für sie anziehender zu machen, bewog Ismail, die Modernisierung der Stadt zu unterstützen.[119] Er tat das im wesentlichen dadurch, daß er Kairo teilte. Sein Vorgehen läßt sich schwerlich besser beschreiben als mit einem Zitat aus der besten Kairo-Darstellung des 20. Jahrhunderts, *Cairo: 1001 Years of the City Victorious*, die wir der amerikanischen Urbanistin Janet Abu-Lughod verdanken:

»Gegen Ende des 19. Jahrhunderts bestand Kairo also aus zwei distinkten Gemeinwesen, die voneinander durch deutlichere Schranken getrennt waren als die einzige kleine Straße, die ihre Grenzen markierte. Die Diskontinuität zwischen Ägyptens Vergangenheit und Zukunft, die zu Beginn des 19. Jahrhunderts als kleiner Spalt in Erscheinung getreten war, hatte sich gegen Ende des Jahrhunderts zu einem klaffenden Riß verbreitert. Die physische Dualität der Stadt war lediglich eine Manifestation ihrer kulturellen Teilung.

In Richtung Osten lag die Altstadt, ihrer Technologie, Sozialstruktur und Lebensweise nach noch immer vorindustriell; in Richtung Westen die ›Kolonial‹-Stadt mit ihrer dampfkraftgetriebenen Technik, ihrer rascheren Gangart, ihrem auf Rädern rollenden Verkehr und ihrer europäischen Identifikation. In Richtung Osten lag das Straßenlabyrinth von noch immer ungepflasterten *harat* und *durub*, obwohl die Tore damals schon abgerissen waren und zwei neue Durchgangsstraßen die Schattenwelt durchbrachen; in Richtung Westen breite gerade Straßen aus Makadam, flankiert von Gehsteigen und rückversetzten Fassaden, die einander in genauen rechten Winkeln kreuzten oder hier und da zu runden Plätzen oder *maydan* zusammenliefen. Die Viertel der östlichen Stadt waren noch immer abhängig von wandernden Wasserverkäufern, während die Bewohner der westlichen Stadtteile ihr Wasser bereits aus einem bequemen Rohrleitungssystem erhielten, das mit der Pumpstation in der Nähe des Flusses verbunden war. Die östlichen Stadtteile versanken bei Anbruch der Nacht in Dunkelheit, während die Durchgangsstraßen

nach Westen von Gaslaternen beleuchtet wurden. Weder Parks noch Straßen-
bäume hellten die Sand- und Schmutztönung der mittelalterlichen Stadt auf; die
Weststadt dagegen war mit geometrischen Gärten und Parks im französischen Stil
geschmückt, mit Streifen dekorativer Blumenbeete oder künstlich gestutzten Bäumen. Man betrat die Altstadt mit Karawanen und durchquerte sie zu Fuß oder auf
Esels- oder Kamelrücken; man erreichte die Neustadt mit der Eisenbahn und fuhr
mit pferdegezogenen Einspännern weiter. Kurz, in allen entscheidenden Punkten
waren die beiden Städte, trotz ihrer physischen Nachbarschaft, sozial meilenweit
und technologisch Jahrhunderte voneinander entfernt.«[120]

Das Opernhaus, das von Ismail für Verdi erbaut wurde, stand genau im
Zentrum der Nord-Süd-Achse, in der Mitte eines weitläufigen Platzes
mit Blick auf das Europäerviertel, das sich westwärts zum Nilufer hin
erstreckte. In Richtung Norden lagen der Hauptbahnhof, Shepheards
Hotel und der Ezbekije-Garten, den einzurichten, wie Abu-Lughod hinzufügt, »Ismail den französischen Landschaftsarchitekten importierte,
dessen Arbeiten er im Bois de Boulogne und auf dem Champ-de-Mars
bewundert hatte, und ihn aufforderte, Ezbekije als eine Art Parc
Monceau neuzugestalten, vollständig mit zwanglosen Wasserbecken,
Grotten, Brücken, Höhlen, Pyramiden und Belvederen, die die unaus-
weichlichen Klischees eines französischen Gartens des 19. Jahrhunderts
bildeten«.[121] In Richtung Süden lag der Abdin-Palast, der 1874 von Ismail zu seiner Hauptresidenz umgestaltet wurde. Hinter dem Opernhaus öffneten sich die wimmelnden Viertel Muski, Sayida Zeinab und
'Ataba al-Khadra, die von der imponierenden Silhouette des Opernhauses und der europäischen Obrigkeit beherrscht wurden.

Kairo begann das intellektuelle Ferment der Reform zu registrieren,
wovon manches, wenn auch keineswegs alles, sich europäischem Zu-
fluß und Einfluß verdankte, und das, wie Jacques Berque es ausdrückt,
in eine Wirrnis der Produktion mündete.[122] Wunderbar vergegenwärtigt das der wohl schönste Bericht über das Kairo Ismails, der *Khittat
Tawfikiya* von Ali Pasha Mobarak, dem fabelhaft energischen Minister
für Erziehung und öffentliche Arbeiten, einem Ingenieur, Nationalisten, Stadterneuerer, unermüdlichen Historiker und Sohn eines niedri-
gen *faqih*, einem Mann, der ebenso vom Westen fasziniert wie von den
Traditionen und der Religion des islamischen Ostens gebannt war. Man
hat den Eindruck, daß die Wandlungen Kairos in dieser Phase Ali Pasha
zwangen, das Leben und die Geschichte der Stadt in Anerkennung der
Tatsache zu erzählen, daß die Entwicklungsdynamik jetzt eine neue
Aufmerksamkeit fürs Detail erforderte, jenes Detail, das den geborenen
Kairoer zu ungewohnten Unterscheidungen und Beobachtungen stimu-

lierte. Ali erwähnt die Oper nicht, obwohl er ausführlich und in allen Einzelheiten von Ismails verschwenderischen Ausgaben für seine Paläste, seine Gärten und Zoos und seine Pompzeremonien für durchreisende Würdenträger berichtet. Spätere ägyptische Autoren (etwa Anwar Abdel-Malek) verweisen wie Ali auf diese Phase der Gärung, kommen aber auch auf das Opernhaus und *Aida* zu sprechen: als antinomischen Symbolen des künstlerischen Lebens des Landes *und* seiner imperialistischen Unterwerfung. Im Jahre 1971 brannte das hölzerne Opernhaus nieder; es wurde nicht wieder an seinem ursprünglichen Ort aufgebaut, und das Grundstück wurde zunächst als Parkplatz, dann für ein mehrstöckiges Parkhaus genutzt. Im Jahre 1988 wurde auf der Nil-Insel El-Gesîreh mit japanischem Geld ein Kulturzentrum errichtet; dieses Zentrum schließt auch ein Opernhaus ein.

Offensichtlich haben wir daraus zu schließen, daß Kairo *Aida* als Oper, die für einen Anlaß und einen Ort geschrieben war, die sie zu überleben schien, nicht lange ertragen mochte, obwohl sie viele Jahrzehnte auf westlichen Bühnen triumphierte. *Aidas* ägyptische Identität war ein Teil der europäischen Fassade der Stadt, ihre Einfachheit und Strenge waren jenen imaginären Mauern eingeprägt, die die Altstadt von den imperialen Vierteln trennte. *Aida* markiert eine Ästhetik der Trennung, und wir vermögen darin keine ähnliche Kongruenz zwischen ihr und Kairo wahrzunehmen, wie sie Keats am Fries der griechischen Urne und dem entdeckte, was ihm entsprach: die Stadt und Zitadelle, »geleert von diesem Volk, an diesem frommen Morgen«. *Aida* war für viele Ägypter ein »article de luxe«, auf Kredit gekauft für eine winzig kleine Klientel, deren Amüsement angesichts ihrer wirklichen Ziele Nebensache war. Verdi erblickte in *Aida* ein Monument seiner Kunst; Ismail und Mariette verausgabten dafür, wenn auch zu verschiedenen Zwecken, ihre überschüssige Energie und ihren rastlosen Willen. Trotz ihrer Mängel kann *Aida* als eine Art Kuratoriumskunst genossen und interpretiert werden, deren Strenge und steifer Rahmen mit erbarmungslos todesbesessener Logik an einen genauen historischen Zeitpunkt und eine spezifisch datierbare ästhetische Form erinnern, ein imperiales Schauspiel mit der Absicht, ein beinahe ausschließlich europäisches Publikum zu befremden und zu beeindrucken.

Das alles liegt natürlich sehr weit ab von der Position *Aidas* im heutigen Kulturbetrieb. Und es ist sicherlich richtig, daß viele große ästhetische Gegenstände des imperialen Zeitalters ohne die Bürde der Herrschaft erinnert und bewundert werden, die sie von der Reifung bis zur Aufführung trugen. Dennoch bleibt das Imperium, in Wendungen und

Spuren, lesbar, sichtbar und hörbar. Und sofern wir die imperialistischen Strukturen der Einstellung und Referenz, die sich sogar in Werken wie *Aida* zu erkennen geben und die keinerlei Beziehung zum Kampf um Territorien und Kontrolle zu haben scheinen, nicht zur Kenntnis nehmen, reduzieren wir diese Werke auf Karikaturen, hochgestochene Karikaturen vielleicht, aber gewißlich Karikaturen.

Man muß sich überdies erinnern, daß es, wenn man im imperialen und kolonialen Zusammenprall zur überlegenen Partei gehört, durchaus möglich ist, die unangenehmen Aspekte dessen, was »draußen« vor sich geht, zu übersehen, zu vergessen oder außer Betracht zu lassen. Die Kulturmaschinerie – Schauspiele wie *Aida*, wirklich interessante Bücher aus der Feder von Reisenden, Romanautoren und Fachleuten, faszinierende Photos und exotische Gemälde – übt auf europäische Kreise eine ebenso anästhetisierende wie informative Wirkung aus. Die Dinge bleiben bemerkenswert unangetastet, wenn solche distanzierenden und ästhetisierenden kulturellen Praktiken gebraucht werden, denn sie spalten das metropolitanische Bewußtsein und betäuben es dann. Im Jahre 1865 ordnete der britische Gouverneur von Jamaika, E. J. Eyre, ein Vergeltungsmassaker an Schwarzen für die Tötung einiger weniger Weißer an; das machte viele Engländer auf die Ungerechtigkeiten und Schrecknisse des Koloniallebens aufmerksam; in der nachfolgenden Debatte traten berühmte Persönlichkeiten sowohl *für* Eyre, seine Erklärung des Kriegsrechts und sein Massaker an jamaikanischen Schwarzen auf (Ruskin, Carlyle, Arnold) als auch *gegen* ihn (Mill, Huxley, Lord Oberrichter Cockburn). Mit der Zeit geriet der Fall jedoch in Vergessenheit, und es kamen andere »administrative Massaker« im Imperium vor. Mit den Worten eines Historikers aber: »Großbritannien gelang es, die Unterscheidung zwischen heimischer Freiheit und imperialer Autorität [die er als ›Unterdrückung und Terror‹ beschreibt] draußen aufrechtzuerhalten.«[123]

Die meisten modernen Leser von Matthew Arnolds schmerzgefärbter Lyrik und seiner berühmten Theorie zum Lobpreis der Kultur wissen nicht, daß er gleichzeitig das von Eyre angeordnete »administrative Massaker« mit einer harten britischen Politik gegenüber dem kolonialen »Eire« verband und beide nachdrücklich billigte; *Culture and Anarchy* fällt zeitlich mit den Hyde Park Riots von 1867 zusammen, und Arnolds Beitrag zur Kulturtheorie galt als spezifisches Abschreckungsmittel für die um sich greifende – koloniale, irische und heimische – Unordnung (Jamaikaner, Iren und Frauen). Manche Historiker bringen diese Massaker zum »unpassenden« Zeitpunkt zur Sprache, die mei-

sten Angloamerikaner indes erachten sie – wenn sie sie überhaupt wahrnehmen – als irrelevant für die ungleich wichtigere Kulturtheorie, die
Arnold für alle Zeitalter zu formulieren scheint.

(Als kleine Parenthese: Es ist wichtig, sich bewußt zu halten, daß die
»Operation Wüstensturm« gegen Saddam Husseins brutale Okkupation Kuwaits zwar eine legale Basis hatte, daß sie aber nicht zuletzt deshalb begonnen wurde, um das Gespenst des »Vietnam-Syndroms« zu
bannen, um zu beweisen, daß die Vereinigten Staaten einen Krieg gewinnen konnten, und zwar schnell gewinnen konnten. Um an diesem
Motiv festhalten zu können, mußte man vergessen, daß zwei Millionen
Vietnamesen getötet worden waren und daß Südostasien sechzehn
Jahre nach Kriegsende noch immer verwüstet ist. Die Stärkung Amerikas und die Bekräftigung von Präsident Bushs Bild als Führer erhielten
daher den Vorrang vor der Zerstörung einer fernen Gesellschaft. Hoch-
technologie und gewitzigte Public-Relations-Arbeit wurden eingesetzt,
um den Krieg »spannend«, »sauber« und »gerecht« erscheinen zu lassen. Als der Irak Paroxysmen von Auflösung, Gegenrevolution und
Massenelend der Bevölkerung zu erleiden hatte, jubelte das amerikanische Volksinteresse kurz auf.)

Für den Europäer des späten 19. Jahrhunderts steht eine interessante
Skala von Optionen zur Verfügung, die sämtlich auf der Unterwerfung
und Drangsalierung des Eingeborenen beruhen. Die erste Option ist ein
selbstvergessenes Vergnügen am Gebrauch der Macht – der Macht,
ferne Territorien und Völker zu beobachten, zu beherrschen, im Besitz
zu halten und davon zu profitieren. Daher rühren Entdeckungsreisen,
lukrativer Handel, Verwaltung, Annexion, wissenschaftliche Expeditionen und Ausstellungen, lokale Schauspiele und eine neue Klasse von
Kolonialherren und -experten. Die zweite Option ist eine ideologische, nämlich die Legitimation zu beschaffen dafür, den Eingeborenen
herabzusetzen und ihn dann wiederaufzurichten als jemanden, der beherrscht und gelenkt werden muß. Es gibt geradezu bestimmte »Herr-
schaftsstile«, die Thomas Hodgkin in *Nationalism in Colonial Africa*
charakterisiert hat: den französischen Cartesianismus, den britischen
Empirismus, den belgischen Platonismus[124], die den humanistischen
Vorsätzen selbst einbeschrieben sind, so den verschiedenen Kolonial-
Schulen, -Colleges und -Universitäten mitsamt den überall in Afrika
und Asien manipulierten Eingeboreneneliten. Die dritte Option ist die
Idee der Errettung und Erlösung des Westens durch seine »mission civilisatrice«. Gemeinschaftlich gestützt von Missionaren, Lehrern, Bera-
tern, Gelehrten und Experten in moderner Industrie- und Kommuni-

kationstechnik, erlangte die imperiale Idee der Verwestlichung der Rückständigen weltweit einen festen Status, aber sie war, wie Michael Adas und andere gezeigt haben, stets von Herrschaft begleitet.[125] Die vierte Option ist die Gewährleistung einer Konstellation, die es dem Eroberer erlaubt, der Wahrheit der Gewalt, die er ausübt, nicht ins Gesicht sehen zu müssen. Die Idee der Kultur selbst, in dem Sinne, wie Arnold sie verfeinerte, ist dazu bestimmt, die Praxis auf die Ebene der Theorie zu heben, die ideologische Gewalt gegen rebellische Elemente – zu Hause und draußen – vom Mundanen und Historischen zum Abstrakten und Allgemeinen zu läutern. »Das Beste, was je gedacht und getan worden ist«, gilt als unangreifbare Bastion, daheim und draußen. Die fünfte Option ist der Prozeß, durch den, nach der Vertreibung der Einheimischen von ihrer historischen Stätte, ihre Geschichte als Funktion der imperialen um- und neugeschrieben wird. Dieser Prozeß nutzt die Erzählform, um widersprüchliche Erinnerungen zu zerstreuen und Gewalt auszuschließen – das Exotische ersetzt den Stempel der Gewalt durch die Schmeicheleien der Neugier –, wobei die imperiale Präsenz so kompakt ist, daß sie jede Anstrengung vereitelt, sie von ihrer Rolle als historische Notwendigkeit zu trennen. Das alles zusammen schafft ein Amalgam der Erzähl- und Beobachtungskünste in bezug auf die akkumulierten, überwachten und beherrschten Territorien, deren Bewohner dazu ausersehen scheinen, nie entrinnen zu können, stets Geschöpfe des europäischen Willens zu bleiben.

5. Die Wonnen des Imperialismus

Kim ist einmalig in Rudyard Kiplings Leben und Laufbahn, so wie es auch in der englischen Literatur einmalig ist. Das Buch erschien 1901, zwölf Jahre nachdem Kipling Indien verlassen hatte, den Ort seiner Geburt und das Land, mit dem sein Name immer verbunden bleiben wird. Interessanter noch: *Kim* war Kiplings einziger erfolgreich komponierter und reifer längerer Roman. Sein sonstiges Werk besteht entweder aus Kurzgeschichten (oder Sammlungen davon wie *The Jungle Books*) oder brüchigen Arbeiten (wie *Captains Courageous, The Light That Failed* und *Stalky and Co.*, deren Bedeutung häufig von Mängeln der Kohärenz, der Sichtweise oder des Urteils überschattet wird). Nur Conrad, ein anderer Meister-Stilist, läßt sich mit Kipling, seinem nur wenig jüngeren Altersgenossen, in einem Atemzug nennen, wenn sich die Frage erhebt, wer die Erfahrung des Imperiums mit solcher Kraft zum Hauptthema seines Werkes gemacht hat. Und obwohl sie sich nach Ton und Stil beträchtlich unterscheiden, haben beide einem im Grunde insularen und provinziellen Publikum die Farbigkeit, den Glanz und den Zauber der britischen Übersee-Aktivitäten nahegebracht, die bestimmten Schichten der heimischen Gesellschaft durchaus bekannt waren. Von den beiden war es Kipling – weniger ironisch, technisch weniger selbstbewußt und mehrdeutiger als Conrad –, der sich bereits früh ein großes Leserpublikum eroberte. Beide Autoren sind jedoch den meisten Anglisten ein Rätsel geblieben, die sie exzentrisch, häufig beunruhigend finden und sie lieber durch Vorsicht oder gar Meidung auszeichnen als durch Aufnahme in den Kanon und Zähmung im Verein mit Gleichrangigen wie Dickens und Hardy.

Conrads wichtigste Imperialismus-Thematisierungen gelten Afrika in *Herz der Finsternis* (1899), der Südsee in *Lord Jim* (1900) und Südamerika in *Nostromo* (1899). Kiplings bedeutendstes Werk konzentriert sich auf Indien, eine Region, über die Conrad nie geschrieben hat. Und gegen Ende des 19. Jahrhunderts war Indien zur größten, stabilsten und profitabelsten aller britischen, vielleicht sogar aller europäischen Kolonialbesitzungen geworden. Seit der Ankunft der ersten britischen Expedition in Indien (1608) bis zum Abzug des letzten britischen Vizekönigs (1947) übte Indien einen mächtigen Einfluß in Handel und Wirtschaft, Industrie und Politik, Ideologie und Krieg, Kultur und Imagination auf England aus. In der englischen Literatur und im englischen Geistesleben ist die Liste großer Namen, die sich mit Indien befaßten und darüber schrieben, überaus eindrucksvoll: William Jones, Edmund Burke, William Makepeace Thackeray, Jeremy Bentham, James und John Stuart Mill, Lord Macaulay, Harriet Martineau und, natürlich, Rudyard Kipling, dessen Bedeutung für die Definition, die Imagination und die Formulierung dessen, was Indien für das britische Imperium in der Phase seiner Reife war, bevor das ganze Gebäude zu splittern und zusammenzubrechen begann, ganz unleugbar ist.

Kipling schrieb nicht nur über Indien, sondern stammte aus Indien. Sein Vater, Lockwood, ein gebildeter Gelehrter, Lehrer und Künstler (das Vorbild für den freundlichen Kurator des Museums von Lahore im ersten Kapitel von *Kim*), war Lehrer in Britisch-Indien. Dort wurde Rudyard 1865 geboren, und während seiner Kindheitsjahre sprach er Hindustani und lebte ein sehr ähnliches Leben wie Kim, ein Sahib in Eingeborenenkleidern. Im Alter von sechs Jahren wurden er und seine

Schwester nach England zur Schule geschickt. Weil entsetzlich trauma-
tisch, lieferten die Erlebnisse seiner ersten Jahre in England (in der Ob-
hut einer Mrs. Holloway in Southsea) Kipling einen dauerhaften Stoff:
die Interaktion zwischen Jugend und unwirscher Autorität. Danach
besuchte er eine der minder angesehenen Public Schools für Kinder von
Eltern im Kolonialdienst, das United Services College in Westward Ho!
(die größte dieser Schulen war Haileybury, das den oberen Rängen der
Kolonialelite vorbehalten blieb); 1882 kehrte er nach Indien zurück.
Seine Familie lebte noch immer dort, und sieben Jahre lang arbeitete er,
wie er in seiner posthum veröffentlichten Autobiographie *Something of
Myself* berichtet, als Journalist im Pandschab, zunächst bei *The Civil
and Military Gazette*, dann bei *The Pioneer*.

Aus dieser Erfahrung erwuchsen seine ersten Geschichten, die in Lo-
kalzeitungen veröffentlicht wurden; gleichzeitig begann er Gedichte zu
schreiben (was T. S. Eliot »Verse« genannt hat), die in *Departmental
Ditties* (1886) gesammelt wurden. Kipling verließ Indien 1889, um nie
mehr für längere Zeit zurückzukehren, obwohl er für den Rest seines
Lebens von den Erinnerungen an seine frühen indischen Jahre zehrte.
Später verbrachte er einige Zeit in den Vereinigten Staaten (er heiratete
eine Amerikanerin) und Südafrika, ließ sich aber nach 1900 in England
nieder: *Kim* wurde in Bateman geschrieben, dem Haus, in dem er bis zu
seinem Tode im Jahre 1936 wohnen blieb. Er gewann rasch Ruhm und
ein breites Lesepublikum; 1907 wurde ihm der Nobelpreis zugesprochen. Seine Freunde waren reich und mächtig; zu ihnen zählten sein Vetter Stanley Baldwin, König Georg V. und Thomas Hardy; prominente
Schriftsteller wie Henry James und Conrad sprachen mit großem Respekt von ihm. Nach dem Ersten Weltkrieg (in dem sein Sohn John den
Tod fand) trübte sich sein politischer Weitblick merklich. Obwohl er ein
imperialistischer Tory blieb, ließen seine düster-visionären Erzählungen über England und die Zukunft, seine exzentrischen quasi-theolo-
gischen und Tier-Geschichten einen Wandel seines Prestiges voraus-
sehen. Nach seinem Tode wurde ihm die Ehrung zuteil, die England
seinen größten Schriftstellern vorbehält: er wurde in Westminster
Abbey bestattet. In der englischen Literatur ist er eine Institution geblieben, allerdings eine, die stets abseits des Hauptstroms angesiedelt war,
anerkannt, aber vernachlässigt, geschätzt, aber nie wirklich in den Kanon aufgenommen.

Kiplings Bewunderer und Anhänger haben von seinen Indien-Dar-
stellungen häufig so gesprochen, als sei das Indien, über das er schrieb,
ein zeitloser, unwandelbarer und »essentieller« Schauplatz, eine bei-

nahe ebenso poetische Region, wie es das in seiner geographischen Konkretheit tatsächlich ist. Das ist meines Erachtens eine radikale Mißdeutung seines Werkes. Wenn Kiplings Indien essentielle und unwandelbare Eigenschaften hat, dann deshalb, weil er Indien willentlich so sah. Wir nehmen ja auch nicht an, daß Kiplings späte Geschichten über England und die Burenkriege um ein essentielles England oder ein essentielles Südafrika kreisen; eher mutmaßen wir zu Recht, daß Kipling auf seine Eindrücke von diesen Regionen zu besonderen Zeitpunkten ihrer Geschichte reagierte und sie in Wirklichkeit imaginativ um- und neuformulierte. Dasselbe gilt für Kiplings Indien, das als Territorium gedeutet werden muß, das dreihundert Jahre lang von Großbritannien beherrscht und erst dann von den Unruhen erfaßt wurde, die in Entkolonisierung und Unabhängigkeit mündeten.

Zwei Faktoren muß man sich vor Augen halten, wenn man *Kim* interpretiert. Der eine ist, daß sein Autor, ob uns das nun lieb ist oder nicht, nicht vom erhöhten Standpunkt des weißen Mannes in einer Kolonialbesitzung aus schreibt, sondern aus der Perspektive eines kompakten Kolonialsystems, dessen Ökonomie, Funktionsweise und Geschichte den Status einer virtuellen Naturtatsache erlangt hatten. Kipling setzt ein im Kern unangefochtenes Imperium voraus. Auf der einen Seite der kolonialen Scheidelinie lag ein weißes, christliches Europa, dessen Länder, in der Hauptsache Großbritannien und Frankreich, aber auch Holland, Belgien, Deutschland, Italien, Rußland, Portugal und Spanien, den größeren Teil der Erdoberfläche kontrollierten. Auf der anderen Seite dieser Trennlinie fand sich eine ungeheure Vielzahl von Territorien und Rassen, die allesamt als untergeordnet, minder, abhängig und unterworfen galten. Auch »weiße« Kolonien wie Irland und Australien wurden als von minderen Menschenwesen bewohnt betrachtet; eine berühmte Zeichnung von Daumier beispielsweise stellt eine explizite Verbindung zwischen irischen Weißen und jamaikanischen Schwarzen her. Jedes dieser minderen Subjekte wurde klassifiziert und in ein Völkerschema eingeordnet, das wissenschaftlich von Gelehrten und Naturwissenschaftlern wie Georges Cuvier, Charles Darwin und Robert Knox verbürgt wurde. Die Scheidung von Weiß und Nicht-Weiß war in Indien und anderswo absolut und wurde sowohl in *Kim* als auch im übrigen Werk von Kipling als unabdingbar hingenommen. Ein Sahib ist ein Sahib, und keine noch so innige Freundschaft oder Kameraderie kann die Male der Rassenunterschiede tilgen. Kipling würde diese Unterschiede und das Herrschaftsrecht des weißen Europäers genausowenig geleugnet haben, wie er mit dem Himalaya gestritten hätte.

Der zweite Faktor ist, daß Kipling sowohl ein geschichtliches Individuum als auch ein bedeutender Künstler war. *Kim* wurde zu einem besonderen Zeitpunkt seiner Laufbahn geschrieben, nämlich als das Verhältnis zwischen den Briten und dem indischen Volk in Veränderung begriffen war. *Kim* ist für das quasioffizielle Zeitalter des Imperialismus zentral und stellt es in gewisser Hinsicht dar. Und wenngleich Kipling gegen diese Realität Einspruch erhob, so hatte Indien doch bereits den Weg zur Dynamik totalen Widerstandes gegen die britische Herrschaft eingeschlagen (der indische Nationalkongreß wurde 1885 etabliert), während sich, Ergebnis der Rebellion von 1857, in der herrschenden Kaste von – militärischen wie zivilen – britischen Kolonialfunktionären ein bedeutsamer Einstellungswandel vollzog. Briten und Inder entwickelten sich beide und gemeinsam. Sie hatten eine gemeinsame interdependente Geschichte, in der Opposition, Feindseligkeit und Sympathie sie entweder auseinanderstreben ließen oder zusammenführten. Ein bemerkenswerter, dichter Roman wie *Kim* ist ein erhellender Teil dieser Geschichte, durchsetzt mit Krümmungen, willentlichen Ein- und Ausschlüssen wie jedes große Kunstwerk und um so beredter deshalb, weil Kipling keine neutrale Figur in der anglo-indischen Situation war, sondern ein prominenter Akteur.

Obwohl Indien 1947 seine Unabhängigkeit erlangte (und geteilt wurde), ist die Frage, wie die indische und die britische Geschichte in der Phase nach der Dekolonisation zu deuten sind, wie alle diese intensiven und höchst konfliktuösen Zusammenstöße noch immer Gegenstand heftiger, wenn auch nicht immer erbaulicher Kontroversen. Da ist beispielsweise die Auffassung, daß der Imperialismus das Leben in Indien permanent entstellt hat, so daß die indische Wirtschaft, von britischen Bedürfnissen und Praktiken ausgelaugt, noch nach Jahrzehnten der Unabhängigkeit weiter darunter leidet. Umgekehrt gibt es britische Intellektuelle, Politiker und Historiker, die glauben, daß die Preisgabe des Imperiums – dessen Symbole Suez, Aden und Indien waren – schlecht für Großbritannien und schlecht für die »Eingeborenen« war, da seither beide auf jede erdenkliche Weise »verfallen« sind.[126]

Wenn wir den Roman heute lesen, dann erweist sich, daß *Kim* viele dieser Probleme zumindest berührt. Stellt Kipling die Inder als minderwertig dar oder als irgendwie gleich, aber verschieden? Offenkundig wird ein indischer Leser eine Antwort geben, die bestimmte Faktoren mehr in Rechnung stellt als andere (beispielsweise Kiplings stereotype – manche würden sagen: rassistische – Ansichten vom orientalischen Charakter), während englische und amerikanische Leser seine leiden-

schaftliche Zuneigung zum indischen Leben auf der Großen Überland-
straße hervorheben werden. Wie also lesen wir *Kim*, einen Roman des
späten 19. Jahrhunderts, der die Werke von Scott, Austen, Dickens und
Eliot zu Vorläufern hat? Wir dürfen nicht vergessen, daß das Buch ein
Glied in einer Entwicklungskette von Romanen ist, daß darin mehr als
eine erinnerungswürdige Geschichte enthalten ist und daß die Erfahrung des Imperialismus, obwohl häufig ausschließlich politisch gefaßt,
auch in kulturelle und ästhetische Kontexte des metropolitanischen Westens Eingang fand.

Hier soll zunächst eine kurze Zusammenfassung des Handlungsver-
laufes des Romans versucht werden. Kimball O'Hara ist der verwaiste
Sohn eines Feldwebels der Indien-Armee; seine Mutter ist ebenfalls eine
Weiße. Aufgewachsen ist er als Kind der Bazare von Lahore, dabei stets
ein Amulett und einige Papiere bei sich tragend, die seine Herkunft bestätigen. Er trifft mit einem heiligen tibetischen Mönch auf der Suche
nach dem Fluß zusammen, der ihn, wie er hofft, von seinen Sünden rein-
waschen wird. Kim wird sein »chela« oder Schüler. Die beiden streifen
als abenteuernde Bettelmönche durch Indien, wobei sie sich mancher
Hilfen des englischen Kurators des Museums von Lahore bedienen. In
der Zwischenzeit läßt sich Kim in einen Plan des britischen Geheimdienstes zur Niederschlagung einer von Rußland gelenkten Verschwörung hineinziehen, deren Ziel es ist, Unruhe und Aufstand in einer der
nördlichen Provinzen des Pandschab zu schüren. Kim fungiert als Botschafter zwischen Mahbub Ali, einem afghanischen Pferdehändler, der
für die Briten arbeitet, und Colonel Creighton, dem Kopf des Geheimdienstes, einem wissenschaftlichen Ethnographen. Später trifft Kim mit
den anderen Mitgliedern von Creightons Mannschaft im »Großen
Spiel« zusammen, Lurgan Sahib und Hurree Babu, der ebenfalls Ethno-
graph ist. Zu der Zeit, da Kim Creighton begegnet, wird entdeckt, daß
der Junge Weißer (wenn auch Ire) und kein Eingeborener ist, wie es den
Anschein hat, und er wird nach St. Xavier's zur Schule geschickt, wo
seine Erziehung als weißer Junge vervollständigt werden soll. Dem
Mönch gelingt es, das Geld für Kims Ausbildung zu beschaffen, und
während der Ferien nehmen der alte Mann und sein Schüler ihre Wanderungen wieder auf. Kim und der alte Mönch begegnen den russischen
Spionen, denen der Junge die inkriminierenden Papiere entwendet, aber
erst als die »Fremden« den heiligen Mann schlagen. Obwohl das Hand-
lungsschema damit durchgespielt und beendet ist, sind Schüler wie Lehrer mutlos und krank. Sie werden durch Kims Wiederbelebungsmittel
und erneuerten Kontakt zur Erde geheilt; der alte Mann begreift, daß

er durch Kim seinen Fluß gefunden hat. Gegen Ende des Romans kehrt Kim ins »Große Spiel« zurück und tritt ganz in den britischen Kolonialdienst ein.

Manche Züge von *Kim* werden jeden Leser beeindrucken, ungeachtet aller Politik und Geschichte. Es ist ein überwältigend viriler Roman mit zwei anziehenden Männern im Mittelpunkt – ein Junge, der ins frühe Mannesalter hineinwächst, und ein alter, asketischer Priester. Darum herumgruppiert sind andere Männer, manche davon Gefährten, andere Kollegen und Freunde; sie bilden die bezeichnende, die Hauptrealität des Romans. Mahbub Ali, Lurgan Sahib, der große Babu ebenso wie der alte indische Soldat und sein forscher Reiter-Sohn, dazu Colonel Creighton, Mr. Bennett und Father Victor, um nur ein paar Gestalten in diesem figurenwimmelnden Buch zu nennen: Alle sprechen sie die Sprache, die Männer unter sich sprechen. Die Frauen im Roman sind vergleichsweise wenige an Zahl und allesamt verdächtig oder der männlichen Aufmerksamkeit unwürdig – Prostituierte, ältere Witwen oder aufdringliche und lüsterne Weiber wie die Witwe von Shamlegh. »Ewig von Frauen belästigt zu werden«, sagt Kim, behindert einen beim »Großen Spiel«, das am besten von Männern allein gespielt wird. Wir befinden uns in einer maskulinen, von Reisen, Handel, Abenteuer und Ränkespiel dominierten Welt, und es ist eine Junggesellenwelt, in der die übliche Liebesaffäre und die dauerhafte Institution der Ehe gemieden, ja geradezu verschwiegen und ignoriert werden. Die Frauen kaufen einem eine Fahrkarte, sie kochen, sie pflegen die Kranken, und sie belästigen die Männer.

Kim selbst bleibt, obwohl er im Roman die Phase zwischen dreizehn und sechzehn oder siebzehn Jahren durchläuft, ein Junge mit der Vorliebe eines Jungen für Tricks, Streiche, kluge Wortspiele und Einfallsreichtum. Kipling scheint eine lebenslange Sympathie für sich selbst als Jungen bewahrt zu haben, der von herrschsüchtigen Schulmeistern und Priestern bedrängt wird (Mr. Bennett in *Kim* ist ein extrem unattraktives Muster), mit deren Autorität stets gerechnet werden muß – bis eine andere Autoritätsperson wie Colonel Creighton auftritt und den Jungen mit verständnisvollem, wenn auch nicht weniger autoritärem Mitgefühl traktiert. Der Unterschied zwischen St. Xavier's School, die Kim eine Zeitlang besucht, und dem Dienst im britischen Geheimdienst in Indien liegt nicht in der größeren Freiheit des »Großen Spiels«; ganz im Gegenteil, die Ansprüche des »Großen Spiels« sind außerordentlich rigide. Der Unterschied liegt darin, daß der Schulbesuch eine sinnlose Autorität auferlegt, während die Tätigkeit für den Geheimdienst von Kim strenge Disziplin verlangt, in die er sich bereitwillig fügt. Von Creightons Standpunkt aus gehört das »Große Spiel« zur politischen Ökonomie der Kontrolle, bei der die größte Sünde, wie er Kim einmal andeutet, Ignoranz ist, Nichtwissen. Für Kim freilich ist das »Große Spiel« nicht in seiner ganzen Komplexität durchschaubar, obwohl es als eine Art erweiterter Jungenstreich vollauf genossen werden kann. Die Szenen, in denen Kim mit den Älteren freundlich oder feindlich scherzt, feilscht oder schlagfertig Wechselreden austauscht, sind Hinweise auf Kiplings anscheinend unerschöpflichen Fundus jungenhafter Freude am flüchtigen Vergnügen, ein Spiel zu spielen, irgendein Spiel.

Wir sollten uns jedoch von diesen jungenhaften Vergnügungen nicht in die Irre führen lassen. Sie widersprechen nicht den übergreifenden politischen Absichten der britischen Kontrolle Indiens und der anderen überseeischen Dominien Großbritanniens, im Gegenteil: Vergnügen, dessen Rolle in vielen Formen kolonial-imperialen Schrifttums ebenso wie in der darstellenden Kunst und Musik häufig unerörtert bleibt, ist eine unleugbare Komponente von *Kim.* Ein anderes, grundverschiedenes Beispiel für diese Mischung aus Spaß und politischer Ernsthaftigkeit findet sich in Lord Baden-Powells Konzeption der Boy Scouts, die 1907–08 gegründet und »in Marsch« gesetzt wurden. Fast zeitgleich mit Kipling geboren, war BP, wie er genannt wurde, in hohem Grade beeinflußt von Kiplings Jungengestalten im allgemeinen und von Mogli im besonderen; BP's Ideen über »boyologie« [Jungenhaftigkeit] speisten diese Bilder in ein großartiges System imperialer Autorität ein, das in der Pfadfinder-Phantasie von der »Befestigung des Walles der Imperiums« kulminierte, die diese erfinderische Konjunktion von Spaß und Dienst helläugiger, übereifriger und wendiger Mittelklasse-Diener des Imperiums bekräftigte.[127] Kim ist sowohl Ire als auch Sproß einer minderen sozialen Kaste; in Kiplings Augen steigert das seine Eignung zum Dienst. BP und Kipling stimmen in zwei wichtigen Punkten überein: daß Jungen sich das Leben und das Imperium als von unangreifbaren Gesetzen beherrscht vorstellen und daß der Dienst angenehmer ist, wenn er weniger als – lineare, kontinuierliche, zeitliche – Geschichte gedacht wird und mehr als – vieldimensionales, diskontinuierliches und räumliches – Spielfeld. Ein Buch des Historikers J. E. Mangan faßt diesen Sachverhalt deutlich in seinem Titel zusammen: *The Games Ethic and Imperialism.*[128]

So weit ist Kiplings Perspektive und so ungewohnt aufgeschlossen für die Skala menschlicher Möglichkeiten, daß er diese Dienstethik in *Kim* ausgleicht, indem er einer anderen seiner emotionalen Vorlieben freien

Lauf läßt, wie sie der fremdartige tibetische Lama und sein Verhältnis
zur Hauptfigur zum Ausdruck bringen. Obwohl Kim zu geistiger Arbeit herangezogen werden soll, war der begabte Junge bereits zu Beginn
des Romans davon entzückt, der »chela« des Lama zu werden. Diese
nahezu idyllische Beziehung zwischen zwei männlichen Gefährten hat
eine bezeichnende Genealogie. Wie eine Reihe anderer amerikanischer
Romane (*Huckleberry Fin*, *Moby Dick* und *The Deerslayer* fallen
einem sogleich ein) feiert *Kim* die Freundschaft zweier Männer in einer
schwierigen, manchmal geradezu feindseligen Umgebung. Das amerikanische Neuland und das koloniale Indien sind durchaus verschieden,
aber beide messen höhere Priorität der »männlichen Bindung« zu als
einer heimischen oder amourösen Beziehung zwischen den Geschlech-
tern. Manche Kritiker haben über ein verborgenes homosexuelles Motiv in dieser Beziehung spekuliert; doch ebenso gewichtig ist das kulturelle Motiv, das oft mit pikaresken Geschichten assoziiert worden ist, in
denen ein männlicher Abenteurer (mit Weib oder Mutter, sofern vorhanden, in heimischer Sicherheit) und seine männlichen Gefährten in
die Verfolgung eines besonderen Traumes verstrickt sind – wie Jason,
Odysseus oder, noch unwiderstehlicher, Don Quixote und Sancho
Pansa. Auf diese Weise scheint sich die lange Tradition der Abenteuerge-
schichten von Odysseus und seinen Gefährten bis zum Lone Ranger
und zu Tonto, Holmes und Watson oder Batman und Robin fortzu-
setzen.

Kims heiliger Guru repräsentiert überdies das offen religiöse Hand-
lungsmotiv der Pilgerschaft und der Suche, das allen Kulturen gemeinsam ist. Kipling war, wie wir wissen, ein Bewunderer von Chaucers
Canterbury Tales und Bunyans *Pilgrim's Progress*. *Kim* steht Chaucer
sehr viel näher als Bunyan. Kipling teilt mit dem mittelalterlichen englischen Dichter den Blick für die beredte Einzelheit, den seltsamen
Charakter, den bezeichnenden Lebensausschnitt sowie das amüsierte
Gespür für menschliche Schwächen und Freuden. Im Gegensatz zu
Chaucer und Bunyan ist Kipling jedoch an Religion um ihrer selbst willen weniger interessiert (obwohl die Frömmigkeit des Lama-Abtes nie in
Zweifel steht) als am Lokalkolorit, an der gewissenhaften Beobachtung
des exotischen Details und der weitgespannten Realitäten des »Großen
Spiels«. Seine hohe Leistung gründet darin, daß er, ohne den alten
Mann bloßzustellen oder die altmodische Ernsthaftigkeit seiner Suche
herabzusetzen, ihn fest in den schützenden Orbit der britischen Herrschaft in Indien stellt. Das wird im ersten Kapitel symbolisiert, wo der
bejahrte britische Museumskurator dem Abt seine eigene Brille gibt

und damit das spirituelle Prestige des alten Mannes stärkt, während gleichzeitig die Gerechtigkeit und die Legitimität des britischen Herrschaftspostulats unterstrichen werden. Diese Anspielung ist meines Erachtens von vielen Lesern Kiplings mißverstanden, ja sogar geleugnet worden.

Wir müssen uns bewußt machen, daß der Lama in bezug auf Rückhalt und Führung von Kim abhängt und daß Kims Leistung darin liegt, weder die Werte des Lamas verraten noch in seiner Arbeit als Nachwuchs-»Spion« nachgelassen zu haben. Kipling zögert nicht, deutlich zu machen, daß der Lama, obwohl ein weiser und guter Mensch, Kims Jugend, seiner Führung und seiner geistigen Fähigkeiten bedarf; der Lama erkennt sogar ausdrücklich sein absolutes, religiöses Bedürfnis nach Kim an, wenn er in Benares, gegen Ende des neunten Kapitels, die »Jataka« erzählt, die Parabel von dem jungen Elephanten (»Der Herr selbst«), der den mit einem Fußeisen gefesselten alten Elephanten (Ananda) befreit. Ganz unzweideutig betrachtet der Lama-Abt Kim als seinen Retter. Später, nach der verhängnisvollen Konfrontation mit den russischen Agenten, die den Aufstand gegen die Briten betreiben, hilft Kim dem Lama (und erhält seinerseits Hilfe), der in einer der bewegendsten Szenen des Gesamtwerkes von Kipling sagt: »Kind, ich habe von deiner Stärke gelebt, wie ein alter Baum vom Kalk einer alten Mauer lebt.« Nie jedoch vernachlässigt Kim, auch er von Liebe zu seinem Guru bewegt, seine Pflicht im »Großen Spiel«, obwohl er dem alten Mann gesteht, daß er ihn »für einige andere Dinge braucht«.

Diese »anderen Dinge« sind zweifellos Glaube und unbeugsame Zielbewußtheit. In einem der wichtigsten Stränge der Erzählung ist immer wieder von der Suche die Rede, von der Suche des Lamas nach Erlösung vom »Rad des Lebens«, dessen piktulare Darstellung er in seiner Tasche bei sich trägt, und von Kims Suche nach einer sicheren Stellung im Kolonialdienst. Kipling läßt sich auf keine der beiden Vorhaben festlegen. Er folgt dem Lama, wo er geht und steht, in seinem Wunsch nach Befreiung von den »Täuschungen des Körpers«, und es ist zweifellos ein Ergebnis unserer Verstrickung in die orientalische Dimension des Romans, die Kipling ohne allzu viel falsche Exotik wiedergibt, daß wir an den Respekt des Autors vor seinem Pilger glauben können. Der Lama nötigt in der Tat Aufmerksamkeit und Hochachtung ab. Er gibt sein Wort, um das Geld für Kims Erziehung aufzubringen; er trifft Kim an den verabredeten Orten und Zeiten; man schenkt ihm ehrerbietig und ergeben Gehör. In einer besonders treffenden Szene in Kapitel vierzehn läßt Kipling ihn eine »phantastisch geschürzte Erzählung von Hexerei

und Wundern« über erstaunliche Ereignisse in seinen heimatlichen
tibetischen Bergen erzählen, die der Autor sich jedoch wiederzugeben
untersagt, so als wollte er andeuten, daß der alte Heilige ein eigenstän-
diges Leben hat, das in förmlicher englischer Prosa nicht gespiegelt werden kann.

Die Suche des Lamas und Kims Krankheit gegen Ende des Romans
werden gemeinsam gelöst. Leser der anderen Romane Kiplings werden
mit dem vertraut sein, was der Kritiker J. M. Tompkins zu Recht das
»Thema der Heilung« genannt hat.[129] Auch hier schreitet die Erzählung
unerbittlich zu einer großen Krise fort. In einer unvergeßlichen Szene
attackiert Kim die ausländischen Angreifer des Lama, die talismanähn-
liche Karte des alten Mannes wird zerrissen, und die beiden einsamen
Pilgern wandern, der Ruhe und des Wohlgefühls beraubt, durch die
Berge. Kim wartet darauf, von seiner Last befreit zu werden, dem Paket
mit Papieren, die er den ausländischen Spionen entwendet hat; der
Lama ist sich auf unerträglich quälende Weise bewußt, wieviel länger er
jetzt noch zu warten hat, bevor er seine spirituellen Ziele erreichen
kann. In dieser herzzerreißenden Konstellation führt Kipling eine der
beiden großen gefallenen Frauen des Romans ein (die andere ist die alte
Witwe von Kulu), die Frau von Shamlegh, die vor langer Zeit von ihrem
»christlichen« Sahib verlassen worden, aber dennoch stark, vital und
leidenschaftlich geblieben ist. (Hier gibt es einen Anklang an eine von
Kiplings ergreifenden früheren Kurzgeschichten, »Lispeth«, die ebenfalls die Situation der von einem weißen Mann in der Ferne geliebten,
aber nie geheirateten eingeborenen Frau schildert.) Der Verdacht einer
sexuellen Beziehung zwischen Kim und der lüsternen Frau von Shamlegh wird mit einem bloßen Hinweis angedeutet, aber sofort wieder zerstreut, als Kim und der Lama sich erneut auf den Weg machen.

Was ist das für ein Heilungsprozeß, den Kim und der alte Lama
durchlaufen müssen, bevor sie Ruhe finden können? Diese äußerst
komplexe Frage kann nur ganz langsam und mit Bedacht beantwortet
werden, denn Kipling beharrt eben *nicht* auf einer engbegrenzten chauvinistischen, imperialen Lösung. Kipling stattet Kim und den Mönch
nicht straflos mit den trügerischen Befriedigungen aus, die die Erfüllung einer einfachen Aufgabe belohnen. Diese Vorsichtsmaßnahme ist
natürlich guter Brauch im Roman. Aber da sind andere – emotionale,
kulturelle, ästhetische – Imperative. Kim muß einen Platz im Leben gewinnen, der seiner hart erkämpften Identität entspricht. Er hat Lurgan
Sahibs illusionistischen Versuchungen widerstanden und das Faktum
bekräftigt, *daß er Kim ist*; er hat den Status eines Sahibs behalten, ob-

wohl und während er gleichzeitig ein anmutiges Kind der Bazare und Dachgärten geblieben ist; er hat das »Große Spiel« gut gespielt und mit einiger Gefahr für sein Leben und gelegentlich sogar brillant für England gekämpft; er hat die Frau von Shamlegh abgewehrt. Welchen Platz sollte man ihm zuordnen? Und welchen dem liebenswerten alten Lama?

Kenner der anthropologischen Theorien von Victor Turner werden in Kims Verstellungen, Verkleidungen und seiner allgemeinen (gewöhnlich heilsamen) Gewandtheit wesentliche Merkmale dessen wiedererkennen, was Turner »liminal« nennt, grenz- oder schwellenwertbezogen. Manche Gesellschaften, sagt Turner, erfordern einen »vermittelnden Charakter«, der sie zu einer Gemeinschaft verbinden, sie in etwas verwandeln kann, das mehr ist als ein Bündel legaler oder administrativer Strukturen:

> »Liminale [oder Schwellen-] Wesen wie Neophyten in Initiations- oder Pubertätsriten können in dem Sinne dargestellt werden, daß sie nichts besitzen. Sie können als Monster verkleidet werden, nur einen Fetzen Kleidung tragen oder ganz nackt gehen, um zu demonstrieren, daß sie keinerlei Status, Eigentum, Insignien haben. [...] Es sieht so aus, als ob sie auf einen uniformen Zustand reduziert oder abgerichtet werden, um dann neu gestaltet und mit zusätzlichen Kräften ausgestattet zu werden, die sie befähigen, mit ihrem neuen Lebensstadium fertig zu werden.«[130]

Daß Kim selbst sowohl ein jungenhafter irischer Außenseiter als später auch ein unverzichtbarer Spieler im »Großen Spiel« des britischen Geheimdienstes ist, läßt Kiplings unheimliches Verständnis der Arbeitsweisen und Kontrollmechanismen von Gesellschaften erahnen. Laut Turner können Gesellschaften weder straff von »Strukturen« gelenkt noch von marginalen, prophetischen oder entfremdeten Figuren – Hippies oder Chiliasten – gänzlich zerrüttet werden; es muß Wechsel stattfinden, so daß der Schwung der einen durch die Inspiration der anderen gesteigert oder gemäßigt wird. Die liminale *Gestalt* trägt zur Aufrechterhaltung der Gesellschaften bei, und eben dieses Verfahren inszeniert Kipling auf dem Gipfelpunkt der Handlung und bei der Transformation von Kims Charakter.

Zur Bewältigung dieser Probleme verfällt Kipling auf Kims Krankheit und die Verzweiflung des Lama. Überdies hilft da der kleine Kunstgriff, daß der unverwüstliche Babu – der Anhänger Herbert Spencers, Kims eingeborener und weltlicher Mentor im »Großen Spiel« – auftaucht, um den Erfolg von Kims Großtaten zu verbürgen. Das Paket mit inkriminierenden Papieren, das die russisch-französischen Machenschaften und die schurkischen Tricks eines indischen Fürsten beweist, wird Kim wohlbehalten abgenommen. Und er beginnt, mit den Worten von Othello, den Verlust seiner Wurzeln zu spüren:

>»Dabei war ihm – obschon er es nicht in Worte fassen konnte –, als wäre seine Seele außer Verbindung mit seiner Umgebung – ein Zahnrad außer Verbindung mit jeglicher Maschinerie, ja, genau wie das müßige Zahnrad einer der billigen Zuckermühlen, irgendwo in einem Winkel. Die Lüfte fächelten über ihn, die Papageien schrien nach ihm, der Lärm des bevölkerten Hauses hinter ihm – Geschwätz, Befehle, Schelten – schlug an taube Ohren.«[131]

Für diese Welt ist Kim wirklich gestorben wie der epische Held oder die liminale Persönlichkeit, hinabgestiegen in eine Art Unterwelt, aus der er, wenn er denn wiederaufsteigen sollte, stärker und gebieterischer als zuvor hervorgehen wird.

Der Bruch zwischen Kim und »dieser« Welt muß jetzt geheilt werden. Der im folgenden zitierte Abschnitt kreist um die allmählich aufdämmernde Antwort auf Kims Frage: »Ich bin Kim. Und was ist Kim?« Und folgendes passiert:

>»Er wollte nicht weinen – hatte sich nie in seinem Leben weniger zum Weinen aufgelegt gefühlt – aber plötzlich tropften dumme Tränen an seiner Nase herunter – und mit einem fast hörbaren Knack fühlte er das Räderwerk seines Wesens sich aufs neue gegen die Welt draußen erschließen. Gegenstände, die einen Augenblick zuvor ohne Sinn vor dem Auge gestanden hatten, glitten in ihre richtigen Beziehungen. Straßen waren zum Gehen da, Häuser zum Wohnen, Rinder zum Weiden, Männer und Frauen, um mit ihnen zu reden. Alles war wahr und wirklich – fest auf die Füße gestellt – vollkommen verständlich – Stoff von seinem Stoff – nicht mehr, nicht weniger ...«[132]

Langsam beginnt Kim sich mit sich selbst und mit der Welt im Einklang zu fühlen. Kipling fährt fort:

>»Eine halbe Meile entfernt stand vor einem jungen Feigenbaum auf einem kleinen Hügel, einem Lugaus über frisch gepflügte Flächen, ein leerer Ochsenwagen. Kims Augenlider, in der weichen Luft gebadet, wurden schwer, als er ihm nahekam. Der Grund war reiner, guter Boden – nicht neues Grün, das, lebend, schon auf halbem Wege zum Tode ist – nein, hoffnungsschwerer Boden, der den Samen alles Lebens birgt. Er fühlte ihn zwischen den Zehen, liebkoste ihn mit den Händen, und Glied für Glied, wollüstig seufzend, streckte er sich in voller Länge aus im Schatten des aus Holz genagelten Karrens. Und Mutter Erde war so treu wie die Sahiba [die Witwe von Kulu, die Kim betreut]. Sie durchhauchte ihn und gab wieder, was er verloren durch langes Liegen im Bett, abgeschlossen von ihren guten Strömungen. Sein Kopf lag willenlos an ihrer Brust, und seine offenen Hände hingegeben an ihre Kraft. Der vielwurzelige Baum über ihm und selbst das tote, von Menschenhand gefügte Holz daneben wußte, was er suchte, besser als er selbst. Stunde auf Stunde lag er in Tiefen, tiefer als Schlaf.«[133]

Während Kim schläft, erwägen der Lama und Mahbub das künftige Schicksal des Jungen; beide Männer wissen, daß er geheilt werden wird; was bleibt, ist die Ordnung seines Lebens. Mahbub möchte, daß er wieder in den Geheimdienst eintritt; mit der ihm eigenen verblüffenden Unschuld schlägt der Lama Mahbub vor, er möge doch sie beide, »chela« und Guru, als Pilger auf dem Wege der Rechtschaffenheit begleiten. Der Roman schließt mit der Offenbarung des Lama an Kim, daß jetzt alles gut ist, nachdem er gesehen hat

> »All-Hind, von Ceylon in der See bis zu den Bergen, und meinen eigenen bunten Felsen zu Such-zen. Ich sah jedes Dorf, jedes Feld bis ins kleinste, wo wir jemals gerastet. Ich sah sie zu gleicher Zeit und am gleichen Ort, denn sie waren im Innern der Seele. Daran erkannte ich, daß die Seele sich erhoben hatte über den Wahn von Zeit und Raum und Dingen. Daran erkannte ich, daß ich frei war.«[134]

Manches davon ist gewiß Hokuspokus, aber es sollte nicht alles verworfen werden. Die enzyklopädische Freiheitsvision des Lama erinnert verblüffend an Colonel Creightons Vermessung Indiens, wobei jedes Lager und Dorf pflichtschuldig vermerkt wird. Der Unterschied ist, daß die positivistische Inventarisierung von Orten und Völkern in der Reichweite des britischen Dominiums in der großzügigen, umfassenden Vorstellung des Lama zur erlösenden und – um Kims willen – therapeutischen Vision wird. Alles hält jetzt zusammen. Im Zentrum steht Kim, der Junge, dessen schweifender Geist die Dinge »mit einem fast hörbaren Knack« wieder erfaßt hat. Die mechanische Metapher der Seele, die sozusagen erneut auf die Gleise gelegt wird, verletzt zwar die erhabene und erbauliche Situation, aber für einen englischen Schriftsteller, der einen weißen jungen Mann ins Auge faßt, der in einem weiten Land wie Indien auf den Boden der Wirklichkeit zurückfindet, ist die Figur angemessen. Schließlich waren die indischen Eisenbahnen von britischer Bauart und begründeten einen Zugriff auf die ganze Region wie niemals zuvor.

Andere Schriftsteller vor Kipling haben diese Szene der Neuerfassung des Lebens ebenfalls beschrieben, vor allem George Eliot in *Middlemarch* und Henry James in *The Portrait of a Lady*, wobei der erste den letzteren beeinflußt hat. In beiden Fällen ist die Heldin (Dorothea Brooke und Isabel Archer) überrascht, um nicht zu sagen schockiert von der plötzlichen Enthüllung des Treuebruchs des Geliebten: Dorothea beobachtet, wie Will Ladislaw ganz ungezwungen mit Rosamond Vincy flirtet, und Isabel entschlüsselt intuitiv die Tändelei zwischen ihrem Gatten und Madame Merle. Auf beide Epiphanien folgen lange

Nächte des Schmerzes, nicht unähnlich der Erkrankung Kims. Dann erwachen die beiden Frauen zu einem neuen Bewußtsein ihrer selbst und der Welt. Die Szenen in beiden Romanen sind bemerkenswert ähnlich, und Dorothea Brookes Erfahrung mag hier dazu dienen, beide zu beschreiben. Sie blickt auf die vorige Welt als die »enge Zelle ihres Elends« zurück und sieht die

> »Felder drüben, jenseits der Eingangsportale. Auf der Straße gingen ein Mann mit einem Ballen auf dem Rücken und eine Frau, die ein Baby trug, [...] sie spürte die Weite der Welt und das vielgestaltige Erwachen der Menschen zu Arbeit und Ausdauer. Sie war ein Teil des unwillkürlichen, pulsierenden Lebens und konnte weder aus ihrer luxuriösen Zuflucht als bloße Zuschauerin darauf schauen noch ihre Augen in eigennütziger Klage abwenden.«[135]

Eliot und James inszenieren solche Szenen nicht als bloße moralische Mahnrufe, sondern auch als Augenblicke, in denen die Heldin über ihren Peiniger hinauswächst, ja ihm sogar vergibt. Eliots Strategie zielt z. T. darauf ab, Dorotheas frühere Pläne, ihren Freunden zu helfen, zu rechtfertigen; die Erwachensszene bestätigt so den Impuls, wieder in der Welt zu sein, sich wieder auf sie einzulassen. Ganz dieselbe Strebung kommt in *Kim* vor, abgesehen davon, daß die Welt sich geradezu anbietet, von der Seele erschlossen zu werden. Die Szene aus *Kim*, die ich oben zitiert habe, kennzeichnet eine Art von moralischem Triumphalismus, der in den scharf markierten Brechungen von Absicht, Wille und Voluntarismus zum Vorschein kommt – die Gegenstände gleiten in ihre richtigen Beziehungen, die Straßen sind zum Gehen da, die Häuser zum Wohnen, die Dinge sind verständlich, fest auf die Füße gestellt und so fort. Unmittelbar vor dieser Passage steht das »Räderwerk« von Kims Seele, das »sich aufs neue gegen die Welt draußen erschließt«. Und diese Serie von Bewegungen wird später konsolidiert und verstärkt durch Mutter Erdes Segnung, als Kim sich neben dem Karren ausstreckt: sie »durchhauchte ihn und gab wieder, was er verloren« hatte. Kipling artikuliert ein mächtiges, beinahe instinktives Bedürfnis, das Kind der Mutter in einer vorbewußten, reinen, asexuellen Beziehung zurückzuerstatten.

Während aber Dorothea und Isabel in dem Sinne beschrieben werden, daß sie unausweichlich Teil des »unwillkürlichen, pulsierenden Lebens« sind, wird Kim dabei porträtiert, wie er erneut und willentlich Besitz von seinem Leben ergreift. Der Unterschied ist von ausschlaggebender Bedeutung. Kims neu geschärftes Bewußtsein der Meisterschaft, der »Erschließung«, der Festigkeit, der Bewegung von Liminalität zu Herrschaft ist in hohem Grade eine Funktion des Umstandes, daß er Sahib im kolonialen Indien ist: Was Kipling Kim durchleben läßt, ist eine Zeremonie der Wiederaneignung, wobei Großbritannien (durch einen loyalen irischen Untertanen) erneut Besitz von Indien ergreift. Die Natur, die unwillkürlichen Rhythmen wiederhergestellter Gesundheit fallen Kim *nach* der ersten, weitgehend politisch-historischen Tat zu, die ihm von Kipling gutgeschrieben wird. Umgekehrt ist die Welt für die europäische oder die amerikanische Heldin in Europa dazu da, neu entdeckt zu werden; sie erfordert niemanden, der sie zu lenken oder Souveränität über sie auszuüben hätte. Das ist nicht so im Falle von Britisch-Indien, das ins Chaos oder in blinden Aufruhr verfiele, wenn die Straßen nicht zum Gehen da wären, die Häuser zum Wohnen, Männer und Frauen, um miteinander zu reden.

In einem wohlüberlegten kritischen Kommentar zu *Kim* gibt Mark Kinkead-Weekes zu bedenken, daß *Kim* deshalb so einzigartig in Kiplings Œuvre ist, weil das, was unverkennbar als Lösung für den Roman intendiert war, nicht wirklich funktioniert. Vielmehr, sagt Kinkead-Weekes, transzendiert der künstlerische Triumph sogar die Intentionen von Kipling als Autor:

> »[Der Roman] ist das Ergebnis einer besonderen Spannung zwischen verschiedenen Sehweisen: der leidenschaftlichen Faszination durch das Kaleidoskop der äußeren Realität um ihrer selbst willen; der negativen Fähigkeit, die unter die Haut von untereinander und von der eigenen verschiedenen Einstellungen dringt; und schließlich, als Produkt dieser letzteren, aber in intensivster und kreativster Form, der triumphierenden Verwirklichung eines Anti-Selbst, das so mächtig ist, daß es zum Prüfstein für alles andere wird – die Erfindung des Lama. Das brachte die Imagination eines Standpunktes und einer Persönlichkeit ins Spiel, die so weit wie nur möglich von Kiplings eigener entfernt sind; und doch wird dieser Standpunkt so liebevoll erforscht, daß er nur als Katalysator einer tieferen Synthese zu wirken vermochte. Aus dieser besonderen Herausforderung – die vor Selbstbesessenheit bewahrt, die tiefer dringt als eine bloß objektive Sicht der Realität außerhalb von ihm, die ihn befähigt, jetzt *über sich hinaus* zu sehen, zu denken und zu fühlen – kam die neue Vision von *Kim*, die umfassender, komplexer, menschlicher und reifer ist als die irgendeines anderen Werkes.«[136]

Wie sehr wir auch mit manchen Einsichten dieser nachgerade subtilen Deutung übereinstimmen mögen, sie ist meines Erachtens einigermaßen ahistorisch. Ja, der Lama ist eine Art Anti-Selbst, ja, Kipling schlüpft mit einiger Sympathie in die Haut anderer. Aber nein, Kipling vergißt niemals, daß Kim ein Teil von Britisch-Indien ist: Das »Große Spiel« geht weiter mit Kim als Beteiligtem, gleichgültig, wie viele Parabeln der Lama aufstellt. Natürlich sind wir berechtigt, *Kim* als einen Roman zu lesen, der zu den besten Werken der Weltliteratur zählt, und bis zu einem gewissen Grade auch frei von den ihn belastenden historischen und politischen Begleitumständen. Aus demselben Grunde aber dürfen wir nicht einseitig die Fäden zu seiner zeitgenössischen Realität abschneiden, die ihm eingewoben sind und die von Kipling sorgfältig beachtet werden. Sicherlich sehen Kim, Creighton, Mahbub, der Babu und sogar der Lama Indien so, wie es Kipling sah, nämlich als Teil des Imperiums. Und sicherlich bewahrt Kipling minutiös die Spuren dieser Sicht, wenn er Kim – einen bescheidenen irischen Jungen, der in der Hierarchie tiefer steht als reinblütige Engländer – seine britischen Vorrechte bekräftigen läßt, bevor der Lama kommt und sie segnet.

Die Leser von Kiplings bestem Werk haben gewöhnlich versucht, ihn vor sich selbst zu retten. Das Ergebnis davon ist häufig eine Bestätigung von Edmond Wilsons berühmtem Urteil über *Kim*:

> »Was der Leser also zu erwarten neigt, ist, daß Kim schließlich gewahr wird, daß er diejenigen, die er immer als seine eigenen Leute betrachtet hat, der Knechtung durch die britischen Eindringlinge ausliefert und daß daraus ein Widerstreit zwischen seinen verschiedenen Bindungen resultiert. Kipling hat für den Leser – und zwar mit bemerkenswertem dramatischen Effekt – den Gegensatz zwischen dem Osten mit seiner Mystik und Sinnlichkeit, seinen Extremen von Heiligkeit und Gaunerei und den Engländern mit ihrer überlegenen Organisation, ihrem Vertrauen auf die moderne Methodik und ihrem Instinkt aufgestellt, die einheimischen Mythen und Glaubensinhalte wie Spinnwebfäden abzustreifen. Wir haben zwei völlig verschiedene Welten gezeigt bekommen, die, ohne wirkliches Verständnis der jeweils anderen, nebeneinander existieren, und wir haben Kims Schwanken beobachtet, wenn er zwischen ihnen hin und her wechselt. Aber die Parallelen treffen einander nie; die wechselnden Anziehungskräfte, die Kim auf sich einwirken spürt, geraten nie in einen echten Kampf miteinander. [...] Kiplings Fiktion dramatisiert also keinerlei grundlegenden Konflikt, weil Kipling nie einen zu bestehen hatte.«[137]

Es gibt wohl eine Alternative zu diesen beiden Optiken, die genauer und feinfühliger auf die Gegebenheiten des späten 19. Jahrhunderts in Britisch-Indien in der Form reagiert, wie sie Kipling und andere wahrnahmen. Der Konflikt zwischen Kims Kolonialdienst und seiner Loyalität gegenüber seinen indischen Gefährten bleibt nicht deshalb ungelöst, weil Kipling ihn nicht zu bestehen vermochte, sondern deshalb, weil für Kipling da *keinerlei Konflikt vorlag*. Eines der Ziele des Romans ist es nämlich, die Konfliktabsenz zu zeigen, wenn Kim von seinen Zweifeln, der Lama von seiner Sehnsucht nach dem Fluß der Erlösung und Indien von einigen wenigen Emporkömmlingen und ausländischen Agenten geheilt und gereinigt ist. Daß es zum Konflikt *gekommen sein könnte,* wenn Kipling Indien als elendiglich dienstbare Provinz des Imperialismus angesehen hätte, bezweifeln wir durchaus nicht, aber er tat es nicht – für ihn war es das denkbar beste Geschick Indiens, von England beherrscht zu werden. Wenn man Kipling, im Sinne einer ähnlichen und gegenläufigen Reduktion, nicht als »imperialistischen Minnesänger« liest (der er nicht war), sondern als jemanden, der Frantz Fanon las, mit Gandhi zusammentraf, ihre Lehren in sich aufnahm und doch unberührt davon blieb, entstellt man den Kontext, den er kultiviert, entwickelt und erhellt. Es ist von ausschlaggebender Bedeutung, daran zu erinnern, daß es keine nennenswerten Abschreckungsmittel gegen die imperialistische Weltsicht gab, wie sie Kipling vertrat, so wenig Alternativen zum Imperialismus es für Conrad gab, wie deutlich er auch seine Übel erkannte. Kipling war deshalb von der Vorstellung eines unabhängigen Indien kaum beunruhigt, obwohl es zutrifft, daß seine Literatur das Imperium und seine bewußten Legitimierungsversuche repräsentiert, die in der Literatur (im Gegensatz zur diskursiven Prosa) Ironien und Probleme von der Art nach sich ziehen, wie man sie bei Austen oder Verdi und, wie wir in Kürze sehen werden, bei Camus findet. Mein Hauptaugenmerk bei dieser kontrapunktischen Deutung ist darauf gerichtet, die Disjunktionen herauszuheben und zu betonen und sie nicht zu ignorieren oder herunterzuspielen.

Man vergegenwärtige sich zwei Episoden in *Kim.* Kurz nachdem der Lama und sein »chela« Umballa verlassen haben, begegnen sie dem ältlichen, verwitterten früheren Soldaten, »der der Regierung in den Tagen der Meuterei gedient hatte«. Für einen zeitgenössischen Leser bedeutete die »Meuterei« die einzige überragend wichtige, bekannte und grausame Episode in den englisch-indischen Beziehungen des 19. Jahrhunderts: die »Große Meuterei« von 1857, die am 10. Mai in Meerut begann und zur Einnahme von Delhi führte. Eine ungeheure Zahl englischer und indischer Bücher (etwa Christopher Hibberts *The Great Mutiny*) beziehen sich auf die »Meuterei« (von indischen Autoren gewöhnlich als »Rebellion« bezeichnet). Was die »Meuterei« entzündete – ich will hier die ideologische britische Bezeichnung verwenden –, war der Verdacht hinduistischer und muslimischer Soldaten in der indischen Armee, daß ihre Gewehrkugeln mit Rindertalg (unrein für Hindus) und Schweinefett (unrein für Muslime) geschmiert worden seien. In Wirklichkeit waren die Ursachen der Meuterei für den britischen Imperialismus selbst konstitutiv, für eine Armee, die überwiegend aus Eingeborenen bestand und von Sahibs befehligt wurde, für die Anomalien der Herrschaft der East India Company. Auch war ein erheblicher Unmut gegen die Herrschaft weißer Christen in einem Land im Spiel, das viele andere Rassen und Kulturen umfaßte, die ihre Dienstbarkeit gegenüber den Engländern wahrscheinlich allesamt als degradierend empfanden.

In der indischen wie in der britischen Geschichte war die Meuterei eine deutliche Grenzscheide. Ohne auf die komplexe Struktur der Handlungen, Ereignisse, Motive und moralischen Grundsätze einzugehen, die damals und seither endlos diskutiert worden sind, läßt sich sagen, daß für die Engländer, die die Meuterei brutal niederschlugen, alle ihre Maßnahmen Vergeltungsmaßnahmen waren; die Meuterer hätten Europäer ermordet, sagten sie, und solche Taten bewiesen, wenn es denn dazu noch eines Beweises bedurft hätte, daß die Inder die Unterwerfung durch die höherstehende Zivilisation des europäischen Großbritannien verdienten; nach 1857 wurde die East India Company durch das förmlichere Government of India ersetzt. Für die Inder war die Meuterei ein nationalistischer Aufstand gegen die britische Herrschaft, die sich trotz Machtmißbrauch, Ausbeutung und offensichtlich unbeachteter Beschwerden der Einheimischen kompromißlos behauptete. Als Edward Thompson 1925 seinen einflußreichen kleinen Traktat *The Other Side of the Medal* veröffentlichte – eine leidenschaftliche Parteinahme für die indische Unabhängigkeit –, hob er die Meuterei als das große symbolische Ereignis hervor, durch das die beiden Seiten, die indische wie die britische, zu ihrer vollen und bewußten Opposition gegeneinander fanden. Auf dramatische Weise zeigte er, daß die indische und die britische Historiographie in ihren Darstellungen dieses Ereignisses nachdrücklich voneinander abwichen. Kurzum, die Meuterei verstärkte den Gegensatz zwischen Kolonisten und Kolonisierten.

In einer solchen Situation nationalistischer und selbstrechtfertigender Erregung bedeutete die Tatsache, Inder zu sein, natürliche Solidarität mit den Opfern der britischen Vergeltungsmaßnahmen. Engländer zu sein bedeutete, Widerwillen und Kränkung zu verspüren – ganz zu schweigen von gerechter Empörung – angesichts der schrecklichen Zurschaustellungen von Grausamkeiten der »Eingeborenen«, die die ihnen zugelosten Rollen von Wilden erfüllten. Solche Gefühle *nicht* zu haben, hätte für einen Inder bedeutet, zu einer sehr kleinen Minderheit zu gehören. Es ist deshalb höchst bezeichnend, daß Kiplings Wahl eines Inders, der über die Meuterei zu sprechen hat, auf einen loyalen Soldaten fällt, der die Revolte seiner Landsleute als einen Akt der Verrücktheit auffaßt. Wenig überraschend, wird dieser Mann von den britischen

»Deputy Commissioners« [Vizekommissaren] respektiert, die, wie Kipling uns bedeutet, »von der Hauptstraße abbogen, um ihn zu besuchen«. Was Kipling außer acht läßt, ist die Wahrscheinlichkeit, daß seine Landsleute ihn (zumindest) als Verräter an seinem Volk betrachten. Und wenn, einige Seiten später, der gestandene Veteran dem Lama und Kim von dem Aufstand berichtet, ist seine Version der Ereignisse eklatant von der britischen Erklärung des Geschehens geprägt:

> »Ein Wahnsinn fraß sich ein in das ganze Heer, und es wandte sich gegen seine
> Offiziere. Das war das erste Unheil; aber es wäre wieder gutzumachen gewesen,
> hätten sie dann die Hände stillgehalten. Aber sie verfielen darauf, die Weiber und
> Kinder der Sahibs zu töten, und da kamen die Sahibs von jenseits des Meeres und
> zogen sie zur Rechenschaft.«[138]

Indisches Ressentiment, indischen Widerstand (wie man es hätte nennen können) gegen die britische Fühllosigkeit auf »Wahnsinn« zurückzuführen, die Taten von Indern in der Hauptsache als »natürlichen« Entschluß zur Tötung britischer Frauen und Kinder hinzustellen – das sind nicht bloß unschuldige Reduktionen des nationalistischen Falles Indien, sondern auch tendenziöse. Und wenn Kipling den alten Soldaten die britische Gegenrevolution – mit ihren schrecklichen Repressalien weißer, auf »moralisches« Handeln erpichter Männer – so beschreiben läßt, als hätten sie die indischen Aufständischen »zur Rechenschaft« gezogen, dann haben wir die Welt der Geschichte verlassen und sind in das Reich imperialistischer Polemik eingetreten, in der der Eingeborene selbstverständlich ein Straftäter und der weiße Mann ein zwar strenger, aber gerechter Verwandter und Richter ist. Damit vermittelt uns Kipling die extreme britische Anschauung der Meuterei und legt sie einem Inder in den Mund, dessen wahrscheinlich nationalistischer und benachteiligter Widerpart in dem ganzen Roman nicht zur Sprache kommt. (Ähnlich gehört Mahbub Ali, Creightons getreuer Adjutant, zum Volk der Pathan, das historisch im ganzen 19. Jahrhundert in unbefriedetem Aufstand gegen die Engländer lebte, hier jedoch als mit der britischen Herrschaft zufrieden dargestellt wird, ja sogar als deren Kollaborateur.) So weit davon entfernt ist Kipling, uns zwei Welten im Konflikt miteinander zu zeigen, daß er sich peinlich genau bemüht hat, uns nur eine vorzuführen, und jede nur erdenkliche Konfliktmöglichkeit eliminiert hat.

Das zweite Beispiel bestätigt das erste. Einmal mehr handelt es sich um einen kurzen, bezeichnenden Augenblick. Kim, der Lama und die Witwe von Kulu sind im vierten Kapitel *en route* nach Saharunpore.

Kim ist gerade überschwenglich beschrieben worden als jemand, der
»inmitten alles dessen war, wacher und lebendiger als irgendein anderer«, wobei das »inmitten« in Kiplings Beschreibung für »die Welt in
Wahrheit« steht: »Das war das Leben, wie es ihm gefiel – Hasten und
Schreien, Geklingel von Glocken, Antreiben von Ochsen und Knirschen
von Rädern, Leuchten von Feuern und Kochen von Speisen – und neue
Bilder, wohin das befriedigte Auge blickte.«[139] Wir haben bereits diese
Seite von Indien kennengelernt, mit seiner Farbigkeit, seiner Aufgeregtheit und seiner Anziehungskraft. Doch muß Kipling eine gewisse Autorität in bezug auf Indien unter Beweis stellen, vielleicht deshalb, weil der
bedrohliche Bericht des alten Soldaten von der Meuterei das Bedürfnis
anzeigt, jeden weiteren »Wahnsinn« vorwegzunehmen. Letztlich ist Indien selbst sowohl für die von Kim genossene Vitalität als auch für die
Bedrohung des englischen Imperiums verantwortlich. Ein Distrikts-
oberaufseher der Polizei tritt hinzu, und sein Erscheinen ruft die fol-
gende Überlegung der alten Witwe auf den Plan:

> »Das ist die Art, die die Gerechtigkeit überwachen sollten. Die kennen das Land
> und die Sitten des Landes. Die anderen, die frisch von Europa kommen, von wei-
> ßen Frauen gesäugt sind und unsere Sprache nur aus Büchern kennen, sind schlim-
> mer als die Pestilenz. Sie machen Königen das Leben schwer.«[140]

Zweifellos glaubten manche Inder, daß die englischen Polizeibeamten
das Land besser kannten als die Einheimischen und daß diese Polizeibeamten die Zügel der Macht in Händen halten sollten – eher als die
indischen Herrscher. Es sei jedoch darauf hingewiesen, daß in *Kim* niemand die britische Herrschaft wirklich provoziert, und niemand artikuliert deutlich irgendeine der lokalen indischen Herausforderungen,
die damals an der Tagesordnung gewesen sein müssen – selbst für
jemanden, der so harthörig war wie Kipling. Statt dessen haben wir eine
Hauptgestalt, die ausdrücklich sagt, daß ein Polizeibeamter Indien beherrschen sollte, und hinzufügt, daß sie den älteren Beamtentypus be-
vorzugt, der (wie Kipling und seine Familie) unter den Einheimischen
gelebt hat und deshalb besser ist als die neueren, akademisch gebildeten
Bürokraten. Dies ist eine Variante der Argumentation sogenannter
Orientalisten in Indien, die glaubten, daß die Inder auf orientalisch-in-
dische Weise von Indien-Experten beherrscht werden sollten. Doch im
weiteren Verlauf tut Kipling alle philosophischen oder ideologischen
Annäherungen, die sich auf den Orientalismus beziehen, als akademisch ab. Zu diesen diskreditierten Herrschaftsstilen zählten Protestantismus (die in der Gestalt von Mr. Bennett parodierten Missionare

und Reformer), Utilitarismus und Spencerismus (von Babu verkörpert) mitsamt den namenlosen Akademikern, die für »schlimmer als die Pestilenz« gehalten wurden. Interessant ist, daß die Zustimmung der Witwe, in der Form zum Ausdruck gebracht, wie sie es wird, umfassend genug ist, Polizeibeamte wie den Superintendenten ebenso einzubeschließen wie einen flexiblen Pädagogen wie Father Victor und die bedachtsam autoritäre Figur eines Colonel Creighton.

Die Witwe zum Ausdruck bringen zu lassen, was in Wirklichkeit ein anscheinend unbestrittenes normatives Urteil über Indien und seine Herren ist, ist Kiplings Methode des Beweises, daß die Eingeborenen koloniale Herrschaft so lange akzeptieren, wie sie Herrschaft der rechten Art ist. Historisch ist das immer das Verfahren gewesen, mit dem der europäische Imperialismus sich selbst schmackhaft gemacht hat, denn was hätte besser sein können für sein Selbstbild als eingeborene Untertanen, die Zustimmung zu Wissen und Macht des Ausländers bekunden und so implizit das europäische Urteil über ihre unentwickelte, rückständige und degenerierte eigene Gesellschaft akzeptieren? Wenn man *Kim* als Abenteuergeschichte eines Jungen und liebevoll ausgeführtes Panorama des Lebens in Indien liest, liest man nicht den Roman, den Kipling tatsächlich geschrieben hat und der durchsetzt ist mit gezielten Ansichten, Vertuschungen und Auslassungen. Dies hat Francis Hutchins in *The Illusion of Permanence: British Imperialism in India* für das späte 19. Jahrhundert zu bedenken gegeben:

>»Ein Indien der Phantasie war geschaffen worden, das keinerlei Elemente sozialen Wandels oder politischer Bedrohung enthielt. Die Orientalisierung war das Ergebnis dieser Anstrengung, sich die indische Gesellschaft als bar aller Elemente vorzustellen, die der Verewigung der britischen Herrschaft hätten entgegenwirken können, denn gerade auf der Basis dieses mutmaßlichen Indiens versuchten die Orientalisierer eine permanente Herrschaft aufzubauen.«[141]

Kim ist ein gewichtiger Beitrag zu diesem orientalisierten Indien der Phantasie und nicht weniger zu dem, was die Historiker die »Erfindung der Tradition« genannt haben.

Aber das ist noch nicht alles. Die ganze Textur von *Kim* ist gespickt mit auktorialen Nebenbemerkungen zum unveränderlichen Wesen der orientalischen Welt, ihrer Unterschiedlichkeit zur nicht minder unveränderlichen weißen Welt. Beispielsweise log »Kim wie ein Orientale«; ein wenig später heißt es: »Alle vierundzwanzig Stunden sind für die Orientalen gleich«; oder wenn Kim Eisenbahnfahrkarten vom Geld des Lama kauft und einen Anna pro Rupie für sich selbst behält, was, wie

Kipling anmerkt, »die altgeheiligte Provision Asiens« ist; wiederum
später spielt Kipling auf den »Feilschinstinkt des Ostens« an; an einer
Zugstation haben Mahbubs Gefolgsleute, »weil sie eben Eingeborene
waren«, die Wagen nicht entladen, was sie hätten tun sollen; Kims Fähigkeit, trotz des Lärms des fahrenden Zuges zu schlafen, ist ein Beispiel für »die Gleichgültigkeit des Orientalen gegenüber bloßem Ge-
räusch«; als im Lager zum Aufbruch gerufen wird, geschieht das, wie
Kipling hinzufügt, »hurtig – in dem Sinne, wie Orientalen Raschheit
verstehen – mit langen Erklärungen, mit Beschimpfungen und leerem
Geschwätz, nachlässig, mit hundert Nachforschungen nach vergessenen kleinen Dingen«; Sikhs werden mit einer besonderen »Liebe zum
Geld« charakterisiert; Hurree Babu setzt Bengale-Sein und Ängstlich-
keit gleich – als er das Paket versteckt, das Kim den ausländischen Agenten abgenommen hat, »verstaute er den ganzen Fund rings an seinem
Körper, wie nur Orientalen es können«.

Nichts von alledem ist ausschließlich für Kipling charakteristisch.
Noch der flüchtigste Überblick über die westliche Kultur des späten
19. Jahrhunderts deckt ein gewaltiges Reservoir an volkstümlichen
Spruchweisheiten dieser Art auf, von denen leider auch heute noch ein
Gutteil durchaus lebendig ist. Überdies wird das Imperium, wie John
M. MacKenzie in seinem wertvollen Buch *Propaganda and Empire* gezeigt hat, durch manipulative Devisen auf Zigarettenschachteln, Postkarten, Notenblättern, Almanachen, Leitfäden für »music-hall«-Belu-
stigungen, Reklame für Spielzeugsoldaten, Blasmusikkonzerte und
Brettspiele gepriesen und seine Notwendigkeit für Englands strategi-
sches, moralisches und ökonomisches Wohlergehen betont, wobei
gleichzeitig die dunklen oder minderwertigen Rassen als der strengen
Herrschaft und zeitlich unbeschränkten Unterjochung bedürftig bezeichnet werden. Der Kult der militärischen Führungspersönlichkeit
war verbreitet, weil es solchen Persönlichkeiten gewöhnlich gelungen
war, ein paar schwarze Köpfe einzuschlagen. Unterschiedliche Begrün-
dungen für das Festhalten an den überseeischen Territorien wurden gegeben; manchmal war es die Verheißung von Profit, manchmal Strategie oder Wettbewerb mit anderen imperialen Mächten (wie in *Kim*: in
The Strange Ride of Rudyard Kipling erwähnt Angus Wilson, daß Kipling bereits im Alter von siebzehn Jahren während einer Schuldebatte
die These vortrug, »das Vorrücken Rußlands in Zentralasien [sei] der
Macht Großbritanniens abträglich und feindlich«[142]). Das einzige, was
konstant bleibt, ist die Subordination der Nicht-Weißen.

Kim ist ein Werk, das große ästhetische Meriten hat; es kann nicht als die rassistische Phantasie eines gestörten und ultrareaktionären Imperialisten abgebucht werden. George Orwell hatte gewiß recht, als er Kiplings Gabe rühmte, dem Sprachschatz neue Phrasen und Konzepte hinzuzufügen – Ost ist Ost, und West ist West; die Bürde des Weißen Mannes; irgendwo östlich von Suez –, und gewiß ebenso recht zu sagen, daß Kiplings Überzeugungen sowohl vulgär als auch dauerhaft und von dringlichem Interesse sind.[143] Einer der Gründe für diese Gabe Kiplings ist, daß er ein Künstler von enormer Begabung war; in seiner Kunst entwickelte er Ideen, die trotz ihrer Vulgarität ohne die Kunst weitaus weniger Bestand gehabt hätten. Er wurde aber auch gestützt von den autorisierten Denkmälern der europäischen Kultur des 19. Jahrhunderts (und konnte sie sich deshalb zunutze machen), und die Inferiorität der nicht-weißen Rassen, das Gebot ihrer Bezähmung durch eine überlegene Rasse und die Rede von ihrer Unwandelbarkeit waren ein mehr oder weniger unbestrittenes Axiom des Zeitalters. Zwar gab es Auseinandersetzungen, wie die Kolonien beherrscht werden oder ob nicht einige von ihnen aufgegeben werden sollten. Aber niemand, der über eine gewisse Macht verfügte, die öffentliche Diskussion oder die Politik zu beeinflussen, erhob Einwände gegen die Maxime der Überlegenheit des weißen männlichen Europäers, der stets die Oberhand behalten sollte. Formulierungen wie »Der Hindu ist von Natur aus unaufrichtig und läßt es an moralischem Mut fehlen« waren Gemeinplätze, denen nur sehr wenige, und am wenigsten die Gouverneure von Bengalen, ihre Zustimmung verweigerten. Auch stand, wenn ein Historiker Indiens wie H. M. Elliot sein Werk plante, der Begriff des indischen Barbarentums im Mittelpunkt. Klima und Geographie diktierten bestimmte Charakterzüge beim Inder; Orientalen waren, Lord Cromer, einem ihrer schrecklichsten Oberherren zufolge, außerstande zu lernen, wie man auf Bürgersteigen geht, konnten nicht die Wahrheit sagen, nicht die Logik beherzigen; der malaysische Eingeborene war seinem Wesen nach faul, so wie der Nordeuropäer seinem Wesen nach energisch und einfallsreich war. V. G. Kiernans Buch *The Lords of Human Kind*, auf das oben verwiesen wurde, zeichnet ein bemerkenswertes Bild von der Verbreitung dieser Ideen. Wie ich bereits angemerkt habe, waren Disziplinen wie Kolonialwirtschaft, Anthropologie, Geschichtsschreibung und Soziologie auf solchen Thesen aufgebaut, mit dem Ergebnis, daß die Europäer, die mit Kolonien wie Indien Umgang pflegten, fast bis auf den letzten Mann und die letzte Frau von Erfahrungstatsachen wie Wandel und Nationalismus abgeschnitten wurden. Eine ganze Lebenswirklichkeit – wie sie mit gewissenhafter Ausführlichkeit in Michael

Edwardes' *The Sahibs and the Lotus* beschrieben wird – mit ihrer eigenen Geschichte, ihrer Küche, ihren Dialekten, Werten und Ausdrucksformen löste sich so von den wimmelnden, widersprüchlichen Realitäten Indiens und wurde gedankenlos verewigt. Selbst Marx erlag Vorstellungen vom unwandelbaren asiatischen Dorf, Ackerbau oder Despotismus.

Ein junger Engländer, der nach Indien geschickt wurde, um Mitglied des »gelobten« Civil Service zu werden, zählte zu einer Klasse, deren nationale Oberhoheit über jeden Inder, wie aristokratisch und reich er auch sein mochte, absolut und unantastbar war. Er hatte dieselben Geschichten gehört, dieselben Bücher gelesen, dieselben Lektionen gelernt und dieselben Clubs besucht wie alle anderen jungen Kolonialbeamten. Und doch kümmerten sich, wie Michael Edwardes sagt, »nur wenige darum, wirklich die Sprache der von ihnen Beherrschten halbwegs geläufig zu erlernen, und sie waren völlig abhängig von ihren eingeborenen Angestellten, die die Mühe auf sich genommen hatten, die Sprache ihrer Beherrscher zu lernen, und in manchen Fällen durchaus nicht abgeneigt waren, die Ignoranz ihrer Herren zu ihrem eigenen Vorteil zu nutzen«.[144] Ronny Heaslop in Forsters *A Passage to India* ist ein eindringlicher Repräsent einer solchen Funktionärskaste.

Das alles gilt auch für *Kim*, dessen wichtigste weltliche Autoritätsperson Colonel Creighton ist. Dieser Gelehrte-Ethnograph-Soldat ist kein bloßes Geschöpf der Erfindung, sondern gewißlich eine Figur, die aus Kiplings Erfahrungen im Pandschab erwachsen ist. In erster Linie ist Creighton, obwohl er nur selten auftaucht und sein Charakterbild nicht so voll ausgeprägt ist wie das von Mahbub Ali oder das des Babu, ein Bezugspunkt der Handlung, ein diskreter Lenker der Ereignisse, ein Mann, dessen Macht Achtung verdient. Sicherlich ist er kein grober Zuchtmeister. Er nimmt Kims Leben durch Überredung in die Hand, nicht durch Verweis auf seinen Dienstgrad. Er kann flexibel sein, wenn es angebracht erscheint – wer hätte sich einen besseren Vorgesetzten als Creighton wünschen können bei Kims ungebunden schweifenden Ferienausflügen? –, und streng, wenn die Umstände es gebieten.

Creighton ist Kolonialoffizier und Gelehrter. Diese Union von Macht und Wissen erscheint zeitgleich mit Conan Doyles Erfindung des Sherlock Holmes (dessen getreulicher Kopist, Dr. Watson, ein Veteran des Northwest Frontier ist), ebenfalls ein Mann, dessen Lebenszuschnitt Beachtung und Schutz des Gesetzes im Bunde mit einem spezialisierten, überlegenen, der Wissenschaft zuneigenden Intellekt einschließt. In beiden Fällen präsentieren Kipling und Doyle ihren Lesern Männer, deren unorthodoxer Handlungsstil durch neue, in quasiakademische Fachgebiete verwandelte neue Erfahrungsbereiche begründet wird. Kolonialherrschaft und Verbrechensbekämpfung erwerben sich nahezu dasselbe Prestige wie die Altertumswissenschaften oder die Chemie. Als Mahbub Ali Kim zur Ausbildung bringt, ist Creighton, der ihre Unterhaltung mitanhört, der Meinung, daß »der Junge nicht unnütz verbraucht werden [darf], wenn er wirklich so viel taugt«. Er erfaßt die Welt von einem systematischen Standpunkt aus. Alles an Indien interessiert Creighton, weil alles daran signifikant ist für das Geschäft der Beherrschung. Das Wechselspiel zwischen Ethnographie und Kolonisierungsarbeit ist bei Creighton fließend; er studiert den begabten Jungen sowohl als künftigen Spion wie als anthropologische Kuriosität. Wenn also Father Victor sich fragt, ob es für Creighton nicht zu viel werden würde, alles, was Kims Ausbildung betrifft, mit bürokratischer Ausführlichkeit zur Kenntnis zu nehmen, zerstreut der Colonel diese Skrupel: »Die Verwandlung eines Regimentsabzeichens, wie Ihres roten Stiers, in eine Art Fetisch, dem der Knabe nachläuft, ist hochinteressant.«

Creighton ist als Anthropologe auch aus anderen Gründen wichtig. Von allen modernen Sozialwissenschaften ist die Anthropologie diejenige, die historisch aufs engste mit dem Kolonialismus verknüpft ist. (Claude Lévi-Strauss' Hinweis auf die Anthropologie als »Handlangerin des Kolonialismus« erkennt das an; die ausgezeichnete Essaysammlung mit dem Titel *Anthropology and the Colonial Encounter*, die 1973 von Talal Asad herausgegeben wurde, verfolgt diese Verbindungen weiter; und in Robert Stones kürzlich erschienenem Roman über die Rolle der Vereinigten Staaten in Lateinamerika, *A Flag for Sunrise*, 1981, ist die Hauptfigur, Holliwell, ein Anthropologe mit ehrgeizigen Kontakten zum CIA.) Kipling war einer der ersten Romanautoren, die dieses logische Bündnis zwischen westlicher Wissenschaft und in den Kolonien eingreifender politischer Macht darstellten.[145] Und Kipling nimmt Creighton immer ernst – einer der Gründe dafür, warum der Babu in der Handlung auftaucht. Der eingeborene Anthropologe, ein gescheiter Mann, dessen wiederholt bekundeter Wunsch, der Royal Society anzugehören, nicht unbegründet ist, ist nahezu immer komisch oder linkisch oder wirkt karikiert, freilich nicht deshalb, weil er inkompetent oder ungeeignet wäre – im Gegenteil –, sondern weil er nicht weiß ist; das heißt, er kann nie ein Creighton werden. Kipling ist in dieser Hinsicht stets sehr genau: So wie er sich kein Indien vorstellen konnte, das der historischen Bewegung aus britischer Kontrolle *heraus* folgte, so konnte er sich auch keine Inder vorstellen, die effektiv und ernsthaft verfochten, was er und andere Zeitgenossen damals für ausschließlich westliche Ziele erachteten. Liebens- und bewundernswert, wie er sein mag, haftet an dem Babu gleichwohl das grimassierende Stereotyp des ontologisch spaßigen Eingeborenen, der hoffnungslos so zu sein versucht, wie »wir« sind.

Ich habe gesagt, daß die Gestalt von Creighton den Höhepunkt eines Wandels markiert, der über Generationen hinweg in der Personifizierung der britischen Macht in Indien stattfand. Hinter Creighton tauchen Abenteurer und Pioniere des späten 18. Jahrhunderts wie Warren Hastings und Robert Clive auf, deren innovative Herrschaft und persönliche Ausschweifungen England dazu drängten, die uneingeschränkte Autorität des Raj durch Gesetz zu bändigen. Was in Creighton von Hastings und Clive überlebt, ist ihr Freiheitsgefühl, ihre Improvisationsbereitschaft und ihre Vorliebe für Formlosigkeit. Nach diesen rücksichtslosen Pionieren kamen Männer wie Thomas Munro und Mountstuart Elphinstone, Reformer und Synthetisierer, die zu den ersten höheren Forscher-Administratoren gehörten, deren Herrschaft etwas wie Expertentum widerspiegelte. Weiter sind da die großen Gelehrtenfiguren, für die der Dienst in Indien die Chance bot, eine fremde Kultur zu erkunden – Männer wie Sir William (»Asiatic«) Jones, Charles Wilkins, Nathaniel Halhed, Henry Colebrooke oder Jonathan Duncan. Letztere gehörten meist Wirtschaftsunternehmen an und schienen gar nicht zu spüren – wie Creighton (und Kipling) –, daß die Arbeit in Indien ebenso schablonisiert und ökonomisch (im buchstäblichen Sinne) war wie der Betrieb eines totalen Systems.

Creightons Normen sind die der uneigennützigen Regierung, einer Regierung, die nicht auf Launen oder Vorlieben (wie im Falle von Clive) beruht, sondern auf Gesetzen, Ordnungsprinzipien und Kontrolle. Creighton vertritt die Auffassung, daß man Indien nicht regieren kann, wenn man Indien nicht kennt, und Indien kennen heißt verstehen, wie es funktioniert. Dieses Verständnis entwickelte sich während William Bentincks Amtszeit als Generalgouverneur und griff ebenso auf orientalistische wie auf utilitaristische Grundsätze zurück, um die größtmögliche Zahl von Indern mit den größtmöglichen Vorteilen (für Inder wie für Engländer) zu regieren[146]; aber es blieb stets eingebettet in die unwandelbare Tatsache der imperialen Autorität Großbritanniens, die den Gouverneur weit über gewöhnliche Menschen erhob, für die Fragen von Recht und Unrecht, Vorteil und Schaden wichtig sind und emotionale Beteiligung ins Spiel bringen. Für den Regierungsvertreter, der

Großbritannien in Indien repräsentiert, ist das Wichtigste nicht, ob etwas gut oder schlecht ist und deshalb geändert oder bewahrt werden muß, sondern ob es funktioniert oder nicht, ob es zur Herrschaft über das fremde Gemeinwesen beiträgt oder sie behindert. So stellt Creighton jenen Kipling zufrieden, der sich ein ideales, unwandelbares und anziehendes Indien vorgestellt hatte, einen immerwährend integralen Bestandteil des Imperiums. *Das* war eine Autorität, der man sich ergeben konnte.

In einem berühmten Essay (»Kipling's Place in the History of Ideas«) hat Noel Annan die Ansicht vertreten, daß Kiplings Blick auf die Gesellschaft dem der neuen Soziologen – Durkheim, Weber und Pareto – ähnelte, die

> »die Gesellschaft als einen Nexus von Gruppen begriffen; und die Verhaltensmuster, die diese Gruppen unbewußt erzeugten, und zwar eher erzeugten als der Wille der Menschen oder etwas so Vages wie Klasse oder kulturelle oder nationale Tradition, determinierten hauptsächlich die Handlungen der Menschen. Sie fragten, wie diese Gruppen die Ordnung oder Instabilität einer Gesellschaft förderten, während ihre Vorgänger gefragt hatten, ob bestimmte Gruppen der Gesellschaft zum Fortschritt verhalfen.«[147]

Annan fährt mit dem Hinweis fort, daß Kipling den Gründergestalten des modernen soziologischen Diskurses insofern glich, als er glaubte, eine effiziente Regierung in Indien hänge ab von den »Kräften der sozialen Kontrolle [Religion, Gesetzgebung, Brauch und Herkommen, Konvention, Ethik], die den Individuen bestimmte Regeln auferlegten, die sie nur auf eigene Gefahr brachen«. Es war beinahe zum Gemeinplatz der britischen Imperialismustheorie geworden, daß das britische Imperium sich vom römischen dadurch unterschied (und besser war), daß es ein strenges System bildete, in dem Gesetz und Ordnung galten, während das römische nichts weiter kannte als Profitgier und Raubbau. Cromer trifft ähnliche Feststellungen in *Ancient and Modern Imperialism*, ebenfalls Marlow in *Herz der Finsternis*.[148] Creighton versteht das, und eben deshalb arbeitet er mit Muslimen, Bengalen, Afghanen und Tibetern zusammen, ohne je den Anschein zu erwecken, er setze ihre jeweilige Religion herab oder verharmlose ihre Differenzen. Es war eine ganz natürliche Einsicht Kiplings, sich Creighton als Wissenschaftler vorzustellen, dessen Spezialgebiet auch die minutiösen Arbeitsweisen einer komplexen Gesellschaft umfaßt, also eher einen Wissenschaftler als einen Kolonialbürokraten oder einen raubgierigen Profitgeier. Creightons olympischer Humor, seine herzliche, unvoreingenommene

Einstellung den Menschen gegenüber und seine exzentrische Nachsicht
sind Kiplings schmückende Attribute für einen idealen Offiziellen in Indien.

Creighton, der Mann des Apparats, herrscht nicht nur über das
»Große Spiel« (dessen letzte und eigentliche Nutznießer natürlich der
Kaiser-i-Hind oder die Queen Empress und ihr britisches Volk sind),
sondern arbeitet auch mit dem Schriftsteller selbst Hand in Hand. Sofern wir Kipling einen gewissen konsistenten Standpunkt zuschreiben
können, finden wir ihn bei Creighton, mehr als bei jedem anderen. Wie
Kipling respektiert Creighton die Unterschiede innerhalb der indischen
Gesellschaft. Wenn Mahbub Ali Kim bedeutet, er dürfe nie vergessen,
daß er ein Sahib sei, spricht er als Creightons vertrauenswürdiger, erfah-
rener Angestellter. Wie Kipling legt sich Creighton niemals mit den
Hierarchien, den Kastenprivilegien und -prioritäten, mit Religion, Eth-
nizität oder Rasse an; ebensowenig tun das die Frauen und Männer, die
für ihn arbeiten. Gegen Ende des 19. Jahrhunderts hatte sich die sogenannte »Warrant of Precedence« [Rangordnung], die, laut Geoffrey
Moorhouse, mit der Anerkennung »vierzehn verschiedener Statusebe-
nen« begonnen hatte, auf »einundsechzig ausgedehnt, manche davon
einer Einzelperson vorbehalten, andere von einer Reihe von Menschen
besetzt«.[149] Moorhouse spekuliert, daß die Haß-Liebe-Beziehung zwischen Briten und Indern aus den in beiden Völkern präsenten komplexen hierarchischen Einstellungen erwachsen sein könne. »Jedes erfaßte
die grundlegende gesellschaftliche Prämisse des anderen und verstand
sie nicht nur, sondern respektierte sie im Unbewußten als merkwürdige
Variante ihrer eigenen.«[150] Man sieht, wie sich diese Denkweise nahezu
überall in *Kim* reproduziert – Kiplings geduldig zusammengetragenes
Register der verschiedenen Rassen und Kasten Indiens, die Zustimmung zur Doktrin der Rassentrennung bei jedermann (sogar beim
Lama), die Grundsätze und Bräuche, die von Außenseitern nicht ohne
weiteres außer Kraft gesetzt werden dürfen. Jede Figur in *Kim* ist gleichermaßen Außenseiter für andere Gruppen und angestammtes Mitglied seiner eigenen.

Creightons Anerkennung der Fähigkeiten Kims – seiner Raschheit,
seiner Fähigkeit der Verkleidung und Einfühlung in eine Situation, so
als ob sie ihm seit jeher vertraut wäre – ähnelt dem Interesse des Autors
an dieser komplexen und chamäleonartigen Figur, die von Abenteuer zu
Abenteuer, von Intrige zu Intrige, von Episode zu Episode huscht. Eine
letzte Analogie besteht zwischen dem »Großen Spiel« und dem Roman
selbst. In der Lage zu sein, ganz Indien vom Aussichtspunkt kontrollier-

ter Beobachtung aus zu überblicken – das ist die eine große Befriedigung; die andere ist, eine Gestalt zur Verfügung zu haben, die unternehmungslustig Grundsätze entkräftet und fremde Gebiete erschließt, einen kleinen Freund aller Welt – Kim O'Hara selbst. Es sieht so aus, als ob Kipling, indem er Kim im Zentrum des Romans hält (so wie Creighton, der Chefspion, den Jungen im »Großen Spiel« hält), Indien auf eine Weise *haben* und genießen kann, die sich nicht einmal der Imperialismus je erträumen durfte.

Was bedeutet das für eine derart codifizierte und organisierte Struktur wie den realistischen Roman des späten 19. Jahrhunderts? Im Verein mit Conrad ist Kipling der Autor einer Literatur, deren Helden in einer ungewöhnlichen Welt des fernen Abenteuers und persönlichen Charismas agieren. Kim, Lord Jim und Kurtz sind Geschöpfe von flammender Willenskraft, die spätere Abenteurer wie T. E. Lawrence in *The Seven Pillars of Wisdom* oder Perken in *La Voie royale* von Malraux vorwegnehmen. Conrads Helden, wie sehr sie auch mit ungewöhnlicher Reflexionskraft und kosmischer Ironie gesegnet sein mögen, bleiben als starke, oft bedenkenlos wagemutige Tatmenschen in Erinnerung.

Und obwohl ihre Texte – zusammen mit dem Werk von Rider Haggard, Doyle, Charles Reade, Vernon Fielding, G. A. Henty und Dutzender anderer minder bedeutender Schriftsteller – zum Genre des Abenteuerimperialismus gehören, haben Kipling und Conrad ernsthafte ästhetische und kritische Aufmerksamkeit verdient.

Ein bestimmtes Verfahren, zu erfassen, was an Kipling ungewöhnlich ist, besteht darin, sich kurz ins Gedächtnis zu rufen, wer seine Zeitgenossen waren. Wir haben uns daran gewöhnt, ihn in der Nachbarschaft von Haggard und Buchan zu sehen; das hat uns den Blick dafür getrübt, daß er als Künstler zu Recht mit Hardy, Henry James, Meredith, Gissing, dem späteren George Eliot, George Moore oder Samuel Butler verglichen werden kann. In Frankreich kommen ihm Flaubert und Zola, selbst Proust und der frühe Gide gleich. Freilich sind die Romane dieser Autoren im wesentlichen Werke der Desillusionisierung und Entzauberung, während *Kim* das nicht ist. Der Protagonist des Romans des späten 19. Jahrhunderts ist nahezu ausnahmslos jemand, der bemerkt hat, daß sein oder ihr Lebensprojekt – der Wunsch nach Größe, Reichtum oder Auszeichnung – bare Phantasie, Illusion, Traum ist. Frédéric Moreau in Flauberts *Éducation sentimentale*, Isabel Archer in *The Portrait of a Lady* oder Ernest Pontifex in Butlers *The Way of All Flesh* – das sind Gestalten, die schmerzhaft erwacht sind aus einem ausgefallenen Traum von Leistung, Handeln oder Ruhm und sich nun mit einem reduzierten Status, betrogener Liebe und einer scheußlich bürgerlichen Gesellschaft, die kalt ist und spießig, abfinden müssen.

Dieses Erwachen ist in *Kim* nicht zu finden. Nichts macht das besser deutlich als ein Vergleich von Kim mit seinem beinahe direkten Zeitgenossen Jude Fawley, dem »Helden« in Thomas Hardys Roman *Jude the Obscure* (1894). Beide sind exzentrische Waisenkinder, die mit ihrer Umgebung im Streit liegen: Kim ist ein Ire in Indien, Jude ein schwachbegabter englischer Junge vom Land, der sich mehr für Griechisch interessiert als für den Ackerbau. Beide malen sich für sich selbst ein Leben von fesselnder Anziehungskraft aus, und beide versuchen sich dieses Leben durch eine »Lehrzeit« zu eröffnen, Kim als »chela« beim wandernden Lama-Abt, Jude als Studienplatzbewerber an der Universität. Aber da hören die Vergleichsmöglichkeiten auch schon auf. Jude verstrickt sich in eine Kalamität nach der anderen; er heiratet die schlecht zu ihm passende Arabella, verliebt sich verhängnisvoll in Sue Bridehead, zeugt Kinder, die Selbstmord begehen, und beendet seine Tage nach Jahren pathetischen Umherschweifens als verwahrloster Mann. Kim dagegen reiht einen glänzenden Erfolg an den anderen.

Es ist dennoch nicht unwichtig, auf den Ähnlichkeiten zwischen *Kim* und *Jude the Obscure* zu insistieren. Beide, Kim und Jude, werden ihrer ungewöhnlichen Herkunft wegen ausgewählt; keiner ist ein »normaler« Junge, dessen Eltern und Familie ihm eine sanfte Lebensreise gewährleisten. Zentral für ihre jeweilige Lage ist das Problem der Identität – was sein, wohin gehen, was tun sollen. Da sie nicht wie die anderen sein können, wer sind sie? Sie sind rastlose Sucher und Wanderer wie der archetypische Held der Romanform selbst, Don Quixote, der entschlossen die Welt des Romans in seinem unglücklichen Zustand, seine »transzendentale Obdachlosigkeit«, wie Lukács das in *Die Theorie des Romans* nennt, von der glücklichen, befriedeten Welt des Epos abgrenzt. Jeder Romanheld, sagt Lukács, sucht die verlorene Welt seiner oder ihrer Phantasie wiederzugewinnen, etwas, das im Desillusionierungsroman des späten 19. Jahrhunderts ein unerfüllbarer Traum bleibt.[151] Auch Jude ist, wie Frédéric Moreau, Dorothea Brooke, Isabel Archer, Ernest Pontifex und alle die anderen, zu einem solchen Schicksal verurteilt. Das Paradoxon der persönlichen Identität rührt daher, daß sie in jenen erfolglosen Traum eingeschlossen ist. Jude wäre nicht der, der er ist, wenn da nicht sein vergeblicher Wunsch wäre, ein Gelehrter zu werden. Der Versuch, dem Schicksal sozialer Nichtigkeit zu entrinnen, hält die Verheißung der Linderung aufrecht, aber sie ist ausgeschlossen. Die strukturelle Ironie steckt in eben jener Konjunktion: Was man will, ist genau das, was man nicht haben kann. Die Bitterkeit und die zerrüttete Hoffnung gegen Ende von *Jude the Obscure* sind synonym mit Judes eigentlicher Identität geworden.

Kim O'Hara dagegen ist, weil er über dieses paralysierende, entmutigende Dilemma hinausgelangt, als Charakter bemerkenswert optimistisch. Wie die Taten anderer Helden der imperialen Literatur laufen seine Aktionen auf Siege hinaus, nicht auf Niederlagen. Er bringt Indien zu erneuter Blüte, als die eingedrungenen ausländischen Agenten festgenommen und ausgewiesen sind. Ein Hauptteil seiner Stärke gründet in seiner tiefen, nahezu instinktiven Kenntnis der Differenz zu den Indern um ihn herum; er besitzt ein Amulett, das ihm in früher Kindheit anvertraut wurde, und im Gegensatz zu den anderen Jungen, mit denen er spielt – wie zu Beginn des Romans verdeutlicht wird –, ist er durch eine Prophezeiung seines Vaters auf ein einzigartiges Schicksal vorbereitet, das er jedermann mitteilen möchte. Später wird er sich ausdrücklich bewußt, daß er ein Sahib ist, ein weißer Mann, und wann immer er schwankt, taucht jemand auf, der ihn daran erinnert, daß er tatsächlich ein Sahib ist, ein Sahib mit allen Rechten und Privilegien dieses besonderen Standes. Kipling läßt sogar den heiligen Guru den Unterschied zwischen einem weißen und einem nicht-weißen Mann bestätigen.

Aber nicht das allein verleiht dem Roman seine seltsame Aura von Freude und Zuversicht. Kipling war, verglichen mit James oder Conrad, kein introspektiver Autor, noch hielt er sich – dem Material nach zu urteilen, über das wir verfügen – für einen Künstler, wie Joyce das tat. Der Glanz seiner Schreibweise in ihren besten Eigenschaften verdankt sich der Leichtigkeit und Flüssigkeit, der scheinbaren Natürlichkeit seiner Erzähl- und Charakterisierungskunst, während die Vielgestaltigkeit seiner Kreativität mit der von Dickens und Shakespeare wetteifert. Sprache war für ihn kein resistentes Medium wie für Conrad; sie war transparent und zahlreicher Tonlagen und Modulationen fähig, die allesamt direkt repräsentativ für die Welt waren, die er erforschte. Und diese Sprache verleiht Kim seine Lebhaftigkeit und seinen Witz, seine Energie und seine Anziehungskraft. In vieler Hinsicht ähnelt Kim einer Gestalt, die sehr viel früher im 19. Jahrhundert entworfen sein könnte, beispielsweise von einem Autor wie Stendhal, dessen lebhafte Porträts von Fabrice del Dongo und Julien Sorel dieselbe Mischung von Abenteurertum und sehnsüchtigem Verlangen beweisen, die Stendhal »espagnolisme« nannte. Für Kim wie für Stendhals Figuren ist, im Gegensatz zu Hardys Jude, die Welt voller unentdeckter Möglichkeiten und, wie Calibans Insel, »voll Lärm, voll Tön' und süßer Lieder, die ergötzen und niemand Schaden tun«.

Zuzeiten ist diese Welt friedlich, geradezu idyllisch. So werden wir nicht nur Zeugen des Getümmels und der Vitalität auf der Großen Heerstraße, sondern auch der freundlichen und leisen Schäferpoesie der Szene *en route* mit dem alten Soldaten (Kapitel 3), als die kleine Gruppe Reisender rastet:

> »Ein lullendes Summen von Insekten war in dem heißen Sonnenschein, Gurren von Tauben und leises schläfriges Dröhnen von Wasserrädern über die Felder her. Langsam und gewichtig hob der Lama an. Nach zehn Minuten glitt der alte Soldat von seinem Pony, um, wie er sagte, besser zu hören, und setzte sich nieder, die Zügel ums Handgelenk schlingend. Die Stimme des Lama stolperte, die Pausen wurden länger. Kim war in die Beobachtung eines grauen Eichhörnchens vertieft. Als das kleine zapplige Pelzbündelchen, dicht an den Ast geschmiegt, verschwand, waren Prediger und Gemeinde fest eingeschlafen: der scharfgeschnittene Kopf des alten Soldaten auf seinen Arm gebettet, der des Lama an den Baumstamm zurückgelehnt, von dem er sich abhob wie gelbes Elfenbein. Ein nacktes Kind trollte sich heran, glotzte und machte in einem plötzlichen Anfall von Ehrfurcht einen feierlichen kleinen Knicks vor dem Lama – aber es war so kurz und fett, daß es seitwärts umpurzelte, und Kim mußte laut lachen über die zappelnden Wurstbeinchen. Das Kind, erschreckt und empört, schrie gellend.«[152]

Von allen Seiten ist diese Szene edenhafter Ruhe vom »wunderbaren Schauspiel« der Großen Heerstraße umschlossen, auf der sich, wie der alte Soldat das ausdrückt, »alle Arten und Kasten von Menschen tummeln. Schau! Brahmanen und *Chumars* [Schuster], Geldwechsler und Kesselflicker, Barbiere und *Bunnias* [Hindukaste], Pilger und Töpfer – alle Welt kommt und geht. Für mich ist's wie ein Fluß, aus dem ich an Land gespült bin wie ein Holzklotz nach der Überschwemmung.«[153]

Ein faszinierendes Indiz für Kims Umgang mit dieser wimmelnden, merkwürdig gastfreundlichen Welt ist seine Verkleidungs- und Verwandlungsgabe. Anfangs sehen wir ihn auf der alten Kanone auf einem Platz in Lahore sitzen – wo sie auch heute noch steht –, ein indischer Junge unter anderen indischen Jungen. Kipling differenziert sorgfältig die Religionen und Kastenhintergründe jedes einzelnen Jungen heraus (des Muslim, des Hindu, des Iren), verfährt aber ebenso sorgsam, wenn er zeigt, daß keine dieser Identitäten, obwohl sie den anderen Jungen behindern können, ein Hindernis für Kim ist. Er kann von einem Dialekt, aus einem Komplex von Werten und Glaubensinhalten zum anderen überwechseln. Das ganze Buch hindurch gebraucht Kim die Dialekte verschiedener indischer Glaubensgemeinschaften; er spricht Urdu, Englisch (Kipling gibt eine herrlich spaßige, freundliche Nachahmung seines geschraubten Anglo-Indisch, das genau unterschieden wird vom volltönenden Wortreichtum des Babu), Eurasisch, Hindi und Bengalisch; wenn Mahbub Pashtu redet, schnappt Kim auch das auf; wenn der Lama sein chinesisches Tibetisch murmelt, versteht er auch das. Als Orchestrator dieses Babels, dieser wirklichen Arche Noah von Sansis, Kaschmiris, Akalis und Sikhs und vieler anderer gelingt es Kipling zudem, Kims unablässiges Streunen zwischen diesen Sphären plausibel zu machen: ein großer Schauspieler, der viele Situationen durchläuft und in jeder zu Hause ist.

Wie verschieden ist das alles von der glanzlosen Welt der europäischen Bourgeoisie, deren Ambiente die Entwertung des modernen Lebens bestätigt, den Untergang aller Träume von Leidenschaft, Erfolg und exotischem Dasein... Kipling bietet eine Antithese dazu: Seine Welt, weil sie in einem von Großbritannien beherrschten Indien angesiedelt ist, verweigert dem ausgebürgerten Europäer nichts. *Kim* zeigt, wie ein weißer Sahib das Leben in dieser üppigen Komplexität genießen kann, und, wie ich hinzufügen möchte, das Fehlen von Widerstand gegen die europäische Intervention – symbolisiert durch Kims Fähigkeit, sich relativ ungehindert durch ganz Indien zu bewegen – verdankt sich seiner imperialistischen Sicht. Denn was man nicht in seiner eigenen westlichen Umgebung erreichen kann – wo der Versuch, den Traum des erfolggekrönten Strebens auszuleben, bedeutet, daß man sich gegen die eigene Mittelmäßigkeit und die Korruption und Deformation der Umgebung zur Wehr setzt –, das kann man »drüben« zu erreichen versuchen. Ist es nicht möglich, in Indien alles zu tun? Alles zu sein? Straflos überall hinzugehen?

Man führe sich das Muster von Kims Wanderungen vor Augen, soweit sie die Struktur des Romans betreffen. Die meisten seiner Reisen vollziehen sich innerhalb der Grenzen des Pandschab, längs der Achse von Lahore nach Umballa, einer britischen Garnisonsstadt an der Grenze der United Provinces [Vereinigte Provinzen]. Die Große Heerstraße, Ende des 16. Jahrhunderts von dem großen muslimischen Herrscher Sher Shan erbaut, führt von Peshawar nach Kalkutta, obwohl der Lama nie weiter nach Süden und Osten kommt als bis Benares. Kim unternimmt Exkursionen nach Simla, Lucknow und später ins Kulu-Tal; mit Mahbub gelangt er in südlicher Richtung bis Bombay, in westlicher bis Karatschi. Der Gesamteindruck aber, den diese Reisen vermitteln, ist der eines unbeschwerten Schlängelpfades. Gelegentlich werden Kims Ausflüge von den Bedingungen des Schuljahres in St. Xavier's bestimmt, aber die einzige ernstliche Tagesordnung, die einzigen wirklichen Äquivalente von Zeitdruck, der auf den Hauptfiguren lastet, sind 1. die halbwegs flexible Suche des Lama-Abtes nach seinem Fluß und 2. die Verfolgung und schließliche Ausschaltung der ausländischen Agenten, die an der Nordwestgrenze Unruhe zu stiften suchen. Hier gibt es keine intriganten Geldverleiher, keine Dorfpotentaten und keine bösartigen Gerüchte über herzlose *parvenus*, wie sie in den Romanen von Kiplings wichtigsten europäischen Zeitgenossen auftauchen.

Und jetzt vergleiche man die eher lockere Struktur von *Kim*, die auf einer verschwenderischen geographischen und räumlichen Expansivität beruht, mit der dichten, erbarmungslos unversöhnlichen Zeitstruktur der europäischen Romane, die zeitgleich damit erscheinen. Die Zeit, sagt Lukács in *Die Theorie des Romans*, ist der große Ironiker, beinahe selbst eine Figur dieser Romane, insofern sie den Protagonisten immer tiefer in Illusion und Gestörtheit verstrickt und ihm oder ihr die Illusionen als unbegründet, leer und schmerzhaft sinnlos enthüllt.[154] Bei *Kim* hat man den Eindruck, daß die Zeit auf der Seite der Figuren steht, weil auch die Geographie, in der sie sich mehr oder weniger frei bewegen können, auf ihrer Seite steht. Zweifellos verspürt Kim das – und auch Colonel Creighton – in seiner Geduld und in den sporadischen, ja vagen Rhythmen seines Auftauchens und Verschwindens. Die Üppigkeit des indischen Raumes, die hoheitliche britische Präsenz dort und das Gefühl von Freiheit, das von der Wechselwirkung zwischen diesen beiden Faktoren vermittelt wird, summieren sich zu einer wunderbar positiven Atmosphäre, die den ganzen Text überstrahlt. Das hier ist keine Welt sich überstürzenden Unheils wie bei Flaubert oder bei Zola.

Die atmosphärische Leichtigkeit des Romans erwächst meiner Meinung nach auch aus Kiplings lebhaft erinnertem Gefühl, in Indien zu Hause zu sein. In *Kim* haben die Vertreter des Raj offenbar keinerlei Probleme damit, »drüben« zu sein; Indien erfordert für sie keine selbstbewußte Apologetik, erzeugt keine Verlegenheit, kein Unbehagen. Die französisch sprechenden russischen Agenten räumen ein, daß »wir hier noch nirgendwo unsere Spur geprägt haben«[155], aber die Briten wissen, daß ihnen das bereits gelungen ist, und zwar so sehr, daß Hurree, jener selbsternannte »Orientale«, von der Verschwörung der Russen gegen den Raj beunruhigt wird, nicht gegen sein eigenes Volk. Als die Russen den Lama angreifen und ihm seine Karte entreißen, steht diese Entweihung des Abtes metaphorisch für Indien selbst, und Kim korrigiert sie später. Zum Schluß bringt Kipling Versöhnung ins Spiel, und seine Mittel sind geographischer Art: die Wiederinbesitznahme Indiens durch die Briten, um erneut seine geräumige Weite genießen zu können, um dort wieder und wieder zu Hause zu sein.

Es besteht eine auffallende Übereinstimmung zwischen Kiplings Wiederaneignung der Geographie und derjenigen Camus' in einigen seiner algerischen Geschichten, die etwa ein halbes Jahrhundert später entstanden sind. Ihre Gesten sind symptomatisch nicht für Vertrauen, sondern für ein verstecktes, häufig uneingestandenes Mißbehagen. Denn wenn man einer Region angehört, braucht man sie nicht fortgesetzt zu beschreiben und zu bereden: Man ist einfach da, wie die stummen Araber in *Der Fremde* oder die wirrhaarigen Schwarzen in *Herz der Finsternis* oder die Inder in *Kim*. Aber die koloniale, das heißt geographische Aneignung gebietet solche ausdrücklichen Wendungen und Beteuerungen, sie sind das Kennzeichen der imperialen Kultur, die sich selbst und für sich selbst bestätigt.

Kiplings geographische und räumliche Kontrolle Indiens gewinnt, eher als die zeitliche der metropolitanischen europäischen Literatur, besonderes Gewicht durch politische und historische Faktoren; sie bringt ein unwiderrufliches politisches Urteil zum Ausdruck. Es ist, als sagte er, Indien ist unser, und deshalb können wir es auf diese zumeist unangefochtene, mäandernde und erfüllende Weise wahrnehmen. Indien ist »anders«, und, wichtiger noch, es wird seiner wunderbaren Größe und Vielgestaltigkeit wegen sicher von Großbritannien gestützt.

Kipling arrangiert noch eine weitere ästhetisch befriedigende Übereinstimmung, und auch sie muß in Betracht gezogen werden. Das ist der Zusammenschluß von Creightons »Großem Spiel« und Kims unerschöpflich erneuerter Fähigkeit und Neigung zu Verwandlungen und Abenteuer. Kipling hält die beiden Dimensionen in enger Verbindung. Die erste ist ein Mittel der politischen Überwachung und Kontrolle; die zweite ist, auf einer tieferen Ebene, die Wunschphantasie jemandes, der glauben möchte, daß alles möglich ist, daß man überall hingehen und alles sein kann. T. E. Lawrence bringt diese Phantasie in *The Seven Pillars of Wisdom* wieder und wieder zum Ausdruck, wenn er uns daran erinnert, wie er – ein blonder, blauäugiger Engländer – sich unter den Wüstenarabern bewegte, als sei er einer von ihnen.

Ich nenne das deshalb eine Phantasie, weil niemand – wie Kipling und Lawrence nicht müde werden, uns in Erinnerung zu rufen –, am wenigsten wirkliche Weiße und Nicht-Weiße in den Kolonien, je vergißt, daß »Eingeborener« zu spielen oder die Teilnahme am »Großen Spiel« auf den steinharten Grundlagen der europäischen Macht beruht. Hat es je einen Eingeborenen gegeben, der sich von den blau- oder grünäugigen Kims und Lawrences zum besten halten ließ, die als reisende Abenteurer bei ihnen durchzogen? Ich bezweifle das, genauso wie ich daran

zweifle, daß je ein weißer Mann oder eine weiße Frau innerhalb des Orbits des europäischen Imperialismus gelebt haben, die vergaßen, daß
die Machtdiskrepanz zwischen weißen Regenten und einheimischen
Untertanen absolut war und unwandelbar sein sollte, fest in der kulturellen, politischen und ökonomischen Realität verwurzelt.

Kim, der positive, jugendliche Held, der in wechselnder Verkleidung
durch ganz Indien reist, über Grenzen und Dachgärten hinweg, in Zel-
ten und Dörfern, ist immerwährend der britischen Macht verantwortlich, die von Creightons »Großem Spiel« repräsentiert wird. Der Grund
dafür, den wir deutlich erkennen können, ist, daß seit der Niederschrift
von *Kim* Indien unabhängig geworden *ist*, so wie seit der Publikation
von Gides *L'Immoraliste* und Camus' *L'Étranger* Algerien von Frankreich unabhängig geworden *ist*. Diese Hauptwerke der imperialen
Periode rückblickend und heterophon mit anderen Geschichten und Traditionen zu lesen, die sie kontrapunktieren, sie im Lichte der Dekolonisierung zu lesen bedeutet weder ihre ästhetische Kraft zu mindern noch
sie reduktiv zu imperialistischer Propaganda zu stempeln. Sehr viel
schwerer wiegt der Fehler, sie von allen Affiliationen mit den Gegebenheiten der Macht entblößt zu lesen, die sie inspiriert und ermöglicht hat.

Das von Kipling ersonnene Mittel, durch das die britische Kontrolle
über Indien (das »Große Spiel«) in allen Einzelheiten mit Kims Ver-
wandlungsphantasie koinzidiert, mit Indien im Einklang zu sein und
später seine Entweihungen zu heilen, hätte ohne den britischen Imperialismus nie wirksam werden können. Wir müssen den Roman als die
Verwirklichung eines großen kumulativen Prozesses lesen, der in den
letzten Jahren vor der Jahrhundertwende seinen Höhepunkt vor der indischen Unabhängigkeit erreicht: auf der einen Seite Kontrolle und
Überwachung Indiens; auf der anderen Liebe zu und fasziniertе Aufmerksamkeit für jedes Detail seiner Wirklichkeit. Die Überschneidung
von politischer Besitzstandswahrung auf der einen Seite, ästhetischem
und psychologischem Vergnügen auf der anderen wird durch den britischen Imperialismus selbst ermöglicht. Kipling verstand das, aber viele
seiner späteren Leser weigern sich, diese beunruhigende, ja peinliche
Wahrheit anzuerkennen. Und es handelte sich nicht nur um Kiplings Erkenntnis des britischen Imperialismus im allgemeinen, sondern um den
Imperialismus zu einem spezifischen Zeitpunkt seiner Geschichte, als
er die Dynamik einer menschlichen und säkularen Wahrheit beinahe
schon aus dem Blick verloren hatte: der Wahrheit, daß Indien bereits vor
der Ankunft der Europäer existiert hatte, daß die Kontrolle von einer
europäischen Macht übernommen wurde und daß sich der indische

Widerstand gegen diese Macht von britischer Unterwerfung freizu-
kämpfen hatte.

Wenn wir *Kim* heute lesen, dann können wir einen großen Künstler
dabei beobachten, wie er sich in einem gewissen Sinne von seinen eigenen Einsichten verblenden läßt, indem er die Realitäten dessen, was er
mit Farbigkeit und Erfindungsgabe beschrieb, mit der Vorstellung ver-
quickt, sie seien permanent und essentiell. Kipling entlehnt bei der
Romanform Eigenschaften, die er diesem im Grunde verschleiernden
Vorhaben gefügig zu machen sucht. Es ist zweifellos eine künstlerische
Ironie, daß ihm die Verschleierung nicht wirklich gelingt, und sein Versuch, den Roman zu diesem Zweck zu nutzen, bestätigt seine ästhetische Integrität. *Kim* ist gewiß *kein* politischer Traktat. Kiplings Wahl
der Romanform und seiner Hauptfigur Kim O'Hara, um sich tief auf
ein Indien einzulassen, das er liebte, aber genaugenommen nicht haben
konnte – eben das sollten wir als die zentrale Bedeutung des Buches im
Blick behalten. Dann können wir *Kim* als großes Dokument eines historischen Augenblicks und als ästhetischen Meilenstein auf dem Wege zur
Wende des 14. zum 15. August 1947 lesen, einer Wende, deren Kinder
viel dazu beigetragen haben, unseren Eindruck von der Ergiebigkeit der
Vergangenheit und ihren fortdauernden Problemen zu revidieren.

6. *Der Eingeborene unter Kontrolle*

Ich habe versucht, mich einerseits auf jene Momente einer sich weiter-
entwickelnden europäischen Kultur zu konzentrieren, deren sich der
Imperialismus bediente, als seine Erfolge sich beschleunigten, und andererseits zu beschreiben, wie es kam, daß der imperialistische Europäer nicht wahrhaben konnte oder wollte, daß er oder sie Imperialist
war, und wie es ironischerweise dazu kam, daß der Nicht-Europäer den
Europäer unter denselben Umständen *nur* als imperialistisch sah. »Für
den Eingeborenen«, sagt Fanon, ist ein europäischer Wert wie »Objektivität immer direkt gegen ihn selbst gerichtet«.[156]

Trotzdem: Erscheint der Imperialismus als so tief im Europa des
19. Jahrhunderts verwurzelt, daß er von der Kultur als ganzer ununter-
scheidbar geworden ist? Welche Bedeutung hat ein Wort wie »imperialistisch«, wenn es für Kiplings chauvinistische Texte ebenso gebraucht
wird wie für sein subtiles literarisches Werk oder für seine Zeitgenossen
Tennyson und Ruskin?

Zwei Antworten drängen sich von selbst auf. Konzepte wie »Imperialismus« haben eine allgemeine Eigenschaft, die die interessante Heterogenität westlicher metropolitanischer Kulturen unannehmbar verschleiert. Es muß zwischen einer bestimmten Art kultureller Arbeit und einer anderen unterschieden werden, wenn es um Verstrickung in Imperialismus geht. So können wir beispielsweise sagen, daß John Stuart Mill trotz seiner Illiberalität gegenüber Indien in seinen Einstellungen zum Phänomen des Imperiums vielschichtiger und aufgeklärter war als Carlyle oder Ruskin (Mills Verhalten im Falle von Eyre war prinzipientreu und im Rückblick sogar bewundernswert). Dasselbe gilt für Conrad und Kipling als Künstler im Vergleich mit Buchan oder Haggard. Gleichwohl kann der Einwand, daß Kultur nicht zum Bestandteil des Imperialismus erklärt werden sollte, zur Taktik werden, die davor schützt, die beiden ernstlich miteinander in Verbindung zu bringen. Wenn wir uns Kultur und Imperialismus genau anschauen, können wir in ihrer Beziehung verschiedene Formen unterscheiden, und es lassen sich Zusammenhänge aufdecken, die unsere Deutung wichtiger kultureller Texte bereichern und schärfen.

Hier mögen Conrad und Flaubert als Beispiele dienen, Schriftsteller, die in der zweiten Hälfte des 19. Jahrhunderts schrieben, jener ausdrücklich mit dem Imperialismus befaßt, dieser implizit darin verwickelt. Trotz ihrer Unterschiede legen beide Autoren ähnlichen Nachdruck auf Figuren, deren Fähigkeit, sich in Strukturen, die sie selbst schaffen, zu isolieren und einzukreisen, dieselbe Gestalt annimmt wie der Kolonisator im Mittelpunkt eines Imperiums, das er beherrscht. Axel Heyst in *Victory* und der Heilige Antonius in *La Tentation* – beides Spätwerke – leben zurückgezogen an einem Ort, wo sie, wie die Hüter einer magischen Totalität, eine feindselige Welt umschließen, die von beunruhigenden Widerständen gegen ihre Kontrolle gesäubert ist. Diese einsamen Rückzügler haben eine lange Geschichte in Conrads Werk – Almayer, Kurtz in der Binnenstation, Jim in Patusan und erst recht Charles Gould in Sulaco; bei Flaubert kommen sie nach *Madame Bovary* mit sich steigernder Häufigkeit vor. Aber im Gegensatz zu Robinson Crusoe auf seiner Insel ist diese moderne Version des Imperialisten, der nach Selbsterlösung strebt, dazu verdammt, Störung und Ablenkung zu erleiden, so als ob das, was sie aus ihren Inselwelten auszuschließen versucht hatte, doch immer wieder eindringt. Der verdeckte Einfluß der imperialen Kontrolle in Flauberts Bilderwelt der einsamen Anmaßung wirkt verblüffend, wenn man sie neben Conrads unverblümte Darstellungen hält.

Im Rahmen der Codes europäischer Literatur sind diese Einbrüche imperialer Projekte realistische Mahnungen, daß sich niemand wirklich aus der Welt in eine private Vision zurückziehen kann. Die Rückbindung an Don Quixote ist ebenso offensichtlich wie der kontinuierliche Zusammenhang mit den institutionellen Momenten der Romanform selbst, wo das abweichende Individuum gewöhnlich im Sinne der Interessen einer Körperschaftsidentität diszipliniert und bestraft wird. Auf Conrads offen kolonialen Schauplätzen werden die Störungen von Europäern verursacht und im Zeichen einer narrativen Struktur entfaltet, die rückwirkend europäischer Prüfung zur Interpretation unterworfen wird. Man erkennt das sowohl im frühen *Lord Jim* wie im späteren *Victory* – in dem Maße, wie der idealistische oder zurückgezogene Weiße (Jim, Heyst) ein Leben gleichsam quixotischer Abgeschiedenheit führt, wird sein Raum von mephistophelischen Verlockungen überschwemmt, von Abenteurern, deren spätere strafbare Handlungen rückblickend von einem erzählenden Weißen untersucht werden.

Herz der Finsternis ist ein weiteres Beispiel. Marlows Zuhörerkreis besteht aus Engländern, und Marlow selbst dringt in Kurtz' privaten Bereich als nachforschender Vertreter des Westens ein, der versucht, sich eine apokalyptische Enthüllung verständlich zu machen. Die meisten Interpretationen lenken zu Recht die Aufmerksamkeit auf Conrads Skepsis gegen die kolonialistische Bestrebung, bemerken jedoch nur selten, daß Marlow, wenn er die Geschichte seiner Reise nach und in Afrika erzählt, Kurtz' Handlungsweise wiederholt und bestätigt: Afrika im Sinne der europäischen Hegemonie durch Historisierung und Erzählung seiner Fremdheit wiederherzustellen. Die Wilden, die Wildnis, sogar die Granaten, die in einen weiten Kontinent hinein zerplatzen – das alles akzentuiert Marlows Wunsch, die Kolonien auf der imperialen Landkarte und in der Zeitlichkeit erzählbarer Geschichte zu situieren, gleichgültig, wie kompliziert und weitschweifig die Ergebnisse ausfallen.

Marlows historische Äquivalente wären, um zwei bedeutende Beispiele herauszugreifen, Sir Henry Maine und Sir Roderick Murchison, Männer, die um ihres gewichtigen kulturellen und wissenschaftlichen Werkes willen berühmt waren – eines Werkes, das unverständlich wäre ohne den imperialen Kontext. Maines große Studie *Ancient Law* (1861) erforscht die Gesetzesstruktur in einer primitiven patriarchalischen Gesellschaft, die das Privileg eines fixierten »Status« gewährte und erst modern werden konnte, als die Transformation zu einer »vertraglichen« Grundlage stattfand. Maine präfiguriert auf höchst genaue

Weise, die an Foucaults *Surveiller et punir* erinnert, die europäische Geschichte des Wandels von »Souveränität« zu administrativer Überwachung. Der Unterschied ist der, daß das Imperium für Maine zu einer Art Laboratorium zum Beweis seiner Theorie wurde (Foucault nahm das Benthamsche Panoptikon, das in europäischen Haftanstalten in Gebrauch war, zum Beweisstück für seine Theorie). Zum ordentlichen Mitglied im Viceroy's Council ernannt, begriff Maine seinen Aufenthalt im Osten als »verlängerte Feldforschungs-Reise«. Er bekämpfte die Utilitarier in Streitfragen, die sich auf die durchgreifende Reform der indischen Gesetzgebung bezogen (von der er zweihundert Paragraphen selbst schrieb), und machte sich die Identifizierung und Errettung von Indern zur Aufgabe, die vom »Status« gelöst und, als sorgsam gehegte Eliten, auf die vertragliche Basis der britischen Politik eingeschworen werden konnten. In *Village Communities* (1871) und später in seinen »Rede Lectures« entwarf Maine eine Theorie, die verblüffend an die Marxsche gemahnt: daß nämlich der Feudalismus in Indien, vom britischen Kolonialismus herausgefordert, ein notwendiges Entwicklungsstadium sei; mit der Zeit, argumentierte er, würde ein feudaler Lehnsherr die Basis für individuelles Eigentum bereitstellen und damit den Auftritt einer prototypischen Bourgeoisie einläuten.

Der ebenfalls beeindruckende Roderick Murchison war ursprünglich Soldat und hatte sich später zum Geologen, Geographen und Geschäftsführer der Royal Geographical Society gemausert. Wie Robert Stafford in einer Darstellung von Murchisons Leben und Laufbahn hervorhebt, war es, angesichts der militärischen Grundausbildung des Mannes, seines entschiedenen Konservativismus, seines maßlosen Selbstvertrauens und Willens und seines gewaltigen wissenschaftlichen und erwerbsorientierten Ehrgeizes, geradezu unvermeidlich, daß er seine Arbeit als Geologe auf ähnliche Weise in Angriff nahm wie eine siegreiche Armee, deren Kampagnen dem britischen Imperium Macht und globale Reichweite sicherten.[157] Ob in Großbritannien selbst, in Rußland oder Europa, oder in den Antipoden, in Afrika oder Indien, Murchisons Arbeit *war* das Imperium. »Reisen und Kolonisieren sind immer noch genauso die Hauptleidenschaften von Engländern, wie sie es in den Tagen von Raleigh und Drake waren«, sagte er einst.[158]

In seinen Erzählungen inszeniert Conrad die imperiale Geste neu, im Grunde die ganze Welt einzubeziehen, und er stellt ihre Erfolge dar, während er gleichzeitig ihre unauflöslichen Widersprüche hervorhebt. Seine historische Sicht setzt sich über die anderen Geschichten hinweg, die in der narrativen Sequenz enthalten sind; ihre Dynamik sanktioniert Afrika, Kurtz und Marlow – trotz ihrer Überspanntheit – als Objekte eines überlegenen westlichen (jedoch zugestandenermaßen problematischen) *konstitutiven* Verständnisses. Aber wie bereits gesagt: Ein Großteil von Conrads Erzählungen ist mit dem befaßt, was sich dem artikulierten Ausdruck entzieht – der Dschungel, die verzweifelten Eingeborenen, der große Fluß, Afrikas großartiges, unsagbar dunkles Leben. Bei der zweiten von zwei Gelegenheiten, bei denen ein Eingeborener einen verständlichen Satz spricht, läßt er seinen »unverschämten schwarzen Schädel« durch die Türöffnung hereinschauen, um Kurtz' Tod zu verkünden, so als ob einzig und allein ein europäischer Vorwand einem Afrikaner genug Verstand einzuflößen vermöchte, sich zusammenhängend zu äußern. Abzüglich der Anerkennung einer wesentlichen afrikanischen Differenz nimmt Marlows Erzählung die afrikanische Wirklichkeit als weitere Bestätigung der weltweiten Bedeutung von Europa; Afrikas integrale Bedeutung schwindet dahin, so als ob es mit Kurtz' Besichtigung erneut in die Leere zurückgefallen wäre, die sein imperialer Wille zu überwinden gesucht hatte.

Von Conrads zeitgenössischen Lesern war nicht zu erwarten, daß sie nach dem fragten oder sich damit befaßten, was aus den Einheimischen wurde. Worauf es ihnen ankam, war die Art und Weise, wie Marlow aus allem Sinn schlägt, denn ohne seine willentlich gestaltete Erzählung gibt es keine berichtenswerte Geschichte, keine konsultierenswerte Autorität. Das ist nur wenig entfernt von König Leopolds Bericht über seine International Congo Association, »die der Sache des Fortschritts dauerhafte und uneigennützige Dienste« leistete[159] und 1885 von einem Bewunderer als »das vornehmste und aufopferungsvollste Projekt für die Entwicklung Afrikas« beschrieben wurde, »das je in Angriff genommen wurde oder werden wird«.

Chinua Achebes Kritik an Conrad (er sei ein Rassist gewesen, der Afrikas eingeborene Bevölkerung entmenschlicht habe) geht nicht weit genug in der Hervorhebung dessen, was von Conrads Frühwerk deutlicher und expliziter in den späten Werken ausgesprochen wird, die, wie *Nostromo* und *Victory*, sich nicht mit Afrika auseinandersetzen.[160] In *Nostromo* ist die Geschichte von Costaguana die erbarmungslose Darstellung einer weißen Familie mit grandiosen Projekten und Selbstmordneigungen. Weder die lokalen Indianer noch die Spaniarden der herrschenden Klasse von Sulaco bieten eine alternative Perspektive: Conrad zeichnet sie mit beinahe derselben mitleidvollen Verachtung und Exotik, die er den afrikanischen Schwarzen und südostasiatischen Bauern vorbehält. Letztlich war Conrads Leserschaft eben eine europäische, und seine Literatur hatte den Effekt, diesen Umstand und das konsolidierende Bewußtsein davon nicht anzutasten, sondern zu bestätigen, obwohl seine ätzende Skepsis dadurch paradoxerweise entlastet wurde. Eine ähnliche Dynamik tritt bei Flaubert in Erscheinung.

Trotz ihrer Verfeinerung und Vernetzung sind die inklusiven kulturellen Strategien, die sich mit peripheren nicht-europäischen Schauplätzen befassen, deutlich ideologisch und selektiv (wenn nicht sogar repressiv), sofern »Eingeborene« betroffen sind, so wie auch der pittoreske Charakter der Kolonialmalerei des 19. Jahrhunderts[161] trotz ihres »Realismus« ideologisch und repressiv ist: sie bringen das Andere tatsächlich zum Schweigen, sie stellen Differenz als Identität wieder her, sie herrschen über und stellen Domänen dar, die von Besatzungsmächten gebildet werden, nicht von inaktiven Einwohnern. Zu fragen ist, was, wenn überhaupt etwas, solchen direkt imperialen Erzählformen wie denen Conrads eigentlich Widerstand leistete? War die verfestigte Vision von Europa ungebrochen? Oder war sie innerhalb Europas unwiderstehlich und unangefochten?

Der europäische Imperialismus brachte in der Tat – wie A. P. Thornton, Porter und Hobson zeigen[162] – zwischen Jahrhundertmitte und -ende eine europäische Opposition zur Geltung; sicherlich waren die Abolitionisten, beispielsweise Anthony Trollope und Goldwin Smith, unter den vielen individuellen und Gruppen-Rebellen relativ achtbare Gestalten. Dennoch repräsentierten Männer wie Froude, Dilke und Seeley die überwältigend machtvollere und erfolgreichere proimperiale Kultur.[163] Missionare waren, obwohl sie gelegentlich als Agenten der einen oder anderen imperialen Macht fungierten, das ganze 19. Jahrhundert hindurch imstande, die schlimmsten kolonialen Exzesse im Zaum zu halten, wie Stephen Neill in *Colonialism and Christian Missions*[164] zu bedenken gibt. Ebenso richtig ist, daß die Europäer manchen Eingeborenen den modernen technologischen Wandel brachten – Dampfmaschinen, Telegraphen, sogar Erziehung und Ausbildung –, Wohltaten, die über die koloniale Periode hinaus Bestand hatten, wenn auch nicht ohne negative Aspekte. Aber der erstaunliche Purismus des imperialen Strebens in *Herz der Finsternis* – wenn Marlow etwa zugibt, daß er immer die Leidenschaft verspürt hat, die großen weißen Flecken auf der Landkarte zum Verschwinden zu bringen – bleibt die überwältigende Realität, eine konstitutive Realität, in der Kultur des Imperialismus. Mit ihrer impulsiven Kraft ruft die Geste *tatsächliche* Forschungsreisende und Imperialisten wie Rhodes, Murchison und Stanley in Erinnerung. Es gibt keine Minderung der zwiespältigen Macht, die vom Imperialismus begründet und im kolonialen Konflikt verlängert wird. Conrad hebt diese Wirklichkeit noch besonders hervor, vor allem durch die Form von Kurtz' siebzehnseitigem Bericht über die Tätigkeit der Society for the Suppression of Savage Customs [Gesellschaft zur Unterdrückung der Bräuche der Eingeborenen], das Ziel, Licht in die dunklen Regionen zu bringen und sie zu zivilisieren, ist seinem effektiven Vorsatz logisch äquivalent: dem Bedürfnis, »die unvernünftigen Tiere zu vertilgen«, die nicht kooperativ sind oder resistente Ideen entwickeln. Gould in Sulaco ist sowohl der Herr der Mine als auch der Mann, der das Unternehmen zu vernichten plant. Keine Verbindungsglieder sind nötig – die imperiale Vision ermöglicht gleichzeitig Leben und Tod der Eingeborenen.

Natürlich konnten die Eingeborenen nicht *alle* zum Verschwinden gebracht werden, und in der Tat strapazierten sie das imperiale Bewußtsein mehr und mehr. Was folgt, sind Projekte zur Trennung der Eingeborenen – Afrikaner, Malaysier, Araber, Berber, Inder, Nepalesen, Javaner, Filipinos – von den Weißen aus rassischen und religiösen Gründen und zu ihrer nachmaligen »Wiederherstellung als Menschen«, die europäischer Präsenz bedürftig sind, entweder in Gestalt kolonialer Implantation oder durch Einübung eines »Meister«-Diskurses, der ihnen angepaßt war und durch den sie zur Arbeit angehalten werden konnten. Auf der einen Seite steht also Kiplings Literatur, die den Inder als Geschöpf postuliert, das britischer Vormundschaft bedarf, deren einer Aspekt eine Erzählung ist, die Indien umkreist und dann assimiliert, weil Indien ohne England in seiner eigenen Korruption und Unterentwicklung versänke. (Kipling wiederholt hier die sattsam bekannten Ansichten von James und John Stuart Mill und anderen Utilitariern während ihrer Amtszeit im India House.[165]) Auf der anderen Seite steht der schattenhafte Diskurs des kolonialen Kapitalismus mit seinen Wurzeln in der liberalen Politik des Freihandels (die sich auch aus der Evangelienliteratur herleiten), in dem der träge Eingeborene wiederum als jemand in Erscheinung tritt, dessen natürliche Verderbtheit und lockerer Charakter nach europäischer Zucht verlangen. Wir entziffern das an Beobachtungen von Kolonialherren wie Galliéni, Hubert Lyautey, Lord Cromer, Hugh Clifford und John Bowring: »Seine Hände sind groß und die Zehen seiner Füße geschmeidig, weil sie im Erklettern von Bäumen und verschiedenen anderen Funktionen geübt sind. [...] Die Eindrücke, die auf ihn einwirken, sind bei ihm wenig haftbar, und er behält nur eine schwache Erinnerung an vergangene oder gegenwärtige Ereignisse. Fragt man ihn nach seinem Alter, ist er nicht in der Lage zu antworten:

Wer waren seine Vorfahren? Er weiß es nicht und kümmert sich nicht darum. [...] Sein Hauptlaster ist Müßiggang, in dem sein ganzes Glück liegt. Die Arbeit, die die Notwendigkeit erfordert, erledigt er nur widerwillig.«[166] Und wir entziffern das an der monographischen Exaktheit ausgebildeter kolonialer Sozialwissenschaftler wie des Wirtschaftshistorikers Clive Day, der 1904 schrieb: »In der Praxis hat es sich als unmöglich erwiesen, sich die Dienste der eingeborenen [javanischen] Bevölkerung durch irgendeinen Appell an ihren Ehrgeiz zu sichern, sich zu bessern und ihren Lebensstandard zu heben. Nichts anderes als unverzügliche materielle Befriedigung vermag sie aus ihrer trägen Routine herauszureißen.«[167] Diese Beschreibungen charakterisierten die Eingeborenen und ihre Arbeit und verdunkelten die tatsächlichen historischen Verhältnisse, indem sie die Fakten von Schinderei und Widerstand hinwegzauberten.[168]

Diese Berichte zauberten jedoch auch die reale Macht des Beobachters hinweg (elidierten sie), der aus Gründen, die nur durch Macht und ihr Bündnis mit dem Geist der Weltgeschichte verbürgt wurden, zur Realität einheimischer Völker gleichsam von einer superobjektiven Perspektive aus Stellung nehmen konnte, indem er den Jargon und die Protokolle der neuen Wissenschaften benutzte, um den »Eingeborenen«-Standpunkt zu verdrängen. Romila Thapar drückt das so aus:

> »Die Geschichte Indiens wurde zu einem Mittel der Propagierung solcher Interessen. Die traditionelle indische Geschichtsschreibung mit ihrem Hauptgewicht auf historischen Biographien und Chroniken wurde weitgehend außer acht gelassen. Das europäische Schrifttum zur indischen Geschichte war der Versuch, eine neue historische Tradition zu begründen. Das historiographische Schema der indischen Vergangenheit, das während der kolonialen Periode im 18. und 19. Jahrhundert Gestalt annahm, ähnelte wahrscheinlich den Schemata, die in den Geschichten anderer Kolonialgesellschaften auftauchten.«[169]

Oppositionelle Denker wie Marx und Engels fanden sich zu solchen Urteilen nicht weniger bereit als französische und britische Regierungssprecher; beide politischen Lager bauten auf koloniale Dokumente, den vollständig chiffrierten Diskurs des Orientalismus beispielsweise und Hegels Einschätzung des Orients und Afrikas als statisch, despotisch und für die Weltläufte unerheblich. Als Engels am 17. September 1857 von den Mohren Algeriens als von einer »schüchternen Rasse« sprach, weil sie unterdrückt waren, aber »dennoch an ihrer Grausamkeit und Rachsucht festhalten, da sie moralisch sehr tief stehen«[170], da machte er sich zum Echo einer französischen Kolonialdoktrin. Ähnlich benutzte Conrad Kolonialberichte über faule Eingeborene. Dies ist ein zweiter Aspekt des wortlosen imperialen Wunsches. Denn wenn die verstockt materialistischen Eingeborenen aus dienstbaren Wesen in eine mindere Menschheit verwandelt werden, dann wird der Kolonist in einen unsichtbaren Schreiber überführt, dessen Schrifttum über das Andere berichtet und gleichzeitig über seine wissenschaftliche Unvoreingenommenheit sowie (wie Katherine George festgehalten hat[171]) über die stetige Verbesserung der Lebensumstände, Charaktere und Bräuche der Primitiven als Ergebnis ihres Kontaktes mit der europäischen Zivilisation.[172]

Im Apex des Hochimperialismus zu Beginn dieses Jahrhunderts haben wir also eine konjunkturale Verschmelzung der historisierenden Codes diskursiven Schrifttums in Europa einerseits, die eine Welt postulieren, die für transnationale, unpersönliche Überprüfung verfügbar ist, und eine dicht kolonisierte Welt andererseits. Das Objekt dieser verfestigten Vision ist entweder Opfer oder ein höchst verkrampfter Charakter, der mit schwerer Bestrafung bedroht ist, trotz seiner oder ihrer vielen Tugenden, Dienste oder Leistungen ontologisch ausgeschlossen, weil er oder sie wenige der Verdienste der erobernden, überwachenden und zivilisierenden Eindringlinge aufzuweisen hat. Für den Kolonisten erheischt der einverleibende Apparat die unablässige Anstrengung der Bestandssicherung. Für das Opfer bietet der Imperialismus die Alternative: Dienen oder zugrunde gehen.

7. *Camus und die Wirklichkeit des französischen Imperialismus*

Nicht alle Imperien waren gleich. Das französische Imperium wurde, laut einem seiner berühmtesten Historiker, obwohl nicht weniger an Profit, Plantagen und Sklaven interessiert als das britische, durch »Prestige« vorangetrieben.[173] Seine verschiedenen, im Laufe dreier Jahrhunderte erworbenen (und manchmal verlorenen) Dominien wurden von seinem strahlenden »Genie« geleitet, das seinerseits eine Funktion von Frankreichs »vocation supérieure« war – mit den Worten von Delavigne und Charles André Julien, den Kompilatoren eines faszinierenden Werkes, *Les Constructeurs de la France d'outre-mer*.[174] Sein Figurenstab beginnt mit Champlain und Richelieu und schließt so gefürchtete Prokonsuln ein wie Bugeaud, den Eroberer von Algerien, Brazza, den

Mann, der Französisch-Kongo aufbaute, Galliéni, den Friedensstifter in
Madagaskar, und Lyautey, zusammen mit Cromer der größte europäische Herrscher über die muslimischen Araber. Man bemerkt keinerlei
Äquivalent zur britischen »ministeriellen Sicht« und sehr viel eher den
persönlichen Stil, in einem größeren assimilationistischen Prozeß französisch zu bleiben.

Ob das nun französische Selbsttäuschung sein mag, fällt nicht wirklich ins Gewicht, weil Konsistenz und regelmäßige Berufung die treiben-
den Kräfte bei der Rechtfertigung von Territorialerwerb vor, während
und nach begangener Tat waren. Als Seeley (sein berühmtes Buch
wurde 1885 ins Französische übersetzt und viel bewundert und kommentiert) über das britische Imperium sagte, es sei im Zustand der Gei-
stesabwesenheit errichtet worden, beschrieb er eine Einstellung, die
sehr verschieden von der zeitgenössischer französischer Autoren war,
die sich zum Imperium äußerten.

Wie Agnes Murphy zeigt, stimulierte der preußisch-französische
Krieg von 1870 die Zunahme der französischen geographischen Gesellschaften.[175] Geographische Forschung und Erkenntnis stand danach
mit dem Diskurs (und dem Erwerb) des Imperiums in Zusammenhang,
und an der volkstümlichen Bedeutung von Figuren wie Eugène Étienne
(dem Gründer des Groupe colonial im Jahre 1892) läßt sich der Aufstieg
der imperialen Theorie Frankreichs in den Rang einer nahezu exakten
Wissenschaft ablesen. Nach 1872, und laut Girardet zum ersten Mal,
entwickelte sich an der Spitze des französischen Staates eine kohärente
politische Lehre der Kolonialexpansion; zwischen 1880 und 1895
wuchsen die französischen Kolonialbesitzungen von einer Million auf
9,5 Millionen Quadratkilometer und von fünf auf fünfzig Millionen
eingeborener Einwohner an.[176] Beim zweiten internationalen Kongreß
der geographischen Wissenschaften im Jahre 1875, der vom Präsidenten der Republik, dem Bürgermeister von Paris und dem Präsidenten
der Nationalversammlung, La Roucière, besucht wurde, signalisierte
Le Nourys Grußadresse die während des ganzen Kongresses vorherr-
schende Attitüde: »Meine Herren, die Vorsehung hat uns die Verpflichtung auferlegt, die Erde kennenzulernen und sie zu erobern. Dieser
oberste Auftrag ist eine der gebieterischen Pflichten, die unserer Intelligenz und unseren Aktivitäten aufgebürdet sind. Die Geographie, jene
Wissenschaft, die diese schöne Hingabe inspiriert und in deren Namen
so viele Opfer dargebracht worden sind, ist zur Philosophie des Erdballs geworden.«[177]

Die (von Le Bon inspirierte) Soziologie, die (von Leopold de Saussure inaugurierte) Psychologie, die Geschichtsschreibung und natürlich die Anthropologie florierten in den Jahrzehnten nach 1880, wobei sie bei den Internationalen Kolonialkongressen (1889, 1894 usw.) oder in spezifischen Gruppen (beispielsweise dem Internationalen Kongreß für Kolonialsoziologie von 1890 oder dem Kongreß der ethnographischen Wissenschaften von 1902 in Paris) kulminierten. Ganze Weltregionen wurden zum Gegenstand geschulter *kolonialer* Aufmerksamkeit; Raymond Betts erwähnt, daß die *Revue internationale de sociologie* besondere Jahresüberblicke veranstaltete, und zwar 1900 für Madagaskar und 1908 für Laos und Kambodscha.[178] Die ideologische Theorie der Kolonialassimilation, im Zeichen der Großen Revolution begonnen, brach zusammen, als bestimmte Theorien rassischer Typen – Gustave Le Bons Schema primitiver, minderwertiger, überlegener und Zwischen-Rassen, oder Ernest Seillières Philosophie der reinen Kraft, oder Albert Sarrauts und Paul Leroy-Beaulieus Systematik der Kolonialpraxis, oder Jules Harmands Prinzip der Herrschaft[179] – die imperialen Strategien Frankreichs zu lenken begannen. Eingeborene und ihre Ländereien waren Besitzungen, deren unwandelbare Merkmale Trennung und Dienstbarkeit geboten, obwohl das die »mission civilisatrice« nicht außer Kraft setzte. Der Einfluß von Fouillé, Clozel und Giran verwandelte diese Ideen in eine Sprache und, im imperialen Bereich selbst, eine Praxis, die Ähnlichkeit mit einer Wissenschaft hatten, einer Wissenschaft der Beherrschung Unterlegener, deren Ressourcen, Ländereien und Geschicke zu verwalten Frankreich aufgerufen war. Bestenfalls war die Beziehung Frankreichs zu Algerien, Mauretanien, zum Senegal und Indochina »Assoziation« durch »hierarchische Partnerschaft«, wie René Maunier in seinem Buch *The Sociology of Colonies*[180] zu bedenken gibt, aber Betts hält zu Recht fest, daß die Theorie des Imperialismus nicht durch Einladung, sondern durch Gewalt befördert wurde »und auf die Dauer, wenn man alle besseren Doktrinen in Rechnung stellt, nur so lange erfolgreich blieb, wie diese *ultima ratio* offenbar wurde«.[181]

Wenn man die Diskussion um das Imperium durch und für Franzosen mit den Tatsachen der imperialistischen Eroberung vergleicht, fallen einem zwangsläufig zahlreiche Ungereimtheiten auf. Pragmatische Erwägungen erlaubten es Männern wie Lyautey, Galliéni, Faidherbe oder Bugeaud – Admirälen, Prokonsuln, Verwaltern –, mit Macht und drakonischer Raschheit zu agieren. Politiker wie Jules Ferry, die die imperiale Politik nach (und während) der Tat bestimmten, behielten sich das Recht vor, Ziele zu propagieren, die die Eingeborenen einengten, etwa Ziele der »Fortpflanzung und [...] sogar der Verteidigung des nationa-

len Erbes«.[182] Für die Lobbyisten und diejenigen, die wir heute Publizisten nennen – und die von Romanciers und Chauvinisten bis hin zu
den Mandarinen unter den Philosophen reichen – war das französische
Imperium einzig mit der französischen nationalen Identität verbunden, mit seiner Brillanz, seiner zivilisatorischen Energie und seiner spe-
ziellen geographischen, sozialen und historischen Entwicklung. Nichts
davon war konsistent oder entsprach dem Alltagsleben in Martinique,
Algerien, Gabun oder Madagaskar, und das war für die Eingeborenen, milde ausgedrückt, schwierig. Überdies bedrängten die anderen
Imperien – das deutsche, holländische, britische, belgische, amerikanische – Frankreich, indem sie sich dem totalen Krieg (wie in Faschoda)
näherten, mit ihm verhandelten (wie 1917–18 in Arabien) oder es bedrohten oder mit ihm wetteiferten.[183]

Doch wie inkonsistent die Politik der französischen Regierung auch
gewesen sein mag, in Algerien setzte sich der Prozeß unerbittlich fort, es
zu einer französischen Kolonie zu machen. Zunächst wurde den Eingeborenen das Land weggenommen und ihre Gebäude besetzt. Dann sicherten sich französische Siedler die Kontrolle über die Korkeichenwäl-
der und Mineralienvorkommen. Dann verdrängten sie, wie Prochaska
für Annaba (später Bône genannt) feststellt, »die Algerier und besiedel-
ten [Orte wie] Bône mit Europäern«.[184] Mehrere Jahrzehnte nach 1830
wurde die Wirtschaft mit »Kriegsanleihen« betrieben, die einheimische
Bevölkerung nahm quantitativ ab, und die Siedlergruppen mehrten sich.
Es trat eine Doppelwirtschaft ins Leben: »Die europäische Wirtschaft
läßt sich im großen und ganzen mit einer unternehmenszentrierten kapitalistischen Ökonomie gleichstellen, während die algerische Wirtschaft
nur mit einer bazar-orientierten, vorkapitalistischen Ökonomie vergleichbar ist.«[185] Während sich also »Frankreich in Algerien selbst reproduzierte«[186], blieben die Algerier an Randständigkeit und Armut
gefesselt. Prochaska vergleicht den Bericht eines französischen »colon«
über die Geschichte von Bône mit der Darstellung eines algerischen Pa-
trioten, dessen Version der Ereignisse in Annaba »der Schilderung französischer Historiker gleichsam spiegelverkehrt gleicht«.[187]

> »Vor und über allem stimmt Arnaud das Lob auf den Fortschritt an, den die Franzo-
> sen nach dem von den Algeriern hinterlassenen Durcheinander erzielt haben. ›Nicht
> deshalb, weil die Altstadt schmutzig ist, sollte sie unversehrt erhalten bleiben, son-
> dern weil sie allein es dem Besucher erlaubt, [...] die Größe und Schönheit der Auf-
> gabe zu ermessen, der sich Frankreich in diesem Land und in dieser Region unterzo-
> gen hat, die zuvor verlassen, öde und im Grunde ohne natürliche Ressourcen war‹,
> dieses ›kleine, häßliche arabische Dorf von kaum mehr als 1500 Einwohnern.«[188]

Es nimmt also nicht wunder, wenn H'sen Derdour in seinem Buch über Annaba als Titel für sein Kapitel über die algerische Revolution von 1954 bis 1962 die Überschrift wählt: »Algeria, prisoner in an universal concentration camp, bursts colonialism asunder and obtains its freedom«.[189]

In der Nähe von Bône, etwa achtzehn Meilen entfernt, liegt das Dorf Mondovi, 1848 von »roten« Arbeitern gegründet, die von der Regierung aus Paris herbeigeschafft worden waren (um sich politisch unliebsamer »Elemente« zu entledigen) und mit Landbesitz ausgestattet wurden, der den Einheimischen entzogen worden war. Prochaskas Studie zeigt, daß Mondovi als weinanbauende Satellitenstadt von Bône begann, ein Ort, in dem im Jahre 1913 Albert Camus geboren wurde, Sohn einer »spanischen Putzfrau und eines französischen Landarbeiters«.[190]

Camus ist der einzige Autor aus Französisch-Algerien, der mit einigem Recht als Schriftsteller von Weltrang gelten kann. Wie Jane Austen ein Jahrhundert zuvor ist Camus ein Autor, in dessen Werk die deutlich wahrnehmbaren Fakten der imperialen Wirklichkeit gleichsam getilgt erscheinen; und wie bei Austen ist ein ablösbares Ethos geblieben, ein Ethos, das Universalität und Humanismus ahnen läßt und im Streit liegt mit den Beschreibungen geographischer Örtlichkeiten, wie sie in der Literatur gegeben werden. Fanny hält sowohl Mansfield Park als auch Antigua aufrecht; Frankreich erhält sowohl Algerien als auch, im selben narrativen Zugriff, Meursaults erstaunliche existentielle Isolation aufrecht.

Besonders bedeutsam ist Camus in den häßlichen kolonialen Turbulenzen im Rahmen der französischen Dekolonisierungsarbeit im 20. Jahrhundert. Er ist eine sehr späte imperiale Gestalt, die nicht nur die Hochblüte des Imperiums überlebte, sondern auch jetzt noch als »universalistischer« Schriftsteller mit Wurzeln in einem heute vergessenen Kolonialismus überlebt. Seine Beziehung zu George Orwell ist im Rückblick erst recht aufschlußreich. Wie Orwell wurde Camus bekannt im Zusammenhang mit Problemen, die in den dreißiger und vierziger Jahren des 20. Jahrhunderts im Vordergrund standen: Faschismus, spanischer Bürgerkrieg, Widerstand gegen den faschistischen Ausfall, Folgen von Armut und sozialer Ungerechtigkeit, das Verhältnis von Schriftstellern zur Politik oder die Rolle der Intellektuellen. Beide waren berühmt für Klarheit und Deutlichkeit des Stils – wir sollten hier Roland Barthes Beschreibung von Camus' Stil in *Le Degré zéro de l'écriture* (1953) als »écriture blanche« in Erinnerung rufen[191] – und für die Direktheit ihrer politischen Äußerungen. Beide erlebten den Wandel

der Nachkriegsjahre mit seinen alles andere als glücklichen Ergebnissen. Kurz, beide sind posthum interessant als Autoren von Erzählungen,
die jetzt um eine Situation zu kreisen scheinen, die sich bei näherer Betrachtung ganz anders ausnimmt. Orwells fiktionale Überprüfungen
des britischen Sozialismus haben eine prophetische Qualität angenommen (wenn man sie mag; eine symptomatische, wenn nicht), und zwar
gerade im Zeichen der Polemiken des kalten Krieges; Camus' Erzählungen von Widerstand und existentieller Konfrontation, die einst den Anschein erweckt hatten, sie handelten von Standhaftigkeit oder Opposition gegen Sterblichkeit und Nazismus, können heute als Subskripte der
Auseinandersetzung um Kultur und Imperialismus gelesen werden.

Trotz Raymond Williams' ziemlich eindrucksvoller Kritik an seiner
sozialen Vision wird Orwell immer wieder von Intellektuellen der Linken wie der Rechten in Anspruch genommen.[192] War er ein Neokonser-
vativer und seiner Zeit voraus, wie Norman Podhoretz behauptet, oder
war er, wie Christopher Hitchens meint, ein Held der Linken?[193] Camus ist heute für die angloamerikanischen Belange weniger verfügbar,
wird jedoch als Kritiker, politischer Moralist und bewundernswerter
Romanautor in Diskussionen über Terrorismus und Kolonialismus zitiert.[194] Die auffallende Parallele zwischen Camus und Orwell ist, daß
beide in ihren jeweiligen Kulturen beispielhafte Figuren geworden sind,
Figuren, deren Bedeutung aus ihrem heimischen Kontext erwächst, ihn
jedoch zu transzendieren scheint. Der Sachverhalt ist genau getroffen
in einer Beschreibung von Camus, die gegen Ende von Conor Cruise
O'Briens flinker Entmystifizierung des Autors in einem Buch vorkommt, das in vieler Hinsicht Raymond Williams' *Modern Masters*-
Studie über Orwell ähnelt (und für dieselbe Buchreihe geschrieben
wurde). O'Brien schreibt da:

> »Wahrscheinlich prägte kein europäischer Schriftsteller seiner Zeit die Phantasie
> und gleichzeitig das moralische und politische Bewußtsein seiner eigenen Genera-
> tion und der daraufolgenden so nachhaltig. Er war auf intensive Weise Europäer,
> weil er zum Grenzgebiet Europas gehörte und sich einer Bedrohung bewußt war.
> Diese Bedrohung war für ihn aber auch verlockend. Er verweigerte sich ihr, wenn
> auch nicht ohne Kampf.
> Kein anderer Schriftsteller, nicht einmal Conrad, ist repräsentativer für das westli-
> che Bewußtsein und Gewissen in Beziehung zur nicht-westlichen Welt. Das innere
> Drama seiner Werke ist die Entwicklung dieser Beziehung unter wachsendem
> Druck und bei zunehmender Angst.«[195]

Nachdem er das Verhältnis zwischen Camus' berühmtesten Romanen und der Kolonialsituation in Algerien scharfsinnig, ja geradezu gnadenlos entschüsselt hat, hilft O'Brien ihm aus der Patsche. Es steckt ein subtiles Moment von Transzendenz in O'Briens Beschreibung von Camus als jemandem, der »zum Grenzgebiet Europas« gehörte, da jeder, der etwas über Frankreich, Algerien und Camus weiß – und O'Brien weiß zweifellos eine Menge –, die koloniale Bindung nicht als eine zwischen Europa und seinem Grenzgebiet charakterisieren würde. Auch sind Conrad und Camus nicht bloß Repräsentanten eines »westlichen Bewußtseins«, sondern vielmehr westlicher *Dominanz* in der nicht-europäischen Welt. Conrad trifft diese abstrakte Feststellung mit Wucht in seinem Essay »Geography and Some Explorers«, in dem er die britische Erforschung der Arktis feiert und dann mit einem Beispiel seiner eigenen »militanten Geographie« schließt, und zwar so, daß »ich, indem ich meinen Finger auf eine Stelle im innersten Zentrum des weißen Herzens von Afrika legte, erklärte, eines Tages würde ich dorthin gehen«.[196] Später geht er in der Tat dorthin und rehabilitiert die Geste in *Herz der Finsternis*.

Der westliche Kolonialismus, mit dessen Bezeichnung O'Brien und Conrad solche Mühe haben, ist erstens ein Griff über die europäischen Grenzen *hinaus* und ein Eindringen *ins* Herz einer anderen geographischen Entität, und er ist, zweitens, nicht für ein ahistorisches »westliches Bewußtsein [...] in Beziehung zur nicht-westlichen Welt« spezifisch (die meisten Afrikaner oder Inder betrachteten ihre Lasten weniger in dem Sinne, daß sie etwas mit »westlichem Bewußtsein« zu tun hätten, als mit spezifischen Kolonialpraktiken wie Sklaverei, Landenteignung oder mörderischer Waffengewalt), sondern für eine angestrengt konstruierte Beziehung, in der Frankreich und Großbritannien sich selbst »den Westen *vis-à-vis* dienstbaren, minderen Völkern in einer weitgehend unterentwickelten und trägen ›nicht-westlichen Welt‹« nannten.[197]

Die Elision in O'Briens sonst so unsentimentaler Analyse setzt ein, als er sich mit Camus als individuellem, von verschiedenen Wahlmöglichkeiten gepeinigtem Künstler auseinandersetzt. Im Gegensatz zu Sartre und Jeanson, für die, laut O'Brien, die Wahl, sich während des Algerienkrieges der französischen Politik zu widersetzen, ziemlich leicht war, war Camus im französischen Algerien geboren und erzogen worden, seine Familie blieb dort, als er selbst bereits in Frankreich zu leben begonnen hatte, und seine Verstrickung in den Kampf mit der FLN war eine Frage von Leben und Tod. Gewiß kann man mit vielen von O'Briens

Thesen übereinstimmen. Was weniger leicht zu akzeptieren bleibt, ist die Art und Weise, wie O'Brien Camus' Dilemmata in den Rang eines »westlichen Bewußtseins« erhebt, eines Behältnisses, das seiner Fähigkeit zu Wahrnehmung und Reflexion entleert ist.

Im übrigen rettet O'Brien Camus vor der Verlegenheit, in die er ihn gebracht hat, indem er das Privileg der individuellen Erfahrung hervorhebt. Für diese Taktik können wir wahrscheinlich einige Sympathie aufbringen, denn wie immer das unglückliche kollektive Verhalten des französischen »colon« in Algerien beschaffen gewesen sein mag, es besteht kein Grund, Camus damit zu belasten; seine ganz und gar französische Erziehung in Algerien (gut beschrieben in Herbert Lottmans Biographie[198]) hielt ihn nicht davon ab, einen (berühmt gewordenen) Vorkriegsbericht über die dem französischen Kolonialismus zuzuschreibenden Nöte der Region zu verfassen.[199] Hier agiert also eine moralische Person in einer immoralischen Situation. Und worauf sich Camus konzentriert, ist das Individuum in einer sozialen Umgebung: Das gilt ebenso für *L'Étranger* wie für *La Peste* und *La Chute*. Er preist Selbsterkenntnis, illusionslose Reife und moralische Standfestigkeit inmitten einer heillosen Lage.

Hier müssen allerdings drei methodologische Vorbehalte gemacht werden. Der erste besteht darin, Camus' Wahl der geographischen Umgebung für *L'Étranger* (1942), *La Peste* (1947) und die interessanten Kurzgeschichten, die unter dem Titel *L'Exil et le Royaume* (1957) zusammengefaßt wurden, in Frage zu stellen. Warum war Algerien der Schauplatz von Erzählungen, deren Hauptreferenz (im Falle der beiden ersten) immer als Frankreich im allgemeinen und, spezieller, als Frankreich unter der Nazi-Besatzung gedeutet worden ist? O'Brien geht weiter als die meisten anderen Kommentatoren, wenn er feststellt, daß die Wahl nicht unschuldig ist, daß vieles in den Erzählungen (etwa Meursaults Prozeß) entweder eine verstohlene oder unbewußte Rechtfertigung der französischen Herrschaft oder ein ideologisches Manöver zu ihrer Verbrämung ist.[200] Aber wenn wir einem möglichen Konnex zwischen Camus als individuellem Künstler und dem französischen Kolonialismus in Algerien ausfindig machen wollen, dann müssen wir fragen, ob Camus' Erzählungen mit früheren, unverblümt imperialen französischen Erzählungen in Verbindung stehen und daraus Vorteil ziehen. Mit der Erweiterung der historischen Perspektive, so daß sie über Camus hinaus die jahrhundertalte französische Präsenz in Algerien mitumfaßt, können wir uns vielleicht ein besseres Verständnis zwar nicht der Form und der ideologischen Chiffren seiner Erzählungen eröffnen, wohl aber der Intensität, mit der sein Werk den französischen Eingriff dort spiegelt, bricht, konsolidiert und wiedergibt.

Ein zweiter methodologischer Punkt ist der Typus von Beweismaterial, das für eine erweiterte Optik erforderlich ist, sowie die Frage, wer die Interpretation vornimmt. Ein europäischer Kritiker mit historischen Neigungen wird wahrscheinlich annehmen, daß Camus das auf tragische Weise immobilisierte französische Bewußtsein der europäischen *Krise* in der Nähe eines ihrer schärfsten Wendepunkte repräsentiert; obwohl Camus die Implantation von »colons« nach 1960 (seinem Todesjahr) für möglich und erweiterbar gehalten zu haben scheint, war er damit historisch im Unrecht, denn die Franzosen traten nur zwei Jahre später alle Besitzungen in und alle Ansprüche auf Algerien ab. Insofern sein Werk deutlich auf das zeitgenössische Algerien anspielt, ist Camus' allgemeiner Referenzpunkt der tatsächliche Zustand der franko-algerischen Beziehungen, nicht die historischen oder dramatischen Wandlungen im Verlauf ihrer Geschichte. Von wenigen Ausnahmen abgesehen, ignoriert er die Geschichte, was ein Algerier, für den die französische Präsenz eine *tägliche* Machtdarstellung war, gewiß nicht getan haben würde. Für einen Algerier hätte sich das Jahr 1962 deshalb sehr viel wahrscheinlicher als das Ende einer langen, unglückseligen Epoche in einer Geschichte ausgenommen, die begann, als die Franzosen 1830 dort ankamen. Eine korrelative Interpretation von Camus' Romanen liefe also darauf hinaus, sie als Eingriffe in die Geschichte der französischen Anstrengungen aufzufassen, Algerien französisch zu machen und zu erhalten, und nicht als Romane, die etwas über den Geistes- und Seelenzustand des Autors verraten. Camus' Ansichten und Voraussetzungen in bezug auf die algerische Geschichte wären also mit Geschichten, die von Algeriern *nach* der Unabhängigkeit geschrieben wurden, zu vergleichen, um einen hinreichenden Eindruck von dem Wettstreit zwischen algerischem Nationalismus und französischem Kolonialismus zu gewinnen. Und es wäre korrekt, Camus' Werk als historisch sowohl mit dem französischen Kolonialabenteuer selbst (weil er es für unwandelbar hält) wie auch mit totalem Widerstand gegen die algerische Unabhängigkeit affiliiert zu sehen. Diese algerische Perspektive kann verborgene Aspekte entbinden und freilegen, die von Camus für selbstverständlich erachtet oder geleugnet wurden.

Drittens und letztens liegt ein entscheidender methodologischer Wert in Detailgenauigkeit, Geduld und Beharrlichkeit, wo immer Camus' höchst komprimierte Texte betroffen sind. Die Tendenz geht dahin, Camus' Romane mit französischen Romanen über Frankreich in Verbin-

dung zu bringen, nicht nur wegen Form und Sprache, die sie von so illu-
stren Vorgängern wie *Adolphe* und *Trois Contes* zu übernehmen scheinen, sondern auch deshalb, weil seine Wahl Algeriens zum Schauplatz
für die drängenden moralischen Probleme offenbar beiläufig gewesen
ist. Nahezu ein halbes Jahrhundert nach ihrer Erstveröffentlichung werden seine Romane so als Parabeln der *condition humaine* gelesen. Sicherlich, Meursault tötet einen Araber, aber dieser Araber ist namenlos
und scheint ohne Geschichte zu sein, gar nicht zu reden von Vater und
Mutter; ebenso sicher ist, in Oran sterben Araber an der Pest, doch
auch sie tragen keine Namen, während Rieux und Tarrou in die Handlung geradezu hineingestoßen werden. Man sollte die Texte um dessentwillen lesen, was da ist, mag man sagen, nicht um dessentwillen, was
ausgeschlossen worden ist – wenn denn überhaupt etwas ausgeschlossen ist. Ich beharre jedoch darauf, daß sich in Camus' Romanen gerade
das findet, wovon sie, wie man einst annahm, gereinigt worden seien –
Details über jene so ganz andere, 1830 begonnene französische imperiale Eroberung, die sich zu Camus' Lebzeiten fortsetzte und sich in die
Komposition der Texte hineinprojiziert.

Diese wiederherstellende Interpretation ist kein Akt der Rachsucht.
Und ich beabsichtige auch nicht, nach begangener Tat Camus die
Schuld dafür zu geben, Dinge über Algerien in seiner Literatur verheim-
licht zu haben, die er, beispielsweise in den Stücken der *Chroniques
algériennes*, sich ja gerade zu erklären bemühte. Ich möchte allerdings
versuchen, Camus' Literatur als Element der französischen, metho-
disch konstruierten politischen Geographie Algeriens zu begreifen, deren Vervollständigung viele Generationen in Anspruch nahm; dabei
nähere ich mich ihr bewußt unter dem Gesichtspunkt, daß sie einen fes-
selnden Bericht über den politischen und interpretativen Wettstreit liefert, das Territorium selbst zu repräsentieren, in Besitz zu nehmen und
zu bewohnen – zu genau der gleichen Zeit, da die Briten Indien verließen. Camus' schriftstellerische Tätigkeit wird von einer verspäteten, in
gewisser Hinsicht behinderten kolonialen Sensibilität gesteuert, die
eine imperiale Geste in und mittels einer Form inszeniert, des realistischen Romans, die in ihren höchsten Leistungen in Europa bereits zur
Vergangenheit zählt.

Als *locus classicus* erscheint mir eine Episode gegen Ende von »La
Femme adultère«, wo Janine, die Protagonistin, ihren Platz im Ehebett
neben ihrem Gatten während einer schlaflosen Nacht in einem kleinen
Hotel auf dem Lande in Algerien verläßt. Früher ein vielversprechender
Jurastudent, ist er jetzt Handlungsreisender; nach einer langen und er-

müdenden Busreise kommt das Paar an seinem Bestimmungsort an, wo er die Runde bei seinen arabischen Kunden antritt. Während der Reise ist Janine von der stummen Passivität und Unbegreiflichkeit der Einheimischen beeindruckt gewesen; deren Präsenz mutet wie eine nachgerade evidente Naturtatsache an, die von ihr in ihrer emotionalen Verstörung kaum wahrgenommen wird. Als Janine das Hotel und ihren schlafenden Gatten verläßt, begegnet sie dem Nachtportier, der sie auf arabisch anspricht, in einer Sprache also, die sie nicht zu verstehen scheint. Der Höhepunkt der ganzen Geschichte ist eine bemerkenswerte, gleichsam pantheistische Kommunion, die sie mit Himmel und Wüste hat. Ganz unzweideutig ist es, wie ich meine, Camus' Absicht gewesen, die Beziehung zwischen Frau und Geographie bzw. Landschaft in sexuellen Wendungen darzustellen, als Alternative zu ihrer jetzt nahezu toten Beziehung zu ihrem Gatten, also zu dem Ehebruch, auf den im Titel der Geschichte angespielt wird.

»Sie kreiste mit ihnen [den Sternen an einem Himmel, der ›in einer langsamen Kreisbewegung‹ schweift], und dieselbe reglose Bahn verband sie allmählich mit dem innersten Kern ihres Wesens, wo einander jetzt Kälte und Verlangen befehdeten. Vor ihr sanken einer nach dem anderen die Sterne, dann erloschen sie unter den Steinen der Wüste, und jedesmal öffnete sich Janine der Natur etwas mehr. Sie atmete, sie vergaß die Kälte, das Gewicht der Wesen, das verrückte oder erstarrte Leben, die lange Angst vor Leben und Sterben [le poids des êtres, la vie dementée ou figée, la longue angoisse de vivre et de mourir]. Nach so vielen Jahren, in denen sie, auf der Flucht vor der Angst, blindlings losgerannt war, ohne Ziel, hielt sie endlich inne. Gleichzeitig schien es ihr, als fände sie ihre Wurzeln wieder, erneut stieg der Saft in ihrem Körper, der nicht mehr zitterte. Mit ihrem ganzen Leib an das Geländer gepreßt, dem kreisenden Himmel dargeboten, wartete sie nur darauf, daß ihr stürmisches Herz sich seinerseits beruhigte und Stille in ihr einkehrte. Die letzten Sterne der großen Bilder ließen ihre Knäuel etwas tiefer am Horizont der Wüste fallen und erstarrten dann reglos. Dann begann, mit unerträglicher Milde, das Wasser der Nacht Janine zu füllen, verschlang die Kälte, stieg allmählich vom dunklen Mittelpunkt ihres Wesens auf und ergoß sich in ununterbrochenen Strömen bis zu ihrem seufzerstöhnenden Mund [l'eau de la nuit ... monta peu à peu du centre obscur de son être et déborda en flots ininterrompus jusqu'à sa bouche pleine de gémissements]. Einen Augenblick später breitete sich der ganze Himmel über sie hin, die auf der kalten Erde ausgestreckt lag.«[201]

Der Effekt ist der eines zeitenthobenen Augenblicks, in dem Janine der schäbigen Erzählung ihres gegenwärtigen Daseins entrinnt und in das Königreich, das der Titel der Sammlung verheißt, eintritt, oder, wie Camus in einer Anmerkung festhält, die er in spätere Editionen der Sammlung eingeschoben wissen wollte, »au royaume [qui] coincide avec une certaine vie libre et nue que nous avons à retrouver pour renaître enfin«[202] (»in das Königreich, [das] mit einem gewissen freien und nackten Leben zusammenfällt und das uns wiederzufinden aufgegeben ist, um schließlich wiedergeboren zu werden«). Vergangenheit und Gegenwart fallen von ihr ab, genauso wie die Wirklichkeit anderer Wesen (»le poids des êtres«, symptomatischerweise falsch übersetzt von Justin O'Brien, und zwar mit »the dead weight of other people«). In diesem Abschnitt kommt Janine »endlich zur Ruhe«, bewegungslos, fruchtbar, bereit zur Kommunion mit diesem Stück Himmel und Wüste, wo die Frau – »pied noir« und »colon« – (als Echo von Camus erklärender Fußnote, die zur späteren Erhellung der sechs Geschichten dienen soll) ihre Wurzeln findet. Was ihre reale Identität ist oder sein kann, wird im weiteren Verlauf des Abschnitts deutlich, wenn sie etwas erlebt, das unzweifelhaft ein sexueller Höhepunkt ist: Camus spricht hier vom »centre obscur de son être«, das ihr eigenes Gefühl von Dunkelheit und von Nichtwissen ebenso zu erkennen gibt wie das von Camus. Ihre spezifische Geschichte als Französin in Algerien fällt hier nicht ins Gewicht, denn sie hat einen unerwartet direkten und unvermittelten Zugang zu jenem besonderen Himmel und jener besonderen Erde gefunden.

Jede der Geschichten in *L'Exil et le royaume* (mit einer Ausnahme, einer geschwätzigen Parabel eines Pariser Künstlerlebens) setzt sich mit dem Exil von Menschen mit einer nicht-europäischen Geschichte auseinander (vier Geschichten spielen in Algerien, jeweils eine in Paris und Brasilien), die bedrohlich unangenehm ist, Menschen, die versuchen, vorübergehend einen Augenblick der Ruhe, der idyllischen Unabhängigkeit und poetischen Selbstverwirklichung zu finden. Nur in »La Femme adultère« und in der in Brasilien spielenden Erzählung, wo durch Opfer und Bindung ein Europäer als Ersatz für einen Toten von den Eingeborenen in ihren Kreis von Vertrauten aufgenommen wird, gibt es eine gewisse Andeutung, daß Camus sich zu glauben erlaubte, die Europäer könnten eine fortgesetzte und befriedigende Identifikation mit den überseeischen Territorien erlangen. In »Le Renégat« wird ein Missionar von einem isolierten südalgerischen Stamm gefangen, der ihm die Zunge herausreißt (eine schaurige Parallele zu Paul Bowles Erzählung »A Distant Episode«); er wird zu einem übereifrigen Anhänger des Stammes, der an einem Hinterhalt für die französischen Truppen mitwirkt. Das ist so, wie wenn man sagte, daß Eingeborener-Sein nur das Ergebnis einer Verstümmelung sein kann, die einen krankhaften, letztlich unannehmbaren Identitätsverlust erzeugt.

Nur einige wenige Monate trennen diese relativ späte (1957) Sammlung von Erzählungen (deren individuelle Publikation jeweils dem Erscheinen von *La Chute* im Jahre 1956 voranging oder folgte) von den Inhalten der späteren, 1958 veröffentlichten Stücke der *Chroniques algériennes*. Obwohl manche Passagen von *L'Exil* auf den Lyrismus und die kontrollierte Nostalgie von *Noces* zurückweisen, einem der wenigen atmosphärisch dichten Werke Camus' über das Leben in Algerien, sind die Geschichten von latenter Angst vor der sich zusammenziehenden Krise geprägt. Wir sollten uns bewußt halten, daß die Algerische Revolution offiziell am 1. November 1954 angekündigt wurde und losbrach; die Massaker französischer Truppen an algerischen Bürgern im Sétif-Massiv hatten im Mai 1954 stattgefunden, und die Jahre davor, als Camus an *L'Étranger* arbeitete, waren von zahllosen Ereignissen erfüllt, die den langen und blutigen Widerstand des algerischen Nationalismus gegen Frankreich interpunktierten. Obwohl Camus, seinen Biographen zufolge, in Algerien als *französischer* Jugendlicher aufwuchs, war er doch stets von den Zeichen des franko-algerischen Kampfes umgeben, von dem er das meiste entweder umging oder es später in die Sprache, Bilderwelt und geographische Markierung eines vereinzelten französischen Willens übersetzte, der Algerien gegen seine eingeborenen muslimischen Bewohner befehdete. Im Jahre 1957 stellte François Mitterrand in seinem Buch *Présence française et abandon* freimütig fest: »Sans Afrique, il n'y aura pas l'histoire de France au XXIe siècle.«[203]

Wenn man Camus in einem Großteil seines Werkes (und nicht nur in einem kleinen) *kontrapunktisch* zur wirklichen Geschichte situieren will, dann muß man auf seine wahren französischen Vorgänger genauso achten wie auf das Werk algerischer Romanautoren, Historiker, Soziologen und Politikwissenschaftler der Zeit *nach* der Unabhängigkeit. Heute bleibt eine leicht zu entziffernde (und dauerhafte) eurozentrische Tradition der Aussperrung dessen, was Camus und Mitterrand ausgesperrt haben. Als Camus sich in seinen letzten Lebensjahren vehement den nationalistischen Forderungen widersetzte, die für die algerische Unabhängigkeit vorgetragen wurden, tat er das auf dieselbe Weise, in der er Algerien von Beginn seiner künstlerischen Laufbahn an dargestellt hatte, obwohl seine Worte jetzt den deprimierenden Beigeschmack der offiziellen anglo-französischen Suez-Rhetorik haben. Seine Bemerkungen zu »Oberst Nasser« und zum arabischen und muslimischen Imperialismus sind uns vertraut, aber die einzige kompromißlos ernsthafte politische Feststellung zu Algerien, die er im Text macht, erscheint als schmucklose Summe seiner früheren schriftstellerischen Äußerungen:

»en ce qui concerne l'Algérie, l'indépendance nationale est une formule purement passionelle. Il n'y a jamais eu encore de nation algérienne. Les Juifs, les Turcs, les Grecs, les Italiens, les Berbères, auraient autant de droit à réclamer la direction de cette nation virtuelle. Actuellement, les Arabes ne forment pas à eux seuls toute l'Algérie. L'importance et l'ancienneté du peuplement français, en particulier, suffisent à créer un problème qui ne peut se comparer à rien dans l'histoire. Les Français d'Algérie sont, eux aussi, et au sens fort du terme, des indigènes. Il faut ajouter qu'une Algérie purement arabe ne pourrait accéder à l'indépendance économique sans laquelle l'indépendance politique n'est qu'un leurre. Si insuffisant que soit l'effort français, il est d'une telle envergure qu'aucun pays, à l'heure actuelle, ne consentirait à le prendre en charge.«[204]

(»So wohlwollend man den arabischen Ansprüchen auch gegenüberstehen mag, so muß man doch zugeben, daß im Falle Algeriens die nationale Unabhängigkeit ein rein von der Leidenschaft bedingtes Schlagwort ist. Es hat noch nie eine algerische Nation gegeben. Die Juden, die Türken, die Griechen, die Italiener, die Berber hätten ebensogut das Recht, die Führung dieser virtuellen Nation zu beanspruchen. Gegenwärtig kann man Algerien nicht mit den Arabern gleichsetzen. Die Größe und das Alter der französischen Siedlung insbesondere genügen, um ein Problem zu schaffen, das in der Geschichte nicht seinesgleichen kennt. Die Algerienfranzosen sind ebenfalls, und zwar im buchstäblichen Sinne des Wortes, Eingeborene. Hinzuzufügen wäre, daß ein rein arabisches Algerien keine wirtschaftliche Unabhängigkeit zu erlangen vermöchte, ohne die die politische Unabhängigkeit ein leerer Wahn ist. So ungenügend die französischen Bemühungen auch sind, so haben sie doch ein solches Ausmaß angenommen, daß kein Land gegenwärtig bereit wäre, sie sich aufzubürden.«)

Die Ironie liegt darin, daß, wo immer Camus in seinen Romanen oder beschreibenden Prosastücken eine Geschichte erzählt, die französische Präsenz in Algerien als von der Erzählung unabhängig dargestellt wird, als Essenz, die weder der Zeit noch der Interpretation unterworfen ist (Janine), oder als die einzige Geschichte, die *als Geschichte* erzählenswert ist. (Wie anders in Einstellung und Tonfall ist dagegen Pierre Bourdieus *Sociologie de l'Algérie*, die ebenfalls 1958 erschien und deren Analyse Camus' magere Formeln bestreitet und geradeheraus vom Kolonialkrieg als dem Ergebnis *zweier* miteinander im Konflikt liegenden Gesellschaften spricht.) Camus' Halsstarrigkeit erklärt die Unbestimmtheit des von Meursault getöteten Arabers, also auch den Eindruck von Verheerung in Oran, der implizit dazu ausersehen ist, nicht vorrangig die arabischen Toten (die ja demographisch ins Gewicht fallen) anzumahnen, sondern das französische Bewußtsein.

Es trifft deshalb zu, wenn man sagt, daß Camus' Erzählungen ernsthafte und ontologisch vorrangige Ansprüche auf die Geographie Algeriens erheben. Für jeden, der auch nur eine flüchtige Kenntnis des ausgedehnten französischen Kolonialabenteuers dort hat, sind diese Ansprüche ebenso grotesk wie die Erklärung des französischen Außenministers Chautemps vom März 1938, daß Arabisch in Algerien eine »Fremdsprache« sei. Es sind nicht die Ansprüche von Camus allein, obwohl er sie in einen halb-transparenten und dauerhaften Umlauf brachte. Er ererbt und übernimmt sie unkritisch als Konventionen, die in der langen Überlieferung kolonialen Schrifttums über Algerien geprägt wurden, heute vergessen oder zumeist unerkannt von seinen Lesern und Kritikern, die es leichter finden, sein Werk als eines zu interpretieren, das die *condition humaine* zum Leitthema hat.

Ein hervorragendes Verzeichnis der vielen Vorannahmen über französische Kolonien, die Camus' Leser und Kritiker teilen, hat Manuela Semidei gegeben, und zwar in einem bemerkenswerten Überblick über französische Schulbücher des Ersten Weltkrieges bis hin zur Zeit unmittelbar nach dem Zweiten Weltkrieg. Ihre Befunde zeigen eine ständig wachsende und sich intensivierende Betonung der Kolonialrolle Frankreichs nach dem Ersten Weltkrieg, der »glorreichen Episoden« in seiner Geschichte als »Weltmacht«, sowie eine Zunahme der lyrischen Beschreibungen von Frankreichs kolonialen Leistungen, seinem Wirken für Frieden und Wohlstand (Hospitäler und Schulen zum Wohle der Eingeborenen) und so fort; es gibt gelegentliche Hinweise auf den Einsatz von Gewalt, den freilich Frankreichs wunderbares Gesamtziel überstrahlt, Sklaverei und Despotismus abzuschaffen und sie durch Frieden und Prosperität zu ersetzen.

Semidei stellt fest, daß die Schulbücher der Zwischenkriegszeit Frankreichs überlegene Kolonialherrschaft in besonders günstigem Licht vor der britischen erglänzen lassen und damit andeuten, daß die französischen Dominien ohne die Vorurteile und den Rassismus ihrer britischen Gegenstücke regiert werden. In den dreißiger Jahren wird dieses Motiv endlos wiederholt. Erscheinen Referenzen auf Gewalt in Algerien, so werden sie sprachlich so eingekleidet, daß Gewaltmaßnahmen der französischen Streitkräfte als unumgänglich erscheinen – und zwar wegen der »ardeur religieuse [der Eingeborenen] et par l'attrait du pillage«.[205] Jetzt dagegen ist Algerien zu einem »neuen Frankreich« geworden: prosperierend, voller hervorragender Schulen, Krankenhäuser und Straßen. Sogar nach der Unabhängigkeit wird Frankreichs Geschichte noch im wesentlichen konstruktiv bewertet, da sie »brüderliche« Bande zwischen ihm und seinen früheren Kolonien gestiftet habe.

Aber gerade weil für ein französisches Publikum nur eine Seite der

Auseinandersetzung relevant erscheint oder weil die volle Dynamik der kolonialen Implantation und des Widerstandes der Eingeborenen peinlicherweise vom attraktiven Humanismus einer europäischen Haupttradition ablenkt, liegt keinerlei Grund vor, sich dieser Interpretationsströmung anzuvertrauen oder die Konstruktionen und ideologischen Bilder gutzuheißen. Gerade *weil* Camus' berühmteste literarische Werke einen dichten französischen Diskurs über Algerien bezeugen, ihn unnachgiebig wiederholen und in vieler Hinsicht von ihm abhängen, einen Diskurs, der zum Ensemble französischer imperialer Einstellungen und geographischer Referenz gehört, ist sein Werk *mehr* und nicht weniger aufschlußreich. Sein klarer Stil, die peinigenden moralischen Dilemmata, die er freilegt, die qualvollen persönlichen Schicksale seiner Gestalten, die er mit großer Feinheit und gemäßigter Ironie vorstellt – das alles läßt die französische Herrschaft in Algerien sichtbar werden, ja sogar wiederaufleben, mit bedachtsamer Präzision und einem bemerkenswerten Mangel an schlechtem Gewissen oder Mitgefühl.

Einmal mehr muß die Wechselbeziehung zwischen Geographie und dem politischen Wettstreit vor Augen geführt werden, und zwar genau da, wo Camus sie in den Romanen mit einer Superstruktur zudeckt, die von Sartre als das »Klima des Absurden« gefeiert wurde.[206] Sowohl *L'Étranger* als auch *La Peste* kreisen um Todesfälle von Arabern, Todesfälle, die die Schwierigkeiten der französischen Figuren mit Gewissen und Reflexion hervorheben und ruhig zur Kenntnis bringen. Überdies ist die Struktur der lebendig dargestellten bürgerlichen Gesellschaft – die Stadtverwaltung, das Rechtswesen, Hospitäler, Restaurants, Clubs, Unterhaltungseinrichtungen, Schulen – ihrem Wesen nach französisch, obwohl sie in der Hauptsache die nicht-französische Bevölkerung versorgt. Die Korrespondenz zwischen der Art und Weise, wie Camus darüber schreibt und wie die französischen Schulbücher sie spiegeln, ist beachtenswert: Die Romane und Kurzgeschichten erzählen das Ergebnis des Sieges über eine befriedete, dezimierte muslimische Bevölkerung, deren Rechte auf das Land entscheidend beschnitten worden sind. Wenn Camus so die französische Priorität bestätigt und konsolidiert, stellt er die Kampagne für die Oberhoheit, die mehr als hundert Jahre lang gegen die algerischen Muslime geführt wurde, weder in Frage noch weicht er davon ab.

Im Mittelpunkt steht die militärische Auseinandersetzung, deren erste große Protagonisten Marschall Théodore Bugeaud und der Emir Abd el Kader sind – jener ein wilder Schinder, dessen patriarchalische Strenge gegenüber den algerischen Eingeborenen 1836 mit der Bemühung beginnt, sie zu disziplinieren, und ein Jahrzehnt später mit einer Politik des Genozids und der massiven Landenteignung endet; dieser ein Sufi-Mystiker und erbarmungsloser Guerillakämpfer, der fortgesetzt und endlos seine Truppen gegen eine stärkere und modernere Invasionsarmee neu ordnet, reformiert und umdisponiert. Wer die Dokumente der Zeit liest – seien es Bugeauds Briefe, Proklamationen und Kriegsberichte (ungefähr zur selben Zeit zusammengestellt und ediert wie *L'Étranger*) oder eine Neuausgabe von Abd el Kaders Sufi-Dichtung (von Michel Chodkiewicz[207] ins Französische übersetzt und herausgegeben) oder die bemerkenswerte Darstellung der Psychologie des imperialen Kampfes, wie sie Mostafa Lacheraf, früher Mitglied der FLN und in der Zeit nach der Unabhängigkeit Professor an der Universität von Algier[208], aus französischen Tagebüchern und Briefen der dreißiger und vierziger Jahre des 19. Jahrhunderts rekonstruiert hat –, der wird die Dynamik wahrnehmen, die hinter Camus' Schmälerung der arabischen Präsenz am Werk ist.

Der Kern der französischen Kriegspolitik in der Form, wie Bugeaud und seine Offiziere sie artikulierten, war die »Razzia« oder der Bestrafungsstreifzug gegen algerische Dörfer und deren Häuser, Ernten, Frauen und Kinder. »Die Araber«, sagte Bugeaud, »müssen davon abgehalten werden, zu säen, zu ernten und ihre Herden zu weiden.«[209] Lacheraf gibt eine Beispielsammlung für die poetische Heiterkeit, die von Zeit zu Zeit von den französischen Offizieren an der Arbeit unter Beweis gestellt wurde, und für ihr Gefühl, daß hier endlich einmal eine Gelegenheit war, die »guerre à outrance« jenseits aller Moral oder Notwendigkeit zu führen. General Changarnier beispielsweise beschreibt die angenehme Zerstreuung, die seinen Truppen gewährt wurde, wenn sie friedliche Dörfer niedermachten; dieses Handlungsmodell, sagt er, wurde von den Heiligen Schriften nahegelegt, wo die Rede davon ist, daß Joshua und andere große Heerführer »de bien terribles *razzias*« unternahmen und dafür von Gott gesegnet wurden. Ruin, totale Zerstörung und kompromißlose Brutalität werden nicht nur verziehen, weil sie von Gott legitimiert sind, sondern weil, in Formulierungen, die als Echos von Bugeaud bis Salan widerhallen, »les Arabes ne comprennent que la force brutale«.[210]

Lacheraf notiert dazu, daß die militärischen Anstrengungen der Franzosen in den ersten Jahrzehnten weit über ihr Ziel – die Unterbindung algerischen Widerstandes – hinausgingen und den absoluten Status eines Ideals erreichten.[211] Ihre andere Seite war, wie mit unermüdlichem Eifer von Bugeaud zum Ausdruck gebracht, die Kolonisierung.

Gegen Ende seines Aufenthaltes in Algerien ist er ständig erbost darüber, wie europäische zivile Emigranten die Ressourcen Algeriens ohne
Einschränkung oder Grund aufzehren; die Kolonisierung überlasse
man den Militärs, schreibt er in seinen Briefen; aber vergeblich.[212]
   Wie es sich trifft, ist eines der versteckten Themen, das sich durch die
ganze französische Literatur von Balzac bis Psichari und Loti zieht,
eben der Mißbrauch Algeriens und die Skandale, die aus zwielichtigen
finanziellen Projekten herrühren, wie sie von skrupellosen Individuen
betrieben werden, denen die Ungeschütztheit der Region alles nur Vor-
stellbare erlaubte, sofern dabei Profit zu erwarten war oder sich abzeichnete. Unvergeßliche Schilderungen dieser Konstellation finden sich
in Daudets *Tartarin de Tarascon* und in Maupassants *Bel ami* (beide in
Martine Loutfis scharfsinnigem Buch *Littérature et colonialisme*[213]).
   Die Zerstörung, die von den Franzosen über Algerien gebracht
wurde, war einerseits systematisch, andererseits konstitutiv für eine
neue französische Politik. Daran läßt kein zeitgenössisches Zeugnis
zwischen 1840 und 1870 irgendeinen Zweifel. Manche, die wie
Tocqueville, die amerikanische Politik gegenüber Schwarzen und Indianern heftig kritisierten, glaubten, daß der Vorsprung der europäischen
Zivilisation es gebiete, den muslimischen »indigènes« Grausamkeiten
zuzufügen. So wurde die totale Unterwerfung zur Bedingung französischer Größe. Der Islam erschien Tocqueville als Synonym für »Polygamie, Frauenisolierung, völlige Absenz alles politischen Lebens und
tyrannische und allgegenwärtige Regierung, die die Menschen zwingt,
sich zu verbergen und alle ihre Befriedigungen im Familienleben zu suchen«.[214] Und weil er die Eingeborenen für Nomaden hielt, empfahl er,
daß »alle Mittel eingesetzt werden sollten, diese Stämme veröden zu
lassen. Eine Ausnahme mache ich nur im Falle dessen, was durch internationales Recht und Gesetz und das der Menschlichkeit verboten ist«.
Aber, kommentiert Melvin Richter, Tocqueville sagte nichts, »als 1846
aufgedeckt wurde, daß im Zuge der ›Razzias‹, die er um ihrer taktischen Qualität willen gebilligt hatte, Hunderte von Arabern verbrannt
worden waren«.[215] »Bedauerliche Notwendigkeiten«, dachte Tocqueville, jedoch nicht annähernd so wichtig wie die »gute Regierung«, die
die französische Obrigkeit den »halb-zivilisierten« Muslimen schul-
dete.
   Für den heute führenden nordafrikanischen Historiker Abdullah Laroui beabsichtigte die französische Kolonialpolitik nichts weniger als
die Vernichtung des algerischen Staates in der Form, die er hatte. Unmißverständlich setzte Camus' Erklärung, eine algerische Nation habe

nie existiert, voraus, daß die Raubzüge der französischen Politik reinen Tisch gemacht hatten. Dennoch erlegen uns die postkolonialen Ereignisse, wie bereits gesagt, eine längere erzählerische und eher entmystifizierende Interpretation auf. Laroui sagt:

>»Die Geschichte Algeriens von 1830 bis 1870 besteht aus lauter Vortäuschungen: die *colons*, die angeblich die Algerier in Menschen wie sie verwandeln wollten, während ihr einziges Bedürfnis in Wirklichkeit darauf gerichtet blieb, algerischen Boden in französischen zu verwandeln; die Militärs, die die lokalen Traditionen und Lebensweisen vermeintlich respektierten, während es in Wirklichkeit ihr einziges Interesse war, mit dem geringstmöglichen Kraftaufwand zu herrschen; die Behauptung Napoleons III., er sei im Begriff, ein arabisches Königreich aufzubauen, während seine zentralen Leitbegriffe in Wirklichkeit die ›Amerikanisierung‹ der französischen Wirtschaft und die französische Kolonisierung Algeriens waren.«[216]

Als Daudets Tartarin 1872 in Algerien ankommt, entdeckt er dort nur wenige Spuren des ihm verheißenen »Orients« und findet sich statt dessen in einer Übersee-Kopie seines heimischen Tarascon wieder. Für Autoren wie Segalen und Gide ist Algerien ein exotischer Schauplatz, auf dem ihre eigenen spirituellen Probleme – wie die Janines – therapeutisch besänftigt werden können. Nur spärliche Aufmerksamkeit wird den Einheimischen geschenkt, die gewöhnlich dazu herhalten müssen, plötzliche Erregungen oder Anlässe zur Willensstählung zu liefern – nicht nur Michel in *L'Immoraliste*, sondern auch Malraux' Protagonist Perken auf dem kambodschanischen Schauplatz von *La Voie royale*. Die Unterschiede in französischen Darstellungen von Algerien, seien es nun krude Haremspostkarten, die Malek Alloula eindringlich untersucht hat[217], die hochgestochenen anthropologischen Konstruktionen, die Fanny Colonna und Claude Brahimi zutage gefördert haben[218], oder die eindrucksvollen erzählerischen Strukturen, für die Camus' Werk so viele wichtige Beispiele liefert, können sämtlich auf die geographische »morte-main« der französischen Kolonialpraxis zurückgeführt werden.

Ein wie tiefverwurzeltes, ständig ergänztes, einverleibtes und institutionalisiertes Unterfangen der französische Diskurs ist, läßt sich auch in Werken des frühen 20. Jahrhunderts über Geographie und kolonialistisches Denken entdecken. Albert Sarrauts *Grandeur et servitude coloniales* formuliert kein geringeres Ziel für den Kolonialismus als die biologische Einheit der Menschheit, »la solidarité humaine«. Rassen, die unfähig sind, ihre Ressourcen zu nutzen (etwa die Eingeborenen in Frankreichs überseeischen Territorien), sollen in den Schoß der mensch-

lichen Familie zurückgeführt werden; »c'est là pour le colonisateur, la
contre-partie formelle de la prise de possession; elle enlève à son acte le
caractère de spoliation; elle en fait une création de droit humain«[219]
(»Hier ist für den Kolonisator das formale Gegenstück des Aktes der Be-
sitzergreifung; es entzieht diesem Akt den Charakter der Plünderung;
es macht ihn zu einer Schöpfung des Menschenrechtes«). In seinem
klassischen Werk *La Politique coloniale et le partage du terre aux XIXe
et XXe siècles* geht George Hardy so weit zu behaupten, daß die Gleich-
stellung der Kolonien mit Frankreich »a fait jaillir des sources d'inspiration et non seulement provoqué l'apparition d'innombrables romans
coloniaux, mais encore ouvert les esprits à la diversité des formes mo-
rales et mentales, incité les écrivains à des genres inédits d'exploration
psychologique«[220] (»der Einbildungskraft neue Quellen eröffnet und
nicht nur das Erscheinen unzähliger Kolonialromane provoziert, sondern auch den Geist der Leser für die Verschiedenheit moralischer und
mentaler Formen aufgeschlossen hat, indem sie die Schriftsteller zu ungewöhnlichen Formen neuer psychologischer Forschung angeregt
hat«). Hardys Buch ist 1937 veröffentlicht worden; als Rektor der Akademie von Algier war er gleichzeitig Honorarprofessor an der École coloniale und, mit seinen unheimlich statuarischen Erklärungen, ein unmittelbarer Vorläufer von Camus.

Camus' Romane und Geschichten destillieren sehr genau die Traditionen, Idiome und diskursiven Strategien der Aneignung Algeriens
durch Frankreich heraus. Er verleiht dieser dichten »Struktur des Füh-
lens« ihre gewählteste Artikulation, ihre abschließende Wendung. Um
diese Struktur aber erschließen zu können, müssen wir Camus' Werke
als metropolitanische Umgestaltung des kolonialen Dilemmas ins Auge
fassen – sie stellen den »colon« vor, der für ein französisches Publikum
schreibt und dessen persönliche Geschichte unwiderruflich an dieses
südliche Departement Frankreichs geknüpft bleibt, eine Geschichte,
die, wenn sie anderswo stattfände, nicht intelligibel wäre. Und doch sti-
mulieren die Zeremonien der Bindung an das Territorium – von Meursault in Algier inszeniert, von Tarrou und Rieux innerhalb der Mauern
von Oran und von Janine während einer Nachtwache in der Sahara entfaltet – ironischerweise Fragen des Lesers nach dem Bedürfnis nach solchen Bestätigungen. Wenn so unversehentlich die Gewalt der Vergangenheit Frankreichs in Erinnerung gerufen wird, werden diese Zeremonien zu verkürzten, höchst komprimierten Gedenkfeiern des Überlebens einer Gemeinschaft, die nicht weiß, wohin sie sich wenden soll.

Meursaults Lage ist radikaler als die anderer. Denn sogar dann, wenn wir annehmen, daß das falsch konstituierte Gericht (wie Conor Cruise O'Brien zu Recht sagt, ein höchst unwahrscheinlicher Ort, einen Franzosen wegen der Tötung eines Arabers anzuklagen) unaufhörlich weiterexistiert, versteht Meursault selbst doch die Endgültigkeit; letztlich kann er gleichzeitig Erleichterung und Trotz empfinden: »J'avais eu raison, j'avais encore raison, j'avais toujours raison. J'avais vécu de telle façon et j'aurais pu vivre de telle autre. J'avais fait ceci et je n'avais pas fait cela. Je n'avais pas fait telle chose alors que j'avais fait cette autre. Et après? C'était comme si j'avais attendu pendant tout le temps cette minute et cette petite aube où je serais justifié.«[221] (»Ich hatte recht gehabt. Ich hatte noch immer recht, ich hatte stets recht. Ich hatte so gelebt und hätte auch anders leben können. Ich hatte dies getan und jenes andere nicht. Und dann? Es war, als ob ich die ganze Zeit lang auf diesen Augenblick und auf diese Morgendämmerung gewartet hätte, wo ich gerechtfertigt wäre.«)

Es gibt keine Wahlmöglichkeiten mehr, keine Alternative, keine Ersatzfiguren. Der »colon« verkörpert sowohl die reale menschliche Anstrengung, die seine Gemeinschaft beigetragen hat, als auch die Weigerung, ein systematisch ungerechtes politisches System aufzugeben. Die konfliktuöse Stärke von Meursaults selbstmörderischer Selbstanerkennung kann nur aus *dieser* spezifischen Geschichte und aus *dieser* spezifischen Gemeinschaft erwachsen sein. Gegen Ende akzeptiert er, was er ist, und versteht doch zugleich, warum seine Mutter, einem Altenheim anvertraut, sich entschlossen hat, wieder zu heiraten: »Elle avait jouée à recommencer ... Si près de la mort, maman devait s'y sentir libre et prête à tout revivre«[222] (»sie hatte einen Neuanfang gespielt ... Dem Tode so nahe, mußte Mutter sich frei und bereit gefühlt haben, alles neu zu erleben«). Wir haben getan, was wir hier getan haben, also wollen wir's noch einmal tun. Diese auf tragische Weise unsentimentale Hartnäckigkeit verkehrt sich in die unerschütterliche Kraft zu erneuter Generation und Regeneration. Camus' Leser haben *L'Étranger* die Universalität einer befreiten existentiellen Humanität attestiert, die kosmischer Indifferenz und menschlicher Grausamkeit mit trotzigem Stoizismus entgegentritt.

L'Étranger erneut in dem geographischen Nexus anzusiedeln, aus dem seine erzählerische Flugbahn aufgetaucht ist, heißt ihn als erhöhte Form historischer Erfahrung deuten. Wie Orwells Werk und Status in England verschleiern Camus' schlichter Stil und seine schmucklose Berichterstattung über soziale Situationen vernetzt-komplexe Widersprüche, Widersprüche, die nicht dadurch lösbar sind, daß man, wie das manche Kritiker getan haben, seine Loyalitätsgefühle gegenüber

Frankreich als Parabel der *condition humaine* entziffert. Eben davon hängt sein soziales und literarisches Ansehen noch immer ab. Aber gerade weil es stets die schwierigere und herausfordernere Alternative gab, Frankreichs territorialen Zugriff und seine politische Souveränität erst zu beurteilen und dann abzulehnen, jenen Zugriff, der ein mitfühlendes, geteiltes Verständnis des algerischen Nationalismus verhinderte, scheinen Camus' Grenzen merkwürdig zu oszillieren. Als Gegengewicht zur Dekolonisierungsliteratur der Zeit, der französischen wie der arabischen – Germaine Tillion, Kateb Yacine, Fanon oder Genet –, haben Camus' Erzählungen eine negative Vitalität, in der der tragische humane Ernst des kolonialen Strebens seine letzte große Klärung erreicht, bevor es der Untergang erfaßt. Sie bezeichnen eine Öde und Traurigkeit, die wir noch immer nicht voll verstanden oder überwunden haben.

8. Notiz zur Moderne

Keine Vision, nicht einmal irgendein soziales System, hat die totale Hegemonie über ihre Sphäre. Beim Studium kultureller Texte, die mit den globalen Unternehmungen des europäischen und amerikanischen Imperialismus glücklich koexistierten oder ihnen Unterstützung boten, klagt man sie nicht in Bausch und Bogen an oder vermutet, daß sie als Kunst deshalb weniger interessant sind, weil sie auf komplexe Weise Bestandteil des imperialistischen Strebens waren. Ich spreche vom *weitgehend* unbehinderten und unirritierten Willen zu überseeischen Besitzungen, nicht von einem *völlig* unbehinderten. Wir sollten uns davon beeindruckt zeigen, daß beispielsweise europäische Koloniallobbies gegen Ende des 19. Jahrhunderts weder durch Kabale noch durch Volksunterstützung die Nation dazu zu veranlassen vermochten, nach mehr Landbesitz oder mehr Eingeborenen zu streben, die in den Kolonialdienst gezwungen werden konnten – mit wenig Hilfe zu Hause, die den Prozeß hätte stoppen oder immerhin hemmen können. Dennoch gibt es Widerstände, wenn auch ineffektive. Der Imperialismus ist nicht nur eine Herrschaftsbeziehung, sondern immer auch einer Ideologie der Expansion verpflichtet. Wie Seeley zu seiner eigenen Glaubwürdigkeit erkannte, ist Expansion mehr als eine Neigung, »sie ist augenscheinlich das große Faktum der englischen Geschichte«.[223] Admiral Mahan in den Vereinigten Staaten und Leroy-Beaulieu in Frankreich stellten ähnliche Behauptungen auf. Und Expansion mit solch verblüffenden Ergebnissen konnte nur deshalb vorkommen, weil es Macht gab – militärische, ökonomische, politische *und* kulturelle Macht –, genug für die Aufgabe in Europa und Amerika.

Als die Grundtatsache der europäischen und westlichen Kontrolle über die nicht-westliche Welt einmal als unverrückbar und unausweichlich hingenommen wurde, begann sich zunehmend eine vielfältige und, wie ich hinzufügen will, antinomische kulturelle Diskussion zu regen. Das störte nicht auf der Stelle den Eindruck souveräner Zugriffe und irreversibler Einmischung, führte aber zu einer äußerst wichtigen kulturellen Praxis in der westlichen Gesellschaft, die eine interessante Rolle bei der Entwicklung des antiimperialistischen Widerstandes in den Kolonien spielte.

Leser von Albert O. Hirschmans *The Passions and the Interests* werden sich erinnern, daß der Autor die intellektuelle Auseinandersetzung im Gefolge der europäischen Wirtschaftsexpansion als aus dem Argument hervorgehend – und es dann verfestigend – beschreibt, daß die menschliche *Leidenschaft* den *Interessen* bei der Gestaltung der Dinge weichen sollte. Als dieses Argument im späten 18. Jahrhundert triumphiert hatte, wurde es zum willkommenen Ansporn für diejenigen Romantiker, die in einer interessenzentrierten Welt ein Symbol der langweiligen und auf Eigennutz gegründeten Lebensverhältnisse erkannten, die sie von früheren Generationen ererbt hatten.[224]

Wir wollen Hirschmans Methode auf den Imperialismus ausdehnen. Gegen Ende des 19. Jahrhunderts war das englische Imperium weltweit überlegen, und es triumphierte die kulturelle Argumentation zugunsten des Imperiums. Das Imperium war eine Realität. Und Seeley klärte sein Publikum folgendermaßen auf: »Wir in Europa [...] stimmen recht genau überein in bezug darauf, daß der Wahrheitsschatz des Westens, der seinen eigentlichen Zivilisationskern bildet, nicht nur unvergleichlich viel gediegener ist als die brahmanische Mystik, mit der er sich auseinanderzusetzen hat, sondern sogar als die römische Aufklärung, die das alte Imperium den Nationen Europas übermittelte.«[225]

Im Zentrum dieser bemerkenswerten Selbstgewißheit stehen zwei widersprüchliche Tatsachen, die Seeley geschickt aufgreift und dann wieder fallenläßt: die eine ist die des streitbaren Einheimischen (der brahmanische Mystiker selbst), die zweite ist die Existenz anderer, sowohl vergangener als gegenwärtiger Imperien. In beiden Fällen berichtet Seeley anspielungsreich von den paradoxen Konsequenzen imperialistischer Triumphe und wechselt dann zu anderen Themen. Diesmal war der Imperialismus, wie die Interessenlehre, zur festbegründeten Norm der politischen Ideen, zum weltweiten Geschick Europas geworden; dann wurden ironischerweise der Reiz seiner Widersacher, die Intransigenz der unterworfenen Klassen und der Widerstand gegen seinen unwiderstehlichen Einfluß verstärkt. Seeley setzt sich mit den Fragen als Realist auseinander, nicht als Poet, der den einen zur edlen und romantischen Gestalt, den anderen zum immoralistischen Konkurrenten erklären möchte. Und er versucht sich auch nicht an einer revisionistischen Deutung in der Art von Hobson (dessen Imperialismus-Buch ein stark abweichendes Gegenstück dazu bildet).

Ich möchte jetzt zum realistischen Roman zurückkehren, mit dem ich mich in diesem Kapitel ausführlich befaßt habe. Sein zentrales Thema war im späten 19. Jahrhundert die Entzauberung oder das, was Lukács die »Desillusionsromantik« genannt hat. Tragisch oder manchmal auch komisch gehemmte Protagonisten werden durch die Romanhandlung brüsk erweckt und auf die Diskrepanz zwischen ihren illusorischen Erwartungen und den sozialen Verhältnissen verwiesen. Hardys Jude, George Eliots Dorothea, Flauberts Frédéric, Zolas Nana, Butlers Ernest, James' Isabel, Gissings Reardon, Meredith' Feverel – die Liste ist lang. In diesen erzählerischen Strom von Verlust und Untauglichkeit wird allmählich eine Alternative eingeschaltet – nicht nur der Roman freimütiger Exotik und selbstsicheren Vertrauens auf das Imperium, sondern auch Reiseerzählungen, Werke zu kolonialer Forschung und Landeskunde, Memoiren, Erfahrungsberichte und Expertisen. In Dr. Livingstones persönlichen Schilderungen und Haggards *She*, in Kiplings Raj, Lotis *Le Roman d'un Spahi* und den meisten Abenteuerromanen von Jules Verne läßt sich ein neuer erzählerischer Verlauf und Triumphalismus erkennen. Beinahe ausnahmslos dienen diese Erzählungen und buchstäblich hundert andere, die auf Spannung und Interesse am Abenteurertum in der Kolonialwelt beruhen, weit davon entfernt, Zweifel am imperialen Streben zu säen, zur Bestätigung und Feier seiner Erfolge. Die Forschungsreisenden finden, wonach sie gesucht haben, die Abenteurer kehren gesund und wohlhabend nach Hause zurück, und sogar der geläuterte Kim wird ins »Große Spiel« einbezogen.

Im Gegensatz zu diesem Optimismus, diesem Pathos der Affirmation und diesem heiteren Vertrauen strahlen Conrads Erzählungen – auf die ich mich mehrfach bezogen habe, weil er die subtilen kulturellen Verstärkungen und Manifestationen des Imperiums genauer als irgend jemand sonst beobachtete – eine heftige, beunruhigende Angst aus; sie reagieren auf den Triumph des Imperiums so, wie Hirschman sagt, daß die Romantiker auf den Triumph einer interessengeleiteten Weltsicht reagiert haben. In einer Hinsicht reproduzieren Conrads Erzählungen und Romane die aggressiven Züge des hochimperialistischen Unternehmens, in einer anderen sind sie mit dem ironischen Bewußtsein der postrealistischen, modernistischen Sensibilität infiziert. Conrad, Forster, Malraux oder T. E. Lawrence überführen Erzählung und Erzählkonvention aus der triumphierenden Erfahrung des Imperialismus in die Extreme von Selbstbewußtheit, Diskontinuität, Selbstreferentialität und ätzender Ironie, deren formale Schemata wir als die Kennzeichen der modernen Kultur zu erkennen gelernt haben, einer Kultur, die auch die Hauptwerke von Joyce, T. S. Eliot, Proust, Thomas Mann und Yeats umfaßt. Ich möchte zu bedenken geben, daß viele der herausragenden Merkmale der modernen Kultur, die wir aus der rein internen Dynamik in Gesellschaft und Kultur des Westens herzuleiten geneigt waren, eine Reaktion auf die äußeren Zwänge einschließen, die das *Imperium* auf die Kultur ausübt. Das gilt sicherlich für Conrads gesamtes Œuvre, und es gilt auch für das von Forster, T. E. Lawrence oder Malraux; auf jeweils unterschiedliche Weise werden die Einwirkungen des Imperiums auf die irische Sensibilität von Yeats und Joyce registriert, die auf amerikanische Expatriierte in den Werken von Eliot und Pound.

In Thomas Manns großer Fabel vom Bündnis zwischen Kreativität und Krankheit: *Tod in Venedig*, ist die Pest, die Europa heimsucht, asiatischer Herkunft. Die Kombination von Grauen und Verheißung, von Verfall und Verlangen, wie sie wirkungsvoll in Aschenbachs Psychologie hervortritt, ist wohl Manns Mittel, anzudeuten, daß Europa, seine Kunst, sein Geist, seine Monumente, nicht mehr unverletzlich sind. Ähnlich Joyce, für den der irische Nationalist und Intellektuelle Stephen Dedalus nicht von seinen katholischen irischen Kameraden bestärkt wird, sondern von dem wandernden Juden Leopold Bloom, dessen Exotik und kosmopolitische Fertigkeiten die morbide Feierlichkeit von Stephens Rebellion unterhöhlen. So wie die faszinierenden Invertierten in Prousts Roman bezeugt Bloom eine neue Lage in Europa, eine Lage, die nachgerade verblüffend in Wendungen und Begriffen beschrieben wird, die ganz unverkennbar den exotischen Annalen überseeischer Entdeckung, Eroberung und Vision entnommen sind. Nur daß sie, anstatt *da draußen* zu sein, jetzt *hier* sind, ebenso beunruhigend wie die primitiven Rhythmen von *Sacre du printemps* oder die afrikanischen Ikonen in Picassos Kunst.

Die formalen Umstellungen und Verschiebungen in der modernistischen Kultur, und bemerkenswerterweise auch ihre alles durchdrin-

gende Ironie, sind von eben jenen beiden Störfaktoren beeinflußt, die
Seeley als Konsequenz des Imperialismus erwähnt: dem streitbaren Eingeborenen und dem Faktum anderer Imperien. Zusammen mit den »alten Männern«, die sein großes Abenteuer ruinieren oder vereiteln, nötigen die Araber in *The Seven Pillars of Wisdom* Lawrence eine traurige
und verdrossene Anerkennung ab, ebenso wie das imperiale Frankreich
und die imperiale Türkei; Forsters große Leistung in *A Passage to India*
besteht darin, daß er mit Genauigkeit (und Unbehagen) zeigt, wie sich
das moralische Drama des zeitgenössischen indischen Mystizismus und
Nationalismus – Godbole und Aziz – vor dem älteren Konflikt zwischen dem britischen und dem ostindischen Mogul-Imperium entfaltete. In Lotis *L'Inde (sans les Anglais)* liest man eine Reisebeschreibung
auf der Grundlage einer Reise durch Indien, in der die herrschenden
Engländer vorsätzlich, ja sogar boshafterweise nicht ein einziges Mal
erwähnt werden[226], so als ob damit angedeutet werden sollte, daß *nur*
die Eingeborenen sichtbar zu sein haben, während Indien natürlich eine
ausschließlich britische (und zweifellos keine französische) Besitzung
war.

Ich wage die Vermutung, daß die europäische Kultur, als sie die imperialen »Täuschungen und Entdeckungen« schließlich angemessen zur
Kenntnis nahm – mit Benita Parrys schönem Ausdruck für die Begegnung der englischen und der indischen Kultur[227] –, sie das nicht oppositionell, sondern ironisch und mit dem verzweifelten Versuch einer
neuen Inklusivität tat. Es war so, als ob die Angehörigen der dominanten europäischen Kultur, nachdem sie das Imperium jahrhundertelang
als Faktum des nationalen Geschicks aufgefaßt hatten, das entweder für
selbstverständlich gehalten oder gefeiert, konsolidiert und erhöht werden konnte, jetzt mit der Skepsis und Verwirrung von Leuten »nach drüben« zu blicken begannen, die von dem, was sie sahen, überrascht,
wenn nicht schockiert waren. Kulturelle Texte importierten das Fremde
nach Europa, und zwar auf Weisen, die ganz deutlich das Zeichen des
imperialen Zugriffs trugen: von Forschungsreisenden und Ethnographen, Geologen und Geographen, Kaufleuten und Soldaten. Anfangs
stimulierten sie das Interesse europäischer Leser; zu Beginn des 20.
Jahrhunderts wurden sie dazu benutzt, ein ironisches Gespür dafür zu
vermitteln, wie verwundbar Europa war und wie sehr – mit Conrads
großem Satz – »auch das eine der dunklen Regionen auf Erden gewesen
war«.

Um sich damit auseinanderzusetzen, wurde eine neue enzyklopädische Form nötig, eine Form, die drei Unterscheidungsmerkmale hatte.

Das erste war die Kreisförmigkeit der Struktur – gleichzeitig offen und inklusiv: *Ulysses, Heart of Darkness, A la recherche, The Waste Land, Cantos* oder *To the Lighthouse*. Das zweite war eine Neuerung, die fast vollständig auf der Neuformulierung alter, sogar überholter Fragmente beruhte, die selbstbewußt aus disparaten Schauplätzen, Quellen und Kulturen abgezweigt wurden: Das Kennzeichen der modernistischen Form ist das merkwürdige Nebeneinander von Komisch und Tragisch, von Hoch und Tief, von Gemeinplatz und Exotik, von Vertraut und Fremd, deren erfindungsreichste Lösung Joyces Verschmelzung der *Odyssee* mit dem Wandernden Juden, von Reklame und Vergil (oder Dante), von perfekter Symmetrie und Preisliste ist. Das dritte ist die Ironie einer Form, die die Aufmerksamkeit auf sich selbst als Ersatz der Kunst und ihrer Schöpfungen für die früher mögliche Synthese der Weltimperien lenkt. Wenn man nicht länger sicher sein kann, daß Großbritannien immerdar die Meere beherrscht, dann hat man sich die Realität als etwas vorzustellen, das von einem selbst, dem Künstler, zusammengehalten werden kann, und zwar eher in der Geschichte als in der Geographie. Räumlichkeit wird in dem Maße zum charakteristischen Merkmal einer eher ästhetischen als politischen Herrschaft, wie mehr und mehr Regionen – von Indien bis Afrika und zur Karibik – die klassischen Imperien und ihre Kulturen herausfordern.

Drittes Kapitel

WIDERSTAND UND OPPOSITION

»lie moi de tes vastes bras à l'argile
lumineuse.«
Aimé Césaire, *Cahier d'un retour au
pays natale*

1. Es gibt zwei Seiten

Eines der Standardthemen der Geistesgeschichte und des Studiums der Kulturen ist jene Konstellation von Beziehungen, die unter der allgemeinen Rubrik des »Einflusses« eingeordnet werden kann. Ich habe das vorliegende Buch mit dem Hinweis auf Eliots berühmten Essay »Tradition and the Individual Talent« als Mittel zur Einführung des Einfluß-Themas in seiner grundlegenden, ja abstraktesten Form begonnen: der Verbindung zwischen der Gegenwart und der Vergangenheit (oder Nicht-Vergangenheit) des Vergangenen, einer Verbindung, die so, wie Eliot sie diskutiert, die Beziehung zwischen einem individuellen Autor und der Tradition einschließt, von der er oder sie ein Teil ist. Ich habe zu bedenken gegeben, daß das Studium der Beziehung zwischen dem »Westen« und den von ihm beherrschten kulturellen »anderen« nicht gerade zu einem besseren Verständnis einer ungleichen Beziehung zwischen ungleichen Partnern verhilft, wohl aber ein Ansatzpunkt für das Studium der Bildung und Bedeutung westlicher kultureller Praktiken selbst ist. Und die anhaltende Machtdisparität zwischen dem Westen und dem Nicht-Westen muß in Rechnung gestellt werden, wenn wir kulturelle Formen wie die des Romans, des ethnographischen und historischen Diskurses und bestimmte Arten von Poesie und Oper zureichend erschließen wollen, in denen Anspielungen auf diese Disparität und auf sie gegründete Strukturen im Überfluß vorkommen. Ich fuhr mit dem Argument fort, daß, wenn angeblich neutrale Projekte der Kultur wie Literatur und kritische Theorie in bezug auf die schwächere oder untergeordnete Kultur konvergieren und sie im Sinne unwandelbarer nicht-europäischer und europäischer Essenzen, Erzählungen über geographische Besitzungen und Bilder der Legitimität und Erlösung interpretieren, die auffallende Konsequenz die gewesen ist, die Machtlage zu verschleiern und zu verheimlichen, wie sehr die Erfahrung der Stärkeren sich mit der der Schwächeren überschneidet und davon abhängt.

Ein Beispiel dafür ist in Gides *L'Immoraliste* (1902) zu finden, einem Buch, das in der Regel als die Geschichte eines Mannes gelesen wird, der sich mit seiner exzentrischen Sexualität arrangiert, indem er ihr erlaubt, ihn nicht nur von seiner Frau Marceline und seiner Karriere, sondern paradoxerweise auch von seinem Willen zu entbinden. Michel ist ein Philologe, dessen akademische Forschung zur barbarischen Vergangenheit Europas ihm seine eigenen verdrängten Instinkte, Sehnsüchte und Neigungen enthüllt. Und ebenso wie in Thomas Manns *Tod in Venedig* ist hier der Schauplatz repräsentativ für eine exotische Region an oder knapp jenseits der Grenzen Europas: Die Handlung von *L'Immoraliste* spielt in Französisch-Algerien, einer Zone der Wüsten, schwülen Oasen und amoralischen einheimischen Jungen und Mädchen. Michels nietzschescher Mentor, Ménalque, wird freimütig als Kolonialoffizier beschrieben, und obwohl er außerhalb einer imperialen Welt steht, die für Leser von T. E. Lawrence oder Malraux erkennbar wäre, ist seine sybaritische und epikureische Präsenz ganz von Gideschem Zuschnitt. Ménalque schöpft (mehr als Michel) Erkenntnis und Lust aus »obskuren Expeditionen«, sinnlicher Befriedigung und anti-häuslicher Freiheit. »La vie, le moindre geste de Ménalque«, überlegt Michel, als er seinen an akademische Rituale geketteten Lebenslauf mit dem des glühenden Imperialisten vergleicht, »n'était-il pas plus éloquent mille fois que mon cours«?[1]

Was die beiden Männer jedoch miteinander verbindet, sind weder Ideen noch Lebensgeschichten, sondern die Bekenntnisse von Moktir, einem Jungen aus Biskra (wohin Gide Jahr um Jahr zurückkehrte), der Ménalque erzählt, er habe Michel dabei beobachtet, wie er Marcelines Schere zu stehlen versuchte. Die homosexuelle Komplizenschaft zwischen den dreien ist eine unverkennbar hierarchische: Moktir, der afrikanische Junge, schenkt Michel, seinem Dienstherrn, eine heimliche Erregung, die ihrerseits einen Schritt auf dem Wege zu seiner Selbsterkenntnis bedeutet, bei der ihn Ménalques höhere Einsichten leiten. Was Moktir denkt oder fühlt, ist weit weniger wichtig als das, was Michel und Ménalque aus dieser Erfahrung machen. Gide verknüpft Michels Selbsterkenntnis explizit mit seinen Algerien-Erfahrungen, die kausal mit dem Tod seiner Frau, mit seiner intellektuellen Neuorientierung und mit seiner letztlichen, recht pathetischen bisexuellen Unentschiedenheit in Zusammenhang stehen.

Zu Französisch-Nordafrika – was ihm vorschwebt, ist Tunesien – äußert Michel die folgenden *aperçus*:

»Dieses Land der Lust befriedigt, aber stillt nicht das Verlangen, das jede Befriedigung steigert.
Ein Land frei von Kunstwerken. Ich verachte jene, die Schönheit nur umschrieben und ausgedeutet zu würdigen wissen. Dies ist das Wundervolle am arabischen Volk, daß es seine Kunst lebt, sie singt und sie verschwendet von Tag zu Tag; es hält sie nicht fest, konserviert sie in keinem Werk. Das ist die Ursache und die Wirkung für den Mangel an großen Künstlern. [...] In dem Augenblick, als ich zum Schlafen ins Hotel zurückkehren wollte, erinnerte ich mich einer Gruppe von Arabern, die

unter freiem Himmel, auf den Matten eines kleinen Cafés gelegen hatten. Ich ging
hin und legte mich bei ihnen schlafen. Von Ungeziefer bedeckt kam ich zurück.«[2]

Das afrikanische Volk und besonders die Araber sind einfach da; sie
haben keine akkumulierende Kunst oder Geschichte, die sich in Werken
verfestigte. Wäre es nicht um des europäischen Beobachters willen, der
ihre Existenz bezeugt, fielen sie nicht ins Gewicht. Unter solchen Leuten
zu weilen, ist schon von sich aus angenehm, aber man muß die Risiken
akzeptieren (das Ungeziefer beispielsweise).

L'Immoraliste hat eine zusätzlich problematische Dimension darin,
daß die Erzählung in der ersten Person – Michel erzählt seine eigene
Geschichte – von einer Reihe von Inklusionen, gewichtigen Inklusionen
abhängt: durch ihn finden die Nordafrikaner, finden seine Frau und
Ménalque Eingang in die Erzählung. Michel ist ein wohlhabender
Großgrundbesitzer aus der Normandie, ein Gelehrter und Protestant –
Eigenschaften, die nahelegen, daß Gide vielfache Seiten der Persönlichkeit im Auge hat, welche die Qualen von Selbstheit und Weltlichkeit lindern. Alle diese Aspekte hängen im Grunde von dem ab, was Michel
über sich selbst in Afrika erfährt; doch seine Selbstentdeckung wird
durch Flüchtigkeit und Transparenz begrenzt und entwertet. Einmal
mehr hat die Erzählung eine »Struktur der Einstellung und Referenz«,
die das europäische auktoriale Subjekt ermächtigt, sich in überseeischen Territorien einzunisten, Nutzen daraus zu ziehen, sich darauf zu
verlassen, ihnen letztlich aber Autonomie oder Unabhängigkeit zu ver-
weigern.

Gide ist ein Sonderfall, insofern er in seinen in Nordafrika spielenden
Werken relativ beschränkte Themen aufgreift: das islamische, das
arabische, das homosexuelle. Aber obwohl es das eines höchst indivi-
dualistischen Künstlers ist, signalisiert Gides Verhältnis zu Afrika ein
größeres Ensemble europäischer Einstellungen gegenüber diesem Kontinent, aus dem dann auftauchte, was im späten 20. Jahrhundert von
den Kritikern Afrikanismus oder afrikanistischer Diskurs genannt worden ist, eine systematische Sprache zur Auseinandersetzung und zum
Studium Afrikas *für* den Westen.[3] Bestimmte Konzepte von Primitivismus gehören dazu, ebenso Konzepte, die aus der afrikanischen Herkunft
ein spezielles epistemologisches Privileg herleiten, etwa Tribalismus, Vi-
talismus oder Originalität. Wir können diese Konzepte bei Conrad und
Isak Dinesen ebenso am Werk sehen wie später in der kühnen Forschungsarbeit von Leo Frobenius, dem deutschen Anthropologen, der
die vollkommene Ordnung des afrikanischen Systems entdeckt zu ha-

ben behauptete, oder bei Placide Tempels, dem belgischen Missionar, dessen Buch *Bantu Philosophy* eine essentialistische (und reduktive) Vitalität im Herzen der afrikanischen Philosophie vermutete. Diese Vorstellung von afrikanischer Identität war so produktiv und schmiegsam, daß sie von westlichen Missionaren, später von Anthropologen, dann von marxistischen Historikern und schließlich, im entgegengesetzten Sinne, sogar von den Befreiungsbewegungen gebraucht werden konnte, wie V. Y. Mudimbe in seinem Buch *The Invention of Africa* (1988) gezeigt hat, der Geschichte dessen, was er eine afrikanische *Gnosis* nennt.[4]

Die allgemeine kulturelle Konstellation, die zwischen dem Westen und seinem überseeischen Imperium besonders in der Phase des Ersten Weltkriegs bestand, stimmte mit diesem Schema überein. Meine Absicht ist es, die interagierende Erfahrung zu skizzieren, die Imperialisten und Imperialisierte ineinander verstrickte. Das Studium des Verhältnisses von Kultur und Imperialismus bedarf in diesem sehr frühen Stadium keiner einfachen chronologischen oder anekdotischen Erzählung (es gibt davon bereits eine gehörige Zahl), sondern des Versuchs einer generellen (nicht totalen) Beschreibung. Und natürlich ist die Analyse des Wechselspiels zwischen Kultur und Imperium selbst integraler Bestandteil des Problems, ein Teil dessen, was George Eliot in anderem Zusammenhang das »verwickelte Medium« nannte. Der Auftritt nahezu hundert dekolonisierter postimperialer Staaten nach 1945 ist kein neutrales Faktum, sondern eines, das Gelehrte, Historiker und Aktivisten heftig gegeneinander aufgebracht hat.

So wie der Imperialismus in der Periode seines Triumphes dazu neigte, nur einen von innen her formulierten kulturellen Diskurs zuzulassen, so hat der Postimperialismus im wesentlichen einen kulturellen Diskurs des Argwohns bei den kolonisierten Völkern und bei den metropolitanischen Intellektuellen einen Diskurs der politischen Vermeidung begünstigt. Ich finde mich selbst in der Mitte, wie viele von uns, die aufwuchsen, als die klassischen Kolonialimperien abgewrackt wurden. Wir gehören sowohl der Periode des Kolonialismus wie der des Widerstandes dagegen an; und wir gehören auch einer Periode der Überwindung bestimmter theoretischer Konzepte an: der universalisierenden Techniken von Dekonstruktivismus, Strukturalismus und Lukácsschem oder Althusserschem Marxismus. Meine hausgemachte Lösung gründet auf der Voraussetzung, daß, während der Gesamtzusammenhang der Kultur disjunktiv ist, viele ihrer wichtigen Sektoren *kontrapunktisch* interagieren. Hierbei denke ich vornehmlich an die außerordentliche, nahezu kopernikanische Wende in der Beziehung zwischen westlicher Kultur und Imperium in den ersten Jahren dieses Jahrhunderts. Es ist durchaus sinnvoll, diese Wende nach Reichweite und Bedeutung zwei anderen, früheren gleichzustellen: der Neuentdeckung Griechenlands in der humanistischen europäischen Renaissance sowie der »Renaissance des Orients« – so genannt von seinem großen modernen Historiker Raymond Schwab[5] – vom Ende des 18. bis zur Mitte des 19. Jahrhunderts, als die kulturellen Reichtümer Indiens, Chinas, Japans und Persiens in die europäische Kultur eingemeindet wurden. Diese zweite, die Schwab Europas großartige Aneignung des Orients nennt – die Entdeckung des Sanskrit durch deutsche und französische Sprachwissenschaftler, der großen indischen Nationalepen durch englische, deutsche und französische Dichter und Künstler und der persischen Bilderwelt und Sufi-Philosophie durch europäische und sogar amerikanische Denker von Goethe bis Emerson –, war gewiß eine der glanzvollsten Episoden in der Abenteuergeschichte des menschlichen Geistes.

Die in Schwabs Bericht fehlende Dimension ist die politische, die sehr viel weniger erbaulich ist als die kulturelle. Wie ich bereits in *Orientalism* dargelegt habe, ist der deutliche Effekt eines Kulturaustausches zwischen Partnern, die sich ihrer Ungleichheit bewußt sind, der, daß die Menschen leiden. Die Annäherung der italienischen, französischen und englischen Humanisten an die griechischen Klassiker geschah ohne die lästigen Zwischenrufe der lebenden Zeitgenossen. Texte toter Menschen wurden von Menschen gelesen und geschätzt, die sich ein ideales Gemeinwesen vorstellten. Das ist der eine Grund, warum die Gelehrten nur selten argwöhnisch oder mißliebig von der Renaissance sprechen. In modernen Zeiten freilich bedeutet das Nachdenken über kulturellen Austausch Nachdenken über Herrschaft und gewaltsame Aneignung: Wo der eine verliert, da gewinnt der andere. Heute beispielsweise entzünden sich Debatten über die amerikanische Geschichte zunehmend an der Erforschung dessen, was man eingeborenen Völkern, Einwandererpopulationen oder unterdrückten Minderheiten angetan hat. Und erst kürzlich sind sich westliche Autoren bewußt geworden, daß das, was sie zur Geschichte und zu den Kulturen »untergeordneter« Völker zu sagen haben, von diesen Völkern selbst bestreitbar ist, Völkern, die noch vor einigen Jahren mit Kultur, Land, Entwicklung in die westlichen Imperien und ihre disziplinierenden Diskurse fugenlos inkorporiert waren. (Das heißt nicht, die Leistungen vieler westlicher Gelehrter, Historiker, Künstler, Philosophen, Musiker und Missionare verunglimpfen, deren gemeinsame und individuelle Anstrengungen, die Welt jenseits von Europa sichtbar zu machen, eine erstaunliche Tat sind.)

Eine ungeheure Welle antikolonialistischer und letztlich auch antiimperialer Aktivität, Reflexion und Revision hat das Bauwerk des westlichen Imperiums überschwemmt und es, um Gramscis Metapher zu zitieren, in »offenem Gefecht« herausgefordert. Zum ersten Mal haben sich Vertreter des Westens gezwungen gesehen, sich mit sich selbst nicht nur als dem Raj, sondern als Repräsentanten einer Kultur, ja sogar von Rassen zu konfrontieren, die bestimmter Verbrechen angeklagt wurden, Verbrechen der Gewalt, Verbrechen der Unterdrückung, Gewissensverbrechen. »Die Dritte Welt«, schreibt Fanon in *Die Verdammten dieser Erde* (1961), »steht heute als eine kolossale Masse Europa gegenüber; ihr Ziel muß es sein, die Probleme zu lösen, die dieses Europa nicht hat lösen können.«[6] Solche Anklagen waren natürlich auch schon früher erhoben worden, nicht zuletzt von so unerschrockenen Europäern wie Samuel Johnson und W.S. Blunt. Quer durch die ganze nicht-europäische Welt waren einst Kolonialaufstände aufgeflammt, von der Revolution in San Domingo und dem Aufstand von Abd el Kader bis hin zur Rebellion von 1857, den Boxer-Aufständen und der Orabi-Revolte. Es war zu Vergeltungsmaßnahmen gekommen, zu Regierungswechseln, »causes célèbres«, Debatten, Reformen und Neutaxierungen. Gleichwohl wuchsen die Imperien an Größe und Profitabilität. Die neue Situation war anhaltende Konfrontation mit und systematischer Widerstand gegen das Imperium *als Westen*. Lange brodelnder Groll auf den weißen Mann verdichtete sich vom Pazifik bis zum Atlantik zu kräftigen Unabhängigkeitsbewegungen. Panafrikanische und panasiatische Aktivisten tauchten auf, die nicht mehr gebremst werden konnten.

Die militanten Gruppen zwischen den beiden Weltkriegen waren nicht nur deutlich anti-westlich eingestellt. Manche glaubten, daß die Befreiung vom Kolonialismus durch Zusammenarbeit mit dem Christentum erlangt werden könne; andere hielten die »Verwestlichung« für die schlüssige Lösung. In Afrika wurden diese Anstrengungen der Zwischenkriegsphase, laut Basil Davidson, von Leuten wie Herbert Macaulay, Léopold Senghor, J. H. Casely Hayford oder Samuel Ahuma[7] befördert; in der arabischen Welt bildeten während dieser Periode Saad Zaghloul, Nuri as-Said, Bishara al-Khoury Gegengewichte. Selbst spätere Revolutionäre – Ho Chi Minh in Vietnam beispielsweise – verfochten ursprünglich die Auffassung, bestimmte Elemente der westlichen Kultur könnten bei der Abschaffung des Kolonialismus von Nutzen sein; aber ihre Bemühungen und Ideen fanden wenig Widerhall in der Metropole, und mit der Zeit wandelte sich ihr Widerstand.

Denn wenn der Kolonialismus ein System war, wie Sartre in einem seiner Nachkriegsessays schreiben sollte, dann begann sich auch der Widerstand als System zu begreifen.[8] Jemand wie Sartre konnte in den Einleitungssätzen seines Vorwortes zu Fanons *Verdammten dieser Erde* (1961) sagen, daß die Welt tatsächlich aus zwei miteinander im Krieg liegenden Fraktionen besteht, »das heißt fünfhundert Millionen Menschen und eine Milliarde fünfhundert Millionen Eingeborene. Die ersten verfügten über das Wort, die anderen entliehen es. [...] In den Kolonien zeigte sich die Wahrheit nackt, die ›Mutterländer‹ bevorzugten sie bekleidet.«[9] Davidson legt die Sache im Falle der neuen afrikanischen Reaktion mit gewohnter Schärfe dar:

> »Die Geschichte [...] ist keine Rechenmaschine. Sie entfaltet sich im Geist und in der Einbildungskraft und gewinnt Substanz in den vielfältigen Reaktionen der Kultur eines Volkes, die ihrerseits die unendlich subtile Vermittlung materieller Realitäten, untermauernder ökonomischer Fakten und körniger Objektivitäten ist. Die afrikanischen kulturellen Reaktionen nach 1945 waren so vielgestaltig, wie man das bei so vielen Völkern und spürbaren Interessen erwarten durfte. Vor allem aber waren sie von einer lebhaften Hoffnung auf Veränderung inspiriert, die zuvor schwerlich vorhanden war und sicherlich nie zuvor mit solcher Intensität und umfassender Anziehungskraft gespürt worden war; und sie wurden von Männern und Frauen befürwortet, deren Herzen im Takt einer schönen Musik schlugen. Das waren die Reaktionen, die der afrikanischen Geschichte einen neuen Lauf aufdrängten.«[10]

Das Gespür der Europäer für einen gewaltigen, desorientierenden Perspektivenwandel im Verhältnis des Westens zum Nicht-Westen war neu und weder in der europäischen Renaissance noch bei der »Entdeckung« des Orients drei Jahrhunderte danach vernehmlich geworden. Man denke an die Differenzen zwischen Polizianos Wiederentdeckung und Edition der griechischen Klassiker um 1460 oder Bopps und Schlegels Deutung von Sanskrit-Grammatikern in der Zeit um 1810 einerseits und einem französischen Theoretiker oder Orientalisten andererseits, der während des algerischen Krieges 1961 Fanon las oder Césaires *Discours sur le colonialisme*, der 1955, unmittelbar nach der französischen Niederlage in Dien Bien Phu, erschien. Nicht nur wird dieser letztere unglückselige Zeitgenosse von Eingeborenen angesprochen, während seine Armee von ihnen zum Kampf gestellt wird, sondern er liest auch einen Text in der Sprache Bossuets und Chateaubriands, der Begriffe von Hegel, Marx und Freud aufbietet, um eben die Zivilisation anzukla-

gen, die sie allesamt hervorbringt. Fanon geht sogar noch weiter, wenn
er das bisher akzeptierte Paradigma umstülpt, daß Europa den Kolonien ihre Modernität verschaffte, und zu bedenken gibt, daß »nicht nur
der Wohlstand und der Fortschritt Europas – aus dem Schweiß und den
Leichnamen von Negern, Arabern, Indern und den gelben Rassen
gefügt«[11] –, sondern daß Europa »buchstäblich die Schöpfung der Dritten Welt«[12] sei, ein Einspruch, der wieder und wieder von Walter Rodney, Chinweizu und anderen bekräftigt werden sollte. Indem wir diese
Um- und Neuordnung der Dinge überblicken, stoßen wir auf Sartre als
Echo von Fanon (und nicht etwa einen Verlauf in umgekehrter Richtung), wenn er sagt: »Nichts ist bei uns konsequenter als ein rassistischer Humanismus, weil sich der Europäer nur dadurch zum Menschen
hat machen können, daß er Sklaven und Monster hervorbrachte.«[13]

Der Erste Weltkrieg trug nicht dazu bei, den westlichen Zugriff auf
Kolonialterritorien zu schwächen, weil der Westen diese Territorien benötigte, um Europa mit Arbeitskräften und Ressourcen für einen Krieg
zu beliefern, der für die Afrikaner und Asiaten wenig Bedeutung hatte.[14]
Dennoch waren die Prozesse, die nach dem Zweiten Weltkrieg auf die
Unabhängigkeit hinausliefen, bereits eingeleitet. Die Frage der Datie-
rung des Widerstands gegen den Imperialismus in abhängigen Territorien gibt für beide Seiten den Ausschlag, wie der Imperialismus gesehen
wird. Für die erfolgreichen nationalistischen Parteien, die den Kampf
gegen die europäischen Mächte führten, gründen Legitimität und kultureller Primat in der Behauptung einer ungebrochenen Kontinuität,
die zu den ersten Kriegern zurückweist, die gegen den weißen Eindringling aufstanden. So leitete die Nationale Algerische Befreiungsfront, die
ihren Aufstand gegen Frankreich im Jahre 1954 begann, sich von Emir
Abd el Kader her, der während der dreißiger und vierziger Jahre des
19. Jahrhunderts gegen die französische Besatzung kämpfte. In Guinea
und Mali wird der Widerstand gegen die Franzosen über mehrere Generationen auf die Vaterfiguren Samory und Hajji Omar zurückgeführt.[15]
Aber nur gelegentlich erkennen die »Schriftführer« der Imperien die
Gültigkeit dieser Widerstandstraditionen an.

Die Auseinandersetzung setzt sich bis heute unter Historikern in Europa und den Vereinigten Staaten fort. Waren jene frühen »Propheten
der Rebellion«, wie Michael Adas sie genannt hat, rückwärtsgewandte,
romantische und unrealistische Leute, die dumpf gegen die »moderni-
sierungsfreudigen« Europäer aufbegehrten[16], oder müssen wir die Bemerkungen ihrer modernen Erben – beispielsweise Julius Nyerere und
Nelson Mandela – zur unabgegoltenen Bedeutung ihrer frühen, meist

zum Scheitern verurteilten Mühen ernst nehmen? Terence Ranger hat
gezeigt, daß derlei Fragen nicht akademisch spekulativ sind, sondern
von hohem politischem Gewicht. So formten zum Beispiel viele Widerstandsbewegungen »die Umwelt, in der sich später die Politik entwik-
kelte; [...] der Widerstand hatte tiefgreifende Wirkungen auf die weiße
Politik und Einstellung; [...] im Verlauf der, oder einiger, Widerstands-
bestrebungen tauchten Typen politischer Organisation oder Beeinflus-
sung auf, die wichtige Einblicke in die Zukunft eröffneten und die in
manchen Fällen direkt, in anderen indirekt mit späteren Vorhaben afrikanischer Opposition gegen den europäischen Imperialismus verbunden sind.«[17] Ranger weist nach, daß die intellektuelle und moralische
Auseinandersetzung über Kontinuität und Kohärenz des nationalen Widerstandes gegen den Imperialismus sich Dutzende von Jahren fortsetzte und zu einem organischen Teil der imperialen Wirklichkeit
wurde. Wenn man sich, als Afrikaner oder Araber, dazu entschließt,
der Ndebele-Shona- und Orabi-Aufstände von 1896–97 und 1882 zu
gedenken, dann ehrt man nationale Führer, deren *Versagen* spätere Erfolge ermöglichte; sehr wahrscheinlich werden Europäer diese Aufstände mit Herablassung betrachten, nämlich als das Werk von Cliquen, von verrückten Chiliasten und so fort.

Dann wurde nach dem Zweiten Weltkrieg allmählich die ganze Welt
entkolonisiert. Grimals Untersuchung umfaßt eine Landkarte des britischen Imperiums auf seinem Höhepunkt: ein zwingender Beweis dafür, wie weitläufig seine Besitzungen waren und wie mehr oder weniger vollständig es sie nach dem Kriegsende von 1945 einbüßte. John
Stracheys Buch *The End of Empire* (1959) spricht von der Endgültigkeit dieses Verlustes. Von London aus hatten britische Staatsmänner,
Soldaten, Kaufleute, Gelehrte, Erzieher, Missionare, Bürokraten und
Spione die Verantwortung für Australien, Neuseeland, Hongkong,
Neuguinea, Ceylon, Malaysia und den ganzen asiatischen Subkontinent, den Großteil des Mittleren Ostens, ganz Ostafrika von Ägypten
bis Südafrika, einen Teil von Westafrika (unter Einschluß von Nigeria), Guayana, einen Teil der karibischen Inseln, Irland und Kanada
gehabt.

Sehr viel kleiner als das britische umfaßte das Imperium Frankreichs
eine Fülle von Inseln im Pazifischen und Indischen Ozean ebenso wie in
der Karibik (Madagaskar, Neu-Kaledonien, Tahiti, Guadeloupe usw.),
Guayana und ganz Indochina (Annam, Kambodscha, Kochinchina,
Laos und Tonking); in Afrika rang Frankreich ernstlich mit England um
die Vorherrschaft – ein Großteil der westlichen Hälfte des Kontinents

vom Mittelmeerraum bis zum Äquator war in französischer Hand, ebenso Französisch-Somalia, dazu Syrien und der Libanon, die, wie viele afrikanische und asiatische Kolonien Frankreichs, sich mit britischen Territorien und Routen überschnitten. Lord Cromer, einer der gefürchtetsten der imperialen britischen Prokonsuln (wie er das einst recht hochnäsig ausdrückte: »Wir herrschen nicht über Ägypten, wir herrschen lediglich über die Herrscher von Ägypten«[18]), der hervorragende Dienste in Indien geleistet hatte, bevor er zwischen 1883 und 1907 nahezu im Alleingang Ägypten verwaltete, sprach oft irritiert vom »launenhaften« französischen Einfluß in den britischen Kolonien.

Für diese gewaltigen Territorien (und die von Belgien, Holland, Spanien, Portugal und Deutschland) stellten die metropolitanischen westlichen Kulturen beträchtliche Investitionen und Strategien bereit. Und nur wenige Menschen in Großbritannien oder Frankreich schienen zu glauben, daß sich irgend etwas ändern könnte. Dennoch entstand und überdauerte eine Alternative zum Imperialismus und behielt schließlich die Oberhand.

Um 1950 hatte Indonesien seine Freiheit von Holland errungen. Im Jahre 1947 übergab England Indien an die Congress Party, und auf der Stelle spaltete sich Pakistan unter der Führung von Jinnahs Muslim League ab. Malaysia, Ceylon und Birma wurden unabhängig, genauso wie die Nationen von »Französisch«-Südostasien. In ganz Ost-, West- und Nordafrika wurden die britischen, französischen und belgischen Besitzungen aufgegeben, manchmal (wie in Algerien) unter hohen Verlusten an Leben und Eigentum. Um 1990 gab es neunundvierzig neue afrikanische Staaten. Keiner dieser Brüche aber fand in einem Vakuum statt. Wie Grimal zeigt, wurden die internationalisierten Beziehungen zwischen Kolonialisten und Kolonisierten von global agierenden Mächten intensiviert – den Kirchen, den Vereinigten Staaten, dem Marxismus, der Sowjetunion und den Vereinten Nationen. Der antiimperiale Kampf wurde, wie das viele panafrikanische, panarabische, panasiatische Kongresse bezeugten, universalisiert, und die Kluft zwischen westlichen (weißen, europäischen, fortgeschrittenen) und nicht-westlichen (farbigen, unterentwickelten) Kulturen und Völkern wurde dramatisiert.

Weil die Neuzeichnung der Weltkarte so dramatisch verlief, haben wir das historische, ja sogar moralische Gespür dafür eingebüßt (oder sind zu dieser Einbuße ermutigt worden), daß selbst in der Verbissenheit des Kampfes der Imperialismus und seine Widersacher um dasselbe Terrain rangen, sich dieselbe Geschichte streitig machten. Zweifellos überschnitten sie sich dort, wo französisch erzogene Algerier oder Viet-

namesen, englisch erzogene Ost- oder Westinder, Araber und Afrikaner
ihren imperialen Herren entgegentraten. Die antiimperiale Opposition
in London und Paris wurde durch den Widerstand in Delhi und Algier
in Mitleidenschaft gezogen. Obwohl es kein Kampf von gleich zu gleich
war (eine imperialistische Standard-Mißdeutung gibt vor, daß ausschließlich westliche Freiheitsideen die Überwindung der Kolonialherrschaft herbeigeführt hätten, eine These, die mutwillig die Reserven in
der indischen und arabischen Kultur ignoriert, die *immer* dem Imperialismus Widerstand leisteten, und die unterstellt, daß der Kampf gegen
den Imperialismus einer der größten Triumphe des Imperialismus gewesen sei), hatten die Widersacher auf ein und demselben kulturellen Terrain faszinierende Begegnungen. Ohne metropolitanische Zweifel und
Einsprüche wären das Idiom, die Formen und die Struktur des Widerstandes der Einheimischen gegen den Imperialismus ganz anders ausge-
fallen. Auch hier hat die Kultur einen Vorsprung vor Politik, Militärge-
schichte oder ökonomischer Entwicklung.

Diese Überschneidung ist kein geringfügiger oder zu vernachlässigen-
der Aspekt. So wie die Kultur eine Gesellschaft für die überseeische Beherrschung einer anderen prädisponieren und vorbereiten kann, so
kann sie diese Gesellschaft auch darauf vorbereiten, die Idee der Herrschaft in Übersee preiszugeben oder zu modifizieren. Ein solcher Wandel kann nicht ohne die Bereitschaft von Männern und Frauen eintreten, sich den Zwängen der Kolonialherrschaft zu widersetzen, zu den
Waffen zu greifen, Ideen von Freiheit zu entwerfen und sich (wie Benedict Anderson das ausdrückt) eine neue nationale Gemeinschaft auszumalen und sich in ein letztes Abenteuer zu stürzen. Und er kann auch
nicht eintreten, solange die ökonomische und politische Abnutzung des
Imperiums nicht zu Hause eingesetzt hat, solange die Idee des Imperiums und die Kosten der Kolonialherrschaft nicht öffentlich in Frage
gestellt werden, solange die Repräsentanzen des Imperialismus nicht
ihre Legitimität einzubüßen beginnen und solange die rebellischen
»Eingeborenen« nicht der metropolitanischen Kultur die Unabhängigkeit und Integrität ihrer eigenen bewiesen haben, frei von kolonialer
Anmaßung. Nachdem wir aber alle diese Bedingungen verzeichnet haben, sollten wir anerkennen, daß Widerstand und Opposition gegen
den Imperialismus an *beiden* Enden der neugezeichneten Karte artikuliert werden, auf einem weitgehend gemeinsamen, wenn auch umstrittenen, von der Kultur bereitgestellten Terrain.

Welches sind die kulturellen Grundlagen, auf denen Einheimische
und liberale Europäer lebten und einander verstanden? Wieviel konn-

ten sie einander zugestehen? Wie konnten sie, im Rahmen der imperialen Herrschaft, miteinander umgehen, bevor ein radikaler Wandel einsetzte? Wenden wir uns zunächst E. M. Forsters *A Passage to India* zu,
einem Roman, der gewißlich die (oft reizbare und mystifizierte) Zuneigung des Autors zu dieser Region beweist. Ich habe stets den Eindruck
gehabt, daß das Interessanteste an *A Passage to India* Forsters Gebrauch Indiens als Schauplatz zur Darstellung von Material ist, das den
kanonischen Richtlinien der Romanform zufolge nicht dargestellt
werden kann – Weite, merkwürdige Grundüberzeugungen, geheime
Antriebe, Geschichten und Sozialformen. Mrs. Moore insbesondere –
und auch Fielding – ist deutlich dazu ausersehen, als Europäerin verstanden zu werden, die mit der anthropomorphen Norm bricht, indem
sie in jenem (für sie erschreckenden) »neuen Element« verbleibt – in
Fieldings Fall: daß er die Komplexität Indiens erlebt, aber dann zum
vertrauten Humanismus zurückkehrt (er findet über Suez und Italien
nach England zurück, nachdem er eine entsetzliche Vorahnung davon
gehabt hat, was Indien dem eigenen Zeit- und Raumgefühl hätte antun
können).

Aber Forster ist ein zu gewissenhafter Beobachter der Realität, als
daß er es dabei bewenden ließe. Im Schlußteil, wo der Autor, entschlossen und affirmativ, die übliche romanhafte Lösung (Heirat und Eigen-
tumsbildung) auf Indien überträgt, kehrt der Roman zum traditionellen
Muster sozialen Eigentums zurück: Fielding heiratet die Tochter von
Mrs. Moore. Er und Aziz – ein muslimischer Nationalist – reiten gemeinsam und bleiben doch getrennt: »›Sie wollten es nicht‹, sagten [die
Dinge] mit ihren hundert Stimmen. ›Nein, noch nicht‹, und der Himmel
sagte: ›Nein, nicht hier.‹« Es gibt Lösung und Einheit, aber beide sind
unvollständig.[19]

Wenn das heutige Indien weder der Ort noch die Zeit (Forsters Orien-
tierungen sind sorgfältig) für Identität, Konvergenz oder Verschmelzung ist, was dann? Der Roman verweist darauf, daß die politischen Ursprünge dieses Problems in der britischen Anwesenheit liegen, erlaubt
einem aber auch, die verschiedenartigen Aspekte dieser Tatsache mit
dem Gefühl zu erleben, daß der politische Konflikt in naher Zukunft gelöst werden wird. Godboles und Aziz' entgegengesetzte Widerstände
gegen das Imperium werden anerkannt – Aziz als muslimischer Nationalist, Godbole als nahezu surrealistischer Hindu –, ebenso wie Fieldings eingewurzelte Opposition, obwohl er seine Einwände gegen die
Schandtaten der britischen Herrschaft nicht in politische oder philosophische Begriffe fassen kann und nur lokale Vorbehalte gegen lokale

Mißhandlungen erhebt. Benita Parrys Argument in *Delusions and Discoveries*, daß Forster den Roman »positiv löse«, hängt von »flüchtigen Hinweisen« ab, die von Forster im Widerspruch zum »gesamten Text« gegeben werden[20]; genauer wäre es zu sagen, daß er die Kluft zwischen Indien und Großbritannien auszuhalten beabsichtigte, aber zeitweilige Überschneidungen guthieß. Wie dem auch sei, wir sind berechtigt, die indische Animosität gegen die britische Herrschaft, die Aziz' Einmischung bezeugt, mit dem sichtbaren Signal indischer Widerständigkeit in Verbindung zu bringen, die Fielding unwillig an Aziz bemerkt und für den eines seiner nationalistischen Modelle Japan ist. Die britischen Clubmitglieder, deren Brüskierung Fielding schließlich zum Rücktritt zwingt, sind nervös und halten Aziz' Verstoß für etwas, angesichts dessen jedes Zeichen von »Schwäche« ein Angriff auf die britische Herrschaft selbst wäre – auch das sind Indizien einer Atmosphäre der Hoffnungslosigkeit.

Wie Conrads Afrika ist Forsters Indien ein Schauplatz, der häufig als unbegreiflich und überaus weitläufig beschrieben wird. Als Ronny und Adela zu Beginn des Romans aufeinandertreffen, beobachten sie einen Vogel, wie er in einem Baum verschwindet; sie können ihn jedoch nicht identifizieren, weil, wie Forster zu ihrem und unserem Vorteil hinzufügt, »in Indien nie etwas genau zu benennen ist. Sobald man einem geheimnisvollen Etwas mit einer Frage zu Leibe rückt, verflüchtigt es sich oder wechselt die Gestalt«.[21] Als Adela sich den Marabar-Höhlen nähert, stellt sie fest, daß der Zug mit seinen Rädern ein merkwürdiges »pomper, pomper«-Geräusch macht, das ihr gedankenverlorenes Grübeln begleitet und eine Botschaft vermittelt, die sie nicht enträtseln kann:

> »Wie kann das Bewußtsein von einem solchen Land je Besitz ergreifen? Ganze Generationen fremder Eroberer haben es immer wieder versucht, aber sie blieben Verbannte. Die bedeutsamen Städte, die sie selbst angelegt hatten, waren nur eben Zufluchtsorte, ihre inneren Zwistigkeiten nur die Fiebersymptome von Menschen, die nicht mehr heimzufinden vermochten. Indien wußte von ihren Nöten. Es wußte, bis auf den tiefsten Grund seines Herzens hinab, von den Nöten der ganzen Welt. Aus Hunderten von Mündern, aus Gegenständen, lächerlich und erhaben zugleich, rief es dem Wanderer zu: ›Komm!‹ Aber zu wem, zu was? Indien hat es niemals erklärt. Es war keine Verheißung – es war nur eben ein Anruf.«[22]

Dennoch zeigt Forster, wie die britische »Verwaltungspraxis« die indischen Verhältnisse zu ordnen versucht. Es gibt Rangfolgen, Clubs, Regeln, Restriktionen, militärische Hierarchien und, vor und über allem und allem seinen Stempel aufprägend, die britische Macht. Indien ist

»keine Tee-Party«, sagt Ronny Heaslop. »Im Laufe dieser fünfundzwanzig Jahre [seit ich dieses Land kenne] habe ich erfahren müssen, daß es nichts als Unheil gibt, wenn Engländer und Inder sich näher miteinander einzulassen suchen. Wechselseitige Verständigung – jawohl. Austausch von Höflichkeiten – unter allen Umständen. Vertrauter Umgang – nie und nimmer.«[23] Kein Wunder, daß Dr. Aziz völlig überrascht ist, als Mrs. Moore beim Eintritt in eine Moschee die Schuhe auszieht, eine Geste, die Ehrerbietung ahnen läßt und auf eine Weise Freundschaft stiftet, die vom Code verboten ist.

Fielding ist ebenfalls untypisch: wahrhaft intelligent und sensibel, am glücklichsten in privater Konversation. Und doch versagen seine sympathischen und Verständnis-Fähigkeiten angesichts der kompakten Unbegreiflichkeit Indiens – in Forsters früheren Romanen wäre er ein vollkommener Held gewesen, hier aber wird er besiegt. Zumindest kann Fielding mit einer Gestalt wie Aziz »Fühlung« aufnehmen, einem Protagonisten von Forsters Auseinandersetzung mit Indien in einem englischen Roman durch Teilung in zwei Teile, der eine islamisch, der andere hinduistisch. Im Jahre 1857 hatte Harriet Martineau geschrieben: »Der unter asiatischen Bedingungen entwickelte Geist, gleich ob Hindu oder Muselmane, kann mit dem christlichen europäischen Geist, mehr oder weniger, intellektuell oder moralisch, nicht in Sympathie und Einklang leben.«[24] Forster hebt die Muslime hervor, im Vergleich mit denen die Hindus (darunter auch Godbole) randständig sind, so als ob sie einer romanhaften Gestaltung nicht zugänglich wären. Der Islam war der westlichen Kultur näher und hat in Forsters Chandrapore eine Mittelposition zwischen Engländern und Hindus. In *A Passage to India* steht Forster dem Islam näher als dem Hinduismus, aber der Sympathiemangel ist offenkundig.

Die Hindus glauben – dem Roman zufolge –, daß alles in einem wirren Geflecht miteinander verbunden ist, Gott ist Eins, ist nicht, war nicht, war. Der Islam dagegen, jedenfalls in der Version, die Aziz repräsentiert, lehrt die Ordnung der Dinge und einen besonderen Gott. (»Das vergleichsweise unkomplizierte Bewußtsein des Mohammedaners«[25], sagt Forster mehrdeutig, so als wollte er damit stillschweigend voraussetzen, daß Aziz ein vergleichsweise unkompliziertes Bewußtsein hat und der »Mohammedaner« im allgemeinen ebenfalls.) Für Fielding ist Aziz beinahe schon Italiener, obwohl seine Einschätzung der Mogul-Vergangenheit, seine leidenschaftliche Vorliebe für Poesie, seine merkwürdige »pudeur« mit den Bildnissen seiner Frau, die er mit sich trägt, auf ein exotisches, nicht-mediterranes Wesen schließen lassen. Trotz

Fieldings wunderbaren Bloomsbury-Eigenschaften, seiner Fähigkeit zu
warmherzigem Urteil und seiner leidenschaftlichen Intelligenz wird er
letztlich doch von Indien selbst abgelehnt, in dessen verwirrendes Herz
nur Mrs. Moore eindringt, die freilich an ihrer Vision stirbt. Dr. Aziz
wird Nationalist; Forster, so vermute ich, ist enttäuscht von dessen Posen, und er bringt das mit der Bewegung für die indische Unabhängigkeit insgesamt in Verbindung. Laut Francis Hutchins fand im späten
19. und beginnenden 20. Jahrhundert »die nationalistische Bewegung,
erstaunlich genug, keinerlei Reaktion auf seiten der britischen Imagination in Indien«.[26]

Als Beatrice und Sidney Webb 1912 durch Indien reisten, bemerkten
sie die Schwierigkeiten, die britische Dienstherren mit eingeborenen, für
den Raj tätigen Arbeitern hatten, entweder weil Faulheit ein Ausdruck
von Widerstand war (sehr verbreitet überall in Asien, wie S. H. Alatas[27]
nachgewiesen hat) oder wegen der sogenannten »Trockenlegungstheo-
rie« von Dadabhai Naoroji, der zur Befriedigung der nationalistischen
Parteien argumentierte, daß Indiens Wohlstand von den Briten »trok-
kengelegt« und abgezweigt werde. Die Webbs geben die Schuld jenen
»alten angesehenen europäischen Einwohnern von Indien, die nicht die
Kunst des Umgangs mit den Indern erworben haben«. Und sie fügen
hinzu:

> »Nicht weniger deutlich ist, daß der Inder manchmal ein außerordentlich schwie-
> riger Arbeiter ist, wenn es darum geht, ihn *schuften* zu lassen. Er kümmert sich
> nicht genug um seinen Verdienst. Er zieht es vor, halbverhungert dahinzuvegetie-
> ren, als sich zu überarbeiten. Wie niedrig auch sein Lebensstandard sein mag, sein
> Arbeitsstandard ist noch niedriger – jedenfalls wenn er für einen Dienstherrn ar-
> beitet, den er nicht mag. Und seine Verstöße sind verblüffend.«[28]

Das alles läßt schwerlich auf einen Wettstreit zwischen zwei miteinander im Kriegszustand liegenden Nationen schließen; ähnlich findet Forster Indien in *A Passage to India* schwierig, weil es so fremdartig und
nicht-identifizierbar ist oder weil sich Leute wie Aziz von simplem na-
tionalistischem Gefühl verführen lassen oder weil man, wenn man versucht, damit fertigzuwerden, wie es Mrs. Moore tut, sich von dieser Berührung nicht mehr erholen kann.

Für die Vertreter des Westens ist Mrs. Moore ein Ärgernis, so wie sie
es nach ihrem Aufenthalt in den Höhlen für sich selbst ist. Sie ist weniger eine Person als ein mobilisierender Appell, ein spaßig indianisiertes
Prinzip von Protest und Gemeinschaft: »Esmiss Esmoor.« Sie hat eine
erlebte Erfahrung von Indien, die sie nicht versteht, während Fiel-

ding zwar oberflächlich versteht, aber nicht die tiefe Erfahrung hat. Die Ambivalenz des Romans ist weder durchgängig und verurteilt oder verteidigt den britischen Kolonialismus, noch verurteilt oder verteidigt sie den indischen Nationalismus. Sicherlich, Forsters Ironie erfaßt fast die gesamte Habitus-Skala – von den erzkonservativen Turtons und Burtons bis zu den posierenden Indern; gleichwohl bleibt das Gefühl zurück, daß in Anbetracht der politischen Realitäten der Jahre um 1910 und 1920 selbst ein so bemerkenswerter Roman wie *A Passage to India* an den Fakten des indischen Nationalismus scheitert. Forster konzentriert den Verlauf der Erzählung auf einen Briten, Fielding, der nur zu verstehen vermag, daß Indien überaus weitläufig und verwirrend ist und daß ein Muslim wie Aziz nur bis zu einem gewissen Grad als Freund zu gewinnen ist, weil seine Renitenz gegen den Kolonialismus inakzeptabel töricht erscheint. Die Tatsache, daß Indien und Großbritannien in Opposition zueinander stehende Nationen sind (obwohl ihre Positionen einander überschneiden), wird heruntergespielt, gedämpft, verkleinert.

Das sind die Prärogativen eines Romans, der sich mit individuellen, nicht offiziellen oder nationalen Geschichten auseinandersetzt. Kipling dagegen erkannte die politische Realität an, er erkannte sie als mehr an denn als Quelle romanhafter Ironie, wie bedrohlich, tragisch oder gewaltsam die Geschichte Großbritanniens in Indien für ihn auch gewesen sein mag. Die Inder sind ein vielgestaltiger Haufen, sie müssen wahrgenommen und verstanden werden, die britische Macht muß mit den Indern in Indien rechnen – das sind, politisch gesprochen, Kiplings Koordinaten. Forster indes verhält sich ausweichend und gönnerhaft; es ist etwas Wahres an Parrys Äußerung, daß »*A Passage to India* der triumphierende Ausdruck der britischen Phantasie bei der Erforschung Indiens«[29] sei; ebenso richtig aber ist, daß Forsters Indien so herzlich persönlich und so gnadenlos metaphysisch ist, daß seine Ansicht von Indien als einer Nation, die mit Großbritannien um ihre Souveränität kämpft, politisch nicht eben seriös oder gar respektvoll ist. Man führe sich zum Beleg den folgenden Abschnitt vor Augen:

> »Hamidullah befand sich gerade auf dem Weg zu einer etwas heiklen Ausschußsitzung. Diesem Ausschuß gehörten ein paar nationalistisch gesinnte Würdenträger an – Hindus, Moslems, zwei Sikhs, zwei Parsi, ein Jain und ein indischer Christ, die einander mehr zu lieben sich mühten, als sie von Haus aus geneigt waren. Solange einer von ihnen gegen die Engländer losdonnerte, war alles in Ordnung. Aber es war bisher noch nichts Positives bewirkt worden, und wenn je die Engländer aus Indien abziehen sollten, dann waren auch die Tage für den Ausschuß

gezählt. Es war ihm lieb, daß Aziz, an dem er hing und dessen Familie mit der seinen verwandt war, keinerlei Interesse an Politik bekundete, denn die Politik ver-
darb den Charakter und alle Chancen beruflichen Aufstieges, und doch konnte
ohne sie nicht das geringste gebessert werden. Er gedachte seiner in Cambridge ver-
brachten Tage – auch sie ein Gedicht, das allzufrüh geendet hatte. Wie glücklich
war er doch vor zwanzig Jahren dort gewesen! In der Pfarre bei Mr. und Mrs. Bannister war von Politik nicht die Rede gewesen. Dort hatten Rasenspiele, Arbeit, angenehme Gesellichkeit sich aufs glücklichste miteinander verwoben – und war das
als Voraussetzung für ein nationales Leben nicht ausreichend? Hier war alles
Drahtzieherei und Angst.«[30]

Der Text registriert einen Wandel des politischen Klimas: Was einst in
der Pfarre von Bannister und in Cambridge möglich war, ist nicht mehr
angemessen im Zeitalter eines schrillen Nationalismus. Aber Forster begegnet den Indern mit imperialem Blick, wenn er feststellt, daß es für
Sekten ganz »natürlich« sei, einander geringzuschätzen, oder wenn er
bezweifelt, daß die Macht nationalistischer Komitees über die englische
Präsenz hinaus andauern werde, oder wenn er im Nationalismus, fade
und bescheiden, wie er gewesen sein mag, nur »Drahtzieherei und
Angst« wittert. Er unterstellt, daß *er* hinter die puerilen nationalistischen Dreistigkeiten zum essentiellen Indien vorzudringen vermag. Sofern es darum geht, Indien zu beherrschen – eben das, wofür Hamidul-
lah und die anderen streiten –, sollten die Engländer besser damit fortfahren: »sie« sind noch nicht bereit zur Selbstregierung.

Diese Auffassung geht bis auf Mill zurück und ähnelt überraschend
der Position von Bulwer-Lytton, dem als Vizekönig in den Jahren 1878
und 1879 folgendes auffiel:

»Großer Schaden ist bereits durch die beklagenswerte Neigung zweitklassiger indischer Offizieller und oberflächlicher englischer Philanthropen angerichtet worden, die wesentlichen und unüberbrückbaren Rassenunterschiede außer acht zu
lassen, die für unsere Position in Indien grundlegend sind; und damit unabsichtlich
die Eitelkeit und den Dünkel halbgebildeter Eingeborener zu hätscheln, zum ernsthaften Schaden des gesunden Menschenverstandes und der heilsamen Anerkennung der Realitäten.«[31]

Bei einer anderen Gelegenheit merkte er an, daß »das Babutum von Un-
ter-Bengalen, obwohl illoyal, glücklicherweise feige und sein einziger Revolver sein Tintenfaß ist; und das ist, obwohl schmutzig, nicht gefährlich«.[32] In *The Emergence of Indian Nationalism*, wo diese Äußerungen
zitiert werden, hält Anil Seal fest, daß Bulwer-Lytton die Haupttendenz
der indischen Politik verfehlte, eine Tendenz, die sehr wohl von einem
aufmerksamen Bezirkskommissar bemerkt wurde, der schrieb, daß

»wir vor zwanzig Jahren [...] lokale Nationalitäten und besondere Rassen in Rechnung zu stellen hatten. Das Ressentiment der Mahratta brachte nicht auch das der Bengalen ins Spiel. [...] Heute [...] haben wir das alles geändert und beginnen uns Auge in Auge nicht mit der Bevölkerung individueller Provinzen, sondern mit 200 Millionen Menschen zu finden, die durch Sympathien und Austausch geeint sind, die wir selbst geschaffen und gefördert haben.«[33]

Natürlich war Forster Romanautor, kein politischer Funktionär, Theoretiker oder Prophet. Und doch fand er einen Weg, den Mechanismus des Romans einzusetzen, um die Struktur der »Einstellung und Referenz« zu erhellen. Diese Struktur erlaubte einem, Zuneigung für und sogar Vertrautheit mit einigen Indern und Indien im allgemeinen zu entwickeln, ließ einen die indische Politik aber als Aufgabe der Engländer sehen und verweigerte dem indischen Nationalismus auf kulturellem Gebiet ein Privileg (das man, nebenbei gesagt, den Griechen und Römern bereitwillig einräumte). Wiederum Anil Seal:

»In Ägypten wie in Indien wurden Aktivitäten, die den Briten unbehaglich waren, eher als eigennützige Machenschaften denn als echte Nationalismen beurteilt. Die Gladstone-Regierung sah Arabis Revolte in Ägypten als das Werk einiger eroberungssüchtiger Armeeoffiziere, die dazu von einigen ägyptischen Intellektuellen angestiftet worden waren, die sich der Lektüre der Werke von Lamartine verschrieben hatten – ein tröstlicher Schluß, denn er ermächtigte die Gladstonianer zur Negation ihrer eigenen Prinzipien. Letztlich waren eben keine Garibaldis in Kairo. Und es gab auch keine in Kalkutta und Bombay.«[34]

Wie ein resistenter Nationalismus von einem englischen Autor dargestellt werden kann, der ihn mit Sympathie beobachtet, ist ein Problem, das Forster selbst in seinem Werk nicht explizit aufnimmt. Es wird jedoch eindringlich erwogen von einem militanten Gegenspieler der britischen Politik in Indien, Edward Thompson, und zwar in seinem Werk *The Other Side of the Medal*, das 1926 publiziert wurde, also zwei Jahre nach *A Passage to India*. Die Inder, sagt er da, sehen die Engländer ausschließlich im Banne der Erfahrung mit britischer Brutalität während der »Meuterei« von 1857. Die Engländer mit der pompösen, kaltblütigen Religiosität des Raj auf seinem Tiefpunkt sehen die Inder und ihre Geschichte als barbarisch, unzivilisiert und inhuman. Thompson hält die Unausgewogenheit der beiden falschen Sichtweisen fest und bemerkt, daß die eine von der Macht der modernen Technologie und Kommunikation gestützt wird – von der Armee bis zur *Oxford History of India* –, während die andere auf die Pamphlete und die aufrüttelnden

Ablehnungsgefühle eines unterdrückten Volkes vertraute. Dennoch, sagt Thompson, müssen wir anerkennen, daß

> »indischer Haß existiert – wilder, festverwurzelter Haß – soviel ist sicher; und je eher wir das anerkennen und nach den Gründen dafür suchen, desto besser. Die Unzufriedenheit mit unserer Herrschaft wächst ganz allgemein, und es muß, erstens, weitverbreitete Erinnerungen im Volk geben, die eine Erklärung dafür bieten, daß sie sich so weit verbreitete, und, zweitens, lodernden Haß in seinem Herzen, der darauf hinwirkte, daß sie solche Schwungkraft gewann.«[35]

Folglich, sagt er, müssen wir nach »einer neuen Orientierung in den Geschichten Indiens« suchen, wir müssen »Buße« geloben für das, was wir getan haben, und wir müssen vor allem akzeptieren, daß »sich indische Männer und Frauen ihre Selbstachtung zurückwünschen. Machen wir sie wieder frei und versetzen wir sie in die Lage, uns und jedermann in die Augen zu schauen, und sie werden sich wie freie Menschen benehmen und aufhören zu lügen.«[36]

Thompsons kraftvolles und bewundernswertes Buch ist in zweierlei Hinsicht symptomatisch. Es markiert die ausschlaggebende Bedeutung der Kultur bei der Konsolidierung imperialer Empfindung: Die Geschichtsschreibung, sagt er wieder und wieder, ist mit der Ausdehnung des Imperiums verknüpft. Sein eigener ist einer der ersten und überzeugendsten metropolitanischen Versuche, den Imperialismus als kulturelle Heimsuchung für Kolonialisten wie für Kolonialisierte zu begreifen. Er pocht jedoch auf die Vorstellung, daß es eine »Wahrheit« für Ereignisse gibt, die beide Seiten ins Spiel bringt und sie gleichzeitig transzendiert. Die Inder »lügen«, weil sie nicht frei sind, während er (und andere Oppositionelle) die Wahrheit erkennen können, weil sie frei *sind* und weil sie Engländer sind. Ebensowenig wie Forster konnte Thompson erfassen – wie Fanon zu bedenken gibt –, daß das Imperium niemals etwas aus Wohlwollen hergibt.[37] Er kann den Indern die Freiheit nicht *geben*, vielmehr ist diese Freiheit das Resultat eines lang anhaltenden politischen, kulturellen und manchmal auch militärischen Kampfes, der im Laufe der Zeit an Heftigkeit zunimmt. Ähnlich verhalten sich die Briten, die, weil sie am Imperium festhalten, ein Teil derselben Dynamik sind; ihre Einstellungen können nur verteidigt werden, bis sie besiegt sind.

Der Kampf zwischen Einheimischen und Weißen mußte sichtbarlich geteilt werden, genauso wie es um 1926 für Thompson selbstverständlich geworden war, sich »auf der anderen Seite« zu plazieren. Es gibt jetzt zwei Seiten, zwei Nationen, die miteinander im Streit liegen, nicht nur die Stimme des weißen Mannes, die antiphonisch – reaktiv – vom kolonialen Emporkömmling beantwortet wird. Fanon nennt das in einer theatralischen Passage die »Alterität des Bruches, des Konfliktes, der Schlacht«.[38] Thompson akzeptiert das bereitwilliger als Forster, für den das Vermächtnis des Romans des 19. Jahrhunderts, die Eingeborenen als minderwertig und abhängig einzustufen, noch immer wirkmächtig ist.

In Frankreich gab es niemanden, der, wie Kipling, selbst wenn er das Imperium feierte, vor dem drohenden kataklysmischen Zusammenbruch warnte, und auch niemanden wie Forster. Frankreich war kulturell dem verpflichtet, was Raoul Girardet eine Doppelbewegung von Stolz und Unruhe nennt – Stolz auf die in den Kolonien geleistete Arbeit, Angst um ihr Geschick.[39] Aber wie in England ging die französische Reaktion auf asiatische und afrikanische Nationalismen schwerlich weiter als bis zum Augenbrauenrunzeln, ausgenommen die Phase, als die Kommunistische Partei im Bunde mit der Dritten Internationale die antikolonialistische Revolution und den antiimperialen Widerstand unterstützte. Girardet hebt hervor, daß zwei bedeutende Werke von Gide nach *L'Immoraliste*, nämlich *Voyage au Congo* (1927) und *Retour du Tchad* (1928), durchaus Zweifel am französischen Kolonialismus in der afrikanischen Subsahara-Region bekunden, aber, wie er scharfsinnig hinzufügt, nirgendwo stellt Gide »le principe de la colonisation elle-même«[40] in Frage.

Das Schema ist leider immer dasselbe: Kolonialismuskritiker wie Gide und Tocqueville attackieren Mißstände in Regionen und bei Institutionen, die sie nicht sonderlich berühren, und ignorieren entweder allen Machtmißbrauch in den französischen Territorien, um die sie sich kümmern, oder halten still und unterlassen es, den Kampf gegen *jede* Repression oder Hegemonie zur allgemeinen Sache zu machen.

In den dreißiger Jahren unseres Jahrhunderts diskutierte eine seriöse ethnographische Literatur liebevoll und gewissenhaft Eingeborenengesellschaften im französischen Imperium. Maurice Delafosse, Charles André Julien, Labouret, Marcel Griaule oder Michel Leiris widmeten sorgfältige Aufmerksamkeit entlegenen, häufig dunklen Kulturen und zollten ihnen eine Wertschätzung, die ihnen innerhalb der Strukturen des politischen Imperialismus sonst vorenthalten wurde.[41]

Spuren dieser besonderen Mischung aus fachspezifischer Beachtung und imperialer Tarnung sind in Malraux' Roman *La Voie royale* (1930) zu finden, einem der am wenigsten bekannten seiner Werke. Malraux war selber sowohl Abenteurer als auch Amateurethnograph und -ethnologe; in seinem geistigen Haushalt figurieren Leo Frobenius, der Conrad von *Herz der Finsternis*, T. E. Lawrence, Rimbaud, Nietzsche und, meiner festen Überzeugung nach, Gides Romanfigur Ménalque. *La Voie royale* inszeniert eine Reise ins »Innere«, in diesem Falle ins französische Indochina (ein Faktum, das von Malraux' wichtigsten Kritikern kaum bemerkt worden ist, für die, wie bei Camus und *seinen* Kritikern, der einzige Schauplatz, über den sich zu berichten lohnt, der europäische ist). Perken und Claude (der Erzähler) auf der einen und die französischen Behörden auf der anderen Seite streiten sich um Herrschaft und Beute: Perken will die kambodschanischen Basreliefs, die Bürokraten beobachten mit Argwohn und Antipathie sein Begehr. Als die Abenteurer Grabot finden, eine Figur wie Kurtz, der gefangengenommen, geblendet und gefoltert worden ist, versuchen sie ihn von den Eingeborenen, die ihn in Gewahrsam halten, freizubekommen, aber er ist geistig bereits gebrochen. Nachdem Perken verwundet worden ist und seine Beinverletzung seinen Tod herbeizuführen droht, formuliert der unbezähmbare Egoist (wie Kurtz in seinem Todeskampf) dem (wie Marlow) bekümmerten Claude gegenüber seine herausfordernde Botschaft:

> »il n'y a pas de mort ... Il y a seulement ... *moi*
> ... Un doigt se crispa sur la cuisse.
> ... *moi ... qui vais mourir.*«[42]

Der Dschungel und die Stämme Indochinas werden in *La Voie royale* in einer Mischung aus Angst und einladendem Gehabe dargestellt. Grabot wird von Angehörigen des Moi-Stammes gefangengehalten; Perken hat lange die Stieng beherrscht, und wie ein ergebener Anthropologe versucht er vergeblich, sie vor den Exzessen der Modernisierung (hier dem Bau einer Kolonialeisenbahn) zu schützen. Doch trotz der Bedrohlichkeit und Unruhe des imperialen Schauplatzes des Romans läßt wenig auf die *politische* Bedrohung schließen oder darauf, daß das kosmische Verhängnis, das Claude, Perken und Grabot bevorzustehen scheint, historisch konkreter ist als ein allgemeiner böser Wille, gegen den man den eigenen Willen richten und härten muß. Ja, man kann kleine Geschäfte in der fremden Welt der »indigènes« tätigen (Perken tut das beispielsweise mit den Moi), sein wuchernder Haß auf ganz Kambodscha jedoch läßt, eher melodramatisch, die metaphysische Kluft erahnen, die West und Ost voneinander trennt.

Ich lege *La Voie royale* so viel Bedeutung bei, weil der Roman, das Werk eines außerordentlichen europäischen Talents, schlüssig die Unfähigkeit des westlichen europäischen Gewissens bezeugt, die politische Herausforderung durch die imperialen Dominien zu bestehen. Für Forster in den Jahren um 1920 wie für Malraux um 1930, für Männer also, die mit der nicht-europäischen Welt innig vertraut waren, erwartet den Westen eine größere Konfrontation als die mit bloßem nationalem Selbstbestimmungsverlangen – nämlich mit Selbstbewußtsein, Willen, den tiefen Unterströmungen von Geschmack und Unterscheidungskraft.

Vielleicht trübt die Romanform selbst mit ihrer Struktur der Einstellung und Referenz die Wahrnehmungen. Wenn man Malraux mit dem berühmten französischen Experten der indochinesischen Kultur, Paul Mus, vergleicht, dessen Buch *Vietnam: Sociologie d'une guerre* zwanzig Jahre später, am Vorabend von Dien Bien Phu erschien und der, wie Edward Thompson, die tiefe politische Krise erkannte, die Frankreich von Indochina trennte, fällt der Unterschied geradezu ins Auge. In einem bemerkenswerten Kapitel mit dem Titel »Sur la route vietnamienne« (vielleicht ein Echo auf *La Voie royale*) spricht Mus ganz unumwunden über das französische System von Institutionen und die säkulare Verletzung geheiligter vietnamesischer Werte; die Chinesen, sagt er, verstanden Vietnam besser als Frankreich mit seinen Eisenbahnen, Schulen und seiner »administration laïque«. Ohne religiöses Mandat, mit wenig Kenntnis der traditionellen vietnamesischen Moral und noch weniger Aufmerksamkeit für die Einheimischen und ihre Sensibilität waren die Franzosen nichts als achtlose Eroberer.[43]

Wie Thompson sieht Mus Europäer und Asiaten eng miteinander verbunden, und so wie Thompson opponiert er gegen eine Fortsetzung des Kolonialsystems. Er schlägt Unabhängigkeit für Vietnam vor, trotz der sowjetischen und chinesischen Drohung, wünscht sich jedoch einen französisch-vietnamesischen Pakt, der Frankreich manche Privilegien beim vietnamesischen Wiederaufbau verbürgt (so der Leitgedanke des Schlußkapitels »Que faire?«). Das ist ein Ausruf, der aus weiter Ferne von Malraux herüberhallt, aber nur ein schwaches Wandlungssignal im europäischen Konzept der (wenn auch aufgeklärten) Vormundschaft über die Nicht-Europäer. Und es reicht nicht aus, die volle Stärke dessen zu erkennen, was, soweit der westliche Imperialismus betroffen war, zum antinomischen Nationalismus der Dritten Welt wurde, der keine Kooperation ankündigte, sondern Feindseligkeit.

2. Themen kulturellen Widerstandes

Der langsamen und häufig heftig umkämpften Rückgewinnung geographischen Territoriums, die im Zentrum der Dekolonisierung steht, geht – wie beim Imperium – die Vermessung kulturellen Territoriums voraus. Nach der Periode des »primären Widerstandes«, des buchstäblichen Kampfes gegen das Eindringen von außen, kommt die Periode des sekundären, das heißt ideologischen Widerstandes, wenn Anstrengungen unternommen werden, »eine zersplitterte Gemeinschaft wiederherzustellen und das Gefühl und die Gegebenheit der Gemeinschaft gegen alle Zwangsmaßnahmen des Kolonialsystems zu retten und neu aufzubauen«, wie Basil Davidson das ausdrückt.[44] Das wiederum ermöglicht den Aufbau neuer und unabhängiger Staaten. Wichtig ist festzuhalten, daß es hier nicht hauptsächlich um utopische oder idyllische Regionen geht, die in ihrer privaten Vergangenheit von den Intellektuellen, Poeten, Propheten, Führern und Historikern des Widerstandes entdeckt werden. Davidson spricht von den »jenseitsgerichteten« Verheißungen. Reagiert wurde jedenfalls auf die Demütigungen durch den Kolonialismus, und sie mündeten in die »Hauptlehre des Nationalismus: das Bedürfnis, die ideologische Basis für eine umfassendere Einheit als alle zuvor bekannten zu finden«.[45]

Diese Basis wird, wie ich glaube, in der Wiederentdeckung und Repatriierung dessen gesehen, was von der Vergangenheit der Einheimischen durch die Prozesse des Imperialismus unterdrückt und verdrängt wurde. Das erklärt Fanons Beharren auf einer Neudeutung der Hegelschen »Dialektik von Herr und Knecht« im Lichte der Kolonialsituation, einer Situation, von der Fanon vermerkt, daß und wie der Herr im Imperialismus »sich grundlegend von dem Herrn unterscheidet, wie ihn Hegel beschreibt. Für Hegel gibt es Wechselseitigkeit; hier lacht der Herr über das Bewußtsein des Sklaven. Was er vom Sklaven will, ist nicht Anerkennung, sondern Arbeit.«[46] Anerkennung zu erlangen bedeutet, in imperialen Kulturformen den Ort neu zu vermessen und dann zu besetzen, der für Unterwerfung reserviert ist, ihn selbstbewußt zu besetzen, indem man dafür auf eben dem Territorium kämpft, das ehedem von einem Bewußtsein okkupiert war, das die Subordination eines dazu ausersehenen minderen Anderen betrieb. Folglich: *Wiedereinschreibung*. Die Ironie ist, daß Hegels Dialektik die von Hegel ist: er war als erster dort, so wie die marxistische Dialektik von Subjekt und Objekt da war, bevor der Fanon der *Verdammten dieser Erde* sie zur Erklärung des Kampfes zwischen Kolonialherrn und Kolonisierten benutzte.

Das ist ein Teil der Tragödie des Widerstandes: daß er bis zu einem gewissen Grade Formen zurückgewinnen muß, die von der Kultur des Imperialismus entwickelt oder zumindest beeinflußt oder infiltriert waren. Das ist ein weiterer Fall dessen, was ich »sich überschneidende Territorien« genannt habe: der Kampf um Afrika im 20. Jahrhundert beispielsweise, der um Territorien geführt wird, die generationenlang von Forschungsreisenden aus Europa vermessen und neuvermessen wurden, ein Prozeß, der denkwürdig und gewissenhaft in Philip Curtins *The Image of Africa*[47] nachgezeichnet wird. So wie die Europäer Afrika polemisch zu einem »weißen Fleck« stempelten, als sie es an sich rissen, oder seine Einträglichkeit geltend machten, als sie darauf verfielen, es beim Berliner Kongreß 1884–85 aufzuteilen, so hielten es dekolonisierende Afrikaner für geboten, sich ein Afrika in Erinnerung zu rufen, das seiner imperialen Vergangenheit ledig war.

Ein spezifisches Beispiel dieses Gefechts um Projektionen und ideologische Bilder ist das Motiv der »Suche« oder »Reise«, das in der europäischen Literatur, insbesondere in der Literatur über die nicht-europäische Welt, sehr häufig auftaucht. In den Erzählungen großer Forschungsreisender der Spätrenaissance (Daniel Defert hat sie treffend »Sammlung der Welt« [»la collecte du monde«][48] genannt) und Forschungsreisender und Ethnographen des 19. Jahrhunderts, ganz zu schweigen von Conrads Reise Kongo-aufwärts, findet sich der Topos der »Reise nach Süden«, wie Mary Louise Pratt sie mit Bezug auf Camus und Gide genannt hat[49], in der »ununterbrochen das Motiv der Kontrolle und Autorität ertönte«. Für den Einheimischen, der diesen Ton zu vernehmen beginnt, erklingt darin der Gesang der Krise, »das Motiv der Verbannung, Verbannung aus dem Herzen, Verbannung aus der Heimat« – so formuliert es Stephen Dedalus denkwürdig in der Bibliotheksepisode des *Ulysses*.[50] Der eingeborene Schriftsteller der Dekolonisierungsphase – wie Joyce, der von den Briten kolonisierte Ire – erlebt das Motiv der Reise bzw. Suche neu, aus der er mittels desselben Tropus verbannt worden war, der aus der imperialen in die neue Kultur übertragen und dann adoptiert und neu belebt wurde.

The River Between von James Ngugi (später Ngugi wa Thiongo) schreibt *Herz der Finsternis* um, indem er gleich auf der ersten Seite in Conrads Fluß Leben induziert. »Der Fluß hieß Honia, was Kur oder Wiederbelebung bedeutete. Der Honia trocknete nie aus: er schien einen starken Lebenswillen zu besitzen, der Trockenperioden und Wetterwechsel geringschätzte. Und er nahm seinen Lauf auf immer dieselbe Weise, nie eilend, nie zögernd. Die Leute sahen das und waren glücklich.«[51] Conrads Bilder von Fluß, Forschungsreise und mysteriösem Schauplatz sind zwar nie sehr weit entfernt von unserem Bewußtsein als Leser, aber ganz anders gewichtet, anders – geradezu aufreibend – erlebt in einer vorsätzlich untertreibenden, selbstbewußt unidiomatischen und schmucklosen Sprache. Bei Ngugi tritt der Weiße in seiner Bedeutung zurück – er wird in einer einzigen Missionarsfigur konzentriert, die, sinnbildlich genug, Livingstone heißt –, obwohl sein Einfluß in den Abgrenzungen spürbar wird, die die Dörfer, die Flußufer und die Völker voneinander scheiden. In dem inneren Konflikt, der Waiyakis Leben bedrängt, vermittelt Ngugi kraftvoll die ungelösten Spannungen, die auch über das Romanende hinaus fortdauern werden und die der Roman zu dämpfen keinerlei Anstalten macht. Ein in *Herz der Finsternis* unterdrücktes, neues Schema tritt hervor, aus dem Ngugi einen neuen Mythos schafft, dessen unmerklicher Verlauf und letztliche Dunkelheit eine Rückkehr ins afrikanische Afrika vermuten läßt.

In Tayb Salihs *Season of Migration to the North* ist Conrads Fluß der Nil, dessen Gewässer seine Völker verjüngen, und Conrads britischer Erzählstil in der ersten Person und seine europäischen Protagonisten werden gewissermaßen ins Gegenteil verkehrt, erstens durch den Gebrauch des Arabischen, zweitens dadurch, daß Salihs Roman die nordwärts gerichtete Reise eines Sudanesen (nach Europa) schildert, und drittens, weil der Erzähler aus einem sudanesischen Dorf spricht. Die Reise ins Herz der Finsternis wird so von einer sakralisierten »hegira« aus dem sudanesischen Wüstenland, das immer noch mit seiner kolonialen Erblast geschlagen ist, ins Herz von Europa verlagert, wo Mustafa Said, ein Spiegelbild von Kurtz, rituelle Gewalt gegen sich selbst, gegen europäische Frauen und gegen das Verständnis des Erzählers entfesselt. Die »hegira« schließt mit Saids Rückkehr in sein Heimatdorf und mit seinem Selbstmord dort. Salihs mimetische Umkehrungen Conradscher Figurationen sind vorsätzlich-bedacht, sogar Kurtz' kopflastige Ranküne wird wiederholt und »verdreht« im Katalog europäischer Bücher, die in Saids Geheimbibliothek verzeichnet sind. Die Erfindungen und die Überschneidungen von Nord nach Süd und von Süd nach Nord bereichern und komplizieren die von Conrad verzeichnete koloniale Wechselbewegung. Daraus ergibt sich nicht nur die Rückgewinnung eines fiktiven Territoriums, sondern auch die Enthüllung von Gegensätzlichkeiten und ihren imaginierten Folgen, die Conrads majestätische Prosa verdeckt.

»Das Drüben ist genau wie das Hier, weder besser noch schlechter. Ich aber bin
von hier, genau wie die Dattelpalme, die im Hof unseres Hauses steht, in *unserem*
Haus aufgewachsen ist und nicht in irgendeinem anderen. Bedeutet die Tatsache,
daß sie aus wer weiß welchem Grunde in unser Land kamen, daß wir unsere Gegenwart und Zukunft damit vergiften sollten? Früher oder später werden sie unser
Land verlassen, genau wie viele andere Leute im Laufe der gesamten Geschichte
viele andere Länder verlassen haben. Die Eisenbahnen, Schiffe, Krankenhäuser,
Fabriken und Schulen werden dann uns gehören, und wir werden ihre Sprache
ohne jedes Gefühl von Schuld oder Dankbarkeit sprechen. Einmal mehr werden
wir sein, was wir waren – gewöhnliche Leute –, und wenn wir Lügner sind, werden
wir wenigstens Lügner auf eigene Rechnung sein.«⁵²

Die postimperialen Schriftsteller der Dritten Welt tragen ihre Vergangenheit in sich selbst: als Narben demütigender Wunden, als Antrieb zu erfinderischen Praktiken, als Impuls zu möglichen Revisionen der Vergan-
genheitsmuster für eine postkoloniale Zukunft, als neu erschließbare
Erfahrung, wobei der zuvor schweigsame Eingeborene auf einem Territorium spricht und handelt, das, nun Operationsfeld einer allgemeinen
Widerstandsbewegung, vom Kolonialherrn zurückverlangt wird.

Noch ein weiteres Motiv taucht in der Kultur des Widerstandes auf.
Ich erinnere an die kulturelle Anstrengung, eine wiederhergestellte und
neubelebte Autorität über eine Region zu behaupten, wie sie in den zahllosen lateinamerikanischen und karibischen Versionen von Shake-
speares *Sturm* in Erscheinung tritt. Die Fabel ist eine von mehreren, die
über der Phantasie von der Neuen Welt wachen. Manche Geschichten
berichten Abenteuer von Columbus, Robinson Crusoe, John Smith und
Pocahontas sowie die Erlebnisse von Inkle und Yariko. (Eine brillante
Studie, *Colonial Encounters* von Peter Hulme, gibt dazu einen ausführ-
lichen Überblick.⁵³) Als ein Maßstab dafür, wie hartumkämpft die
Frage der »Initialgestalten« geworden ist, kann gelten, daß es im
Grunde unmöglich ist, irgend etwas ganz Einfaches über irgendeine davon zu sagen. Diese Neudeutungen einfältig, rachsüchtig oder aggressiv
zu nennen, ist meiner Meinung nach falsch. Die Interventionen nicht-
europäischer Künstler und Forscher können nicht länger mißachtet
oder mit Stillschweigen übergangen werden; sie sind nicht nur integraler Bestandteil einer politischen Bewegung, sondern in vieler Hinsicht
auch ihre *erfolgreiche* Leitphantasie, ihr intellektuelles und bildliches
Energiezentrum, um das Weißen und Nicht-Weißen gemeinsame Terrain neu zu bestimmen und neu zu denken.

Der Kern von Aimé Césaires karibischer *Une Tempête* ist nicht Ressentiment, sondern ein leidenschaftlicher Wettstreit mit Shakespeare

um das Recht, die Karibik darzustellen. Dieser Wettbewerbsimpuls ist Teil des Projekts, die Grundlagen einer integralen Identität zu entdecken, die von der früheren abhängigen, abgeleiteten verschieden ist. Caliban ist, laut George Lamming, »der Ausgeschlossene, derjenige, der immerwährend unter seinen Möglichkeiten lebt. [...] Er wird als [...] Existenzzustand gesehen, der zugunsten der Zwecke der Entwicklung eines anderen angeeignet und ausgedeutet werden kann.«[54] Wenn das so ist, dann muß gezeigt werden, daß Caliban eine eigene Geschichte hat, die das Ergebnis von Calibans eigener Bemühung ist. Man muß, laut Lamming, »Calibans alten Mythos zerstören«, indem man »seine Sprache neu tauft«. Das aber kann erst dann geschehen, wenn wir Sprache als Produkt menschlicher Arbeit begreifen, wenn wir »allen das Ergebnis menschlicher Bestrebungen verfügbar machen, auch den Menschen, die immer noch zu unglücklichen Abkömmlingen sprachloser und entstellter Sklaven erklärt werden«.[55]

Lammings Hauptargument ist, daß, wenn Identität den Ausschlag gibt, die bloße Behauptung von abweichender Identität nicht zureichend ist. Es gilt zu erkennen, daß Caliban eine Geschichte hat, die entwicklungsfähig ist, Teil des Reifungs-, Wachstums- und Arbeitsprozesses, zu dem allein Europäer legitimiert schienen. Jede neue Um- und Neuschreibung von *The Tempest* ist deshalb eine lokale Version der großen alten Fabel, gestärkt und umgelenkt nach den Zwängen einer sich entfaltenden politischen und kulturellen Geschichte. Der kubanische Kritiker Roberto Fernández Retamar hebt deshalb zu Recht hervor, daß für moderne Lateinamerikaner und Kariben Caliban selbst und nicht Ariel das Zentralsymbol der »Mischung« ist. Das bleibt der kreolischen oder *mestizo*-Komponente des neuen Amerika näher.[56]

Retamars Bevorzugung Calibans vor Ariel signalisiert eine ungeheuer wichtige ideologische Kontroverse im Feld der Dekolonisierungsbemühung, einer Bemühung zur Wiederherstellung und Rückeroberung einer Kultur, die lange vor der politischen Errichtung unabhängiger Nationalstaaten wirksam ist. Widerstand und Dekolonialisierung in dem Sinne, wie ich sie verstehe, dauern an, auch dann, wenn der erfolgreiche Nationalismus sein Ende gefunden hat. Dieser Sachverhalt wird in Ngugis *Decolonizing the Mind* (1986) symbolisiert, einem Buch, das sowohl ein Abschiedsgruß an die englische Welt als auch ein Versuch ist, die Befreiung durch tiefere Erforschung der afrikanischen Sprache und Literatur voranzutreiben.[57] Ein ähnlicher Vorsatz bestimmt Barbara Harlows wichtiges Buch *Resistance Literature* (1987), das die Werkzeuge neuer literarischer Theorien gebraucht, um die »literarische Pro-

duktion geopolitischer Bereiche« zu erschließen, »die in Opposition zu
der eigentlichen sozialen und politischen Organisation stehen, innerhalb derer diese Theorien anzusiedeln sind und auf die sie reagieren«.[58]
    Die Grundkonstellation der Debatte läßt sich am besten in ein Bündel
von Alternativen übersetzen, die wir aus der Ariel-Caliban-Wahl ablei-
ten können. Die lateinamerikanische Diskussion (in der Retamar ein
bekannter neuerer Beiträger ist, frühere waren José Enrique Rodó und
José Martí) ist tatsächlich eine Antwort auf die Frage: Wie stellt sich
eine Kultur, die Unabhängigkeit vom Imperialismus sucht, ihre eigene
Vergangenheit vor? Eine Möglichkeit ist die, so zu verfahren wie Ariel,
das heißt als williger Diener von Prospero; Ariel tut das, was ihm aufge-
tragen wird, und als er seine Freiheit erhält, kehrt er in sein angestammtes Element zurück, eine Art bürgerlicher Eingeborener, unberührt von
seiner Zusammenarbeit mit Prospero. Eine zweite Möglichkeit ergreift
Caliban, der sich zwar seiner Bastardvergangenheit bewußt ist und sie
akzeptiert, der aber auf künftige Entwicklung hoffen darf. Eine dritte
Möglichkeit wäre die, ein Caliban zu sein, der seine gegenwärtige
Dienstbarkeit und seine physischen Versehrungen im Prozeß der Entdeckung seines präkolonialen Selbst abstreift. *Dieser* Caliban steht hinter dem nativistischen und radikalen Nationalismus, der die Konzepte
von »Négritude«, islamischem Fundamentalismus, Arabismus und dergleichen entwarf.
    Beide Calibane hegen und pflegen und bedingen sich gegenseitig.
Jede unterworfene Gemeinschaft in Europa, Asien, Australien, Afrika
und beiden Amerika hat den schwergeprüften Caliban für irgendeinen
auswärtigen Herrn wie Prospero gespielt. Sich seiner selbst als Angehö-
riger eines niedergehaltenen Volkes bewußt zu werden, ist die entscheidende Formel des antiimperialistischen Nationalismus. Aus dieser
Formel erwuchsen Literaturen, politische Parteien, kämpferisches Engagement für Minderheiten und Frauenrechte und zumeist jüngst unabhängig gewordene Staaten. Freilich kann das nationalistische Bewußtsein, wie Fanon zu Recht beobachtet, leicht in Rigidität erstarren; weiße
Offiziere und Bürokraten durch farbige zu ersetzen, sagt er, ist keine
Bürgschaft dafür, daß die nationalistischen Funktionäre nicht lediglich
die alte Regelung wiederholen. Die Gefahren von Chauvinismus und
Xenophobie (»Afrika den Afrikanern«) sind sehr real. Im Grunde sollte
Caliban seine eigene Geschichte als einen Bestandteil der Geschichte *al-*
ler unterjochter Männer und Frauen erkennen und die komplexe Wahrheit seiner eigenen sozialen und historischen Situation verstehen.
    Wir dürfen die verheerende Bedeutung dieser anfänglichen Formel

nicht bagatellisieren – Völker, die sich ihrer selbst als Gefangene im eigenen Land bewußt sind –, denn sie kehrt in der Literatur der imperialisierten Welt immer wieder. Die Geschichte des Imperiums – punktiert durch Aufstände, die das ganze 19. Jahrhundert hindurch aufflackern: in Indien, in Deutschland, Frankreich, Belgien und Britisch-Afrika, in Haiti, Madagaskar, Nordafrika, Burma, den Philippinen, Ägypten und anderswo – erscheint inkohärent, solange man nicht das Gefühl der Einkesselung ernstnimmt, getränkt mit leidenschaftlichem Verlangen nach Gemeinschaft, das den antiimperialistischen Widerstand im kulturellen Kontext grundiert. Aimé Césaire schreibt:

> »Ce qui est à moi aussi: une petite
> cellule dans le Jura
> une petite cellule, la neige la double de barreaux blancs
> la neige est un geôlier blanc qui monte
> la garde devant une prison
> Ce qui est à moi:
> c'est un homme seul emprisonné de
> blanc
> c'est un homme seul qui défie les cris
> blancs de la morte blanche
> (TOUSSAINT, TOUSSAINT L'OUVERTURE)«[59]

> (»Was auch mein ist: eine kleine
> Zelle im Jura
> eine kleine Zelle, der Schnee beschlägt sie mit weißen Gittern
> der Schnee ist ein weißer Kerkermeister, der
> vor einem Gefängnis Wache hält
> Was mein ist:
> ein einsamer Mann, der den
> weißen Schreien des weißen Todes trotzt
> (TOUSSAINT, TOUSSAINT L'OUVERTURE)«)

Zumeist gibt das Konzept der Rasse selbst dem Gefängnis seine »raison d'être«, und es taucht nahezu überall in der Kultur des Widerstandes auf. Tagore spricht davon in seinen großen Vorträgen, die 1917 unter dem Titel *Nationalism* veröffentlicht wurden. »Die Nation« ist für Tagore ein enges Gefäß der Macht zur Erzeugung von Konformität, gleichgültig, ob britische, chinesische, indische oder japanische. Indiens Antwort, sagt er, kann nicht ein wetteifernder Nationalismus sein, sondern nur eine kreative Lösung für die durch Rassenbewußtsein hervorgerufene Entzweiung.[60] Ähnlich argumentiert W. E. B. Du Bois in *The Souls of Black Folk* (1903): »Was ist das für ein Gefühl, ein Problem zu sein? [...]

Warum schuf Gott mich als Ausgestoßenen und Fremden in meinem eigenen Hause?«[61] Doch sowohl Tagore als auch Du Bois warnen vor
einer pauschalen, unterschiedslosen Verdammung der weißen oder
westlichen Kultur. Nicht der westlichen Kultur ist die Schuld zu geben,
sagt Tagore, sondern der »überlegten Knauserei der Nation, die die
Bürde des Weißen Mannes auf sich genommen hat, den Osten zu kritisieren«.[62]

Drei bedeutsame Sachverhalte treten bei der Dekolonisierung des
kulturellen Widerstandes in Erscheinung, die hier zu analytischen
Zwecken voneinander getrennt werden, aber sehr wohl miteinander
verknüpft sind. Der erste ist das Beharren auf dem Recht, die Geschichte
der Gemeinschaft als ganze, kohärente und integrale zu betrachten. Die
eingekerkerte Nation muß sich selbst wiedergegeben werden. (Benedict
Anderson bringt das in Europa mit dem »print-capitalism« [Kapitalis-
mus des Buchdruck-Zeitalters] in Zusammenhang, der »der Sprache
eine neue Beständigkeit verlieh« und »einheitliche Bereiche von Austausch und Kommunikationsvorgängen über dem Lateinischen und
über den gesprochenen Volkssprachen schuf«.[63]) Das Konzept der Na-
tionalsprache ist zentral, aber ohne die Praxis einer Nationalkultur –
von Schlagworten zu Pamphleten und Zeitungen, von Märchen und
Heldenliedern zu epischer Dichtung, Roman und Drama – bleibt die
Sprache träge; die Nationalkultur organisiert das kollektive Gedächtnis
und erhält es wach, so zum Beispiel, indem einstige Niederlagen in afrikanischen Widerstandsgeschichten dokumentiert und zusammengefaßt werden (»Im Jahre 1903 nahmen sie uns die Waffen; jetzt holen wir
sie uns zurück«); sie ergreift erneut Besitz von der Landschaft, wobei sie
sich auf rehabilierte Lebensstile, Helden, Heldinnen und Taten beruft;
sie formuliert sowohl Stolz wie Gehorsamsverweigerung, die dann
ihrerseits das Rückgrat der nationalen Unabhängigkeitsparteien bilden.
Lokale Sklavenerzählungen, spirituelle Autobiographien und Hafterin-
nerungen markieren den Kontrapunkt zu den Monumentalhistorien
des Westens, ihren offiziellen Diskursen und ihrem panoptischen,
quasi-wissenschaftlichen Anspruch. In Ägypten beispielsweise begründen die historischen Romane von Girgi Zaydan zum ersten Male eine
spezifisch arabische Erzählform (ganz ähnlich, wie Walter Scott das ein
Jahrhundert zuvor gelang). In Spanisch-Amerika, so Anderson, brachten »*kreolische* Gemeinschaften Kreolen hervor, die diese [gemischten]
Populationen bewußt als Brudervölker neu definierten«.[64] Sowohl Anderson als auch Hannah Arendt verweisen auf das große Vorhaben, »So-
lidaritäten auf einer im wesentlichen imaginären Basis herzustellen«.[65]

Der zweite Sachverhalt ist die Vorstellung, daß Widerstand, weit davon entfernt, bloße Reaktion auf den Imperialismus zu sein, ein alternativer Weg des Entwurfs menschlicher Geschichte ist. Es ist besonders wichtig, sich klarzumachen, daß dieser alternative Entwurf auf dem Zusammenbruch der Schranken zwischen Kulturen beruht. Sicherlich, »writing back«, das »Zurückschreiben«, das Antworten auf die metropolitanischen Kulturen, die Unterbrechung der europäischen Erzählungen vom Orient und von Afrika und ihre Ersetzung durch einen entweder verspielteren oder kraftvolleren neuen Erzählstil sind dabei ein Hauptantrieb.[66] Salman Rushdies Roman *Midnight's Children* speist sich aus der befreienden Phantasie der Unabhängigkeit selbst, mit allen ihren vielfältigen Anomalien und Widersprüchen. Das bewußte Bestreben, in den Diskurs Europas und des Westens einzutreten, ihn zu verwandeln und ihn dazu zu bewegen, marginalisierte, verdrängte oder vergessene Geschichten anzuerkennen, ist ebenso charakteristisch für Rushdies Werk wie für eine ältere Formation des Schreibens im Widerstand. Diese Arbeit haben Dutzende von Forschern, Kritikern und Intellektuellen in der peripheren Welt geleistet; ich nenne sie »the voyage in« [den »Weg nach innen«].

Der dritte Sachverhalt ist das merkliche Abrücken vom separatistischen Nationalismus. Ich möchte hier nichts im unklaren lassen. Niemand braucht daran erinnert zu werden, daß, während der ganzen Dekolonisierungsperiode, jeder Protest, jeder Widerstand und jede Unabhängigkeitsbewegung von Nationalismus befeuert wurden. Die heutigen Debatten über Nationalismus in der Dritten Welt haben sich nicht zuletzt deshalb erhitzt, weil für viele Forscher und Beobachter das Wiederaufleben des Nationalismus an anachronistische Einstellungen gekoppelt scheint. Elie Kedourie beispielsweise hält den nicht-westlichen Nationalismus für verdammenswert, einen negativen Reflex auf erwiesene kulturelle und soziale Minderwertigkeit, eine Nachahmung »westlichen« politischen Verhaltens. Eric Hobsbawm und Ernest Gellner diagnostizieren Nationalismus als ein obsoletes Verhaltensmuster, das allmählich von den nationenübergreifenden Realitäten der modernen Ökonomien, der elektronischen Kommunikationsmittel und der strategischen Militärplanung der Supermächte verdrängt wird.[67] In allen diesen Auffassungen steckt ein spürbares (und meiner Meinung nach ahistorisches) Unbehagen angesichts nicht-westlicher Gesellschaften, die sich nationale Unabhängigkeit erwerben, eine Unabhängigkeit, deren Ethos für »fremd« gehalten wird. Daher der hartnäckige Hinweis auf den *westlichen* Ursprung nationalistischer Philosophien, die für Araber, Zulus, Indonesier, Iren oder Jamaikaner untauglich seien und von ihnen sehr wahrscheinlich mißbraucht werden würden.

Das ist, wie ich meine, eine Kritik an jüngst unabhängig gewordenen Völkern, die eine weitgehend *kulturelle* Opposition (von der Linken wie von der Rechten) gegen die Behauptung einbeschließt, daß die einst unterjochten Völker zu derselben Art von Nationalismus berechtigt seien wie etwa die entwickelteren und deshalb verdienstvolleren Deutschen oder Italiener. Ein verworrener und engsinniger Begriff von Priorität besagt, daß allein die ursprünglichen Proponenten einer Idee sie zu verstehen und zu gebrauchen imstande seien. Aber die Geschichte aller Kulturen ist die Geschichte kultureller Anleihen. Kulturen sind nicht undurchlässig; so wie die westliche Naturwissenschaft bei den Arabern borgte, so hatten die Araber von Indien und Griechenland geborgt. Kultur ist eben keine Angelegenheit von Eigentum und von Entlehnung mit absoluten Schuldnern und Gläubigern, sondern ein Wechselspiel von Aneignungen, Erfahrungen und Abhängigkeiten. Das ist eine universale Regel. Wer hat je entscheiden können, wieviel die Herrschaft über andere zum gewaltigen Wohlstand des englischen und des französischen Staates beigetragen hat?

Eine interessantere Kritik an nicht-westlichen Nationalismen stammt von dem indischen Gelehrten und Theoretiker Partha Chatterjee (einem Mitglied der Subaltern Studies Group). Ein Großteil des nationalistischen Denkens in Indien, sagt er, entzündet sich an der Tatsache der Kolonialmacht, der gegenüber man entweder totale Opposition zeigt oder ein patriotisches Bewußtsein bekräftigt. Das »führt unausweichlich zu einer elitären Position der Intelligenzija, die in der Vision einer radikalen Regeneration der nationalen Kultur wurzelt«.[68] Die Nation in einer solchen Situation *wiederherzustellen* heißt im Grunde, einem romantisch-utopischen Ideal anzuhängen, das von der politischen Realität unterhöhlt wird. Laut Chatterjee war der Meilenstein des Nationalismus mit Gandhis strenger Opposition gegen die ganze moderne Zivilisation erreicht: von antimodernen Denkern wie Ruskin und Tolstoi beeinflußt, steht Gandhi epistemologisch außerhalb der Thematik nachaufklärerischen Denkens.[69] Nehrus Leistung bestand darin, die indische Nation, die Gandhi von der Moderne befreit hatte, mit dem Konzept des Staates zu versöhnen. »Die Welt des Konkreten, die Welt der Unterschiede, des Konfliktes, des Kampfes zwischen Klassen, die Welt der Geschichte und Politik findet ihre Einheit jetzt im Leben des Staates.«[70]

Chatterjee zeigt, daß der erfolgreiche antiimperialistische Nationalismus eine Strategie des Ausweichens und der Vermeidung verfolgt und daß Nationalismus zum Synonym für die verweigerte Auseinandersetzung mit ökonomischen Ungleichheiten, sozialer Ungerechtigkeit und der Okkupation des unabhängig gewordenen Staates durch eine nationalistische Elite werden kann. Aber er stellt meiner Meinung nach nicht genügend klar, daß der Beitrag der Kultur zum Dirigismus häufig das Ergebnis einer separatistischen, ja chauvinistischen und autoritären Konzeption des Nationalismus ist. Es gibt nämlich auch eine beständige intellektuelle Tendenz im nationalistischen Konsens, die kritisch ist und den kurzatmigen, schmeichlerischen separatistischen und triumphalistischen Parolen entsagt – zum Nutzen der großzügigen Gemeinsamkeit aller Kulturen, Völker und Gesellschaften. Diese Gemeinsamkeit ist die reale Befreiung, die von dem Widerstand gegen den Imperialismus angekündigt wird. Basil Davidson kommt im großen und ganzen zu derselben Feststellung in seinem Buch *Africa in Modern History: The Search for a New Society.*[71]

Ich möchte nicht als Befürworter eines schlichten Antinationalismus mißverstanden werden. Es ist ein historischer Befund, daß der Nationalismus – Wiederherstellung von Gemeinschaft, Bekräftigung der Identität, Auftauchen neuer kultureller Praktiken – als politischer Mobilisierungsfaktor zum Kampf gegen westliche Herrschaft überall in der nicht-europäischen Welt aufrief und ihn vorantrieb. Dem entgegentreten zu wollen, ist wenig sinnvoller, als Newtons Entdeckung der Schwerkraft zu befehden. Ob auf den Philippinen oder in einer afrikanischen Region, auf dem indischen Subkontinent, in der arabischen Welt oder in der Karibik oder Teilen Lateinamerikas, in China oder Japan – die Einheimischen schlossen sich in nationalistischen und Unabhängigkeits-Bewegungen auf der Grundlage eines Identitätsgefühls zusammen, das ethnisch, religiös oder kommunal bestimmt war und sich gegen weitere westliche Übergriffe zur Wehr setzte. Das geschah von Anfang an und wurde im 20. Jahrhundert zur globalen Realität. Menschen scharten sich zusammen, um ihren Widerstand gegen das zu bekunden, was, wie sie gewahr wurden, ein Ausdruck von Ungerechtigkeit und Feindseligkeit war, gezielt gegen das, was sie waren, nämlich Nicht-Westler. Zweifellos traf es zu, daß diese Gruppierungen manchmal zügellos exklusivistisch verfuhren, wie viele Historiker des Nationalismus dargelegt haben. Doch wir müssen auch das intellektuelle und kulturelle Argument innerhalb des nationalistischen Widerstandes beachten: War Unabhängigkeit einmal erreicht, so galt es, neue Begriffe von Kultur und Gesellschaft zu entwickeln, um den Rückfall in die alten Orthodoxien und Ungerechtigkeiten zu vermeiden.

Hier ist die Frauenbewegung zentral. Denn in dem Maße, wie der ursprüngliche Widerstand Gestalt annimmt, um dann in vollentfaltete nationalistische Parteien überzugehen, werden unbillige männliche Praktiken wie Konkubinat, Polygamie, Fußfesselung, »sati« und virtuelle Versklavung zu Gegenständen und Anlässen weiblicher Gegenwehr. In Ägypten, der Türkei, Indonesien, China und Ceylon steht im frühen 20. Jahrhundert die Emanzipation der Frauen mit nationalistischer Agitation in engem Zusammenhang. Raja Ramuhan Roy, eine von Mary Wollstonecraft beeinflußte Nationalistin, organisierte im frühen 19.Jahrhundert die ersten Kampagnen der indischen Frauenrechtsbewegung, ein erstes Sturmzeichen in der kolonisierten Welt, wo anfangs die intellektuellen Aufstände gegen Ungerechtigkeit Aufmerksamkeit für die mißbrauchten Rechte aller Unterdrückten einschlossen. Später traten weibliche Schriftsteller und Intellektuelle – oft aus den privilegierten Klassen und oft im Bündnis mit westlichen Aposteln der Frauenrechtsbewegung wie Annie Besant – an die Spitze der Agitation für Frauenbildung. Kumari Jayawardenas zentrales Werk *Feminism and Nationalism in the Third World* beschreibt die Anstrengungen indischer Reformerinnen wie Tora Dutt, D. K. Karve und Cornelia Sorabjee sowie militanter Aktivistinnen wie Pundita Ramabai. Parallelentwicklungen auf den Philippinen, in Ägypten (Huda Shaarawi) und Indonesien (Raden Kartini) beschleunigten den Strom, der dann zum Feminismus anschwoll, der nach der Unabhängigkeitsbewegung zu einem der wichtigsten Befreiungsimpulse wurde.[72]

Die allgemeine Suche nach Befreiung war am deutlichsten ausgeprägt dort, wo die nationalistische Erfüllung entweder versagt geblieben oder lange verzögert worden war – in Algerien, Guinea, Palästina, Teilen der islamischen und arabischen Welt und Südafrika. Spezialisten der postkolonialistischen Politik haben meiner Meinung nach nicht genug auf die Ideen geachtet, die aller Orthodoxie, jedem autoritären oder patriarchalischen Denken widerstreben und den Nötigungen der Identitätspolitik wachsam begegnen. Wohl deshalb haben die Idi Amins und die Saddam Husseins der Dritten Welt den Nationalismus wahrscheinlich auf so gräßliche Weise in ihren Dienst stellen können. Meine These ist, daß der nationalistische Widerstand gegen den Imperialismus auf seinem Höhepunkt stets selbstkritisch war. Eine aufmerksame Lektüre solcher Autoren wie C. L. R. James, Neruda, Tagore, Fanon, Cabral und anderer läßt die verschiedenen Kräfte erkennen, die im antiimperialistischen nationalistischen Lager um den Aufstieg wetteifern. James ist in diesem Falle ein gutes Beispiel. Lange ein glühender Befürworter des schwarzen Nationalismus, mäßigte er seine Anwaltschaft stets mit Mahnungen, die bloße Behauptung ethnischer Besonderheit führe nicht weiter, Solidarität ohne Kritik tauge nichts. Daraus läßt sich Hoffnung schöpfen, und sei es nur deshalb, weil wir, durchaus nicht am Ende der Geschichte, gehalten sind, etwas für unsere Gegenwart und Zukunft zu tun, ob wir nun innerhalb oder außerhalb der metropolitanischen Welt leben.

Mit einem Wort, die Dekolonisierung spiegelt ein vielfältiges Ringen um politische Geschicke, um Geschichten und Geographien, und sie hat eine Überfülle an Werken der Imagination, der gelehrten Forschung und Gegen-Forschung inspiriert. Sie nahm häufig die Form von Streiks, Protestmärschen, heftigen Attacken, Strafen und Vergeltungsstrafen an. In deren Textur sind auch Romanautoren und Kolonialbeamte verwoben, die beispielsweise über die indische Mentalität schrieben, über das Pachtzins-System in Bengalen, über die Struktur der indischen Gesellschaft, ebenso wie Inder, die in Romanen für Partizipationsrechte fochten, oder Intellektuelle und Redner, die die Massen zu mehr Engagement für die Unabhängigkeit ermutigten.

Man kann dafür keine Fahrpläne oder feste Daten aufstellen. Indien verfolgte einen Kurs, Burma einen anderen, Westafrika einen dritten, Algerien einen weiteren, Ägypten, Syrien und der Senegal wieder einen anderen. In allen Fällen jedoch bemerkt man die allmählich immer deutlicher wahrnehmbaren Scheidelinien zwischen den kompakten nationalen Blöcken: dem Westen – Frankreich, Großbritannien, Holland, Belgien, Deutschland usw. – auf der einen Seite, den meisten Völkern der Dritten Welt auf der anderen. Der antiimperialistische Widerstand bekundete sich zunächst in sporadischen und häufig erfolglosen Revolten, bis er nach dem Ersten Weltkrieg, auch in Gestalt größerer Parteien und Bewegungen, überall in den Imperien hervorbricht. Drei Jahrzehnte nach dem Zweiten Weltkrieg orientiert er sich dann militant am Ziel der Unabhängigkeit, das in den neuen Staaten in Afrika und Asien sich materialisiert. Dabei verändert er ständig die Binnen-Konstellation der westlichen Mächte, die sich in Gegner und Anhänger der imperialen Politik spalten.

3. Yeats und die Dekolonisierung

William Butler Yeats ist heute nahezu vollständig assimiliert und sowohl in den Kanon als auch in die Diskurse der neueren englischen
Literatur und der europäischen Hochmoderne aufgenommen. Beide
rechnen mit ihm als großem irischem Dichter, der tief in seine angestammten Traditionen verstrickt ist und mit ihnen in Wechselwirkung
steht: mit dem historischen und politischen Kontext seiner Zeit und der
schwierigen Rolle eines Dichters, der in einem stürmisch nationalistischen Irland Englisch schreibt. Trotz Yeats' offenkundiger und durchaus gesicherter Präsenz in Irland, in der britischen Kultur und Literatur
und in der europäischen Moderne gibt es da noch einen weiteren faszinierenden Aspekt: Er ist ein großer *nationaler* Dichter, der während
einer Periode des antiimperialistischen Widerstandes die Erfahrungen,
die Sehnsüchte und die stärkende Vision eines Volkes artikuliert, das
unter einem ausländischen Regime leidet. So gesehen ist Yeats ein Dichter, der einer Tradition angehört, die gewöhnlich nicht als die seine verstanden wird: der Tradition der kolonialen Welt, die vom europäischen
Imperialismus auf dem Höhepunkt des Aufruhrs gegen ihn beherrscht
wird. Irland teilt den Kolonialstatus mit einer Reihe nicht-europäischer
Regionen: kulturelle Abhängigkeit im Verein mit Antagonismus.

Die Hochblüte des Imperialismus datiert man meist auf die späten
siebziger Jahre des 19. Jahrhunderts. In englischsprachigen Regionen
reichen seine Anfänge jedoch mehr als sieben Jahrhunderte weiter zurück, wie Angus Calder in seinem Buch *Revolutionary Empire* nachweist. Irland wurde um 1150 von Papst Heinrich II. England überlassen; er selbst kam 1171 nach Irland. Von jener Zeit an gab es eine
erstaunlich beständige kulturelle Einschätzung Irlands als eines Landstrichs, dessen Bewohner eine barbarische und entartete Rasse seien.
Neuere Kritiker und Historiker – unter anderem Seamus Deane, Nicholas Canny, Joseph Leerson und R. N. Lebow – haben diese Geschichte
erforscht und dokumentiert, zu deren historiographischer Aufhellung
so eindrucksvolle Figuren wie Edmund Spenser und David Hume beigetragen haben.

Also bilden Indien, Nordafrika, die Karibik, Mittel- und Südamerika, große Teile von Afrika, China und Japan, der Pazifische Archipel,
Malaysia, Australien, Neuseeland, Nordamerika und Irland einen
markierbaren Geschichtskontext, obwohl sie zumeist getrennt betrachtet werden. Alle waren weit vor 1870 heftig umkämpfte Regionen, umkämpft entweder von lokalen Gruppen oder von den europäischen

Mächten selbst; in manchen Fällen, beispielsweise in Indien oder Afrika, gingen die Kämpfe gegen Herrschaft von außen gleichzeitig und lange vor 1857 vor sich, lange auch vor den europäischen Kongressen über Afrika am Ende des letzten Jahrhunderts.

Der hier ausschlaggebende Gesichtspunkt ist, daß, gleichgültig, wie man die Demarkationslinie des Hochimperialismus ziehen will – jener Periode, in der nahezu jedermann in Europa und Amerika glaubte, daß er oder sie der zivilisierten und kommerziellen Sache des Imperiums diente –, der Imperialismus selbst bereits für mehrere Jahrhunderte überseeischer Eroberungen, Raubzüge und wissenschaftlicher Forschungsreisen ein kontinuierlicher Prozeß gewesen war. Für einen Inder, Iren oder Algerier war sein Land von einer fremden Macht beherrscht worden und wurde es weiterhin beherrscht, gleichgültig, ob liberal, monarchisch oder revolutionär.

Der moderne europäische Imperialismus nun war ein Typus überseeischer Herrschaft, der von allen anderen früheren Formen konstitutiv und radikal verschieden war. Seine Reichweite war nur ein Teil dieses Unterschiedes – weder Byzanz noch Rom noch Athen oder Bagdad noch Spanien oder Portugal im 15. und 16. Jahrhundert beherrschten ähnlich viele Territorien, wie sie von Frankreich und England im 19. Jahrhundert kontrolliert wurden. Die wichtigeren Unterschiede indes sind, erstens, die Langlebigkeit der Disparität der Macht und, zweitens, die kompakte Organisation der Macht, die die Details und nicht die großen Konturen des Lebens in Mitleidenschaft zog. Zu Beginn des 19. Jahrhunderts hatte Europa mit der industriellen Umwandlung seiner Volkswirtschaften begonnen – wobei Großbritannien den Ton angab; feudale und traditionelle Grundbesitzstrukturen veränderten sich; neue merkantile Schemata des Überseehandels, der Expansion zur See und der gewaltsamen Besiedlung wurden eingeführt; die bürgerliche Revolution trat ins Stadium ihres Triumphes ein. Alle diese Entwicklungen verliehen Europa zusätzliche Überlegenheit über seine ausländischen Besitzungen. Zu Beginn des Ersten Weltkrieges hielten Europa und Amerika einen Großteil der Erdoberfläche in kolonialer Unterjochung.

Daß das geschehen konnte, haben ungezählte systematische Untersuchungen (beginnend mit Kritikern des Imperialismus in seiner aggressiven Phase, etwa Hobson, Rosa Luxemburg und Lenin) mit vorwiegend ökonomischen und teilweise unklar charakterisierten politischen Prozessen erklärt (Joseph Schumpeter mit aggressionspsychologischen Argumenten). Die Theorie, die ich im vorliegenden Buch vertrete, ist die, daß die Kultur dabei eine sehr wichtige, ja unerläßliche Rolle spielte. Im

Mittelpunkt der europäischen Kultur während der vielen Jahrzehnte imperialer Expansion stand ein unbeeindruckter und unerbittlicher Eurozentrismus. Dieser Eurozentrismus akkumulierte Erfahrungen, Territorien, Völker, Geschichten, er studierte sie, klassifizierte sie, verifizierte sie und, wie Calder sagt, erlaubte es »europäischen Geschäftsleuten, ›im großen Stil zu planen‹«[73]; vor allem aber unterwarf er Völker, indem er ihre Identitäten aus der Kultur und sogar aus der Idee des weißen christlichen Europa verbannte. Dieser kulturelle Prozeß bildete das verstärkende Parallelunternehmen zur ökonomischen und politischen Maschinerie als dem materiellen Zentrum des Imperialismus. Die eurozentrische Kultur codifizierte und beobachtete alles im Umkreis der nicht-europäischen oder peripheren Welt und ließ nur wenige Kulturen unangetastet, wenige Völker und Landstriche unbeansprucht.

Von dieser Strategie gab es seit der Renaissance schwerlich bedeutsame Abweichungen, und obschon es peinlich für uns ist, gewahr zu werden, daß Elemente einer Gesellschaft, die wir lange für fortschrittlich gehalten haben, durchaus rückschrittlich waren, soweit das Imperium betroffen war, sollten wir uns nicht scheuen, das einzuräumen. Avancierte Schriftsteller und Künstler, die Arbeiterklasse und die Frauen bekundeten eine imperialistische Inbrunst, die sich in dem Maße intensivierte, wie der Wettbewerb unter europäischen und amerikanischen Mächten an Brutalität und sinnloser, ja sogar unprofitabler Kontrolle zunahm. Der Eurozentrismus drang bis in den Kern der Arbeiterbewegung, der Frauenbewegung und der künstlerischen Avantgarde vor.

Während der Imperialismus an Reichweite gewann, verschärfte sich gleichzeitig der Widerstand in den Kolonien selbst. So wie in Europa die allgemeine Akkumulation, die die Kolonialdominien in die Weltwirtschaft einband, von einer Kultur gestützt und ermöglicht wurde, die dem Imperium seine ideologische Lizenz erteilte, so wurde auch im überseeischen Imperium der kompakte politische, ökonomische und militärische Widerstand von einer auffordernden und herausfordernden Kultur des Widerstandes vorangetrieben und inspiriert, einer Kultur, die sich aus einer langen Tradition eigener Integrität speiste und nicht bloß eine verspätete Reaktion auf den westlichen Imperialismus war.

In Irland, sagt Calder, wurde die Idee, Gälen zu ermorden, von Anfang an »als Part einer königlichen Armee oder mit königlicher Billigung als patriotisch, heroisch und gerecht [betrachtet]«.[74] Die Vorstellung der rassischen Überlegenheit Englands schlug feste Wurzeln – ein feinsinniger Poet und anerkannter Gentleman wie Edmund Spenser schlug in seiner *View of the Present State of Ireland* (1596) vor, die Iren, weil sie barbarische Skythen seien, weitgehend auszurotten. Zu Revolten gegen die Engländer kam es schon früh, und im 18. Jahrhundert besaß die Opposition unter Wolfe Tone und Grattan eigene Organisationen, Regeln und Idiome. »Patriotismus kam in Mode«[75] zur Jahrhundertmitte, fährt Calder fort, ein Patriotismus, der, im Verein mit den außerordentlichen Talenten von Swift, Goldsmith und Burke, dem irischen Widerstand zu einem eigenständigen Diskurs verhalf.

Ein Großteil, wenn auch keineswegs der gesamte Widerstand gegen den Imperialismus wurde im weiteren Kontext des Nationalismus geleistet. »Nationalismus« ist ein Wort, das noch immer höchst unscharf ist, das mir hier jedoch als Hilfsmittel dient, um die treibende Kraft zu identifizieren, welche Völker mit einer gemeinsamen Geschichte, Religion und Sprache zum Widerstand gegen ein fremdes und besitzergreifendes Imperium bewog. Aber trotz seiner Erfolge – oder gerade wegen seiner Erfolge – bei der Befreiung vieler Territorien von kolonialen Lehnsherren ist der Nationalismus ein tief doppeldeutiges Programm geblieben. Als er Menschen auf die Straßen lockte, um sie gegen ihre weißen Herren aufmarschieren zu lassen, haben häufig Juristen, Ärzte und Schriftsteller das Wort geführt, die bis zu einem gewissen Grade von der Kolonialmacht geprägt, ja von ihr herangezogen worden waren. Die nationalen Bourgeoisien und ihre spezialisierten Eliten, von denen Fanon so unheilverkündend spricht, hatten sehr wohl die Neigung, die kolonialistische Herrschaft durch eine neue klassengestützte und nicht selten ähnlich ausbeuterische zu ersetzen, die die alten kolonialistischen Strukturen in neuen Wendungen zu wiederholen pflegte. Es gibt Staaten überall in der vormals kolonisierten Welt, die »Pathologien der Macht« ausgebrütet haben, wie Eqbal Ahmad das genannt hat.[76] Auch sind die kulturellen Horizonte des Nationalismus gelegentlich verhängnisvoll eingeschränkt worden durch die lange historische Interaktion zwischen Kolonialherren und Kolonisierten. Der Imperialismus war im Grunde ein Kooperationswagnis und in seiner modernen Version ein Erziehungsexperiment (oder behauptete, es zu sein); er machte sich ganz bewußt daran, zu modernisieren, zu entwickeln, zu instruieren und zu zivilisieren. Die Annalen der Schulen, Missionsstationen, Universitäten, Gelehrtenakademien und Hospitäler in Asien, Afrika, Lateinamerika, Europa und Amerika sind gesättigt mit diesen Vorsätzen, die allmählich sogenannte modernisierende Trends freisetzten, während sie gleichzeitig die rauhen Fassaden der imperialistischen Herrschaft glätteten. In ihrem Kern aber bewahrten sie die alte Scheidelinie zwischen Einheimi-

schen und Vertretern des Westens. Die großen kolonialen Schulen beispielsweise vermittelten Generationen von Zöglingen der eingeborenen
Bourgeoisie wichtige Erkenntnisse zu Geschichte, Naturwissenschaft
und Kultur. In diesem Lernprozeß erfaßten Millionen die Grundmuster
der Moderne, blieben aber dennoch untergeordnete Abhängige einer
Autorität, deren Stützpfeiler anderswo verankert waren als in ihrem Leben. Da eines der Ziele der kolonialen Erziehung die Verbreitung und
Förderung der Geschichte Frankreichs oder Großbritanniens war, de-
gradierte sie die Geschichte der Eingeborenen. Für die Eingeborenen
gab es damit immer ein England, Frankreich, Deutschland, Holland als
fernen Verwahrungsort des Wortes, trotz der Affinitäten, die sich während der Jahre einer produktiven Zusammenarbeit zwischen ihnen und
dem »weißen Mann« entwickelt hatten. Joyces Stephen Dedalus angesichts seines Englischlehrers ist ein berühmtes Beispiel für jemanden,
der das mit ungewöhnlicher Eindringlichkeit entdeckt:

> »Die Sprache in der wir sprechen ist seine, ehe sie die meine ist. Wie verschieden
> sind die Wörter *home, Christ, ale, master* auf seinen Lippen und auf meinen! Ich
> kann diese Wörter nicht sagen oder schreiben ohne Unrast im Geist. Seine Sprache,
> so vertraut und so fremdländisch, wird für mich immer eine angelernte Sprache
> sein. Ich habe ihre Wörter nicht gemacht und nicht akzeptiert. Meine Stimme hält
> sie auf Distanz. Meine Seele zerfrißt sich im Schatten seiner Sprache.«[77]

Der Nationalismus in Irland, Indien und Ägypten beispielsweise wur-
zelte im lange währenden Kampf nationalistischer Parteien wie Sinn
Fein, Congress oder Wafd für Rechte und Unabhängigkeit der Einheimischen. Ähnliche Prozesse vollzogen sich in anderen Teilen Afrikas und
Asiens. Nehru, Nasser, Sukarno, Nyerere, Nkrumah – das Pantheon
von Bandung in all seinem Leid und all seiner Größe erblühte aufgrund
der nationalistischen Dynamik, die kulturell in den erleuchteten Autobiographien, den Lehrbüchern und den philosophischen Meditationen
dieser großen nationalistischen Führer verkörpert war. Ein unverkennbar patriarchalischer Zuschnitt läßt sich überall im klassischen Nationalismus beobachten, mit Verschiebungen und Entstellungen (ganz zu
schweigen von demokratischen Freiheiten), die auch heute noch wahrnehmbar sind. Panikars *Asia and Western Dominance*, George Antonius' *The Arab Awakening* und die Arbeiten des Irish Revival wurzelten
ebenfalls im klassischen Nationalismus.

Im Rahmen der nationalistischen Neuerweckung in Irland und anderswo regten sich zwei unterschiedliche politische Strebungen, jede
mit einer eigenen imaginativen Kultur, die zweite aber undenkbar ohne

die erste. Die erste fußte auf einem klaren und erklärten Bewußtsein der europäischen und westlichen Kultur *als* Imperialismus; dieses reflexive Moment von Bewußtheit versetzte die afrikanischen, karibischen, irischen, lateinamerikanischen oder asiatischen Bürger in die Lage, das Ende von Europas Anspruch auf Führung und/oder Belehrung der nicht-europäischen oder nicht-festländischen Bevölkerungen zu bekräftigen. Zuerst wurde das häufig, wie Thomas Hodgkin dargelegt hat, von »Propheten und Priestern«[78] geleistet, Geistesverwandten von Hobsbawms »ursprünglichen Rebellen«. Die zweite eher offen operierende Befreiungsbewegung trat im Verlauf der dramatisch verlängerten imperialen Mission des Westens nach dem Zweiten Weltkrieg in verschiedenen kolonialen Regionen in Erscheinung, hauptsächlich in Algerien, Vietnam, Palästina, Irland, Guinea und Kuba. Ob in der indischen Verfassung oder in Bekundungen des Pan-Arabismus und Pan-Afrikanismus oder in partikularistischen Tendenzen wie Pearses Gaelic Movement oder Senghors »Négritude«, der konventionelle Nationalismus erwies sich sowohl als unzureichend wie als ausschlaggebend (freilich nur als erster Schritt). Aus dieser Paradoxie erwächst die Idee der Befreiung, ein starkes neues postnationalistisches Thema, das beispielsweise in den Werken von Connolly, Garvey, Martí, Mariategi, Cabral oder Du Bois stillschweigend vorausgesetzt war, aber die Schubkraft von Theorie und sogar von bewaffneter, aufständischer Gewalt brauchte, um sich zu entfalten.

Werfen wir erneut einen Blick auf die erste dieser beiden Strebungen, die des antiimperialistischen Widerstandes. Wenn es etwas gibt, das die Phantasie des Antiimperialismus klar und radikal bestimmt, dann ist es der Primat des Geographischen. Genaugenommen ist der Imperialismus ein Akt der geographischen Gewalt, mittels derer jeder Winkel der Erde erkundet, vermessen und schließlich unter Kuratel gestellt wird. Für den Einheimischen wird die Geschichte der kolonialen Dienstbarkeit durch den Verlust des lokalen Schauplatzes an den Eindringling inauguriert; seine geographische Identität muß neu ermittelt und wiederhergestellt werden. Aufgrund der Anwesenheit des Eindringlings ist das Land zunächst nur in der und durch die Einbildungskraft wiederzugewinnen.

Ich will drei Beispiele dafür anführen, wie die komplexe und doch feste geographische »morte main« des Imperialismus auf dem Wege vom Allgemeinen zum Besonderen verfährt. Den allgemeinsten Gesichtspunkt hat Crosbys *Ecological Imperialism* formuliert. Crosby sagt, daß, wo immer Europäer auftauchten, sich sofort auch das lokale Habitat zu ändern begann; ihr Ziel war es, fremde Territorien in Abbilder dessen zu verwandeln, was sie hinter sich gelassen hatten. Dieser Prozeß war tendenziell endlos in dem Maße, wie eine Vielzahl von Pflanzen, Tieren, Getreidesorten und Anbaumethoden die Kolonie allmählich in einen neuen Landstrich verwandelten, mit neuen Krankheiten, gestörtem Umweltgleichgewicht und traumatischen Umsiedlungen der überwältigten Bevölkerung.[79] Die veränderte Ökologie hatte auch ein verändertes politisches System zur Folge. In den Augen des späteren nationalistischen Dichters oder Visionärs entfremdete dies das Volk seinen authentischen Traditionen, Lebensformen und politischen Organisationen. Gewiß hat romantische Mythenbildung derlei nationalistische Deutungen der imperialistischen Eroberungs- und Aneignungspolitik beflügelt; am tatsächlichen Ausmaß der Veränderungen aber dürfen wir nicht zweifeln.

Ein zweites Beispiel sind die rationell verfahrenden Projekte langfristigen Territorialbesitzes, die das Land mechanisch profitabel zu machen versuchen und gleichzeitig in die externe Herrschaft integrieren wollen. In seinem Buch *Uneven Development* zeigt der Geograph Neil Smith, wie der Kapitalismus historisch eine besondere Art von Natur und Raum erzeugt hat, eine ungleichmäßig entwickelte Landschaft, die Armut und Wohlstand, industrielle Verstädterung und landwirtschaftliche Auszehrung gleichermaßen einschließt. Der Gipfelpunkt dieses Prozesses ist der Imperialismus, der den gesamten Raum beherrscht, klassifiziert und unter der Führung des metropolitanischen Zentrums allgemein modifiziert. Sein kulturelles Pendant ist die Wirtschaftsgeographie des späten 19. Jahrhunderts, die (beispielsweise im Werk von Mackinder und Chisolm) den Imperialismus als das Resultat »natürlicher« Fruchtbarkeit oder Unfruchtbarkeit, verfügbarer Schiffahrtsverbindungen und permanent differenzierter Zonen, Völker, Klimate und Territorien rechtfertigt.[80] Damit ist die »Universalität des Kapitalismus« proklamiert, nämlich die »Differenzierung nationalen Raumes gemäß der territorialen Arbeitsteilung«.[81]

Im Banne von Hegel, Marx und Lukács nennt Smith die Hervorbringung dieser wissenschaftlichen »natürlichen« Welt eine *zweite* Natur. Im Verständnis antiimperialistischer Phantasie ist der »Heimatraum« in den peripheren Welten von Außenseitern zu deren eigenen Zwecken usurpiert und nutzbar gemacht worden. Es ist deshalb dringlich geboten, eine *dritte* Natur ausfindig zu machen, zu erfinden oder zu entdecken, nicht eine unverdorbene und prähistorische Natur (»das romantische Irland ist tot und vorbei«, sagt Yeats), sondern eine, die aus den

Entstellungen der gegenwärtigen hervorgeht. Der Impuls ist kartographischer Art. Zu seinen eindrucksvollsten Beispielen zählen Yeats' frühe, in *The Rose* gesammelte Gedichte, Nerudas Gedichte über die chilenische Landschaft, Césaires Gedichte über die Antillen, Faiz' über Pakistan und Darwishs über Palästina.

»Restore to me the colour of face
And the warmth of body,
The light of heart and eye,
The salt of bread and earth [...] the Motherland.«[82]

»Gib mir die Farbe des Antlitzes zurück
Und die Wärme des Körpers,
Das Licht von Herz und Auge,
Das Salz von Brot und Erdreich [...] das Heimatland.«

Aber der koloniale Raum – ein drittes Beispiel – muß so verwandelt werden, daß er dem imperialen Blick nicht mehr fremd erscheint. Mehr als irgendeine andere der Kolonien Großbritanniens war Irland unzähligen Metamorphosen unterworfen, infolge wiederholter Siedlungsprojekte und aufgrund seiner wirklichen Einverleibung durch den Act of Union (1801). Danach wurde 1824 eine Ordnance Survey of Ireland anbefohlen, in der Absicht, die Namen zu anglisieren und die Grenzen der Ländereien neu festzulegen (und die Landenteignung zugunsten englischer und »herrschaftlicher« Familien zu fördern), um die fiskalische Bewertung des Eigentums zu gewährleisten und die Bevölkerung dauerhaft zu unterjochen. Die Vermessung wurde nahezu ausschließlich von englischem Personal ausgeführt, was, wie Mary Hamer dargelegt hat, »unmittelbar zur Folge hatte, die Iren als inkompetent zu bezeichnen [und] die nationale Selbstverwirklichung zu unterdrücken«.[83] Eines der eindrucksvollsten Theaterstücke von Brian Friel, *Translations* (1980), setzt sich mit den verheerenden Auswirkungen des Ordnance Survey auf die Einheimischen auseinander. »In einem solchen Prozeß«, teilt Hamer mit, »ist der Kolonisierte [gilt er als] typisch passiv und bevormundet und kontrolliert seine eigene Repräsentanz nicht, sondern wird in Übereinstimmung mit einem hegemonialen Impuls repräsentiert, anhand dessen sie als stabile und einheitliche Entität konstruiert wird«.[84] Und was in Irland geschah, ist auch in Bengalen oder, durch die Franzosen, in Algerien geschehen.

Eine der ersten Aufgaben der Kultur des Widerstandes war es, das Land wiedereinzufordern, es neu zu benennen und erneut zu bewohnen. Hand in Hand damit ging eine Reihe weiterer Ansprüche, Rückgewinnungen und Identifikationen, die allesamt buchstäblich auf diesem poetischen Projektionsprozeß beruhten. Die Suche nach Authentizität, nach einem nationalen Ursprung, den nicht die Kolonialgeschichte verzerrte, nach einem neuen Pantheon der Helden und (gelegentlich) Heldinnen, Mythen und Religionen – das alles waren Zeichen dafür, daß das Land von der Bevölkerung wiederangeeignet wurde. Eng verbunden mit solchen nationalistischen Vorahnungen der entkolonisierten Identität war (und ist) nahezu immer eine beinahe magisch inspirierte, quasi-alchemistische Neubelebung der angestammten Sprache.

In diesem Zusammenhang ist Yeats besonders bedeutsam. Ganz ähnlich wie manche karibische und afrikanische Autoren ist er gehalten, sich eine Sprache mit dem kolonialen Lehnsherren zu teilen, und natürlich zählt er in mancherlei Hinsicht zur Protestant Ascendancy [Lager protestantischer Herkunft], deren irische Loyalitäten, milde ausgedrückt, verworren, obwohl in seinem Falle nicht geradezu widersprüchlich waren. Es gibt eine halbwegs logische Progression von Yeats' frühem Gälizismus mit seinen keltischen Themen und Bezugspunkten zu seinen späteren systematischen Mythologien, die in programmatischen Gedichten wie »Ego Dominus Tuus« und dem Traktat *A Vision* niedergelegt sind. Für Yeats mußte die Überschneidung seines irischen Nationalismus und seines englischen kulturellen Erbteils, die ihn beide prägten und beflügelten, zwangsläufig Spannungen hervorrufen, und man mag darüber spekulieren, ob es der Druck dieser heftigen politischen und säkularen Spannungen war, der ihn bewog, sie auf einer »höheren«, das heißt nicht-politischen Ebene zu lösen. Die exzentrischen und ästhetisierten Geschichten, von denen *A Vision* und die späteren, quasireligiösen Gedichte handeln, heben die Spannung auf ein extramundanes Niveau, so als ob Irland am besten aus gleichsam kosmischer Perspektive zu erfassen wäre.

Seamus Deane hat in *Celtic Revivals*, der brillantesten Darstellung von Yeats' überirdischer Revolutionsidee, zu bedenken gegeben, daß dessen frühes und erfundenes Irland »seiner Einbildungskraft durchaus zugänglich war, [während] er schließlich bei einem Irland endete, das sich ihr widerspenstig verweigerte«. Wann immer Yeats versuchte, seine okkultistischen Anmutungen mit dem tatsächlichen Irland zu versöhnen oder in Einklang zu bringen – z. B. in »The Statues« –, sind die Ergebnisse »gezwungen«, wie Deane zu Recht sagt.[85] Da Yeats' Irland ein revolutionäres Land war, konnte er dessen Rückständigkeit als Quelle einer beunruhigenden, disruptiven Besinnung auf spirituelle Ideale nutzen, die im überentwickelten modernen Europa verlorengegangen waren. In so dramatischen Ereignissen wie den Osteraufständen von 1916 witterte er überdies den Zusammenbruch eines Kreislaufs endloser, vielleicht letztlich sinnloser Wiederholungen, wie er in den scheinbar end- und grenzenlosen Arbeiten Cuchulains symbolisiert ist. Deanes These ist, daß die Geburt einer nationalen irischen Identität für Yeats mit dem Zusammenbruch dieses Kreislaufs einhergeht, obwohl er das kolonialistische britische Verhältnis zu einem spezifisch irischen Nationalcharakter durchaus erkennt und bei Yeats selbst verstärkt. Yeats' Einkehr bei der Mystik und sein Rückgriff auf den Faschismus markieren, wie Deane scharfsinnig anmerkt, die »koloniale Lage« einer Kultur, die dem Mutterland um ihrer selbst willen und um eines Gefühls der »Englischkeit« willen verpflichtet ist und sich gleichwohl der Kolonie zuwendet: »Eine solche Suche nach nationaler Signatur wird kolonialistisch, und zwar wegen der unterschiedlichen Geschichten der beiden Inseln. Die schönste Blütezeit einer solchen Suche ist Yeats' Poesie gewesen.«[86] Hier ist kein überholter Nationalismus im Spiel, vielmehr verkörpern Yeats' willentliche Mystik und Inkohärenz einen revolutionären Impetus, und der Dichter beharrt darauf, »daß Irland seine Kultur dadurch bewahren sollte, daß es seine Aufgeschlossenheit für metaphysische Fragen wachhält«.[87] In einer Welt, aus der die harten Strapazen des Kapitalismus Nachdenklichkeit und Reflexionslust vertrieben haben, ist ein Dichter, der ein Gefühl für Ewigkeit und Tod wach hält, der wahre Rebell, eine Gestalt, die aus kolonialen Entwürdigungen eine kritische Bilanz der Gesellschaft und der »zivilisierten« Moderne gezogen hat.

Diese nahezu Adornosche Formulierung von Yeats' Dilemma hat natürlich eine große Anziehungskraft. Doch sie wird vielleicht durch das Bedürfnis abgeschwächt, Yeats heroischer erscheinen zu lassen, als eine simple politische Deutung es vermöchte, und seine reaktionäre politische Haltung zu entschuldigen – seinen unverblümten Faschismus, seine Phantasien von alten Häusern und Familien, seine zusammenhanglos okkultistischen Abschweifungen –, indem man sie in einen Anschauungsfall von Adornos »negativer Dialektik« übersetzt. Ein kleines Korrektiv wäre es da, Yeats als verschärftes Beispiel des Nativismus zu betrachten, der anderswo (vgl. »Négritude«) im Gefolge des kolonialen Zusammenpralls seinen Aufschwung nahm.

Zwar sind die physischen und geographischen Verbindungen zwischen England und Irland enger als zwischen England und Indien oder zwischen Frankreich und Algerien oder dem Senegal. Aber die imperiale Beziehung ist in allen Fällen gegeben. Iren können genausowenig

Engländer werden wie Kambodschaner oder Algerier Franzosen. Das, scheint mir, ist immer und überall, in jeder Kolonialbeziehung der Fall gewesen, weil das Grundprinzip stets das ist, daß eine eindeutige und hierarchische Unterscheidung zwischen Herrscher und Beherrschtem gewahrt bleiben sollte, gleichgültig, ob der letztere ein Weißer ist oder nicht. Der Nativismus verstärkt diese Unterscheidung leider, gerade weil er den schwächeren oder dienstbaren Partner aufwertet. Und er hat häufig zu unwiderstehlichen, aber demagogischen Behauptungen einer – narrativen oder tatsächlichen – »Eingeborenenvergangenheit« geführt, die außerhalb der säkularen Zeit steht. Das zeigt sich an Bestrebungen wie Senghors »Négritude«, der Rasta-Bewegung, dem »Back-to-Africa«-Projekt für amerikanische Schwarze oder in der Neuentdeckung unbefleckter, präkolonialer muslimischer »Essenzen«.

Das gewaltige »Ressentiment« beim Nativismus einmal beiseite gelassen (beispielsweise in Ali Ahmads *Occidentosis*, einem einflußreichen iranischen Traktat, der, 1978 veröffentlicht, den Westen für die meisten Mißstände auf Erden haftbar macht), gibt es zwei Gründe, das nativistische Ansinnen abzulehnen oder zumindest neu zu durchdenken. Wie Deane zu sagen, daß es inkohärent und, durch seine Negation von Politik und Geschichte, zugleich auf heroische Weise revolutionär sei, bedeutet für mich, auf die nativistische Position zu verfallen, so als ob sie die einzige Wahl für einen opponierenden, auf Dekolonisation pochenden Nationalismus wäre. Wir haben Beweise für die Verheerungen: Den Nativismus akzeptieren heißt, die Konsequenzen des Imperialismus akzeptieren, die rassischen, religiösen und politischen Scheidungen, die der Imperialismus selbst durchgesetzt hat. Die historische Welt zugunsten einer Metaphysik von »Essenzen« wie Négritude, Irentum, Islam oder Katholizismus aufgeben heißt, die Geschichte fahrenlassen für Parolen, die hinreichend effizient sind, um Menschen gegeneinander aufzuhetzen; häufig hat dies zu einer Art Millennarismus geführt, wenn die Bewegung eine Massenbasis hatte, oder ist zu privaten Spleens oder zum gedankenlosen Gebrauch von Stereotypien, Mythen, Animositäten und Traditionen verkommen, die vom Imperialismus ermutigt wurden. Solche Programme sind schwerlich das, was sich große Widerstandsbewegungen als ihre Ziele ausgemalt hatten.

Ein nützliches Mittel, diesem Phänomen analytisch beizukommen, ist für den afrikanischen Kontext erprobt worden: Wole Soyinkas 1976 publizierte vernichtende Kritik der Négritude. Soyinka macht darauf aufmerksam, daß das Konzept der Négritude das zweite, mindere Glied einer Opposition – Europäer versus Afrikaner – ist, die »die dialektische Struktur der europäischen ideologischen Konfrontation hinnahm, aber gerade bei den Komponenten ihres rassistischen Syllogismus borgte«.[88] Demnach sind die Europäer analytisch begabt, die Afrikaner »zu analytischem Denken unfähig. Deshalb ist der Afrikaner auch nicht hochentwickelt«, während es der Europäer ist. Das Ergebnis ist, laut Soyinka, daß

> »die ›Négritude‹ sich in der Falle dessen verfing, was primär eine defensive Rolle war, obwohl ihre Akzente schrill waren, ihre Syntax hyperbolisch und ihre Strategie aggressiv. [...] Die ›Négritude‹ blieb im Rahmen eines vorgefertigten Systems der eurozentrischen intellektuellen Analyse des Menschen und seiner Gesellschaft stehen und versuchte, den Afrikaner und seine Gesellschaft in diesen externalisierten Begriffen neu zu definieren.«[89]

Uns bleibt die Paradoxie anheimgestellt, die Soyinka selbst benennt, daß nämlich (er hat Fanon vor Augen) die Bewunderung des Negers ebenso »krankhaft« ist wie seine Verabscheuung. Und obschon es unmöglich ist, die militanten Frühformen nativistischer Identität zu vermeiden – sie treten *immer* in Erscheinung: Yeats' frühe Dichtung kreist nicht nur um Irland, sondern auch um das Irentum –, so besteht doch Hoffnung, nicht in die Falle emotional zügelloser Feier der eigenen Identität zu tappen. Es gibt, erstens, die Chance der Entdeckung einer Welt, die *nicht* aus einander befehdenden »Essenzen« konstruiert ist. Es gibt, zweitens, die Möglichkeit eines Universalismus, der nicht abstrakt oder nötigend und davon überzeugt ist, daß alle Menschen nur eine einzige Identität haben – daß alle Iren nur Iren sind, alle Inder nur Inder, alle Afrikaner nur Afrikaner, und so fort *ad nauseam*. Drittens – und das ist das Wichtigste – bedeutet die Aufhebung des Nativismus nicht die Preisgabe der Nationalität, sondern sie bedeutet, daß man die lokale Identität als nicht-erschöpfend begreift und deshalb auch nicht ängstlich bemüht ist, sich an die eigene Sphäre mit ihren Zeremonien der Zugehörigkeit, ihrem angestammten Chauvinismus und ihrem begrenzten Sicherheitsgefühl zu klammern.

Nationalität, Nationalismus, Nativismus – die Progression ist, wie ich meine, zwingend. In Ländern wie Algerien und Kenia kann man den heroischen Widerstand einer teilweise aus kolonialen Erniedrigungen erwachsenen Gemeinschaft beobachten, der in einen anhaltenden, bewaffneten und kulturellen Konflikt mit den imperialen Mächten mündet, die ihrerseits einem Einparteienstaat mit diaktatorischem Regierungsstil und, im Falle Algeriens, mit einer kompromißlosen fundamentalistisch-islamischen Opposition weichen. Von dem schwächenden, das Land aushöhlenden Despotismus des Moi-Regimes in Kenia läßt sich schwerlich sagen, daß er die Befreiungsbewegungen im Gefolge der Mau-Mau-Aufstände kröne. Hier liegt keine Transformation sozialen Bewußtseins vor, sondern eine beängstigende Pathologie der Macht, die sich anderswo wiederholt – auf den Philippinen, in Indonesien, Pakistan, Zaire, Marokko oder im Iran.

Jedenfalls ist Nativismus *nicht* die einzige Alternative. Es gibt eine großzügige und eher pluralistische Deutung der Lage, in der der Imperialismus sich sozusagen verspätet in verschiedenen Formen fortsetzt (der Nord-Süd-Gegensatz unserer Zeit ist eine davon) und das Herrschaftsverhältnis zwar andauert, aber die Möglichkeiten der Befreiung offengehalten werden. Obwohl es gegen Ende seines Lebens (1939) einen Irish Free State gab, hat Yeats teilweise diese zweite Position vertreten, wie sein festgefügtes antibritisches Grundgefühl und der Zorn und die Heiterkeit seiner anarchisch-aufrührerischen letzten Gedichte bezeugen. In dieser Phase ist *Befreiung* und nicht nationalistische Unabhängigkeit die neue Alternative, Befreiung, die aus sich selbst, wie Fanon sagt, eine Transformation des sozialen Bewußtseins über das nationale Bewußtsein hinaus bewirkt.[90]

Dieser Weg über den Nativismus hinaus wird in der großen Wende nach dem Höhepunkt von Césaires *Cahier d'un retour* dargestellt, als der Dichter gewahr wird, daß, nach der Wiederentdeckung und Erschließung der eigenen Vergangenheit, nach dem erneuten Durchleben der Leidenschaften, Schrecknisse und Begleitumstände seiner Geschichte als Farbiger, nach der heftigen Überflutung durch Zorn, nach der Hinnahme –

»J'accepte [...] j'accepte [...] entièrement, sans réserve
ma race qu'aucune ablution d'hysope et de lys melés ne pourrait purifier
ma race rongée de macules
ma race raisin mûr pour pieds ivres«[91]

(»Ich nehme an [...] nehme an [...] ganz, ohne Vorbehalt
meine Rasse, die keine Waschung mit Ysop und Lilienblättern zu reinigen vermöchte
meine mit Makeln übersäte Rasse
meine Rasse eine reife Traube für trunkene Füße«)

– daß er nach alledem plötzlich von Stärke und Leben angefallen wird »wie von einem Stier« und zu verstehen beginnt, daß

»il n'est point vrai que l'œuvre de l'homme est finie
que nous n'avons rien à faire au monde

que nous parasitons le monde
qu'il suffit que nous nous mettions au pas du monde
mais l'œuvre de l'homme vient seulement de commencer
et il reste à l'homme à conquérir toute interdiction
immobilisée aux coins de sa ferveur et aucune race
ne possède le monopole de la beauté, de l'intelligence, de la force

et il est place pour tous au rendez-vous de la conquête
et nous savons maintenant que le soleil tourne
autour de notre terre éclairant la parcelle qu'a fixé
notre volonté seule et que toute étoile chute de ciel
en terre à notre commandement sans limite.«[92]

(»es ist nicht wahr, daß das Werk des Menschen beendet ist
daß wir nichts mehr zu schaffen haben auf Erden
daß wir die Welt als Parasiten bewohnen
daß es genügt, Schritt zu halten mit der Welt
sondern das Werk des Menschen hat gerade erst begonnen
und es bleibt ihm aufgegeben, jedes Verbot, das seinen
Liebeseifer lähmt, aufzuheben, und keine Rasse hat das Monopol
auf Schönheit, Intelligenz oder Stärke

und es ist Raum für alle bei der Siegesfeier
und wir wissen jetzt, daß die Sonne um unsere Erde
kreist, die Parzelle erhellend, die allein unser Wille
festgelegt hat, und daß jeder Stern auf unser unbegrenztes Geheiß vom Himmel
zur Erde herabfällt.«)

Die eindrucksvollen Wendungen sind »à conquérir toute interdiction/
immobilisée aux coins de sa ferveur« und »le soleil [...] éclairant la parcelle qu'a fixé/notre volonté seule«. Man gibt der Rigidität und den Verboten selbstauferlegter Beschränkungen nicht nach, die einhergehen
mit Rasse, Zeitpunkt oder Milieu; statt dessen überschreitet man sie in
Richtung auf ein neubelebtes oder erweitertes Gefühl der »Siegesfeier«,
die zweifellos mehr ins Spiel bringt als das eigene Irland, das eigene
Martinique oder das eigene Pakistan.

Ich beabsichtige nicht, Césaire gegen Yeats auszuspielen (oder gegen
den Yeats von Seamus Deane), sondern möchte in einem allgemeinen
Sinne einen der Hauptstränge von Yeats' Dichtung sowohl mit der Poesie der Dekolonisierung und des Widerstandes als auch mit den historischen Alternativen zur nativistischen Sackgasse verknüpfen. In vielfa-
cher Hinsicht leistet Yeats wie andere Dichter Widerstand gegen den
Imperialismus – in seinem Beharren auf einem neuen narrativen Stil für
sein Volk, in seinem Zorn auf die englischen Pläne zur Teilung Irlands

(und seiner Begeisterung für dessen Unversehrtheit), in seiner Feier und seinem Gedenken der Gewalt beim Aufbau einer anderen Ordnung und in dem Dickicht von Loyalität und Verrat im nationalistischen Lager. Yeats' direkte Verbindung mit Parnell und O'Leary, mit dem Abbey Theatre und mit den Osteraufständen verleiht seiner Dichtung das, was R.P. Blackmur, mit Berufung auf Jung, die »schreckliche Ambiguität einer unmittelbaren Erfahrung« nennt.[93] Yeats' Arbeiten der frühen zwanziger Jahre zeigen eine erstaunliche Ähnlichkeit mit dem Engagement und den Ambiguitäten von Darwishs palästinensischer Poesie ein halbes Jahrhundert später: in ihren Schilderungen des Gewaltgebrauchs, der überwältigenden Plötzlichkeit und des Überraschungscharakters historischer Ereignisse, von Politik und Poesie im Gegensatz zu Gewalt und Gewehren (man vergleiche sein wunderbares Gedicht »The Rose and the Dictionary«[94]), der Suche nach Atempausen, wenn die letzte Grenze überquert ist, der letzte Himmel überflogen. »Die heiligen Zentauren der Hügel sind verschwunden«, sagt Yeats, »ich habe nichts weiter als die verbitterte Sonne.«

Man spürt bei der Lektüre der großen Gedichte jener Periode nach den Osteraufständen von 1916 wie »Nineteen Hundred and Nineteen« oder »Easter 1916« und »September 1913« nicht nur die Enttäuschungen angesichts der »schmierigen Ladenkasse« oder der Gewalt auf den Straßen, der Unruhe der Blutopfer-Poesie, sondern auch eine schreckliche neue Schönheit, die die alte politische und moralische Landschaft verändert. Wie alle Dichter der Dekolonisierung kämpft Yeats darum, die Zeichen einer imaginierten oder idealen Gemeinschaft zu verkünden, die nicht nur durch ihr Bewußtsein von sich selbst, sondern auch von ihrem Feind Gestalt annimmt. »Imaginierte Gemeinschaft« ist hier durchaus treffend, solange wir nicht gezwungen sind, Benedict Andersons fälschlich lineare Periodisierungen zu übernehmen. In den kulturellen Diskursen der Dekolonisierung zirkulieren sehr viele Sprachen, Geschichten und Formen. Wie Barbara Harlow in *Resistance Literature* dargelegt hat, ist die Instabilität der Zeit, die vom Volk und seinen Führern gestiftet und immer wieder neu gestiftet werden muß, ein Thema, das in allen Genres auftaucht – in geistlichen Autobiographien, Widerstandsgedichten, Gefängnismemoiren und didaktischen Erlösungsdramen. Die Wandlungen in Yeats' großen Zyklen beschwören diese Instabilität ebenso wie der in seiner Poesie zu beobachtende Übergang von volkstümlicher zu förmlicher Rede, von Volkssage zu gebildeter Schreibweise. Die Sorge um das, was T.S. Eliot die »List der Geschichte [und] die ränkeschmiedenden Flure« der Zeit nennt – die

falschen Kehren, die Überschneidung, die sinnlose Wiederholung, der
gelegentlich glorreiche Zeitpunkt –, eröffnet Yeats, wie allen Dichtern
und Literaten der Dekolonisierung, Tagore, Senghor, Césaire, die unerbittlich martialischen Akzente, den Heroismus und die Zone des »unbe-
herrschbaren Geheimnisses auf tierischem Grund«. Damit bricht der
Autor aus seiner nationalen Umwelt aus und gewinnt universale Bedeutung.

Im ersten Band seiner Memoiren spricht Pablo Neruda über einen
1937 in Madrid abgehaltenen Schriftstellerkongreß zur Verteidigung
der Republik. »Unschätzbare Antworten« auf die Einladungen »strömten von überallher herbei. Eine stammte von Yeats, dem Nationaldich-
ter Irlands; eine andere von Selma Lagerlöf, der bekannten schwedi-
schen Schriftstellerin. Sie waren beide zu alt, um in eine belagerte Stadt
wie Madrid zu reisen, die ständig von Bomben erschüttert wurde, aber
sie rafften sich auf zur Verteidigung der spanischen Republik.«[95] So wie
Neruda keine Schwierigkeit hatte, sich selbst als Dichter zu denken, der
sich sowohl mit dem inneren Kolonialismus in Chile wie auch mit dem
äußeren Imperialismus in ganz Lateinamerika auseinandersetzte, so
sollten wir uns Yeats meiner Meinung nach als irischen Dichter mit
mehr als bloß irischer Bedeutung denken. Neruda akzeptierte ihn als
nationalen Poeten, der die irische Nation in ihrem Kampf gegen die Tyrannei repräsentierte, und Neruda zufolge reagierte Yeats positiv auf
diesen unverkennbar antifaschistischen Aufruf, trotz seiner Neigungen
zu einem europäischen Faschismus.

Die Ähnlichkeit zwischen Nerudas zu Recht berühmtem Gedicht »El
Pueblo« (in der Sammlung *Plenos Poderes* von 1962 [die hier im spanischen Original und einer deutschen Interlinearversion geboten wird]
und Yeats' »The Fisherman« ist auffallend; in beiden Gedichten ist die
Hauptfigur ein anonymer Mann aus dem Volke, der in seiner Kraft und
Einsamkeit eine gedämpfte Stimme *des* Volkes ist, eine Eigenschaft, die
den Dichter zu seinem Werk inspiriert. Yeats:

»It's long since I began
To call up to the eyes
This wise and simple man.
All day I'd look in the face
What I had hoped 'twould be
To write for my own race
And the reality.«[96]

(»Lang ist's her, seit ich begann,
mir vor Augen zu halten
Diesen weisen und einfachen Mann.
Tagtäglich sah ich dem ins Angesicht,
Was, wie ich gehofft hatte,
Zu schreiben wäre für meine eigene Rasse
Und die Realität.«)

Neruda:

»Yo conocí aquel hombre y cuando pude,
cuando ya tuve ojos en la cara,
cuando ya tuve la voz en la boca
lo busqué entre las tumbas, y le dije
apretándole un brazo que aún no era polvo:
›Todos se irán, tú quedarás viviente.
Tú encendiste la vida.
Tú hiciste lo que es tuyo.‹
Por eso nadie se moleste cuando
parece que estoy solo y no estoy solo,
no estoy con nadie y hablo para todos:
Alguien me está escuchando y no lo saben,
pero aquellos que canto y que lo saben
siguen naciendo y llenarán el mundo.«[97]

(»Ich kannte jenen Mann, und als ich konnte,
Als ich noch Augen im Kopf hatte,
Als ich noch eine Stimme in der Kehle hatte,
suchte ich ihn unter den Gräbern und sagte zu ihm,
Seinen Arm drückend, der noch nicht Staub war:
›Alles vergeht, Du wirst leben.
Du wirst das Leben entflammen.
Du tatest, was Dein ist.‹
Niemand also soll sich beunruhigen, wenn
Ich allein zu sein scheine und es doch nicht bin,
Ich bin nicht ohne Gesellschaft und spreche für alle:
Jemand wird mich hören, ohne es zu wissen,
Aber die, von denen ich singe, die wissen,
Werden auch weiterhin geboren und überfluten die Welt.«)

Die poetische Berufung entwickelt sich aus einem Pakt, der zwischen
Volk und Dichter geschlossen wird; daher die Macht solcher Bittgebete
um ein wirkliches Gedicht, um Gestalten zu schaffen, wie sie von beiden Männern gefordert zu werden scheinen.

Hier aber hört die Verbindung nicht auf, denn Neruda fährt (in

»Deber del Poeta«) mit der bündigen Behauptung fort, daß »durch
mich Freiheit und das Meer/als Antwort sprechen werden zum verhüll-
ten Herzen«, und Yeats kündigt in »The Tower« an, er werde die Phantasie aussenden und »Bilder und Erinnerungen holen/Aus alten Bäumen und zerstörten Dingen«.[98] Da solche Protokolle der Ermahnung
und der Überschwenglichkeit sich aus dem Schatten der Beherrschung
verlautbaren, dürfen wir sie mit der Befreiungserzählung in Zusammenhang bringen, die denkwürdig in Fanons *Verdammten dieser Erde*
entwickelt wird. Denn während die Scheidungen und Trennungen der
kolonialen Ordnung die Gefangenschaft der Bevölkerung zu dumpfer
Betäubung verdichten, »schaffen neue Ansatzpunkte [...] neue Ziele
für die Gewalt kolonisierter Völker«.[99] Fanon spezifiziert die Menschen-
rechtserklärungen, die Ansprüche auf Rede- und Handlungsfreiheit;
später setzt eine völlig neue Geschichte ein, als eine revolutionäre
Klasse von Aktivisten, aus den Reihen des städtischen Proletariats erwachsen: Außenseiter, Kriminelle und »déclassés«, aufs Land geht, um
dort Zellen bewaffneter Militanter zu bilden, die dann in den letzten
Phasen des Aufstandes in die Stadt zurückkehren.

Die außerordentliche Wucht von Fanons Schrift rührt daher, daß sie
als heimliche Gegen-Erzählung zur oberirdischen Macht des Kolonialregimes präsentiert wird, das in der Teleologie von Fanons Erzählung
schließlich besiegt werden wird. Der Unterschied zwischen Fanon und
Yeats ist, daß Fanons theoretische und vielleicht sogar metaphysische
Erzählung von der antiimperialistischen Dekolonisierung mit den Ak-
zenten und Flexionen der Befreiung durchsetzt ist – das ist weitaus
mehr als reaktive Verteidigungsbereitschaft, deren Hauptproblem (wie
Soyinka es analysiert hat) darin liegt, daß sie die grundlegende Opposition Europäer vs. Nicht-Europäer implizit hinnimmt und nicht darüber
hinausgeht. Fanons Schrift ist ein Diskurs jenes antizipierten Triumphes, jener antizipierten Befreiung, der die zweite Phase der Dekolonisierung prägt. Yeats' frühes Werk dagegen schlägt den nationalistischen
Ton an und steht auf einer Schwelle, die es nicht überschreiten kann, obwohl er sich eine Flugbahn entwirft, die Gemeinsamkeiten mit denen
anderer Dichter der Dekolonisierung wie Neruda und Darwish hat,
eine Flugbahn, die er nicht voll ausschöpfen konnte, obwohl sie wahrscheinlich weiter hätten führen können, als er gegangen ist. Letztlich indes kann man ihm anrechnen, daß in seiner Poesie der liberationistische
und utopische revolutionäre Geist durchscheint, der von seiner späteren reaktionären Politik Lügen gestraft, ja widerrufen wird.

Yeats ist in jüngster Zeit häufig als Autor zitiert worden, dessen Poesie vor nationalistischen Exzessen warnte. Ohne Namensnennung wird er beispielsweise in Gary Sicks Buch über die iranische Geiselkrise 1979– 1981 zitiert *(All Fall Down)*[100]; und der Korrespondent der *New York Times* in Beirut in den Jahren 1975–77, der verstorbene James Markham, zitierte dieselbe Passage aus »The Second Coming« in einem Artikel über den Beginn des libanesischen Bürgerkrieges im Jahre 1976. »Things fall apart; the centre cannot hold« (»Alles fällt auseinander, die Mitte hält nicht mehr«) ist einer der zitierten Sätze; der andere ist »The best lack all conviction while the worst/Are full of passionate intensity« (»Den Besten erlahmt der Glaube, und die Schlimmsten/Sind voll von leidenschaftlicher Heftigkeit«). Sick und Markham argumentieren beide als amerikanische Liberale, die sich von der revolutionären Flut alarmiert zeigen, die eine einst im Einflußbereich der westlichen Macht gezähmte Dritte Welt überschwemmt. Ihr Gebrauch von Yeats ist der einer Drohgebärde: Haltet euch zurück, oder ihr seid zu einer Raserei verdammt, die ihr nicht mehr kontrollieren könnt! Wie die Kolonisierten in einer gereizten kolonialen Situation die »Mitte« halten sollen, sagt uns weder Sick noch Markham; doch ihre Annahme lautet, daß Yeats sich der Anarchie des Bürgerkrieges auf jeden Fall widersetzt haben würde. Es sieht ganz so aus, als ob die beiden Autoren gar nicht daran gedacht hätten, die Unruhe aus der kolonialen Intervention zu erklären – eben das, was Achebe 1959 in seinem großen Roman *Things Fall Apart*[101] getan hat.

Der entscheidende Punkt ist, daß Yeats dort am eindrucksvollsten und wirkungsmächtigsten ist, wo er diesen Zeitpunkt sich ausmalt. Es ist hilfreich sich zu erinnern, daß der »englisch-irische Konflikt«, mit dem Yeats' poetisches Œuvre gesättigt ist, ein »Modell der Befreiungskriege des 20. Jahrhunderts« war.[102] Seine größten »Dekolonisierungswerke« kreisen um die Geburt der Gewalt oder die gewaltsame Geburt der Sprache wie in »Leda and the Swan«, also um Augenblicke, in denen sich seines kolonialen Blicks ein blendender Blitz der Simultaneität bemächtigt – der Raub des Mädchens und im Verein damit die Frage »Did she put on his knowledge with his power/Before the indifferent beak could let her drop?«[103] (»Überkam sie denn mit seiner Gewalt auch sein Wissen,/Eh der Schnabel sie fahrenließ, gleichgültig?«). Yeats situiert sich selbst in jenem Zeitpunkt, da die Gewalt des Wandels unbestreitbar ist, da die Resultate der Gewalt jedoch eine notwendige, wenn auch nicht immer hinreichende Rechtfertigung erfordern. Sein größtes Thema in der in *The Tower* (1928) kulminierenden Poesie ist der Versuch zu zeigen, wie sich die unausweichliche Gewalt des kolonialen

Konflikts mit der Alltagspolitik eines nationalen Kampfes versöhnen und wie sich darüber hinaus der Macht der verschiedenen Konfliktparteien mit dem Diskurs von Vernunft, Überzeugung und Organisation sowie den Werkzeugen der Poesie begegnen ließe. Yeats' prophetische Wahrnehmung, daß an einem bestimmten Punkt Gewalt nicht genug ist und die Strategien von Politik und Vernunft ins Spiel kommen müssen, ist im Kontext der Dekolonisierung wohl die erste wichtige Bekundung des Bedürfnisses, die Gewalt und einen dringlichen politischen und Organisations-Prozeß gegeneinander auszubalancieren. Fanons Bemerkung, daß Befreiung nicht schlicht nur durch Machteroberung erreicht werden kann (obwohl »Even the wisest man grows tense with some sort of violence« – »Auch der weiseste Mann strafft und spannt sich angesichts der Gewalt«[104]), fällt erst beinahe ein halbes Jahrhundert später. Daß weder Yeats noch Fanon eine Anweisung für einen *nach* der Dekolonisierung zu vollziehenden Übergang in eine Periode geben, in der eine neue politische Ordnung die moralische Hegemonie gewinnt, ist symptomatisch für die Schwierigkeit, mit der heute Millionen von Menschen leben.

Es ist verblüffend, daß das Problem der Befreiung Irlands nicht nur länger überdauert hat als andere vergleichbare Auseinandersetzungen, sondern häufig nicht einmal als imperiales oder nationalistisches Problem erkannt worden ist; statt dessen wird es als Aberration im Rahmen der britischen Dominien aufgefaßt. Die Fakten indes enthüllen eine andere Beweislage, und zwar schlüssig. Seit Spensers Irland-Traktat von 1596 hat eine ganze Tradition britischen und europäischen Denkens die Iren als mindere Rasse gebrandmarkt, gewöhnlich als unrettbar barbarisch und häufig straffällig und primitiv. Der irische Nationalismus ist, zumindest in den beiden letzten Jahrhunderten, durch tödliche Kämpfe geprägt, Kämpfe um Landbesitz, um die Kirche und um Parteien und Führer. Beherrschend in der ganzen Bewegung aber ist der Versuch, die Kontrolle über das Land zurückzuerlangen, wo, mit den Worten der Proklamation von 1916, die die Irische Republik begründete, »das Recht des Volkes von Irland auf das Eigentum an Irland und die freie Selbstbestimmung der Geschicke Irlands souverän und unverletzlich [sein sollen]«.[105]

Yeats kann aus dieser Bestrebung nicht herausgebrochen werden. Ungeachtet seines erstaunlichen Genies trug er, wie Thomas Flanagan gesagt hat, »in irischen Wendungen und natürlich in einzigartig kraftvoller und zwingender Weise zu jenem simultanen Prozeß der Abstraktion und Verdinglichung bei, der, aller Logik Trotz bietend, das Herzstück des Nationalismus bildet«.[106] Und an diesem Werk partizipierten auch mehrere Generationen minder bedeutender Schriftsteller, die ebendiese irische Identität in der Form artikulierten, in der sie mit dem Land, mit den keltischen Ursprüngen, mit einem wachsenden Korpus nationalistischer Erfahrungen und Führer (Wolfe Tone, Connolly, Mitchel, Isaac Butt, O'Connell, die United Irishmen, die Home Rule-Bewegung und so fort) und mit einer spezifischen Nationalliteratur verknüpft ist.[107] Auch der literarische Nationalismus schließt viele Vorläufer ein: Thomas Moore, frühe Literaturhistoriker wie Abbe McGeoghehan und Samuel Ferguson, James Clarence Mangan, die Bewegung Orange-Young Ireland oder Standish O'Grady. In der poetischen, dramatischen und wissenschaftlichen Tätigkeit der Field Day Company (Seamus Heaney, Brian Friel, Seamus Deane, Tom Paulin) und der Literaturhistoriker Declan Kiberd und W. J. McCormack werden diese »Wiederbelebungen« der nationalen Erfahrung Irlands auf brillante Weise vergegenwärtigt und verleihen dem nationalistischen Abenteuer neuen sprachlichen Ausdruck.[108]

Essentielle Yeatssche Themen klingen auch in früheren und späteren literarischen Werken an: das Problem der »Ehe« von Erkenntnis und Macht, des Gewaltverständnisses; interessanterweise werden sie, in einem anderen Kontext aufgegriffen und entwickelt, auch in Gramscis annähernd zeitgleichem Werk laut. Auf dem irischen Kolonialschauplatz aber scheint Yeats am ehesten in der Lage zu sein, die Frage provokativ zu stellen, immer wieder zu stellen, wobei er, wie Blackmur sagt, seine Poesie als Technik der Unruhestiftung einsetzt.[109] Und noch weiter geht er in den großen visionären Gedichten wie »Among School Children«, »The Tower«, »A Prayer for My Daughter«, »Under Ben Bulben« und »The Circus Animals' Desertion«. Das sind natürlich Gedichte der Genealogie und der Rekapitulation: Die Geschichte seines Lebens erzählend und immer wieder neu erzählend, von den frühen nationalistischen Turbulenzen bis hin zum Amt des Senators, der einen Klassenraum durchschreitet und dabei überlegt, wie Leda in allen diesen Bildern auftaucht, oder wie ein liebender Vater, der an sein Kind denkt, ein gereifter Künstler, der eine gelassene Weltsicht zu gewinnen sucht, oder ein bejahrter Handwerker, der den Verlust (den Schwund) seiner Kräfte überlebt, rekonstruiert Yeats sein eigenes Leben poetisch als Abriß des Lebens der Nation.

Diese Gedichte kehren die reduktive und verleumderische Verschleierung der irischen Wirklichkeit um, die, laut Joseph Leerssens materialreichem Buch *Mere Irish and Fior-Ghael*, acht Jahrhunderte lang das

Schicksal der Iren in den Händen englischer Autoren gewesen war, indem sie Klischees wie »Kartoffelesser«, »Sumpfbewohner« oder »Barackenstrolche« ausräumen.[110] Yeats' Poesie verbindet sein Volk wieder mit seiner Geschichte, und zwar um so gebieterischer, als der Dichter, als Vater, als »sechzigjähriger lächelnder berühmter Mann« oder als Sohn und Gatte, dafür bürgt, daß die Erzählung und die Dichte der persönlichen Erfahrung der Erfahrung seines Volkes gleichwertig sind. Die Referenzen in den Schlußstrophen von »Among School Children« legen die Vermutung nahe, Yeats habe seine Leserschaft daran erinnern wollen, daß Geschichte und Nation ebenso zusammengehören wie Tänzer und Tanz.

Das Drama von Yeats' Leistung bei der Erneuerung der Geschichte und ihrer Wiederverknüpfung mit der Nation wird sehr genau durch Fanons Beschreibung der Situation gekennzeichnet, die Yeats zu überwinden hatte. »Der Kolonialismus gibt sich nicht damit zufrieden, das Volk in Ketten zu legen, jede Form und jeden Inhalt aus dem Gehirn des Kolonisierten zu vertreiben. Er kehrt die Logik gleichsam um und richtet sein Interesse auch auf die Vergangenheit des unterdrückten Volkes, um sie zu verzerren, zu entstellen und auszulöschen.«[111] Yeats erhebt sich von der Stufe persönlicher Erfahrung und Erfahrung des Volkes zu der eines nationalen Archetyps. Und seine untrügliche Wahl genealogischer Fabeln und Figuren entspricht einem weiteren Faktum des Kolonialismus, das Fanon beschreibt: der Kraft, das Individuum von seinem oder ihrem Triebleben zu trennen, indem er das Gewebe der nationalen Identität durchschneidet und unterbricht:

> »Der Kolonialismus versucht also, sich dem Unbewußten der Eingeborenen nicht als eine gütige und wohlwollende Mutter einzuprägen, die das Kind vor einer feindlichen Umgebung schützt, vielmehr als eine Mutter, die ein völlig perverses Kind ständig daran hindert, sich das Leben zu nehmen und seinen unheilvollen Trieben freien Lauf zu lassen. Die koloniale Mutter schützt das Kind vor sich selbst, vor seinem Ich, seiner Physiologie, seiner Biologie, seinem ontologischen Unglück.
> In dieser Situation ist der Anspruch des kolonisierten Intellektuellen und Dichters kein Luxus, sondern die Forderung nach einem kohärenten Programm. Der kolonisierte Intellektuelle, der für seinen Kampf eine Legitimierung finden und Beweise erbringen will, der bereit ist, alle Kleider abzulegen, um die Geschichte seines Körpers bloßlegen zu können, ist dazu verurteilt, in die Eingeweide seines Volkes einzutauchen.«[112]

Kein Wunder, daß Yeats irischen Dichtern rät:

»Scorn the sort now growing up
All out of shape from toe to top,
Their unremembered hearts and heads
Base-born products of base beds.« [113]

(»Verschmäht die Art, die jetzt entsteht
Ganz mißgestalt von Kopf zur Zeh,
Uneingedenk in Herz und Hut
Aus niedrem Samen niedre Brut.«)

Daß Yeats schließlich dabei endet, nicht Individuen, sondern Typen zu schaffen, die »die Abstraktionen, aus denen sie hervorgegangen sind, nicht ganz vergessen machen können« – wiederum laut Blackmur[114] –, ist insofern richtig, als das Dekolonisierungsprogramm und sein Hintergrund in der Geschichte von Irlands Unterwerfung außer acht gelassen werden, wie es Blackmur gewohnt war; seine Interpretationen sind meisterhaft, aber ahistorisch. Sofern die kolonialen Wirklichkeiten in Rechnung gestellt werden, gewinnen wir Einsicht und Erfahrung und nicht nur »das mit Handlung vermengte allegorische Scheinbild«.[115]

Yeats' geschlossenes System von Zyklen, Spiralen und Kreisen scheint seine Anstrengungen zu symbolisieren, eine ferne und doch geordnete Realität als Zuflucht vor den Turbulenzen seiner unmittelbaren Erfahrung zu erfassen. Wenn er in den Byzantium-Gedichten darauf dringt, in den Vorhof der Ewigkeit aufgenommen zu werden, tritt das Bedürfnis nach Aufschub von Alter und dem, was er später den »Kampf der Fliege im Marmeladenglas« nennen sollte, rein in Erscheinung. Unverkennbar hat er Swifts Wut und Genialität dazu benutzt, die Last der kolonialen Heimsuchungen Irlands zu lüften. Zwar schreckte er davor zurück, sich die volle politische Befreiung auszumalen, aber er hinterließ uns dennoch ein großartiges internationales Wahrzeichen kultureller Dekolonialisierung.

4. Die Reise nach innen und das Erwachen der Opposition

Die irische Erfahrung und andere koloniale Geschichten in anderen Teilen der zeitgenössischen Welt bezeugen ein neues Phänomen: eine spiralförmige Abkehr und Extrapolation von Europa und dem Westen. Ich will damit nicht sagen, daß nur einheimische Schriftsteller an dieser Transformation teilhaben, aber der Prozeß setzt mit peripheren, mittelpunktfernen Arbeiten ein, die allmählich den Westen erobern und sich dann Anerkennung erzwingen.

Noch vor etwa dreißig Jahren schenkten nur wenige europäische oder amerikanische Universitäten in ihrem Lehrangebot der afrikanischen Literatur Aufmerksamkeit. Jetzt beobachtet man ein waches Interesse an Autoren wie Bessie Head, Alex La Guma, Wole Soyinka, Nadine Gordimer, J. M. Coetzee, also an einer Literatur, die mit unabhängiger Stimme von der afrikanischen Wirklichkeit spricht. Auch ist es nicht mehr möglich, selbst beim flüchtigsten Überblick über die afrikanische Geschichte, Politik und Philosophie die Arbeiten von Anta Diop, Paulin Hountondjii, V. Y. Mudimbe oder Ali Mazrui außer acht zu lassen. Zwar haben alle diese Arbeiten eine Aura von Polemik, aber nur deshalb, weil man afrikanische Literatur offenbar nur in ihre politischen Begleitumstände eingebettet sehen kann, von denen die Geschichte des Imperialismus und der Widerstand dagegen sicherlich einer der wichtigsten ist. Das soll nicht heißen, daß die afrikanische Kultur weniger gewichtig ist als beispielsweise die französische oder britische Kultur, sondern nur, daß es schwerer ist, die politische Dimension der afrikanischen Kultur unsichtbar zu machen. »Afrika« ist noch immer eine umstrittene Region, wie sich herausstellt, wenn wir gewahr werden, daß seine Erforscher, ebenso wie die des Mittleren Ostens, in Kategorien eingeteilt werden, die auf der alten imperialistischen Politik beruhen – Pro-Befreiung, Anti-Apartheid und so fort. Ein ganzes Netz von Allianzen oder intellektuellen Entwürfen verbindet so das englische Werk von Basil Davidson mit der Politik von Amílcar Cabral, um oppositionelle und unabhängige Forschungsarbeit zu gewährleisten.

Dennoch sind viele konstituierende Bestandteile der wichtigsten kulturellen Gebilde des Westens, deren einer dieses »periphere« Werk ist, historisch durch die konsolidierende Gestik des Imperialismus – und darin – verborgen worden. Noch heute, da die meisten Darstellungen der europäischen Kulturgeschichte das imperiale Zeitalter nur beiläufig berücksichtigen und sogar die großen Romanautoren analysiert werden, als wahrten sie Distanz dazu, pflegen Forschung und Kritik ihren imperialen Einstellungen und Referenzen zu folgen, ohne sie überhaupt zu bemerken.

Und doch darf ruhig wiederholt werden, daß, wie scheinbar umfassend auch die Dominanz einer Ideologie oder eines sozialen Systems sein mag, es immer Sektoren der sozialen Erfahrung gibt, die sie nicht besetzt hält oder kontrolliert. Aus diesen Sektoren kommt sehr häufig Opposition, selbstbewußte und dialektische Opposition. Das ist nicht so kompliziert, wie es klingt. Opposition gegen eine dominante Struktur gründet in einem scharfsichtigen, vielleicht sogar militanten kritischen Bewußtsein Einzelner und Gruppen innerhalb und außerhalb dieser Struktur. Wie die Hauptwerke von Gordon K. Lewis *(Slavery, Imperialism, and Freedom)* und Robin Blackburn *(The Overthrow of Colonial Slavery, 1776–1848)* belegen[116], trug ein Amalgam von metropolitanischen Individuen und Bewegungen – Millennaristen, Erwecker, Weltverbesserer, politische Radikale, zynische Siedler und gerissene Politiker – zum Verfall und Ende des Sklavenhandels in den Jahren um 1840 bei. Forscher wie Lewis, Blackburn, Basil Davidson, Terence Ranger und E. P. Thompson u. a. haben ihre Arbeit auf dem Paradigma aufgebaut, das der kulturelle und politische Widerstand *innerhalb* des Imperialismus geliefert hat. So haben beispielsweise britische Historiker des kolonialen Indien oder Afrika oppositionelle Geschichten jener Territorien in sympathischem Bündnis mit den dortigen lokalen, kulturellen, politischen Kräften geschrieben, die als nationalistisch und antiimperialistisch galten. Wie Thomas Hodgkin festhält, nachdem er den Aufstieg und die späteren Effekte des Imperialismus erklärt hat, wollten diese Intellektuellen herausfinden, »wie dieses ganze System von Beziehungen und die daraus resultierenden Einstellungen abgeschafft oder umgestaltet werden können«.[117]

Hier muß ein Unterschied zwischen Anti-Kolonialismus und Anti-Imperialismus gemacht werden. Es gab eine aus der Mitte des 18. Jahrhunderts stammende Debatte über die Vor- und Nachteile, sich Kolonien zu halten. Dahinter standen die Erklärungen von Bartolomé de las Casas, Francisco de Vitoria, Francisco Suarez, Camoes und dem Vatikan zu den Rechten eingeborener Völker und den europäischen Übergriffen. Die meisten französischen Denker der Aufklärung, darunter Diderot und Montesquieu, billigten den Widerstand des Abbé Raynal gegen Sklaverei und Kolonialismus; ähnliche Ansichten wurden von Johnson, Cowper und Burke, ebenso von Voltaire, Rousseau und Bernardin de St. Pierre vorgetragen. (Eine nützliche Kompilation ihrer diesbezüglichen Gedankengänge findet sich bei Marcel Merle, *L'Anticolonialisme européen de Las Casas à Karl Marx*.[118]) Während des 19. Jahrhunderts wandte sich die Debatte über die Kolonien, von wenigen Ausnahmen wie dem holländischen Schriftsteller Multatuli abgesehen, ihrer Profitabilität, ihrem Management oder Mißmanagement oder theoretischen Fragen wie denen zu, ob und wie der Kolonialismus mit »laissez-faire« oder Zollpolitik zu betreiben sei; ein *imperialistischer* und eurozentrischer Rahmen wird stillschweigend gebilligt. Ein Großteil dieser Diskussion ist sowohl obskur als auch, wie Harry Bracken und andere gezeigt haben, mehrdeutig, ja widersprüchlich hinsichtlich der Fragen des sozusagen ontologischen Status der europäischen Herrschaft über Nicht-Europäer.[119] Mit anderen Worten, liberale Antikolonialisten verfechten zwar die Ansicht, daß Kolonien und Sklaven nicht zu streng gehalten werden sollten, tasten aber – im Falle der aufklärerischen Philosophen – nicht die These von der Überlegenheit des westlichen Menschen oder, in manchen Fällen, der westlichen Rasse an.

Diese Anschauung schlich sich ins Zentrum der Disziplinen und Diskurse des 19. Jahrhunderts ein, die von innerhalb des kolonialen Rahmens beobachtetem und gesammeltem Wissen abhingen.[120] Aber die Dekolonisierung ist eher eine Frage wechselnder kultureller Situationen als völlig verschiedener Perioden: So wie der nationalistische oder antiimperialistische Widerstand in den Kolonien allmählich immer spürbarer wird, so auch eine höchst widersprüchliche Reihe antiimperialistischer Kräfte. Einer der ersten und vielleicht berühmtesten aller systematischen europäischen Kritiker – J. A. Hobson mit *Imperialism: A Study* (1902) – attackiert den Imperialismus wegen seiner unbarmherzigen Ökonomie, seinem Kapitalexport, seinem Bündnis mit skrupellosen Gruppen und seiner Fassade wohlmeinender »zivilisatorischer« Vorwände. Und doch bietet das Buch keine Kritik des Begriffs der »minderen Rassen«, einer Vorstellung, die Hobson akzeptabel findet.[121] Ähnliche Auffassungen werden von Ramsay Macdonald vertreten, zweifellos einem Kritiker imperialistischer britischer Praktiken, aber nicht im Widerstreit mit dem Imperialismus selber.

Niemand hat die antiimperialistische Bewegung in Großbritannien und Frankreich besser untersucht als A. P. Thornton *(The Imperial Idea and Its Ennemies)*, Bernard Porter *(Critics of Empire)* und Raoul Girardet in seinem Buch *L'Idée coloniale en France*. Zwei Hauptmerkmale prägen ihre Darstellungen: Zweifellos gab es im späten 19. Jahrhundert Intellektuelle (Wilfried Scawen Blunt und William Morris), die in Opposition zum Imperialismus standen, aber sie hatten keinen Einfluß; viele von ihnen, zum Beispiel Mary Kingsley und die Schule von Liverpool, waren selbsternannte Imperialisten und Chauvinisten, jedoch erbarmungslos streng angesichts der Mißgriffe und Grausamkeiten des Systems. Mit anderen Worten, es gab keine übergreifende Verurteilung des Imperialismus, bis – und das ist mein Hauptgesichtspunkt – die Eingeborenenaufstände zu weit gediehen waren, als daß sie noch hätten ignoriert oder niedergeschlagen werden können.

(Hier ist eine Anmerkung geboten: Wie Tocqueville in bezug auf Al-

gerien neigten die europäischen Intellektuellen dazu, die Mißstände
rivalisierender Imperien anzuklagen, während sie die Praktiken ihres
eigenen entweder abschwächten oder entschuldigten.[122] Das ist der
Grund, warum ich darauf beharre, daß moderne Imperien einander kopieren, trotz der Behauptungen ihrer Wesensverschiedenheit. Die Vereinigten Staaten erschienen vielen nationalistischen Parteien und Führern
als Zufluchtsort, weil sie während des ganzen Zweiten Weltkrieges offen antiimperialistisch waren. In den Jahren um 1950 und 1960 wandelte sich die Algerienpolitik der Vereinigten Staaten so, daß sich die
Herzlichkeit der franko-amerikanischen Beziehungen abkühlte, und
zwar allein deshalb, weil die Vereinigten Staaten den französischen Kolonialismus mißbilligten. Im allgemeinen aber fühlten sich die Vereinigten Staaten nach dem Zweiten Weltkrieg für viele Regionen der Dritten
Welt verantwortlich, aus denen die Briten und Franzosen sich zurückgezogen hatten – Vietnam ist natürlich das Hauptbeispiel[123] –, und aufgrund einer außergewöhnlichen Geschichte, die auf der Legitimität
einer antikolonialen Revolution basierte, weitgehend von der Verantwortung dafür entbunden, daß sie Großbritannien und Frankreich zu
ähneln begannen. Lehren der kulturellen Ausnahmestellung sind nur
allzu häufig.)

Das zweite, besonders bei Girardet herausgearbeitete Hauptmerkmal ist, daß sich erst nach der Übernahme der Führungsrolle in den imperialen Territorien durch die Nationalisten und später die expatriierten Intellektuellen und Aktivisten dort eine signifikante antikoloniale
Bewegung in der Metropole entwickelte. Für Girardet repräsentieren
Autoren wie Aimé Césaire und später Fanon einen verdächtigen »revolutionären Messianismus«, aber sie spornten Sartre und andere europäische Intellektuelle offen dazu an, sich in den fünfziger Jahren dieses
Jahrhunderts der französischen Kolonialpolitik in Algerien und Indochina zu widersetzen.[124] Aus diesen Initiativen erwuchsen andere: die
humanistische Opposition gegen koloniale Praktiken wie Folter und
Deportation, ein Bewußtsein vom Ende des imperialistischen Zeitalters
und, im Verein damit, Neudefinitionen der »nationalen Sache« und in
den Jahren des Kalten Krieges verschiedene Verteidigungen der »Freien
Welt«, die die »Gewinnung« der postkolonialen Einheimischen mittels
Kulturzeitschriften, Reisen und Seminare in die Wege leiteten. Eine
nicht zu vernachlässigende Rolle spielten dabei die Sowjetunion und die
Vereinten Nationen, wenn auch nicht immer guten Glaubens und im
Falle der ersteren durchaus nicht aus altruistischen Gründen; nahezu
jede erfolgreiche Befreiungsbewegung der Dritten Welt wurde nach

dem Zweiten Weltkrieg durch das Gegengewicht der Sowjetunion gegen die Vereinigten Staaten, Großbritannien, Frankreich, Portugal und Holland gestützt.

Die meisten Geschichten der ästhetischen Moderne Europas lassen die kompakten Zuflüsse aus nicht-europäischen Kulturen ins metropolitanische Mutterland in den ersten Jahren dieses Jahrhunderts aus dem Spiel, trotz des offenkundig wichtigen Eindrucks, den sie auf Künstler wie Picasso, Strawinsky und Matisse und auf das innerste Gewebe einer Gesellschaft machten, die sich weitgehend als homogen weiß und westlich verstand. In der Zwischenkriegsperiode strömten Studenten und Forscher aus Indien, Senegal, Vietnam und der Karibik nach London und Paris[125]; Zeitungen, Zeitschriften und politische Verbindungen bildeten sich – man denke an den Panafrikanischen Kongreß in England, an Magazine wie *Cri des nègres*, an Parteien wie die »Union des Travailleurs Nègres«, gegründet von Expatriierten, Dissidenten, Exilierten und Flüchtlingen, die paradoxerweise im Herzen des Imperiums besser arbeiteten als in seinen entlegenen Dominien, oder an die Belebung afrikanischer Bewegungen durch die Harlem Renaissance.[126] Eine gemeinsame antiimperialistische Erfahrung lag dem zugrunde, mit neuen Kontakten zwischen Europäern, Amerikanern und Nicht-Europäern, und sie verwandelten die Disziplinen und gaben neuen Ideen Stimme, die unaufhaltsam jene Struktur der Einstellung und Referenz veränderten, die generationenlang in der europäischen Kultur Bestand gehabt hatte. Die gegenseitige Befruchtung des afrikanischen Nationalismus einerseits, repräsentiert von George Padmore, Nkrumah oder C.L.R. James, und dem Entwurf eines neuen literarischen Stils andererseits – in den Werken von Césaire, Senghor, den Dichtern der Harlem Renaissance wie Claude McKay und Langston Hughes – ist ein zentrales Moment der Geschichte der Moderne.

Eine gewaltige Angleichung und Abstimmung in Perspektive und Verständnis ist erforderlich, wenn man den Beitrag zur Moderne ermessen will, den Dekolonisierung, Widerstandskultur und die Literatur der Opposition gegen den Imperialismus geleistet haben. Obwohl diese Abstimmung, wie gesagt, noch nicht gelungen ist, gibt es gute Gründe für die Annahme, daß sie begonnen hat. Viele Verteidigungen des Westens verfahren heute defensiv, so als müßte anerkannt werden, daß die alten imperialen Ideen ernstlich von den Werken, Traditionen und Kulturen herausgefordert worden sind, zu denen Dichter, Gelehrte und politische Führer in hohem Maße beigetragen haben. Überdies sind in dem ganzen Bereich, der einst sozusagen von der jüdisch-christlichen Tradition bestimmt wurde, unterworfene Wissensformen zutage getreten; und diejenigen von uns, die im Westen leben, sind tief beeindruckt gewesen von der Entfaltung hochrangiger Literatur und Forschung in der post-kolonialen Welt, einem Schauplatz, der nicht mehr, in Conrads Be-schreibung, »eine der dunklen Regionen der Erde« ist, sondern wieder eine lebendige Stätte kultureller Energie. Wenn man heute von Chinua Achebe, Gabriel García Márquez, Salman Rushdie, Carlos Fuentes, Wole Soyinka, Faiz Ahmad Faiz und anderen spricht, dann spricht man von einer sich formierenden Kultur, die undenkbar ist ohne das frühere Werk von Parteigängern wie C. L. R. James, George Antonius, Edward Wilmot Blyden, W. E. B. Du Bois oder José Martí.

Ich möchte einen ziemlich diskreten Aspekt dieses Einflusses disku-tieren – nämlich das Werk von Intellektuellen aus den peripheren oder Kolonial-Regionen, die eine »imperiale« Sprache schrieben, die sich selbst mit der Widerstand gegen das Imperium leistenden Masse ver-bunden fühlten und die sich zur Auseinandersetzung mit der metropoli-tanischen Kultur entschlossen, wozu sie sich der Techniken, Diskurse und Waffen von Forschung und Kritik bedienten, die einst ausschließ-lich den Europäern vorbehalten waren. Ihr Werk ist, an sich betrachtet, nur scheinbar abhängig vom Hauptstrom westlicher Diskurse (und durchaus nicht parasitisch); das Ergebnis seiner Originalität und Krea-tivität ist die Umgestaltung des Feldes der Disziplinen gewesen.

Eine allgemeine, quasitheoretische Darstellung des Phänomens, das ich diskutieren werde, kommt in Raymond Williams' *Culture* (1981) vor. In dem Kapitel, das den Titel »Formations« trägt, beschreibt Wil-liams Gilden, Berufsverbände, Clubs und Bewegungen und geht dann zu komplexeren Einheiten wie Schulen, Parteien, Dissidenten und Rebellen über. Alle diese Einheiten, sagt er, »stehen mit Entwicklungen in einem einzigen nationalen Sozialbereich in Zusammenhang«. Im 20. Jahrhundert treten jedoch neue internationale oder paranationale Formationen hervor, mit der Tendenz, zur Avantgarde im metropolita-nischen Zentrum zu werden. Bis zu einem gewissen Grade sind diese Para-Formationen – Paris 1890–1930, New York 1940–1970 – das Ergebnis der neuen effektiven Marktkräfte, die die Kultur internationa-lisieren – beispielsweise die »westliche Musik«, die Kunst des 20. Jahr-hunderts, die europäische Literatur. Interessanter aber ist, »die Haupt-beiträger zu Avantgarde-Bewegungen waren Einwanderer nicht nur aus entlegenen nationalen Regionen, sondern auch aus anderen und kleine-ren nationalen Kulturen, die jetzt, im Verhältnis zur Metropole, als kul-turell provinziell angesehen werden«. Williams' Hauptbeispiel ist Apollinaire, obwohl er sich über die »Soziologie metropolitanischer Begegnungen und Assoziationen zwischen Einwanderer- und Hauptstromgruppen« äußert, die »besonders günstige Unterstützungsbedingungen für Dissidentengruppen bilden«.[127]

Williams schließt mit der Bemerkung, es sei noch nicht ausgemacht, ob solche Begegnungen Effekte eines »scharfen und sogar gewaltsamen Bruches mit traditionellen Praktiken (eher Dissidententum oder Revolte als eine buchstäbliche Avantgarde)« sind oder ob sie absorbiert und zu einem Teil der »dominanten Kultur einer erfolgreichen metropolitanischen und paranationalen Periode« werden. Wenn wir Williams' Argument historisieren und politisieren und es dann in den historischen Rahmen von Imperialismus und Anti-Imperialismus stellen, wird eine Reihe von Faktoren deutlich. Erstens: Antiimperialistische intellektuelle und wissenschaftliche Arbeit von Autoren der Peripherien, die in die Metropole eingewandert sind, verlängert oder verpflanzt gelegentlich die Impulse einer Massenbewegung in die Metropole. Ein lebhafter Ausdruck dieses Phänomens war während des algerischen Krieges zu beobachten, als die FLN Frankreich die »siebente Wilaya« nannte, während die anderen sechs Algerien im eigentlichen Sinne bildeten[128], und damit die Auseinandersetzung über die Dekolonisierung von der Peripherie ins Zentrum rückte. Zweitens: Diese Impulse treffen auf jene Bestände von Erfahrung, Kultur, Geschichte und Tradition, die bisher einseitig vom metropolitanischen Zentrum bestimmt wurden. Als Fanon sein Buch schrieb, wollte er sich zur Erfahrung des Kolonialismus aus der Sicht eines Franzosen äußern, aus dem Innern eines bisher unverletzlichen französischen Raumes, der jetzt von einem andersdenkenden »Eingeborenen« in Besitz genommen und kritisch überprüft wurde. Damit kommt es zu Überschneidung und wechselseitiger Abhängigkeit, die theoretisch nicht als bloße reaktive Behauptung einer separaten kolonialen oder Eingeborenen-Identität beschrieben werden kann. Drittens und letztens: Diese »voyages in« markieren, wie ich glaube, einen noch immer ungelösten Widerspruch oder Zwiespalt in der metropolitanischen Kultur, die die Anstrengung durch Kooptation, Abschwächung und Vermeidung teilweise anerkennt und teilweise ablehnt.

Die »voyage in« ist also eine besonders interessante Varietät kultureller Mischarbeit. Und daß sie überhaupt existiert, ist ein Zeichen von gegensätzlicher Internationalisierung in einem Zeitalter fortdauernder imperialer Strukturen. Der Logos wohnt sozusagen nicht mehr ausschließlich in London oder Paris. Die Geschichte verläuft nicht mehr,

wie Hegel vermutete, einseitig von Ost nach West oder von Süd nach
Nord, wobei sie immer aufgeklärter, weniger primitiv und rückschritt-
lich wird. Nun sind die Waffen der Kritik Teil des historischen Erbes des
Imperiums geworden, in dem die Trennungen und Ausschließungen des
»Teile und herrsche« getilgt werden und überraschende neue Konfigu-
rationen zutage treten.

Jeder der vier Texte, die ich betrachten werde, gehört zu einer besonderen historischen Phase: die beiden ersten sind C. L. R. James' *The
Black Jacobins* (1938) und George Antonius' nahezu zur gleichen Zeit
erschienenes Werk *The Arab Awakening*. Der erste behandelt einen Far-
bigenaufstand des späten 18. Jahrhunderts in der Karibik, der zweite
einen neueren arabischen; beide setzen sich mit Ereignissen der Vergangenheit auseinander, in deren Schemata, Protagonisten oder Antagoni-
sten die Autoren eine koloniale oder Eingeborenen-Realität ausfindig
zu machen bemüht sind, die von Europa außer acht gelassen oder preis-
gegeben wurde. Beide Schriftsteller sind brillante Stilisten und bemerkenswerte Männer, deren Ausbildung in britischen Kolonialschulen
eine erstaunliche Wertschätzung der englischen Kultur ebenso beför-
derte wie Abweichungen davon. Beide Bücher sind bemerkenswert weit-
sichtig, wobei James eine ununterbrochene Geschichte des gelähmten,
noch immer unbefriedeten karibischen Raumes voraussagte und Antonius beinahe ebenso genau die heutigen Titelgeschichten und schockie-
renden Fernsehberichte aus dem Mittleren Osten vorwegnahm, zumal
die Situation in Palästina-Israel spannungsgeladen bleibt, nachdem sie
sich mit der Gründung Israels im Jahre 1948 bereits im Widerstreit mit
dem arabischen Standpunkt gelöst hatte, eine Möglichkeit, die von Antonius mitsamt ihren Schrecknissen zehn Jahre vorher vorausgesagt
worden war.

Während die Bücher von James und Antonius als ernsthafte, aus der
Binnensphäre einer nationalistischen Unabhängigkeitsbewegung an ein
allgemeines Publikum gerichtete Werke der Forschung und Parteinahme geplant waren, sind die beiden anderen Bücher – Ranajit Guhas
*A Rule of Property for Bengal: An Essay on the Idea of Permanent Set-
tlement* (1963) und S. H. Alatas' *The Myth of the Lazy Native: A Study
of the Image of the Malays, Filipinos, and Javanese from the 16th to the
20th Century and Its Function in the Ideology of Colonial Capitalism*
(1977) – postkolonial und spezialistisch und wenden sich an eine kleine
Leserschaft. Beide Bücher, das erstgenannte von einem bengali-
schen Wirtschaftswissenschaftler, das zweite von einem muslimischen
Historiker und Gesellschaftstheoretiker aus Malaysia, stellen beharr-

liche Archivarbeit und skrupulös auf den neuesten Stand gebrachte Dokumentation und Argumentation unter Beweis.

Guhas Buch ist eine archäologische und dekonstruktivistische Studie darüber, wie der Act of Permanent Settlement für Bengalen (1826) – aufgrund dessen die Briten Pachtzinsen und Einkünfte in Bengalen mit unveränderlicher Präzision festlegten – aus der komplexen Ressource physiokratischen und ideologischen Denkens in Europa schöpfte, das gegen Ende des 18. Jahrhunderts von Philip Francis in Bengalen in Dienst genommen worden war. Alatas' Buch, auf seine Weise ebenso verblüffend originell wie das von Guha, zeigt, wie der europäische Kolonialismus sich ein Objekt schuf, in diesem Falle den »faulen Eingeborenen«, der eine entscheidende Funktion in den Berechnungen und Empfehlungen dessen übernahm, was Alatas den kolonialen Kapitalismus nennt. Die strengen Regeln und einer harten Disziplin unterworfenen Eingeborenen sollten, mit den Worten von Sinbaldo de Mas, einem spanischen Offiziellen, der 1843 mit der Verwaltung der Philippinen als spanischer Kolonie beauftragt wurde, in einer solchen »intellektuellen und moralischen Verfassung« gehalten werden, »daß sie, trotz ihrer zahlenmäßigen Überlegenheit, politisch weniger Gewicht haben als ein Goldbarren«.[129] Dieser Eingeborene wurde beredet, analysiert und mißbraucht und arbeitete, vollgestopft mit Opium und minderwertiger Nahrung, von seiner oder ihrer natürlichen Umgebung getrennt und in einem Diskurs befangen, dessen einziges Ziel es war, ihn oder sie arbeitsam und unterwürfig zu erhalten. Alatas fährt fort: »Spielleidenschaft, Opium, unmenschliche Arbeitsbedingungen, einseitige Rechtsprechung, Erwerb der dem Volk gehörigen Pachtrechte und Zwangsarbeit waren sämtlich auf die eine oder andere Weise in die Textur der kolonialen Ideologie verwoben und von einer Aura der Respektabilität umgeben. Die außerhalb davon standen, wurden verspottet.«[130]

Der Gegensatz zwischen James und Antonius auf der einen und Guha und Alatas auf der anderen Seite rührt nicht nur daher, daß die beiden älteren Autoren unmittelbar in die zeitgenössische Politik verstrickt waren, während sich die jüngeren intensiv um fachliche Auseinandersetzungen im postkolonialen Indien und Malaysia kümmern, sondern daß die postkoloniale Geschichte selbst die Begriffe, ja das Wesen des Argumentationsganges verändert hat. Für James und Antonius war die Diskurswelt, die in den dreißiger Jahren dieses Jahrhunderts von Eingeborenen der Karibik und des arabischen Orients bewohnt wurde, durchaus ehrenhaft vom Westen abhängig. Toussaint L'Ouverture, sagt

James, hätte nicht auf die Art argumentieren können, wie er es tat, wären da nicht der Abbé Raynal, andere Enzyklopädisten und die Große Revolution selbst gewesen:

> »In der Stunde der Gefahr konnte Toussaint, unangeleitet wie er war, die Sprache und den Tonfall von Diderot, Rousseau und Raynal, von Mirabeau, Robespierre und Danton finden. Und in einer Hinsicht übertraf er sie alle. Denn sogar diese Meister des gesprochenen und geschriebenen Wortes mußten wegen der Klassenkomplikationen ihrer Gesellschaft nur allzu oft innehalten, zögern und einschränken. Toussaint konnte die Freiheit der Farbigen ohne Vorbehalt verteidigen, und das verlieh seiner Erklärung eine Wucht und Aufrichtigkeit, die in den großen Dokumenten der Zeit selten ist. Die französische Bourgeoisie konnte nicht verstehen, daß Toussaint, wie hochfahrend sein Tonfall auch war, niemals weder Schwulst noch Rhetorik geschrieben hatte, sondern lediglich die einfache und nüchterne Wahrheit.«[131]

In dieser wunderbaren Beschreibung eines Mannes, der die Wahrheit der von der europäischen Aufklärung formulierten universalistischen Vorsätze verinnerlicht hatte, zeigt James Toussaints Aufrichtigkeit ebenso wie seine latente schwache Stelle, seine Bereitschaft, europäischen Erklärungen zu vertrauen, sie eher als gute Absichten im buchstäblichen Sinne zu entziffern denn als geschichts- und klassengelenkte Äußerungen von Interessen und Gruppen.

Antonius entwickelte etwa dasselbe Thema; seine Chronik des von Großbritannien zu Beginn dieses Jahrhunderts geförderten arabischen Erwachens konzentriert sich darauf, wie die Araber, nachdem sie sich 1917 und 1918 von den Osmanen befreit hatten, britische Zusicherungen einer arabischen Selbständigkeit als buchstäbliche Wahrheit auffaßten. Antonius' Darstellung von Sherif Husseins Korrespondenz mit Sir Henry MacMahon, in der der britische Regierungsvertreter Husseins Volk Unabhängigkeit und Souveränität zusagte, entspricht James' Beschreibung der Bereitschaft Toussaints, die Erklärung der Menschenrechte zur Grundlage des Handelns zu nehmen. Für Antonius aber, der als Parteigänger sowohl der Araber als auch der Briten schreibt – ein klassischer Fall von wechselseitiger Abhängigkeit, wenn es denn je einen gegeben hat –, ist es eine vorsätzliche List, die weder Klassen noch der Geschichte zuzuordnen ist, sondern der Unehrenhaftigkeit, die für ihn die Wucht einer Katastrophe hat:

> »Es besteht kaum ein Zweifel, daß der Wahrspruch der Geschichte die arabische Sicht substantiell billigen wird. Was immer über die Beschlüsse von San Remo gesagt werden mag [die Beschlüsse vom Frühjahr 1920, aufgrund deren ›der Gesamt-

bereich des arabischen Rechtecks zwischen der mittelmeerischen und der persischen Grenze unter Mandatsherrschaft gestellt‹ werden sollte], sie verletzten die von den Alliierten verkündeten allgemeinen Prinzipien und die besonderen Zusicherungen, namentlich die von Großbritannien gemachten. Der Inhalt der geheim gegebenen Zusagen ist heute bekannt: damit und mit den öffentlich verbürgten Garantien hat der Historiker alles für ein Urteil relevante Material in Händen. Aufgrund der Verbindlichkeit dieser Versprechungen waren die Araber in den Krieg eingetreten und hatten ihren Beitrag und ihre Opfer geleistet; und dieser Umstand allein genügte, um die entsprechende Verpflichtung in eine Ehrenschuld zu verwandeln. Der Beitrag der San Remo-Konferenz war in Wirklichkeit der, die Schuld zu ignorieren und zu Entschlüssen zu kommen, die in allen wesentlichen Punkten den Wünschen der betroffenen Völker zuwiderliefen.«[132]

Es wäre falsch, die Differenzen zwischen James und Antonius herunterzuspielen, die nicht nur durch Ideologie und Rasse, sondern auch durch Temperament und Ausbildung voneinander geschieden sind. Dennoch klingen in ihrer Prosa dieselbe Trauer, Enttäuschung und dieselbe unerfüllte Hoffnung nach, und beide Männer gehörten in den Rahmen der Politik der Dekolonisierung und wurden davon geformt. James stammte aus der unteren Mittelklasse Trinidads; er war Autodidakt, Sportler und – wie ich mich selbst überzeugen konnte, als ich den damals Sechsundachtzigjährigen im Juni 1987 in Brixton besuchte – noch immer der frühreife Schuljunge mit dem Interesse des Revolutionärs an Geschichte, Politik und Theorie, intellektuell aufgeschlossen für Ideen und Widersprüche und beseelt von sportlicher Abenteuerlust an guter Literatur, Musik und Konversation. Antonius, den Albert Hourani beschrieben hat[133], gehörte einer älteren, eher weltlichen Klasse levantinischer Syrer an und war eine Zeitlang in Ägypten ansässig (wo er das Victoria College besuchte, ein Institut, dessen Zögling auch ich war); er schloß sein Studium an der Universität Cambridge ab. Als er *The Arab Awakening* schrieb, war er in den Vierzigern (er starb 1942 mit etwa fünfzig Jahren); James war ein ganzes Jahrzehnt jünger. Während Antonius eine erfolgreiche Laufbahn als Vertrauensmann hoher britischer Würdenträger hinter sich hatte, als Ratgeber bedeutender arabischer Führer und Eliten von Hussein und Faisal bis zu Faris Nimr und Haj Amin al-Husayni, als Erbe von Jahrzehnten nationalistischen arabischen Denkens und Handelns, und ein weltläufiger Mann war, der sich an andere weltläufige Männer in hohen Machtpositionen wandte, arbeitete der erst vor kurzem in England eingetroffene James zunächst als Kricket-Reporter; er war Schwarzer, Marxist und ein begabter Redner und Organisator; vor allem aber war er ein tief von afrikanischem, karibischem und schwarzem Nationalismus geprägter Revolutionär. *The Black Jacobins* wurde zunächst nicht als Buch präsentiert, sondern mit Paul Robeson als theatralisches Rollenspiel in London; bei der Vorstellung wechselten sich Robeson und James in den Rollen von Toussaint und Dessalines ab.[134]

Trotz der Unterschiede zwischen dem mittellosen und beruflich unsteten westindischen, marxistischen schwarzen Historiker und dem eher konservativen, hochgebildeten Araber mit vorzüglichen Kontakten widmeten beide ihre Arbeit einer Welt, die sie als ihre eigene betrachteten, obwohl diese sehr europäische Welt der Macht und kolonialen Herrschaft sie ausschloß, ja, sie bis zu einem gewissen Grade unterjochte und tief enttäuschte. Sie wandten sich dieser Welt von innen heraus zu und stellten deren Autorität auf kulturellem Gebiet in Frage, forderten sie heraus, indem sie alternative Begrifflichkeiten setzten, dramatisch, argumentativ und mit persönlicher Stimme. In ihrem Werk ist kein Hinweis darauf zu finden, daß sie außerhalb der westlichen Kulturtradition stehen, wie stark sie auch die gegensätzliche Erfahrung kolonialer und/oder nicht-westlicher Völker artikulieren. Lange nach »Négritude«, schwarzem Nationalismus und dem Nativismus der sechziger und siebziger Jahre dieses Jahrhunderts votierte James hartnäckig für die westliche Erbschaft, während er gleichzeitig der aufrührerischen antiimperialistischen Bewegung angehörte, an der Seite von Fanon, Cabral und Rodney. In einem Interview sagte er:

> »Wie soll ich zu meinen nicht-europäischen Wurzeln zurückfinden? Wenn das bedeutet, daß sich karibische Autoren heute bewußt sein sollten, daß es Schwerpunkte in ihrer schriftstellerischen Arbeit gibt, die wir nicht-europäischen, nicht-shakespeareschen Wurzeln verdanken, und eine Vergangenheit in der Musik, die nicht Beethoven ist, stimme ich zu. Aber ich sehe sie nur ungern auf die Art und Weise eingeordnet, wie sie bisher eingeordnet worden sind, nämlich *entweder-oder*. So denke ich nicht. Ich halte an *beiden* fest. Und im Grunde sind wir ein Volk, dessen literarische und ästhetische Vergangenheit in der westeuropäischen Zivilisation verwurzelt ist.«[135]

Und als Antonius in seiner meisterhaften Darstellung der Heraufkunft des arabischen Nationalismus die ausschlaggebende Bedeutung der Wiederentdeckung der arabischen Sprache und der klassischen islamischen Erbschaft hervorhebt (zumeist durch die Arbeit christlicher Denker – eine Einschätzung, die spätere Historiker als übertrieben kritisiert haben), beharrt er darauf, daß die arabische Tradition nicht notwendig mit der westlichen in Konflikt geraten muß. Vielmehr bestehe zwischen beiden Ideengemeinschaft und Filiation:

»Die erzieherischen Aktivitäten der amerikanischen Missionare in jener frühen Periode [den Jahren um 1850 und 1860] hatten neben vielen anderen Verdiensten einen herausragenden Vorzug; sie gaben dem Arabischen seinen Ehrenplatz zurück, und nachdem sie sich darauf eingelassen hatten, in dieser Sprache zu unterrichten, unterzogen sie sich mit aller Kraft der Aufgabe, eine adäquate Literatur zu schaffen. Darin waren sie Pioniere; und eben deswegen verdankt sich der intellektuelle Überschwang, der die ersten Regungen der arabischen Renaissance kennzeichnet, zu einem Großteil ihren Anstrengungen.«[136]

Eine solche harmonische Koinzidenz zwischen dem Westen und seinen überseeischen Kolonien ist im Werk von Guha und Alatas nicht zu entdecken. Inzwischen haben die Kolonialkriege und die politischen und militärischen Konflikte in ihrem Gefolge ihr Werk getan. Und wiewohl die direkte politische Kontrolle verschwunden ist, hat die ökonomische, politische und manchmal militärische Vorherrschaft im Verein mit der kulturellen Hegemonie – die Kraft der herrschenden und, wie Gramsci sagt, »leitenden« Ideen –, die vom Westen aus ihre Macht über die periphere Welt ausübt, sie ersetzt. Einer der schärfsten Angriffe in Alatas' *The Myth of the Lazy Native* richtet sich gegen jene Malaysier, die in ihrem Denken die koloniale Ideologie, die die Vorstellung vom »faulen Eingeborenen« hervorgebracht hat und sie weiterhin stützt, zu reproduzieren fortfahren. In einigen Passagen, die an Fanons Polemik gegen die nationalistische Bourgeoisie gemahnen, zeigt Alatas, wie sich Überbleibsel des kolonialen Kapitalismus im Denken der jüngst autonom gewordenen Malaysier erhalten, die sie – das heißt diejenigen, die ihrer Methodologie nach nicht selbst-bewußt geworden sind oder die Klassenaffiliationen durchschaut haben, die das Denken in Mitleidenschaft ziehen – in die Kategorien des »kolonialen kapitalistischen Denkens« bannen. Und er fährt fort:

»Das falsche Bewußtsein verzerrt die Realität. Die in Malaysien herrschende Partei erbte ihre Herrschaft von der britischen, und zwar ohne einen Kampf um Unabhängigkeit wie den, der in Indonesien, Indien und auf den Philippinen stattfand. Es gab auch keinen ideologischen Kampf als solchen. Und es gab keinen intellektuellen Bruch mit dem britischen ideologischen Denken auf einer tieferen Ebene. Das Führungsgremium dieser Partei wurde aus der hierarchischen Spitze des von den Briten ausgebildeten Verwaltungsapparates und aus dem Mittelklassenkreis malayischer Lehrer und Staatsbeamter rekrutiert. Die wenigen damit verbundenen Fachmänner setzten keine Maßstäbe.«[137]

Guha ist zwar ebenfalls mit dem Problem von Kontinuität und Diskontinuität befaßt, aber die Frage hat für ihn autobiographische Anklänge. Wie soll man die von der britischen Macht in Mitleidenschaft gezogene indische Vergangenheit nicht *in abstracto*, sondern konkret studieren, wenn man ein moderner Inder ist, dessen Herkunft, Erziehung und familiäre Realität von eben dieser Macht abhängig waren? Wie soll man diese Beziehung *nach* der indischen Unabhängigkeit einschätzen, wenn man eher Teil davon gewesen ist als außerhalb ihrer gestanden hat? Guhas Lage wird im Rahmen einer intellektuellen Strategie gelöst, die die strenge Andersartigkeit der britischen Herrschaft dramatisiert, die nicht nur dem Act of Permanent Settlement zur Entstehung verhalf, sondern auch seiner eigenen Klasse:

>»In seiner frühen Jugend wuchs der Autor, wie viele andere Mitglieder seiner Generation in Bengalen, im Schatten des Act of Permanent Settlement auf: sein Lebensunterhalt wurde, wie der seiner Familie, aus entlegenen Besitzungen bestritten, die sie nie besucht hatten; seine Erziehung wurde von den Bedürfnissen einer Kolonialbürokratie gelenkt, die ihre Kader aus den Sprößlingen der Pfründner von Lord Cornwallis rekrutierte; seine kulturelle Welt war streng begrenzt von den Werten einer in Saus und Braus lebenden Mittelklasse und völlig abgeschirmt von der Eingeborenenkultur und ihren Bauernmassen. Er hatte deshalb gelernt, das Permanent Settlement als Charta der sozialen und wirtschaftlichen Stagnation aufzufassen. Später, als fortgeschrittener Student an der Universität von Kalkutta, er über die anti-feudalistischen Ideen von Philip Francis und sah sich plötzlich mit einer Frage konfrontiert, die die Lehrbücher und seine akademischen Lehrer ihm nicht beantworten konnten. Wie kam es, daß die quasi-feudale Landbesiedlung von 1793 aus den Ideen eines Mannes hervorgegangen war, der ein großer Bewunderer der Französischen Revolution gewesen war? Aus den Geschichtsbüchern konnte man nicht erfahren, daß ein solcher Widerspruch existierte und erklärt werden mußte. Die Handbücher waren damit zufrieden, daß die gute Arbeit, die England in Indien geleistet hatte, eine Reihe von erfolgreichen Experimenten repräsentierte, die wenig mit den Ideen und Vorurteilen zu schaffen hatten, wie sie von den Herrschenden aus ihrer europäischen Erbmasse übernommen worden waren. Diese Sicht der britischen Politik als ›wurzelloser Blüte‹ wird von der Geschichte des Landrechts nicht bestätigt, das am langlebigsten unter dem Raj war. Der Autor hofft, daß er in der Lage war, die Ursprünge des Permanent Settlement in jenem Zusammenfluß von Ideen zu lokalisieren, in dem in der zweiten Hälfte des 18. Jahrhunderts die beiden Hauptströme des englischen und französischen Denkens miteinander verschmolzen.«[138]

Ein Akt der Trennung wiederholt die Grundgeste der Dekolonisierung. Mit wachsendem Verständnis dafür, daß die Ideologie, die das Permanent Settlement in Indien geschaffen hat, sich historisch aus französischen und englischen Quellen speiste, und in der Einsicht, daß sein eigenes Klassenerbteil nicht aus dem Landbesitz, sondern aus der Struktur der Kolonialmacht erwuchs, kann Guha sich dann intellektuell befreien. Ebenso wie für Alatas ist Historiographie für Guha Kritik und nicht die pflichtschuldige Wiederholung kolonialistischer Ideologien und Argumente. In ihrer späteren Arbeit konzentrieren sich beide Autoren auf den Versuch, die unterdrückte Stimme des Einheimischen aus der kolonialen Geschichte herauszulösen und neue historiographische Einsichten nicht nur in die Vergangenheit, sondern auch in die Schwächen der »Eingeborenengesellschaft« zu gewinnen, die sie so lange verletzlich und anfällig für Projekte wie den Act of Permanent Settlement machten.

In seinem Einführungsessay zu *Subaltern Studies* – einer Reihe von Sammelbänden gleichgesinnter Kollegen, die 1982 unter seiner Ägide gestartet wurde – merkt Guha an, daß die »unhistorische Historiographie« des kolonialen Indien die »Politik des Volkes« zugunsten der nationalistischen Eliten, die von den Briten installiert worden waren, vernachlässigte. Daher »das historische Versäumnis der Nation, zu sich selbst zu kommen«, das »das Studium dieses Versäumnisses zur zentralen Problematik der Geschichtsschreibung des kolonialen Indien macht«.[139]

Kurzum, die metropolitanische Kultur wird jetzt als der Faktor kenntlich, der die authentischen Elemente in kolonisierten Gesellschaften unterdrückt hat. Ein Zeichen dieser neuen Nachkriegswahrnehmung ist das allmähliche Verschwinden der Erzählform. Die handelnden Subjekte von *The Arab Awakening* und *The Black Jacobins* sind Massenbewegungen, die von außerordentlichen Führergestalten gelenkt werden. Da gibt es packende, gar erhabene Geschichten vom Aufstieg der Widerstandsbewegungen aus dem Volk – der Sklavenaufstand in Santo Domingo, die arabische Revolte –, große Erzählungen von Aufklärung und Emanzipation im Sinne Jean-François Lyotards. Solche Geschichten fehlen bei Alatas und Guha.

Ein auffallend ähnlicher Aspekt der beiden älteren Bücher ist der, daß sie beide zur Erweiterung des Bewußtseins westlicher Leser bestimmt sind, für die die erzählten Begebenheiten zuvor von metropolitanischen Zeugen dargestellt worden sind. James erblickt seine Aufgabe darin, eine narrative Version der Französischen Revolution zu liefern, die Ereignisse in Frankreich und Übersee einbezieht, und damit sind Toussaint und Napoleon die beiden großen Hauptgestalten, welche die Revolution hervorgebracht hat. *The Arab Awakening* ist dazu ausersehen, die berühmte Darstellung der arabischen Revolte einzuschränken und zu neutralisieren, die von T. E. Lawrence in *The Seven Pillars of Wisdom* gegeben – und die hoch gelobt worden ist. Hier endlich, scheint Antonius sagen zu wollen, können die Araber, ihre Führer, Krieger und Denker, ihre eigene Geschichte erzählen. James wie Antonius bieten eine alternative Erzählung, die als Teil einer europäischen Lesern bereits sattsam bekannten Geschichte gelesen werden kann, aber erst heute vom »Eingeborenenstandpunkt« aus bekannt wird. Und beide Autoren schreiben natürlich im Banne eines weitergehenden politischen Massenkampfes – »Negerrevolution« im Falle von James, arabischer Nationalismus in dem von Antonius. Der Gegner ist noch immer derselbe: Europa und der Westen.

An Antonius' Buch ist problematisch, daß er, weil er sich prinzipiell auf die politischen Ereignisse konzentriert, in die er tief verstrickt war, die ausgreifende kulturelle Renaissance in der arabischen und islamischen Welt, die seiner eigenen Periode vorausging, unzulänglich oder verkürzt würdigt. Spätere Historiker – A.L. Tibawi, Albert Hourani, Hisham Sharabi, Bassam Tibi oder Mohammad Abed al-Jabry – geben ein genaueres und umfassenderes Bild von dieser Renaissance und ihrem (bereits bei Jabarti präsenten) Bewußtsein der imperialen westlichen Einflußnahme auf den Islam.[140] Autoren wie der Ägypter Tahtawi, der Tunesier Khayr al-Din oder die gewichtigen religiösen Pamphletisten und Reformer des späten 19. Jahrhunderts, darunter Jamal al-Din al-Afghani und Muhammad Abduh, betonen die Bedeutung der Entwicklung einer wiederbelebten unabhängigen Kultur, die dem Westen Widerstand leisten, die ihm technologisch standhalten kann und in der Lage ist, eine zusammenhängend indigene, arabisch-islamische Identität zu entwickeln. Eine so bedeutende Studie wie A.A. Duris *The Historical Formation of the Arab Nation* (1984)[141] überführt diese Geschichte in die klassische arabische Erzählung von einer integralen Nation, die ihre eigene Entfaltung betreibt, trotz Imperialismus, innerer Stagnation, ökonomischer Unterentwicklung und politischem Despotismus.

In allen diesen Werken, das von Antonius eingeschlossen, verläuft die Erzählung von Abhängigkeit und Minderwertigkeit zu nationalistischer Renaissance, unabhängiger Staatenbildung und kultureller Autonomie in ängstlicher Partnerschaft mit dem Westen. Das ist weit entfernt von einer Triumphgeschichte. Sozusagen in ihrem Herzen wirkt ein Gemisch aus Hoffnung, Verrat und bitterer Enttäuschung nach; der Diskurs des arabischen Nationalismus trägt dieses Gemisch weiterhin mit sich. Das Ergebnis ist eine unerfüllte und unvollständige Kultur, die sich in einer fragmentierten Sprache der Qual, des zornigen Beharrens und der häufig unkritischen Verurteilung äußerer (gewöhnlich westlicher)

Feinde ergeht. Postkoloniale arabische Staaten haben somit zwei Wahlmöglichkeiten: viele, wie Syrien und der Irak, halten an der panarabi-
schen Neigung fest, indem sie sie zur Rechtfertigung eines nationalen,
von einer Einheitspartei gelenkten Sicherheitsstaates aufbieten, der sich
die zivile Gesellschaft nahezu vollständig einverleibt hat; andere, wie
Saudi-Arabien, Äypten oder Marokko, haben sich, während sie manche Spuren der ersten Alternative bewahren, in Richtung eines regionalen oder lokalen Nationalismus entwickelt, dessen politische Kultur,
wie ich glaube, die Abhängigkeit vom metropolitanischen Westen fort-
schreibt. Beide Alternativen, implizit in *The Arab Awakening* enthalten,
liegen im Streit mit Antonius' eigener Vorliebe für eine würdevolle und
lebendige Autonomie.

Im Falle von James schließt *The Black Jacobins* eine wichtige kulturelle und politische Lücke zwischen karibischer, namentlich schwarzer
Geschichte auf der einen und europäischer auf der anderen Seite. Aber
auch diese Arbeit wird von mehr Tendenzen gespeist, als sogar ihre rei-
che Erzählform ahnen läßt. Ungefähr zur gleichen Zeit schrieb James *A
History of Negro Revolt* (1938), deren Absicht es war, »dem Prozeß des
Widerstandes selbst historische Tiefe zu verleihen«, um Walter Rodneys
Ausspruch zu wiederholen.[142] Rodney merkt an, daß James den lang
dauernden (wenn auch gewöhnlich erfolglosen) Widerstand gegen den
Kolonialismus in Afrika und der Karibik erkannte, der bei kolonialen
Historikern gewöhnlich unerkannt und unbeachtet blieb. Ebenso wie
bei Antonius war auch sein Werk eine Zutat zu seinem Engagement und
seinem Einsatz im politischen Kampf in Afrika und Westindien, ein Ein-
satz, der ihn in die Vereinigten Staaten, nach Afrika (wo seine lebenslange Freundschaft mit George Padmore und seine Verbindung mit
Nkrumah ausschlaggebend für die Bildung politischen Lebens in
Ghana war, wie aus seiner höchst kritischen Studie *Nkrumah and the
Ghana Revolution* erhellt), dann wieder nach Westindien und schließlich nach England führte.

Obwohl James antistalinistischer Dialektiker war, hielt ihn seine kritische Einstellung zum Westen, dem imperialen Zentrum, nie davon
ab, dessen kulturelle Leistungen zu verstehen oder Fehler der schwarzen
Partisanen (wie Nkrumah) zu kritisieren, die er unterstützte. Natürlich
lebte er länger als Antonius, aber in dem Maße, wie seine Ansichten sich
weiteten und veränderten, wie er seine Befreiungsbemühungen um immer mehr Erfahrungsfelder bereicherte, in Polemiken eintrat und sich
wieder davon löste, hielt er an der *Geschichte* (der Ausdruck [story]
taucht bei ihm fortgesetzt auf) als Regulativ fest. Er beschrieb das zen-

trale Muster von Politik und Geschichte in linearen Begriffen und Verläufen – »von Du Bois zu Fanon«, »von Toussaint zu Castro« –, und seine Schlüsselmetapher ist die der Reise, die Ideen und Menschen unternehmen; diejenigen, die Sklaven und unterworfene Klassen waren, konnten zuerst Einwanderer und dann wichtige Intellektuelle einer andersartigen neuen Gesellschaft werden.

Im Werk von Alatas und Guha ist dieser narrative Grundzug des menschlichen Abenteuers durch Ironie ersetzt. Beide Autoren entschlüsseln die Strategien, die mit den Ansprüchen des Imperialismus einhergingen, seine heute vollständig diskreditierte Ideologie der »Veredlung« und pädagogischen »Besserung«. Man halte sich Guhas minutiöse Rekonstruktion vor Augen, wie offizielle Vertreter der British East India Company Empirismus und Anti-Feudalismus mit der französischen physiokratischen Philosophie vermählten (deren Grundlage die Ideologie der Einkünfte aus Grundbesitz war), um der britischen Herrschaft Dauerhaftigkeit zu sichern, wie das Guhas Protagonist Philip Francis ausdrückt.[143] Guhas meisterliche Darstellung von Francis – ein »junger Alkibiades«, der ein Freund von Burke war, Zeitgenosse von Warren Hastings, Anti-Monarchist, Abolitionist – und seiner Idee der dauerhaften Besiedlung ist eine Montage mit Brüchen und Schnitten, keine glattgeschmirgelte Heldengeschichte. Guha zeigt, wie Francis' Ideen zum Landbesitz und ihre allmähliche Akzeptanz in den Jahren lange nach seinem Kolonialdienst zusammen mit der Auffrischung des Bildes von Hastings dazu beitragen, die Idee des Imperiums zu steigern, zu bereichern und zu stützen, das, um Guha zu zitieren,

> »seiner Bedeutung nach bereits rasch den individuellen Entwurf seiner Architekten überflügelte und als Abstraktion die Unabhängigkeit des Firmenwertes hinsichtlich der Persönlichkeit ihres Gründers übernahm«.[144]

Guha legt dar, wie die Abstraktion nicht nur Menschen sich aneignet, sondern auch die Geographie. Die zentrale Vorstellung ist, daß die Briten als Imperialisten ihre Aufgabe in Indien darin erblickten, »das Problem der Souveränität in Bengalen« zu lösen, und zwar zugunsten der britischen Krone.[145] Und Francis' wirkliche Leistung bei der Verordnung des Projekts, aufgrund dessen alle Land- und Grundrenten in Bengalen nach mathematischen Formeln festgelegt wurden, war die, daß er mit Erfolg die »Errichtung eines Imperiums betrieb oder es wiederherstellte«.[146]

Guhas Arbeit will die Schleifung imperialer – durch die britische Vermessung indischen Territoriums unterstützter – Geschichtsschreibung

demonstrieren, nicht so sehr in Indien als in Europa, der ursprünglichen Stätte ihrer größten Sicherheit und Autorität. Die Ironie liegt
darin, daß ein Einheimischer diese Aufgabe übernimmt, der nicht nur
Quellen und Methoden beherrscht, sondern auch die überwältigenden
Abstraktionen, deren Spuren in den Köpfen der Imperialisten selbst
kaum erkennbar waren, als sie entstanden.

Dieselbe dramatische Leistung tritt in Alatas' Buch in Erscheinung.
Während Guhas Hauptgestalten Ideologen im buchstäblichen Sinne
sind, mit der Verhängung von Autorität über ganz Indien befaßt, und
zwar auf philosophisch kohärente Weise, erheben die von Alatas analysierten portugiesischen, spanischen und britischen Kolonialisten keinerlei Anspruch auf ein derartiges Programm. Sie sind in der südost-
pazifischen Region, um Reichtümer (Gummi und Metalle) und billige
Arbeitskräfte zusammenzuraffen, auf der Jagd nach ökonomischem
Profit. Weil sie Dienstleistungen von den Einheimischen verlangen, entwerfen sie Projekte für lukrative Kolonialökonomien, wobei sie lokale
Mittelklassen-Händler vernichten, die Eingeborenen im Grunde ver-
sklaven und ethnische Kriege zwischen chinesischen, javanischen und
malaiischen Gemeinschaften entfesseln, um die Eingeborenen besser
beherrschen und sie sowohl gespalten als auch schwach halten zu können. Aus diesem Wirrwarr entsteht die mythische Gestalt des »faulen
Eingeborenen«. Alatas dokumentiert geduldig, wie diese Beschreibungen – allesamt auf dem »falschen Bewußtsein« von Kolonialisten basie-
rend, die nicht bereit sind zu akzeptieren, daß die Arbeitsverweigerung
der Eingeborenen eine der ersten Widerstandshandlungen gegen das
europäische Eindringen war – stetig an Konsistenz, Autorität und ob-
jektiver Realität gewinnen. Beobachter wie Raffles konstruieren dann
eine Begründung für weitere Unterwerfung und Bestrafung der Eingeborenen, deren charakterlicher Verfall, wie das Kolonialverwalter sahen, bereits irreversibel sei.

Alatas gibt uns dann ein alternatives Argument zur Bedeutung des
»faulen Eingeborenen« an die Hand, oder besser: er gibt uns ein Argument dafür an die Hand, warum die Europäer so lange an diesem Mythos festhielten. Er zeigt nämlich auch, wie der Mythos weiterlebt, wie,
mit Eric Williams' bereits früher zitierter Formulierung, »ein überholtes
Interesse, dessen Bankrott in historischer Perspektive zum Himmel
stinkt, eine hemmende und zerrüttende Wirkung entfalten kann, die
sich nur durch die mächtigen Dienste, die es früher geleistet hat, und seinen zuvor gewonnenen Bollwerkscharakter erklären läßt«.[147] Der Mythos des »faulen Eingeborenen« ist synonym mit Herrschaft, und Herr-

schaft ist im Grunde Macht. Manche Forscher haben sich so sehr daran
gewöhnt, Macht nur als Diskurseffekt zu sehen, daß Alatas' Beschreibung der Art und Weise, wie die Kolonialisten systematisch die Handels-
niederlassungen an der Küste von Sumatra und Malaysia zerstörten,
wie die territoriale Eroberung zur Auslöschung ganzer Eingeborenen-
Berufsklassen wie Fischer und Waffenschmiede führte und wie vor
allem ausländische Lehnsherren Dinge taten, die keine Eingeborenen-
klasse je getan haben würde, uns wahrscheinlich durch ihre unverblümte Direktheit schockiert:

> »Macht, die in holländische Hände fiel, war grundverschieden von Macht, die in
> die Hände eines eingeborenen Nachfolgers fiel. Die Eingeborenenmacht ließ im
> allgemeinen mehr Handelsfreiheit. Sie vernichtete nicht ihre eigene Händlerklasse
> in der ganzen Region und fuhr fort, die Produkte ihrer eigenen Industrie zu benut-
> zen. Sie baute ihre eigenen Boote und war nicht zuletzt unfähig, im größeren Teil
> von Indonesien ein Monopol durchzusetzen. Sie förderte die Fähigkeiten ihrer eige-
> nen Leute sogar dann, wenn ein Tyrann auf dem Thron saß.«[148]

Kontrolle der Art, wie sie hier von Alatas und auch von Guha in dessen
Buch beschrieben wird, ist nahezu total und steht in fortgesetztem Konflikt mit der kolonisierten Gesellschaft. Die Geschichte zu erzählen, wie
zwischen Europa und seinen peripheren Kolonien eine Kontinuität begründet wurde, ist deshalb unmöglich, sowohl aus europäischer wie
aus kolonialer Sicht; angemessen erscheint für den Erforscher des Deko-
lonisierungsphänomens eine Hermeneutik des Argwohns. Dennoch,
obwohl die großen, stärkend optimistischen Erzählungen vom emanzipatorischen Nationalismus nicht mehr dazu dienen, eine Gemeinschaft
der Kultur zu bekräftigen, wie sie das in den dreißiger Jahren für James
und Antonius taten, entsteht nun eine neue Gemeinschaft der Methode
– schwieriger und strenger in ihren Ansprüchen. Guhas Arbeit hat ein
wichtiges Gemeinschaftsunternehmen stimuliert, jene *Subaltern Studies*, die ihrerseits Guha und seine Kollegen zu bemerkenswerten weiteren Forschungen zu Problemen von Macht, Geschichtsschreibung und
Volksgeschichte angeregt haben. Alatas' Arbeit hatte zwei Ziele: der
post-kolonialen Methodologie der südostasiatischen Geschichte und
Gesellschaft eine Grundlage zu geben und das entmystifizierende und
dekonstruktivistische Verfahren von *The Myth of the Lazy Native* wei-
terzuentwickeln. Mir scheint, daß James und Antonius für Bewegungen
sprechen, die bereits zur Selbstbestimmung unterwegs waren, wenn
auch einer partiellen und letztlich unbefriedigenden Selbstbestimmung,
während Guha und Alatas bei der Diskussion von Problemen, die aus

der postkolonialen Lage erwachsen sind, frühere Erfolge (wie nationale Unabhängigkeit) für selbstverständlich halten, wobei sie gleichzeitig die Unzulänglichkeiten der bisher erreichten Dekolonisierungen, Freiheiten und Selbst-Identitäten hervorheben. Außerdem wenden sich Guha und Alatas sowohl an westliche Forscher wie an Landsleute, die noch immer im Banne kolonialistischer Konzeptionen ihrer eigenen Vergangenheit leben.

Die Frage der Zielgruppe wirft die Frage nach der jeweiligen Leserschaft auf. James und Antonius setzen voraus, daß das, was sie zu sagen haben, von überragender politischer und ästhetischer Bedeutung ist. James zeichnet Toussaint als einen bewundernswerten Mann, als tolerant, intelligent, subtil und aufgeschlossen für die Leiden seiner haitianischen Mitbürger. »Große Männer machen Geschichte«, sagt James, »aber nur so viel Geschichte, wie es ihnen möglich ist.«[149] Toussaint zog seine Leute selten ins Vertrauen und schätzte seine Gegner falsch ein. James unterlaufen solche Fehler nicht, er nährt keinerlei Illusionen. In *The Black Jacobins* rekonstruiert er geradezu klinisch den imperialistischen Kontext von Eigennutz und moralischen Bedenken, von dem der britische Abolitionismus und der wohlmeinende Wilberforce zehrten; als aber Frankreich und die haitianischen Schwarzen in blutige Auseinandersetzungen verstrickt waren, manipulierte die britische Regierung philanthropische Gefühle, um die britische Macht in der Karibik auf Kosten Frankreichs und seiner Widersacher zu erweitern. James kritisiert die Neigung des Imperialismus, niemals etwas wiederherzugeben. Und doch hält er an der Überzeugungskraft einer Erzählung fest, deren Hauptantriebsstoffe der Kampf um eine für Frankreich und Haiti gemeinsame Freiheit und das Verlangen sind, zu erkennen und zu handeln.

Ist diese »voyage in« eine Vergeltungsmaßnahme, wobei das unterdrückte Kolonialobjekt den modernen Europäer heimsucht und in seine Fußstapfen tritt, für den die mißratene Erbschaft von Toussaint in den Duvaliers und Trujillos dieser Welt die Idee des wilden Nicht-Europäers bestätigt? James tappt nicht in die Falle, sich vorwiegend reaktiv zu verhalten, und zieht es in seinem Vorwort von 1962 vor zu zeigen, wie Toussaints revolutionäre Ideen in erfolgreichen Befreiungskämpfen und, mit gleicher Kraft, in der Geburt neuer selbstbewußter, selbstsicherer Nationalkulturen wiederaufgetaucht sind, die der kolonialen Vergangenheit eingedenk bleiben, aber dem »letzten Stadium einer karibischen Suche nach nationaler Identität« entgegendrängen.[150] Nicht zufällig ist James von vielen Schriftstellern – George Lamming, V. S.

Naipaul, Eric Williams oder Wilson Harris – für den großen Patriarchen der zeitgenössischen westindischen Kultur gehalten worden.

Ähnlich mindert für Antonius der Verrat der Alliierten an den Arabern keineswegs den retrospektiven Schwung seiner Erzählung, in der die Araber von Freiheitsideen angetrieben werden, die sie mit den Europäern teilen. So wie *The Black Jacobins* das Studium der modernen »Neger-Revolte« (James) begründete, so eröffnete *The Arab Awakening* die akademische Erforschung des arabischen Nationalismus, die allmählich auch im Westen zum Spezialfach geworden ist. Auch hier beweist die Verbindung mit einer weitergehenden Geschichte eine besondere Energie. Wenn Antonius die unerfüllte Selbstbestimmung der Araber einklagt und seinen Fall derselben Jury westlicher Politiker und Denker vorlegt, die der geschichtlichen Bewegung entgegengearbeitet haben, verfährt er ganz ähnlich wie James, der sowohl zu seinem eigenen Volk als auch zu einem widerstrebenden westlichen Publikum spricht, für das die Emanzipation der Nicht-Weißen zu einem marginalen Thema geworden war. Der Appell gilt nicht der Unvoreingenommenheit oder dem Mitleid, sondern den häufig erschreckenden Realitäten der Geschichte selbst. Das bezeugen Antonius' Äußerungen in einer Vorlesung in Princeton (1935), während er an *The Arab Awakening* arbeitete:

> »In der Geschichte der Nationen kommt es häufig vor, daß ein Konflikt von widerstreitenden Kräften, der unausweichlich im Triumph der stärkeren Partei zu enden bestimmt scheint, eine nicht-spezifizierte Wendung durch das Auftauchen neuer Kräfte nimmt, die dieses Auftauchen eben jenem Triumph verdanken.«[151]

Mir scheint, daß Antonius, unheimlich hellseherisch, aus den Tiefen der gegenwärtigen Enttäuschung zur Explosion jenes Massenaufstandes vordrang, den er in seinem Buch implizit zu befürworten scheint. (Die palästinensische »Intifada«, eine der großen antikolonialistischen Erhebungen unserer Zeit, setzt den Kampf um das historische Palästina fort, eines der Hauptthemen von *The Arab Awakening*.)

Und diese Beobachtung führt uns jäh zum allgemeinen Thema von Forschung und Politik zurück. Jeder der Forscher, die ich erwähnt habe, ist fest in einer lokalen Situation mit ihren Geschichten, Traditionen und Affiliationen verwurzelt, die sowohl die Wahl der Themen als auch deren Erörterung färben. Antonius' Buch erregt unsere Aufmerksamkeit heute beispielsweise als Geschichte des arabischen Nationalismus zu Beginn des 20. Jahrhunderts und als ergreifendes Dokument einer Klasse von Standespersonen, die in den dreißiger und vierziger Jahren von radikaleren, volkstümlicheren und nativistischen, arabisch schreibenden Autoren abgelöst wurde. Guha taucht in den sechziger Jahren als Exilierter auf, tief mit einer indischen Politik hadernd, die von denjenigen kontrolliert wird, die Tariq Ali »die Nehrus und die Gandhis« genannt hat.[152]

Die Politik – und der klar politische Impuls, der hinter ihrer Arbeit steht – zieht natürlich die Forschung und Lehre in Mitleidenschaft, die alle vier Männer repräsentieren. Die explizite politische oder menschliche Dringlichkeit im Tonfall ihrer Bücher kontrastiert merklich mit dem, was im modernen Westen als Forschungsnorm verbindlich geworden ist. (Wie diese Norm mit ihrer vermeintlichen Unvoreingenommenheit, ihren Beteuerungen von Objektivität und Unparteilichkeit und ihrem Code von »politesse« und ritueller Besonnenheit zustande kam, ist ein Problem der Geschmacks- und Wissenssoziologie.) Jeder dieser vier Intellektuellen der Dritten Welt schreibt aus und in einer politischen Konstellation, deren Zwänge konstante, nicht vorübergehende Ärgernisse oder empirische Nöte sind, die sich im Interesse eines höheren Zieles beiseite schieben ließen. Die ungelöste politische Spannung wirkt ganz nahe der Oberfläche und infiziert die Rhetorik oder verbiegt die Akzente der Forschung, weil die Autoren zwar aus einer Position der Erkenntnis und des autorisierten Fachwissens schreiben, ebenso aber aus der Position von Leuten, deren Botschaft von Widerstand und Streit das historische Ergebnis einer Unterjochung gewesen ist. Adorno sagt von dieser offenkundigen Verletzung der Sprache, die unter diesen Umständen benutzt wird: »In der Sprache der Unterworfenen aber hat einzig Herrschaft ihren Ausdruck hinterlassen und sie noch der Gerechtigkeit beraubt, die das unverstümmelte, autonome Wort all denen verheißt, die frei genug sind, ohne Rancune es zu sagen.«[153]

Ich will damit nicht zu verstehen geben, daß oppositionelle Forschung schrill und insistierend sein soll oder daß Antonius und James (oder Guha und Alatas) ihren Diskurs mit Beleidigungen und Anklagen aufputschten. Ich meine allerdings, daß Forschung und Politik in diesen Büchern *offen* miteinander verschwistert sind, weil die Autoren sich als Sendboten an die westliche Kultur verstehen, politische Freiheit als noch unerfüllt, blockiert und vertagt einklagen. Die historische Wucht ihrer Äußerungen, Diskurse und Interventionen zu mißdeuten, sie (wie Conor Cruise O'Brien das einst getan hat[154]) als buhlerisch zu schmähen und sie als emotionale und subjektive »cris de cœur« rühriger Aktivisten und Parteigänger geringzuschätzen läuft darauf hinaus, ihre Kraft abzuschwächen, ihren Wert zu entstellen und ihren gewaltigen

Beitrag zu Wissen und Erkenntnis zu mißachten. Kein Wunder, wenn Fanon sagt, daß »für den Kolonisierten Objektivität immer etwas ist, das sich gegen ihn richtet«.[155]

Die Versuchung in metropolitanischen Kreisen hat gewöhnlich darin bestanden zu verfügen, daß diese Bücher und andere, ähnliche, eher Anschauungsmaterial für »Eingeborenenliteratur« – von »eingeborenen Informanten« geschrieben – seien als beachtenswerte wissenschaftliche Beiträge. Sogar das Ansehen der Bücher von Antonius und James ist im Westen marginalisiert worden, weil sie sich für westliche Fachgelehrte ausnehmen, als seien sie mit dem Blick von außen nach innen geschrieben. Vielleicht ist das einer der Gründe dafür, warum Guha und Alatas sich eine Generation später dafür entscheiden, sich mehr auf Sprache, Ideen und Rhetorik zu konzentrieren als auf Geschichte *tout court*, und es vorziehen, eher die verbalen Symptome der Macht zu analysieren als ihre brutale Ausübung, eher ihre Prozesse und Taktiken als ihre Quellen, eher ihre intellektuellen Methoden und ausdrücklichen Techniken als ihre Moral – eher zu dekonstruieren als zu destruieren.

Erfahrung und Kultur wieder zusammenführen heißt Texte kontrapunktisch von ihrem metropolitanischen Zentrum und von der Peripherie her lesen, wobei weder »unserer Seite« das Privileg der »Objektivität« noch »ihrer« die Last der »Subjektivität« zugemessen werden darf.[156] Das Problem ist eher eine Frage des Wissens, *wie* zu lesen ist, wie die Dekonstruktivisten sagen, und sie nicht vom Aspekt des Wissens zu trennen, *was* zu lesen ist. Texte sind keine ein für allemal fertigen Gegenstände. Sie sind, wie Williams gelegentlich sagte, Notationen und kulturelle Praktiken. Und Texte schaffen nicht nur ihre eigenen Präzedenzfälle, wie Borges von Kafka meinte, sondern auch ihre Nachfolger. Die große imperiale Erfahrung der vergangenen zweihundert Jahre ist global und universal; sie hat jeden Winkel der Erde erfaßt, den Kolonialherrn wie den Kolonisierten. Weil der Westen die Weltherrschaft errungen und anscheinend seine Flugbahn durchmessen hat, indem er das »Ende der Geschichte« herbeiführte, wie Francis Fukuyama das genannt hat, haben Vertreter des Westens die Integrität und Unverletzlichkeit ihrer kulturellen Meisterwerke, ihrer Forschung und ihrer Diskurswelten unterstellt; der Rest der Welt steht als Bittsteller um Aufmerksamkeit vor unserer Haustür an. Dennoch halte ich es ich für eine radikale Verfälschung der Kultur, wenn man sie von ihren Affiliationen mit ihrem Hintergrund löst oder sie von dem Terrain entfernt, um das sie stritt, oder ihren wirklichen Einfluß leugnet. Jane Austens *Mansfield Park* kreist um England *und* Antigua, und der Zusammenhang wird von Austen explizit gemacht; der Roman dreht sich um Ordnung zu Hause und Sklaverei drüben und kann – ja sollte – auf diese Weise gelesen werden. Ähnlich schreiben Camus und Gide über dasselbe Algerien, zu dem sich auch Fanon und Kateb Yacine geäußert haben.

Wenn die Ideen von Kontrapunkt, Verflechtung und Integration für mehr einstehen als einen sanft erbaulichen Hinweis auf die Katholizität der Vision, dann dafür, daß sie die historische Erfahrung des Imperialismus erstens als Ensemble wechselseitig voneinander abhängiger Geschichten und sich überschneidender Territorien fassen und zweitens als etwas, das intellektuelle und politische Wahlentscheidungen erheischt. Wenn beispielsweise die französische und die algerische oder vietnamesische Geschichte, die karibische oder afrikanische oder indische und die britische Geschichte eher getrennt als gemeinsam bedacht werden, bleiben die Erfahrungen von Herrschen und Beherrschtwerden künstlich und abstrakt. Und die imperiale Herrschaft und den Widerstand dagegen als dualen Prozeß zu deuten, der sich zunächst in Dekolonisierung, dann in Unabhängigkeit ausdrückt, hat notwendigerweise zum Ergebnis, sich beider Seiten des Wettstreits nicht nur hermeneutisch, sondern auch politisch zu vergewissern.

Bücher wie *The Black Jacobins, The Arab Awakening, A Rule of Property* und *The Myth of the Lazy Native* gehören zum imperialen Kampf selbst. Sie machen die Interpretationswahl deutlicher, unvermeidlicher.

Man halte sich die zeitgenössische Geschichte der arabischen Welt als Beispiel für eine Geschichte fortgesetzter Spannungen vor Augen. Antonius' Leistung hat darin bestanden, geltend zu machen, daß die Interaktion zwischen dem arabischen Nationalismus und dem Westen (oder seinen regionalen Vertretern) etwas war, das untersucht werden mußte – und etwas, das entweder unterstützt oder bekämpft werden mußte. Im Gefolge von *The Arab Awakening* steht der Auftritt eines akademischen Faches namens »Middle East Studies« in Anthropologie, Geschichte, Soziologie, politischer Wissenschaft, Ökonomie und Literatur in den Vereinigten Staaten, Frankreich und Großbritannien mit den politischen Spannungen in der Region und mit der Position der beiden früheren Kolonialmächte und der gegenwärtigen Supermacht in Zusammenhang. Seit dem Zweiten Weltkrieg ist es unmöglich gewesen, dem arabisch-israelischen Konflikt oder dem Studium einzelner Gesellschaften in akademischen »Middle East Studies« zu entgehen. Überhaupt über das Palästina-Problem zu schreiben gebot geradezu zu entscheiden, ob die Palästinenser ein Volk (oder eine nationale Gemeinschaft) seien, eine Entscheidung, die ihrerseits die Unterstützung oder Ver-

neinung ihres Rechts auf Selbstbestimmung einschloß. Für beide Seiten führt die Forschung zu Antonius zurück – es gilt, seine Auffassung
vom Verrat des Westens zu akzeptieren oder umgekehrt das Recht des
Westens anzuerkennen, Palästina der zionistischen Bewegung zu ver-
sprechen, die größere kulturelle Bedeutung des Zionismus vorausgesetzt.[157]

Und diese Wahl eröffnet wiederum andere. Kann man, einerseits, anders als mit einer politischen oder ideologischen Rechtfertigung vom
modernen »arabischen Geist« sprechen, vom modernen »arabischen
Geist« mit seiner angeblichen Neigung zur Gewalt, seiner Kultur der
Schande, der historischen Überdeterminierung des Islam, seiner politischen Semantik und seiner Deformation *vis-à-vis* Judaismus und Christentum? Vorstellungen dieser Art liegen so tendenziösen Arbeiten wie
Raphael Patais *The Arab Mind*, David Pryce-Jones' *The Closed Circle*,
Bernard Lewis' *The Political Language of Islam* oder Patricia Crones
und Michael Cooks *Hagarism* zugrunde.[158] Sie tragen das Gewand wissenschaftlicher Forschung, aber keines dieser Werke verläßt die Arena
des Kampfes, wie er im Westen zuerst von Antonius definiert wurde;
keines läßt sich als frei von Feindseligkeit in bezug auf die kollektive arabische Bestrebung beschreiben, aus dem in kolonialen Perspektiven entwickelten historischen Determinismus auszubrechen.

Auf der anderen Seite setzt sich der kritische und antiorientalistische
Diskurs einer älteren Gelehrtengeneration mit Anwar Abdel-Malek
und Maxime Rodinson im Dialog mit der jüngeren fort, die Timothy
Mitchell, Judith Tucker, Peter Gran, Rashid al-Khalidi und ihre Parallelen in Europa umfaßt. In den achtziger Jahren dieses Jahrhunderts
erlebte die früher konservative Middle East Studies Association eine bedeutsame ideologische Wandlung, die herbeizuführen diese Leute geholfen hatten. Zuvor in Reih und Glied mit und häufig auch finanziell
unterstützt von Großordinarien, Direktoren von Ölgesellschaften und
Regierungsberatern und -vertretern, griff die MESA bei ihren großen
Jahrestagungen jetzt Fragen von akuter politischer Bedeutung auf: die
iranische Revolution, den Golfkrieg, die palästinensische »Intifada«,
den libanesischen Bürgerkrieg, die Vereinbarungen von Camp David
oder die Beziehungen zwischen Mittelost-Forschung und politischer
Ideologie – Fragen, die zuvor in den sich wissenschaftlich gebärdenden
Arbeiten von Autoren wie Lewis, Patai und neuerdings Walter Laqueur,
Emmanuel Sivan oder Daniel Pipes verniedlicht oder ausgeschlossen
worden waren. Eine akademische Forschungstätigkeit, die ein politisches Konzept mit Stoßrichtung *gegen* den arabischen oder islamischen

Nationalismus befürwortete, hatte lange die professionelle und auch die journalistische Diskussion beherrscht (zum Beispiel mit Thomas Friedmans *From Beirut to Jerusalem* und David Shiplers *Arab and Jew*), aber das begann sich nun zu ändern.

Im Kern der »alten« Konzeption erhielten sich »Essentialisierungen« der Araber als grundsätzlich, unwiderruflich und naturhaft »Anderer«, und in den Vorstellungen von einer antidemokratischen, gewaltsamen und regressiven »arabischen« Einstellung zur Welt klangen unüberhörbar rassistische Untertöne an. Zentral für diese Einstellung war ein anderer Faktor, Israel, der ebenfalls zu der Polarität beitrug, die zwischen einem demokratischen Israel und einer homogen nicht-demokratischen arabischen Welt konstruiert wurde, in der die Palästinenser, von Israel enteignet und exiliert, den »Terrorismus« zu spielen hatten. Jetzt aber waren es die differenzierten Geschichten verschiedener arabischer Völker, Gesellschaften und politischen Gebilde, die jüngere Forscher vorlegten; indem sie die Geschichte und die Entwicklungen innerhalb der arabischen Welt ernstnahmen, gaben sie ihr den Sinn der unerfüllten Anstrengung um Unabhängigkeit zurück, der Menschenrechte (insbesondere derer von Frauen und benachteiligten Minderheiten) und der Freiheit von externer (häufig imperialistischer) Einmischung und innerer Korruption oder Kollaboration.

Was sich in der Middle East Studies Association ereignete, war eine metropolitanische Geschichte der kulturellen Opposition gegen die Dominanz des Westens. Ihr kamen ähnlich wichtige Wandlungen im Rahmen der Afrika-, Indien-, Karibik- und Lateinamerika-Studien nahe. Fortan standen diese Fächer nicht mehr unter der Fuchtel von Ex-Kolonialbeamten oder eines Aufgebots von Akademikern, die die »angemessene« Sprache sprachen. Nun eroberte eine neue Empfänglichkeit für Befreiungsbewegungen und postkoloniale Kritik und für neue, bewußte Oppositionsgruppen (die Bürgerrechtsbewegungen in Amerika, die Bewegungen im Kampf um Einwandererrechte im United Kingdom) mit Erfolg das Diskursmonopol, das bisher eurozentrische Intellektuelle und Politiker ausgeübt hatten. Hier sind Basil Davidson, Terence Ranger, Johannes Fabian, Thomas Hodgkin, Gordon K. Lewis, Ali Mazrui und Stuart Hall zu nennen, und ihre Arbeit wirkte als Katalysator für andere Forscher. Für alle diese Leute war die grundlegende Arbeit der vier Autoren, die ich diskutiert habe – ihre »voyage in« –, ausschlaggebend für die kulturelle Koalition, die nun zwischen antiimperialistischem Widerstand an der Peripherie und oppositioneller Kultur in Europa und den Vereinigten Staaten gebildet wird.

5. Kollaboration, Unabhängigkeit und Befreiung

Bei einem in Oxford abgehaltenen Imperialismus-Seminar (1969–1970) zählte Ronald Robinsons Vortrag »Non-European Foundations of European Imperialism« zu den interessantesten Beiträgen. Im Verein mit Thomas Hodgkins »African and Third World Theories of Imperialism« zeigte Robinsons »Anregung« zu theoretischen und empirischen Studien den Einfluß der vielen postkolonialen Entwicklungen, die ich oben erwähnt habe:

> »Jede neue Theorie muß anerkennen, daß der Imperialismus ebensosehr eine Funktion der Kollaboration oder Nicht-Kollaboration seiner Opfer – ihrer Eingeborenenpolitik – war wie der europäischen Expansion. [...] Und ohne die Kollaboration der Eingeborenen, ohne die freiwillige oder erzwungene Kooperation ihrer herrschenden Eliten hätten die Europäer, als die Zeit dafür reif war, auch nicht ihre nicht-europäischen Imperien erobern und beherrschen können. Von Anfang an wurde dieser Herrschaft kontinuierlich Widerstand geleistet; ebenso kontinuierlich aber war die Vermittlung der Eingeborenen erforderlich, um Widerstand abzuwenden oder niederzuhalten.«[159]

Robinson erforscht, wie vor 1882 in Ägypten die Paschas und der Khedive bei der Duldung des Eindringens von Europäern kollaborierten, wonach dann, mit der dramatischen Überschattung des ganzen Terrains durch den nationalistischen Orabi-Aufstand, die Briten das Land militärisch besetzten. Er hätte hinzufügen können, daß viele der mit dem Imperialismus kollaborierenden Klassen oder Personen damit begannen, mit modernen europäischen Verhaltensweisen zu wetteifern und sich in Übereinstimmung mit dem zu modernisieren, was als europäischer Fortschritt proklamiert wurde. Im Laufe der beiden ersten Jahrzehnte des 19. Jahrhunderts sandte Muhammad Ali Missionen nach Europa, drei Jahrzehnte bevor japanische Missionen mit demselben Ziel in die Vereinigten Staaten und nach Europa kamen. Im französischen Kolonialorbit wurden noch bis in die zwanziger und dreißiger Jahre dieses Jahrhunderts begabte Studenten nach Frankreich zur Ausbildung geschickt, obwohl manche davon, z.B. Senghor, Césaire und viele indochinesische Intellektuelle, sich in energische Gegner des Imperiums verwandelten.

Es war das Hauptziel dieser frühen Missionen in den Westen, die Lebens- und Denkweisen des weißen Mannes zu erkunden, seine Werke zu übersetzen und seine Gewohnheiten sich anzueignen. Neuere Studien zu diesem Thema von Masao Miyoshi *(As We Saw Them)* und Ibrahim Abu-Lughod *(The Arab Rediscovering of Europe)*[160] zeigen, wie, zusammen mit Informationen, nützlichen Texten und gewinnbringenden Praktiken, lernbegierigen Studenten aus dem Osten auch die imperiale Hierarchie vermittelt wurde.[161]

Aus dieser besonderen Dynamik der Abhängigkeit entstand die erste lange reaktive Erfahrung eines einheimischen Anti-Imperialismus, versinnbildlicht in dem 1883 in der *Revue des deux mondes* veröffentlichten Briefwechsel zwischen Afghani und Ernest Renan, in dem der »Eingeborene«, unter Benutzung ihm von Renan vorgegebener Begriffe, die rassistischen und kulturell arroganten Vorurteile des Europäers über seine Minderwertigkeit zu »widerlegen« suchte. Während Renan den Status des Islam für niedriger als den von Judentum und Christentum hält, versichert Afghani, er sei »besser«, und behauptet, daß der Westen sich durch Anleihen bei den Muslimen weitergebildet habe. Afghani gibt auch zu bedenken, daß die islamische Entwicklung in den Naturwissenschaften früher einsetzte als die ihres westlichen Widerparts und daß, sofern sich in seiner Religion irgend etwas Regressives finde, dies gewißlich allen Religionen gemeinsam sei, nämlich ihre Unversöhnbarkeit mit der Wissenschaft.[162]

Afghanis Tonfall ist liebenswürdig, obwohl er in scharfen Widerspruch zu Renan tritt. Im Gegensatz zu späteren Widerstandskämpfern gegen den Imperialismus – für die Befreiung das Schlüsselthema ist – gehört Afghani, wie indische Juristen in den Jahren um 1880, zu einer Schicht von Leuten, die, während sie für ihre Gemeinschaften kämpfen, für sich selbst einen Platz innerhalb des kulturellen Rahmens, den sie mit dem Westen teilen, zu erobern trachten. Sie sind die Eliten, die bei der Führung verschiedener nationalistischer Unabhängigkeitsbewegungen von der Kolonialmacht Autorität übertragen bekommen haben – so Nehru von Mountbatten oder die FLN von de Gaulle. Zu dieser Art von antagonistischer Kollaboration zählen so unterschiedliche Beispielsfälle kultureller Abhängigkeit wie westliche Berater, deren Arbeit »eingeborenen« Völkern oder Nationen bei der »Erhebung« half (ein Aspekt, dessen Chronik in Jonathan Spences Buch über westliche Berater nachgezeichnet wird, *To Change China*), oder jene westlichen Fürsprecher der Unterdrückten – Mrs. Jellyby ist eine frühe Karikatur, Angehörige der Liverpool School sind spätere Beispiele –, die ihre eigenen Versionen der Interessen der Eingeborenen repräsentierten. Ein weiteres Beispiel ist der Wettstreit zwischen T. E. Lawrence und Louis Massignon unmittelbar nach dem Ersten Weltkrieg, wie er einfühlsam in einem Essay von Albert Hourani beschrieben wird.[163] Jeder der beiden begegnete den Arabern mit Empathie, die während des Krieges ge-

gen die Osmanen kämpften (Massignon machte seine Empathie mit
dem Islam sogar zum Zentrum seiner Theorie der monotheistischen Gemeinschaft, der Nachfolge Abrahams), aber aus imperialistischer Überzeugung spielte jeder seinen Part bei der Aufteilung der arabischen Welt
zwischen Frankreich und England: Lawrence diente Großbritannien,
Massignon Frankreich, *für* die Araber.

Ein ganzes ausladendes Kapitel von über fünf Kontinente verteilter
Kulturgeschichte gründet in dieser Art von Kollaboration zwischen Einheimischen auf der einen Seite und konventionellen oder exzentrischen
und wankelmütigen Vertretern des Imperialismus auf der anderen Seite.
Obwohl wir dem Achtung erweisen und die geteilten und vereinten Erfahrungen anerkennen, aus denen viele von uns hervorgegangen sind,
müssen wir gleichzeitig festhalten, daß diese Kollaboration an der imperialen Scheidelinie zwischen Einheimischen und Vertretern des Westens
festhielt. Die vielen Kolonialschulen im Fernen Osten, in Indien, der
arabischen Welt und in Ost- und Westafrika beispielsweise lehrten Generationen der einheimischen Bourgeoisie Einsichten in Geschichte,
Naturwissenschaften und Kultur. Trotzdem blieben sie abhängig von
ausländischer Autorität.

Den Gipfelpunkt dieser Dynamik der Abhängigkeit markiert der Nationalismus, der schließlich in den früheren Kolonialterritorien rund
um den Globus unabhängige Staaten hervorbrachte. Zwei politische
Faktoren, deren Bedeutung in der Kultur bereits registriert worden war,
bezeichneten jetzt das Ende der Periode des nationalistischen Anti-Imperialismus und eröffneten die Ära des liberationistischen antiimperialistischen Widerstandes. Der eine war ein ausgeprägtes Bewußtsein von
Kultur *als* Imperialismus, das reflexive Moment des Bewußtseins, das
die jüngst unabhängig gewordenen Bürger befähigte, das Ende von Europas Anspruch auf Führung und/oder Belehrung der Nicht-Europäer
zu erklären; der zweite war die dramatisch verlängerte imperiale Mission des Westens in verschiedenen Regionen, die ich bereits erwähnt
habe, namentlich in Algerien, Vietnam, Palästina, Guinea und Kuba.
Zum neuen Leitthema aber wurde Befreiung, im Gegensatz zu nationaler Unabhängigkeit – ein Thema, das implizit bereits in Werken von
Autoren wie Marcus Garvey, José Martí und W.E.B. Du Bois enthalten
war, jetzt aber die vorwärtstreibende Zufuhr von Theorie und – manchmal bewaffnetem – Aufstand nahelegte.

Die nationale Identität sah sich in ihrem Kampf um Befreiung von der
imperialistischen Dominanz vom Staat beherbergt und scheinbar erfüllt. Armeen, Flaggen, gesetzgebende Körperschaften, Projekte natio-

naler Erziehung und dominante Parteien entstanden, gewöhnlich auf eine Weise, die den nationalistischen Eliten den Platz zusprach, den einst Briten oder Franzosen innegehabt hatten. Basil Davidsons wichtige Unterscheidung zwischen Massen-*Mobilisierung* (beispielsweise die gewaltigen indischen Massen, die in den Straßen von Kalkutta demonstrierten) und Massen-*Teilnahme* hebt die Differenz zwischen der nationalistischen Elite und der ländlichen und städtischen Bevölkerung hervor, die ein organischer Teil des nationalistischen Projekts war. Was Yeats in Irland leistet, ist ein Beitrag zur Herstellung eines erneuerten Gemeinschaftsgefühls – ein Irland, das unterhalten wird von »a company that sang, to sweeten Ireland's wrong, Ballad and story, rann and song«[164] (»einer Gesellschaft, die, um Irlands Unrecht zu lindern, Balladen und Geschichte sang, Reim und Lied«), doch in seinem Mittelpunkt steht eine ausgewählte Gruppe von Männern und Frauen.

Als der neue Nationalstaat gebildet wird, wird er nicht von Propheten und romantischen Rebellen regiert, sondern, im Falle Indiens, von Nehru, einem »pragmatischen und selbstbewußten Staatenbauer«.[165] Für ihn lassen sich die Bauern und städtischen Armen von Leidenschaft leiten, nicht von Vernunft; sie können durch Dichter wie Tagore und charismatische Gestalten wie Gandhi mobilisiert werden, aber nach der Unabhängigkeit hat man diese große Zahl von Menschen in den Staat eingegliedert und in ihrer Entwicklung funktional gemacht. Chatterjee meint, daß die postkolonialen Länder, als sie den Nationalismus in eine neue regionale oder Staats-Ideologie verwandelten, sich einem globalen Prozeß der Rationalisierung auf der Grundlage externer Normen unterwarfen, einem Prozeß, der in den Nachkriegsjahren von der Logik eines Weltsystems beherrscht wurde, dessen Typus der globale Kapitalismus ist, der von einer Handvoll führender Industrienationen gelenkt wird.

Chatterjee hat recht, wenn er sagt, daß die »moderne Staatskunst, wie geschickt sie auch verfahren mag, und die Anwendung der modernen Technologie die sehr realen Spannungen, die ungelöst bleiben, nicht wirksam unterdrücken können«.[166] Die neue Pathologie der Macht im Sinne von Eqbal Ahmad verhilft nationalen Sicherheitsstaaten, Diktaturen und Einparteien-Systemen zur Entstehung. In V. S. Naipauls Roman *A Bend in the River* (1979) wird ein namenloses afrikanisches Land von einem Big Man beherrscht, der weder benannt wird noch präsent ist und der europäische Berater, indische und muslimische Minderheiten und seine eigenen Stammesgenossen innerhalb und außerhalb einer rigiden nativistischen Lehre manipuliert; gegen Ende des Buches sind viele seiner Untertanen getötet worden; die wenigen Überlebenden des

Gemetzels, die gewahr werden, was da passiert – wie Salim, der Protagonist –, kommen zu dem Schluß, daß die Situation hoffnungslos und
eine nächste Emigration unumgänglich ist. (Aus einer ostafrikanischen,
indischen Muslim-Familie stammend, gerät Salim ins von Big Man
beherrschte Landesinnere und verläßt dann die Region, verzweifelt und
völlig niedergeschlagen.) Naipauls ideologisches Hauptargument ist,
daß der Triumph des Nationalismus in der Dritten Welt nicht nur »die
sehr realen Spannungen«, die im postkolonialen Staat »ungelöst« bleiben, unterdrückt, sondern auch die letzte Hoffnung auf Widerstand
ebenso tilgt wie die letzten Zivilisationsspuren des westlichen Einflusses.

Naipaul, ein bemerkenswert begabter Romancier, dramatisiert eine
ideologische Position im Westen, aus der heraus es möglich ist, die postkolonialen Staaten anzuklagen, weil sie bedingungslosen Erfolg bei der
Gewinnung ihrer Unabhängigkeit gehabt haben. Sein Angriff auf die
koloniale Welt wegen ihres religiösen Fanatismus (in *Among the Believers*), ihrer zerstörerischen Politik (in *Guerrillas*) und ihrer Minderwertigkeit (in seinen beiden ersten Indien-Büchern)[167] ist Teil einer Ernüchterung über die Dritte Welt, die in den siebziger und achtziger Jahren
dieses Jahrhunderts viele Leute überkam, darunter prominente westliche Befürworter eines Nationalismus der Dritten Welt wie Conor
Cruise O'Brien, Pascal Bruckner *(The Tears of the White Man)* und
Gérard Chaliand. In einer interessanten, halb-dokumentarischen Geschichte der früheren französischen Unterstützung des Widerstandes in
der Dritten Welt, *Aux Origines des Tiers-Mondismes: Colonisés et anti-
colonialistes en France (1919–1939)*, wagt Claude Liauzu die These,
daß um 1875 ein antiimperialistischer Block nicht mehr in der Form
existierte wie zuvor.[168] Das Verschwinden der heimischen Opposition
gegen den Imperialismus ist ein plausibles Argument im Zusammenhang mit Groß-Frankreich und vielleicht auch dem atlantischen Westen
im allgemeinen, aber wenig hilfreich in bezug auf weiterhin umstrittene
Regionen, ob in den neuen Staaten oder in weniger bedeutenden Sektoren der metropolitanischen Kultur. Macht- und Autoritätsfragen, die
einst den klassischen Imperien Großbritanniens und Frankreichs gestellt wurden, werden jetzt an despotische Nachfolgerregimes gerichtet
und gegen die Idee, daß afrikanische oder asiatische Länder in Sklaverei
und Abhängigkeit verharren sollten.

Die Anhaltspunkte dafür sind dramatisch. Der Kampf für demokra-
tische und Menschen-Rechte setzt sich, um nur einige wenige Beispiele
zu nennen, in Kenia, Haiti, Nigeria, Marokko, Pakistan, Ägypten,

Burma, Tunesien und El Salvador fort. Außerdem hat die wachsende Bedeutung der Frauenbewegung Druck auf oligarchischen Dirigismus und Militär- (oder Einparteien-) Herrschaft ausgeübt. Auch erhält die oppositionelle Kultur Verbindungen zwischen der westlichen und der nicht-europäischen Kultur aufrecht – man sieht erste Zeichen dieser Verbindung beispielsweise in Césaires Brückenschlag zu Marxismus und Surrealismus und später in den Gemeinsamkeiten zwischen *Subaltern Studies* und Gramsci oder Barthes. Viele Intellektuelle in der früher kolonisierten Welt haben es abgelehnt, sich mit dem unglückseligen Geschick von Naipauls Indar abzufinden, einem vielversprechenden jungen Provinzler, der einst von Stiftungen in den Vereinigten Staaten gefördert wurde, jetzt aber eine in Vergessenheit geratene und hoffnungslose Person ohne jede Heimstatt ist:

> »Von Zeit zu Zeit ist alles, was er weiß, daß es jetzt für ihn an der Zeit ist, heimzugehen. In seinem Kopf ist irgendein Traum-Dorf. In der Zwischenzeit macht er die niedrigsten Arten von Jobs. Er weiß, daß er für bessere Sachen geeignet ist, aber er möchte sie nicht machen. Ich glaube, es freut ihn zu hören, daß er doch Besseres tun kann. Jetzt haben wir es aufgegeben. Er möchte nichts mehr riskieren.«[169]

Indar ist einer der »neuen Männer«, ein Intellektueller der Dritten Welt, der es zu unverdientem Ansehen bringt, als wankelmütige Enthusiasten in der Ersten Welt gerade anfangen, aufrührerische nationalistische Bewegungen zu unterstützen, aber den kürzeren zieht, als ihre Begeisterung nachläßt.

Ist das eine genaue Darstellung dessen, worum Widerstandspolitik und -kultur kreisen? Wurde die radikale Energie, die Algerier und Inder in Massenaufstände trieb, am Ende durch Unabhängigkeit gezügelt und gelähmt? Nein, weil der Nationalismus nur ein Moment des Widerstandes war und nicht einmal das wichtigste oder dauerhafteste.

Daß wir die nationalistische Geschichte so gründlich und genau beurteilen können, ist in der Tat ein Beweis für die neue Perspektive, welche die Opposition auf die Erfahrung des historischen Imperialismus eröffnet; sie erwächst positiv aus den dezentrierenden Lehren von Freud, Marx und Nietzsche, negativ aus den Unzulänglichkeiten der nationalistischen Ideologie. Die nationalistische Kultur ist bisweilen von einer fruchtbaren Kultur des Widerstandes überholt worden, deren Kern energischer Aufstand ist, eine »Technik der Unruhestiftung«, die gegen die Autorität und den Diskurs des Imperialismus gerichtet wird.

Aber eben das geschieht leider nicht oder jedenfalls nicht immer. Alle nationalistischen Kulturen hängen vom Konzept der nationalen Identität ab, und nationalistische Politik ist eine Politik der Identität: Ägypten den Ägyptern, Afrika den Afrikanern, Indien den Indern und so fort. Was Basil Davidson die »zweideutige Fruchtbarkeit« des Nationalismus nennt[170], begünstigt nicht nur die Behauptung einer einst unvollständigen und unterdrückten, aber letztlich durch nationale Erziehungssysteme wiederhergestellten Identität, sondern auch die Aura einer neuen Autorität. Das gilt gleichermaßen für die Vereinigten Staaten, wo die Kraft des afrikanisch-amerikanischen, des Frauen- und des Minderheiten-Ausdrucks hier und dort in doktrinäres Gehabe verkehrt worden ist, so als ob das Bedürfnis, den Mythos des weißen Amerika zu kritisieren, zugleich die Neigung verstärkte, diesen Mythos durch dogmatische neue Mythen zu ersetzen.

In Algerien beispielsweise verboten die Franzosen Arabisch als förmliche Schul- oder Verwaltungssprache; nach 1962 erklärte die FLN das Arabische zur einzigen und ausschließlichen Landessprache und setzte ein neues arabisch-islamisches Erziehungssystem in Kraft. Dann ging die FLN dazu über, sich politisch der gesamten algerischen Zivilgesellschaft zu bemächtigen: innerhalb von drei Jahrzehnten bewirkte diese Gleichschaltung von Staat und Parteiautorität mit einer wiederhergestellten Identität nicht nur die Monopolisierung nahezu aller politischen Praktiken durch eine einzige Partei und die beinahe vollständige Verödung des demokratischen Lebens, sondern auf dem rechten Flügel auch die Bildung einer islamischen Opposition, die eine militant muslimische algerische Identität auf der Basis von Koran-*(shari'ah-)*Prinzipien favorisiert. Um 1990 war das Land in einem Krisenzustand, dessen Ausdruck eine erschöpfende Entfremdung von der Regierung ist, die die Wahlergebnisse ebenso außer Kraft setzte wie die meisten freien politischen Tätigkeiten. Beide Seiten beanspruchen das Recht, Algerien zu regieren.

In dem Kapitel über die »Mißgeschicke des nationalen Bewußtseins« in *Die Verdammten dieser Erde* sah Fanon diese Wendung der Ereignisse voraus. Seine Vorstellung war, daß, solange das Nationalbewußtsein auf dem Höhepunkt seines Erfolges nicht in Sozialbewußtsein übersetzt worden sei, die Zukunft nicht Befreiung bringen werde, sondern Extension des Imperialismus. Seine Theorie der Gewalt soll nicht die Appelle einer erhitzten Eingeborenenmeute unter der Aufsicht eines europäischen Polizisten beantworten und die Dienste eines Eingeborenen-Wachtmeisters an seine Stelle setzen. Im Gegenteil, sie stellt den Kolonialismus zunächst als totalisierendes System dar, das auf dieselbe Weise unterhalten wird – Fanons implizite Analogie ist verheerend –, wie das menschliche Verhalten von unbewußten Wünschen angetrieben wird. In einem zweiten, quasi-hegelschen Schritt tritt ein manichäischer Gegensatz ans Licht: der aufrührerische Eingeborene, der Logik müde, die ihn reduziert, der Geographie, die ihn absondert, der Ontologie, die ihn entmenschlicht, und der Epistemologie, die ihn zu einem unerlösten Wesen erniedrigt. »Die Gewalt des Kolonialregimes und die Gegengewalt des Kolonisierten halten sich die Waage und entsprechen einander in einer außerordentlichen Homogenität.«[171] Der Kampf muß auf eine neue Stufe des Wettstreits gehoben werden, eine Synthese, die durch einen Befreiungskrieg repräsentiert wird, für den eine neue post-kolonialistische theoretische Kultur unabdingbar ist.

Wenn ich so häufig Fanon zitiert habe, dann deshalb, weil er, entschiedener als irgend jemand sonst, den gewaltigen kulturellen Umschwung vom Terrain der nationalen Unabhängigkeit zum theoretischen Terrain der Befreiung zum Ausdruck bringt. Dieser Umschwung findet hauptsächlich da statt, wo der Imperialismus in Afrika noch fortbesteht, nachdem die meisten Kolonialstaaten längst ihre Unabhängigkeit erlangt haben, etwa in Algerien oder Guinea-Bissao. Jedenfalls bleibt Fanon unverständlich, wenn man nicht erfaßt, daß sein Werk eine Reaktion auf theoretische Entwicklungen ist, die vom Spätkapitalismus des Westens ausgelöst und von Intellektuellen der Dritten Welt als Kultur der Unterdrückung und kolonialen Versklavung akzeptiert wurden. Fanons Œuvre besteht ganz und gar in dem Versuch, die Hartnäckigkeit eben dieser theoretischen Entwicklungen durch einen Akt des politischen Willens zu überwinden, sie gegen deren Autoren zu wenden, um, mit einem Ausdruck, den er bei Césaire entlehnt, neue Seelen zu erfinden.

Fanon verbindet scharfsinnig die Eroberung der Geschichte durch den Kolonialherrn mit dem Wahrheitsregime des Imperialismus, über das die großen Mythen der westlichen Kultur wachen:

»Der Kolonialherr macht die Geschichte. Sein Leben ist ein Epos, eine Odyssee. Er ist der absolute Beginn: ›Dieses Land, wir haben es zu dem gemacht, was es ist.‹ Er ist die immerwährende Ursache: ›Wenn wir weggehen, ist alles verloren, dieses Land wird ins Mittelalter zurückfallen.‹ Schwerfällige, durch Fieber und primitive Bräuche von innen gepeinigte Wesen stehen ihm gegenüber, ein gleichsam mineralischer Rahmen für die alles verändernde Dynamik des kolonialen Handelssystems.«[172]

So wie Freud die unterirdischen Fundamente des Gebäudes der westlichen Vernunft ausschachtete, so wie Marx und Nietzsche die verdinglichten Daten der bürgerlichen Gesellschaft deuteten, indem sie sie in

einfache, aber produktive Impulse gegen Dominanz und Akkumulation
zurückübersetzen, so liest Fanon den westlichen Humanismus, indem
er die große, gebieterische Botschaft des »griechisch-lateinischen Sok-
kels« leibhaftig in das koloniale Ödland transportiert, wo »dieser
künstliche Wachtposten sich in Staub auflöst«.[173] Er kann die Konfrontation mit seiner täglichen Erniedrigung durch europäische Siedler
nicht überleben. In der subversiven Geste von Fanons Schreibweise wiederholt ein höchst bewußter Mensch so entschlossen wie ironisch die
Taktiken der Kultur, die ihn, wie er glaubt, unterdrückt hat. Der Unterschied zwischen Marx, Freud und Nietzsche auf der einen und Fanons
»kolonisiertem Intellektuellen« auf der anderen Seite ist der, daß der
verspätete koloniale Denker seine Vorgänger geographisch fixiert – sie
sind *aus* dem Westen –, um ihre Energien besser aus der unterdrücken-
den kulturellen Matrix lösen zu können, die sie hervorgebracht hat.
Indem er sie antithetisch faßt, nämlich als dem kolonialen System we-
senseigen und gleichzeitig potentiell mit ihm zerstritten, vollzieht Fanon
eine Art Abschlußakt des Imperiums und kündigt eine neue Ära an.
Man muß, sagt er, »rasch vom nationalen Bewußtsein zum politischen
und sozialen Bewußtsein übergehen, mit anderen Worten, zu einem
[realen] Humanismus«.[174]

Das Wort »Humanismus« klingt merkwürdig in diesem Kontext, wo
es frei ist von dem narzißtischen Individualismus, der Entzweiung und
dem kolonialistischen Egoismus des Imperialismus, der die Herrschaft
des weißen Mannes rechtfertigte. Wie Césaire in seinem *Retour* entwarf
Fanon den Imperialismus in seiner positiven Dimension neu, der Dimension eines kollektiven Aktes, der eine träge Masse stummer Eingeborener wiederbelebt und in eine neue inklusive Konzeption der Geschichte überführt:

> »Das kolossale Werk, den Menschen, den ganzen Menschen zur Welt zu bringen,
> wird nur mit der Hilfe der europäischen Massen gelingen. Die Massen Europas
> müssen sich darüber klarwerden, daß sie sich in den kolonialen Fragen oft, allzuoft
> mit unseren gemeinsamen Herren verbündet haben. Heute müssen sie sich ent-
> scheiden, sie müssen aufwachen, zu einem neuen Bewußtsein kommen und ihren
> verantwortungslosen Dornröschenschlaf ein für allemal aufgeben.«[175]

Die Frage, wie das vollbracht werden kann, führt uns von den scheinbaren Ermahnungen und Vorschriften zur außerordentlich interessanten
Struktur und Methode der *Verdammten dieser Erde*. Fanons Leistung in
diesem seinem letzten Buch (veröffentlicht 1961, wenige Monate nach
seinem Tode) liegt zunächst darin, daß er Kolonialismus und Nationa-

lismus in ihrem manichäischen Kampf zeigt, dann die Geburt einer Unabhängigkeitsbewegung vor Augen führt und schließlich diese Bewegung in etwas verwandelt, das in Wirklichkeit eine überpersonale und übernationale Kraft ist. Die visionäre und innovative Wucht von Fanons letztem Werk gründet in der Subtilität, mit der er die imperialistische Kultur und ihren nationalistischen Widersacher im Prozeß des Ausblicks auf künftige Befreiung gewaltsam *deformiert*. Wie vor ihm Césaire ficht Fanon den Imperialismus um dessentwillen an, was er durch Akte wirksamer rhetorischer und strukturierter Zusammenfassung geschaffen hat. Sie machen die lange Kulturgeschichte des Imperialismus deutlich und – aufschlußreicher noch – erlauben es Fanon, neue Strategien und Ziele für die Befreiung zu formulieren.

Die Verdammten dieser Erde ist ein hybrides Werk – teils Essay, teils phantasievolle Erzählung, teils philosophische Analyse, teils psychologische Fallgeschichte, teils nationalistische Allegorie, teils visionäre Überschreitung der Geschichte. Es setzt ein mit einer territorialen Skizze des kolonialen Raumes, der geteilt ist in die saubere, hellerleuchtete europäische Stadt und die dunkle, stinkende, düstere Kasba. Aus dieser manichäischen Situation folgt Fanons gesamtes Werk, sozusagen in Bewegung gesetzt von der Gewalt des Einheimischen, einer Kraft, die die Lücke zwischen Weiß und Nicht-Weiß zu schließen bestimmt ist. Für Fanon ist Gewalt, wie bereits gesagt, die Synthese, welche die Verdinglichung von Weißem als Subjekt und Schwarzem als Objekt aufhebt. Ich vermute, daß Fanon bei der Niederschrift seines Werkes Lukács' *Geschichte und Klassenbewußtsein* gelesen hat, das 1960 gerade in französischer Übersetzung in Paris erschienen war. Lukács expliziert dort, daß die Haupteffekte des Kapitalismus Fragmentierung und Verdinglichung sind: Jedes menschliche Wesen wird zum Objekt oder Gebrauchsgut, das Produkt der menschlichen Arbeit entfremdet sich von seinem Produzenten, das Bild des Ganzen oder der Gemeinschaft verflüchtigt sich. Überaus bedeutsam für den aufrührerischen und häretischen Marxismus, den Lukács vortrug (kurz nach der Veröffentlichung im Jahre 1923 wurde das Buch von Lukács selbst aus dem Verkehr gezogen), war die Trennung von subjektivem Bewußtsein und Objektwelt. Diese Trennung, sagte er, könne durch einen geistigen Willensakt überwunden werden, mit dem ein einsamer Geist mit einem anderen durch die Vorstellung des gemeinsamen Bandes zwischen ihnen interagiere; so werde die erzwungene Rigidität durchbrochen, die die Menschen als Sklaven äußerer tyrannischer Mächte hielt. Daher dann Versöhnung und Synthese zwischen Subjekt und Objekt.

Fanons Gewalt, durch die der Eingeborene die Scheidung von Weiß und Nicht-Weiß überwindet, entspricht sehr genau Lukács' These der möglichen Überwindung der Fragmentierung durch einen Akt des Willens; Lukács nennt das »keinen einmaligen Akt des Zerreißens eines Schleiers, der den Prozeß verdeckt, [...] sondern den ununterbrochenen Wechsel von Erstarrung, Widerspruch und In-Fluß-Geraten«.[176] Damit ist die Subjekt-Objekt-Verdinglichung in ihrer gefängnisartigen Immobilität zerstört. Fanon macht sich Elemente dieser äußerst kühnen These, die sogar innerhalb des oppositionellen Marxismus oppositionell ist, zu eigen, etwa in Passagen wie den folgenden, in denen das Bewußtsein des Kolonialherrn wie das des Kapitalisten funktioniert, indem es menschliche Arbeiter in nicht-menschliche und bewußtlose Objekte verwandelt:

»Der Kolonialherr macht die Geschichte und weiß, daß er sie macht. Und weil er sich ständig auf die Geschichte seines Mutterlandes bezieht, gibt er deutlich zu verstehen, daß er hier der Vorposten dieses Mutterlandes ist. Die Geschichte, die er schreibt, ist also nicht die Geschichte des Landes, das er ausplündert, sondern die Geschichte seiner eigenen Nation, in deren Namen er raubt, vergewaltigt und aushungert. Die Unbeweglichkeit [später spricht er von Apartheid als einer ›in Abteile getrennten Welt‹: ›Der Eingeborene‹, fügt er hinzu, ›ist ein eingepferchtes Wesen. Als erstes lernt der Eingeborene, auf seinem Platz zu bleiben, die Grenzen nicht zu überschreiten.‹[177]], zu welcher der Kolonisierte verdammt ist, kann nur dadurch in Frage gestellt werden, daß der Kolonisierte beschließt, der Geschichte der Kolonisation, der Geschichte der Ausplünderung ein Ende zu setzen, um die Geschichte seines Landes, die Geschichte der Dekolonisation beginnen zu lassen.«[178]

In Fanons Welt kann nur dann Wandel eintreten, wenn der Eingeborene, wie Lukács' entfremdeter Arbeiter, beschließt, daß die Kolonisation ein Ende haben muß – mit anderen Worten, es muß eine epistemologische Revolution stattfinden. Erst dann kann es Bewegung geben. Und an diesem Punkt kommt die Gewalt ins Spiel, »eine reinigende Kraft«, die Kolonialherren und Kolonisierte direkt gegeneinanderführt:

»Die Gewalt des Kolonialregimes und die Gegengewalt des Kolonisierten halten sich die Waage und entsprechen einander in einer außerordentlichen Homogenität. [...] Die Arbeit des Kolonialherrn ist es, selbst die Freiheitsträume des Kolonisierten unmöglich zu machen. Die Arbeit des Kolonisierten ist es, sich alle nur möglichen Kombinationen zur Vernichtung des Kolonialherrn auszudenken. Der Manichäismus des Kolonialherrn erzeugt einen Manichäismus des Kolonisierten. Der Theorie vom ›Eingeborenen als absolutem Übel‹ antwortet die Theorie vom ›Kolonialherrn als absolutem Übel‹.«[179]

Hier formt Fanon nicht nur Kolonialerfahrungen im Sinne von Lukács um, sondern charakterisiert auch den neu auftretenden kulturellen und politischen Widersacher des Imperialismus. Seine Bilderwelt für diesen Auftritt ist biologischer Art:

> »Das Auftreten des Kolonialherrn hatte synkretistische Bedeutung: Tod der autochthonen Gesellschaft, kulturelle Lethargie, Versteinerung der Individuen. Das Leben kann für den Kolonisierten nur aus der verwesenden Leiche des Kolonialherrn entstehen. [...] Aber das kolonisierte Volk erlebt es, daß diese Gewalt, weil sie seine einzige Arbeit darstellt, positive und aufbauende Züge annimmt. Die gewalttätige Praxis wirkt integrierend, weil sich jeder zum gewalttätigen Glied der großen Kette, der großen gewalttätigen Organisationen macht, die als Reaktion auf die primäre Gewalt des Kolonialisten aufgestanden ist.«[180]

Zweifellos folgt Fanon hier der Sprache des französischen Kolonialismus, in der Publizisten wie Jules Harmand und Leroy-Beaulieu die biologische Bilderwelt von Geburt, Gebären und Genealogie zur Beschreibung der elterlichen Beziehung Frankreichs zu seinen kolonialen Kindern gebrauchten. Fanon verkehrt die Dinge ins Gegenteil, indem er diese Sprache für die Geburt einer neuen Nation reklamiert und die Sprache des Todes für den kolonialen Siedler-Staat. Aber selbst dieser Antagonismus deckt nicht alle Differenzen, die sich auftun, wenn die Revolte beginnt und »das Leben ein unaufhörlicher Kampf [zu sein scheint]«.[181] Da sind die Hauptunterschiede zwischen legalem und illegalem Nationalismus, zwischen Politik der nationalen Reform und einfacher Dekolonisierung auf der einen Seite und entschlossener Befreiungspolitik auf der anderen.

Diese Unterscheidungen sind ebenso wichtig wie diejenige zwischen Kolonialherrn und Kolonisiertem (deren Leitgedanke, wenn auch einfacher, von Albert Memmi aufgenommen wird[182]). Der wirkliche prophetische Ausgriff der *Verdammten dieser Erde* geschieht genau hier: Fanon spürt die Scheidelinie zwischen der nationalistischen Bourgeoisie in Algerien und den Befreiungstendenzen der FLN, und er markiert darüber hinaus erzählerische und historische Muster. Bricht der Aufstand los, so versuchen die nationalistischen Eliten, Gleichheit mit Frankreich herzustellen: Forderungen nach Menschenrechten, Selbstregierung, Gewerkschaften und so fort. Und da der französische Imperialismus sich »assimilationistisch« nannte, gehen die offiziellen nationalistischen Parteien in die Falle, sich als Agenten der herrschenden Autoritäten verpflichten zu lassen. (Dies war beispielsweise das Verhängnis von Farhat Abbas, der, als er in Frankreich Zustimmung fand, alle Hoffnung auf Massenunterstützung zu Hause einbüßte.) Damit verfallen die offiziellen bürgerlichen Nationalisten ins narrative Schema der Europäer, in der Hoffnung, »mimic men« [Nachahmer] im Sinne von V. S. Naipaul zu werden, bloße Imitationen ihrer imperialen Herren.

Fanons brillante Analyse der Befreiungstendenzen setzt mit Kapitel 2 ein, »Größe und Schwächen der Spontaneität«, deren Basis ein zeitlicher Abstand und ein Unterschied im Rhythmus (»décalage«) zwischen »den Kadern der nationalistischen Partei und den Massen« ist.[183] In dem Maße, wie die Nationalisten die Methoden westlicher politischer Parteien kopieren, entzünden sich im nationalistischen Lager Spannungen – zwischen Land und Stadt, zwischen Führung und Basis, zwischen Bourgeoisie und Landvolk, zwischen feudalen und politischen Führern –, die allesamt von den Imperialisten instrumentalisiert werden. Das Kernproblem ist, daß, obwohl die offiziellen Nationalisten mit dem Kolonialismus brechen wollen, »ein anderer Wille [in Erscheinung tritt]: sich auf gütliche Weise mit ihm [dem Kolonialismus] zu einigen«.[184] Danach beginnt eine illegale Gruppe, diese Politik in Zweifel zu ziehen, und wird rasch isoliert, unter Umständen sogar inhaftiert.

> »Es kommt also zu einem an Spaltung grenzenden Bruch zwischen der illegalistischen und der legalistischen Tendenz der Partei. [...] Eine illegale Partei entsteht neben der legalen und sanktioniert diese Bewegung.«[185]

Fanons Methode, die Wirksamkeit dieser illegalen, dieser Untergrundpartei zu zeigen, ist die, ihre Existenz als Gegen-Erzählung zu dramatisieren, als Untergrund-Erzählung, in Gang gesetzt von Flüchtlingen, Außenseitern und gejagten Intellektuellen, die aufs Land fliehen und in ihrer Arbeit und ihrer Organisation die Schwächen der offiziellen Erzählung des Nationalismus klären und diese Erzählung zugleich untergraben. Ihr spektakulärer Voluntarismus,

> »der mit einem Schlag das kolonisierte Volk zur absoluten Souveränität führen wollte, diese Gewißheit, alle Teile der Nation mit dem gleichen Schwung und in der gleichen Erleuchtung mit sich reißen zu können, diese Kraft, die die Hoffnung begründet, offenbart sich im Lichte der Erfahrung als eine sehr große Schwäche.«[186]

Eben diese Macht, das »Licht der Erfahrung« weitervermitteln zu können, wird an die illegalen Bestrebungen gekoppelt, die die Befreiungspartei beleben. Diese zeigt allen, daß Rassismus und Revanchismus keinen »Befreiungskrieg unterhalten und stützen« können; daher macht der Eingeborene die »Entdeckung«, daß er mit der »Beseitigung der kolonialen Unterdrückung nur automatisch ein anderes Ausbeutungssystem aufbaut«, dem er diesmal ein »schwarzes oder ein arabisches Gesicht« gibt, solange die »mimic men« am Ruder sind.

»Daß der antikolonialistische Kampf sich nicht auf Anhieb unter einer nationalen Perspektive abspielt«, merkt Fanon an dieser Stelle an, »genau das lehrt uns die Geschichte.«[187] Unter dem Bild der »nationalen Perspektive« versteht Fanon, daß die konventionelle Erzählung, wie wir an Conrads Werk beobachtet haben, für die besitzergreifenden und dominanten Attribute des Imperialismus zentral ist. Die Erzählung selbst ist die Darstellung der Macht, und ihre Teleologie ist mit der globalen Rolle des Westens verknüpft. Fanon war der erste bedeutende Theoretiker des Anti-Imperialismus, der gewahr wurde, daß der orthodoxe Nationalismus den Weg verfolgte, den der Imperialismus gebahnt hatte, der, während er der nationalistischen Bourgeoisie die Macht abzutreten schien, in Wirklichkeit seine Hegemonie erweiterte. Eine einfache nationale Geschichte erzählen heißt deshalb, den Imperialismus wiederholen, ausdehnen und überdies neue Imperialismusformen erzeugen. Sich selbst überlassen, zerbröckelt der Nationalismus nach der Unabhängigkeit »innerhalb ein und derselben nationalen Realität in Regionalismen«.[188] Die alten Konflikte zwischen Regionen werden aufgefrischt, die Privilegien eines Volkes vor einem anderen werden monopolisiert, und die vom Imperialismus geschaffenen Hierarchien und Trennungen werden wiedereingeführt, nur daß sie jetzt von Algeriern, Senegalesen, Indern und so weiter bestimmt werden.

Wenn man derlei Rückfälle seinem Land wirklich ersparen will, sagt Fanon später, »muß man rasch vom nationalen Bewußtsein zum politischen und sozialen Bewußtsein übergehen«.[189] Er meint damit vor allem, daß Wünsche, die sich einem Identitäts- (d. h. nationalistischen) Bewußtsein verdanken, gedämpft, ja abgestreift werden müssen. Neue Gesamtheiten – afrikanische, arabische, islamische – sollten Vorrang haben vor partikularen und somit laterale, nicht-narrative Verbindungen zwischen Menschen stiften, die der Imperialismus in autonome Stämme, Erzählungen, Kulturen aufspaltete. Zweitens – und hier folgt Fanon manchen Anregungen von Lukács – muß das Zentrum (Hauptstadt, offizielle Kultur, bestallter Führer) entmystifiziert werden. Ein neues System beweglicher Beziehungen muß die vom Kapitalismus ererbten alten Hierarchien ersetzen. Mit glühenden Argumenten nimmt Fanon Zuflucht bei Poesie und Drama, bei René Char und Keita Fobeda. Befreiung ist Bewußtsein und Bewußtwerdung des Selbst, »kein Sichabschließen gegenüber der Kommunikation«[190], sondern ein unaufhörlicher Prozeß der »Entdeckung und Ermutigung«.

Aus der Lektüre der Schlußseiten der *Verdammten dieser Erde* gewinnt man den Eindruck, daß Fanon, nachdem er sich der Bekämpfung
von Imperialismus und orthodoxem Nationalismus durch eine Gegen-
Erzählung von großer dekonstruktivistischer Wucht verschrieben hat,
die Komplexität und identitätsfeindliche Kraft dieser Gegen-Erzählung
nicht explizit zu machen verstanden hat. In der dunklen und schwierigen
Prosa Fanons sind jedoch genug poetische und visionäre Impulse aufbe-
wahrt, um die Sache der Befreiung als *Prozeß* und nicht als ein Ziel zu
begreifen, das automatisch von den jüngst unabhängig gewordenen Nationen erreicht werden könnte. Im gesamten Verlauf der (auf französisch
geschriebenen) *Verdammten dieser Erde* sucht Fanon die Europäer und
die Eingeborenen zu einer nicht-gegnerschaftlichen Gemeinschaft von
Bewußtheit und Anti-Imperialismus zusammenzuführen.

In Fanons Verwünschungen der Europäer und seiner Werbung um
ihre Aufmerksamkeit rumort jene kulturelle Energie, die auch in der Literatur von Ngugi, Achebe und Salih zutage tritt. Ihre Botschaften lauten: Wir alle müssen unsere Geschichten und Kulturen neu schreiben;
wir haben dieselbe Geschichte, wiewohl diese Geschichte manche von
uns versklavt hat. Genau das versucht, kurzgesagt, das Schrifttum aus
den Kolonien, zeitgleich mit dem Vorhaben der postkolonialen Befreiung. Algerien wurde befreit, ebenso Kenia und der Sudan. Die wichtigen Beziehungen zu den früheren Kolonialmächten bleiben gewahrt,
ebenso ein geschärftes Gespür für das, was von der früheren Beziehung
gerettet werden kann und was nicht und worauf man zählen kann oder
nicht. Abermals ist es die Kultur und das kulturelle Projekt, das den
künftigen Verlauf der Dinge voraussagt – weit vor der Kulturpolitik der
postkolonialen Periode, die von den Vereinigten Staaten dominiert
wird, der verbleibenden Supermacht.

Da ein Großteil der Widerstandsliteratur im dichtesten Kampfgetüm-
mel geschrieben wurde, gibt es eine verständliche Neigung, sich auf ihre
militante, häufig schrille Anmaßung zu konzentrieren oder sie für eine
Blaupause der Schrecknisse des Pol Pot-Regimes zu nehmen. Einerseits
haben neuere Artikel zu Fanon ihn als Prediger gedeutet, der die Unterdrückten zu Gewalt aufruft und nur zu Gewalt; wenig wird da gesagt
zur französischen Kolonialgewalt; Sidney Hook zufolge ist Fanon
nichts weiter als ein irrationaler, letztlich dummer Feind des »Westens«.
Andererseits ist es schwierig, in Amílcar Cabrals bemerkenswerten
Reden und Traktaten die außerordentliche Mobilisierungslust zu ver-
kennen, seine Animosität und Heftigkeit, die Art und Weise, wie Ressentiment und Haß wachgehalten werden – insbesondere vor dem häß-

lichen Spiegelbild des portugiesischen Kolonialismus. Und doch würde
man Texte wie »The Weapons of Theory« oder »National Liberation
and Culture« ernstlich mißdeuten, schlösse man die Augen vor Cabrals
befeuerndem Utopismus und seiner theoretischen Offenheit, so wie es
auch eine Mißdeutung Fanons wäre, wollte man in ihm nicht mehr sehen als einen Zelebranten des gewaltsamen Konflikts. Bei Cabral wie
bei Fanon ist die Betonung des »bewaffneten Kampfes« meist eine taktische. Für Cabral wird die Befreiung durch Gewalt und Organisation erreicht, und Militanz ist deshalb geboten, weil der Imperialismus die
Nicht-Europäer von Erfahrungen abgeschnitten hat, die bisher nur dem
weißen Mann zugestanden haben. Aber, sagt Cabral, »die Zeit ist vorbei, da die Kultur, in einem Versuch, die Herrschaft der Völker zu ver-
ewigen, als Attribut privilegierter Völker oder Nationen aufgefaßt
wurde und da Kultur, aus Ignoranz oder Böswilligkeit, mit technischer
Geschicklichkeit verwechselt wurde, wenn nicht sogar mit der Hautfarbe oder Augenform«.[191] Diese Schranke wegräumen heißt den Nicht-
Europäern Zutritt zur ganzen Fülle menschlicher Erfahrung gewähren;
endlich kann die Menschheit *ein* Schicksal und, wichtiger noch, *eine*
Geschichte haben.

Sicherlich hat der kulturelle Widerstand gegen den Imperialismus,
wie bereits gesagt, häufig die Form dessen angenommen, was wir einen
als private Zuflucht genutzten Nativismus nennen können. Man findet
das nicht nur bei Jabarti, sondern auch bei dem großen frühen Helden
des algerischen Widerstandes, dem Emir Abd el Kader, einem Krieger
des 19. Jahrhunderts, der, während er die französischen Besatzungs-
armeen bekämpfte, sich in die Lehren des Sufi-Meisters Ibn Arabi
(13. Jahrhundert) vertiefte.[192] Gegen die Entstellungen aufbegehren,
die der eigenen Identität auf diese Weise angetan wurden, heißt auf eine
vor-imperiale Periode zurückgreifen, um eine »reine« Eingeborenenkultur wiederzufinden. Das ist etwas ganz anderes als die revisionistischen Interpretationen von Guha oder Chomsky, deren Absicht es ist,
die Interessen zu entmystifizieren, die am Werk sind, wenn man sich auf
Forscher beruft, die mit »zurückgebliebenen« Kulturen befaßt sind. In
gewisser Weise hofft der Nativist, hinter allen Interpretationen auf das
»reine Phänomen« zu treffen, ein buchstäbliches Faktum, das eher auf
Zustimmung und Bestätigung als auf Auseinandersetzung und Erforschung drängt. Etwas von dieser leidenschaftlichen Intensität findet
sich in freimütigen Verdammungen »des Westens« wie Jalal Ahmads
Ghobzadagior Occidentosis: A Plague from the West (1961–62)[193]
oder bei Wole Soyinka, wenn er die Existenz eines »reinen« afrikani-

schen Eingeborenen hypostasiert (wie in seinem unglückseligen Angriff
auf den Islam und die Araber[194]); man sieht diese Intensität produktiv
gewendet in Anwar Abd el Maleks Vorschlägen zu »Zivilisationsprojek-
ten« und der Theorie endogamer Kulturen.[195]

Ich bin nicht sonderlich daran interessiert, allzuviel Zeit auf die Diskussion der insgesamt offenkundig unseligen kulturellen Konsequenzen
des Nationalismus im Irak, in Uganda, Zaire, Libyen, den Philippinen,
dem Iran und in Lateinamerika zu verschwenden. Die Verstümmelungs-
kräfte des Nationalismus sind lange genug von einer ganzen Armee von
Kommentatoren, Experten und Amateuren karikiert worden, für die die
nicht-westliche Welt, nachdem die Weißen sie verlassen haben, wenig
mehr geworden ist als ein Spielplatz für Stammeshäuptlinge, despotische Barbaren und hirnlose Fundamentalisten. Einen beachtenswerten
Kommentar zur nativistischen Tendenz – und der eher naiven fundamentalistischen Ideologie, die sie ermöglicht – liefern Darstellungen der
kreolischen oder *mestizo*-Kultur wie in Rodós *Ariel* und bei manchen
lateinamerikanischen Märchenerzählern, deren Texte die manifeste
Unreinheit, die faszinierende Mischung von Realem und Surrealem in
aller Erfahrung bezeugen. Liest man »magische Realisten« wie Carpentier, Borges, García Márquez und Fuentes, so entwickelt man ein lebhaf-
tes Verständnis für das dichte Gewebe einer Geschichte, die der linearen
Erzählung, den leicht wiedergewonnenen »Essenzen« und der dogmati-
schen Mimesis »reiner« Darstellung trotzt.

Auf ihrem Höhepunkt läßt die Kultur der Opposition und des Widerstandes eine theoretische Alternative und eine praktische Methode zur
Neubestimmung der menschlichen Existenz in nicht-imperialistischen
Begriffen erahnen. Ich ziehe das vorsichtige »erahnen« dem zuversicht-
lichen »liefern« vor, und zwar aus Gründen, die, wie ich hoffe, bald evident werden.

Ich möchte zunächst rasch die Hauptschritte meines Argumentationsganges rekapitulieren. Der ideologische und kulturelle Krieg gegen den Imperialismus setzt in Gestalt von Widerstand in den Kolonien
ein und später, wenn der Widerstand nach Europa und Amerika über-
greift, in Gestalt von Oppositon oder Dissens in der Metropole. Die erste Phase bringt nationale Unabhängigkeitsbewegungen hervor, die
zweite, spätere und heftigere zeitigt Befreiungskämpfe. Die Grundprämisse dieser Analyse ist, daß, obwohl die imperiale Scheidewand tatsächlich Metropole und Peripherie trennt und obwohl jeder kulturelle
Diskurs sich im Sinne verschiedener Agenden, Rhetoriken und Bilder
entfaltet, sie in Wirklichkeit miteinander verbunden sind, freilich nicht

immer in völliger Entsprechung. Der Raj benötigte die Babus, so wie die Nehrus und Gandhis später das von den Briten etablierte Indien übernahmen. Die Verbindung stellt sich im kulturellen Kontext her, weil, wie gesagt, die imperialistische Erfahrung wie alle kulturellen Praktiken eine verflochtene und übergreifende ist. Nicht nur die Kolonialherren konkurrierten miteinander, sondern auch die Kolonisierten, die häufig vom selben Typus »primären Widerstandes« zu ähnlichen nationalistischen Parteien auf der Suche nach Souveränität und Unabhängigkeit wechselten.

Aber ist das alles, was der Imperialismus und seine Gegner auf den Weg gebracht haben, eine sorglose Runde von Auflagen und Gegen-Auflagen, oder ist ein neuer Horizont eröffnet worden?

Es ist wenig zweifelhaft, daß, wenn beispielsweise Fanon und Cabral heute noch lebten, sie angesichts der Resultate ihrer Bemühungen tief enttäuscht wären. Ich stelle diese Spekulation an, indem ich ihr Werk als Theorie nicht des Widerstandes und der Dekolonisierung, sondern der Befreiung deute. Es erwies sich, daß Fanon recht hatte, was die Raffgier und die Entzweiung der nationalen Bourgeoisien betraf, aber er lieferte kein institutionelles oder auch nur theoretisches Mittel gegen ihre Plünderungszüge und konnte es auch nicht.

Doch nicht als Staatenbauer oder, wie der schreckliche neue Ausdruck lautet, Gründerväter sollten die großen Widerstandsschriftsteller wie Fanon und Cabral gelesen werden. Obwohl der Kampf um nationale Befreiung mit nationaler Unabhängigkeit zusammenhängt, hängt er doch nicht kulturell damit zusammen – und hat es meiner Meinung nach nie getan. In Fanon und Cabral oder C. L. R. James und George Lamming oder Basil Davidson und Thomas Hodgkin bloß Täuferfiguren herrschender Parteien oder intriganter Experten zu sehen, ist eine Travestie. Etwas anderes ging da vor sich, und es vollzieht einen scharfen Bruch mit der Einheit von Imperialismus und Kultur und dreht dann jäh bei. Warum ist das so schwierig wahrzunehmen?

Erstens wird der Theorie und den theoretischen Unternehmungen, die von Befreiungsschriftstellern vorgeschlagen werden, selten die eindrucksvolle Autorität – ich meine den Ausdruck buchstäblich – oder der heitere Universalismus ihrer zeitgenössischen, meist westlichen Konkurrenten zugestanden. Dafür gibt es viele Gründe, nicht zuletzt den im vorigen Kapitel erwähnten, daß, ganz wie die erzählerischen Kunstgriffe in *Herz der Finsternis*, viele Kulturtheorien, die Anspruch auf Allgemeinheit erheben, die Ungleichheit der Rassen voraussetzen und abbilden, die Unterjochung minderer Kulturen und die Einwilligung derer, die, mit den Worten von Marx, sich nicht selbst repräsentieren können und deshalb von anderen repräsentiert werden müssen. »Daher«, sagt der marokkanische Gelehrte Abdullah Laroui, »die Verurteilungen des kulturellen Imperialismus durch die Intelligenzija der Dritten Welt. Manchmal sind die Leute verwirrt angesichts der schlechten Behandlung, die dem alten liberalen Paternalismus, Marx' Eurozentrismus und dem strukturalistischen Anti-Rassismus (Lévi-Strauss) zuteil wird. Das liegt daran, daß sie nicht bereit sind zu sehen, wie diese Strömungen Bestandteil desselben hegemonischen Systems werden können.«[196] Oder, wie Chinua Achebe das ausdrückt, wenn er bemerkt, daß westliche Kritiker die afrikanische Literatur häufig wegen ihres Mangels an »Universalität« rügen:

> »Fällt es diesen Universalisten je ein, ihr Spiel der Veränderung von Namen und Orten an einem amerikanischen Roman etwa von Philip Roth oder Updike auszuprobieren und afrikanische Namen einzufügen, nur um zu sehen, ob das funktioniert? Aber es würde ihnen natürlich nicht einfallen, an der Universalität ihrer eigenen Literatur zu zweifeln. Es liegt im Wesen der Dinge, daß das Werk eines westlichen Schriftstellers automatisch von Universalität geprägt ist. Nur die anderen müssen sich bewußt darum bemühen. Das Werk von so-und-so ist universal: er hat es wirklich geschafft! Als ob Universalität irgendeine ferne Biegung der Straße wäre, die man mitvollzieht, sofern man weit genug in Richtung Europa oder Amerika reist, wenn man hinreichend viel Distanz zwischen sich und sein Zuhause legt.«[197]

Als instruktive Mahnung vergleiche man das annähernd zeitgleiche Werk von Michel Foucault und Frantz Fanon, die beide die unvermeidliche Immobilisierung und Eingrenzung im Zentrum des westlichen Systems von Erkenntnis und Wissen hervorheben. Fanons Werk versucht programmatisch, koloniale und metropolitanische Gesellschaften gemeinsam zu erschließen, als diskrepante, aber zusammenhängende Komplexe, während das von Foucault sich auf das Individuum konzentriert, das sich in einer unentrinnbar fortschreitenden »Mikrophysik der Macht«[198] verliert, der widerstreben zu wollen aussichtslos ist. Fanon vertritt die Interessen einer doppelten Zielgruppe, der eingeborenen und der westlichen, indem er sich von Eingrenzung zu Befreiung bewegt; den imperialen Kontext seiner eigenen Theorien außer acht lassend, scheint er indes eine unwiderstehliche Kolonisierungsbewegung anzuzeigen, die paradoxerweise sowohl den einsamen individuellen Forscher als auch das ihn bergende System und seine Geltung begleitet. Fanon wie Foucault zählen Hegel, Marx, Freud, Nietzsche, Canguilhem und Sartre zu ihrem Erbteil, doch nur Fanon nimmt dieses gewaltige Arsenal in seinen – antiautoritären – Dienst. Foucault dagegen, vielleicht aufgrund seiner Enttäuschung über die Studentenerhebungen der sechziger Jahre und die iranische Revolution, geht auf Distanz zur Politik.[199]

Ein Großteil des westlichen Marxismus ist auf ästhestischem und kulturellem Gebiet ähnlich blind für das Problem des Imperialismus. Die kritische Theorie der Frankfurter Schule ist, trotz ihrer folgenreichen Einsichten in das Wechselspiel zwischen Herrschaft, moderner Gesellschaft und Befreiungsmöglichkeiten durch Kunst und Kritik, verblüffend stumm in bezug auf rassistische Theorie, antiimperialistischen Widerstand und oppositionelle Praxis im Imperium. Aus Angst, daß das als Ignoranz gedeutet werden könnte, hat der heute führende Theoretiker der Frankfurter Schule, Jürgen Habermas, in einem (ursprünglich in *The New Left* publizierten) Interview erklärt, daß dieses Schweigen willentliche Enthaltung sei: Nein, sagt er, wir haben nichts zu sagen zu »antiimperialistischen und antikapitalistischen Kämpfen in der Dritten Welt«, obwohl, wie er hinzufügt, »ich mir bewußt bin, daß das eine eurozentrisch begrenzte Sicht ist«.[200] Alle bedeutenderen französischen Theoretiker, ausgenommen Deleuze, Todorov und Derrida, sind ähnlich unbekümmert, was sie allerdings nicht daran gehindert hat, am laufenden Band Theorien über Marxismus, Sprache, Psychoanalyse und Geschichte mit vorgeblich weltweiter Anwendbarkeit zu verfertigen. Fast dasselbe läßt sich von einem Großteil der angelsächsischen Kulturtheorie sagen, mit der wichtigen Ausnahme des Feminismus und einer kleinen Handvoll Arbeiten jüngerer Kritiker, die von Raymond Williams und Stuart Hall beeinflußt sind.

Wenn sich also die europäische Theorie und der westliche Marxismus als kulturelle Koeffizienten der Befreiungsbewegung im wesentlichen nicht als verläßliche Verbündete des Widerstandes gegen den Imperialismus erwiesen haben – im Gegenteil, man darf argwöhnen, daß sie Teil desselben verhaßten »Universalismus« sind, der jahrhundertelang Kultur und Imperialismus miteinander verwob –, wie hat dann der liberationistische Anti-Imperialismus diese lähmende Einheit aufzubrechen versucht? Erstens durch eine neue integrative oder kontrapunktische Orientierung, die westliche und nicht-westliche Erfahrungen und Sachverhalte als zusammengehörig, weil durch den Imperialismus verbunden wahrnimmt. Zweitens durch eine imaginative, ja utopische Vision, die emanzipatorische (im Gegensatz zu eingrenzender) Theorie und Praxis neu denkt. Drittens durch Investition nicht in neue Autoritäten, codierte Orthodoxien oder in etablierte Institutionen, sondern in eine nomadische, unstet wandernde und anti-narrative Energie.

Man kann das durch den Hinweis auf eine wundervolle Passage in C. L.R. James' Buch *The Black Jacobins* illustrieren. Etwa zwanzig Jahre nach der Erstveröffentlichung des Werkes 1938 hängte James ihm ein weiteres Kapitel an – »From Toussaint L'Ouverture to Fidel Castro«. Obwohl James eine höchst originelle Figur ist, schmälert es seinen Beitrag nicht, wenn man sein Werk mit dem metropolitanischer Historiker und Publizisten in einen Zusammenhang bringt – Basil Davidson, Thomas Hodgkin, Malcolm Caldwell unter anderen in Großbritannien, Maxime Rodinson, Jacques Chesnaux, Charles-Robert Argeron unter anderen in Frankreich –, deren Aufmerksamkeit der Schnittstelle von Kultur und Imperialismus galt. Das heißt, es gab den bewußten Versuch, nicht nur die mit dem Kampf zwischen imperialem Europa und den Peripherien gesättigte Geschichte zu schreiben und ihr Bedeutung zu sichern, sondern sie auch sowohl im Sinne der Thematik als auch in dem der Methode als Teil des Kampfes gegen imperiale Herrschaft zu schreiben. Wenn das, wie es gewöhnlich der Fall war, die Markierung einer Fürsprache bedeutete, mußte das eben so sein; es war unmöglich, über Befreiung und Nationalismus zu schreiben, und sei es anspielungsweise, ohne sich klar dafür oder dagegen zu erklären. Sie hatten wohl recht mit der Annahme, daß es in einer derart globalisierenden Weltsicht wie der des Imperialismus keine Neutralität geben könne; man stand entweder auf der Seite des Imperiums oder wandte sich dagegen, und weil sie selbst (als Eingeborene oder Weiße) in diesem oder jenem Imperium gelebt hatten, gab es keine Möglichkeit, sich aus der Verantwortung zu stehlen. Für jeden von ihnen mußte die Geschichte der Dritten Welt die Voraussetzungen, Einstellungen und Werte überwinden, die implizit in den kolonialen Erzählungen enthalten waren.

James' *The Black Jacobins* beschreibt den Sklavenaufstand von Santo Domingo als Prozeß, der sich im Banne derselben Geschichte wie die Französische Revolution entwickelt, und Napoleon und Toussaint L'Ouverture sind die beiden großen Gestalten, die diese turbulenten Jahre prägen. Die Ereignisse in Frankreich und Haiti überschneiden sich und beziehen sich aufeinander wie die Stimmen einer Fuge. James' Erzählung ist als weit in Geographie und Archivmaterialien verstreute Geschichte gegliedert, bei gleicher Gewichtung von Schwarzen und Franzosen. James stellt Toussaint als jemanden dar, der den Kampf um Freiheit – ein Kampf, der sich in der Metropole fortsetzt, der er seine Sprache und viele seiner moralischen Loyalitätsbindungen schuldet – mit einer Entschlossenheit führt, die selten ist unter Subalternen und noch seltener unter Sklaven. Er eignet sich die Prinzipien der Revolution nicht als Schwarzer an, sondern als Mensch, und er tut das mit einem genauen Gespür dafür, wie man, die Sprache von Diderot, Rousseau und Robespierre gebrauchend, kreativ mit seinen Vorgängern umgeht, indem man dieselben Worte und Wendungen benutzt, die Rhetorik in gegenwärtige Wirklichkeit verwandeln.

Toussaints Leben nahm ein schreckliches Ende, er starb als Gefangener Napoleons, in Frankreich inhaftiert. Und doch ist das eigentliche Thema von James' Buch nicht in Toussaints Biographie enthalten, genausowenig wie die Geschichte der Französischen Revolution angemessen dargestellt wäre, wenn der haitianische Aufstand unberücksichtigt bliebe. Der Prozeß setzt sich bis in die Gegenwart fort – daher James' Appendix »From Toussaint to Castro« von 1962 –, und die Lage bleibt die gleiche. Wie läßt sich eine nicht- oder post-imperiale Geschichte schreiben, die nicht naiv utopisch oder hoffnungslos pessimistisch ist, die fortgesetzte verworrene Wirklichkeit imperialer Dominanz in der Dritten Welt vorausgesetzt? Das ist eine methodologische und metahistorische Aporie, und ihre geschickte Lösung durch James ist brillant einfallsreich.

Während einer kurzen Abschweifung zur Neudeutung von Aimé Césaires *Cahier d'un retour au pays natal* entdeckt James die Erschütterung des Dichters durch die Entstellungen und Verschandelungen des westindischen Lebensraumes, durch »die stahlblauen Härten« und »großsprecherischen Eroberungen« der »weißen Welt« und wiederum durch Westindien, wo der Dichter, im Wunsch, sich frei zu fühlen von dem Haß, den er einst seinen Unterdrückern entgegenbrachte, seine Verpflichtung erklärt, »der Pfleger und Heger dieser einzigartigen Rasse« zu werden. Mit anderen Worten, Césaire glaubt, daß die Fortsetzung und Verlängerung des Imperialismus ein gewisses Bedürfnis mit sich bringt, den »Mann« (die ausschließlich männliche Akzentuierung ist auffallend) als etwas Größeres zu denken denn als »Parasiten auf Erden«. »Schritt zu halten mit der Welt«, ist nicht die einzige Verpflichtung:

»but the work of man is only just beginning
and it remains to man to conquer all
the violence entrenched in the recesses of his passion.

And no race possesses the monopoly of beauty,
of intelligence, of force, and there
is a place for all at the rendezvous
of victory.«[201] (Übers.: C. L. R. James)

(»aber das Werk des Menschen hat gerade erst begonnen
und es bleibt ihm aufgegeben, jedes Verbot, das seinen
Liebeseifer lähmt, aufzuheben.

Und keine Rasse hat das Monopol auf Schönheit,
Intelligenz oder Stärke, und es ist
Raum für alle bei der
Siegesfeier.«)

Das, sagt James, ist das tatsächliche Zentrum von Césaires Gedicht.
Césaire erkennt, daß die defensive Behauptung der eigenen Identität,
»Négritude«, nicht genug ist. »Négritude« ist nur ein Beitrag zur
»Siegesfeier«. »Die Vision des Dichters«, fügt James hinzu, »ist nicht
ökonomisch oder politisch, sie ist poetisch *sui generis*, sich selbst treu
und keiner anderen Treue bedürftig. Es wäre jedoch vulgärster Rassismus, wenn man hier nicht eine poetische Inkarnation von Marx' berühmtem Satz ›Die wirkliche Geschichte der Menschheit wird erst beginnen‹ sähe.«[202]

In diesem Augenblick schlägt James eine andere, nämlich kontrapunktische, nicht-narrative Lektüre vor. Anstatt Césaire nach Westindien oder in die Dritte Welt zurück zu folgen, anstatt seine poetischen,
ideologischen oder politischen Vorläufer zu beschwören, stellt James
ihn unmittelbar neben seinen großen angelsächsischen Zeitgenossen
T.S. Eliot, dessen letztes Wort »Incarnation« ist:

»Here the impossible union
Of spheres of existence is actual,
Here the past and the future
Are conquered, and reconciled,
Where action were otherwise movement
Of that which is only moved
And has in it no source of movement.«[203]

(»Hier wird die unmögliche Einheit
Der Sphären des Seins Ereignis.
Hier werden Vergangenes und Künftiges
Überwunden und ausgesöhnt,
Wo Tun sonst Bewegung wäre
Dessen, was nur von außen bewegt wird,
Und den Ursprung der Bewegung nicht in sich hat.«)

Wenn James sich so unerwartet von Césaire ab- und Eliots »Dry Salvages« zuwendet, Versen eines Dichters, der, wie man meinen möchte,
einer völlig anderen Sphäre angehört, nutzt er die poetische Kraft von

Césaires »Treue zu sich selbst« als Vehikel, um vom Provinzialismus eines Gestades der Geschichte zur Erfassung anderer Geschichten fortzuschreiten, die sämtlich belebt und aktualisiert werden in einer »unmöglichen Einheit«. Dies ist ein buchstäblicher Fall des von Marx proklamierten Beginns der wirklichen menschlichen Geschichte und verleiht James' Text eine Dimension von Sozialität, die so wirklich ist wie die Geschichte eines Volkes, so allgemein wie die Vision eines Dichters.

Weder abstrakte, gebrauchsfertige Theorie noch entmutigende Sammlung abzählbarer Fakten, verkörpert dieser Abschnitt in James' Buch die Energien der antiimperialistischen Befreiung (und stellt sie nicht nur dar oder spricht sie aus). Ich zweifle, ob jemand daraus irgendeine wiederholbare Doktrin, wiederverwendbare Theorie oder erinnerbare Geschichte herausdestillieren kann, geschweige denn die Bürokratie eines künftigen Staates. Vielleicht läßt sich sagen, daß es die durch Poesie befreite Geschichte und Politik von Imperialismus, Sklaverei, Eroberung und Herrschaft ist, durch Poesie befreit für eine Vision, die wirkliche Befreiung im Blick hat, wenn nicht sogar vermittelt. Sofern sich ihr in anderen Anfängen wie *The Black Jacobins* gleichkommen läßt, ist sie ein Teil dessen, was uns in der menschlichen Geschichte von der Geschichte der Herrschaft zur Wirklichkeit von Befreiung fortschreiten lassen kann. Diese Bewegung widersteht den bereits vermessenen und kontrollierten narrativen Bahnen und umgeht die Systeme von Theorie, Doktrin und Orthodoxie. Wie James' gesamtes Werk bezeugt, gibt sie jedoch nicht die Prinzipien von Gemeinschaft, kritischer Wachsamkeit und theoretischer Orientierung auf. Und im zeitgenössischen Europa und Amerika ist eine solche Bewegung besonders dringlich, in dem Maße dringlich, wie wir ins 21. Jahrhundert voranschreiten.

Viertes Kapitel

DIE FREIHEIT VON HERRSCHAFT
IN DER ZUKUNFT

»Die neuen Männer des Imperiums
sind diejenigen, die an Neuanfänge
glauben, an neue Kapitel, an neue
Seiten; ich kämpfe weiter mit der
alten Geschichte, in der Hoffnung,
daß sie mir, bevor sie zu Ende geht,
enthüllt, was ich daran für der Mühe
wert gehalten habe.«
J. M. Coetzee,
Waiting for the
Barbarians

1. Amerikanische Überlegenheit:
Der öffentliche Raum im Krieg

Der Imperialismus ging nicht zu Ende, wurde nicht plötzlich »Vergangenheit«, als die Dekolonisierung die Schleifung der klassischen Imperien in Gang gesetzt hatte. Noch immer verknüpft ein Erbe von Verbindungen Länder wie Algerien und Indien mit Frankreich bzw. Großbritannien. Eine weitläufige neue Population von Muslimen, Afrikanern und Westindern aus den früheren Kolonialterritorien ist jetzt im metropolitanischen Europa ansässig; sogar Italien, Deutschland und Skandinavien müssen sich heute mit diesen Wanderungsbewegungen auseinandersetzen, die in hohem Maße das Resultat ebenso von Imperialismus und Dekolonisierung wie des Wachstums der europäischen Bevölkerung sind. Außerdem haben das Ende des Kalten Krieges und der Untergang der Sowjetunion die Weltkarte definitiv verändert. Der Triumph der Vereinigten Staaten als der letzten Supermacht legt die Vermutung nahe, daß ein neues Kraftlinien-Netz die Welt strukturieren wird, und es begann in den sechziger und siebziger Jahren dieses Jahrhunderts bereits offenbar zu werden.

Michael Barratt-Brown gibt im Vorwort zur zweiten Auflage (1970) seines Buches *After Imperialism* (1963) zu bedenken, daß »der Imperialismus ohne Frage noch immer eine der mächtigsten Kräfte in den ökonomischen, politischen und militärischen Verhältnissen ist, durch die die ökonomisch unterentwickelten Länder den wirtschaftlich höher entwickelten untergeordnet werden. Wir können noch immer auf sein Ende vorausblicken.«[1] Ironischerweise haben Beschreibungen der neuen Gestalt des Imperialismus regelmäßig Idiome von Gigantentum und Apokalypse benutzt, die sich auf die klassischen Imperien in ihrer Blütezeit nicht so leicht anwenden ließen. Manche dieser Beschreibungen beschwören eine ganz und gar entmutigende Unausweichlichkeit, eine Art galoppierende, überflutende, unpersönliche und deterministische Gesetzmäßigkeit. Akkumulation im Weltmaßstab; das kapitalistische Weltsystem; die Entwicklung der Unterentwicklung; Imperialismus und Abhängigkeit oder die Struktur der Abhängigkeit; Armut und Imperialismus – das Repertoire ist in Ökonomie, politischer Wissenschaft, Geschichtsschreibung und Soziologie sattsam bekannt und weniger mit der Neuen Weltordnung als mit einer kontroversen linken Schule des Denkens identifiziert worden. Dennoch sind die kulturellen Implikationen solcher Formeln und Konzepte erkennbar und leider sogar für das ungeschulte Auge unleugbar deprimierend.

Welches sind die hervorstechenden Züge der Re-Präsentation der alten imperialen Ungerechtigkeiten, der – mit Arno Mayers treffendem Ausdruck – Persistenz des alten Regimes?[2] Einer ist zweifellos die gewaltige wirtschaftliche Differenz zwischen den reichen und den armen Staaten, deren im Grunde ganz einfache Topographie in den sachlichsten Begriffen im sogenannten Brandt-Report umrissen wurde: *North-South: A Program for Survival* (1980).[3] Dessen Folgerungen sind in die Sprache von Krise und Dringlichkeit gekleidet: Die ärmsten Nationen der südlichen Hemisphäre benötigen Befriedigung ihrer »vorrangigen Bedürfnisse«, der Hunger muß beseitigt, die Gebrauchsgüterproduktion erhöht werden; die Industrieproduktion in der nördlichen Hemisphäre sollte echtes Wachstum in den Zentren der südlichen Produktion ermöglichen, multinationale Konzerne sollten in ihren Praktiken »beschnitten«, das globale monetäre System sollte reformiert und die Entwicklungshilfe sollte verändert werden, um abzuwenden, was zutreffend die »Schuldenfalle« genannt worden ist.[4] Die Crux des ganzen Problembündels ist, wie der Report das ausdrückt, die Macht-Teilung, das heißt der den südlichen Ländern zuzugestehende gerechtere Anteil an »Macht und Entscheidungsfindung in monetären und finanziellen Belangen«.[5]

Es fällt schwer, der Diagnose des Reports oder gar seinen Empfehlungen die Zustimmung zu versagen, der glaubwürdig wirkt nicht zuletzt seines ausgewogenen Tons wegen und durch das stillschweigend einbeschlossene Bild der ungebremsten Raffgier, Habsucht und Immoralität des Nordens. Aber wie sollen sich die Veränderungen vollziehen? Die Nachkriegsklassifizierung aller Nationen in drei »Welten« – ein von einem französischen Journalisten geprägter Ausdruck – ist weitgehend aufgegeben worden.[6] Willy Brandt und seine Kollegen räumen implizit ein, daß die Vereinten Nationen, eine im Prinzip bewundernswerte Organisation, sich angesichts der regionalen und globalen Konflikte, die zunehmend häufiger vorkommen, als untaugliche Regulierungsinstanz erwiesen haben. Mit Ausnahme der Arbeit kleiner Gruppen (etwa das World Order Models Project) neigt die globalistische Strategie dazu, die Supermacht zu reproduzieren, den Kalten Krieg und regionale, ideologische oder ethnische Auseinandersetzungen von ehedem, die in der nuklearen und postnuklearen Ära besonders gefährlich sind, wie die Schrecknisse im ehemaligen Jugoslawien bezeugen. Die Mächtigen werden wahrscheinlich noch mächtiger werden, die Schwachen noch schwächer und ärmer; die Lücke zwischen den beiden setzt die früheren Unterscheidungen zwischen sozialistischen und kapitalistischen Regimes, die, in Europa zumindest, weniger bedeutsam geworden sind, außer Kraft.

Im Jahre 1982 kam Noam Chomsky zu dem Schluß, daß im Laufe der achtziger Jahre

> »der ›Nord-Süd‹-Konflikt nicht abklingen wird, und es werden neue Formen von Herrschaft ausgeklügelt werden müssen, um sicherzustellen, daß privilegierte Segmente der westlichen Industriegesellschaft die substantielle Kontrolle über die globalen, menschlichen und materiellen Ressourcen aufrechterhalten und aus dieser Kontrolle disproportional Nutzen ziehen. So nimmt es nicht wunder, daß die Wiedereinsetzung der Ideologie in den Vereinigten Staaten in der ganzen industrialisierten Welt ihr Echo findet [...]. Aber es ist ein absolutes Erfordernis für das westliche ideologische System, daß die tiefe Kluft zwischen dem zivilisierten Westen mit seiner traditionellen Bindung an Menschenwürde, Freiheit und Selbstbestimmung und der barbarischen Brutalität derer bestehenbleibt, denen es aus irgendwelchen Gründen – vielleicht schadhafte Gene – mißlingt, die Tiefe dieser historischen Bindung zu würdigen, die beispielsweise treffend von Amerikas Kriegen in Asien enthüllt wird.«[7]

Chomskys Hinweis auf den Übergang vom Nord-Süd-Dilemma zur amerikanischen – und westlichen – Dominanz ist meines Erachtens grundsätzlich richtig, obwohl der Verfall der amerikanischen Wirtschaftsmacht, die urbane, ökonomische und kulturelle Krise in den Vereinigten Staaten, die Überlegenheit der pazifischen Randstaaten und die Wirren einer multipolaren Welt die Aufschneidereien der Reagan-Ära gedämpft haben. Erstens hebt er die Kontinuität des ideologischen Programms hervor, Herrschaft kulturell zu konsolidieren und zu rechtfertigen, ein Programm, das vom Westen seit dem 19. Jahrhundert und früher verfolgt worden ist. Zweitens markiert er randscharf den durch vielerlei Erklärungen und theoretische Reflexionen gestützten Sachverhalt, daß wir heute in einer Phase der amerikanischen Überlegenheit leben.

Während des vergangenen Jahrzehnts haben Studien zu hervorragenden Persönlichkeiten der Mitte des 20. Jahrhunderts illustriert, was ich meine. Ronald Steels *Walter Lippmann and the American Century* repräsentiert die Geistesverfassung dieser Überlegenheit, so wie sie sich in der Laufbahn des berühmtesten amerikanischen Journalisten dieses Jahrhunderts, demjenigen mit dem meisten Prestige und der meisten Macht, ausprägt. Das Außerordentliche an Lippmanns Karriere ist, Steel zufolge, nicht, daß er mit seinen Reportagen oder seinen Voraussagen über Weltereignisse recht hatte oder darin besonders scharfsichtig war (er war es nicht), sondern daß er von einer »Insider-Position« aus (der Ausdruck stammt von ihm) ohne jedes Zögern die amerikanische Dominanz artikulierte (ausgenommen Vietnam) und seinen Landsleuten helfen wollte, »sich der Realität anzupassen«, der Realität konkurrenzloser amerikanischer Macht, die er in ein günstiges Licht rückte, indem er ihre Sittlichkeit, ihren Realismus, ihren Altruismus »mitsamt der bemerkenswerten Fähigkeit hervorhob, nicht allzu weit vom Druck der öffentlichen Meinung abzuweichen«.[8]

Eine ähnliche Anschauung, wenn auch anders gefaßt, nämlich als strengeres und elitäres Mandarin-Verständnis der internationalen Rolle der USA, läßt sich in den einflußreichen Schriften von George Kennan finden. Urheber der Eindämmungspolitik, die das offizielle Denken in der Periode des Kalten Krieges nachhaltig bestimmte, hielt Kennan sein Land für den Gralshüter der westlichen Zivilisation. Eine solche Schicksalsrolle in der nicht-europäischen Welt implizierte für ihn nicht, daß Anstrengungen unternommen werden sollten, die Vereinigten Staaten »populär zu machen« (»Rotarier-Idealismus«, nannte er das verächtlich); Kennan setzte vielmehr auf »handfeste Macht-Konzepte«. Und da kein früher kolonisiertes Volk oder jüngst unabhängig gewordener Kolonialstaat über die Mittel verfügte, die Vereinigten Staaten militärisch oder ökonomisch herauszufordern, riet er zu »Zurückhaltung«. Aber in einem Gutachten für den Politischen Planungsstab von 1948 billigte er die Neu-Kolonisierung Afrikas, in einem anderen von 1971 auch die Apartheid (wenn auch nicht ihren Mißbrauch), obwohl er die amerikanische Intervention in Vietnam und auch »eine rein amerikanische Art von informellem imperialem System« ablehnte.[9] Für ihn bestand kein Zweifel daran, daß einzig Europa und die USA in der Lage waren, die Welt zu lenken, was ihn bewog, sein eigenes Land als eine Art »Jüngling« aufzufassen, der in die Rolle hineinwachsen sollte, die einst das britische Empire gespielt hatte.

Noch andere Kräfte formten die amerikanische Außenpolitik der Nachkriegsperiode neben Lippmann und Kennan – beides einsame Männer und der Massengesellschaft, in der sie lebten, entfremdet; beide haßten den Chauvinismus und die groben Formen aggressiven amerikanischen Verhaltens. Sie wußten, daß Isolationismus, Interventionismus, Antikolonialismus und Freihandelsimperialismus mit den heimischen politischen Gepflogenheiten in Amerika verschwistert waren, die Richard Hofstadter als »antiintellektuell« und »paranoid« bezeichnet hat – gerade sie haben die Inkonsistenzen, Vorstöße und Rück-

züge der Außenpolitik der Vereinigten Staaten vor dem Ende des Zweiten Weltkrieges mit verursacht. Und doch ist die Idee einer amerikanischen Führerschaft und Ausnahmestellung nicht erloschen. Was immer
die Vereinigten Staaten tun, diese Autoritäten wünschen wohl nicht,
daß Amerika eine imperiale Macht wie die anderen sein möge, deren
Nachfolge es antrat; sie ziehen den Begriff der »Weltverantwortung« als
Begründungsformel für staatliches Handeln vor. Ältere Grundprinzipien – die Monroe-Doktrin, »Manifest Destiny« und so weiter – gehen
auf im Konzept der »Weltverantwortung«, das der Ausweitung der globalen Interessen der Vereinigten Staaten nach dem Zweiten Weltkrieg
und ihrem Selbstbewußtsein, das von ihrer Außenpolitik und ihrer intellektuellen Elite formuliert wird, genau entspricht.

In einer überzeugend klaren Darstellung der Schäden, die dieses
Selbstverständnis angerichtet hat, merkt Richard Barnet an, daß in jedem Jahr zwischen 1945 und 1967 (seinem »Redaktionsschluß«) eine
militärische Intervention der Vereinigten Staaten in der Dritten Welt
stattgefunden hat. Seitdem sind die Vereinigten Staaten weiter auf eindrucksvolle Weise aktiv gewesen, namentlich während des Golfkrieges
1991, als 650000 Soldaten 6000 Meilen weit entsandt wurden, um die
irakische Invasion eines amerikanischen Verbündeten abzuwehren. Solche Interventionen, sagt Barnet in *The Roots of War*, weisen »alle Elemente eines mächtigen imperialen Glaubensbekenntnisses auf: ein
Gefühl der Sendung, der historischen Notwendigkeit und der missionarischen Inbrunst«. Er fährt fort:

>»Das imperiale Credo beruht auf einer Theorie der Gesetzgebung. Im Sinne der
>schärfsten Globalisten wie [Lyndon Baines] Johnson und der gemäßigten wie Ni-
>xon liegt das Ziel der amerikanischen Außenpolitik darin, eine Welt zu schaffen,
>die in wachsendem Maße der Herrschaft des Gesetzes unterworfen ist. Es sind
>jedoch die Vereinigten Staaten, die ›den Frieden organisieren‹ müssen, um Außen-
>minister Rusks Formulierung zu benutzen. Die Vereinigten Staaten setzen die
>›internationalen Interessen‹ durch, indem sie die Grundregeln der ökonomischen
>Entwicklung und des militärischen Aufmarsches für den gesamten Planeten for-
>mulieren. So legten die Vereinigten Staaten die Regeln für das sowjetische Verhal-
>ten in Kuba fest, für das brasilianische Verhalten in Brasilien oder für das vietname-
>sische Verhalten in Vietnam. Die Politik des Kalten Krieges wird durch eine Reihe
>von Direktiven zu extraterritorialen Fragen wie denen zum Ausdruck gebracht, ob
>Großbritannien mit Kuba Handel treiben oder ob die Regierung von Britisch-Gua-
>yana einen marxistischen Zahnarzt als Präsidenten haben darf. Ciceros Definition
>des frühen römischen Imperiums lautete bemerkenswert ähnlich. Es war der Be-
>reich, für den Rom das legale Recht genoß, das Gesetz auszuüben. Heute durch-
>messen Amerikas selbstbeglaubigte Verfügungen die ganze Welt, eingeschlossen

die Sowjetunion und China, über dessen Territorium die US-Regierung das Recht auf die militärische Lufthoheit behauptet. Die Vereinigten Staaten, einzigartig gesegnet mit ungewöhnlichen Reichtümern und einer außergewöhnlichen Geschichte, stehen über dem internationalen System, nicht darin. Oberste unter den Nationen, sind sie bereit, Träger und Arm des Gesetzes zu sein.«[10]

Obwohl diese Sätze 1972 formuliert worden sind, beschreiben sie im Grunde *präzise* die Vereinigten Staaten während der Panamainvasion und des Golfkrieges, ein Land, das fortfährt, der gesamten Welt seine Auffassungen von Recht und Frieden aufzuprägen. Verblüffend daran ist, daß das nicht etwa lediglich versucht, sondern mit viel Konsens, ja beinahe einstimmig in einer öffentlichen Sphäre erwirkt wird, die als eine Art kultureller Raum mit der ausdrücklichen Bestimmung der Erklärung konstruiert ist. In Perioden hoher internationaler Krisenstimmung (beispielsweise ein Jahr nach dem Golfkrieg) wird der moralische Triumphalismus häufig suspendiert. Sofern er aber andauert, spielen die Medien eine außerordentliche Rolle bei der »Konsensherstellung«, wie Chomsky das nennt, indem sie dem Durchschnittsamerikaner das Gefühl vermitteln, daß es an »uns« liegt, die Ungleichgewichte der Welt ins Lot zu bringen – zum Teufel mit Widersprüchen und Inkonsistenzen. Dem Golfkrieg ging eine ganze Serie von Interventionen voraus (Panama, Grenada, Libyen), die sämtlich heftig diskutiert, zumeist gebilligt oder zumindest nicht abgelehnt wurden. Wie Kiernan das ausdrückt: »Amerika fand Gefallen an dem Gedanken, daß, was immer es sich wünschte, genau das war, was die menschliche Rasse sich wünschte.«[11]

Jahrelang hat die Regierung der Vereinigten Staaten eine Politik der direkten und angekündigten Einmischung in die Angelegenheiten Mittel- und Südamerikas betrieben: Kuba, Nicaragua, Chile, Guatemala, Salvador und Grenada haben Angriffe auf ihre Souveränität erlebt, die vom offenen Krieg bis zu Staatstreichen und erklärter Subversion reichten, von Mordversuchen bis zur Finanzierung von »Contra«-Armeen. In Ostasien haben die Vereinigten Staaten zwei große Kriege ausgefochten, kompakte militärische Einsätze finanziert, die Hunderttausende von Toten auf seiten einer »befreundeten« Regierung erforderten (Indonesien in Ost-Timor), Regierungen gestürzt (Iran im Jahre 1953), Staaten in ungesetzlicher Aktivität unterstützt und dabei Resolutionen der Vereinten Nationen mißachtet und gegen festgelegte politische Beschlüsse verstoßen (Türkei, Israel). Die offizielle Rechtfertigung lautet zumeist, daß die Vereinigten Staaten ihre Interessen verteidigen, die Ordnung aufrechterhalten und Gerechtigkeit üben. Dennoch brauchten die Vereinigten Staaten im Falle Iraks die Vereinten Nationen, um Resolutionen zur Kriegführung durchzusetzen, während gleichzeitig in anderen Fällen (Israel besonders) von den USA gestützte Resolutionen der Vereinten Nationen nicht durchgesetzt oder ignoriert wurden und sie mehrere hundert Millionen unbezahlter Verbindlichkeiten bei den Vereinten Nationen hatten.

Abseits des autorisierten öffentlichen Raumes hat in Amerika stets eine dissidente Literatur überlebt; diese Literatur steht in Opposition zu der übergreifenden nationalen und offiziellen Selbstdarstellung des Landes. Es gibt revisionistische Historiker wie William Appleton Williams, Gabriel Kolko und Howard Zinn, einflußreiche Kritiker wie Noam Chomsky, Richard Barnet, Richard Falk und viele andere, die sämtlich prominent sind nicht nur als individuelle Stimmen, sondern auch als Sprecher eines nachgerade substantiellen alternativen und antiimperialistischen Lagers innerhalb des Landes. Dazu zählen auch linksliberale Zeitungen wie *The Nation, The Progressive* und, zu Lebzeiten des Herausgebers, das *I. F. Stone Weekly*. Wieviel Anhängerschaft für Auffassungen wie die besteht, die von der Opposition repräsentiert werden, ist schwer zu ermessen; es hat immer Opposition gegeben – man denke an Antiimperialisten wie Mark Twain, William James und Randolph Bourne –, aber die deprimierende Wahrheit ist, daß ihre *Abschreckungskraft* nicht sehr effektiv gewesen ist. Die *gegen* den Angriff der Vereinigten Staaten auf den Irak gerichteten Stimmen trugen nichts dazu bei, ihn zu vertagen oder zu schmälern, gar zu stoppen. Was den Ton angab, war ein Mehrheitskonsensus, bei dem die Rhetorik der Regierung, der Politikmacher, der Militärs, der Denkfabriken, der Medien und der akademischen Zentren zur Rechtfertigung des Machtgebrauchs der Vereinigten Staaten konvergierten, für den eine lange Ahnenreihe von Theoretikern und Apologeten von Andrew Jackson über Theodore Roosevelt bis zu Henry Kissinger und Robert W. Tucker die vorbereitenden Argumente lieferten.

Evident, wenn auch häufig maskiert oder ignoriert, ist die Entsprechung zwischen der im 19. Jahrhundert formulierten Doktrin des »Manifest Destiny« (so der Titel eines Buches von John Fiske aus dem Jahre 1890), der territorialen Expansion der Vereinigten Staaten, der gewaltigen Rechtfertigungsliteratur (historische Mission, moralische Erneuerung, Ausbreitung der Freiheit: das alles untersucht in Albert K. Weinbergs dicht dokumentierter Studie von 1958 – *Manifest Destiny: A Study of Nationalist Expansionism in American History*[12]) einerseits und den unaufhörlich wiederholten Begründungsformeln einer ameri-

kanischen Intervention gegen diese oder jene Aggression seit dem Zweiten Weltkrieg andererseits. Diese Entsprechung wird selten explizit gemacht, ja sie verschwindet, sobald die Kriegstrommeln gerührt werden
und Hunderttausende von Tonnen Bomben auf einen fernen und zumeist unbekannten Feind abgeworfen werden. Die intellektuelle Auslöschung dessen, was »wir« dabei tun, interessiert mich, weil es ganz offenkundig ist, daß keine imperiale Mission oder Planung letztlich dabei
Erfolg haben kann, überseeische Kontrolle für alle Zeiten aufrechtzuerhalten. Im übrigen lehrt die Geschichte, daß Herrschaft Widerstand erzeugt und daß die dem imperialen Kampf innewohnende Gewalt –
trotz ihres gelegentlichen Profits oder Lustgewinns – für beide Seiten
Verarmung bedeutet. Diese Einsichten halten gerade in einer Ära stand,
die mit der Erinnerung an einen vergangenen Imperialismus gesättigt
ist. Es gibt heute viel zu viele politisierte Menschen auf Erden, die bereitwillig das Ende der historischen Mission Amerikas, die Welt zu lenken,
akzeptieren würden.

Von amerikanischen Kulturhistorikern ist hinreichend gründliche Arbeit geleistet worden, um uns die Quellen der Herrschsucht ebenso verständlich zu machen wie die Art und Weise, diese Sucht akzeptabel erscheinen zu lassen. Richard Slotkin belegt in *Regeneration Through
Violence*, daß die prägende Erfahrung der amerikanischen Geschichte
die langen Kriege mit den eingeborenen Indianern waren; die wiederum generierte ein Bild der Amerikaner nicht als »Killer« (wie D. H.
Lawrence von ihnen sagte), sondern als »einer neuen Rasse von Menschen, unabhängig von der sündengetrübten Natur des Menschen, auf
der Suche nach einer neuen und ursprünglichen Beziehung zur reinen
Natur als Jäger, Forscher, Pioniere und Abenteurer«.[13] Eine derartige
Bilderwelt taucht im 19. Jahrhundert immer wieder auf, besonders
denkwürdig in *Moby Dick*, einem Buch, in dem, wie C. L. R. James und
V. G. Kiernan aus nicht-amerikanischer Perspektive anmerken, Kapitän
Ahab eine allegorische Darstellung der amerikanischen Welteroberung
ist; er ist besessen, unwiderstehlich, nicht aufzuhalten, ganz in seine eigene rhetorische Rechtfertigung und seine Überzeugung von einer kosmischen Symbolik eingesponnen.[14]

Niemand würde im Ernst Melvilles großes Werk auf eine literarische
Spiegelung realer Ereignisse reduzieren wollen; überdies war Melville
selbst sehr kritisch in bezug auf das, was Ahab als Amerikaner bedeuten
sollte. Es ist jedoch unzweifelhaft der Fall, daß die Vereinigten Staaten
im 19. Jahrhundert territorial expandierten, meist auf Kosten der eingeborenen Völker, und mit der Zeit die Hegemonie über den ganzen nord-

amerikanischen Kontinent und die angrenzenden Gebiete und Meere errangen. Die amerikanischen Auslandserfahrungen reichten von der nordafrikanischen Küste bis zu den Philippinen, China, Hawaii und natürlich durch die ganze Karibik und Mittelamerika. Die Tendenz war unverkennbar: die Kontrolle weiter auszudehnen und nicht allzuviel Zeit mit Nachdenken über Integrität und Unabhängigkeit der anderen zu vergeuden, für die die amerikanische Präsenz bestenfalls ein gemischter Segen war.

Ein außergewöhnliches, aber dennoch typisches Beispiel ist das Verhältnis zwischen Haiti und den Vereinigten Staaten. Wie J. Michael Dash in *Haiti and the United States: National Stereotypes and the Literary Imagination* darlegt, nahm Amerika Haiti ab dem Augenblick, da es seine Unabhängigkeit als schwarze Republik errang, nämlich 1803, als eine Art Leerstelle wahr, die man mit eigenen Ideen füllen konnte. Abolitionisten wie Nash dachten an Haiti nicht als Region mit bestimmter Integrität und besonderen Menschen, sondern eher als Terrain zur Umsiedlung befreiter Sklaven. Im Jahre 1915 besetzten die Vereinigten Staaten Haiti (und 1916 Nicaragua) und etablierten eine einheimische Tyrannis, die die ohnehin schreckliche Lage noch verschärfte.[15] Und als 1991 und 1992 Tausende von haitianischen Flüchtlingen Aufnahme in Florida begehrten, wurden die meisten mit Gewalt zurückgeschickt.

Wenige Amerikaner haben um Regionen wie Haiti oder den Irak gelitten, als die Krise oder die amerikanische Intervention vorbei war. Merkwürdigerweise – und trotz ihrer internationalen Reichweite – ist die amerikanische Herrschaft im Grunde isoliert. Die außenpolitische Elite kennt keine lang dauernde Tradition direkter Herrschaft in Übersee, wie das bei den Briten oder den Franzosen der Fall war, also vollzieht sich die amerikanische Politik in Sprüngen; massive Rhetorik und gewaltige Ressourcen werden irgendwo verschwenderisch eingesetzt (Vietnam, Libyen, Irak, Panama), worauf dann wenig mehr als Schweigen folgt. Kiernan meint dazu: »Obwohl mannigfaltiger als das britische Imperium, war die neue Hegemonie sogar weniger in der Lage, irgendein anderes kohärentes Aktionsprogramm zu finden als das starrköpfiger Negation. Daher ihre Bereitschaft, Pläne dafür von Unternehmensleitern oder Geheimagenten aufstellen zu lassen.«[16]

Einmal zugestanden, daß der amerikanische Expansionismus im Prinzip ökonomisch ist, so ist er doch noch immer in hohem Maße abhängig und geht Hand in Hand mit kulturellen Ideen und Ideologien über Amerika selbst, die unaufhörlich in der Öffentlichkeit aufgefrischt werden. »Ein ökonomisches System«, erinnert uns Kiernan zu Recht, »lebt wie eine Nation oder eine Religion nicht nur vom Brot allein, sondern ebenso von Glaubensinhalten, Visionen und Tagträumen, die für sie auch dann von vitaler Bedeutung sein können, wenn sie falsch sind«.[17] Monotonie kennzeichnet die Projekte, Phrasen oder Theorien, die von aufeinanderfolgenden Generationen zur Rechtfertigung der internationalen Verantwortung des Landes produziert werden. Die neuere amerikanische Forschung malt ein trostloses Bild davon, wie sehr diese Einstellungen und die Politik, die sie ins Leben riefen, von gereizten Fehlinterpretationen und von Ignoranz zehrten, ungebrochen, es sei denn durch das Bedürfnis nach Herrschaft und Dominanz, das seinerseits an Ideen über die amerikanische Ausnahmestellung gekoppelt war. Die Beziehung zwischen Amerika und seinen pazifischen oder fernöstlichen Partnern – China, Japan, Korea, Indochina – ist von rassischen Vorurteilen und relativ unvorbereiteten Aufmerksamkeitsschüben, auf die oft gewaltige Pressionen folgen, gekennzeichnet. Stellt man die wissenschaftlichen Ergebnisse von Akiri Iriye, Masao Miyoshi, John Dower und Marilyn Young in Rechnung, so zeigt sich, daß es in den asiatischen Ländern zwar Verständnissperren gegenüber den USA gab, daß aber, mit der komplizierten Ausnahme Japans, die Eigenart dieser Länder den amerikanischen Kontinent nicht berührte.

Diese Asymmetrie kommt mit dem Auftauchen des Diskurses (und der Politik) der Entwicklung und Modernisierung in den Vereinigten Staaten voll zur Geltung, ein Thema, das in Graham Greenes Roman *The Quiet American* und, minder umfassend, in Lederers und Burdicks *The Ugly American* erwogen wird. Ein immenses Begriffsarsenal – Theorien der ökonomischen Phasen, der sozialen Typen, der traditionellen Gesellschaften, des Systemtransfers, der Befriedung, der sozialen Mobilisierung und so weiter – wurde weltweit angelegt; Universitäten und Denkfabriken erhielten beträchtliche staatliche Hilfsmittel zur Weiterverfolgung dieser Ideen, von denen viele die Aufmerksamkeit von Strategieplanern und Politik-Experten in (oder im Umkreis) der amerikanischen Regierung weckten. Erst während der großen Unruhen im Zuge des Vietnamkrieges schenkten kritische Forscher dem Beachtung. Beinahe zum ersten Mal wurde nicht Kritik an der Politik der Vereinigten Staaten in Indochina laut, sondern an den imperialistischen Prämissen der Einstellung der Vereinigten Staaten zu Asien. Eine überzeugende Darstellung des Entwicklungs- und Modernisierungsdialoges, der sich die Antikriegs-Kritik zunutze macht, ist Irene Gendziers *Managing Political Change: Social Scientists and the Third world*.[18] Sie zeigt, daß der

Expansionismus auf Entpolitisierung, Schwächung, manchmal sogar Tilgung der Integrität überseeischer Gesellschaften hinauslief, die Bedarf an Modernisierung und an dem zu haben schienen, was Walt W. Rostow »ökonomischen Aufschwung« genannt hat.

Obwohl derlei Charakterisierungen nicht erschöpfend sind, beschreiben sie, wie ich meine, ziemlich genau eine allgemeine Politik mit gesellschaftlicher Geltung, die das begründete, was D. C. M. Platt im britischen Kontext eine »ministerielle Sicht« nannte. Die von Gendzier analysierten akademischen Figuren – Huntington, Pye, Verba, Lerner, Lasswell – bestimmten die intellektuelle Tagesordnung und die Perspektiven einflußreicher Sektoren der Regierung und der Universität. Subversion, radikaler Nationalismus, Argumente fremder Völker für Unabhängigkeit: alle diese Phänomene der Dekolonisierung und der Nachwirkungen des klassischen Imperialismus wurden in den Grenzen wahrgenommen, die der Kalte Krieg absteckte. Sie mußten abgewendet oder kooptiert werden; im Falle von Korea, China und Vietnam bedeutete das eine erneuerte Bindung und Verpflichtung auf kostspielige Militärkampagnen. Die scheinbare Herausforderung der amerikanischen Autorität durch das Nach-Batista-Kuba stärkt die Vermutung, daß, was auf dem Spiele stand, schwerlich Sicherheit war, sondern das Gefühl, daß die USA innerhalb ihres selbstdefinierten Terrains (die Hemisphäre) keine anhaltende ideologische Reizung dessen hinnehmen würden, was sie als »Freiheit« bezeichnen.

Die Paarung von Macht und Legitimität, wobei die eine Kraft in der Welt direkter Herrschaft Geltung hat, die andere in der kulturellen Sphäre, ist ein Kennmal der klassischen imperialen Hegemonie. Worin sie im amerikanischen Jahrhundert differiert, ist der Quantensprung in der Reichweite der kulturellen Autorität, in hohem Grade dank dem beispiellosen Wachstum des Apparats zur Verbreitung und Kontrolle von Information. Wie wir sehen werden, sind die Medien für die heimische Kultur von hoher Bedeutung. Während die europäische Kultur ein Jahrhundert zuvor mit der Präsenz des weißen Mannes verknüpft war, und zwar mit seiner direkt-gebieterischen (und deshalb angreifbaren) physischen Präsenz, haben wir heute zusätzlich eine internationale Medienpräsenz, die sich, häufig unterhalb der bewußten Wahrnehmung, der Köpfe und Seelen bemächtigt. Der Ausdruck »Kulturimperialismus«, von Jacques Lang verbreitet und mit einem modischen Akzent versehen, büßt einen Teil seines Gewichts ein, wenn er auf Fernsehserien wie *Dynasty* oder *Dallas* etwa in Frankreich oder in Japan angewendet wird, wird aber in einer globalen Perspektive wieder bedeutsam. Am nächsten kam dem der Report, der von der International Commission for the Study of Communication Problems im Auftrag der UNESCO und unter dem Vorsitz von Sean McBride erarbeitet wurde – *Many Voices, One World* (1980) – und sich mit der sogenannten New World Information Order [Neue Informationsweltordnung] auseinandersetzte.[19] Dieser Report ist mit wütenden Repliken und Attacken überzogen worden, zumeist von amerikanischen Journalisten und »Weltweisen«, die die »Kommunisten« und die »Dritte Welt« bezichtigten, sie versuchten die Pressefreiheit zu beschneiden, den freien Fluß der Ideen, die Marktkräfte hinter der Telekommunikation und die Presse- und Computerindustrien zu behindern. Aber selbst der flüchtigste Blick in den McBride-Report enthüllt, daß unter den Kommissionsmitgliedern, die weit davon entfernt waren, einfältige Lösungen wie Zensur usw. zu empfehlen, bemerkenswerte Zweifel bestanden, ob es gelingen könnte, Ausgleich und Billigkeit in die anarchische Informationsweltordnung einzuführen. Keineswegs geistesverwandte Autoren, beispielsweise Antony Smith in *The Geopolitics of Information*, räumen die Ernsthaftigkeit der Probleme ein:

> »Die Bedrohung der Unabhängigkeit, die im späten 20. Jahrhundert von den neuen elektronischen Medien ausgeht, könnte größer sein als der Kolonialismus selbst. Wir beginnen gewahr zu werden, daß die Dekolonisierung und die Heraufkunft eines Supra-Nationalismus nicht das Ende der imperialen Beziehungen waren, sondern bloß die Ausdehnung eines geopolitischen Gewebes, das sich seit der Renaissance geknüpft hat. Die neuen Medien haben die Macht, tiefer in eine ›empfangende‹ Kultur einzudringen als irgendeine frühere Manifestation der westlichen Technologie. Die Ergebnisse könnten ein gewaltiges Chaos sein, eine Intensivierung der sozialen Widersprüche in den sich heute entwickelnden Gesellschaften.«[20]

Niemand hat geleugnet, daß die Inhaber der größten Macht in dieser Konfiguration die Vereinigten Staaten sind, sei es, weil eine Handvoll multinationaler Gesellschaften die Herstellung, Verteilung und vor allem Auswahl der Nachrichten kontrollieren, auf die ein Großteil der Welt vertraut (und sogar Saddam Hussein scheint sich, was sein Informationsbedürfnis angeht, auf CNN verlassen zu haben), sei es, weil die effektiv unangefochtene Expansion kultureller Kontrolle, die von den Vereinigten Staaten ausgeht, einen neuen Mechanismus der Einverleibung und Anpassung geschaffen hat, mit dem sich nicht nur eine heimische amerikanische Zielgruppe gefügig machen und nötigen läßt, sondern auch schwächere und kleinere Kulturen. Die Arbeit einiger

Repräsentanten der kritischen Theorie – insbesondere Herbert Marcuses Begriff der »eindimensionalen Gesellschaft«, Adornos und Enzensbergers Einsichten in die »Bewußtseinsindustrie« – hat die Mischung von Repression und Toleranz geklärt, die als Instrument sozialer Befriedung in westlichen Gesellschaften eingesetzt wird (Fragen, die vor einer Generation von George Orwell, Aldous Huxley und James Burnham erörtert wurden). Der Einfluß des westlichen und besonders des amerikanischen Medienimperialismus auf den Rest der Welt erhärtet die Befunde der McBride-Kommission, ebenso die höchst bedeutsamen Untersuchungsergebnisse von Herbert Schiller und Armand Mattelart zum Eigentum an den Produktionsmitteln und zirkulierenden Bildern, Nachrichten und Darstellungen.[21]

Aber bevor die Medien sozusagen nach Übersee gehen, sind sie überaus effektiv in der Darstellung fremder und bedrohlicher ausländischer Kulturen für das heimische Publikum, und zwar kaum je mit mehr Erfolg als während der Golfkrise und des Kriegs 1990–1991. Großbritannien und Frankreich pflegten im 19. Jahrhundert Expeditionscorps zur Niederschlagung der Widerspenstigen zu entsenden – »offenbar«, sagt Conrads Marlow, als er in Afrika anlangt, »führten die Franzosen einen ihrer Kriege in der Gegend. [...] Dort lag es [ein französisches Kriegsschiff] in der leeren Unendlichkeit der Erde, des Himmels und des Wassers, unverständlich, und schoß auf einen Kontinent. Pumm! machte hie und da eins der Sechs-Zoll-Geschütze« –, jetzt tun es die Vereinigten Staaten. Man führe sich vor Augen, wie der Golfkrieg den Amerikanern schmackhaft gemacht wurde: Mitte Dezember 1990 wurde zwischen *The Wall Street Journal* und *The New York Times* eine keineswegs lautstarke Auseinandersetzung geführt – Karen Elliot House für jenes, Anthony Lewis für diese. Houses These war, daß die Vereinigten Staaten nicht die Wirkung der Sanktionen abwarten, sondern den Irak unverzüglich angreifen und Saddam Hussein zum klaren Verlierer stempeln sollten. Lewis bewies mit seiner Erwiderung Vernunft und liberale Gutgläubigkeit, Eigenschaften, die ihn von anderen Kolumnisten unterschieden haben. Obwohl Anhänger und Befürworter von George Bushs Initialreaktion auf Iraks Invasion in Kuwait, war Lewis jetzt der Meinung, daß die Aussichten auf einen frühen Krieg bedrohlich waren und ihm entgegengearbeitet werden mußte. Er zeigte sich beeindruckt von Argumenten wie denen des Super-Falken Paul Nitze, der gesagt hatte, daß eine ganze Kette von Katastrophen ausgelöst werde, wenn die Amerikaner sich auf eine Bodenoffensive in der Golfregion einließen. Die USA sollten warten und den ökonomischen und diplomatischen Druck erhöhen, dann *könnte* die Begründung eines späteren Krieges plausibel sein. Einige Wochen später traten die beiden Kontrahenten in der »Mac-Neil/Lehrer News Hour« auf, einem nächtlichen überregionalen Programm, um ihre Positionen genauer zu akzentuieren. Wer dieser Debatte beiwohnte, der konnte zwei konträre Philosophien zur Kenntnis nehmen, die zu einem heiklen Zeitpunkt der nationalen Geschichte ernsthaft gegeneinander ins Feld geführt wurden. Als Realisten akzeptierten House wie Lewis den Grundsatz, daß »wir« – dieses Pronomen verstärkt, mehr als jedes andere Wort, das illusorische Gefühl, daß alle Amerikaner als Miteigentümer des öffentlichen Raumes an den Entscheidungen teilnehmen, Amerika auf seine fernen ausländischen Interventionen zu verpflichten – am Golf *sein* sollten, um das Verhalten von Staaten, Armeen und Völkern in einer Distanz von einigen tausend Meilen zu ordnen und zu regeln. Das nationale Überleben war kein Problem. Viel freilich war die Rede von Prinzipien, Moral und Recht. Beide Protagonisten redeten von militärischer Macht als etwas, das ihnen mehr oder weniger zur Verfügung stand, um es angemessen zu entfalten, zu benutzen und wieder zurückzuziehen, und bei alledem schienen die Vereinten Nationen allenfalls als Hebel der Politik der Vereinigten Staaten zu fungieren. Die Debatte war deprimierend, weil beide Kontrahenten bemerkenswerte Leute waren, weder erklärte Falken (wie Henry Kissinger, der »chirurgischer Eingriffe« nie müde wurde) noch nationale Sicherheitsexperten (wie Zbigniew Brzezinski, der sich dem Krieg aus soliden geopolitischen Gründen widersetzte).

Für beide, House und Lewis, waren »unsere« Aktionen Teil der Erbschaft von Einmischungen in der großen weiten Welt, in die Amerika zwei Jahrhunderte lang mit oft verheerenden, aber stets rasch vergessenen Ergebnissen eingegriffen hat. Kaum einmal wurden in der Debatte die Araber erwähnt als diejenigen, die ebenfalls mit dem Krieg zu tun hatten, als seine Opfer beispielsweise oder (ähnlich überzeugend) seine Anstifter. Man hatte den Eindruck, daß die Krise etwas war, das gänzlich *in petto* erörtert werden mußte, als ein internes Problem der Amerikaner. Der drohende Weltenbrand war fern, und erneut blieben die Amerikaner, abgesehen von den (wenigen) Gefallenen und hinterbliebenen Familien, weitgehend verschont. Die abstrakte Qualität verlieh der Situation Kälte und Grausamkeit.

Als Amerikaner *und* Araber fand ich das alles überaus beunruhigend, nicht zuletzt deshalb, weil die Konfrontation total und allumfassend erschien; es gab keine Möglichkeit, *nicht* beteiligt zu sein. Nie zuvor waren Namen, die die arabische Welt oder ihre Komponenten bezeichneten, so häufig zitiert worden, und nie zuvor in einer so merkwürdig abstrakten und herabsetzenden Bedeutung, obwohl die Vereinigten Staaten nicht mit *allen* Arabern im Kriegszustand waren. Die arabische Welt nötigte zu Faszination und Interesse und hielt doch von Zuwendung oder speziellem Wissen ab. Keine andere kulturelle Gruppe beispielsweise war (und ist noch immer) so wenig bekannt: Wenn man einen Amerikaner, der mit neuerer Literatur und Poesie *au courant* ist, nach dem Namen eines arabischen Schriftstellers fragte, wäre wahrscheinlich der einzige, der genannt werden würde, Kahlil Gibran. Wie konnte es so viel Interaktion auf der einen Ebene geben und so wenig Wirklichkeit auf der anderen?

Vom arabischen Standpunkt aus ist das Bild ähnlich schief. Es gibt noch immer kaum Literatur, die Amerikaner darstellt. Die interessanteste Ausnahme ist Abdelrahman el Munifs Romanreihe *Cities of Salt*[22], aber seine Bücher sind in mehreren Ländern indiziert, und sein Heimatland Saudi-Arabien hat ihm die Staatsbürgerschaft entzogen. Meines Wissens gibt es kein Institut oder keinen akademischen Fachbereich in der arabischen Welt, dessen Hauptziel ein vertiefendes Studium Amerikas wäre, obwohl die Vereinigten Staaten die bei weitem bedeutendste ausländische Macht in der zeitgenössischen arabischen Welt sind. Manche arabischen Führer, die ihr Leben damit verbringen, amerikanische Interessen zu brandmarken, setzen bemerkenswert viel Energie ein, ihre Kinder an amerikanischen Universitäten unterzubringen und ihnen Stipendienhilfen zu verschaffen. Es ist noch immer schwierig, selbst gebildeten und erfahrenen arabischen Mitbürgern zu erklären, daß die Außenpolitik der Vereinigten Staaten nicht vom CIA oder von einer »Verschwörung« oder einem schattenhaften Netz von Schlüssel-»Kontakten« bestimmt wird; beinahe jeder, den ich kenne, glaubt, daß die Vereinigten Staaten im Grunde jedes belangvolle Ereignis im Mittleren Osten vorausplanen, sogar, wie mir einmal angedeutet wurde, die palästinensische Intifada.

Diese leidlich stabile Mischung von langer Vertrautheit (gut beschrieben in James Fields *America and the Mediterranean World*[23]), Feindseligkeit und Ignoranz bleibt auf beiden Seiten eines vielgliedrigen, ungleichwertigen und relativ neuen kulturellen Austauschs bestehen. Das leitende Gefühl, das zur Zeit der Operation »Wüstensturm« dominierte, war das der Unausweichlichkeit, so als ob Präsident Bushs Vorsatz, »da runter zu gehen« und (in seinem eigenen sportlichen Jargon) »klar Schiff zu machen«, auf Saddam Husseins postkolonialen arabischen Vorsatz stoßen *mußte*, den Vereinigten Staaten unerschrocken

entgegenzutreten. Mit anderen Worten, die öffentliche Rhetorik war
unbeeindruckt und ungetrübt von Erwägungen der Einzelheiten, von
Realismus, von Einsicht in Ursache oder Wirkung. Wenigstens ein Jahrzehnt lang stellten Filme über amerikanische Kommandos einen unge-
schlachten Rambo oder eine technisch hochklassige Delta Force gegen
arabisch-muslimische Terroristen-Desperados. Im Jahre 1991 schien
es so, als ob eine nahezu metaphysische Absicht, den Irak von der
Landkarte zu tilgen, sich plötzlich verkörpert hätte, nicht weil der Vorstoß des Irak, obwohl groß, kataklysmisch gewesen wäre, sondern weil
ein kleines nicht-weißes Land eine Supernation gestört hatte, die von
einer Glut erfüllt war, die nur durch Willfährigkeit oder Unterwürfig-
keit der »Scheichs«, Diktatoren und Kameltreiber gelöscht werden
konnte.

Historisch sind die amerikanischen, vielleicht die westlichen Medien
insgesamt sensorische Erweiterungen des kulturellen Haupt-Kontextes
gewesen. Die Araber sind nur ein abgeschwächtes neueres Beispiel für
andere, die den Zorn des strengen weißen Mannes erregt haben, eines
puritanischen Über-Ichs, dessen Ausflug in die Wildnis so gut wie keine
Grenzen kennt. Aber natürlich fehlte das Wort »Imperialismus« in den
amerikanischen Diskussionen über den Golfkrieg. »In den Vereinigten
Staaten ist es«, dem Historiker Richard W. Van Alstyne in *The Rising
American Empire* zufolge, »nahezu Häresie, die Nation als ein Imperium zu beschreiben.«[24] Und doch zeigt er, daß die Gründer der Republik, darunter auch George Washington, das Land als ein Imperium
charakterisierten, mit einer nachfolgenden Außenpolitik, die der Revolution entsagte und das imperiale Wachstum förderte. Er zitiert Staatsmänner, die behauptet haben, wie Reinhold Niebuhr das kaustisch ausdrückt, daß das Land »Gottes amerikanisches Israel« sei, dessen »Mission« darin bestehe, »unter Gott der Treuhänder der Zivilisation der
Welt« zu sein. Selbstverständlich waren Echos dieser grandiosen Selbst-
belobigung auch zu Zeiten des Golfkrieges zu hören. Und als der irakische Vorstoß sich zu verschärfen schien, wurde Saddam zu Hitler, zum
Schlächter von Bagdad, zum Verrückten (wie ihn Senator Alan Simpson
nannte), der zu Fall gebracht werden mußte.

Jeder Leser von *Moby Dick* mag nur schwer der Versuchung widerstanden haben, von diesem großen Roman aus auf die reale Welt zu ex-
trapolieren, das amerikanische Imperium sich erneut darauf vorbereiten zu sehen, wie Ahab einem ihm auferlegten Übel nachzujagen. Erst
kommt die ungeprüfte moralische Mission, dann, in den Medien, ihre
militärisch-geostrategische Extension. Das Entmutigendste an den Me-

dien war ihr Handel mit »expertenhafter« Mittelost-Kundigkeit. Alle Straßen führen zum Bazar; die Araber verstehen nur Gewalt; Brutalität und Gewalt sind Teil der arabischen Zivilisation; der Islam ist eine intolerante, Rassentrennung befürwortende, »mittelalterliche«, fanatische, grausame, frauenfeindliche Religion. Der Kontext, der Rahmen und die Gedankenbewegung jeder Diskussion waren eingeschränkt, ja geradezu eingefroren durch Klischees. Kaum berichtet wurde über die Profite der Ölgesellschaften oder darüber, daß der Anstieg der Ölpreise wenig zu tun hatte mit der Vorratslage; es wurde auch weiterhin zu viel Öl produziert. Die Sache des Irak gegen Kuwait oder sogar der politische Status von Kuwait selbst – in mancher Hinsicht liberal, in anderer durchaus illiberal – blieben unbeachtet. Wenig wurde gesagt im Zusammenhang mit der Komplizenschaft der Golf-Staaten, Europas, der Vereinigten Staaten und des Irak während des iranisch-irakischen Krieges. Stellungnahmen zu solchen Problemen kursierten erst lange nach dem Krieg, beispielsweise in einem Essay von Theodore Draper in *The New York Review of Books* (16. Januar 1992), der zu bedenken gab, daß eine teilweise Anerkennung der Forderungen des Irak gegenüber Kuwait einen Krieg abgewendet haben könnte.

Es ist merkwürdig und durchaus symptomatisch für den Golfkonflikt, daß ein Wort, das im Übermaß ausgesprochen und immer wieder ausgesprochen wurde und doch unanalysiert blieb, jenes »linkage« [Koppelung] war, eine häßliche Parole, die als Symbol des ungeprüften amerikanischen Rechts erfunden worden zu sein scheint, ganze geographische Sektionen des Erdballs in seine Erwägungen entweder einzuschließen oder zu ignorieren. Während der Golfkrise bedeutete »linkage« nicht, daß eine, sondern daß *keine* Verbindung zwischen Dingen bestand, die in Wirklichkeit durch Verknüpfung, Gefühlsverwandtschaft, Geographie und Geschichte zusammengehörten. Sie wurden getrennt und ignoriert, um der Bequemlichkeit willen und zum Vorteil der gebieterischen Politikmacher, Militärstrategen und Gebietsspezialisten der Vereinigten Staaten. Jeder sein eigener Bildhauer, sagt Jonathan Swift. Daß der Mittlere Osten intern durch vielerlei *Bindungen* verkoppelt war – *das* war irrelevant. Daß die Araber eine Verbindung zwischen Saddam in Kuwait und beispielsweise den Türken in Zypern sehen konnten – auch das fiel nicht ins Gewicht. Daß die Politik der Vereinigten Staaten selbst eine Koppelung war, war tabu, vor allem für Pandits, deren Rolle einzig darin bestand, im Volk Konsens für einen Krieg zu beschaffen.

Die Mittel-Prämisse war in der Tat kolonial: daß eine kleine Diktatur der Dritten Welt, vom Westen gehegt und gepflegt, nicht das Recht hatte, Amerika herauszufordern, das weiße und überlegene Amerika. Großbritannien bombardierte in den zwanziger Jahren dieses Jahrhunderts irakische Truppen, die seiner Kolonialherrschaft Widerstand zu leisten gewagt hatten; siebzig Jahre später taten die Vereinigten Staaten dasselbe, aber mit einem eher moralischen Anspruch, der freilich nicht zu verhehlen wußte, daß die Ölreserven des Mittleren Ostens ein *amerikanisches* Kartell waren. Solche Praktiken sind anachronistisch und schädlich, weil sie nicht nur Kriege fortgesetzt möglich und attraktiv machen, sondern auch gesichertes Wissen aus Geschichte, Diplomatie und Politik zu entwerten trachten.

Ein Artikel, der in der Winterausgabe 1991 von *Foreign Affairs* mit dem Titel »The Summer of Arab Discontent« erschien, setzt mit der folgenden Passage ein, die den bedauerlichen Zustand von Wissen und Macht, der die Operation »Wüstensturm« entfesselte, gut zusammenfaßt:

> »Kaum hatte die arabisch-muslimische Welt dem Zorn und der Leidenschaft des Kreuzzuges von Ayatollah Khomeini Lebewohl gesagt, als sich ein weiterer Bewerber in Bagdad meldete. Der neue Anwärter war aus anderem Holz geschnitzt als der beturbante Erlöser aus Qom: Saddam Hussein war kein Autor von Traktaten islamischer Staatskunst noch ein Produkt hoher Bildung in religiösen Seminaren. Nicht ihm galten die ausgedehnten ideologischen Kämpfe um die Herzen und Geister der Gläubigen. Er kam aus einem schwachen Land, einem Grenzgebiet zwischen Persien und Arabien, mit wenig Anspruch auf Kultur und Bücher und große Ideen. Der neue Bewerber war ein Despot, ein erbarmungsloser und gerissener Wächter, der seinen Bereich gezähmt und ihn in ein weitläufiges Gefängnis verwandelt hatte.«[25]

Selbst Schulkinder wissen, daß Bagdad der Sitz der Abassidenkultur war, der Hochblüte der arabischen Kultur zwischen dem 9. und dem 12. Jahrhundert, die Werke hervorbrachte, die noch heute gelesen werden, so wie Shakespeare, Dante und Dickens noch immer gelesen werden, und daß die Stadt Bagdad eines der großen Denkmäler der islamischen Kunst ist.[26] Auch ist es die Stadt, in der, gemeinsam mit Kairo und Damaskus, die Renaissance der arabischen Literatur und Kunst des 19. und 20. Jahrhunderts stattfand. Bagdad brachte fünf der größten arabischen Dichter des 20. Jahrhunderts hervor und ohne Frage die meisten seiner führenden Künstler, Architekten und Bildhauer. Weil Saddam aus Takrit stammt, wird unterstellt, daß der Irak und seine Bürger kein Verhältnis zu Büchern und Ideen haben. Und es scheint vergessen oder verdrängt zu werden, daß es Sumer, Babylon, Niniveh, Hammurabi, Assyrien und die großen Monumente der alten mesopotamischen (und Welt-)Zivilisation gegeben hat, deren Wiege der Irak ist. Der Autor singt das Lob des zeitgenössischen Saudi-Arabien, das allerdings schwächer und weniger in Berührung mit Büchern, Ideen und Kultur ist, als der Irak es je war. Ich habe nicht die Absicht, Saudi-Arabien herabzusetzen. Aber solche Äußerungen sind symptomatisch für den intellektuellen Willen, der Macht zu schmeicheln und öffentlich kundzutun, was sie hören möchte, ihr zu verstehen zu geben, daß sie aufmarschieren, töten, bombardieren und zerstören kann, weil, was zerstört werden wird, tatsächlich zu vernachlässigen ist, schwach, ohne Verstand für Bücher, Ideen, Kulturen und, wie ganz zart angedeutet wird, auch ohne Beziehung zur Bevölkerung.

Die Welt kann sich derlei Anmaßungen aus Patriotismus, relativem Solipsismus, sozialer Autorität, ungehemmter Aggressivität und Abwehrbereitschaft gegenüber anderen nicht mehr leisten. Heute triumphieren die Vereinigten Staaten international und scheinen geradezu erpicht, zu beweisen, daß sie die »Nummer eins« sind, vielleicht um die Rezession wettzumachen, die endemischen Probleme im Gefolge von Stadtentwicklung, Armut, Gesundheits- und Bildungswesen und Industrieproduktion, und der europäisch-japanischen Herausforderung zu begegnen.

Obwohl Amerikaner, bin ich in einem kulturellen Rahmen aufgewachsen, der von der Idee erfüllt war, daß der arabische Nationalismus wichtig sei, daß er im übrigen ein bedrückter und unerfüllter Nationalismus sei, bedroht von Verschwörungen, inneren wie äußeren Feinden und Hindernissen, für deren Überwindung kein Preis zu hoch sein durfte. Meine arabische Umwelt war weitgehend kolonial gewesen, aber als ich dort aufwuchs, konnte man noch über Land von Syrien und dem Libanon durch Palästina nach Ägypten und weiter westlich reisen. Heute ist das unmöglich. Jedes Land errichtet an seinen Grenzen schreckliche Barrieren. (Und für Palästinenser ist die Grenzüberschreitung eine besonders fürchterliche Erfahrung, weil die Länder, die Palästina laut unterstützen, die wirklichen Palästinenser häufig am schlechtesten behandeln.) Der arabische Nationalismus ist nicht tot, er hat sich jedoch in zunehmend kleinere Einheiten aufgespalten. Auch hier kommt »linkage« in der arabischen Konstellation zuletzt. Die Vergangenheit war nicht besser, aber sozusagen auf heilsamere Weise verkettet; die Menschen waren tatsächlich miteinander verbunden. In vielen Schulen begegnete man Arabern aus allen Himmelsrichtungen, überdies Armeniern, Juden, Griechen, Italienern, Indern oder Iranern in bunter Mischung, alle aus diesem oder jenem Kolonialregime stammend, aber sich gegenseitig beeinflussend, so als ob das die natürlichste Sache von der Welt sei. Heute brechen die staatlichen Nationalismen in die Clan- oder Sektennationalismen ein. Der Libanon und Ägypten sind perfekte Beispiele für das, was da vor sich gegangen ist – die strenge Kantonisierung ist nahezu überall als Gruppengefühl, wenn nicht sogar Gruppenpraxis präsent und wird vom Staat und seinen Bürokratien und Geheimpolizeien gestützt. Die Herrschenden sind Clans, Familien, Cliquen oder geschlossene Zirkel alternder Oligarchen, die in nahezu mythologischer Weise, wie García Márquez' herbstlicher Patriarch, immun sind gegen Wandel oder neue Impulse.

Die Bemühung, ganze Populationen im Namen von Nationalismus (*nicht* Befreiung) zu homogenisieren und zu isolieren, hat zu gewaltigen Opfern und Fehlschlägen geführt. In den meisten Zonen der arabischen Welt ist die Zivilgesellschaft (Universitäten, Medien und die Kultur im weitesten Sinne) von der politischen Gesellschaft aufgesogen worden, deren Hauptform der Staat ist. Eine der großen Leistungen der frühen nationalistischen arabischen Regierungen der Nachkriegszeit war die Massen-Bildung: in Ägypten waren die Ergebnisse, beinahe über alle Vorstellungskraft hinaus, geradezu dramatisch positiv. Und doch bestätigt die Mischung aus beschleunigter Bildungsförderung und kanzelrednerischer Ideologie aufs genaueste Fanons Befürchtungen. Mein Eindruck ist, daß mehr Anstrengungen darauf verwendet werden, den Status quo aufrechtzuerhalten, indem die Idee gestärkt wird, es genüge, Syrer, Iraker, Ägypter oder Saudi zu sein, als auf die kritische, ja riskante Überprüfung der nationalen Programmatik selbst. Identität, immer wieder Identität, vor und über jeder Kenntnis und jedem Wissen von anderen.

Angesichts dieser Lage gewann der Militarismus bislang unbekannte Privilegien in der moralischen Ökonomie der arabischen Welt. Viel davon hat mit dem Gefühl zu tun, ungerecht behandelt zu werden, ein Gefühl, für das Palästina nicht nur eine Metapher ist, sondern Beleg. Aber waren denn tatsächlich die einzig mögliche Antwort militärische Macht, gewaltige Armeen, markige Slogans, blutige Versprechungen und, im Verein damit, endlose Fälle von Militarismus, beginnend mit verlorenen Kriegen und endend mit physischer Bestrafung und Drohgebärden? Ich kenne keinen einzigen Araber, der privat nicht bereitwillig zugeben würde, daß das Monopol des Staates auf Zwang und Gewalt die Demokratie nahezu völlig zerstört, eine finstere Feindseligkeit zwischen Herrschern und Beherrschten erzeugt und Konformität, ja Opportunismus gefördert hat, jedenfalls mehr als neue Ideen, Kritik oder

Dissens. Weit genug getrieben, führt das zu »Exterminismus«, zu der Vorstellung, daß, wenn einem etwas mißfällt, es möglich sei, es einfach abzuschaffen. Diese Vorstellung stand zweifellos hinter der irakischen Aggression gegen Kuwait. Was für eine vernebelte und anachronistische Idee von bismarckscher »Integration« war es, ein Land auszulöschen und seine Gesellschaft zum Zweck »arabischer Einheit« zu zerschlagen? Besonders entmutigend war, daß so viele Leute, viele davon Opfer derselben brutalen Logik, die Aktion unterstützt und doch nicht mit Kuwait sympathisiert zu haben scheinen. Selbst wenn man einräumt, daß die Kuwaitis unbeliebt waren (muß man beliebt sein, um nicht getötet zu werden?), und selbst wenn der Irak behauptete, Palästina zu verteidigen, indem er sich gegen Israel und die Vereinigten Staaten wandte, ist das bloße Ansinnen, eine Nation umstandslos »auszuradieren«, ein mörderischer Vorschlag, einer großen Zivilisation unwürdig. Es ist ein Maßstab für den schrecklichen Zustand der politischen Kultur in der heutigen arabischen Welt, daß solcher Exterminismus verbreitet ist.

Das Öl hat, wieviel Entwicklung und Prosperität es der Region auch beschert haben mag – und das hat es in der Tat –, wo es mit Gewalt, ideologischer Raffinesse, politischer Abwehrbereitschaft und kultureller Abhängigkeit von den Vereinigten Staaten verknüpft wurde, mehr soziale Wunden geöffnet, als es geheilt hat. Für jeden, der in der arabischen Welt eine plausible innere Kohäsion erkennt, ist das allgemeine Klima von Mittelmäßigkeit und Korruption, das über dieser Region liegt, bitter enttäuschend.

Demokratie in irgendeinem realen Sinne des Wortes ist im noch immer »nationalistischen« Mittleren Osten nirgendwo zu finden: es gibt nur entweder privilegierte Oligarchien oder privilegierte ethnische Gruppen. Die breite Masse der Bevölkerung seufzt unter dem Druck von Diktaturen oder unnachgiebigen, harthörigen, ungeliebten Regierungen. Aber die These, daß die Vereinigten Staaten in dieser furchtbaren Konstellation die Tugendagentur seien, ist ebenso unsinnig wie die Behauptung, daß der Golfkrieg kein Krieg zwischen George Bush und Saddam Hussein gewesen sei. Im Grunde war es ein personalisierter Kampf, bei dem auf der einen Seite ein Dritte-Welt-Diktator der Art stand, mit der die Vereinigten Staaten lange Umgang gepflogen haben (Haile Selassie, Somoza, Syngman Rhee, der Schah von Persien, Pinochet, Marcos, Noriega usw.), dessen Herrschaft sie ermutigten und dessen Gunst sie lange genossen, und auf der anderen Seite der Präsident eines Landes, das sich den von Großbritannien und Frankreich ererbten

Mantel des Imperiums übergestreift hat und entschlossen war, im Mittleren Osten um des Öls willen und aus Gründen des geostrategischen und politischen Vorteils auszuharren.

Zwei Generationen lang haben die Vereinigten Staaten im Mittleren Osten Partei ergriffen für Tyrannei und Ungerechtigkeit – kein Engagement für Demokratie, Frauenrechte oder Säkularismus und Minderheitenschutz, das von den Vereinigten Staaten offiziell unterstützt worden wäre. Statt dessen hat eine Regierung nach der anderen willfährige Bittsteller gedeckt und sich den Mühen kleiner Völker verschlossen, sich von der militärischen Besetzung zu befreien, während sie gleichzeitig ihren Feinden Beistand leisteten. Die Vereinigten Staaten haben zügellosen Militarismus gefördert und sich (zusammen mit Frankreich, Großbritannien, China, Deutschland und anderen) überall in der Region auf umfangreiche Waffengeschäfte eingelassen, zumeist mit Regierungen, die, als Resultat der zwanghaften Besessenheit der USA von der Macht Saddam Husseins, zu immer extremeren Positionen getrieben wurden. Eine arabische Nachkriegswelt zu entwerfen, die von den Herrschern Ägyptens, Saudi-Arabiens und Syriens gelenkt würde, die sämtlich in einer neuen Pax Americana als Teil der Neuen Weltordnung zusammenarbeiten sollten, ist weder intellektuell noch moralisch glaubhaft.

Im amerikanischen öffentlichen Raum hat sich noch kein Diskurs entwickelt, der sich nicht mit der Macht identifizierte, trotz der Gefahren, die von Macht ausgehen in einer Welt, die klein geworden und nachdrücklich vernetzt ist. Die Vereinigten Staaten können sich nicht mittels Kriegführung das Recht aneignen, beispielsweise mit sechs Prozent der Weltbevölkerung dreißig Prozent der Weltenergie zu konsumieren. Aber das ist nicht alles. Jahrzehntelang ist in Amerika ein Kulturkrieg gegen die Araber und den Islam geführt worden – entsetzliche rassistische Karikaturen von Arabern und Muslimen suggerierten, diese seien allesamt entweder Terroristen oder Scheichs, und die ganze Region sei ein dürrer Slum, geeignet nur für Profit oder Krieg. Die bloße Vorstellung, daß es dort eine Geschichte, eine Kultur, eine Gesellschaft – tatsächlich sogar viele Gesellschaften – geben könnte, ist nicht mehr als ein paar Augenblicke lang aufgetaucht, nicht einmal in jenem Chor von Stimmen, welche die Tugenden des »Multikulturalismus« verkündeten. Eine Woge von trivialen journalistischen Kommentaren überflutete den Markt und setzte eine Handvoll kruder Stereotypien in Umlauf, die die Araber zu Abbildern von Saddam stempelten. Was die unglückseligen kurdischen und schiitischen Aufständischen betrifft, die von den Vereinigten Staaten zuerst ermutigt wurden, sich gegen Saddam zu erheben, und dann seiner erbarmungslosen Rache ausgesetzt blieben, so werden sie kaum erinnert und noch weniger erwähnt.

Nach dem plötzlichen Verschwinden von Botschafter April Glaspie, der langjährige Erfahrungen im Mittleren Osten besaß, verfügte die amerikanische Regierung kaum noch über irgendeinen hochgestellten Fachmann mit realer Kenntnis des Mittleren Ostens, seiner Sprachen und seiner Völker. Und nach dem systematischen Angriff auf seine zivile Infrastruktur ist der Irak noch immer gelähmt – durch Hunger, Krankheit und Verzweiflung –, nicht wegen seiner Aggression gegen Kuwait, sondern weil die Vereinigten Staaten physische Präsenz am Golf wünschen und einen Vorwand, da zu sein, um Europa und Japan beeinflussen zu können, und weil der Irak noch immer als Bedrohung für Israel angesehen wird.

Loyalität und Patriotismus erheischen ein kritisches Gespür für das, was Fakten sind und was, als Bewohner dieses schrumpfenden und durch Raubbau erschöpften Planeten, die Amerikaner ihren Nachbarn und dem Rest der Menschheit schulden. Unkritische Solidarität mit der Politik des Tages, besonders wenn sie so unvorstellbar kostspielig ist, darf keine Achtung mehr beanspruchen.

Die Operation »Wüstensturm« war ein imperialer Krieg gegen das irakische Volk, ein Versuch, es zu brechen – als Teil der Anstrengung, Saddam zu brechen. Freilich wurde dieser anachronistische und einzigartig blutige Aspekt dem amerikanischen Fernsehpublikum weitgehend vorenthalten. Auch für Amerikaner, die normalerweise nicht an Geschichte interessiert sind, hätte es einen Unterschied bedeutet zu erfahren, daß Bagdad das letzte Mal 1258 von den Mongolen zerstört wurde, obwohl die Briten einen jüngeren Präzedenzfall für gewaltsames Vorgehen gegen die Araber lieferten.

Das Fehlen irgendeines zulänglichen heimischen Abschreckungsmittels gegen diesen Fall immensiver kollektiver Gewalt erklärt und erhellt sich, wenn man Kiernans Darstellung der Gründe liest, warum amerikanische Intellektuelle, im Gegensatz zu den »großen Zahlen, die ihnen [den Kritikern] praktisches Gewicht hätten verleihen können«, dem Verhalten ihres Landes in den siebziger Jahren meist unkritisch gegenüberstanden. Kiernan kommt zu dem Schluß, daß »der lang währende Stolz des Landes auf sich selbst als neue Zivilisation« ganz real war, ebenso real wie die Tatsache, daß es sich »auf gefährliche Weise für die Perversion durch Demagogen eignete«. Es bestand die Gefahr, daß dieses Gefühl von Selbsterhöhung der bismarckschen »Kultur« ähnlich wurde, »wobei ›Kultur‹ sich zu technologischem ›Know-how‹ verhär-

tete«. Überdies und »genau wie das frühere britische Überlegenheitsge-
fühl wurde das der Amerikaner durch ein hohes Maß an Isolierung und
Unkenntnis des Rests der Welt gestützt«. Und:

> »Diese Entferntheit hat dazu beigetragen, der amerikanischen Intelligentsia in der
> Moderne zu einer analogen Entferntheit vom Leben oder von der historischen Rea-
> lität zu verhelfen. Es war nicht leicht für Dissidenten, die Schranken zu durchbre-
> chen. Da war eine gewisse Seichtheit in der Protestliteratur der Zwischenkriegs-
> zeit, ein Versäumnis, sich auch nur geringfügig über die Ebene des Journalismus zu
> erheben. [...] Es fehlte an der imaginativen Tiefe oder Resonanz, die sich nur aus
> einer reagierenden Umwelt gewinnen läßt. [...] Seit dem Weltkrieg wurden die
> Intellektuellen zunehmend in öffentliche Aktivitäten verstrickt, deren Dynamo
> letztlich der militärisch-industrielle Komplex war. Sie nahmen an der strategi-
> schen Planung teil, an der Entwicklung der wissenschaftlichen Kriegführung und
> Gegenspionage, wurden auf schmeichelhafte Weise ins Weiße Haus eingeladen
> und bedankten sich bei den Präsidenten mit dem der Krone zustehenden Weih-
> rauch. Während des gesamten Kalten Krieges verfochten die Fachleute im Bereich
> der Lateinamerika-Studien die Ideologie der ›guten Nachbarschaft‹, der Interes-
> senharmonie zwischen den Vereinigten Staaten und dem Rest der Welt. Chomsky
> hatte gute Gründe, von der ›überwältigenden Dringlichkeit‹ des Bedürfnisses zu
> sprechen, den ›Effekten einer Generation von Indoktrination und einer langen Ge-
> schichte des Selbstlobes‹ entgegenzuarbeiten; er rief die Intellektuellen dazu auf,
> die Augen zu öffnen für die ›Tradition der Naivität und Selbstgerechtigkeit, die
> unsere intellektuelle Geschichte entstellt‹.«[27]

Diese Einschätzung läßt sich auch auf den Golfkrieg von 1991 anwenden. Die Amerikaner beobachteten den Krieg im Fernsehen in der relativ unbestrittenen Gewißheit, daß sie die Realität wahrnähmen, während das, was sie wahrnahmen, der am meisten verdeckte Krieg der
Geschichte war, über den am wenigsten berichtet wurde. Die Bilder und
Druckschriften wurden von der Regierung kontrolliert, und die größten
amerikanischen Mediengesellschaften kopierten einander und wurden
wiederum selbst kopiert (wie CNN). Die Schäden und Verheerungen,
die dem Feind zugefügt wurden, fanden keine nennenswerte Beachtung. Manche Intellektuelle verstummten, fühlten sich hilflos oder trugen zur »öffentlichen« Diskussion Vorschläge bei, die dem imperialen
Bedürfnis folgten, den Krieg zu beginnen.

So fugendicht ist die Professionalisierung des intellektuellen Lebens
geworden, daß das Gefühl für die Aufgabe, die Julien Benda für den Intellektuellen beschrieben hat, nahezu erloschen ist. Politisch motivierte
Intellektuelle haben die Normen des Staates verinnerlicht, der, wenn er
sie in die Hauptstadt beruft, ihr Patron wird. Das kritische Handwerks-

zeug wird über Bord geworfen. Und was die Intellektuellen betrifft, die
die – literarischen, philosophischen, historischen – Werte hüten, so hat
die amerikanische Universität mit ihrer Großzügigkeit, ihrem immensen Freiraum und ihrer bemerkenswerten Vielgestaltigkeit ihnen den
Stachel gezogen. Jargons von nahezu unvorstellbarer Altbackenheit
prägen ihre Stile. Ein erstaunliches Gefühl der Schwerelosigkeit angesichts von Geschichte und individueller Verantwortlichkeit vergeudet
und vertreibt die Aufmerksamkeit für öffentliche Probleme und den öffentlichen Diskurs. Das Ergebnis ist ein blindes Umhertappen, dessen
Zeuge zu werden entmutigend ist, insbesondere dann, wenn die Gesellschaft als Ganzes gedanken- und bedenkenlos dahintreibt. Rassismus,
Armut, ökologischer Raubbau, Kriminalität, menschliche Ignoranz –
sie bleiben den Medien überlassen und der politischen Gelegenheits-
kandidatur bei Wahlkampagnen.

2. Die Herausforderung von Orthodoxie und Autorität

Nicht daß es uns an lauten Mahnungen an Chomskys »Rekonstitution
der Ideologie« fehlte, deren Elemente Vorstellungen vom westlichen, jüdisch-christlichen Triumph, von der naturgegebenen Rückschrittlichkeit
der nicht-westlichen Welt, der Bedrohung durch ausländische Glau-
bensbekenntnisse, der wuchernden Vermehrung »antidemokratischer«
Verschwörungen und der Wiederbelebung kanonischer Werke, Autoren
und Ideen einschließen. Zugleich werden andere Kulturen mehr und
mehr in den Perspektiven von Pathologie und/oder Therapie erfaßt.
Wie genau und seriös sie auch in Analyse und Reflexion sein mögen, in
London, Paris oder New York erscheinende Bücher mit Titeln wie *The
African Condition* oder *The Arab Predicament* oder *The Republic of
Fear* oder *The Latin American Syndrome* werden im Banne dessen kon-
sumiert, was Kenneth Burke den »Akzeptanzrahmen« genannt hat, dessen Bedingungen von ganz besonderer Art sind.

Einerseits hatte niemand im öffentlichen Raum bis zum August 1991
allzuviel Aufmerksamkeit dem Irak, seiner Gesellschaft, Kultur oder
Geschichte, gewidmet. Dann aber konnte die Welle der Bücher und
Fernsehprogramme zu diesem Thema kaum noch gebremst werden. Typischerweise blieb *The Republic of Fear*, im Jahre 1989 erschienen, völlig unbeachtet. Sein Autor wurde später berühmt, nicht wegen seiner
fachlichen Funde – worauf er auch gar keinen Anspruch erhebt –, son-

dern weil sein obsessives und einseitiges »Porträt« des Irak dem Bedürfnis nach einer ahistorischen und dämonologischen Darstellung eines
Landes als der Verkörperung eines arabischen Hitlerismus entgegen-
kommt. Nicht westlich zu sein (die verdinglichten Bezeichnungen sind
schon an sich symptomatisch) meint, vor allen Fakten, schlimmstenfalls
ein Verrückter und bestenfalls ein Gefolgsmann zu sein, ein fauler Kon-
sument, der, wie Naipaul irgendwo sagt, das Telefon zwar benutzen
kann, es aber nie hätte erfinden können.

Andererseits ist die Entmystifizierung der kulturellen Konstrukte,
»unserer« wie »ihrer«, ein neuer Sachverhalt, mit dem uns Fachleute,
Kritiker und Künstler inzwischen vertraut gemacht haben. Wir können
heute nicht über Geschichte sprechen, ohne beispielsweise Hayden
Whites Thesen in *Metahistory* zu beachten, daß alle Geschichtsschreibung *Schreiben* ist, sich einer figurativen Sprache und bestimmter Tropen der Darstellung bedient, etwa der Codes von Metonymie, Metapher, Allegorie oder Ironie. Aus den Werken von Lukács, Fredric Jameson, Foucault, Derrida, Sartre, Adorno und Benjamin – um nur einige
der wichtigsten Namen zu nennen – haben wir lebhafte Einsichten in
die Regulierungsprozesse und Kraftverhältnisse gezogen, durch die
eine kulturelle Hegemonie sich selbst reproduziert, wobei sie sogar Poesie und Geist in Gußformen der Verwaltung und des Gebrauchs preßt.

Die Bresche zwischen diesen einflußreichen metropolitanischen
Theoretikern und der fortwirkenden oder historischen imperialen
Erfahrung aber ist wahrhaft weit. Die Beiträge des Imperiums zu den
Künsten der Beschreibung und Beobachtung, zur Herausbildung von
Fachdisziplinen und theoretischen Diskursen sind außer acht gelassen
worden, und höchst diskret, ja überempfindlich haben diese neuen
theoretischen Versuche in der Regel das Zusammenspiel ihrer Entdek-
kungen mit den Befreiungsenergien, die von widerständigen Kulturen
in der Dritten Welt freigesetzt wurden, wahrgenommen. Sehr selten begegnen wir direkten Einsichten in Austausch und Übertragung wie
etwa – ein ganz vereinzeltes Beispiel – bei Arnold Krupat, der die Objek-
tive der poststrukturalischen Theorie auf das traurige, von Genozid und
kultureller Amnesie gezeichnete Panorama richtet, das allmählich als
»amerikanische Eingeborenenliteratur« bekannt wird, und die in diesen Texten enthaltenen Konfigurationen von Macht und authentischer
Erfahrung entschlüsselt.[28]

Wir können und müssen sogar darüber spekulieren, warum es eine
Praxis der Selbstbeschränkung des im Westen produzierten indetermi-
nistischen theoretischen Kapitals gegeben hat und warum gleichzeitig

in der früheren Kolonialwelt die Aussicht auf eine Kultur mit stark liberationistischen Komponenten selten schwächer gewesen ist als heute.
Ein Beispiel: Im Jahre 1985 von einer nationalen Universität in einem
der Staaten am Persischen Golf zu einem einwöchigen Vortragsbesuch
aufgefordert, sah ich meine Aufgabe darin, ihren englischen Fachbereich in Augenschein zu nehmen und vielleicht einige Empfehlungen zu
seiner Verbesserung zu geben. Ich war verblüfft, als ich entdeckte, daß
Englisch als Fach die größte Zahl der jungen Leute aller Fachbereiche
der Universität anzog, aber enttäuscht festzustellen, daß der Lehrplan
zu etwa gleichen Teilen zwischen Literatur und dem aufgeteilt war, was
Linguistik genannt wurde (das heißt Grammatik und phonetische
Struktur). Die Literaturkurse waren streng orthodox, ein Schema, das
sogar an älteren und berühmteren arabischen Universitäten wie denen
von Kairo oder Ain Shams befolgt wurde. Die jungen Araber lasen
pflichtschuldigst Milton, Shakespeare, Wordsworth, Austen und Dik-
kens, so wie sie Sanskrit oder mittelalterliche Heraldik hätten studieren
können. Keinerlei Beachtung fand die Beziehung zwischen der englischen Literatur und Sprache und den Kolonisierungsprozessen, die
diese Sprache und ihre Literatur in die arabische Welt verpflanzt hatten.
Ich beobachtete, ausgenommen in privaten Diskussionen mit einigen
Mitgliedern des Lehrkörpers, nur wenig Interesse für die neuen englischsprachigen Literaturen der Karibik, Afrikas oder Asiens. Worauf
ich stieß, war ein anachronistisches Konglomerat aus Paukerei, unkriti-
scher Lehre und (milde ausgedrückt) Zufallsergebnissen.

Dennoch erfuhr ich zwei Dinge. Der Grund für die große Zahl von
Studenten mit Englisch als Hauptfach wurde ganz freimütig von einem
eher unzufriedenen Lehrbeauftragten benannt: Viele Studenten gaben
als Studienziel die Tätigkeit für Fluglinien oder in Banken an, wo Englisch die weltweite »lingua franca« ist. Dieses auf den Erwerb eines
technischen Verständigungsmittels gerichtete Studium ließ keinen Platz
für die Erschließung expressiver und ästhetischer Konnotationen. Man
lernte Englisch, um Computer bedienen, auf Bankorders reagieren, Te-
lexe übermitteln, Passagierlisten entziffern zu können, und so weiter.
Damit hatte es sein Bewenden. Das andere, was ich zu meiner Bestür-
zung entdeckte, war, daß Englisch in einen Sudkessel islamischer
Erweckungsbewegung getaucht schien. Wohin ich mich auch wandte,
überall waren die Wände mit islamischen Slogans zur Wahl des Univer-
sitätssenats bedeckt (später fand ich heraus, daß die verschiedenen islamischen Kandidaten eine stattliche, wenn auch nicht erdrückende
Mehrheit errungen hatten). Und noch eine Erfahrung: In Ägypten

wurde ich, nachdem ich 1989 an der English Faculty der Universität Kairo einen Vortrag über Nationalismus, Unabhängigkeit und Befreiung als alternative kulturelle Praktiken zum Imperialismus gehalten hatte, über die »theokratische Alternative« befragt. Ich hatte zunächst irrtümlich angenommen, daß die Fragerin die »sokratische Alternative« meinte, und wurde rasch eines Besseren belehrt. Sie war eine redegewandte junge Frau, deren Kopf von einem Schleier verhüllt war; ich hatte ihr Problem in meinem antiklerikalen und säkularen Eifer völlig übersehen.

So koexistiert der Gebrauch desselben Englisch bei Leuten, die nach literarischen Leistungen hohen Ranges streben und den kritischen Einsatz der Sprache bei der Dekolonisierung des Geistes erlauben und fördern, wie Ngugi wa Thiongo das ausdrückt, mit Praktiken ganz andersartiger Gemeinschaften in einer wenig reizvollen neuen Gemengelage. In Regionen, in denen Englisch einst die Sprache der Herrscher und der Verwalter war, hat es eine sehr geminderte Präsenz, entweder als technische Sprache mit instrumentalen Merkmalen oder als Fremdsprache mit impliziten Verbindungen zur größeren englischsprachigen Welt; aber diese Präsenz steht im Wettstreit mit einer eindrucksvollen Realität organisierter religiöser Inbrunst. Weil die Sprache des Islam das Arabische ist, eine Sprache mit einer beträchtlichen literarischen Gemeinde und hieratischen Kraft, hat das Englische seine Faszination eingebüßt und ist zu einem Kommunikationsinstrument zweiten Grades geworden.

Um diese Entwicklung in einer Epoche zu beurteilen, da sich das Englische in anderen Kontexten einen bemerkenswerten Vorrang erworben hat, brauchen wir uns nur kurz die Nachgiebigkeit der islamischen Welt gegenüber Verboten, Verurteilungen und Drohungen in Erinnerung zu rufen, die von geistlichen und weltlichen Autoritäten des Islam gegen Salman Rushdie und seinen Roman *The Satanic Verses* ausgesprochen wurden. Ich will damit nicht sagen, daß die gesamte islamische Welt sich fügsam zeigte, sondern nur, daß ihre offiziellen Organe und Wortführer es entweder blind ablehnten oder sich vehement weigerten, sich auf ein Buch einzulassen, das die große Mehrheit der Menschen niemals lesen wird. Daß das Buch sich in englischer Sprache mit dem Islam auseinandersetzte, und zwar für ein voraussichtlich vorwiegend westliches Publikum – genau das erregte den Anstoß. Zwei ähnlich wichtige Faktoren kennzeichneten dagegen die Reaktion der englischsprachigen Welt auf die Begleitereignisse. Der eine Faktor war die virtuelle Einmütigkeit vorsichtiger und zaghafter Verurteilungen des Islam, vorgetragen in einer Sache, die den meisten metropolitanischen Schriftstellern und Intellektuellen ebenso ausgemacht wie politisch korrekt erschien. Was indes die vielen Autoren betraf, die ermordet, inhaftiert oder verbannt worden waren in Ländern, die entweder Verbündete der Amerikaner (Marokko, Pakistan, Israel) oder sogenannte antiamerikanische »terroristische« Staaten waren (Libyen, Iran und Syrien), so war von ihnen kaum die Rede. Und als die rituellen Phrasen zur Denunziation des Islam einmal ausgesprochen waren, schien es nur noch wenig weiteres Interesse an der islamischen Welt als ganzer oder an den Bedingungen dortiger Autorschaft zu geben. Mehr Energie hätte zweifellos im Dialog mit so bemerkenswerten literarischen und intellektuellen Gestalten der islamischen Welt wie Mahfouz, Darwish, Munif und anderen aufgewendet werden können, die Rushdie gelegentlich verteidigten (und angriffen), und zwar unter schwierigeren Umständen als den in Greenwich Village oder Hampstead üblichen.

Es gibt höchst bezeichnende *Deformationen* in den neuen Gemeinschaften und Staaten, die jetzt neben und teilweise auch innerhalb der von den Vereinigten Staaten dominierten Völkergruppe existieren, einer Gruppe, die die heterogenen Stimmen, verschiedenen Sprachen und Hybridformen einschließt, die dem anglophonen Schrifttum seine distinktive und noch immer prekäre Identität verleihen. Der Auftritt einer erstaunlich scharfumrissenen Konstruktion namens »Islam« in den letzten Jahrzehnten ist eine solche Deformation, andere sind »Kommunismus«, »Japan« und der »Westen«, deren jede über bestimmte Stile von Polemik, Batterien von Diskursen und einen immensen Vorrat an Verbreitungsmöglichkeiten verfügt. Wenn wir die weiten Bereiche ins Auge fassen, die von diesen gigantischen, karikaturistischen Essentialisierungen überzogen sind, können wir die bescheidenen Gewinne besser ermessen und interpretieren, die von kleineren Bildungsgemeinschaften erzielt werden, die nicht durch unsinnige Polemik miteinander verbunden sind, sondern durch Affinitäten, Sympathien und Mitgefühl.

Nur wenige Menschen beobachteten in der heiteren Blütezeit der Dekolonisierung und des frühen Nationalismus der Dritten Welt, wie ein sorgsam gehegter und gepflegter Nativismus maßlose Proportionen annahm. Die nationalistischen Aufrufe zu reinem oder authentischem Islam oder Afrozentrismus, »Négritude« oder Arabismus fanden ein starkes Echo, allerdings ohne hinreichendes Bewußtsein davon, daß diese Ethnien und spirituellen Essenzen nur zu einem sehr hohen Preis von ihren erfolgreichen Anhängern zurückzugewinnen sein würden.

Fanon war einer der ersten, der die Gefahren bemerkte, die einer sozio-
politischen Bewegung wie der Dekolonisierung von einem unangeleite-
ten Nationalbewußtsein drohten. Das gleiche gilt von den Gefahren, die
ein unangeleitetes religiöses Bewußtsein heraufbeschwört. Mullahs,
Obristen und Einparteien-Regimes, die nationale Sicherheitsrisiken
und das Bedürfnis geltend machten, das Findelkind des revolutionären
Staates als ihren Agenten zu schützen, schmuggelten der drückenden
Erblast des Imperialismus ein weiteres Bündel von Problemen unter.

Es ist kaum möglich, viele Staaten oder Regimes zu nennen, die von
der intellektuellen und historischen Beteiligung an der neuen postkolonialen, internationalen Konstellation ausgenommen wären. Nationale
Sicherheit und separate Identität sind die Schlagworte. Zusammen mit
Autoritätsfiguren – die Herrscher, die nationalen Helden und Märtyrer,
die etablierten religiösen Autoritäten – schienen die in jüngster Zeit
triumphierenden Politiker hauptsächlich Grenzziehungen für dringlich
zu halten. Was einmal die imaginative Befreiung eines Volkes – Césaires
»Erfindung neuer Seelen« – und die kühne metaphorische Vermessung
eines spirituellen, von den Kolonialherren usurpierten Territoriums gewesen war, wurde rasch in ein Weltsystem von Schranken, Landkarten,
Grenzen, Polizeistreitkräften, Zöllen und Tauschkontrollen übersetzt
und ihm eingepaßt. Den genauesten und elegischsten Kommentar zu
dieser trostlosen Lage lieferte Basil Davidson während einer Gedenk-
feier für Amílcar Cabral. Fragen durchspielend, die nie gestellt wurden,
Fragen, was nach der Befreiung geschehen würde, kommt Davidson zu
dem Schluß, daß eine sich vertiefende Krise den Neoimperialismus herbeigeführt und kleinbürgerlichen Potentaten förmlich zur Herrschaft
verholfen habe. Aber, fährt er fort, der

> »reformistische Nationalismus gräbt sich auch weiterhin sein eigenes Grab. Je
> tiefer das Grab wird, desto weniger Leute mit Befehlsgewalt sind in der Lage,
> ihren Kopf noch über den Rand dieses Grabes zu erheben. Zu den Klängen von
> Requiems, die in feierlichem Chor von Scharen ausländischer Experten oder
> Möchtegern-Fundis der einen oder anderen Sparte angestimmt werden, häufig bei
> sehr komfortablen (und tröstlichen) Gehältern, gehen die Beisetzungsfeierlichkei-
> ten weiter. Die Grenzen sind da, die Grenzen sind heilig. Was sonst vermöchte letz-
> ten Endes den herrschenden Eliten Macht und Privilegien zu verbürgen?«[29]

Chinua Achebes neuester Roman, *Anthills of the Savannah*, gibt einen
Überblick über diese enervierende und entmutigende Szenerie.

Davidson sucht die Düsterkeit seiner Beschreibung durch den Hinweis auf das zu mildern, was er »die eigene Lösung der Menschen für
diesen aus der Kolonialzeit ererbten Panzer« nennt:

»Was die Leute von diesem Thema halten, läßt sich ihren unaufhörlichen Übertritten und ständigen Verletzungen der Grenzlinien ebenso entnehmen wie ihren Schmuggelfeldzügen. So daß, auch wenn ein ›bürgerliches Afrika‹ seine Grenzen verstärkt, seine Grenzkontrollen mehrt und gegen den Personen- und Güterschmuggel wettert, ein Afrika der ›Völker‹ doch auf ganz andere Weise funktioniert.«[30]

Das kulturelle Gegenstück zu dieser wagemutigen, jedoch häufig kostspieligen Kombination von Schmuggel und Emigration ist uns vertraut; es wird von jener neuen Gruppe von Autoren repräsentiert, die Tim Brennan in einer scharfsinnigen Analyse jüngst als Kosmopoliten bezeichnet hat.[31] Und Grenzüberschreitungen sind ebenso wie die Verluste und Turbulenzen der Migration zu einem Feuermal in der Kunst der postkolonialen Epoche geworden.

Obwohl sich sagen läßt, daß diese Autoren und Themen eine neue kulturelle Konstellation bilden, und obwohl man bewundernd auf ihre regionalen ästhetischen Leistungen in aller Welt verweisen kann, glaube ich, wir sollten diese Konstellation aus einer realistischeren und politischeren Perspektive betrachten. Während wir zu Recht Rushdies Werk als Teil eines charakteristischen kulturellen Gebildes bewundern, sollten wir gleichzeitig festhalten, daß es belastet ist, daß ein ästhetisches Werk Teil eines bedrohlichen, nötigenden oder anti-literarischen, anti-intellektuellen Systems sein kann. Rushdie war bereits vor dem Erscheinen von *The Satanic Verses* im Jahre 1988 aufgrund seiner früheren Romane und Essays eine irritierende Figur für die Engländer; für viele Inder und Pakistanis in England und auf dem Subkontinent war er jedoch nicht nur ein berühmter Autor, auf den sie stolz waren, sondern auch ein Vorkämpfer für die Rechte von Einwanderern und ein gewichtiger Kritiker nostalgischer Imperialisten. Nach der »fatwa« wandelte sich sein Status dramatisch, und er wurde für seine früheren Bewunderer zum Anathema. Den islamischen Fundamentalismus provoziert zu haben, während er einst ein Repräsentant des indischen Islam gewesen war – das zeigt die prekäre Konjunktion von Kunst und Politik an, die explosiv sein kann.

»Es ist niemals ein Dokument der Kultur, ohne zugleich ein solches der Barbarei zu sein«, sagte Walter Benjamin. In derlei verdeckten Zusammenhängen spielen sich heute die aufschlußreichen politischen und kulturellen Konjunkturen ab. Sie ziehen unsere individuelle und kollektive kritische Arbeit nicht weniger in Mitleidenschaft als die utopische und hermeneutische, bei der wir uns wohler fühlen, wenn wir wertvolle literarische Texte lesen, diskutieren und reflektieren.

Ich möchte darauf kurz eingehen. Es sind nicht nur müde, gequälte und enteignete Flüchtlinge, die Grenzen überqueren und sich um Akkulturation in neuen Umwelten bemühen; es ist das ganze System der Massenmedien, das ubiquitär ist, allgegenwärtig. Ich habe oben gesagt, daß Herbert Schiller und Armand Mattelart bei uns ein Bewußtsein für die Herrschaft geweckt haben, die eine Handvoll multinationaler Konzerne über die Produktion und Verbreitung journalistischer Meinung ausübt; Schillers jüngste Studie, *Culture, Inc.*, beschreibt, wie es dazu kam, daß alle Bestandteile der Kultur, nicht nur Nachrichtensendungen, von einem ständig expandierenden, aber kleinen Kreis privat geführter Konzerne aufgesogen worden sind.[32]

Das hat eine Reihe von Konsequenzen. Erstens hat das internationale Mediensystem verwirklicht, wonach idealistisch oder ideologisch inspirierte Bilder von Kollektivität – imaginierte Gemeinschaften – nur trachteten. Wenn wir beispielsweise über etwas reden und forschen, das wir Literatur des Commonwealth oder englische Weltliteratur nennen, bewegen wir uns im Felde der Mutmaßung; Diskussionen über magischen Realismus im karibischen und afrikanischen Roman können zwar auf Konturen eines »postmodernen« oder nationalen Kontexts anspielen oder ihn umreißen, der diese Werke miteinander verbindet; aber wir wissen sehr wohl, daß diese Werke und ihre Autoren und Leser für lokale Gegebenheiten spezifisch und mit ihnen verschwistert sind, und diese Gegebenheiten werden sinnvollerweise getrennt gehalten, wenn wir die kontrastierenden Rezeptionsbedingungen in London oder New York einerseits und in den Peripherien andererseits analysieren. Verglichen mit der Art und Weise, wie die vier größten westlichen Nachrichtenagenturen operieren, wie internationale englischsprachige Fernsehjournalisten pikturale Bilder aus aller Welt auswählen, sammeln und erneut senden oder wie Hollywood-Serien wie *Bonanza* oder *I Love Lucy* sich ihren Weg selbst durch den libanesischen Bürgerkrieg bahnen, sind unsere kritischen Anstrengungen geringfügig und primitiv, denn die Medien sind nicht nur ein vollintegriertes Netz, sie begründen auch eine sehr effiziente *Artikulationsweise*, die die Welt zusammenwachsen läßt.

Dieses Weltsystem, das Kultur, Ökonomie und politische Macht zusammen mit ihren militärischen und demographischen Koeffizienten artikuliert und produziert, hat die institutionalisierte Tendenz, sämtliche Maßstäbe sprengende multinationale Bilder herzustellen, die dann ihrerseits den internationalen sozialen Diskurs neuorientieren. Als typischen Fall nehme man das Auftauchen von »Terrorismus« und »Fundamentalismus«, zweier Schlüsselbegriffe, in den achtziger Jahren. Man konnte (im öffentlichen Raum, den der internationale Diskurs absteckte) kaum politische Konflikte erörtern, die Sunniten und Schiiten, Kurden und Irakis, Tamilen oder Singalesen oder Sikhs und Hindus – die Liste ist lang – ins Spiel brachten, ohne schließlich zu den Kategorien von »Terrorismus« und »Fundamentalismus« greifen zu müssen, die in den Definitionsagenturen und Denkfabriken metropolitanischer Zentren wie Washington oder London gemünzt worden waren. Es sind angstbesetzte Bilder, entlastet von allem Unterscheidungsgebot; aber sie bedeuten moralische Macht und Anerkennung für jeden, der sie benutzt, moralische Abwertung, gar Kriminalisierung eines jeden, den sie bezeichnen. Diese beiden gigantischen Reduktionen mobilisierten Armeen ebenso wie versprengte Gemeinschaften. Weder die offizielle iranische Reaktion auf Rushdies Roman noch die inoffizielle Begeisterung für ihn in Muslimgemeinschaften im Westen, noch der öffentliche und private Ausdruck von Empörung über die »fatwa« im Westen sind, meiner Meinung nach, verständlich ohne Kenntnis der übergreifenden Logik und der minutiösen Wertungen und Stimmungen, die von dem anmaßenden System ausgelöst wurden, das ich zu beschreiben versucht habe.

So kommt es, daß in den leidlich offenen Lesergemeinschaften, die beispielsweise an neuerer anglophoner oder frankophoner Literatur interessiert sind, die Wahrnehmungsgewohnheiten nicht etwa durch hermeneutische Forschung, sympathetische und gebildete Intuition oder geschulte Lektüre bestimmt werden, sondern durch sehr viel gröbere und eher instrumentale Prozesse, deren Ziel es ist, Zustimmung zu erzeugen, Dissens auszuschalten und einen nahezu blinden Patriotismus zu begünstigen. Mit solchen Mitteln läßt sich die Lenkbarkeit großer Menschenmengen sicherstellen, Mengen, deren potentiell brisantes Begehren nach Demokratie und Ausdruck in den Massengesellschaften, eingeschlossen die westlichen, niedergehalten (oder narkotisiert) wird.

Angst und Terror, wie sie die alle Maßstäbe sprengenden Bilder von »Terrorismus« und »Fundamentalismus« induzieren – nennen wir sie die Figuren einer internationalen oder übernationalen Bilderwelt –, beschleunigen die Unterwerfung des Einzelnen unter die geltenden Normen des Tages. Das gilt ebenso in den neuen postkolonialen Gesellschaften wie im Westen im allgemeinen und in den Vereinigten Staaten im besonderen. Sich der Anormalität und dem Extremismus zu widersetzen, die im Terrorismus und Fundamentalismus verankert sind, bedeutet auch, Mäßigung, Rationalität und die Leitwirkung eines vage bezeichneten »westlichen« (oder sonstwie vorgetäuschten lokalen und patriotischen) Ethos zu bewahren. Die Ironie liegt darin, daß diese Dynamik, weit davon entfernt, das westliche Ethos mit der Überzeugungskraft und der gesicherten »Normalität« auszustatten, die wir mit Privileg und Rechtschaffenheit assoziieren, »uns« mit gerechtem Zorn und einer Abwehrstimmung erfüllt, in der die »anderen« letztlich als Feinde erscheinen, die darauf aus sind, unsere Zivilisation und Lebensweise zu zerstören.

Dies ist eine bloße Skizze, wie Muster nötigender Orthodoxie und Selbsterhöhung die Macht gedankenloser Zustimmung und verordneter Lehre weiterhin stärken. Da sie mit der Zeit und durch ständige Wiederholung langsam perfektioniert werden, werden sie von den ausersehenen Feinden leider auch mit Gesten der Zweckmäßigkeit beantwortet. So greifen Muslime, Afrikaner, Inder oder Japaner in ihrem eigenen Idiom und aus ihren eigenen bedrohten Regionen den Westen oder die Amerikanisierung oder den Imperialismus mit wenig mehr Detailaufmerksamkeit, kritischer Differenzierung, Unterscheidungs- und Urteilsvermögen an, als ihnen selber der Westen hat angedeihen lassen. Das gleiche gilt für die Amerikaner, für die Patriotismus gleichbedeutend ist mit Gottesfurcht. Welches Ziel die »Grenzkriege« auch immer haben mögen, sie erzeugen Verarmung. Sie sind eine Ausdrucksform von Essentialisierungen – Afrikanisierung der Afrikaner, Orientalisierung der Orientalen, Verwestlichung der Okzidentalen, Amerikanisierung der Amerikaner für unbestimmte Zeit und ohne Alternative –, ein Schema, das seit der Epoche des klassischen Imperialismus fortgeschrieben worden ist. Was leistet ihm Widerstand? Ein offensichtliches Beispiel wird von Immanuel Wallerstein erörtert: die antisystemischen Bewegungen, die als Konsequenz des historischen Kapitalismus auftauchten.[33] Es hat in jüngster Zeit genügend Fälle solcher Bewegungen gegeben, die sogar die intransigentesten Pessimisten ermutigen könnten: die demokratischen Bewegungen auf beiden Seiten der sozialistischen Scheidelinie, die palästinensische Intifada, verschiedene soziale, ökologische und kulturelle Einspruchswellen in Nord- und Südamerika oder die Frauenbewegung. Und doch ist es für diese Bewegungen schwierig, Interesse an der Welt jenseits ihrer eigenen Grenzen zu zeigen oder die Fähigkeit und Freiheit zu entwickeln, sich zu »verallgemeinern« – wenn man Teil der philippinischen, palästinensischen oder brasilianischen Opposition ist, muß man sich mit den taktischen und logistischen Erfordernissen des täglichen Kampfes auseinandersetzen.

Allerdings glaube ich, daß Bewegungen dieser Art zwar keine allgemeine Theorie, wohl aber eine allgemeine Diskursbereitschaft oder, um es territorial auszudrücken, eine neue Weltkarte vorbereiten. Wir sollten anfangen, von dieser schwer zu definierenden Oppositionsstimmung und ihren Strategien als einer internationalistischen Gegen-Artikulation zu sprechen.

Nach welcher neuen oder neueren intellektuellen und Kultur-Politik ruft dieser Internationalismus?[34] Welche bedeutsamen Wandlungen und Transfigurationen sollten in unseren traditionell und eurozentrisch strukturierten Vorstellungen vom Schriftsteller, vom Intellektuellen oder vom Kritiker Platz greifen? Englisch und Französisch sind Weltsprachen, und die Logik von Grenzen und einander befehdenden »Essenzen« ist totalisierend. Also sollten wir damit beginnen anzuerkennen, daß die Weltkarte keine göttlich oder dogmatisch sanktionierten Räume oder Privilegien aufweist. Dennoch können wir von säkularem Raum und von menschlich konstruierten und interdependenten Geschichten sprechen, die durchaus ermittelbar sind, wenn auch nicht durch große Theorie oder systematische Totalisierung. Im ganzen Verlauf dieses Buches habe ich darauf gepocht, daß die menschliche Erfahrung feinmaschig und durchlässig genug ist, um keiner außerhistorischen oder außerweltlichen Agenturen zu bedürfen, die sie erhellen oder erklären. Ich spreche von einer Welt, die der Erforschung und Befragung ohne magische Schlüssel, spezielle Jargons und Instrumente oder clandestine Praktiken zugänglich ist.

Wir brauchen ein anderes, innovatives Paradigma für die Wissenschaften vom Menschen. Die Fachgelehrten sollen sich freimütig im politischen Interessenfeld der Gegenwart bewegen können – offenen Auges, mit analytischer Energie und inspiriert von den sozialen Werten derer, die weder mit der Bewahrung eines fachwissenschaftlichen Lehens oder Zunftbesitzes noch mit einer manipulativen Identität wie »Indien« oder »Amerika« befaßt sind, sondern mit der Verbesserung und nicht-erzwungenen Entlastung der Lebensverhältnisse einer Gemeinschaft, die mit anderen Gemeinschaften um ihre Existenz kämpft. Man darf die erfinderischen Ausgrabungen, die dazu erforderlich sind, nicht verkleinern. Man hält nicht nach originellen »Essenzen« Ausschau, um sie entweder wiederherzustellen oder ihnen einen unanfechtbaren Ehrenplatz zuzuweisen. Das Studium der indischen Geschichte wird beispielsweise von den *Subaltern Studies* als fortgesetzter Kampf zwischen Klassen und ihren umstrittenen Epistemologien aufgefaßt; ähnlich erhält »Engländertum« bei den Beiträgern zu dem dreibändigen, von

Raphael Samuel herausgegebenen Sammelband *Patriotism* keine Priorität vor der Geschichte, genausowenig wie die »attische Zivilisation« in
Bernals *Black Athena* einfach nur als ahistorisches Modell für eine
überlegene Zivilisation dienen soll.

Die hinter diesen Werken stehende Idee ist die, daß orthodoxe, maß-
geblich nationale und institutionelle Deutungen der Geschichte prinzipiell dazu neigen, provisorische und höchst umstrittene Lesarten dieser
Geschichte zu offiziellen Identitäten zu verdichten. So behauptet die offizielle Version der britischen Geschichte, wie sie etwa 1876 in die für
Queen Victorias indischen Vizekönig arrangierten *durbars* eingebettet
ist, daß die britische Herrschaft über Indien eine nahezu mythische
Langlebigkeit habe; ganze Traditionen des Dienstes, des Gehorsams
und der Unterordnung in Indien sind in diesen Zeremonien vorausgesetzt, um das Bild der transhistorischen Identität eines ganzen Kontinents zu schaffen, der zu Willfährigkeit vor dem Bild eines Großbritannien gezwungen wurde, dessen konstruierte Identität darauf
hinausläuft, daß es die Meere und Indien beherrscht hat und immer
weiter beherrschen muß.[35] Während diese offiziellen Versionen der
Geschichte eine identitätstiftende Autorität bilden – das Kalifat, der
Staat, die orthodoxe Geistlichkeit, das Establishment –, setzen die
Ernüchterung, die Erörterungen und systematisch-skeptischen Forschungen, die ich zitiert habe, diese gemischten, hybriden Identitäten
einer negativen Dialektik aus, die sie in ihre Komponenten auflöst. Was
sehr viel mehr ins Gewicht fällt als die stabile Identität, die im offiziellen Diskurs in Umlauf gehalten wird, ist die Entfesselungskraft einer
Interpretationsmethode, deren Material die disparaten, aber verflochtenen und wechselseitig voneinander abhängigen und sich vor allem überschneidenden Ströme der historischen Erfahrung sind.

Ein herrlich kühnes Beispiel für diese Kraft läßt sich in Interpretationen der arabischen Literatur und Kulturtradition finden, die von
einem der heute führenden arabischen Dichter vorgetragen werden:
Adonis, was der Künstlername von Ali Ahmed Said ist. Seit der Publikation der drei Bände von *Al-Thabit wa al-Mutahawwil* in den Jahren zwischen 1974 und 1978 hat er nahezu auf eigene Faust das herausgefordert, was er als die verknöcherte, traditionsgebundene arabisch-islamische Erbschaft bezeichnet, die nicht nur in der Vergangenheit, sondern
auch in strengen und autoritären Deutungen dieser Vergangenheit fest-
gefahren ist. Der Zweck dieser Deutungen, hat er gesagt, ist der, die
Araber von einer wirklichen Begegnung mit der Moderne abzuhalten
(*al-hadatha*). In seinem Buch über arabische Poetik assoziiert Adonis

buchstäbliche, textgetreue Deutungen großer arabischer Dichtung mit dem Herrscher; eine imaginative Lektüre enthüllt, daß im Zentrum der klassischen Tradition – einschließlich des Koran – eine subversive und abweichende Strömung der scheinbaren Orthodoxie zuwiderläuft, wie sie von den Autoritäten der Zeit formuliert wird. Er zeigt, wie die Herrschaft des Gesetzes in der arabischen Gesellschaft die Macht von der Kritik scheidet und die Tradition von der Innovation, wobei Geschichte auf einen Code endlos wiederholter Präzedenzfälle eingeschworen wird. Diesem System stellt er die Irritationskräfte der kritischen Moderne entgegen:

>»Die Machthaber bezeichneten jeden, der nicht im Sinne der Kultur des Kalifats dachte, als Angehörigen des ›Volkes der Neuerung‹ *(ahl al-ihdath)*, wobei sie ihn mit dieser Anklage der Häresie aus der islamischen Affiliation ausschlossen. Das erklärt, wie die Ausdrücke *ihdath* (Moderne) und *muhdath* (modern, neu), die zur Charakterisierung der Poesie benutzt werden, die die alten poetischen Prinzipien verletzte, ursprünglich aus dem religiösen Wortschatz kamen. Folglich können wir sehen, daß die Moderne in der Poesie dem herrschenden Establishment als politische und intellektuelle Attacke auf die Kultur des Regimes und als Ablehnung der idealisierten Standards des Alten vorkam und wie deshalb im arabischen Leben das Poetische immer mit dem Politischen und Religiösen gemischt auftrat und das tatsächlich auch weiterhin tut.«[36]

Obwohl das Werk von Adonis und seinen Mitstreitern in der Zeitschrift *Mawaqif* außerhalb der arabischen Welt kaum bekannt ist, kann es als Teil einer größeren internationalen Konstellation gesehen werden, die die »Field Day«-Autoren in Irland, die Gruppe *Subaltern Studies* in Indien, die Mehrzahl der Dissidenten in Osteuropa und viele karibische Intellektuelle und Künstler einschließt, deren Vermächtnis sich bis zu C.L.R. James zurückführen läßt (Wilson Harris, George Lamming, Eric Williams, Derek Walcott, Edward Braithwaite, der frühe V.S. Naipaul). Für alle diese Bewegungen und Personen sind die Klischees und patriotischen Idealisierungen der offiziellen Geschichte zusammen mit ihrem Erbteil intellektueller Sklaverei und defensiver Gegenanklagen belanglos geworden. Wie Seamus Deane das für den Fall Irlands ausdrückt: »Der Mythos des Irentums, die Vorstellung von irischer Realitätsblindheit und die Klischees im Umkreis der irischen Beredsamkeit sind allesamt politische Themen, in denen die Literatur seit dem 19. Jahrhundert in äußerstem Maße geschwelgt hat, als die Idee des Nationalcharakters erfunden wurde.«[37] Die Aufgabe, die der kulturelle Intellektuelle vor sich hat, ist deshalb die, die Identitätspolitik nicht als gegeben hinzunehmen, sondern aufzudecken, daß und wie ihre Pfeiler konstruiert sind, zu welchem Zweck, von wem und mit welchen Komponenten.

Das ist alles andere als leicht. Eine alarmierende Abwehrbereitschaft hat sich in Amerikas offizielles Selbstbild eingeschlichen, besonders in seine Darstellungen der nationalen Vergangenheit. Jede Gesellschaft und jede Tradition verteidigt sich gegen Eingriffe in ihre sanktionierten Erzählungen; mit der Zeit erwerben diese Erzählungen sich einen beinahe theologischen Status, mit Gründungsheroen, gehegten und gepflegten Ideen und Werten und nationalen Sinnbildern, die eine unabschätzbare Wirkung auf das kulturelle und politische Leben ausüben. Zwei dieser Elemente – Amerika als Pioniergesellschaft und das amerikanische politische Leben als direkte Widerspiegelung seiner demokratischen Praktiken – sind jüngst genauer Prüfung unterzogen worden, mit einem Aufsehen, das überaus bemerkenswert gewesen ist. In beiden Fällen hat es einige, aber keineswegs genug ernsthafte Anstrengungen von Intellektuellen selbst gegeben, Kritik ernstzunehmen; denn ganz ähnlich wie die Moderatoren der Medien, die die Normen der Macht verinnerlichen, haben sie die Normen der offiziellen Selbstidentität internalisiert.

Man nehme das Beispiel von »America as West«, einer Ausstellung, die 1991 in der National Gallery of American Art gezeigt wurde; die Galerie ist Teil der Smithsonian Institution, die auch aus Mitteln der Bundesregierung finanziert wird. Laut dem Katalogtext ist die Eroberung des Westens und seine nachfolgende Einverleibung in die Vereinigten Staaten inzwischen in eine heroische, geschönte Erzählung verwandelt worden, die die facettenreiche Wahrheit über den wirklichen Prozeß der Eroberung ebenso verhüllt, romantisiert oder einfach eliminiert wie die Verheerung und Vernichtung der eingeborenen Amerikaner und ihrer Umwelt. Bilder von Indianern auf amerikanischen Gemälden des 19. Jahrhunderts beispielsweise – vornehm, stolz, nachdenklich – wurden gegen einen Begleittext an derselben Wand gestellt, der die Entwürdigungen der eingeborenen Amerikaner durch den weißen Mann beschrieb. »Dekonstruktionen« wie diese schürten den Zorn von Kongreßmitgliedern, ob sie die Ausstellung nun gesehen hatten oder nicht; sie fanden deren unpatriotische oder unamerikanische Botschaft unannehmbar, besonders für eine Bundesinstitution. Professoren, Pandits und Journalisten griffen an, was sie für eine böse Verunglimpfung der »Einzigartigkeit« der Vereinigten Staaten hielten, die, mit den Worten eines Journalisten der *Washington Post*, die »Hoffnung und der Optimismus ihrer Gründung, die Verheißung ihrer Freigebigkeit und die beharrliche Anstrengung ihrer Regierung ist«.[38] Es gab nur ein paar Ausnahmen von dieser Reaktion, beispielsweise Robert Hughes, der in *Time* (31. Mai 1991) über die ausgestellte Kunst als »Gründungsmythos in Farbe und Stein« schrieb.

Daß eine merkwürdige Mischung von Erfindung, Geschichte und Selbsterhöhung Eingang in diese nationale Ursprungsgeschichte gefunden hatte, wie das bei allen Ursprungsgeschichten der Fall ist, wurde von einem halboffiziellen Konsensus darüber beherrscht, daß sie nicht geeignet sei für Amerika. Paradoxerweise haben die Vereinigten Staaten, eine aus vielen Kulturen zusammengesetzte Einwanderergesellschaft, einen öffentlichen Diskurs, der durchaus kontrolliert und sehr wohl bemüht ist, das Land als makellos darzustellen, und der sich um eine eisengewappnete Haupterzählung des unschuldigen Triumphs schart. Diese Verabredung, die Dinge einfach und sauber zu halten, entbindet das Land von seiner Nachbarschaft mit anderen Gesellschaften und Völkern und verstärkt dadurch seine Insularität und Abgeschiedenheit.

Ein anderer außerordentlicher Fall war die Kontroverse um Oliver Stones ernstlich mangelhaften Film *JFK* aus dem Jahre 1991, dessen Prämisse die war, daß Kennedys Ermordung in einer Verschwörung von Amerikanern geplant worden war, die sich seinem Wunsch widersetzten, den Krieg in Vietnam zu beenden. Zugegeben, daß der Film einigermaßen verworren ist, und weiter zugegeben, daß Stones Hauptgrund, ihn zu machen, ausschließlich kommerzieller Art gewesen sein mag. Doch warum hielten es so viele nicht-offizielle Agenturen der kulturellen Autorität – gutbeleumundete Zeitungen, Historiker und Politiker des Establishments – für geboten, den Film anzugreifen? Es macht einem Nicht-Amerikaner nicht viel aus, zu akzeptieren, daß die meisten, wenn nicht alle politischen Morde Ausdruck von Verschwörungen *sind*, weil die Welt nun einmal so ist. Aber ein Chor von amerikanischen Weisen verbraucht Tonnen von Druckerschwärze, um in Abrede zu stellen, daß es in Amerika Verschwörungen gibt, weil »wir« eine neue und bessere und unschuldige Welt repräsentieren. Aber gleichzeitig gibt es eine Fülle von Beweismaterial für offizielle amerikanische Verschwörungen und Anschläge gegen die erklärten »ausländischen Teufel« (Castro, Ghaddafi, Saddam Hussein und so fort). Die Verbindungen dazu werden nicht hergestellt, und die Hinweise bleiben unausgesprochen.

Daraus ergibt sich ein ganzes Bündel von Folgeerscheinungen. Wenn die wichtigste, offiziellste, stärkste und zwingendste Identität die eines Staates mit seinen Grenzen, Zöllen, herrschenden Parteien und Autoritäten, offiziellen Erzählungen und Bildern ist und wenn die Intellektuellen der Meinung sind, daß diese Identität der ständigen Kritik und Analyse bedarf, muß daraus folgen, daß andere, ähnlich konstruierte Identitäten einer ähnlichen Erforschung und Infragestellung bedürfen. Die Erziehung und Ausbildung derer von uns, die an Literatur und dem Studium von Kultur interessiert sind, ist überwiegend unter bestimmten Rubriken organisiert worden – der kreative Schriftsteller, das selbstgenügsame und autonome Werk, die Nationalliteratur, die getrennten Genres –, die sich eine nahezu fetischistische Geltung erworben haben. Nun wäre es unsinnig zu argumentieren, daß individuelle Schriftsteller und Werke nicht existieren, daß Französisch, Japanisch oder Arabisch keine getrennten Dinge sind oder daß Milton, Tagore und Alejo Carpentier nur in Belanglosigkeiten voneinander verschieden sind. Und ich will damit auch nicht sagen, daß ein Essay über *Great Expectations* und Dickens' wirklicher Roman *Great Expectations* dasselbe sind. Aber ich sage sehr wohl, daß »Identität« nicht zwangsläufig eine ontologisch gegebene und in Ewigkeit determinierte Stabilität oder Einzigartigkeit oder Unreduzierbarkeit des Charakters oder einen privilegierten Status als in und an sich selbst Totales und Vollständiges voraussetzt. Ich würde es vorziehen, einen Roman als die Wahl einer Schreibweise unter vielen anderen und die Tätigkeit des Schreibens als einen sozialen Modus unter anderen sowie die Kategorie der Literatur als etwas zu interpretieren, das verschiedenen Kriterien gehorcht, eingeschlossen und vielleicht sogar hauptsächlich ästhetischen. Die Konzentration auf die destabilisierenden und investigativen Einstellungen derer, deren Arbeit aktiv Staaten und Grenzen entgegentritt, gilt also der Art und Weise, wie ein Kunstwerk *als* Werk beginnt, *von* einer politischen, sozialen, kulturellen Situation aus beginnt, bestimmte Dinge »einzubilden« beginnt und andere nicht.

Die moderne Geschichte des Literaturstudiums ist mit der Entwicklung des kulturellen Nationalismus verbunden worden, dessen erstes Ziel es war, den nationalen Kanon aufzustellen und dann seine Bedeutung, Autorität und ästhetische Autonomie aufrechtzuerhalten. Sogar in Diskussionen über Kultur im allgemeinen, die sich aus Rücksicht auf eine universale Sphäre über nationale Differenzen zu erheben schienen, blieben Hierarchien und ethnische Präferenzen (wie die zwischen Europäern und Nicht-Europäern) bestehen. Das gilt ebenso für Matthew Arnold wie für philologische und Kultur-Kritiker des 20. Jahrhunderts, die ich verehre – Auerbach, Adorno, Spitzer, Blackmur. Für sie alle war ihre eigene Kultur in gewissem Sinne die einzige Kultur. Die Bedrohungen, die sich dagegen richteten, waren weitgehend interner Natur – für die Modernen waren es Faschismus und Kommunismus –, und was ihnen wehrte, war der europäische bürgerliche Humanismus. Weder das Ethos noch die strenge Schulung, die erforderlich war, derlei *Bildung* zu erwerben, noch die außerordentliche Disziplin, die sie voraussetzte, haben überlebt, obwohl man gelegentlich den Tonfall von Bewunderung und nacheilender Schülerschaft vernimmt; aber kein kritisches Werk von heute ähnelt Arbeiten vom Schlage der *Mimesis*. Anstatt vom europäischen bürgerlichen Humanismus wird die Grundprämisse heute von einem Überbleibsel des Nationalismus mit seinen abgeleiteten Autoritäten geliefert, im Bunde mit einem Professionalismus, der das Material in Fächer, Unterabteilungen, Spezialgebiete, Zuständigkeiten aufteilt. Die Doktrin der ästhetischen Autonomie ist zu einem Formalismus geschrumpft, der sich mit der einen oder anderen professionellen Methode verbündet hat – Strukturalismus, Dekonstruktivismus und so weiter.

Ein Blick auf einige der neuen akademischen Fächer, die seit dem Zweiten Weltkrieg geschaffen worden sind, und zwar namentlich im Gefolge nicht-europäischer nationalistischer Kämpfe, enthüllt eine andersartige Topographie und einen anderen Satz von Imperativen. Einerseits müssen die meisten Studenten und Lehrer nicht-europäischer Literaturen heute von Anfang an die politische Dimension dessen, was sie studieren, in Rechnung stellen; man kann Diskussionen über Sklaverei, Kolonialismus und Rassismus in seriösen Forschungen über moderne indische, afrikanische, latein- und nordamerikanische, arabische, karibische und Commonwealth-Literatur nicht einfach vertagen. Und es ist intellektuell auch nicht zu verantworten, sie ohne Beachtung der Schlachtordnungen in postkolonialen Gesellschaften oder als marginalisierte und/oder untergeordnete Themen zu diskutieren, die in den Lehrplänen der metropolitanischen Zentren auf zweitrangige Stellen verwiesen werden. Andererseits ist es ein Fehler zu argumentieren, daß die »anderen«, nicht-europäischen Literaturen, diejenigen mit offenkundigen säkularen Verbindungen zu Macht und Politik, »korrekt« studiert werden können, so als ob sie in Wirklichkeit genauso autonom, ästhetisch unabhängig und befriedigend wären wie die westlichen Literaturen. Der Begriff der schwarzen Haut in einer weißen Maske ist im Literaturstudium ebensowenig länger brauchbar und glaubwürdig wie in der Politik. Wetteifer und Mimikry bringen einen nicht sehr weit.

Kontamination ist hier zweifellos das falsche Wort, aber eine gewisse

Vorstellung von Literatur und eigentlich aller Kultur als hybrid (in Homi Bhabhas komplexem Verständnis dieses Wortes[39]) und belastet oder verstrickt in oder sich überschneidend mit dem, was als fremde Elemente aufgefaßt wurde – das beeindruckt mich als *die* wesentliche Idee für die heutigen revolutionären Realitäten, deren Stachel, Brüche und Ansprüche die Texte, die wir lesen und schreiben, so provokativ prägen. Wir können uns nicht länger Begriffe von Geschichte leisten, die allen Nachdruck auf lineare Entwicklung oder hegelsche Transzendenz legen, sowenig wir noch geographische oder territoriale Voraussetzungen akzeptieren können, die der atlantischen Welt eine Mittelpunktstellung und den nicht-westlichen Regionen eine von der Natur festgelegte Randständigkeit bescheinigen. Wenn Bezeichnungen wie »anglophone Literatur« oder »Weltliteratur« überhaupt irgendeine Bedeutung haben sollen, dann deshalb, weil sie durch ihre Existenz und Wirklichkeit heute die Inhalte und die fortschwelenden Konflikte bezeugen, kraft deren sie sowohl als Texte wie als historische *Erfahrungen* auftauchten, und weil sie die nationalistische Basis von Komposition und Studium der Literatur sowie die luftige Unabhängigkeit und Indifferenz so energisch herausfordern, mit der die westlichen metropolitanischen Literaturen gewöhnlich betrachtet worden sind.

Wenn wir die tatsächlichen Konfigurationen literarischer Erfahrungen akzeptieren, die sich miteinander überschneiden und wechselseitig voneinander abhängig sind, trotz nationaler Grenzen und mit zwingender Gesetzeskraft ausgestatteter nationaler Autonomien, werden Geschichte und Geographie in neue Karten übertragen, in neue und weitaus weniger stabile Typen von Verbindungen. Das Exil, weit davon entfernt, zum Schicksal nahezu vergessener, enteigneter und expatriierter Unglückseliger zu werden, wird zu etwas, das der Norm näher steht, zur Erfahrung der Überschreitung von Grenzen und der Vermessung neuer Territorien ungeachtet der klassischen kanonischen Einfriedungen, wie sehr seine Tragödien und seine Trostlosigkeit auch anerkannt und registriert werden müssen. Jüngst veränderte Modelle und Typologien reiben sich an älteren. Der Leser und der Autor von Literatur – die ihrerseits ihre dauerhaften Formen einbüßt und die Spuren von Zeugnissen, Revisionen und Aufzeichnungen der post-kolonialen Erfahrung aufnimmt, unter Einschluß von Untergrundberichten, Sklavenerzählungen, Frauen- und Gefängnisliteratur – sind nicht länger mit einem Bild des Dichters befaßt, der in Isolation lebt, sicher, national und stabil in bezug auf Identität, Klasse, Geschlecht und Profession, sondern können mit Genet in Palästina oder Algerien denken und erleben, mit Tayib Salih als Schwarzem in London, mit Jamaica Kincaid in der weißen Welt, mit Rushdie in Indien und Großbritannien und so fort.

Wir müssen die Horizonte weiter hinausschieben, vor denen die Fragen, *was* und *wie* zu lesen und zu schreiben sei, gestellt und beantwortet werden. Um eine Bemerkung zu paraphrasieren, die Erich Auerbach in einem seiner letzten Essays macht: Unsere philologische Heimat ist die Welt und nicht die Nation oder gar der individuelle Autor. Das bedeutet, daß wir, die wir sogenannte Fachleute im Umgang mit Literatur sind, eine Reihe von herben Fakten zur Kenntnis nehmen müssen, bei Gefahr der Unpopularität und der Anklage des Größenwahns. Denn im Zeitalter der Massenmedien und dessen, was ich Konsensherstellung genannt habe, ist es Panglossismus [Unredlichkeit; nach Rabelais' Romanfigur, d. Übers.], sich vorzustellen, daß die sorgsame Lektüre einiger weniger Kunstwerke, die für humanistisch, professionell oder ästhetisch besonders signifikant gehalten werden, irgend etwas anderes ist als eine private Aktivität mit nur geringen öffentlichen Folgen. Texte sind proteische Wesen; sie sind im großen wie im kleinen mit äußeren Umständen und Politik verwoben, und dies erheischt Aufmerksamkeit und, gegebenenfalls, Kritik. Natürlich kann sich niemand über alles klarwerden, so wie auch keine einzelne Theorie die Verbindungen zwischen Texten und Gesellschaften erklären oder begründen kann. Das Lesen und das Schreiben von Texten aber sind niemals neutrale Tätigkeiten: da sind immer Interessen, Mächte, Leidenschaften und Lüste im Spiel, gleichgültig, wie unterhaltsam oder ästhetisch das Werk ist. Medien, politische Ökonomie und Masseninstitutionen – kurzum, die Spuren säkularer Macht und der Einfluß des Staates – sind ein Teil dessen, was wir Literatur nennen. Und so wie es richtig ist, daß wir keine Literatur von Männern verstehen können, ohne auch Literatur von Frauen zu lesen – so sehr hat sich die Gestalt der Literatur verändert –, so ist es auch richtig, daß wir uns nicht über die Literatur der Peripherien verständigen können, ohne die Literatur der metropolitanischen Zentren im Blick zu behalten.

Anstelle der partiellen Analyse, wie sie die verschiedenen nationalen oder systematisch-theoretischen Schulen anbieten, habe ich eine kontrapunktische Lektüre vorgeschlagen, bei der Texte und säkulare Institutionen als zusammenwirkend gesehen werden, bei der Dickens und Thackeray sowohl als Londoner Schriftsteller wie als Autoren gelesen werden, deren historischer Einfluß durch die kolonialen Unternehmungen in Indien und Australien geprägt wurde, deren sie sich übrigens deutlich bewußt waren, und bei der die Literatur des Commonwealth auf die Literaturen anderer Gesellschaften reagiert. Separatistische oder nativistische Konzepte halte ich für erschöpft und ausgelaugt; die Ökologie der neuen und erweiterten Bedeutung der Literatur kann nicht länger auf die diskrete Idee eines einzigen Dinges gegründet werden. Aber die kontrapunktische Lektüre sollte nicht am Modell einer Symphonie ausgerichtet werden (wie das frühere Vorstellungen von Komparatistik waren), sondern eher an einem atonalen Ensemble; wir müssen alle Arten räumlicher, geographischer und rhetorischer Praktiken in Rechnung stellen – Brechungen, Grenzen, Zwänge, Einmischungen, Einschlüsse, Verbote –, um eine komplexe und ungleichmäßige Topographie zu erhellen. Die intuitive Synthese eines begabten Kritikers, eine Synthese des Typs, wie sie von der hermeneutischen oder philologischen Interpretation vorgetragen wird (deren Prototyp Dilthey ist), ist noch immer wertvoll, wirkt auf mich aber wie eine ergreifende Mahnung an eine heiterere Zeit als die unsere.

Das führt uns erneut zur Frage der Politik zurück. Kein Land ist von der Auseinandersetzung über das ausgenommen, was zu lesen, zu schreiben oder zu lehren sei. Ich habe oft amerikanische Theoretiker beneidet, für die radikale Skepsis oder ehrerbietige Reverenz angesichts des *status quo* reale Alternativen sind. Ich sehe sie nicht als solche, vielleicht deshalb, weil meine eigene Geschichte und Situation mir einen solchen Luxus, eine solche Unvoreingenommenheit oder Befriedigung nicht erlauben. Und doch glaube ich, daß manche Literatur wirklich gut und manche wirklich schlecht ist, und ich bleibe so konservativ wie nur irgend jemand sonst, wenn es zwar nicht um den Vorzug der Lektüre eines Klassikers vor dem Starren auf einen Fernsehbildschirm, wohl aber um die potentielle Steigerung der Sensibilität und Bewußtheit durch Übung und Schulung des eigenen Geistes geht. Ich vermute, daß das Problem sich auf das reduziert, worum unsere eintönige und nüchterne Alltagsarbeit, die wir als Leser und Schreiber leisten, kreist, wenn Professionalismus und Patriotismus auf der einen Seite und das Warten auf einen apokalyptischen Wandel auf der anderen nicht mehr weiterhelfen. Ich komme nach wie vor – simplistisch und idealistisch – auf die Vorstellung der Opposition gegen und der Milderung von Zwang ausübender Herrschaft zurück, auf die Vorstellung der Verwandlung der Gegenwart durch den Versuch, einen Teil ihrer Last rational und analytisch zu heben, auf die Vorstellung der Zuordnung der Werke verschiedener Literaturen zueinander und zu ihren historischen Fundamenten.

Was ich meine, ist, daß Leser und Autoren in den Konfigurationen und kraft der Transfigurationen, die um uns herum stattfinden, jetzt tatsächlich säkulare Intellektuelle mit den archivarischen, expressiven, moralischen Verantwortlichkeiten dieser Rolle sind.

Für amerikanische Intellektuelle steht beträchtlich mehr auf dem Spiel. Wir werden von unserem Land geprägt, und es hat gewaltige globale Präsenz. Ein ernsthaftes Problem wirft beispielsweise die Auseinandersetzung von Paul Kennedy – wenn er argumentiert, daß alle großen Imperien verfallen, weil sie sich übermäßig ausdehnen[40] – mit Joseph Nye auf, in dessen neuem Vorwort zu *Bound to Lead* der amerikanische imperiale Anspruch, die Nummer eins zu sein, besonders nach dem Golfkrieg, ganz unverblümt bekräftigt wird. Die Beweislage spricht zugunsten von Kennedy, aber Nye ist viel zu intelligent, nicht zu erkennen, daß »das Problem für die Macht der Vereinigten Staaten im 21. Jahrhundert nicht neue Herausforderungen in bezug auf Hegemonie, sondern die neuen Herausforderungen übernationaler Unabhängigkeit sein werden«.[41] Und doch schließt er daraus, daß »die Vereinigten Staaten die größte und reichste Macht bleiben werden, die Macht mit der größten Fähigkeit, die Zukunft zu gestalten. Und in einer Demokratie haben nun einmal die Menschen das Sagen.«[42] Die Frage ist nur, ob »die Menschen« auch direkten Zugang zur Macht haben. Oder sind die Präsentationen dieser Macht so organisiert und kulturell so verarbeitet, daß sie eine andersartige Analyse erfordern?

Von erbarmungsloser Vereinheitlichung und Spezialisierung in *dieser* Welt zu sprechen, bedeutet meiner Meinung nach, mit der Formulierung der Analyse zu beginnen, besonders seit der amerikanische Kult von Fachkenntnis und Professionalismus, der im kulturellen Diskurs die Leitrolle übernommen hat, und die Hypertrophie von Vision und Wille derart weit fortgeschritten sind. Selten zuvor hat es in der menschlichen Geschichte eine so massive Intervention von Macht und Ideen einer Kultur in eine andere gegeben wie die Amerikas in die übrige Welt (diesbezüglich hat Nye recht) – und ich werde auf diesen Aspekt in Kürze zurückkommen. Ebenso richtig ist jedoch, daß wir selten zuvor jemals so fragmentiert, so sehr gemindert gewesen sind in unserem Gespür für das, was unsere wahre (und nicht nur bloß behauptete) kulturelle Identität ist. Teilweise ist dafür die phantastische Explosion separatistischer und spezialisierter Kenntnisse verantwortlich zu machen: Afrozentrismus, Eurozentrismus, Okzidentalismus, Feminismus, Marxismus, Dekonstruktivismus usw. Und das wiederum hat die Bahn geebnet für eine sanktionierte Rhetorik mit nationaler kultureller Zielsetzung, wie sie verkörpert wird von Studien wie den von der Rockefeller-Foundation in Auftrag gegebenen *The Humanities in American Life*[43] oder, neuer und mehr politisch, den ernsten Vorhaltungen des früheren Bildungsministers (und früheren Vorstandes der National Endowment for the Humanities) William Bennett, der sich (in seinem »To Reclaim a Heritage« [»Eine Erbschaft einfordern«]) nicht nur als Kabinettsmitglied der Regierung Reagan, sondern auch als selbsternannter Sprecher für den Westen äußert, als eine Art Oberhaupt der Freien Welt. Ihm schlossen sich Allan Bloom und seine Anhänger an, Intellektuelle, die das Auftauchen von Frauen, afrikanischen Amerikanern, Schwulen und Indianern in der akademischen Sphäre für eine barbarische Bedrohung der »westlichen Zivilisation« halten.

Was besagen diese Tiraden über den »Zustand der Kultur« für uns? Ganz einfach, daß die Human- und Geisteswissenschaften wichtig, zentral, traditionell und anregend sind. Bloom möchte, daß wir nur eine Handvoll griechischer und Autoren und Philosophen der Aufklärung lesen, die mit seiner Theorie über das einer »Elite« vorbehaltene Höhere Bildungswesen in den Vereinigten Staaten in Einklang stehen. Bennett geht sogar so weit zu sagen, daß wir die Geisteswissenschaften »haben« können, wenn wir unsere Traditionen – das Personalpronomen und der besitzanzeigende Akzent sind wichtig – anhand von etwa zwanzig der wichtigsten Texte »einfordern«. Wenn jeder amerikanische Student verpflichtet wäre, Homer, Shakespeare, die Bibel und Jefferson zu lesen, gewönnen wir einen angemessenen Eindruck von nationaler Zielsetzung. Zugrunde liegen diesen epigonalen Verdopplungen von Matthew Arnolds Mahnungen über die Bedeutung der Kultur die soziale Autorität des Patriotismus und die Befestigungen der Identität, die uns von »unserer« Kultur vermittelt werden, so daß wir der Welt trotzig und selbstbewußt entgegentreten können; in Francis Fukuyamas triumphierender Proklamation können »wir« Amerikaner uns als diejenigen erkennen, die das Ende der Geschichte einleiten.

Das ist eine äußerst drastische Eingrenzung alles dessen, was wir über Kultur erfahren haben – über ihre Produktivität, die Verschiedenheit ihrer Komponenten, ihre kritischen und häufig widersprüchlichen Energien, ihre radikal antithetischen Merkmale und vor allem ihre Diesseitigkeit und Komplizenschaft mit imperialem Eroberungs- *und* Befreiungsstreben. Man bedeutet uns, daß ein humanistisches oder Kultur-Studium die Rückgewinnung der jüdisch-christlichen oder westlichen Erbschaft sei, frei von der amerikanischen Eingeborenenkultur (die die jüdisch-christliche Tradition in ihren frühen amerikanischen

Verkörperungen abschaffte) und frei von den abenteuerlichen Einflußnahmen der nicht-westlichen Welt.

Und doch haben die multikulturellen Disziplinen einen gastfreundlichen Hafen im zeitgenössischen amerikanischen Lehrbetrieb gefunden, und das ist ein historisches Faktum von außerordentlichem Gewicht. In hohem Maße hatte das William Bennett als Ziel vorgeschwebt, ebenso Dinesh D'Souza, Roger Kimball und Alvin Kernan, während wir angenommen haben, es sei eine legitime Vorstellung von der säkularen Mission der modernen Universität (im Sinne von Alvin Gouldner) gewesen, der Ort zu sein, an dem Vielfalt und Widerspruch mit etabliertem Dogma und kanonischer Lehre ko-existieren. Das wird jetzt von einem neuen konservativen Dogmatismus bestritten, der die »politische Korrektheit« als seinen Feind ausruft. Die neokonservative Unterstellung ist, daß die amerikanische Universität mit der Aufnahme von Marxismus, Strukturalismus, Feminismus und Dritte-Welt-Studien in die Lehrpläne (und zuvor bereits mit der Aufnahme einer ganzen Generation von Exil-Gelehrten und Flüchtlingen) die Basis ihrer vermeintlichen Autorität untergrub und jetzt von einer blanquistischen Clique intoleranter Ideologen beherrscht wird, die sie »kontrollieren«.

Die Ironie liegt darin, daß die Praxis der Universität darin bestanden hat, die subversiven Strebungen der Kulturtheorie zuzulassen, um sie in gewissem Grade zu neutralisieren, und zwar durch ihre Fixierung auf den Status akademischer Nebenfächer. So haben wir heute das merkwürdige Schauspiel von Professoren vor uns, die Theorien lehren, die aus ihren Zusammenhängen herausgelöst – »losgerissen« ist das treffendere Wort – sind; ich habe dieses Phänomen andernorts »reisende Theorien« genannt.[44] In verschiedenen akademischen Fachbereichen – darunter Literatur, Philosophie und Geschichte – wird Theorie gelehrt, um die Studenten glauben zu machen, er oder sie könne Marxist, Feminist, Afrozentrist oder Dekonstruktivist mit wenig mehr Anstrengung und Hingabe werden, als erforderlich sind, um die Gänge eines Menüs zu wählen. Vor und über dieser Trivialisierung steht ein ständig mächtiger werdender Kult der professionellen Fachkenntnis, deren ideologisches Programm zur Bedingung macht, daß soziale, politische und Klassen-Bindungen unter die professionellen Disziplinen subsumiert werden, so daß, wenn man denn Fachmann für Literatur und Kulturkritik ist, alle eigenen Verbindungen zur Wirklichkeit der Lehrtätigkeit in diesen Fächern untergeordnet werden. Auch ist man nicht so sehr einem Publikum in der eigenen Gemeinschaft oder Gesellschaft verantwortlich als dem Zunftverband der Mitexperten, dem Fachbereich der eigenen

Spezialisierung, der eigenen Disziplin. Im selben Geist und aufgrund desselben Gesetzes der Arbeitsteilung halten sich diejenigen, deren Fach »Außenpolitik« oder »Slawistik« oder »Mittelost-Studien« ist, an ihre Angelegenheiten und kümmern sich nicht um die anderer. Damit ist die Fähigkeit, sein Fachwissen zu verkaufen, zu vermarkten, zu fördern und anzubieten – von Universität zu Universität, von Verleger zu Verleger, von Markt zu Markt –, weitgehend geschützt und die eigene Kompetenz zur Geltung gebracht. Robert McCaughey hat eine Studie darüber verfaßt, wie dieser Prozeß im internationalen Geschäft funktioniert; schon der Titel verrät alles: *International Studies and Academic Enterprise: A Chapter in the Enclosure of American Learning*.[45]

Ich diskutiere hier nicht *alle* kulturellen Praktiken in der zeitgenössischen amerikanischen Gesellschaft – weit gefehlt. Aber ich beschreibe ein höchst einflußreiches Gebilde, das besondere Bedeutung für die im 20. Jahrhundert historisch von Europa an die Vereinigten Staaten vererbte Beziehung zwischen Kultur und Imperialismus hat. Das Expertentum in auswärtiger Politik ist nie profitabler gewesen als heute – folglich auch nie so abgeschnitten von öffentlicher Einmischung wie heute. Auf der einen Seite haben wir also Kooptationen von Experten in Außenpolitik durch die Universität (nur Indien-Experten können über Indien sprechen, nur Afrikanisten über Afrika) und auf der anderen Seite Bestätigungen dieser Kooptationen sowohl durch die Medien als auch die Regierung. Diese eher langsamen und stillen Prozesse werden in Zeiten äußerer Krisen für die Vereinigten Staaten und ihre Interessen eindrucksvoll unter Beweis gestellt und plötzlich enthüllt – beispielsweise bei der iranischen Geiselkrise, dem Abschuß von Flug 007 der Korean Airlines, der *Achille Lauro*-Affäre oder der Krisen in Libyen, Panama oder im Irak. Dann plötzlich wird das öffentliche Bewußtsein, wie durch ein »Sesam öffne Dich«, das ebenso unbestritten befolgt wird, wie es bis ins letzte Detail geplant ist, mit Medienaufmerksamkeit flächendeckend vollgepumpt. Damit wird alle Erfahrung entkräftet. Wie Adorno sagt:

> »Die vollständige Verdeckung des Krieges durch Information, Propaganda, Kommentar, die Filmoperateure in den ersten Tanks und der Heldentod von Kriegsberichterstattern, die Maische aus manipuliert-aufgeklärter öffentlicher Meinung und bewußtlosem Handeln, all das ist ein anderer Ausdruck für die verdorrte Erfahrung, das Vakuum zwischen den Menschen und ihrem Verhängnis, in dem das Verhängnis recht eigentlich besteht. Der verdinglichte, erstarrte Abguß der Ereignisse substituiert gleichsam diese selber. Die Menschen werden zu Schauspielern eines Monster-Dokumentarfilms herabgesetzt, der keine Zuschauer mehr kennt, weil noch der letzte auf der Leinwand mittun muß.«[46]

Es wäre unverantwortlich, die Effekte zu unterschlagen, die die Reich-weite der amerikanischen elektronischen Medien in die nicht-westliche Welt – und die daraus folgenden Verschiebungen im Bereich der Druck-Kultur – auf die amerikanische Einstellung zu dieser Welt und die ent-sprechende Außenpolitik haben. Ich habe 1981[47] zu bedenken gegeben (und um wieviel richtiger ist das heute!), daß die beschränkte öffentli-che Rückwirkung auf die Medienbilder, gepaart mit einer nahezu perfekten Korrespondenz zwischen der Regierungspolitik und der die Nachrichten-Präsentation und -Selektion beherrschenden Ideologie (eine Tagesordnung, die von beglaubigten Experten Hand in Hand mit Medienmanagern aufgestellt wird), die imperiale Perspektive der Verei-nigten Staaten gegenüber der nicht-westlichen Welt konsistent hält. Als Folge davon ist die Politik der Vereinigten Staaten von einer Kultur ge-stützt worden, die deren wichtigste Grundsätze nicht in Frage stellt: Un-terstützung für diktatorische und unpopuläre Regimes, für eine Skala von Gewalt, die jenseits aller Verhältnismäßigkeit zur Gewalt von Ein-geborenenaufständen gegen amerikanische Verbündete liegt, für eine barsche Feindseligkeit gegenüber der Legitimität eines einheimisch-na-tiven Nationalismus.

Die Verkopplung solcher Vorstellungen mit der von den Medien ver-breiteten Weltsicht vollzieht sich ganz randscharf. Die Geschichte ande-rer Kulturen ist nicht-existent, bis sie in Konfrontation mit den Vereinig-ten Staaten geradezu durchbricht; Hinweise auf das, was an anderen Gesellschaften wichtig ist, werden in Dreißig-Sekunden-Fristen zusam-mengedrängt, *sound bites*, und in der Frage, ob sie für oder gegen Ame-rika, die Freiheit, den Kapitalismus oder die Demokratie sind. Die mei-sten Amerikaner wissen heute mehr über Sport und diskutieren dar-über mit mehr Sachverstand als über das Verhalten ihrer eigenen Regie-rung in Afrika, Indochina oder Lateinamerika; eine neuere Umfrage zeigte, daß 89 % aller High School-Besucher glaubten, Toronto liege ir-gendwo in Italien. Im Rahmen der Medien ist die Wahl, die professio-nelle Interpreten oder Experten »anderer« Völker haben, nur eben die, dem Publikum zu sagen, ob das, was passiert, »gut« ist für Amerika oder nicht – und ob das, was gut ist, in Fünfzehn-Sekunden-Einheiten abgehandelt werden kann –, und dann eine Politik fürs Handeln zu empfehlen. Jeder Kommentator oder Experte für einige Minuten ein potentieller Außenminister!

Die Verinnerlichung von im kulturellen Diskurs benutzten Normen, die zu befolgenden Regeln, wenn »Statements« abgegeben werden, die »Geschichte«, die offiziell gemacht wird (im Gegensatz zu der, die nicht gemacht wird) – das alles sind natürlich in allen Gesellschaften Weisen der Regulierung der öffentlichen Diskussion. Der Unterschied ist hier der, daß die heroische Skala der globalen Macht der Vereinigten Staaten und die entsprechende Macht des nationalen heimischen Konsensus, wie er von den elektronischen Medien geschaffen wird, keine Präzedenzfälle haben. Nie hat es einen Konsensus gegeben, dem so schwierig Widerstand zu leisten gewesen oder vor dem so leicht und logisch unbewußt zu kapitulieren gewesen wäre. Conrad sah Kurtz als Europäer im afrikanischen Dschungel und Gould als aufgeklärten Vertreter des Abendlandes in den Bergen Südamerikas, fähig und in der Lage, die Eingeborenen sowohl zu zivilisieren als auch zu vernichten. Dieselbe Macht im Weltmaßstab ist den heutigen Vereinigten Staaten zugewachsen, trotz ihrer abnehmenden wirtschaftlichen Potenz.

Meine Analyse wäre unvollständig, wenn ich davon absähe, ein anderes wichtiges Element zu erwähnen. Als ich von Kontrolle und Konsens sprach, habe ich absichtlich das Wort »Hegemonie« gebraucht, trotz Nyes Behauptung, daß die Vereinigten Staaten nicht danach strebten. Es ist dies keine Frage eines direkt auferlegten Regimes der Konformität in der Entsprechung zwischen dem zeitgenössischen kulturellen Diskurs der Vereinigten Staaten und der amerikanischen Politik in der untergeordneten, nicht-westlichen Welt. Es handelt sich eher um ein System von Nötigungen und Zwängen, mittels derer das ganze kulturelle Korpus sich seine im wesentlichen imperiale Identität und seine Richtung bewahrt. Eben deshalb ist es zutreffend zu sagen, daß eine Hauptstrom-Kultur über lange Zeit hin eine gewisse Regelmäßigkeit, Integrität oder Vorhersehbarkeit hat. Eine andere Ausdrucksweise dafür ist es zu sagen, daß man, um Fredric Jamesons Bestimmung der Post-Moderne auszuborgen[48], neue Herrschaftsmuster in der zeitgenössischen Kultur erkennen kann. Jamesons Argument ist mit seiner Beschreibung der Konsumkultur verknüpft, deren zentrale Merkmale eine neue, auf Nachahmung und Nostalgie beruhende Beziehung zur Vergangenheit, eine neue und eklektische Zufälligkeit des kulturellen Artefakts, eine Reorganisation des Raumes und charakteristische Züge des multinationalen Kapitals sind. Dazu gesellt sich die phänomenale Einverleibungsfähigkeit der Kultur, die es ermöglicht, daß jeder alles und jedes sagt, aber alles wird entweder im Hauptstrom verarbeitet oder an die Ränder verwiesen.

Marginalisierung bedeutet in der amerikanischen Kultur die Abweisung in die Provinzialität. Sie bedeutet die Folgenlosigkeit, die mit allem im Bunde steht, was nicht groß, was nicht zentral, was nicht mächtig ist

– kurz, sie bedeutet Assoziation mit dem, was euphemistisch als »alternative« Schreib- und Denkweisen umschrieben wird, als alternative
Staaten, Völker und Kulturen, als alternative Agenturen, Zeitungen,
Künstler, Gelehrte und Stile, die später einmal zentral werden können
oder zumindest modisch. Die neuen Bilder der Zentralität – direkt verbunden mit dem, was C. Whright Mills die Machtelite nannte – verdrängen die langsameren, reflexiven, weniger unmittelbaren Prozesse
der Kultur des Druckes mit ihrer Verschlüsselung der begleitenden und
widerspenstigen Kategorien der historischen Klasse, des ererbten Eigentums und des traditionellen Privilegs. Die exekutive Präsenz ist zentral
in der amerikanischen Kultur von heute: der Präsident, der Fernseh-
kommentator, der Konzernherr, die Berühmtheit. Zentralität ist Identität, das, was mächtig, wichtig und *unser* ist. Die Zentralität wahrt die
Balance zwischen den Extremen; sie stattet Ideen mit Mäßigung, Rationalität und Pragmatismus aus; sie hält die Mitte zusammen.

Und die Zentralität verhilft halboffiziellen Erzählungen ans Licht,
die bestimmte Sequenzen von Ursache und Wirkung autorisieren und
provozieren, während sie gleichzeitig Gegen-Erzählungen niederhält.
Die verbreitetste Sequenz ist die alte, nämlich daß Amerika, ein für allemal eine Weltmacht, regelmäßig gegen Hindernisse aufsteht, die von
ausländischen, im Wesen schädlichen und »gegen« Amerika gerichteten Verschwörungen aufgebaut wurden. So ist denn die amerikanische
Hilfe für Vietnam und den Iran von Kommunisten einerseits und terro-
ristischen Fundamentalisten andererseits »verfälscht« worden, was zu
Demütigung und bitterer Enttäuschung führte. Umgekehrt wären während des Kalten Krieges die tapferen afghanischen Mudjaheddin (Frei-
heitskämpfer), die *Solidarność*-Bewegung in Polen, die nicaraguani-
schen »Contras«, die angolanischen Rebellen, die regulären Truppen in
Salvador – die »wir« alle unterstützt haben –, mit »unserer« Hilfe gewißlich siegreich gewesen, doch die aufdringlichen Vorhaltungen der
Liberalen zu Hause und die Desinformationsfachleute »drüben« machten unsere Bemühungen zunichte – bis zum Golfkrieg, als »wir uns
schließlich vom ›Vietnam-Syndrom‹ befreiten«.

Diese unterschwellig greifbaren Geschichtsabrisse werden wunderbar gebrochen in den Romanen von E. L. Doctorow, Don DeLillo und
Robert Stone und schonungslos analysiert von Journalisten wie Alexander Cockburn, Christopher Hitchens, Seymour Hersh und in der unermüdlichen Arbeit von Noam Chomsky. Aber die offiziellen Erzählungen haben noch immer die Macht, alternative Versionen derselben
Geschichte zu untersagen, zu kriminalisieren und an den Rand zu

drängen – in Vietnam, im Iran, im Mittleren Osten, in Afrika, Mittelamerika oder Osteuropa.

Um dieses ziemlich trostlose Bild abzurunden, möchte ich einige wenige abschließende Bemerkungen zur Dritten Welt hinzufügen. Offensichtlich können wir die nicht-westliche Welt nicht getrennt von den Entwicklungen im Westen erörtern. Die Raubzüge der Kolonialkriege, die verlängerten Konflikte zwischen aufrührerischem Nationalismus und abnormer imperialer Kontrolle, die streitsüchtigen neuen fundamentalistischen und nativistischen, von Verzweiflung und Angst geschürten Aufstände, die Ausdehnung »unseres Systems« über die ganze sich entwickelnde Welt – diese Phänomene stehen in direktem Zusammenhang mit den tatsächlichen Umständen im Westen. Einerseits sind, wie Eqbal Ahmad in der besten Darstellung dieser Sachverhalte, über die wir verfügen, darlegt, die bäuerlichen und präkapitalistischen Klassen, die in der Ära des klassischen Kolonialismus vorherrschten, in den neuen Staaten in neue, häufig abrupt urbanisierte und ruhelose Klassen zerfallen, die an die absorbierende ökonomische und politische Macht des Westens gekoppelt sind. In Pakistan und Ägypten beispielsweise werden die streitsüchtigen Fundamentalisten nicht von Intellektuellen der Arbeiterklasse geführt, sondern von westlich erzogenen Ingenieuren, Ärzten und Juristen. Lautstarke Minderheiten tauchen mit den neuen Deformationen in den neuen Machtstrukturen auf.[49] Diese Pathologien und die Ernüchterung in bezug auf die Autorität, die sie verursacht haben, durchlaufen die ganze Skala vom Neofaschismus bis zum dynastischen Oligarchismus, wobei nur wenige Staaten an einem funktionierenden parlamentarischen und demokratischen System festhalten. Andererseits setzt die Krise der Dritten Welt Herausforderungen, die einen bemerkenswerten Spielraum für das vermuten lassen, was Ahmad eine »Logik des Wagemuts« nennt.[50] Weil sie traditionelle Glaubensinhalte aufzugeben hatten, erkennen die jüngst unabhängig gewordenen Staaten den Relativismus in allen Gesellschaften, Glaubenssystemen und kulturellen Praktiken wieder. Die Erfahrung des Unabhängigwerdens verleiht »Optimismus – das Auftauchen und die Verbreitung eines Gefühls von Hoffnung und Macht, der Überzeugung, daß, was existiert, nicht zwangsläufig so existieren muß, daß die Menschen ihr Los verbessern können, wenn sie es versuchen [und] daß Planung, Organisation und der Einsatz wissenschaftlichen Wissens die sozialen Probleme lösen wird«.[51]

3. Bewegungen und Wanderungen

Trotz seiner scheinbaren Macht ist dieses neue übergreifende Herr-schaftsmuster, entwickelt in einer Ära der Massengesellschaften, die von oben her durch eine zentralisierende Kultur und einen Verbund ein-verleibender Ökonomie gelenkt werden, durchaus instabil. Wie der französische Soziologe und Urbanist Paul Virilio gesagt hat, handelt es sich um eine politische Ordnung, die auf Geschwindigkeit, sofortiger Kommunikation, großer Reichweite, konstanter Notlage und Unsicher-heit beruht, induziert durch entzündliche Krisen, deren einige zum Krieg führen. Unter solchen Umständen wird die rasche Besetzung des realen wie des öffentlichen Raumes – Kolonisierung – zum zentralen militärischen Vorrecht des modernen Staates, wie die Vereinigten Staa-ten bewiesen, als sie eine gewaltige Armee an den Arabischen Golf ent-sandten und die Medien zur Hilfe bei der Ausführung der Operation re-quirierten. Dagegen gibt Virilio zu bedenken, daß das moderne Projekt der Befreiung von Sprache/Rede *(la libération de la parole)* eine Paral-lele in der Befreiung kritischer Räume hat – Krankenhäuser, Universitä-ten, Theater, Fabriken, Kirchen, leerstehende Gebäude; in beiden Fällen besteht der fundamentale Akt der Überschreitung darin, das normaler-weise Unbewohnte zu bewohnen.[52] Als Beispiele zitiert Virilio die Fälle von Menschen, deren gegenwärtiger Status entweder die Folge der De-kolonisierung (Wanderarbeiter, Flüchtlinge, Gastarbeiter [i. O. dt.]) oder größerer demographischer und politischer Verschiebungen ist (Schwarze, Einwanderer, städtische Hausbesetzer, Studenten, Betei-ligte an Volksaufständen usw.). Sie bilden eine reale Alternative zur Au-torität des Staates.

Wenn die sechziger Jahre dieses Jahrhunderts jetzt als das Jahrzehnt der europäischen und amerikanischen Massendemonstrationen er-innert werden (darunter auch die Studenten- und Anti-Kriegsbewe-gungen), dann müssen die achtziger Jahre zweifellos als das Jahrzehnt der Massenerhebungen außerhalb der westlichen Metropole gelten. Der Iran, die Philippinen, Argentinien, Korea, Pakistan, Algerien, China, Südafrika, im Grunde ganz Osteuropa, die israelisch besetzten Gebiete von Palästina – das sind einige der von Massen aktivierten Re-gionen, jede davon mit weitgehend unbewaffneten Zivilbevölkerungen vollgestopft, schon weit jenseits der Schwelle, die auferlegten Depriva-tionen, die Tyrannei und die Inflexibilität von Regierungen weiter ertra-gen zu können, die sie bereits allzu lange ertragen haben. Am denk-würdigsten sind einerseits der Einfallsreichtum und die eindrucksvolle

Symbolik der Proteste selbst (beispielsweise die steinewerfenden palästinensischen Jugendlichen oder die sich wiegenden südafrikanischen
Tanzgruppen oder die die Mauer überkletternden Ostdeutschen) und
andererseits die offensive Brutalität oder der Kollaps und die schänd-
liche Flucht der Regierungen.

Diese Massenproteste, die große ideologische Unterschiede zulassen,
haben etwas herausgefordert, das für jede Theorie und Praxis der Regie-
rungskunst grundlegend ist, nämlich das Prinzip der Beschränkung.
Um regiert werden zu können, müssen die Menschen gezählt, taxiert,
ausgebildet und natürlich an beaufsichtigten Plätzen (Zuhause, Schule,
Krankenhaus, Arbeitsplatz) kontrolliert werden, deren äußerste und
letzte Gestalt das Gefängnis und die psychiatrische Anstalt sind, wie
Michel Foucault gesagt hat. Zwar war auch ein karnevaleskes Moment
am Gewoge der Massen im Gaza-Streifen, auf dem Wenzels- oder dem
Tiananmen-Platz beteiligt, aber die Konsequenzen anhaltender Mas-
sen-Entgrenzung und ungezügelter Erfahrung waren in den achtziger
Jahren nur geringfügig weniger dramatisch (und entmutigend) als zuvor. Die ungelöste Zwangslage der Palästinenser spricht ganz direkt von
einem unbefriedeten Streitfall und einem rebellischen Volk, das für seinen Widerstand einen sehr hohen Preis zahlt. Und es gibt andere Beispiele: Flüchtlinge und *boat people*, jene ruhelosen und verwundbaren
Wanderer; die verhungernden Populationen der südlichen Hemisphäre;
die notleidenden, aber unbeirrbaren Obdachlosen, die, gleich ungezähl-
ten Bartlebys, die Weihnachtseinkäufer beschatten; die unregistrierten
Einwanderer und ausgebeuteten »Gastarbeiter«, die billige und gewöhnlich als Saisonarbeiter beschäftigte Hilfskräfte stellen. Zwischen
den Extremen unzufriedener, auftrumpfender städtischer Mobs und
den Strömen halbvergessener, unversorgter Menschen haben die säkularen und religiösen Autoritäten der Welt nach neuen oder erneuerten
Regierungsweisen gesucht.

Nichts hat sich als so leicht verfügbar, als so attraktiv erwiesen wie
die Berufung auf Tradition, auf nationale oder religiöse Identität oder
auf Patriotismus. Und weil diese Berufungen von einem perfekten Mediensystem verstärkt und ausgestreut werden, das sich an Massenkultu-
ren richtet, sind sie verblüffend, um nicht zu sagen erschreckend effektiv gewesen. Als sich die Regierung Reagan im Frühjahr 1986 dazu
entschloß, dem »Terrorismus« einen Schlag zu versetzen, wurde der
Luftangriff auf Libyen zeitlich so gelegt, daß er in die beste Sendezeit für
die Fernsehnachrichten fiel. Die Parole »Amerika schlägt zurück«
wurde, in der ganzen muslimischen Welt widerhallend, mit blutrünsti-

gen Aufrufen für den »Islam« beantwortet, die ihrerseits eine Lawine von Bildern, Druckschriften und Posen im »Westen« auslösten, die die Werte »unserer« jüdisch-christlichen (westlichen, liberalen, demokratischen) Erbschaft und die Ruchlosigkeit, Bösartigkeit, Grausamkeit und Unreife der »ihren« (islamischen, Dritten Welt usw.) hervorhoben.

Der Luftangriff auf Libyen ist nicht nur wegen der spektakulären spiegelbildlichen Nachwirkung auf beiden Seiten aufschlußreich, sondern auch deshalb, weil beide Seiten gerechte Autorität und vergeltende Gewalt auf eine Weise kombinierten, die unbefragt blieb und dann häufig kopiert wurde. Zweifellos ist das die Ära der Ayatollahs gewesen, in der eine Phalanx von Wächtern (Khomeini, der Papst, Margaret Thatcher) das eine oder andere Glaubensbekenntnis, eine »Essenz« oder einen angestammten Glauben simplifizierten und beschützten. Ein Fundamentalismus attackiert den anderen boshaft im Namen von Ordnung, Freiheit und Tugend. Eine merkwürdige Paradoxie liegt darin, daß religiöse Inbrunst nahezu immer die Vorstellungen vom Heiligen oder Göttlichen zu verdunkeln scheint, so als ob sie in der überhitzten, weitgehend säkularen Atmosphäre des fundamentalistischen Kampfes nicht überleben könnten. Man hätte schwerlich daran gedacht, Gottes gnadenreiches Wesen anzurufen, wenn man von Khomeini mobilisiert wurde (oder, was das betrifft, vom arabischen Kämpfer gegen die »Perser« im schmutzigsten aller Kriege der achtziger Jahre, Saddam): man hätte gedient, gekämpft und gedröhnt. Ähnlich forderten überdimensional große Akteure des Kalten Krieges wie Reagan und Thatcher mit einer Rechtschaffenheit und Macht, der nur wenige Kleriker sich gewachsen zeigten, gehorsamen Dienst gegen das Imperium des Bösen.

Der Raum zwischen der heftigen Anfeindung anderer Religionen und Kulturen und tief konservativem Selbstlob ist nicht mit erbaulicher Analyse oder Diskussion gefüllt worden. Von den Tonnen von Druckseiten über Salman Rushdies *Satanic Verses* galt nur ein winziger Teil dem Buch *selbst*; diejenigen, die dagegen waren und seine Verbrennung und den Tod des Autors empfahlen, weigerten sich, es zu lesen, während andere, die die Freiheit von Schrift und Rede verteidigten, es selbstgerecht dabei bewenden ließen. Ein Großteil der leidenschaftlichen Kontroverse um »kulturelle Bildung« in den Vereinigten Staaten und Europa dreht sich um das, was gelesen werden *sollte* – die zwanzig oder dreißig wesentlichen Bücher –, nicht darum, *wie* sie gelesen werden sollten. An vielen amerikanischen Universitäten waren die häufigsten »rechten« Reaktionen auf Forderungen jüngst zu Einfluß gekommener marginaler Gruppen die Formeln: »Dann zeigen Sie mir doch den afrikanischen (oder asiatischen oder femininen) Proust« oder: »Wenn Sie am Kanon der westlichen Literatur herumbasteln, fördern Sie aller Wahrscheinlichkeit nach die Wiederkehr von Sklaverei und Polygamie«. Ob eine solche *hauteur* und eine derart karikaturistische Deutung historischer Prozesse den Humanismus und die Großherzigkeit »unserer« Kultur beweisen sollten, gaben diese Weisen nicht zum besten.

Ihre Ansprüche flossen mit einer Reihe anderer kultureller Behauptungen zusammen, deren gemeinsames Merkmal war, daß sie von Experten und Fachleuten vorgetragen worden waren. Gleichzeitig verschwand, wie auf der Linken und auf der Rechten oft angemerkt wurde, der allgemeine, der universale säkulare Intellektuelle. Der Tod von Jean-Paul Sartre, Roland Barthes, I. F. Stone, Michel Foucault, Raymond Williams und C. L. R. James in den achtziger Jahren kennzeichnet das Verblassen einer alten Ordnung; sie waren Gestalten von Autorität und Gelehrsamkeit gewesen, deren Horizont und fächerübergreifende Sachkenntnis ihnen mehr als nur professionelle Kompetenz verliehen, nämlich einen kritischen intellektuellen Stil. Umgekehrt sind die Technokraten, wie Lyotard in *La Condition postmoderne*[53] sagt, im Prinzip kompetent, lokale Probleme zu lösen, aber nicht die entscheidenden Fragen zu stellen, wie sie die großen Erzählungen von Emanzipation und Aufklärung aufgeworfen haben, und sie sind auch die umsichtig akkreditierten Experten, die den Sicherheitsmanagern dienen, die internationale Affären »bearbeiten«.

Mit der virtuellen Erschöpfung der großen Systeme und der totalen Theorien (der Kalte Krieg, die Bretton Woods-Entente, die sowjetischen und chinesischen Planwirtschaften, der antiimperialistische Nationalismus der Dritten Welt) treten wir in eine neue Periode weitgehender Unsicherheit ein. Eben das hat Michail Gorbatschow offen demonstriert, bevor er von dem weitaus weniger unsicheren Boris Jelzin abgelöst wurde. *Perestroika* und *Glasnost*, die mit Gorbatschows Reformen assoziierten Schlüsselwörter, brachten die Unzufriedenheit mit der Vergangenheit und zumeist vage Zukunftshoffnungen zum Ausdruck, waren aber weder Theorien noch Visionen. Seine rastlosen Reisen enthüllten allmählich eine neue Weltkarte, die Karte einer Welt, die größtenteils ebenso schrecklich interdependent wie intellektuell, philosophisch, ethnisch und sogar imaginativ noch unvermessen war. Große Massen von Menschen, größer an Zahl und Hoffnungen als je zuvor, wollen besser und häufiger essen; große Massen wollen auch reisen, reden, singen, sich kleiden. Wenn die alten Systeme auf diese Bedürfnisse nicht reagieren können, werden auch die gigantischen, von den Medien

angekurbelten Bilder nicht helfen, die real ausgeübte Gewalt und wü-
tende Xenophobie propagieren. Man kann darauf bauen, daß sie eine
Zeitlang weiterwirken, aber dann büßen sie ihre mobilisierende Kraft
ein. Es gibt zu viele Widersprüche zwischen reduktiven Schemata und
überwältigenden Impulsen und Trieben.

Die alten erfundenen Geschichten und Herrschaftstraditionen und
-bemühungen weichen neueren, eher elastischen und lockeren Theorien
über das, was zum gegenwärtigen Zeitpunkt so diskrepant und intensiv
ist. Im Westen hat die *Post-Moderne* die ahistorische Schwerelosigkeit,
das Konsumententum und das Schauspiel der neuen Ordnung aufgegriffen. Damit verbunden sind andere Strömungen wie Post-Marxis-
mus und Post-Strukturalismus, Anzeichen dessen, was der italienische
Philosoph Gianni Vatimo als das »schwache Denken« des »Endes der
Moderne« beschreibt. Aber in der arabischen und islamischen Welt
sind viele Künstler und Intellektuelle wie Adonis, Elias Khoury, Kamal
Abu Deeb, Muhammad Arkoun und Jamal Ben Sheikh noch immer mit
der *Moderne* selbst befaßt, die von Erschöpfung weit entfernt und noch
immer eine gewaltige Herausforderung in einer von *turath* (Erbe) und
Orthodoxie beherrschten Kultur ist. Ganz ähnlich ist das in der Karibik, in Osteuropa, in Lateinamerika, in Afrika und auf dem indischen
Subkontinent. Diese Bewegungen überschneiden sich kulturell in einem
faszinierenden kosmopolitischen Raum, der von international angesehenen Schriftstellern wie Salman Rushdie, Carlos Fuentes, Gabriel García Márquez oder Milan Kundera belebt wird, die mit großem Einfluß
nicht nur als Romanautoren, sondern auch als Kommentatoren und
Essayisten intervenieren. Und ihre Auseinandersetzung darüber, was
modern oder post-modern ist, wird von der ängstlichen, dringlichen
Frage begleitet, wie wir modernisieren sollen angesichts der kataklysmischen Umwälzungen, die die Welt in dem Maße erlebt, wie sie dem
fin de siècle entgegengeht, das heißt, wie wir das Leben selbst aufrechterhalten sollen, wenn die täglichen Forderungen die menschliche
Stimme zu ersticken drohen.

Der Fall von Japan ist in der Form, wie er von dem japanisch-ameri-
kanischen Intellektuellen Masao Miyoshi beschrieben wird, außerordentlich symptomatisch. Man nehme zur Kenntnis, sagt er, daß,
wie jedermann weiß, japanische Banken, Konzerne und Immobilien-
Konglomerate »laut Erhebungen zum Rätsel der japanischen Macht«
ihre amerikanischen Gegenstücke heute weit in den Schatten stellen
(tatsächlich sogar zwergenhaft erscheinen lassen). Immobilienwerte
notieren in Japan um ein Vielfaches höher als in den Vereinigten Staa-

ten, die doch einst als die eigentliche Trutzburg des Kapitals betrachtet wurden. Die zehn größten Banken der Welt sind zumeist japanische, und ein Großteil der amerikanischen Auslandsverschuldung wird von Japan und Taiwan als Gläubigern gehalten. Obwohl sich eine gewisse Vorahnung davon in dem kurzen Aufstieg der ölproduzierenden arabischen Länder in den siebziger Jahren abzeichnete, ist die japanische internationale Wirtschaftsmacht ohne Parallele, besonders, wie Miyoshi sagt, in ihrer Verbindung mit einer nahezu völligen Absenz internationaler kultureller Macht. Japans zeitgenössische verbale Kultur ist dürftig, sogar verarmt – beherrscht von Talk-Shows, Comic-Heften und erbarmungslosen Konferenz- und Diskussionsrunden. Miyoshi diagnostiziert eine neue kulturelle Erschütterung als Folgeerscheinung der schwankenden finanziellen Ressourcen des Landes, eine absolute Disparität zwischen der totalen Neuerung und globalen Dominanz in der ökonomischen Sphäre einerseits und der Abhängigkeit vom Westen im kulturellen Diskurs andererseits.[54]

Von den Details des Alltagslebens bis zur gewaltigen Reichweite globaler Kräfte (eingeschlossen das, was »der Tod der Natur« genannt worden ist) – das alles behelligt die beunruhigte Seele, und da ist wenig, was ihre Macht über die Krisen stärkte, die sie hervorbringen. Die beiden Fälle allgemeiner Zustimmung sind die, daß die persönliche Freiheit geschützt und daß Umwelt und Lebensraum der Erde vor weiterem Verfall bewahrt werden sollten. Demokratie und Ökologie, die beide einen lokalen Kontext und viel konkreten Streitstoff liefern, werden gegen einen kosmischen Hintergrund gestellt. Ob im Kampf von Nationalitäten oder bei den Problemen von Entwaldung und globaler Erhitzung (wie sie bei geringfügigeren Aktivitäten wie Rauchen oder Benutzung von Spraydosen im Spiel sind), die Interaktionen zwischen individueller Identität und den allgemeinen Lebensverhältnissen sind schrecklich direkt, und die altehrwürdigen Konventionen von Kunst, Geschichte und Philosophie scheinen ihnen wohl nicht sonderlich angemessen zu sein. Vieles, was vier Jahrzehnte lang an der westlichen Moderne und ihren Nachwirkungen so aufregend war – etwa bei der Erarbeitung interpretativer Strategien der kritischen Theorie oder des Selbstbewußtseins literarischer und musikalischer Formen –, erscheint heute nahezu kurios abstrakt, verzweifelt eurozentrisch. Verläßlicher sind jetzt die Berichte von der Frontlinie, an der Kämpfe zwischen heimischen Tyrannen und idealistischen Oppositionen, hybriden Kombinationen von Realismus und Phantasie, kartographischen und archäologischen Beschreibungen, Erkundungen in Mischformen (Essay, Video oder Film, Photographie, Abhandlung, Geschichte, Aphorismus) und die unbehausten Exil-Erfahrungen ausgetragen werden.

Die Hauptaufgabe ist also, die neuen ökonomischen und sozio-politischen Verschiebungen und Konstellationen unserer Zeit und die Realitäten der menschlichen Interdependenz im Weltmaßstab zur Deckung zu bringen. Wenn der japanische, der osteuropäische, der islamische und der westliche Fall irgend etwas Gemeinsames zum Ausdruck bringen, dann das, daß ein neues kritisches Bewußtsein erforderlich ist, und das kann nur durch revidierte Einstellungen zu Erziehung und Ausbildung geschaffen werden. Die Studenten lediglich zu drängen, auf der eigenen Identität, Geschichte, Tradition oder Einzigartigkeit zu beharren, mag sie anfangs dazu veranlassen, ihre Grundbedürfnisse nach Demokratie und dem Recht auf eine gesicherte menschliche Existenz zu formulieren. Aber wir müssen weitergehen und diese Bedürfnisse in einer Geographie anderer Identitäten, Völker und Kulturen situieren und dann untersuchen, wie sie, trotz ihrer Unterschiedlichkeiten, sich stets und überall überschnitten haben – durch nicht-hierarchischen Einfluß, Kreuzung, Einverleibung, Erinnerung, vorsätzliches Vergessen und, natürlich, Konflikt. Wir sind nirgendwo dem »Ende der Geschichte« nahe, aber wir sind noch immer bei weitem nicht frei von monopolisierenden Einstellungen. Diese Einstellungen haben in der Vergangenheit nicht viel getaugt – ungeachtet der aufmunternden Schreie der Politik separatistischer Identität, des Multikulturalismus und des Minoritätendiskurses –, und je rascher wir uns selbst dazu anhalten, Alternativen zu finden, um so besser und sicherer. Richtig ist, daß wir miteinander auf eine Weise vernetzt sind, von der die meisten nationalen Erziehungs- und Bildungssysteme nicht einmal geträumt haben. Erkenntnis in den Künsten und Wissenschaften mit diesen integrativen Realitäten zur Deckung zu bringen, ist meiner Meinung nach die intellektuelle und kulturelle Herausforderung des Tages.

Die ständige Kritik des Nationalismus, die sich aus den verschiedenen Befreiungstheorien ergibt, die ich diskutiert habe, sollte auch künftig nicht außer acht gelassen werden, denn wir dürfen uns nicht dazu verurteilen, die Erfahrung des Imperialismus zu wiederholen. Wie können wir, in der neudefinierten und doch sehr engen zeitgenössischen Beziehung zwischen Kultur und Imperialismus, einer Beziehung, die beunruhigende Formen von Herrschaft ermöglicht, die befreienden Energien erhalten, die von den großen dekolonisierenden Widerstandsbewegungen und den Massenaufständen der achtziger Jahre freigesetzt wurden? Können diese Energien den homogenisierenden Prozessen des modernen Lebens entgehen, in der Schwebe gehalten durch die Eingriffe der neuen imperialen Zentralität?

»All things counter, original, spare, strange« (»Alle Dinge quer, ureigen, selten, wunderlich«), sagt Gerard Manley Hopkins in seinem Gedicht »Pied Beauty«. Die Frage ist: *Wo?* Und wo ist, können wir darüber hinaus fragen, ein Platz für jene erstaunlich harmonische Vision der Zeit, die sich mit dem Zeitlosen überschneidet, jene Vision, die gegen Ende von »Little Gidding« erscheint, zu einem Zeitpunkt, den Eliot so sah:

»An easy commerce of the old and the new,
The common word exact without vulgarity,
The formal word precise but not pedantic,
The complete consort dancing together.«[55]

(»Gleich sicher im Umgang mit Altem und Neuem,
Das gebräuchliche Wort, doch nicht gewöhnlich,
Das förmliche Wort, präzis doch nie pedantisch,
Der geschlossene Ehbund, einträchtig im Tanz.«)

Virilios Vorstellung ist die einer gegenläufigen Art von Bewohnung: so leben, wie es Migranten in gewöhnlich unbewohnten, aber dennoch öffentlichen Räumen tun. Eine ähnliche Vorstellung taucht in *Mille Plateaux* (Band II des *Anti-Œdipe*) von Gilles Deleuze und Félix Guattari auf. Ein Großteil dieses ungeheuer ergiebigen Buches ist nicht leicht zugänglich, aber ich habe es auf geheimnisvolle Weise suggestiv gefunden. Das Kapitel mit dem Titel »Traité de nomadologie: La Machine de guerre« baut auf Virilios Werk auf, indem es seine Begriffe von Bewegung und Raum zu einer höchst exzentrischen Studie einer wandernden Kriegsmaschine erweitert. Diese ganz originelle Abhandlung enthält eine Metapher für disziplinierte intellektuelle Mobilität im Zeitalter von Institutionalisierung, Reglementierung und Kooptation. Die Kriegsmaschine, sagen Deleuze und Guattari, kann den militärischen Mächten des Staates gleichgestellt werden, muß es aber nicht, weil sie im Grunde eine separate »Entität« ist, genauso wie die nomadisierenden Wanderzüge des Geistes nicht immer in den Dienst von Institutionen gestellt werden müssen. Die Quelle der Kampfkraft der Maschine liegt nicht nur in ihrer nomadischen Freiheit, sondern auch in ihrer metallurgischen Kunst – die Deleuze und Guattari mit der Kunst der musikalischen Komposition vergleichen –, mit der die Materialien geschmiedet, geformt werden: »jenseits separater Formen; diese [Metallurgie, wie die Musik] hebt die kontinuierliche Entwicklung der Form selbst hervor und legt, jenseits individuell differierender Materialien, allen Nachdruck auf die kontinuierliche Variation innerhalb des Materials selbst«.[56] Präzision, Konkretheit, Kontinuität, Form – sie alle haben die Attribute einer nomadischen Praxis, deren Stärke, wie Virilio sagt, nicht offensiver, sondern transgressiver Art ist.[57]

Wir können diese Wahrheit auf der politischen Landkarte der zeitgenössischen Welt ablesen. Denn es ist zweifellos eines der traurigsten Merkmale des Zeitalters, mehr Flüchtlinge, Migranten, Verschleppte und Exilierte hervorgebracht zu haben als jemals ein anderes in der Geschichte, die meisten davon als Begleiterscheinungen und – ironisch genug – Nachwirkungen großer post-kolonialer und imperialer Konflikte. In dem Maße, wie der Kampf um Unabhängigkeit neue Staaten und neue Grenzen hervorbrachte, brachte er auch neue heimatlose Wanderer, Nomaden, Vagabunden hervor, die von den neuen Strukturen institutioneller Macht nicht assimiliert und von den etablierten Ordnungen wegen ihres Eigensinns und ihrer hartnäckigen Aufsässigkeit abgewiesen wurden. Und insofern diese Leute zwischen Alt und Neu existieren, zwischen dem alten Imperium und dem neuen Staat, artikuliert ihre Lage die Spannungen, Unentschlossenheiten und Widersprüche in den sich überschneidenden Territorien, welche die kulturelle Landkarte des Imperialismus ausweist.

Es ist jedoch ein großer Unterschied zwischen der optimistischen Mobilität, der intellektuellen Lebendigkeit und der »Logik des Wagemutes«, wie sie von den verschiedenen Theoretikern beschrieben wurde, auf deren Werk ich mich bezogen habe, und den massiven Verwerfungen, dem Verfall, dem Elend und den Schrecknissen, die in den Migrationen und verstümmelten Lebensläufen unseres Jahrhunderts überdauern. Dennoch ist es keine Übertreibung zu sagen, daß Befreiung als intellektuelle Mission, die geboren ist aus der Opposition und dem Widerstand gegen die Einschränkungen und Raubzüge des Imperialismus, sich jetzt von der gesetzten, etablierten und domestizierten Dynamik der Kultur auf ihre unbehausten, dezentrierten und exilierten Energien verschoben hat, Energien, deren leibliche Verkörperung heute der Migrant und deren Bewußtsein das des Intellektuellen und Künstlers im Exil ist, die politische Figur zwischen den Sphären, zwischen den Formen, zwischen den Sprachen. Aus dieser Perspektive sind dann allerdings wirklich alle Dinge quer, ureigen, selten und wunderlich. Aus dieser Perspektive läßt sich dann auch »der geschlossene Ehbund, einträchtig im Tanz«, kontrapunktisch sehen. Und während es blühende panglossische Unehrlichkeit wäre zu sagen, daß die Bravourleistung des

exilierten Intellektuellen und die Nöte des Deportierten oder Flücht-
lings dasselbe sind, ist es meiner Meinung nach sehr wohl möglich, den
Intellektuellen als jemanden zu begreifen, der die mißlichen Lagen, die
die Moderne entstellen, zuerst aufdeckt und dann artikuliert – Massen-
deportation, Verhaftung, Bevölkerungstransfer, kollektive Enteignung
und erzwungene Immigration.

»Das Vorleben des Emigranten wird bekanntlich annulliert«, sagt
Adorno in seinen *Minima Moralia* mit dem Untertitel *Reflexionen aus
dem beschädigten Leben*. Warum? »Was nicht verdinglicht ist, sich zählen und messen läßt, fällt aus«[58] oder, wie er später sagt, wird zum bloßen »Hintergrund«. Obwohl die verkrüppelnden und entstellenden
Aspekte dieses Schicksals manifest bleiben, sind doch auch seine Vorga-
ben und Möglichkeiten genauerer Prüfung wert. So entdeckt das Emi-
grantenbewußtsein in seiner Marginalität – mit Wallace Stevens ein
Geist des Winters –, daß »der Blick aufs Entlegene, der Haß gegen Bana-
lität, die Suche nach dem Unabgegriffenen, vom allgemeinen Begriffs-
schema noch nicht Erfaßten die letzte Chance für den Gedanken« ist.[59]
Adornos allgemeines Schema ist, was er an anderer Stelle die »verwaltete
Welt« oder, soweit die unwiderstehlichen Dominanten in der kulturellen Sphäre betroffen sind, die »Bewußtseinsindustrie« nennt. Da zählt
dann nicht nur der negative Vorteil des Refugiums in der Randständigkeit des Emigranten; da zählt auch der positive Gewinn der Herausforderung des Systems, wenn es in einer Sprache beschrieben wird, die
denen, die es sich bereits unterworfen hat, nicht verfügbar ist:

> »In einer geistigen Hierarchie, die unablässig alle zur Verantwortung zieht, ist Un-
> verantwortlichkeit allein fähig, die Hierarchie unmittelbar selber beim Namen zu
> rufen. Die Zirkulationssphäre, deren Male die intellektuellen Außenseiter tragen,
> eröffnet dem Geist, den sie verschachert, die letzten Refugien in dem Augenblick,
> in dem es sie eigentlich schon gar nicht mehr gibt. Wer ein Unikum anbietet, das
> niemand mehr kaufen will, vertritt, selbst gegen seinen Willen, die Freiheit vom
> Tausch.«[60]

Das sind sicherlich nur minimale Gelegenheiten und Möglichkeiten,
obwohl Adorno ein paar Seiten weiter die Option von Freiheit erweitert, indem er eine Ausdrucksform empfiehlt, deren Undurchsichtig-
keit, Dunkelheit und Gewundenheit – die Absenz der »vollen Durch-
sichtigkeit seiner logischen Genese« – sich vom dominanten System
wegbewegt, indem es seine »Unangemessenheit« als Maß der Befreiung
inszeniert:

»Diese Unzulänglichkeit gleicht der der Linie des Lebens, die verbogen, abgelenkt, enttäuschend gegenüber ihren Prämissen verläuft und doch einzig in diesem Verlauf, indem sie stets weniger ist, als sie sein sollte, unter den gegebenen Bedingungen der Existenz eine unreglementierte zu vertreten vermag.«[61]

Zu privat, werden wir wahrscheinlich zu diesem Aufschub sagen. Wir können das Thema jedoch nicht nur beim hartnäckig subjektiven, sogar negativen Adorno wiederentdecken, sondern auch in den öffentlichen Äußerungen eines islamischen Intellektuellen wie Ali Shariati, einer der wichtigsten Gestalten in der Frühzeit der iranischen Revolution, als sein Angriff auf den »wahren und geraden Pfad, diese sanfte und sichere Verkehrsstraße« – nämlich die organisierte Orthodoxie – sich scharf abhob von den geläufigen Gemütlichkeiten:

> »Der Mensch, dieses dialektische Phänomen, ist gezwungen, ständig in Bewegung zu sein ... Der Mensch kann also nie einen endgültigen Ruheplatz finden und seine Wohnstatt bei Gott aufschlagen. Wie schändlich sind also alle festen Maßstäbe. Wer kann je einen Maßstab festsetzen? Der Mensch ist eine ›Wahl‹, ein Kampf, ein ständiges Werden. Er ist eine unendliche Migration, eine Migration innerhalb seiner selbst, von Staub und Asche zu Gott; er ist ein Wanderer innerhalb seiner eigenen Seele.«[62]

Hier haben wir ein echtes Potential für eine nicht-nötigende Kultur (obwohl Shariati nur vom »Menschen« bzw. »Mann« spricht und nicht von der »Frau«), die in ihrem Bewußtsein von konkreten Hindernissen und konkreten Schritten, von Genauigkeit ohne Gewöhnlichkeit und Präzision ohne Pedanterie das Gefühl eines Neuanfangs teilt, wie es allen wirklich radikalen Vorhaben, von vorn zu beginnen[63], innewohnt – beispielsweise dem klugen Versuch einer Autorisierung weiblicher Erfahrung in Virginia Woolfs *A Room of One's Own* oder der sagenhaften Neuordnung von Zeit und Charakter, die den verschiedenen Generationen von *Midnight's Children* zum Aufbruch verhilft, oder der bemerkenswerten Universalisierung der afrikanisch-amerikanischen Erfahrung, die überaus detailliert in Toni Morrisons *Tar Baby* und *Beloved* geschildert ist. Der Schub oder die Spannung kommt aus der Umgebung – der imperialistischen Macht, die einen sonst zwänge, zu verschwinden oder irgendeine Miniaturfassung seiner selbst zu akzeptieren, die in einem Vorlesungsverzeichnis als Lehre zu verkünden wäre. Das hier sind keine neuen Meisterdiskurse, keine starken neuen Erzählungen, sondern, wie in John Bergers Programm, neue Mitteilungsformen. Wenn Photographien oder Texte bloß dazu benutzt werden, Identität und Präsenz zu stiften – uns bloß repräsentative Bilder

der Frau oder *des* Indianers zu geben –, treten sie in das ein, was Berger ein Kontrollsystem nennt. Wenn ihre von Natur aus mehrdeutige, folglich negative und anti-narrative Widerspenstigkeit aber *nicht* geleugnet wird, erlauben sie der unreglementierten Subjektivität, eine soziale Funktion zu übernehmen: »Fragile Bilder [Familienphotos], die häufig nahe dem Herzen getragen oder neben dem Bett aufgestellt werden, sollen auf das verweisen, was die historische Zeit zu zerstören kein Recht hat.«[64]

Aus einer anderen Perspektive sind die exilierten, die marginalen, subjektiven und migratorischen Energien des modernen Lebens, die die Befreiungskämpfe freigesetzt haben, sofern diese Energien zu unverwüstlich waren, um zu verschwinden, auch in dem wirksam, was Immanuel Wallerstein »anti-systemische Bewegungen« nennt. Es sei daran erinnert, daß ein Hauptmerkmal der imperialistischen Expansion im historischen Sinne die Akkumulation war, ein Prozeß, der sich im 20. Jahrhundert beschleunigte. Wallersteins Argumentation ist nun, daß Kapitalakkumulation im Grunde irrational ist; ihre additiven, auf Erwerb gerichteten Ziele setzen sich ungeprüft fort, obwohl ihre Kosten – für die Aufrechterhaltung des Prozesses, für die Finanzierung von Kriegen zu seinem Schutz, für den »Freikauf« und die Kooptation von »Zwischenkadern«, für das Leben in einer Atmosphäre permanenter Krise – exorbitant und der Ziele nicht wert sind. Damit, sagt Wallerstein, ist »die eigentliche Superstruktur [der staatlichen Macht und der nationalen Kulturen, die die Idee der staatlichen Macht stützen], die eingesetzt wurde, um den freien Fluß der Produktionsfaktoren in der Weltwirtschaft zu maximieren, das Kinderzimmer der nationalen Bewegungen, die gegen die dem Weltsystem innewohnenden Ungleichheiten mobil machen«.[65] Diejenigen, die vom System genötigt werden, untergeordnete oder Gefangenen-Rollen darin zu spielen, tauchen als bewußte Widersacher dieses Systems wieder auf, indem sie es spalten, Ziele setzen und Argumente vorbringen, die die totalitären Zwänge des Weltmarktes in Frage stellen. Nicht alles kann eingekauft werden.

Alle diese hybriden Gegenenergien, die auf vielen Gebieten, bei vielen Individuen und in vielen Bewegungen am Werk sind, arbeiten auf eine Gemeinschaft oder Kultur hin, die auf anti-systemische Praktiken und Indikatoren einer kollektiven menschlichen Existenz gegründet ist (und nicht auf Doktrinen oder auf ausgefeilte Theorien) und die nicht von Zwang oder Herrschaft kündet. Sie speisten die Erhebungen der achtziger Jahre, von denen ich oben gesprochen habe. Das gebieterische, zwingende Bild des Imperiums, das sich in so viele Prozeduren intellektueller Bemeisterung einschlich und sie überholte, die in der modernen

Kultur zentral sind, findet sein Gegenstück in den erneuerbaren Diskontinuitäten intellektueller und säkularer »Unreinheiten« – gemischte Genres, unerwartete Kombinationen von Tradition und Neuerung, politische Erfahrungen, die eher auf Gemeinschaften der Arbeit, des Entwerfens und Interpretierens (im weitesten Sinne des Wortes) beruhen als auf Klassen oder Korporationen von Besitz, Aneignung und Macht.

Ich sehe mich selbst wieder und wieder meine Zuflucht bei einer beklemmend schönen Passage von Hugo von St. Viktor nehmen, einem *flämischen* Mönch des 12. Jahrhunderts:

> »Es ist deshalb eine Quelle großer Tugend für den erfahrenen Geist, Stück für Stück zu lernen, sich hinsichtlich der sichtbaren und vergänglichen Dinge zu ändern, so daß er später in der Lage und fähig sein kann, sie völlig hinter sich zu lassen. Derjenige, der sein Heimatland süß findet, ist noch ein schwacher Anfänger: derjenige, für den jedes Stück Erdkrume wie sein eigenes heimisches ist, ist bereits stark; vollkommen aber ist derjenige, für den die ganze Welt Fremde ist. Die zarte Seele hat ihre Liebe fest in einer bestimmten Stelle der Welt verankert; die starke Persönlichkeit hat ihre Liebe auf alle Regionen ausgedehnt; der vollkommene Mensch hat die seine ausgelöscht.«[66]

Erich Auerbach, der große deutsche Gelehrte, der die Jahre des Zweiten Weltkrieges im Exil in der Türkei verbrachte, zitiert diese Passage als Modell für jedermann – Mann *und* Frau –, der die Beschränkungen der imperialen, nationalen oder provinziellen Grenzen abstreifen will. Und nur mit dieser Einstellung kann beispielsweise ein Historiker die menschliche Erfahrung und ihre schriftlichen Zeugnisse in all ihrer Verschiedenheit und Partikularität zu erfassen beginnen; andernfalls bliebe er den Ausschließungsmechanismen des Vorurteils verhaftet und opferte die Freiheit wirklicher Erkenntnis. Es sei aber festgehalten, daß Hugo zweimal deutlich macht, daß die »starke« oder »vollkommene« Persönlichkeit Unabhängigkeit und Ent-Bindung erreicht, indem sie sich durch Bindungen *hindurch*arbeitet, nicht indem sie sie ablehnt. Das Exil gründet sich auf die Tatsache des eigenen Heimatortes oder -landes, die Liebe dazu und die wirkliche Bindung daran; die universale Wahrheit des Exils ist nicht, daß man Liebe oder Heimat verloren hat, sondern daß jedem dieser Elemente von vornherein ein unerwarteter, unwillkommener Verlust innewohnt. Man fasse also Erfahrungen ins Auge, *als ob* sie im Verschwinden begriffen wären: Was ist daran, das sie in der Realität verankert oder verwurzelt? Was würde man von ihnen retten, was würde man aufgeben, was würde man von ihnen wiedergewinnen wollen? Zur Beantwortung solcher Fragen muß man die Un-

abhängigkeit und Ent-Bindung jemandes haben, dessen Heimatland
»süß« ist, dessen tatsächliche Lage es ihm jedoch verwehrt, diese Süße
erneut zu kosten, und es ihm im übrigen unmöglich macht, Befriedigung aus Surrogaten zu ziehen, die von Illusion oder Dogma verbreitet
werden, mögen sie nun aus dem Stolz auf die eigene Erbschaft stammen
oder aus der Sicherheit in bezug auf das, was »wir« sind.

Niemand ist heute nur ganz und rein *eines*. Bezeichnungen wie Inder,
Frau, Muslim oder Amerikaner sind nicht mehr als erste Orientierungs-
signale, die, wenn man sie auch nur einen Augenblick lang in die
tatsächliche Wirklichkeit weiterverfolgt, alsbald verlöschen. Der Imperialismus konsolidierte die Mischung von Kulturen und Identitäten
weltweit. Seine schlimmste und paradoxeste Gabe aber war es, die
Menschen glauben zu machen und glauben zu lassen, sie seien einzig,
hauptsächlich bzw. ausschließlich weiß oder schwarz oder westlich
oder orientalisch. Aber so wie menschliche Wesen ihre eigene Geschichte machen, so machen sie auch ihre eigenen Kulturen und ethnischen Identitäten. Niemand kann die dauerhaften Prägezeichen langer
Traditionen, anhaltender Besiedlung, nationaler Sprachen und kultureller Geographien leugnen; doch es scheint – abgesehen von Angst oder
Vorurteil – keinen Grund zu geben, auf ihrer Trennung und Unver-
gleichlichkeit zu beharren, so als ob das alles gewesen sei, worum das
menschliche Leben kreise. Überleben hängt mit den Verbindungen zwischen den Dingen zusammen; den Worten von Eliot zufolge kann die
Realität nicht der »anderen Echos« beraubt werden, »die den Garten
bewohnen«. Es ist lohnender – und schwieriger –, konkret und sympathetisch, kontrapunktisch über andere nachzudenken als nur über
»uns«. Das aber bedeutet auch, den Versuch aufzugeben, andere zu
überwältigen, den Versuch aufzugeben, sie »einzureihen« oder in Hierarchien zu pressen, vor allem jedoch den Versuch aufzugeben, ständig
zu wiederholen, daß »unsere« Kultur oder »unser« Land die Nummer
eins ist (oder *nicht* die Nummer eins, was das betrifft). Für den Intellektuellen gibt es genug Wertvolles zu tun ohne *das*.

ANMERKUNGEN

Einleitung

1 Robert Hughes, *The Fatal Shore: The Epic of Australia's Founding* (New York: Knopf, 1987), S. 586.
2 Paul Carter, *The Road to Botany Bay: An Exploration of Landscape and History* (New York: Knopf, 1988), S. 202–260. Als Ergänzung zu Hughes und Carter siehe Sneja Gunew, »Denaturalizing Cultural Nationalisms: Multicultural Readings of ›Australia‹«, in *Nation and Narration*, hrsg. von Homi K. Bhabha (London: Routledge, 1990), S. 99–120.
3 Joseph Conrad, *Nostromo: A Tale of the Seaboard* (1904; Neudr. Garden City: Doubleday, Page, 1925); S. 77. Merkwürdigerweise hat Ian Watts, einer von Conrads besten Kritikern, so gut wie nichts zu sagen über den Imperialismus der Vereinigten Staaten in *Nostromo*: vgl. sein *Conrad: ›Nostromo‹* (Cambridge: Cambridge University Press, 1988). Einige suggestive Einsichten in die Beziehung zwischen Geographie, Handel und Fetischismus sind zu finden bei David Simpson, *Fetishism and Imagination: Dickens, Melville, Conrad* (Baltimore: Johns Hopkins University Press, 1982), S. 93–116.
4 Lila Abu-Lughod, *Veiled Sentiments: Honor and Poetry in a Bedouin Society* (Berkeley: University of California Press, 1987); Leila Ahmed, *Women and Gender in Islam: Historical Roots of a Modern Debate* (New Haven: Yale University Press, 1992); Fedwa Malti-Douglas, *Woman's Body, Woman's World: Gender and Discourse in Arabo-Islamic* Writing (Princeton: Princeton University Press, 1991).
5 Sara Suleri, *The Rhetoric of English India* (Chicago: University of Chicago Press, 1992); Lisa Lowe, *Critical Terrains: French and British Orientalisms* (Ithaca: Cornell University Press, 1991).
6 Arthur M. Schlesinger Jr., *The Disuniting of America: Reflections on a Multicultural Society* (New York: Whittle Communications, 1991).

Erstes Kapitel SICH ÜBERSCHNEIDENDE TERRITORIEN

1 T.S. Eliot, *Critical Essays* (London: Faber & Faber, 1952), S. 14–15. Eigene deutsche Übersetzung.
2 Siehe Lyndall Gordon, *Eliot's Early Years* (Oxford und New York: Oxford University Press, 1977), S. 49–54.
3 C.C. Eldridge, *England's Mission: The Imperial Idea in the Age of Gladstone and Disraeli, 1868–1880* (Chapel Hill: University of North Carolina Press, 1974).
4 Patrick O'Brien, »The Costs and Benefits of British Imperialism«, *Past and Present*, Nr. 120, 1988.

5 Lance E. Davis und Robert Huttenback, *Mammon and the Pursuit of Empire: The Political Economy of British Imperialism, 1860–1920* (Cambridge: Cambridge University Press, 1986).

6 Siehe William Roger Louis (Hrsg.), *Imperialism: The Robinson and Gallagher Controversy* (New York: New Viewpoints, 1976).

7 Beispielsweise André Gunder Frank, *Dependent Accumulation and Underdevelopment* (New York: Monthly Review, 1979), und Samir Amin, *L'Accumulation à l'échelle mondiale* (Paris: Anthropos, 1970).

8 O'Brien, »Costs and Benefits«, *o.c.*, S. 180–181.

9 Harry Magdoff, *Imperialism: From the Colonial Age to the Present* (New York: Monthly Review, 1978), S. 29 und 35.

10 William H. McNeill, *The Pursuit of Power: Technology, Armed Forces and Society Since 1000 A.D.* (Chicago: University of Chicago Press, 1983), S. 260–261.

11 V.G. Kiernan, *Marxism and Imperialism* (New York: St Martin's Press, 1974), S. 111.

12 Richard W. Van Alstyne, *The Rising American Empire* (New York: Norton, 1974), S. 1. Siehe auch Walter LaFeber, *The New Empire: An Interpretation of American Expansion* (Ithaca: Cornell University Press, 1963).

13 Siehe Michael H. Hunt, *Ideology and U.S. Foreign Policy* (New Haven: Yale University Press, 1987).

14 Michael W. Doyle, *Empires* (Ithaca: Cornell University Press, 1986), S. 45.

15 David Landes, *The Unbound Prometheus: Technological Change and Industrial Development in Western Europe from 1750 to the Present* (Cambridge: Cambridge University Press, 1969), S. 37.

16 Tony Smith, *The Pattern of Imperialism: The United States, Great Britain, and the Late Industrializing World Since 1815* (Cambridge: Cambridge University Press, 1981), S. 52. Smith zitiert zu diesem Punkt Gandhi.

17 Kiernan, *Marxism and Imperialism*, *o.c.*, S. 111.

18 D.K. Fieldhouse, *The Colonial Empires: A Comparative Survey from the Eighteenth Century* (1965; Neudruck Houndmills: Macmillan, 1991), S. 103.

19 Frantz Fanon, *Les Forçats de la terre* (Paris: Maspero, 1961); dt. *Die Verdammten dieser Erde*, übers. von T. König (Frankfurt/M.: Suhrkamp, 1966), S. 82.

20 J.A. Hobson, *Imperialism: A Study* (1902; Neudruck Ann Arbor: University of Michigan Press, 1972), S. 197.

21 *Selected Poetry and Prose of Blake*, hrsg. von Northrop Frye (New York: Random House, 1953), S. 447. Eines der wenigen Werke, das sich mit Blakes Anti-Imperialismus auseinandersetzt, ist David H. Erdman, *Blake: Prophet Against Empire* (New York: Dover, 1991).

22 Charles Dickens, *Dombey and Son* (1848; Neudruck Harmondsworth: Penguin, 1970), S. 50; dt. *Geschäfte mit der Firma Dombey und Sohn*, übers. v. M. v. Schweinitz (München: Winkler, 1959), S. 65.

23 Raymond Williams, »Introduction«, in Dickens, *Dombey and Son*, *o.c.*, S. 11–12.

24 Martin Bernal, *Black Athena: The Afroasiatic Roots of Classical Civilization*, Bd. I (New Brunswick: Rutgers University Press, 1983), S. 280–336.

25 Bernard S. Cohn, »Representing Authority in Victorian India«, in Eric Hobsbawm und Terence Ranger (Hrsg.) *The Invention of Tradition* (Cambridge: Cambridge University Press, 1983), S. 185–207.

26 Zitiert bei Philip D. Curtin (Hrsg.), *Imperialism* (New York: Walker, 1971), S. 294–295.

27 Salman Rushdie, »Outside the Whale«, in *Imaginary Homelands: Essays and Criticism, 1981–1991* (London: Viking/Granta, 1991), S. 92, 101.

28 Das jedenfalls ist die Botschaft von Conor Cruise O'Briens »Why the Wailing Ought to Stop«, *The Observer*, 3. Juni 1984.

29 Joseph Conrad, »Heart of Darkness«, in *Youth and Two Other Stories* (Garden City: Doubleday, Page, 1925), S. 82; dt. *Herz der Finsternis*, übers. von Urs Widmer (Zürich: Haffmans, 1992), S. 53.

30 Zu Mackinder vgl. Neil Smith, *Uneven Development: Nature, Capital and the Production of Space* (Oxford: Blackwell, 1984), S. 102–103. Conrad und die triumphierende Geographie stehen im Zentrum von Felix Driver, »Geography's Empire: Histories of Geographical Knowledge«, *Society and Space*, 1991.

31 Hannah Arendt, *The Origins of Totalitarianism* (1951; Neuausgabe New York: Harcourt Brace Jovanovich, 1973), S. 215; dt. *Elemente und Ursprünge totaler Herrschaft*, übers. v. der Autorin (Frankfurt/M.: Europäische Verlagsanstalt, 1955), S. 348. Siehe auch Fredric Jameson, *The Political Unconscious: Narrative as a Socially Symbolic Act* (Ithaca: Cornell University Press, 1981), S. 206–281.

32 Jean-François Lyotard, *La Condition postmoderne. Rapport sur le savoir* (Paris: Minuit, 1979); dt. *Das postmoderne Wissen. Ein Bericht* (Bremen: Impuls, 1982), S. 42.

33 Siehe insbesondere Foucaults Spätwerk *Le Souci de soi* (Bd. II der *Histoire de la sexualité*), dt. *Die Sorge um sich*, übers. von Ulrich Raulff und Walter Seitter (Frankfurt/M.: Suhrkamp, 1984). Eine kühne neue Interpretation, die dahingehend argumentiert, daß Foucaults gesamtes *œuvre* um das Selbst – und namentlich um sein eigenes Selbst – kreise, wird vorgetragen bei James Miller, *The Passion of Michel Foucault* (New York: Simon & Schuster, 1993).

34 Siehe beispielsweise Gérard Chaliand, *Revolution in the Third World* (Harmondsworth: Penguin, 1978).

35 Rushdie, »Outside the Whale«, *o.c.*, S. 100–101.

36 Ian Watt, Conrad in the Nineteenth Century (Berkeley: University of California Press, 1979), S. 175–179.

37 Eric Hobsbawm, »Introduction«, in Hobsbawm und Ranger, *Invention of Tradition*, *o.c.*, S. 1.

38 Jean-Baptiste-Joseph Fourier, *Préface historique*, Bd. I der *Description de l'Égypt* (Paris: Imprimerie royale, 1809–1828), S. 1.

39 'Abd al-Rahman al-Jabarti, *'Aja'ib al-Athar fi al-Tarajum wa al-Akhbar*, Bd. IV (Kairo: Laijnat al-Bayan al-'Arabi, 1958–1967), S. 284.

40 Siehe Christopher Miller, *Blank Darkness: Africanist Discourse in French* (Chicago: University of Chicago Press, 1985), und Arnold Temu und Bonaventure Sawi, *Historians and Africanist History: A Critique* (Westport: Lawrence Hill), S. 1981.

41 Johannes Fabian, *Time and the Other: How Anthropology Makes Its Object* (New York: Columbia University Press, 1983); Talal Asad (Hrsg.), *Anthropology and the Colonial Encounter* (London: Ithaca Press, 1975); Brian S. Turner, *Marx and the End of Orientialism* (London: Allen & Unwin, 1978). Zu einer Diskussion einiger dieser Werke siehe Edward W. Said, »Orientalism Reconsidered«, *Race and Class 27*, Nr 2 (Herbst 1985), S. 1–15.

42 Peter Gran, *The Islamic Roots of Capitalism: Egypt, 1760–1840* (Austin: University of Texas Press, 1979); Judith Tucker, *Women in Nineteenth Century Egypt* (Kairo: American University in Cairo Press, 1986); Hanna Batatu, *The Old Social Classes and the Revolutionary Movements of Iraq* (Princeton: Princeton University Press, 1978); Syed Hussein Alatas, *The Myth of the Lazy Native: A Study of the Image of the Malays, Filipinos, and Javanese from the Sixteenth to the Twentieth Century and Its Functions in the Ideology of Colonial Capitalism* (London: Frank Cass, 1977).

43 Gauri Viswanathan, *The Masks of Conquest: Literary Study and British Rule in India* (New York: Columbia University Press, 1989).

44 Francis Fergusson, *The Human Image in Dramatic Literature* (New York: Doubleday, Anchor, 1957), S. 205–206.

45 Erich Auerbach, »Philologie und Weltliteratur«; siehe dazu meine Diskussion in *The World, the Text, and the Critic* (Cambridge, Mass.: Harvard University Press, 1983), S. 1–9.

46 George E. Woodberry, »Editorial« (1903), in *Comparative Literature: The Early Years, An Anthology of Essays*, hrsg. von Hans Joachim Schulz und Philip K. Rein (Chapel Hill: University of North Carolina Press, 1973), S. 211. Siehe auch Harry Levin, *Grounds for Comparison* (Cambridge, Mass.: Harvard University Press, 1972), S. 57–130; Claudio Guillérn, *Entre lo uno y lo diverso: Introducción a la literatura comparáda* (Barcelona: Editorial Critica, 1985), S. 54–121.

47 Erich Auerbach, *Mimesis. Dargestellte Wirklichkeit in der abendl. Literatur* (Bern: Francke, 1946, [8]1988); siehe auch Said, »Secular Criticism«, in *The World, the Text, and the Critic*, o. c., S. 31–53 und 148–149.

48 Der »National Defense Education Act« (NDEA). Ein Akt des United States Congress wurde 1958 verabschiedet; er ermächtigte zur Ausgabe von $ 295 Millionen für Wissenschaften und Sprachen, die beide als wichtig für die nationale Sicherheit galten. Unter den Nutznießern dieses Aktes waren auch die Fachbereiche für Komparatistik.

49 Zitiert bei Smith, *Uneven Development*, o. c., S. 101–102.

50 Antonio Gramsci, »Some Aspects of the Southern Question«, in *Selections from Political Writings, 1921–1926* (London 1978), S. 461; dt. »Einige Gesichtspunkte zur Frage des Südens«, in *Geschichte und Kultur. Ausgewählte Schriften*, übers. von E. Salewski (Frankfurt/M.: Röderberg, 1980), S. 214. Zu einer ungewöhnlichen Anwendung von Gramscis Theorien über den »Faktor Süden« siehe Timothy Brennan, »Literary Criticism and the Southern Question«, *Cultural Critique*, Nr. 11 (Winter 1988/89), S. 89–114.

51 John Stuart Mill, *Principles of Political Economy*, Bd. 3, hrsg. von J. M. Robson (Toronto: University of Toronto Press, 1965), S. 693; dt. *Grundsätze der politischen Ökonomie*, übers. von W. Gehrig (Jena: G. Fischer, 1913–1921), Bd. II, S. 296.

Zweites Kapitel DIE VERFESTIGTE VISION

1 Richard Slotkin, *Regeneration Through Violence: The Mythology of the American Frontier, 1600–1860* (Middletown: Wesleyan University Press, 1973); Patricia Nelson Limerick, *The Legacy of Conquest: The Unbroken Past of the American West* (New York: Norton, 1988); Michael Paul Rogin, *Fathers and Children: Andrew Jackson and the Subjugation of the American Indian* (New York: Knopf, 1975).

2 Bruce Robbins, *The Servant's Hand: English Fiction from Below* (New York: Columbia University Press, 1986).

3 Gareth Steman Jones, *Outcast London: A Study in the Relationship Between the Classes in Victorian Society* (1971; Neudruck New York: Pantheon, 1984).

4 Eric Wolf, *Europe and the People Without History* (Berkeley: University of California Press, 1982).

5 Martin Green, *Dreams of Adventure, Deeds of Empire* (New York: Basic Books, 1979); Molly Mahood, *The Colonial Encounter: A Reading of Six Novels* (London: Rex Collings, 1977); John A. McClure, *Kipling and Conrad: The Colonial Fiction* (Cambridge, Mass.: Harvard University Press, 1981); Patrick Brantlinger, *The Rule of Darkness: British Literature and Imperialism, 1830–1914* (Ithaca: Cornell University Press, 1988). Siehe auch John Barrell, *The Infection of Thomas de Quincey: A Psychopathology of Imperialism* (New Haven: Yale University Press, 1991).

6 William Appleman Williams, *Empire as a Way of Life* (New York und Oxford: Oxford University Press, 1980), S. 112–113.

7 Jonah Raskin, *The Mythology of Imperialism* (New York: Random House, 1971); Gordon K. Lewis, *Slavery, Imperialism, and Freedom: Studies in English Radical Thought* (New York: Monthly Review, 1978); V. Kiernan, *The Lords of the Human Kind: Black Man, Yellow Man, and White Man in an Age of Empire* (1969; Neudr. New York: Columbia University Press, 1986), und *Marxism and Imperialism* (New York: St Martin's Press, 1974). Ein neueres Werk ist Eric Cheyfitz, *The Poetics of Imperialism. Translation and Colonization from* The Tempest *to* Tarzan (New York: Oxford University Press, 1991).

8 E. M. Forster, *Howards End* (New York: Knopf, 1921), S. 204; eigene dt. Übersetzung.

9 Raymond Williams, *Politics and Letters: Interviews with New Left Review* (London: New Left, 1979), S. 118.

10 Williams *Culture and Society, 1780–1950* wurde 1958 veröffentlicht (London: Chatto & Windus).

11 Joseph Conrad, »Heart of Darkness«, in *Youth and Two Other Stories* (Garden City: Doubleday, Page, 1925), S. 50–51; dt. *a.a.O.*, S. 14. Zu einer entmystifizierenden Darstellung der Verbindung zwischen moderner Kultur und Erlösung siehe Leo Barsani, *The Culture of Redemption* (Cambridge, Mass.: Harvard University Press, 1990).

12 Theorien und Rechtfertigungen des imperialen Stils – alt *vs.* modern, englisch *vs.* französisch usw. – waren nach 1880 in Fülle vorhanden. Siehe als berühmtes Beispiel Evelyn Baring (Cromer), *Ancient and Modern Imperialism* (London: Murray, 1910). Siehe auch C.A. Bodelsen, *Studies in Mid-Victorian Imperialism* (New York: Howard Fertig, 1968), und Richard Faber, *The Vision and the Need: Late Victorian Imperialist Aims* (London: Faber & Faber, 1966). Ein früheres, aber noch immer nützliches Werk ist Klaus Knorr, *British Colonial Theories* (Toronto: University of Toronto Press, 1944).

13 Ian Watt, *The Rise of the Novel* (Berkeley: University of California Press, 1957); Lennard Davis, *Factual Fictions: The Origins of the English Novel* (New York: Columbia University Press, 1983); John Richetti, *Popular Fiction Before Richardson* (London: Oxford University Press, 1969); Michael McKeon, *The Origin of the English Novel, 1600–1740* (Baltimore: Johns Hopkins University Press, 1987).

14 J.R. Seeley, *The Expansion of England* (1884; Neudr. Chicago: University of Chicago Press, 1971), S. 12; J.A. Hobson, *Imperialism: A Study* (1902; Neudr. Ann Arbor: University of Michigan Press, 1972), S. 15. Obwohl Hobson andere europäische Mächte in die Perversion des Imperialismus einbezieht, ragt England doch deutlich heraus.

15 Raymond Williams, *The Country and the City* (New York: Oxford University Press, 1973), S. 165–182 und *passim*.

16 D.C.M. Platt, *Finance, Trade and Politics in British Foreign Policy, 1815–1914* (Oxford: Clarendon Press, 1968), S. 536.

17 *Ibid.*, S. 357.

18 Joseph Schumpeter, *Zur Soziologie der Imperialismen* (Tübingen: Mohr, 1919), S. 16.

19 Platt, *Finance ...*, *o.c.*, S. 359.

20 Ronald Robinson und John Gallagher, zusammen mit Alice Denny, *Africa and the Victorians: The Official Mind of Imperialism* (1961; Neuausg. London: McMillan, 1981), S. 10. Zu einem Eindruck von dem lebhaften Effekt, den diese These in der Forschung gemacht hat, siehe William Roger Louis (Hrsg.), *Imperialism: The Robinson and Gallagher Controversy* (New York: Franklin Watts, 1976). Eine wichtige Kompilation des gesamten Untersuchungsbereiches ist Robin Winks (Hrsg.), *The Historiography of the British Empire: Commonwealth: Trends, Interpretations, and Resources* (Durham: Duke University Press, 1966). Zwei bei Winks (S. 6) erwähnte Kompilationen sind *Historians of India, Pakistan and Ceylon*, hrsg. von Cyril H. Philips, and *Historians of South East Asia*, hrsg. von D.G.E. Hall.

21 Fredric Jameson, *The Political Unconscious: Narrative as a Socially Symbolic Act* (Ithaca: Cornell University Press, 1981); David A. Miller, *The Novel and the Police* (Berkeley: University of California Press, 1988). Siehe auch Hugh Ridley, *Images of Imperial Rule* (London: Croom Helm, 1983).

22 In John MacKenzie, *Propaganda and Empire: The Manipulation of British Public Opinion, 1880–1960* (Manchester: Manchester University Press, 1984) findet sich eine ausgezeichnete Darstellung darüber, wie effektiv die Volkskultur im offiziellen Zeitalter des Imperiums war. Siehe auch MacKenzie (Hrsg.), *Imperialism and Popular Culture* (Manchester: Manchester University Press, 1986); zu subtileren Manipulationen der nationalen englischen Identität während derselben Periode siehe Robert Colls und Philip Dodd (Hrsg.), *Englishness: Politics and Culture, 1880–1920* (London: Croom Helm, 1987). Siehe auch Raphael Samuel (Hrsg.), Patriotism: *The Making and Unmaking of British National Identity*, 3 Bde. (London: Routledge, 1989).

23 E.M. Forster, *A Passage to India* (1924; Neudr. New York: Harcourt, Brace & World, 1952), S. 231; dt.

24 Zum Angriff auf Conrad siehe Chinua Achebe, »An Image of Africa: Racism in Conrad's *Heart of Darkness*«, in *Hopes and Impediments: Selected Essays* (New York: Doubleday, Anchor, 1989), S. 1–20. Manche der von Achebe angeschnittenen Probleme werden ausgezeichnet diskutiert von Brantlinger, *Rules of Darkness, o.c.*, S. 269–274.

25 Deirdre David, *Fictions of Resolution in Three Victorian Novels* (New York: Columbia University Press, 1981).

26 Georg Lukács, *Der historische Roman* (Berlin: Aufbau Verlag, 1955), S. 22–96.

27 *Ibid.*, S. 33–66.

28 Einige Zeilen von Ruskin werden zitiert und kommentiert in R. Koebner und H. Schmidt, *Imperialism: The Story and Significance of a Political World, 1840–1866* (Cambridge: Cambridge University Press, 1964), S. 99.

29 V.G. Kiernan, *Marxism and Imperialism* (New York: St Martin's Press, 1974), S. 100.

30 John Stuart Mill, *Disquisitions and Discussions*, Bd. 3 (London: Longmans, Green, Reader & Dyer, 1875), S. 167–168. Zu einer früheren Version dieses Komplexes siehe die Diskussion bei Nicholas Canny, »The Ideology of English Colonization: From Ireland to America«, in *William and Mary Quarterly* 30 (1973), S. 575–598.

31 Williams, *The Country and the City, o.c.*, S. 281.

32 Peter Hulme, *Colonial Encounters: Europe and the Native Caribbean, 1492–1797* (London: Methuen, 1986). Siehe auch seine Anthologie mit Neil L. Whitehead, *Wild Majesty: Encounters with Caribs from Columbus to the Present Day* (Oxford: Clarendon Press, 1992).

33 Hobson, *Imperialism, o.c.*, S. 6.

34 Das wird überaus denkwürdig erörtert in C.L.R. James' *The Black Jacobins: Toussaint L'Ouverture and the San Domingo Revolution* (1938; Neudr. New York: Vintage, 1963), vor allem Kapitel 2, »The Owners«. Siehe auch Robin

Blackburn, »*The Overthrow of Colonial Slavery, 1776–1848* (London: Verso, 1988), S. 149–153.

35 Williams, *The Country and the City*, o.c., S. 117.

36 Jane Austen, *Mansfield Park*, hrsg. von Tony Tanner (1814; Neudr. Harmondsworth: Penguin, 1966), S. 42. Der beste Kommentar zu diesem Roman ist Tony Tanners *Jane Austen* (Cambridge, Mass.: Harvard University Press, 1986). – *Mansfield Park* wird hier dt. zitiert nach Übers. v. Angelika Beck (Frankfurt/M.: Insel, 1993); hier S. 10.

37 *Ibid.*, S. 54; dt. S. 27.

38 *Ibid.*, S. 206; dt. S. 231.

39 Warren Roberts, *Jane Austen and the French Revolution* (London: Macmillan, 1979), S. 97–98. Siehe auch Avrom Fleishman, *A Reading of* Mansfield Park: *An Essay in Critical Synthesis* (Minneapolis: University of Minneapolis Press, 1967), S. 36–39 und *passim*.

40 Austen, *Mansfield Park*, o.c., S. 375–376; dt. S. 464–65.

41 John Stuart Mill, *Principles of Political Economy*, Bd. 3 hrs. von J.M. Robson (Toronto: University of Toronto Press, 1965), S. 693; dt. o.c., S. 296f. Der Abschnitt wird zitiert bei Sidney W. Mintz, *Sweetness and Power: The Place of Sugar in Modern History* (New York: Viking, 1985), S. 42.

42 Austen, *Mansfield Park*, o.c., S. 446; dt. S. 562.

43 *Ibid.*, S. 448; dt. S. 566–567.

44 *Ibid.*, S. 450; dt. S. 569.

45 *Ibid.*, S. 456; dt. S. 578.

46 John Gallagher, *The Decline, Revival and Fall of the British Empire* (Cambridge: Cambridge University Press, 1982), S. 76.

47 Austen, *Mansfield Park*, o.c., S. 308; dt. S. 372.

48 Lowell Joseph Ragatz, *The Fall of the Planter Class in the British Caribbean, 1783–1833: A Study in Social and Economic History* (1928; Neudr. New York: Octagon, 1963), S. 27.

49 Eric Williams, *Capitalism and Slavery* (New York: Russell & Russell, 1961), S. 211. Siehe auch sein Buch *From Columbus to Castro: The History of the Caribbean, 1492–1969* (London: Deutsch, 1970), S. 177–254.

50 Austen, *Mansfield Park*, o.c., S. 213; dt. S. 240.

51 Tzvetan Todorov, *Nous et les autres: La réflexion sur la diversité humaine* (Paris: Seuil, 1989).

52 Raoul Girardet, *L'Idee coloniale en France, 1781–1962* (Paris: La Table ronde, 1972), S. 7, 10–13.

53 Basil Davidson, *The African Past: Chronicles from Antiquity to Modern Times* (London: Longmans, 1964), S. 36–37. Siehe auch Philip D. Curtin, *Image of Africa: British Ideas and Action, 1780–1850*, 2 Bde. (Madison: University of Wisconsin Press, 1964); Brian Street, *The Savage in Literature: Representations of Primitive Society in English Fiction, 1858–1920* (London: Routledge & Kegan Paul, 1975); Bernard Smith, *European Vision and the South Pacific* (New Haven: Yale University Press, 1985).

54 Stephen Jay Gould, *The Mismeasure of Man* (New York: Norton, 1981); Nancy Stephan, *The Idea of Race in Science: Great Britain, 1800–1960* (London: Macmillan, 1982).

55 Siehe die gründliche Darstellung dieser Strömungen in der frühen Anthropologie bei George W. Stocking, *Victorian Anthropology* (New York: Free Press, 1987).

56 Auszüge bei Philip D. Curtin, *Imperialism* (New York: Walker, 1971), S. 158–159.

57 John Ruskin, »Inaugural Lecture« (1870), in *The Works of John Ruskin*, Bd. 20, hrsg. von E. T. Cook und Alexander Weddenburn (London: George Allen, 1905), S. 41, Anm. 2.

58 *Ibid.*, S. 41–43; eigene dt. Übersetzung.

59 V. G. Kiernan, »Tennyson, King Arthur and Imperialism«, in ders., *Poets, Politics and the Poeple*, hrsg. von Harvey J. Kaye (London: Verso, 1989), S. 134.

60 Zur Diskussion einer Hauptepisode in der Geschichte der hierarchischen Beziehungen zwischen Westen und Nicht-Westen siehe E. W. Said, *Orientalism* (New York: Pantheon, 1978), S. 48–92 und *passim*.

61 Hobson, *Imperialism*, o. c., S. 199–200.

62 Zitiert bei Hubert Deschamps, *Les Méthodes et les doctrines coloniales de la France du XVIe siècle à nos jours* (Paris: Armand Colin, 1953), S. 126–127.

63 Siehe Anna Davin, »Imperialism and Motherhood«, in Samuel (Hrsg.), *Patriotism*, Bd. I, S. 20–35.

64 Michael Rosenthal, *The Character Factory: Baden Powell's Boy Scouts and the Imperatives of Empire* (New York: Pantheon, 1986), bes. S. 131–160. Siehe auch H. John Field, *Toward a Programme of Imperial Life: The British Empire at the Turn of the Century* (Westport: Greenwood, 1982).

65 Johannes Fabian, *Time and the Other: How Anthropology Makes Its Object* (New York: Columbia University Press, 1983), S. 25–69.

66 Siehe Marianna Torgovnick, *Gone Primitive: Savage Intellects, Modern Lives* (Chicago: University of Chicago Press, 1990), und zum Studium der Klassifikation, Sammlung, Ausstellung James Clifford, *The Predicament of Culture: Twentieth Century Ethnography, Literature, and Art* (Cambridge, Mass.: Harvard University Press, 1988). Ebenso Street, *Savage in Literature*, und Roy Harvey Pearce, *Savagism and Civilization: A Study of the Indian and the American Mind* (1953; Neudr. Berkeley: University of California Press, 1988).

67 K. M. Panikar, *Asia and Western Dominance* (1959; Neudr. New York: Macmillan, 1969), und Michael Adas, *Machines as the Measure of Men: Science, Technology, and Ideologies of Western Dominance* (Ithaca: Cornell University Press, 1989). Von Interesse ist auch Daniel R. Headrick, *The Tools of Empire: Technology and European Imperialism in the Nineteenth Century* (New York: Oxford University Press, 1981).

68 Henri Brunschwig, *French Colonialism, 1871–1914: Myths and Realities* (New York: Praeger, 1964), S. 9–10.

69 Siehe Brantlinger, *Rule of Darkness*; Suvendrini Perera, *Reaches of Empire: The English Novel from Edgeworth to Dickens* (New York: Columbia University

Press, 1991); Christopher Miller, *Blank Darkness: Africanist Discourse in French* (Chicago: University of Chicago Press, 1985).

70 Zitiert bei Gauri Viswanathan, *The Masks of Conquest: Literary Study and British Rule in India* (New York: Columbia University Press, 1989), S. 132.

71 Alfred Crosby, *Ecological Imperialism: The Biological Expansion of Europe, 900–1900* (Cambridge: Cambridge University Press, 1986).

72 Guy de Maupassant, *Bel ami* (1885); Georges Duroy ist Kavallerist, hat in Algerien gedient und macht eine Karriere als Pariser Journalist, der (mit etwas Beistand) über das Leben in Algerien schreibt. Später wird er in Finanzskandale verwickelt, die die Eroberung von Tanger betreffen.

73 Johannes Fabian, *Language and Colonial Power: The Appropriation of Swahili in the Former Belgian Congo, 1880–1938* (Cambridge: University of Cambridge Press, 1986); Ranajot Guha, *A Rule of Property for Bengal: An Essay on the Idea of Permanent Settlement* (Paris und Den Haag: Mouton, 1963); Bernard S. Cohn, »Representing Authority in Victorian India«, in Eric Hobsbawm und Terence Ranger (Hrsg.), *The Invention of Tradition* (Cambridge: Cambridge University Press, 1983), S. 185–207, und sein *An Anthropologist Among the Historians and Other Essays* (Delhi: Oxford University Press, 1990). Zwei verwandte Werke sind G. Fox, *Lions of the Punjab: Culture in the Making* (Berkeley: University of California Press, 1985), und Douglas E. Haynes, *Rhetoric and Ritual in Colonial India: The Shaping of Public Culture in Surat City, 1852–1928* (Berkeley: University of California Press, 1991).

74 Fabian, *Language and Colonial Power*, o. c., S. 79.

75 Ronald Iden, *Imagining India* (London: Blackwell, 1990).

76 Timothy Mitchell, *Colonising Egypt* (Cambridge: Cambridge University Press, 1988).

77 Leila Kinney and Zeynep Çelik, »Ethnography and Exhibitionism at the Expositions Universelles«, *Assemblages 13* (Dezember 1990), S. 35–39.

78 T. J. Clark, *The Painting of Modern Life: Paris in the Art of Manet and his Followers* (New York: Knopf, 1984), S. 133–146; Malek Alloula, *The Colonial Harem* (Minneapolis: University of Minnesota Press, 1986); und siehe auch Sarah Graham-Brown, *Images of Women: The Portrayal of Women in Photography of the Middle East, 1860–1950* (New York: Columbia University Press, 1988).

79 Siehe beispielsweise Zeynep Çelik, *Displaying in the Orient: Architecture of Islam and Nineteenth Century World's Fair* (Berkeley: University of California Press, 1992); und Robert W. Rydell, *All the World's a Fair: Visions of Empire at American International Exhibitions, 1876–1916* (Chicago: University of Chicago Press, 1984).

80 Herbert Lindenberger, *Opera: The Extravagant Art* (Ithaca: Cornell University Press, 1984), S. 270–280.

81 Antoine Goléa, *Gespräche mit Wieland Wagner* (Salzburg: SN Verlag, 1967), S. 58.

82 *Opera* 13, Nr. 1 (Januar 1962), S. 33. Siehe auch Geoffrey Skelton, *Wieland Wagner: The Positive Sceptic* (New York: St Martin's Press, 1971), S. 159 ff.

83 Joseph Kerman, *Opera as Drama* (New York: Knopf, 1956), S. 160.

84 Paul Robinson, *Opera and Ideas: From Mozart to Strauss* (New York: Harper & Row, 1985), S. 163.

85 *Ibid.*, S. 164.

86 *Verdi's »Aida«: The History of an Opera in Letters and Documents* (Minneapolis: University of Minnesota Press, 1978), S. 3. – Im folgenden siehe für Teilübersetzungen *Giuseppe Verdi: Briefe*, hrsg. und übersetzt von Hans Busch (Frankfurt/M.: S. Fischer, 1979).

87 *Ibid.*, S. 4, 5.

88 *Ibid.*, S. 126.

89 *Ibid.*, S. 150.

90 *Ibid.*, S. 17.

91 *Ibid.*, S. 50. Siehe auch Philipp Gossett, »Verdi, Ghislanzoni, and *Aida*: The Uses of Convention«, *Critical Inquiry* 1, Nr. 1 (1974), S. 291–334.

92 *Verdis ›Aida‹*, *o.c.*, S. 153.

93 *Ibid.*, S. 212.

94 *Ibid.*, S. 183.

95 Stephen Bann, *The Clothing of Clio* (Cambridge: Cambridge University Press, 1984), S. 93–111.

96 Raymond Schwab, *The Oriental Renaissance* (New York: Columbia University Press, 1984), S. 86. Siehe auch E. W. Said, *Orientalism* (New York: Pantheon, 1978), S. 80–88.

97 Martin Bernal, *Black Athena: The Afroasiatic Roots of Classical Civilization*, Bd. I (New Brunswick: Rutgers University Press, 1987), S. 161–188.

98 Schwab, *Oriental Renaissance*, *o.c.*, S. 25.

99 Jean Humbert, »A propos de l'égyptomanie dans l'œuvre de Verdi: Attribution à Auguste Mariette d'un scénario de l'opéra *Aida*«, *Revue de Musicologie* 62, Nr. 2 (1976), S. 229–255.

100 Kinney und Çelik, »Ethnography and Exhibitionism«, *o.c.*, S. 36.

101 Brian Fagan, *The Rape of the Nile* (New York: Scribner's, 1975), S. 278.

102 *Ibid.*, S. 276.

103 Kinney und Çelik, »Ethnography and Exhibitionism«, *o.c.*, S. 38.

104 *Verdi's ›Aida‹*, *o.c.*, S. 444.

105 *Ibid.*, S. 186.

106 *Ibid.*, S. 261–262.

107 *Opera*, 1986.

108 Skelton, *Wieland Wagner*, S. 160. Siehe auch Goléa, *Gespräche mit Wieland Wagner*, S. 62–63.

109 *Verdi's ›Aida‹*, *o.c.*, S. 138.

110 Muhammad Sabry, *Episode de la question d'Afrique: L'Empire égyptien sous Ismail et l'ingérence anglo-française (1863–1879)* (Paris: Geuthner, 1933), S. 391 ff.

111 Wie bei Roger Owen, *The Middle East and the World Economy, 1800–1914* (London: Methuen, 1981).

112 *Ibid.*, S. 122.

113 David Landes, *Bankers and Pashas* (Cambridge, Mass.: Harvard University Press, 1958).

114 *Sabry, o.c.*, S. 313.

115 *Ibid.*, S. 322.

116 Georges Douin, *Histoire du règne du Khedive Ismail*, Bd. 2 (Rom: Royal Egyptian Geographic Society, 1934).

117 Landes, *Bankers and Pashas, o.c.*, S. 209.

118 Owen, *Middle East, o.c.*, S. 149–150.

119 *Ibid.*, S. 128.

120 Janet L. Abu-Lughod, *Cairo: 1001 Years of the City Victorious* (Princeton: Princeton University Press, 1971), S. 98.

121 *Ibid.*, S. 107.

122 Jacques Berque, *Egypt: Imperialism and Revolution* (New York: Praeger, 1972), S. 96–98.

123 Bernard Semmel, *Jamaican Blood and Victorian Conscience: The Governor Eyre Controversy* (Boston: Riverside Press, 1963), S. 179. Ein vergleichbarer Vorfall wird untersucht bei Irfan Habib, »Studying a Colonial Economy – Without Perceiving Colonialism«, *Modern Asian Studies* 19, Nr. 3 (1985), S. 355–381.

124 Thomas Hodgkin, *Nationalism in Colonial Africa* (London: Muller, 1956), S. 29–59.

125 Siehe Adas, *Machines as the Measures of Men, o.c.*, S. 199–270.

126 Stichproben dieser Denkweise bei J.B. Kelly, *Arabia, the Gulf and the West* (London: Weidenfeld & Nicolson, 1980).

127 Rosenthal, *Character Factory, o.c.*, S. 52 und *passim*.

128 J.A. Mangan, *The Games Ethic and Imperialism: Aspects of the Diffusion of an Ideal* (Harmondsworth: Viking, 1986).

129 J.M.S. Tomkins, »Kipling's Later Tales: The Theme of Healing«, *Modern Language Review* 45 (1950), S. 18–32.

130 Victor Turner, *Dramas, Fields, and Metaphors: Symbolic Action in Human Society* (Ithaca: Cornell University Press, 1974), S. 258–259. Zu einer subtilen Auseinandersetzung mit Farbe und Kaste siehe S.P. Mohanty, »Kipling's Children and the Colour Line«. *Race and Class* 31, Nr. 1 (1989), S. 21–40; ebenso sein »Us and Them: On the Philosophical Bases of Political Criticism«, *Yale Journal of Criticism* 2, Nr. 2 (1989), S. 1–31.

131 Rudyard Kipling, *Kim* (1901; Neudr. Garden City: Doubleday, Doran, 1941), S. 516. – Im folgenden wird zitiert die dt. Übers. von Hans Reisiger (München: dtv, ⁷1993), hier S. 320.

132 *Ibid.*, S. 512–517; dt. S. 321.

133 *Ibid.*, S. 517; dt. S. 321.

134 *Ibid.*, S. 523; dt. S. 327.

135 George Eliot, *Middlemarch*, hrs. von Bert G. Hornback (New York: Nortom, 1977), S. 544.

136 Mark Kinkead-Weekes, »Vision in Kipling's Novels«, in *Kipling's Mind and Art*, hrsg. von Andrew Rutherford (London: Oliver & Boyd, 1964).

137 Edmund Wilson, »The Kipling That Nobody Read«, *The Wound and the Bow* (New York: Oxford University Press, 1947), S. 100–101, 103.

138 Kipling, *Kim*, o. c., S. 242; dt. S. 61.

139 *Ibid.*, S. 268; dt. S. 63.

140 *Ibid.*, S. 275; dt. S. 88.

141 Francis Hutchins, *The Illusion of Permanence: British Imperialism in India* (Princeton: Princeton University Press, 1967), S. 157. Siehe auch George Bearce, *British Attitudes Towards India, 1784–1858* (Oxford: Oxford University Press, 1971), und zur Enträtselung des Systems siehe B. R. Tomlinson, *The Political Economy of the Raj, 1914–1947: The Economics of Decolonization in India* (London: Macmillan, 1979).

142 Angus Wilson, *The Strange Ride of Rudyard Kipling* (London: Penguin, 1977), S. 43.

143 George Orwell, »Rudyard Kipling«, in *A Collection of Essays* (New York: Doubleday, Anchor, 1954), S. 133–135.

144 Michael Edwardes, *The Sahibs and the Lotus: The British in India* (London: Constable, 1988), S. 59.

145 Siehe Edward W. Said, »Representing the Colonized: Anthropology's Interlocutors«, *Critical Inquiry* 15. Nr. 2(Winter 1989), S. 205–225. Siehe auch Lewis D. Murgaft, *The Imperial Imagination: Magic and Myth in Kipling's India* (Middletown: Wesleyan University Press, 1983), S. 54–78, und natürlich das Werk von Bernard S. Cohn, *Anthropologist Among the Historians, o. c.*

146 Siehe Eric Stokes, *The English Utilitarians and India* (Oxford: Clarendon Press, 1959), und Bearce, *British Attitudes Towards India, o. c.*, S. 153–174. Zu Bentincks Reform des Erziehungswesens siehe Viswanathan, *Masks of Conquest, o. c.*, S. 44–47.

147 Noel Annan, »Kipling's Place in the History of Ideas«, *Victorian Studies* 3, Nr. 4 (Juni 1960), S. 323.

148 Siehe Anm. 11 und 12.

149 Geoffrey Moorhouse, *India Britannica* (London: Paladin, 1984), S. 103.

150 *Ibid.*, S. 102.

151 Georg Lukács, *Die Theorie des Romans. Ein geschichtsphilosophischer Versuch über die Formen der großen Epik* (1916; Neudr. Neuwied: Luchterhand, 1963), S. 35.

152 Kipling, *Kim*, o. c., S. 246; dt. S. 64.

153 *Ibid.*, S. 248; dt. S. 67.

154 Georg Lukács, *Theorie des Romans, o. c.*, S. 123–127.

155 Kipling, *Kim*, o. c., S. 466; dt. S. 273.

156 Frantz Fanon, *Die Verdammten dieser Erde, o. c.*, S. 65. Zur Validierung dieser Behauptung und zur Rolle des legitimisierenden und »objektiven« Diskurses im Imperialismus siehe Fabiola Jara und Edmundo Magana, »Rules of Imperialist Method«, *Dialectical Anthropology* 7, Nr. 2 (September 1982), S. 115–136.

157 Robert Stafford, *Scientist of Empire: Sir Roderick Murchison, Scientific Exploration and Victorian Imperialism* (Cambridge: Cambridge University Press, 1989). Für ein früheres Beispiel in Indien vgl. Marika Viziany, »Imperialism, Botany and Statistics in Early Nineteenth-Century India: The Surveys of Francis Buchanan (1762–1829)«, *Modern Asian Studies* 20, Nr. 4 (1986), S. 625–660.

158 Stafford, *Scientist of Empire*, o.c., S. 208.

159 J. Stenghers, »King Leopold's Imperialism«, in Roger Owen und Bob Sutcliffe (Hrsg.), *Studies in the Theory of Imperialism* (London: Longmans, 1972), S. 260. Siehe auch Neil Ascherson, *The King Incorporated: Leopold II in the Age of Trusts* (London: Allen & Unwin, 1963).

160 Achebe, *Hopes and Impediments*, o.c., siehe Anm. 24.

161 Linda Nochlin, »The Imaginary Orient«, *Art in America* (Mai 1983), S. 118–131, 187–191. Überdies, als Ergänzung zu Nochlins Essay, siehe die bemerkenswert interessante Bostoner Dissertation von Todd B. Porterfield, *Art in the Service of French Imperialism in the Near East, 1798–1848: Four Case Studies* (Ann Arbor: University Microfilms, 1991).

162 A.P. Thornton, *The Imperial Idea and Its Enemies: A Study in British Power* (1959; ern. London: Macmillan 1985); Bernard Porter, *Critics of Empire: British Radical Attitudes to Colonialism in Africa, 1895–1914* (London: Macmillan, 1968); Hobson, *Imperialism*, o.c. Zu Frankreich vgl. Charles Robert Ageron, *L'Anticolonialisme en France de 1871 à 1914* (Paris: Presses Universitaires de France, 1973).

163 Siehe Bodelsen, *Studies in Mid-Victorian Imperialism*, o.c., S. 147–214.

164 Stephen Charles Neill, *Colonialism and Christian Missions* (London: Lutterworth, 1966): Neills Buch ist eine sehr interessante Arbeit, deren Feststellungen durch eine Reihe von Spezialarbeiten ergänzt und genauer ausgeführt werden müssen, beispielsweise Murray A. Rubinstein, über China: »The Missionary as Observer and Image-maker: Samuel Wells Williams and the Chinese«, *American Studies* (Taipei) 10, Nr. 3 (September 1980), S. 31–34; und »The Northeastern Connection: American Board Missionaries and the Formation of American Opinion Toward China: 1830–1860«, *Bulletin of the Modern History* (Academica Sinica, Taiwan), Juli 1980.

165 Siehe Bearce, *British Attitudes Towards India*, o.c., S. 65–77; und Stokes, *English Utilitarians and India*, o.c.

166 Zitiert bei Syed Hussein Alatas, *The Myth of the Lazy Native: A Study of the Image of the Malays, Filipinos and Javanese from the Sixteenth to the Twentieth Century and Its Function in the Ideology of Colonial Capitalism* (London: Frank Cass, 1977), S. 59.

167 *Ibid.*, S. 62.

168 *Ibid.*, S. 223.

169 Romila Thapar, »Ideology and the Interpretation of Early Indian History«, *Review* 5, Nr. 3 (Winter 82), S. 390.

170 Karl Marx und Friedrich Engels, *On Colonialism: Articles from the New York Tribune and Other Writings* (New York: International, 1972), S. 156.

171 Katherine George, »The Civilized West Looks at Africa: 1400–1800. A Study in Ethnocentrism«, *Isis* 49, Nr. 115 (März 1958), S. 66, 69–70.

172 Zur Definition der »Primitiven« anhand dieser Technik siehe Torgovnik, *Gone Primitive*, *o.c.*, S. 3–41. Siehe auch Ronald L. Mees, *Social Science and the Ignoble Savage* (Cambridge: Cambridge University Press, 1976), zu einer ausgearbeiteten Fassung der Theorie der vierstufigen Theorie des Wilden und ihrer Grundlage in der europäischen Philosophie und Kulturtheorie.

173 Brunschwig, *French Colonialism*, *o.c.*, S. 14.

174 Robert Delavigne und Charles André Julien, *Les Constructeurs de la France d'outre-mer* (Paris: Corea, 1946), S. 16. Eine auf interessante Weise differierende Arbeit, obwohl sie sich mit ähnlichen Figuren auseinandersetzt, ist *African Proconsuls: European Governors in Africa*, hrsg. von L.H. Gann und Peter Duignan (New York: Free Press, 1978). Siehe auch Mort Rosenblum, *Mission to Civilize: The French Way* (New York: Harcourt Brace Jovanovitch, 1986).

175 Agnes Murphy, *The Ideology of French Imperialism, 1817–1881* (Washington: Catholic University of American Press, 1968), S. 46 und *passim*.

176 Raoul Girardet, *L'Idée coloniale en France, 1871–1962* (Paris: La Table Ronde, 1972), S. 44–45. Siehe auch Stuart Michael Persell, *The French Colonial Lobby* (Stanford: Hoover Institution Press, 1983).

177 Zitiert bei Murphy, *Ideology of French Imperialism*, *o.c.*, S. 25.

178 Raymond F. Betts, *Assimilation and Association in French Colonial Theory, 1840–1914* (New York: Columbia University Press, 1961), S. 88.

179 Ich diskutiere dieses Material im Hinblick auf die Theorien der nationalen Identität, die für uns im Imperialismus des späten 19. Jahrhunderts mobilisiert wurden, in »Nationalism, Human Rights, and Interpretation«, in *Freedom and Interpretation*, hrsg. von Barbara Johnson (New York: Basic Books, 1992).

180 Betts, *Association and Assimilation*, *o.c.*, S. 108.

181 *Ibid.*, S. 174.

182 Girardet, *L'Idée coloniale en France*, *o.c.*, S. 48.

183 Zu einer kurzen Episode des imperialen Wettbewerbs mit England siehe den faszinierenden Einblick von Albert Hourani, »T.E. Lawrence and Louis Massignon«, in seinem Buch *Islam in European Thought* (Cambridge: Cambridge University Press, 1991), S. 116–128. Siehe auch Christopher M. Andrew und A.S. Kanya-Forstner, *The Climax of French Imperial Expansion, 1914–1924* (Stanford: Stanford University Press, 1981).

184 David Prochaska, *Making Algeria French: Colonialism in Bône, 1870–1920* (Cambridge: Cambridge University Press, 1990), S. 85. Zu einer faszinierenden Untersuchung der Art und Weise, wie französische Sozialwissenschaftler und Stadtplaner Algerien als Region des Experiments und der Umgestaltung benutzten, siehe Gwendolyn Wright, *The Politics of Design in French Colonial Urbanism* (Chicago: University of Chicago Press, 1991), S. 66–84. Spätere Kapitel des Buches diskutieren die Auswirkungen dieser Pläne auf Marokko, Indochina und Madagaskar. Die richtungweisende Arbeit ist jedoch die von Janet Abu-Loghod, *Rabat: Urban Apartheid in Morocco* (Princeton: Princeton University Press, 1980).

185 *Ibid.*, S. 124.
186 *Ibid.*, S. 141–142.
187 *Ibid.*, S. 255.
188 *Ibid.*, S. 254.
189 *Ibid.*, S. 255.
190 *Ibid.*, S. 70.
191 Roland Barthes, *Le Degré zéro de l'écriture* (1953; ern. Paris: Gonthier, 1964), S. 10; dt. *Am Nullpunkt der Literatur*, übers. von H. Scheffel (Hamburg: Claassen, 1959), S. 15.
192 Raymond Williams, *George Orwell* (New York: Viking, 1971), bes. S. 77–78.
193 Christopher Hitchens, *Prepared for the Worst* (New York: Hill & Wang, 1989), S. 78–90.
194 Michael Walzer macht Camus zum exemplarischen Intellektuellen, und zwar gerade deshalb, weil er geängstigt und verwirrt war und dem Terrorismus Widerstand leistete und seine Mutter liebte: siehe Walzer, »Albert Camus's Algerian War«, dt. in M. W., *Zweifel und Einmischung. Gesellschaftskritik im 20. Jahrhundert*, übers. v. Anita Ehlers (Frankfurt/M.: S. Fischer, 1991), S. 189–209.
195 Conor Cruise O'Brien, *Albert Camus* (New York: Viking, 1970), S. 103.
196 Joseph Conrad, *Last Essays*, hrsg. von Richard Curle (London: Dent, 1926), S. 10–17.
197 Der spätere O'Brien mit Ansichten, die den hier vertretenen bemerkenswert ähneln und sich vom Kern seines Camus-Buches deutlich unterscheiden, hat aus seiner Antipathie für die minderwertigen Völker der »Dritten Welt« kein Hehl gemacht. Siehe seine ausführlich dargestellte Nicht-Übereinstimmung mit Said in *Salmagundi* 70–71 (Frühjahr-Sommer 1986), S. 65–81.
198 Herbert R. Lottman, *Albert Camus: A Biography* (New York: Doubleday, 1979). Camus' tatsächliches Verhalten in Algerien während des Kolonialkrieges ist am besten nachgezeichnet von Yves Carrière in *La Guerre d'Algérie II: Le Temps des léopards* (Paris: Fayard, 1969).
199 »Misère de la Kabylie« (1939), in Camus, *Essais* (Paris: Gallimard, 1965), S. 905–938.
200 O'Brien, *Camus, o.c.*, S. 22–28.
201 Camus, *L'Exil et le royaume* (Paris: Gallimard, 1957, ern. 1968), S. 33 ff. (eigene dt. Interlinearversion). Zu einer scharfsinnigen Deutung von Camus im nordafrikanischen Kontext siehe Barbara Harlow, »The Maghrib and The Stranger«, *Alif* 3 (Frühjahr 1983), S. 39–55.
202 Camus, *Essais, o.c.*, S. 2039; dt. *Fragen der Zeit*, übers. von G. Meister (Reinbek: Rowohlt, 1977), S. 169.
203 Zitiert bei Manuela Semidei, »De l'empire à la décolonisation à travers les manuels scolaires«, *Revue française de science politique* 16, Nr. 1 (Februar), S. 85.
204 Camus, *Essais, o.c.*, S. 1012–13.
205 Semidei, »De l'empire à la décolonisation«, *o.c.*, S. 75.
206 Jean-Paul Sartre, »Albert Camus«, in *Situations*, IV (Paris: Gallimard, 1964), S. 127.

207 Emir Abd el Kader, *Ecrits spirituels* (Paris: Seuil, 1982).

208 Mostafa Lacheraf, *L'Algérie: Nation et société* (Paris: Maspero, 1965). Eine wunderbare literarische und persönliche Rekonstruktion dieser Periode findet sich in Assia Djebars Roman *L'Amour, la fantasia* (Paris: Jean-Claude Lattès, 1985).

209 Zitiert bei Abdullah Laroui, *The History of the Maghreb: An Interpretative Essay* (Princeton: Princeton University Press, 1977), S. 301.

210 *Lacheraf, L'Algérie, o.c.,* S. 92.

211 *Ibid.,* S. 93.

212 Théodore Bugeaud, *Par l'epée et par la charrue* (Paris: P.U.F., 1948). Bugeauds spätere Laufbahn war gleichermaßen bemerkenswert: er kommandierte die Truppen, die am 23. Februar 1848 auf die aufständische Menge feuerten, was ihm von Flaubert in *L'Éducation sentimentale* heimgezahlt wurde, wo das Porträt des ungeliebten Marschalls während des Sturms auf das Palais Royal am 24. Februar 1848 zerfetzt wurde.

213 Martine Astier Loutfi, *Littérature et colonialisme: L'Expansion coloniale vue dans la littérature romanesque française, 1871–1914* (Paris: Mouton, 1971).

214 Melvin Richter, »Tocqueville on Algeria«, *Review of Politics* 25 (1963), S. 377.

215 *Ibid.,* S. 380. Zu einer ausführlicheren und neueren Darstellung dieses Materials siehe Marwan R. Buheiry, *The Formation and Perception of the Modern Arab World*, hrsg. von Lawrence I. Conrad (Princeton: Darwin Press, 1989), besonders Teil I, »European Perceptions of the Orient«, der vier Essays zu Frankreich und Algerien im 19. Jahrhundert enthält, deren einer sich auf Tocqueville und den Islam bezieht.

216 Laroui, *History of the Magreb, o.c.,* S. 305.

217 Siehe Alloula, *Colonial Harem, o.c.*

218 Fanny Colonna und Claude Haim Brahimi, »Du bon usage de la Science coloniale«, in *Le Mal de voir* (Paris: Union générale d'éditions, 1976).

219 Albert Sarraut, *Grandeur et servitude coloniales* (Paris: Éditions du Sagittaire, 1931), S. 113.

220 Georges Hardy, *La Politique coloniale et le partage du terre aux XIXᵉ et XXᵉ siècles* (Paris: Albin Michel, 1937), S. 441.

221 Camus, *Théâtre, Récits, Nouvelles* (Paris: Gallimard, 1962), S. 1210 (eigene dt. Interlinearversion).

222 *Ibid.,* S. 1211 (eigene dt. Interlinearversion).

223 Seeley, *Expansion of England, o.c.,* S. 16.

224 Albert O. Hirschman, *The Passions and the Interests: Political Arguments for Capitalism Before Its Triumph* (Princeton: Princeton University Press, 1977), S. 132–133.

225 Seeley, *Expansion of England, o.c.,* S. 193.

226 Siehe Alec G. Hargreaves, *The Colonial Experience in French Fiction* (London: Macmillan, 1983), S. 31, wo diese merkwürdige Auslassung notiert und auf interessante Weise als Ergebnis von Lotis besonderer Psychologie und Anglophobie erklärt wird. Die formalen Konsequenzen für Lotis Literatur werden jedoch nicht bemerkt. Zu einer ausführlicheren Darstellung siehe die unveröffentlichte

Princetoner Dissertation von Panivong Norindr, *Colonialism and Figures of the Exotic in the Work of Pierre Loti* (Ann Arbor: University Microfilms, 1990).

227 Benita Perry, *Delusions and Discoveries: Studies on India in the British Imagination, 1880–1930* (London: Allen Lane, 1972).

Drittes Kapitel WIDERSTAND UND OPPOSITION

1 André Gide, *L'Immoraliste* (Paris: Mercure de France, 1902). S. 113–114.

2 André Gide, *o.c.*; dt. *Der Immoralist*, übers. von G. Schlientz (München: dtv, 1976), S. 109. Zur Verbindung zwischen Gide und Camus siehe Mary Louise Pratt, »Mapping Ideology: Gide, Camus, and Algeria«, *College Literature* 8 (1981), S. 158–174.

3 So benutzt bei Christopher Miller, *Blank Darkness: Africanist Discourse in French* (Chicago: University of Chicago Press, 1985); eine profunde Kritik der »afrikanistischen« Philosophie findet sich bei Paulin J. Hountondji, *Sur la ›philosophie africaine‹* (Paris: Maspero, 1987). Hountondji räumt in seiner Kritik besondere Priorität dem Werk von Placide Tempels ein.

4 V. Y. Mudimbe, *The Invention of Africa: Gnosis, Philosophy, and the Order of Knowledge* (Bloomington: Indiana University Press, 1988).

5 Raymond Schwab, *The Oriental Renaissance* (New York: Columbia University Press, 1984).

6 Frantz Fanon, *Die Verdammten dieser Erde, o.c.*, S. 265.

7 Basil Davidson, *Africa in Modern History: The Search for a New Society* (London: Allen Lane, 1978), S. 178–80.

8 Jean-Paul Sartre, »Le Colonialisme est un système«, in *Situations V: Colonialisme et néo-colonialisme* (Paris: Gallimard, 1964).

9 Jean-Paul Sartre, »Vorwort« zu Fanons *Verdammten dieser Erde, o.c.*, S. 7.

10 Davidson, *Africa in Modern History, o.c.*, S. 200.

11 Fanon, *Die Verdammten dieser Erde, o.c.*, S. 79.

12 *Ibid.*, S. 85.

13 Sartre, »Vorwort«, *ibid.*, S. 23.

14 Henri Grimal, *Decolonization: The British, French, Dutch and Belgian Empires, 1919–1963* (1965; Neudr. London: Routledge & Kegan Paul, 1978), S. 9. Es gibt eine kompakte Literatur zur Dekolonisierung; einige erwähnenswerte Titel darunter sind R. F. Holland, *European Decolonization, 1918–1981: An Introductory Survey* (London: Macmillan, 1985); Miles Kahler, *Decolonization in Britain and France: The Domestic Consequences of International Relations* (Princeton: Princeton University Press, 1984); Franz Ansprenger, *The Dissolution of the Colonial Empires* (1981; Neudr. London: Routledge & Kegan Paul, 1989); A. N. Porter und A. J. Stockwell, Bd. I, *British Imperial Policy and Decolonization, 1938–51*, und Bd. II, *1951–64* (London: Macmillan, 1987, 1989); John Strachey, *The End of Empire* (London: Gollancz, 1959).

15 Terence Ranger, »Connections Between Primary Resistance Movements and Modern Mass Nationalisms in East and Central Africa«, Teil 1 und 2, *Journal of African History* 9, Nr. 3 (1968), S. 439. Siehe auch Michael Crowder (Hrsg.), *West African Resistance: The Military Response to Colonial Occupation* (London: Hutchinson, 1971), und die späteren Kapitel (S. 268 ff.) von S. C. Malik (Hrsg.), *Dissent, Protest and Reform in Indian Civilization* (Simla: Indian Institute of Advanced Study, 1977).

16 Michael Adas, *Prophets of Rebellion: Millennarian Protest Movements Against the European Colonial Order* (Chapel Hill: University of North Carolina, 1979). Zu einem anderen Beispiel siehe Stephen Ellis, *The Rising of the Red Shawls: A Revolt in Madagascar, 1895–1899* (Cambridge: Cambridge University Press, 1985).

17 Ranger, »Connections«, *o. c.*, S. 631.

18 Zitiert bei Afaf Lutfi al-Sayyid, *Egypt and Cromer* (New York: Praeger, 1969), S. 68.

19 E. M. Forster, *A Passage to India* (1924; Neudr. New York: Harcourt, Brace & World, 1952), S. 322; dt. *Auf der Suche nach Indien*, übers. von Wolfgang von Einsiedel (Frankfurt/M.: S. Fischer, 1960 u. ö.), S. 389.

20 Siehe die Schlußseiten, 314–320, von Benita Parry, *Delusions and Discoveries: Studies on India in the British Imagination, 1880–1930* (London: Allen Lane, 1972). Dagegen liest Sara Suleri in *The Rhetoric of English India* (Chicago: University of Chicago Press, 1992) die Beziehung zwischen Aziz und Fielding in psycho-sexuellen Begriffen.

21 Forster, *Auf der Suche nach Indien*, S. 102.

22 *Ibid.*, S. 164.

23 *Ibid.*, S. 198.

24 Zitiert bei Francis Hutchins, *The Illusion of Permanence: British Imperialism in India* (Princeton: Princeton University Press, 1967), S. 41.

25 Forster, *Auf der Suche nach Indien*, S. 91.

26 Hutchins, *Illusion of Permanence, o. c.*, S. 187.

27 In Syed Hussein Alatas, *The Myth of the Lazy Native: A Study of the Image of the Malays, Filipinos and Javanese from the Sixteenth to the Twentieth Century and Its Function in the Ideology of Colonial Capitalism* (London: Frank Cass, 1977). Siehe auch James Scott, *Weapons of the Weak: Everyday Forms of Peasant Resistance* (New Haven: Yale University Press, 1985).

28 Sidney und Beatrice Webb, *Indian Diary* (Delhi: Oxford University Press, 1988), S. 98. Zur merkwürdig isolierenden Atmosphäre des Koloniallebens siehe Margaret MacMillan, *Women of the Raj* (London: Thames & Hudson, 1988).

29 Parry, *Delusions and Discoveries, o. c.*, S. 274.

30 Forster, *Auf der Suche nach Indien, o. c.*, S. 127–128.

31 Zitiert bei Anil Seal, *The Emergence of Indian Nationalism: Competition and collaboration in the later nineteenth Century* (Cambridge: Cambridge University Press, 1971), S. 140.

32 *Ibid.*, S. 141.

33 *Ibid.*, S. 147. Auslassungen im Original.

34 *Ibid.*, S. 191.

35 Edward Thompson, *The Other Side of the Medal* (1926; Neudr. Westport: Greenwood Press, 1974), S. 26.

36 *Ibid.*, S. 126. Siehe auch Parrys sensiblen Bericht über Thompson in *Delusions and Discoveries, o. c.*, S. 164–202.

37 Fanon, *Die Verdammten dieser Erde, o. c.*, S. 83.

38 Frantz Fanon, *Black Skin, White Masks* (1952; Neudr. New York: Grove Press, 1967), S. 222. Als Ergänzung zu Fanons frühem psychologisierendem Stil siehe Ashis Nandy, *The Intimate Enemy: Loss and Recovery of Self Under Colonialism* (Delhi: Oxford University Press, 1983).

39 Raoul Girardet, *L'Idée coloniale en France, 1871–1962* (Paris: La Table Ronde, 1972), S. 136.

40 *Ibid.*, S. 148.

41 *Ibid.*, S. 159–172. Zu Griaul siehe die ausgezeichneten Seiten über seine Laufbahn und seinen Beitrag in James Clifford, *The Predicament of Culture: Twentieth Century Ethnography, Literature, and Art* (Cambridge, Mass.: Harvard University Press, 1988), S. 55–91; siehe auch Cliffords Bericht über Leiris, S. 165–174. In beiden Fällen verbindet Clifford seine Autoren jedoch nicht mit der Dekolonisierung, ein globaler Kontext, der bei Girardet hervorragend präsent ist.

42 André Malraux, *La Voie royale* (Paris: Grasset, 1930), S. 268.

43 Paul Mus, *Viet-Nam: Sociologie d'une guerre* (Paris: Seuil, 1952), S. 134–35. Frances FitzGeralds preisgekröntes Buch über den amerikanischen Krieg gegen Vietnam, *Fire in the Lake* (1972), ist Mus gewidmet.

44 Davidson, *Africa in Modern History, o. c.*, S. 155.

45 *Ibid.*, S. 156.

46 Fanon, *Black Skin, White Masks, o. c.*, S. 220.

47 Philip D. Curtin, *Image of Africa: British Ideas and Action, 1780–1850*, 2 Bde. (Madison: University of Wisconsin Press, 1964).

48 Daniel Defert, »The Collection of the World: Accounts of Voyages from the Sixteenth to the Eighteenth Centuries«, *Dialectical Anthropology* 7 (1982), S. 11–20.

49 Pratt, »Mapping Ideology«. Siehe auch ihr bemerkenswertes *Imperial Eyes: Travel Writing and Transculturation* (New York und London: Routledge, 1992).

50 James Joyce, *Ulysses* (1922; Neudr. New York: Vintage, 1966), S. 212; dt. *Ulysses*, übers. von Hans Wollschläger (Frankfurt/M.: Suhrkamp, 1975), S. 296.

51 James Ngugi, *The River Between* (London: Heinemann, 1965), S. 1.

52 Tayeb Salih, *Seasons of Migration to the North* (London: Heinemann, 1970), S. 49–50.

53 Peter Hulme, *Colonial Encounters: Europe and the Native Caribbean, 1492–1797* (London: Methuen, 1986).

54 George Lamming, *The Pleasures of Exile* (London: Allison & Busby, 1984), S. 107.

55 *Ibid.*, S. 119.

56 Roberto Fernández Retamar, *Caliban and Other Essays* (Minneapolis: University of Minnesota Press, 1989), S. 14. Siehe als Korollar dazu Thomas Cartelli, »Prospero in Africa: *The Tempest* as Colonialist Text and Pretext«, in *Shakespeare Reproduced: The Text in History and Ideology,* hrsg. von Jean E. Howard und Marion F. O'Conor (London: Methuen, 1987), S. 99–115.

57 Ngugi wa Thiongo, *Decolonising the Mind: The Politics of Language in African Literature* (London: James Curry, 1986).

58 Barbara Harlow, *Resistance Literature* (New York: Methuen, 1987), S. XVI. In dieser Hinsicht ist ein Pionierwerk Chinweizu, *The West and the Rest of Us: White Predators, Black Slaves and the African Elite* (New York: Random House, 1975).

59 Aimé Césaire, *The Collected Poetry,* hrsg. und übers. von Clayton Eshleman und Annette Smith (Berkeley: University of California Press, 1983), S. 46; dt. *Zurück ins Land der Geburt,* übers. v. J. Jahn (Frankfurt/M.: Insel, 1962), S. 33 (eigene Interlinearversion).

60 Rabindranath Tagore, *Nationalism* (New York: Macmillan, 1917), S. 19 und *passim.*

61 W. E. B. Du Bois, *The Souls of Black Folk* (1903; Neudr. New York: New American Library, 1969); S. 44–45.

62 Tagore, *Nationalism, o. c.,* S. 62.

63 Benedict Anderson, *Imagined Communities: Reflections on the Origin and Spread of Nationalism* (London: New Left, 1983), S. 47.

64 *Ibid.,* S. 52.

65 *Ibid.,* S. 74.

66 Bill Ashcroft, Gareth Griffith und Helen Tiflin, *The Empire Writes Back: Theory and Practice in Post-Colonial Literatures* (London und New York: Routledge, 1989).

67 Eric Hobsbawm, *Nations and Nationalism Since 1780: Programme, Myth, Reality* (Cambridge: Cambridge University Press, 1990); Ernest Gellner, *Nations and Nationalism* (Ithaca: Cornell University Press, 1983).

68 Partha Chatterjee, *Nationalist Thought and the Colonial World: A Derivative Discourse?* (London: Zed, 1986), S. 79. Siehe auch Rajat K. Ray, »Three Interpretations of Indian Nationalism«, in *Essays in Modern India,* hrsg. von B. Q. Nanda (Delhi: Oxford University Press, 1980), S. 1–41.

69 Chatterjee, *Nationalist Thought, o. c.,* S. 100.

70 *Ibid.,* S. 161.

71 Davidson, *Africa in Modern History, o. c.,* besonders S. 204. Siehe auch *General History* of Africa, hrsg. von A. Adu Boaher, Bd. 7, *Africa Under Colonial Domination, 1880–1935* (Berkeley, Paris und London: University of California Press, UNESCO, James Currey, 1990), und *The Colonial Moment in Africa: Essays on the Movements of Minds and Materials,* hrsg. von Andrew Roberts (Cambridge: Cambridge University Press, 1990).

72 Kumari Jayawardena, *Feminism and Nationalism in the Third World* (London: Zed, 1986), bes. S. 43–56, 73–108, 137–154 und *passim.* Zur emanzipatorischen Perspektive auf Feminismus und Imperialismus siehe auch Laura Nader,

»Orientalism, Occidentalism and the Control of Women«, *Cultural Dynamics* I, Nr. 3 (1989), S. 323–355; Maria Mies, *Patriarchy and Accumulation on a World Scale: Women in the International Division of Labour* (London: Zed, 1986), siehe auch Helen Callaway, *Gender, Culture and Empire: European Women in Colonial Nigeria* (Urbana: University of Illinois Press, 1987) und Nupur Chandur und Margaret Strobel, *Western Women and Imperialism: Complicity and Resistance* (Bloomington: Indiana University Press, 1992).

73 Angus Calder, *Revolutionary Empire: The Rise of the English-Speaking Empires from the Eighteenth Century to the 1780's* (London: Cape, 1981), S. 14. Eine philosophische und ideologische Begleitfigur (in einem, leider, schrecklichen Jargon) bietet Samir Amin, *Eurocentrism* (New York: Monthly Review, 1989). Dagegen findet sich eine liberationistische Darstellung – ebenfalls im Weltmaßstab – bei Jan Nederveen Pietersee, *Empire and Emancipation* (London: Pluto Press, 1991).

74 Calder, *Revolutionary Empire, o. c.*, S. 36.

75 *Ibid.*, S. 650.

76 Eqbal Ahmad, »The Neo-Fascist State: Notes on the Pathology of Power in the Third World«, *Arab Studies Quarterly* 3, Nr. 2 (Frühjahr 1981), S. 170–180.

77 James Joyce, *A Portrait of the Artist as Young Man* (1916; Neudr. New York: Viking, 1964), S. 189; dt. *Porträt des Künstlers als junger Mann*, übers. von Klaus Reichert (Frankfurt/M.: Suhrkamp, 1972; hier BS 350) S. 213.

78 Thomas Hodgkin, *Nationalism in Colonial Africa* (London: Muller, 1956), S. 93–114.

79 Alfred Crosby, *Ecological Imperialism: The Biological Expansion of Europe, 900–1900* (Cambridge: Cambridge University Press, 1986), S. 196–216.

80 Neil Smith, *Uneven Development: Nature, Capital, and the Production of Space* (Oxford: Blackwell, 1984), S. 102.

81 *Ibid.*, S. 146. Weitere Differenzierungen des Raumes mit Folgen für Kunst und Freizeit kommen in der Landschaft und im Projekt von Nationalparks zum Ausdruck. Siehe W. J. T. Mitchell, »Imperial Landscape«, in *Landscape a Power*, hrsg. von W. J. T. Mitchell (Chicago: University of Chicago Press, 1993), und Jane Carruthers, »Creating a National Park, 1910 to 1926«, *Journal of South African Studies* 15, Nr. 2 (Januar 1989), S. 188–216. Vgl. in einer anderen Sphäre mit Mark Bassin, »Inventing Siberia: Visions of the Russian East in the Early Nineteenth Century«, *American Historical Review* 96, Nr. 3 (Juni 1991), S. 76–94.

82 Mahmoud Darwish, »A Lover from Palestine«, in *Splinters of Bone* (Greenfield Center, N. Y.: Greenfield Review Press, 1974), S. 23.

83 Mary Hamer, »Putting Ireland on the Map«, *Textual Practice* 3, Nr. 2 (Sommer 1989), S. 184–210.

84 *Ibid.*, S. 195.

85 Seamus Deane, *Celtic Revivals: Essays in Modern Irish Literature* (London: Faber & Faber, 1985), S. 38.

86 *Ibid.*, S. 49.

87 *Ibid.*

88 Wole Soyinka, *Myth, Literature and the African World* (Cambridge: Cambridge University Press, 1976), S. 127. Siehe auch Mudimbe, *Invention of Africa*, o. c., S. 83–97.

89 *Ibid.*, S. 129, 136.

90 Fanon, *Die Verdammten dieser Erde*, o. c., S. 173.

91 Césaire, *Collected Poetry*, o. c., S. 72 (eigene dt. Interlinearversion).

92 *Ibid.*, S. 76 und 77.

93 R. O. Blackmur, *Eleven Essays in the European Novel* (New York: Harcourt, Brace & World, 1964), S. 3.

94 Mahmoud Darwish, *The Mask of the Human Flesh* (London: Heinemann, 1980), S. 18.

95 Pablo Neruda, *Memoirs* (London: Penguin, 1977), S. 130. Diese Passage mag jeden überraschen, der einst von Conor Cruise O'Briens Essay »Passion and Cunning: An Essay on the Politics of W. B. Yeats« in seinem *Passion and Cunning* (London: Weidenfeld & Nicolson, 1988) beeinflußt gewesen sein mag. Seine Behauptungen und Informationen sind unangemessen, besonders im Vergleich mit Elisabeth Cullingford, *Yeats, Ireland and Fascism* (London: Macmillan, 1981); auch Cullingford bezieht sich auf die Neruda-Passage.

96 W. B. Yeats, *Collected Poems* (New York: Macmillan, 1959), S. 146; dt. Werke I: *Ausgewählte Gedichte* (Neuwied/Berlin: Luchterhand, 1970), übers. v. W. Vordtriede u. a. Hier eigene Interlinearversion.

97 Neruda, *Obras completas*, Bd. II (Buenos Aires: Editorial Losada, ³1976), S. 488 ff; dt.: eigene Interlinearversion.

98 Yeats, *Collected Poetry*, o. c., S. 193; dt. *Ausgewählte Gedichte*, o. c., S. 342.

99 Fanon, *Die Verdammten dieser Erde*, o. c., S. 49.

100 Gary Sick, *All Fall Down: America' tragic Encounter with Iran* (New York: Random House, 1985).

101 Chinua Achebe, *Things Fall Apart* (1959; Neudr. New York: Fawcett, 1969).

102 Lawrence J. McCaffrey, »Components of Irish Nationalism«, in *Perspectives on Irish Nationalism*, hrsg. von Thomas E. Hachey und Lawrence J. McCaffrey (Lexington: University of Kentucky Press, 1989), S. 16.

103 Yeats, *Collected Poetry*, o. c., S. 212; dt. *Ausgewählte Gedichte*, o. c., S. 181 (übers. v. Erich Kahler).

104 *Ibid.*, S. 342; eigene Interlinearversion.

105 Zitiert bei Hachey und McCaffrey, *Perspectives on Irish Nationalism*, o. c., S. 117.

106 *Ibid.*, S. 106.

107 Siehe David Lloyd, *Nationalism and Minor Literature: James Clarence Mangan and the Emergence of Irish Cultural Nationalism* (Berkeley: University of California Press, 1987).

108 Zu einer Sammlung mancher ihrer Schriften siehe *Ireland's Field Day* (London: Hutchinson, 1985). Diese Sammlung umfaßt Paulin, Heaney, Deane, Kearney und Kiberd. Siehe auch W. J. McCormack, *The Battle of the Books* (Gigginstown, Irland: Lilliput Press, 1986).

109 R. P. Blackmur, *A Primer of Ignorance*, hrsg. von Joseph Frank (New York: Harcourt, Brace & World, 1967), S. 21–37.

110 Joseph Leerssen, *Mere Irish and Fior-Ghael: Studies in the Idea of Irish Nationality, Its Development, and Literary Expression Prior to the Nineteenth Century* (Amsterdam und Philadelphia: Benjamins, 1986).

111 Fanon, *Die Verdammten dieser Erde*, o. c., S. 178.

112 *Ibid.*, S. 179.

113 Yeats, *Collected Poetry*, o. c., S. 343; dt. *Ausgewählte Gedichte*, o. c., S. 283, übers. v. W. Vordtriede.

114 R. P. Blackmur, *Language as Gesture: Essays in Poetry* (London: Allen & Unwin, 1954), S. 118.

115 *Ibid.*, S. 119.

116 Gordon K. Lewis, *Slavery, Imperialism, and Freedom* (New York: Monthly Review, 1978); und Robin Blackburn, *The Overthrow of Colonial Slavery, 1776–1848* (London: Verso, 1988).

117 Thomas Hodgkin, »Some African und Third World Theories of Imperialism«, in *Studies in the Theory of Imperialism*, hrsg. von Roger Owen und Bob Sutcliffe (London: Longman, 1977), S. 95.

118 Marcel Merle (Hrsg.), *L'Anticolonialisme européen de Las Casas à Karl Marx* (Paris: Colin, 1969). Ebenso Charles-Robert Argeron, *L'Anticolonialisme en France de 1871 à 1914* (Paris: Presses Universitaires de France, 1973).

119 Harry Bracken, »Essence, Accident and Race«, *Hermathena* 116 (Winter 1973), S. 81–96.

120 Gérard Leclerc, *Anthropologie et colonialisme: Essai sur l'histoire de l'africanisme* (Paris: Seuil, 1972).

121 J. A. Hobson, *Imperialism: A Study* (1902; Neudr. Ann Arbor: University of Michigan Press, 1972), S. 223–284.

122 Ein weiteres Beispiel, kaustisch analysiert von C. L. R. James, ist der Fall des von Pitt manipulierten Wilberforce im Falle der Abolition: *The Black Jacobins: Toussaint L'Ouverture and the San Domingo Revolution* (1938; Neudr. New York: Vintage, 1963), S. 53–54.

123 Siehe Noam Chomsky, *American Power and the New Mandarins* (New York: Pantheon, 1969), S. 221–366.

124 Girardet, *L'Idée coloniale en France*, o. c., S. 213.

125 Siehe Hue-Tam Ho Tai, *Radicalism and the Origins of the Vietnamese Revolution* (Cambridge, Mass.: Harvard University Press, 1992), für eine ausgezeichnete Darstellung junger vietnamesischer Intellektueller im Paris der Zwischenkriegszeit.

126 Das ist genau beschrieben bei Janet G. Vaillant, *Black, French, and African: A Life of Léopold Sédar Senghor* (Cambridge, Mass.: Harvard University Press, 1990), S. 87–146.

127 Raymond Williams, *Culture* (London: Fontana, 1981), S. 83–85.

128 Ali Haroun, *La 7ᵉ Wilaya: La Guerre de FLN en France, 1954–1962* (Paris: Seuil, 1986).

129 Alatas, *Myth of the Lazy Native*, o. c., S. 56.

130 *Ibid.*, S. 96.

131 James, *Black Jacobins*, o. c., S. 198.

132 George Antonius, *The Arab Awakening: The Story of the Arab National Movement* (1938; Neudr. Beirut: Librairie du Liban, 1969), S. 305–306.

133 Albert Hourani, *The Emergence of the Modern Middle East* (Berkeley: University of California Press, 1981), S. 193–234. Siehe auch die Dissertation von Susan Silsby an der Georgetown University, *Zionism and British Imperialism 1929–1939* (Ann Arbor: University Microfilms, 1986), die einen eindrucksvollen Informationsteil zum Leben von Antonius enthält.

134 Paul Buhle, *C. L. R. James: The Artist as Revolutionary* (London: Verso, 1988), S. 56–57.

135 »An Audience with C. L. R. James«, *Third World Book Review* 1, Nr. 2 (1984), S. 7.

136 Antonius, *Arab Awakening*, o. c., S. 43.

137 Alatas, *Myth of the Lazy Native*, o. c., S. 152.

138 Ranajit Guha, *A Rule of Property for Bengal: An Essay on the Idea of Permanent Settlement* (Paris und Den Haag: Mouton, 1963), S. 8.

139 Ranajit Guha, »On Some Aspects of the Historiography of Colonial India«, in *Subaltern Studies* I (Delhi: Oxford University Press, 1982), S. 5, 7. Zur späteren Entwicklung von Guhas Denken siehe sein »Dominance Without Hegemony and Its Historiography«, in *Subaltern Studies* VI (Delhi: Oxford University Press, 1986), S. 210–309.

140 A. L. Tibawi, *A Modern History of History, Including Lebanon and Palestine* (London: Macmillan, 1969); Albert Hourani, *Arabic Thought in the Liberal Age, 1798–1939* (Cambridge: Cambridge University Press, 1983); Hishram Sharabi, *Arab Intellectuals and the West: The Formative Years, 1875–1914* (Baltimore: Johns Hopkins University Press, 1972); Mohammed Abed al-Jabry, *Naqd al-Aql al-'Arabi*, 2 Bde. (Beirut: Dar al Tali 'ah, 1984, 1986); Bassam Tibi, *Vom Gottesreich zum Nationalstaat. Islam und panarabischer Nationalismus* (Frankfurt/M.: Suhrkamp, 1987).

141 A. A. Duri, *The Historical Formation of the Arab Nation: A Study in Identity and Consciousness* (London: Croom Helm, 1987).

142 Walter Rodney, »The African Revolution«, in *C. L. R. James: His Life and Work*, hrsg. von Paul Buhle (London: Allison & Busby, 1986), S. 35.

143 Guha, *Rule of Property*, o. c., S. 38.

144 *Ibid.*, S. 62.

145 *Ibid.*, S. 145.

146 *Ibid.*, S. 92.

147 Eric Williams, *Capitalism and Slavery* (New York: Russell & Russell, 1961), S. 211.

148 Alatas, *Myth of the Lazy Native*, o. c., S. 200.

149 James, *Black Jacobins*, o. c., S. X.

150 *Ibid.*, S. 391.

151 Zitiert bei Silsby, *Antonius, o. c.*, S. 184.
152 Tarig Ali, *The Nehrus and the Gandhis: An Indian Dynasty* (London: Pan, 1985).
153 Theodor W. Adorno, *Minima Moralia. Reflexionen aus dem beschädigten Leben* (Frankfurt/M.: Suhrkamp, 1951 u. ö., hier BS 236), S. 129.
154 Conor Cruise O'Brien, »Why the Wailing Ought to Stop«, *The Observer*, 3. Juni 1984.
155 Fanon, *Die Verdammten dieser Erde, o. c.*, S. 65.
156 Siehe P. Mohanty, »Us and Them: On the philosophical Bases of Political Criticism«, *Yale Journal of Criticism* 2, Nr. 2 (1989), S. 1–31. Drei Beispiele für eine solche Methode in Aktion sind Timothy Brennan, *Salman Rushdie and the Third World: Myths of the Nation* (New York: St Martin's Press, 1989); Mary Laroun, *Travels of a Genre: The Modern Novel and Ideology* (Princeton: Princeton University Press, 1990); Rob Nixon, *London Calling: V. S. Naipaul, Postcolonial Mandarin* (New York: Oxford University Press, 1992).
157 Verkörpert in der folgenden Bemerkung des britischen Außenministers Lord Balfour, die sich im allgemeinen bewahrheitet hat, soweit die liberale Meinung des Westens betroffen war:
»Denn in Palästina schlagen wir nicht vor, die Form der Konsultation der Wünsche der gegenwärtigen Einwohner des Landes zu durchlaufen, obwohl die Amerikanische Kommission sich die Frage gestellt hat, wie sie lauten mögen. Die vier Großmächte sind dem Zionismus verpflichtet, und der Zionismus ist, ob richtig oder falsch, ob gut oder böse, in einer uralten Tradition, in gegenwärtigen Bedürfnissen und in künftigen Hoffnungen von weitaus tieferer Bedeutung verwurzelt als die Wünsche und Vorurteile der 700 000 Araber, die dieses alte Land jetzt bewohnen. Meiner Meinung nach ist das richtig.«
Zitiert bei Christopher Sykes, *Crossroads to Israel, 1917–1948* (1965; Neudr. Bloomington: Indiana University Press, 1973), S. 5.
158 Raphael Patai, *The Arab Mind* (New York: Scribner's, 1983); David Pryce-Jones, *The Closed Circle: An Interpretation of the Arabs* (New York: Harper & Row, 1989); Bernard K. Lewis, *The Political Language of Islam* (Chicago: University of Chicago Press, 1988); Patricia Crone und Michael Cook, *Hagarism: The Making of the Islamic World* (Cambridge: Cambridge University Press, 1977).
159 Ronald Robinson, »Non-European Foundations of European Imperialism: Sketch for a Theory of Collaboration«, in Owen und Sutcliffe, *Studies in the Theory of Imperialism, o. c.*, S. 118, 120.
160 Masao Miyoshi, *As We Saw Them: The First Japanese Embassy to the United States (1860)* (Berkeley: University of California Press, 1979); Ibrahim Abu-Lughod, *The Arab Rediscovery of Europe: A Study in Cultural Encounters* (Princeton: Princeton University Press, 1963).
161 Homi K. Bhabha, »Signs Taken for Wonders: Questions of Ambivalence and Authority Under a Tree Outside Delhi May 1817«, *Critical Inquiry* 12, Nr. 1 (1985), S. 144–165.

162 Afghanis Antwort auf Renan ist publiziert bei Nikki R. Keddie, *An Islamic Response to Imperialism: Political and Religious Writings of Sayyid Jamal ad-Din al-Afghani'* (1986; Neudr. Berkeley: University of California Press, 1983), S. 181–187.

163 Albert Hourani, »T. E. Lawrence and Louis Massignon«, in: *Islam in European Thought* (Cambridge: Cambridge University Press, 1991), S. 116–128; dt. *Der Islam im europäischen Denken* (Frankfurt/M.: S. Fischer), übers. von G. Ghirardelli, 1994.

164 Yeats, *Collected Poetry, o. c.,* S. 49; eigene dt. Interlinearversion.

165 Chatterjee, *Nationalist Thought, o. c.,* S. 147.

166 *Ibid.,* S. 169.

167 V. S. Naipaul, *Among the Believers: An Islamic Journey* (New York: Alfred A. Knopf, 1981) und *Guerillas* (New York: Alfred A. Knopf, 1975). Auch sein *India: A Wound ed Civilization* (New York: Vintage, 1977) und *An Area of Darkness* (New York: Vintage, 1981).

168 Claude Liauzu, *Aux Origines des tiers-mondismes: Colonisés et anti-colonialistes en France (1919–1939)* (Paris: L'Harmattan, 1982), S. 7.

169 V. S. Naipaul, *A Bend in the River* (New York: Alfred A. Knopf, 1979), S. 244.

170 Davidson, *Africa in Modern History, o. c.,* S. 374.

171 Fanon, *Die Verdammten dieser Erde, o. c.,* S. 74.

172 *Ibid.,* S. 42–43.

173 *Ibid.,* S. 39.

174 *Ibid.,* S. 173.

175 *Ibid.,* S. 86–87. Zum Thema des »Zur-Welt-Bringens des ganzen Menschen« in der von Fanon behandelten Form siehe die scharfsinnige Diskussion von Patrick Taylor, *The Narrative of Liberation: Perspectives on Afro-Caribbean Literature, Popular Culture and Politics* (Ithaca: Cornell University Press, 1989), S. 7–94. Zu Fanons Befürchtungen in bezug auf die nationale Kultur siehe Irene Gendzier, *Frantz Fanon, a Biography* (1973; Neudr. New York: Grove Press, 1985), S. 224–230.

176 Georg Lukács, *Geschichte und Klassenbewußtsein. Studien zur marxistischen Dialektik* (Berlin: Malik Verlag, 1923), S. 218.

177 Fanon, *Die Verdammten dieser Erde, o. c.,* S. 42–43.

178 *Ibid.,* S. 43.

179 *Ibid.,* S. 74.

180 *Ibid.,* S. 76.

181 *Ibid.,* S. 77.

182 Albert Memmi, *The Colonizer and the Colonized* (1957; Übers. New York: Orion Press, 1965).

183 Fanon, *Die Verdammten dieser Erde, o. c.,* S. 92.

184 *Ibid.,* S. 106.

185 *Ibid.,* S. 107.

186 *Ibid.,* S. 116–117.

187 *Ibid.,* S. 127.

188 *Ibid.*, S. 136.

189 *Ibid.*, S. 173.

190 *Ibid.*, S. 208.

191 Amílcar Cabral, *Unity and Struggle: Speeches and Writings* (New York: Monthly Review, 1979), S. 143.

192 Michel Chodkiewicz, »Introduction« zu Abd el Kader, *Écrits spirituels*, übers. von Chodkiewicz (Paris: Seuil, 1982), S. 20–22.

193 Jalal Ali Ahmad, *Occidentosis: A Plague from the West* (1978; Übers. Berkeley: Mizan Press, 1984).

194 Wole Soyinka, »Triple Tropes of Trickery«, *Transition*, Nr. 54 (1991), S. 178–183.

195 Anwar Abdel-Malek, »Le Projet de civilisation: Positions«, in *Les Conditions de l'indépendance nationale dans le monde moderne* (Paris: Éditions Cujas, 1977).

196 Abdullah Laroui, *The Crisis of the Arab Intellectuals* (Berkeley: University of California Press, 1976), S. 100.

197 Chinua Achebe, *Hopes and Impediments: Selected Essays* (New York: Doubleday, Anchor 1989), S. 76.

198 Der Ausdruck taucht zuerst auf bei Michel Foucault, *Überwachen und Strafen*, übers. von Walter Seitter (Frankfurt/M.: Suhrkamp, 1976), S. 38. Spätere Ideen im Zusammenhang mit dieser Vorstellung tauchen im ganzen Verlauf der *Histoire de la sexualité* auf, zumal in Bd. I: *La Volonté de savoir*, dt. *Der Wille zum Wissen*, übers. von Walter Seitter und Ulrich Raulff (Frankfurt/M.: Suhrkamp, 1977), und in verschiedenen Interviews. Sie hat Chantal Mouffe und Ernest Laclau beeinflußt, *Hegemony and Socialist Strategy: Towards a Radical Democratic Politics* (London: Verso, 1985). Siehe meine Kritik in »Foucault and the Imagination of Power«, in *Foucault: A Critical Reader*, hrsg. von David Hoy (London: Blackwell, 1986), S. 149–155.

199 Ich diskutiere diese Möglichkeit in »Michel Foucault, 1926–1984«, in *After Foucault: Humanistic Knowledge, Postmodern Challenges*, hrsg. von Jonathan Arac (New Brunswick: Rutgers University Press, 1988), S. 8–9.

200 Jürgen Habermas, *Autonomy and Solidarity: Interviews*, hrsg. von Peter Dews (London: Verso, 1986), S. 187.

201 James, *Black Jacobins, o.c.*, S. 401.

202 *Ibid.*, S. 401.

203 *Ibid.*, S. 402; dt. von Nory Wydenbruck, zit. nach T.S. Eliot, *Gesammelte Gedichte 1909–1962*, hrsg. von Eva Hesse (Frankfurt/M.: Suhrkamp, 1972), S. 317–319.

Viertes Kapitel: FREIHEIT VON HERRSCHAFT

1 Michael Barrett-Brown, *After Imperialism* (rev. Neuausgabe New York: Humanities, 1970), S. viii.

2 Arno J. Mayer, *The Resistance of the Old Regime: Europe to the Great War*

(New York: Pantheon, 1981). Mayers Buch, das sich mit der Reproduktion der alten Ordnung vom 19. bis zum Anfang des 20. Jahrhunderts auseinandersetzt, sollte ergänzt werden durch ein Werk, das den Übergang des alten Kolonialsystems und der Treuhänderschaft vom Britischen Imperium auf die Vereinigten Staaten während des Zweiten Weltkrieges in aller Ausführlichkeit beschreibt: William Roger Louis, *Imperialism at Bay: The United States and the Decolonization of the British Empire, 1941–1945* (London: Oxford University Press, 1977).

3 *North-South: A Programme for Survival* (Cambridge, Mass.: MIT Press, 1980). Zu einer ungeschminkteren und vielleicht richtigeren Version derselben Realität vgl. A. Sivanandan, »New Circuits of Imperialism«, *Race and Class* 30, Nr. 4 (April–Juni 1989), S. 1–19.

4 Cheryl Payer, *The Debt Trap: The IMF and the Third World* (New York: Monthly Review, 1974).

5 *North-South*, o.c., S. 275.

6 Zu einer nützlichen Geschichte der Klassifikation in drei Welten siehe Carl E. Pletsch, »The Three Worlds, or the Division of Social Scientific Labor, circa 1950–1975«, *Comparative Studies in Society and History* 23 (Oktober 1981), S. 565–590. Siehe auch Peter Worsleys heute klassische Studie *The Third World* (Chicago: University of Chicago Press, 1964).

7 Noam Chomsky, *Towards a New Cold War: Essays on the Current Crisis and How We Got There* (New York: Pantheon, 1982), S, 84–85.

8 Ronald Steel, *Walter Lippmann and the American Century* (Boston: Little, Brown, 1980), S. 496.

9 Siehe Anders Stephanson, *Kennan and the Art of Foreign Policy* (Cambridge, Mass.: Harvard University Press, 1989), S. 167, 173.

10 Richard J. Barnet, *The Roots of War* (New York: Atheneum, 1972), S. 21. Siehe auch Eqbal Ahmad, »Political Culture and Foreign Policy: Notes on American Interventions in the Third World«, in *For Better or Worse: The American Influence in the World*, hrsg. von Allen F. Davis (Westport: Greenwood Press, 1981), S. 119–131.

11 V.G. Kiernan, *America: The New Imperialism: From White Settlement to World Hegemony* (London: Zed, 1978), S. 127.

12 Albert K. Weinberg, *Manifest Destiny: A Study of Nationalist Expansionism in American History* (Gloucester, Mass.: Smith, 1958). Siehe auch Reginald Horsman, *Race and Manifest Destiny: The Origins of American Racial Anglo-Saxonism* (Cambridge, Mass.: Harvard University Press, 1981).

13 Richard Slotkin, *Regeneration through Violence: The Mythology of the American Frontier, 1600–1860* (Middletown: Wesleyan University Press, 1973), S. 557. Siehe auch die Folgeveröffentlichung *The Fatal Environment: The Myth of the Frontier in the Age of Industrialization, 1800–1890* (Middletown: Wesleyan University Press, 1985).

14 C.L.R. James, *Mariners, Renegades and Castaways: The Story of Herman Melville and the World We Live In* (1953; Neudr. London: Allison & Busby, 1985), S. 51 und *passim*. Ebenso Kiernan, *America*, o.c., S. 49–50.

15 Siehe J. Michael Dash, *Haiti and the United States: National Stereotypes and the Literary Imagination* (London: Macmillan, 1988), S. 9, 22–25 und *passim*.

16 Kiernan, *America, o.c.*, S. 206.

17 *Ibid.*, S. 114.

18 Irene Gendzier, *Managing Political Change: Social Scientists and the Third World* (Boulder und London: Westview Press, 1985), bes. S. 40–41, 127–147.

19 *Many Voices, One World* (Paris: UNESCO, 1980).

20 Anthony Smith, *The Geopolitics of Information: How Western Culture Dominates the World* (New York: Oxford University Press, 1980), S. 176.

21 Herbert I. Schiller, *The Mind Managers* (Boston: Beacon Press, 1973), und *Mass Communication and American Empire* (Boston: Beacon Press, 1969); Armand Mattelart, *Transnationals and the Third World: The Struggle for Culture* (South Hadley, Mass.: Begin & Garvey, 1983). Das sind nur drei Werke von mehreren dieser Autoren zum gleichen Thema.

22 Munifs fünf Romane in der Reihe erschienen zwischen 1984 und 1988 auf arabisch; zwei Bände sind in ausgezeichneten englischen Übersetzungen von Peter Theroux erschienen: *Cities of Salt* (New York: Vintage, 1989) und *The Trench* (New York: Pantheon, 1991).

23 James A. Field Jr., *America and the Mediterranean World, 1776–1882* (Princeton: Princeton University Press, 1969), bes. die Kapitel 3, 6, 8 und 11.

24 Richard W. Van Alstyne, *The Rising American Empire* (New York: Norton, 1974), S. 6.

25 Fouad Ajami, »The Summer of Arab Discontent«, *Foreign Affairs* 69, Nr. 5 (Winter 1990–91), S. 1.

26 Einer der führenden Historiker der islamischen Kunst, Oleg Grabar, sieht die Stadt Bagdad als eines der drei Gründungsmonumente der künstlerischen Erbschaft: *The Formation of Islamic Art* (1973; Yale University Press, 1987), S. 64–71.

27 Kiernan, *America, o.c.*, S. 262–63.

28 Arnold Krupat, *For Those Who Came After: A Study of Native American Autobiography* (Berkeley: University of California Press, 1985).

29 Basil Davidson, »On Revolutionary Nationalism: The Legacy of Cabral«, *Race and Class* 27, Nr. 3 (Winter 1986), S. 43.

30 *Ibid.*, S. 44. Davidson erweitert und entwickelt dieses Thema in seiner sehr gedankenreichen Studie *The Black Man's Burden: Africa and the Curse of the Nation-Slate* (New York: Times, 1992).

31 Timothy Brennan, »Cosmopolitans and Celebrities«, *Race and Class* 31, Nr. 1 (Juli–September 1989), S. 1–19.

32 In Herbert I. Schiller, *Culture, Inc.: The Corporate Takeover of Public Expression* (New York: Oxford University Press, 1989).

33 Immanuel Wallerstein, *Historical Capitalism* (London: Verso, 1983), S. 65 und *passim*. Siehe auch Giovanni Arrighi, Terence K. Hopkins und Immanuel Wallerstein, *Anti-Systemic Movements* (London und New York: Verso, 1989).

34 Eine sehr reizvolle Darstellung davon wird gegeben bei Jonathan Rée in »Internationalism«, *Radical Philosophy* 60 (Frühjahr 1992), S. 3–11.

35 Bernard S. Cohn, »Representing Authority in Victorian India«, in *The Invention of Tradition*, hrsg. von Eric Hobsbawm und Terence Ranger (Cambridge: Cambridge University Press, 1983), S. 192–207.

36 Adonis, *An Introduction to Arab Poetics* (London: Sagi, 1990), S. 76.

37 Seamus Deane, »Heroic Tyles: The Tradition of an Idea«, in *Ireland's Field Day* (London: Hutchinson, 1985), S. 58.

38 Ken Ringle, *The Washington Post*, 31. März 1991. Die karikaturistischen Angriffe auf die Ausstellung haben ein ausgezeichnetes Gegengift in dem kompakten und intellektuell reizvollen Katalog *The West as America: Reinterpreting Images of the Frontier, 1820–1970* gefunden, hrsg. von William H. Truettner (Washington und London: Smithsonian Institution Press, 1991). Eine Stichprobe von Zuschauerreaktionen auf die Ausstellung ist reproduziert in *American* Art 5, Nr. 2 (Sommer 1991), S. 3–11.

39 Dieser Begriff wird mit außerordentlicher Subtilität erforscht bei Homi K. Bhabha, »The Postcolonial Critic«, *Arena* 96 (1991), S. 61–63, und »DissemiNation: Time, Narrative, and the Margins of the Modern Nation«, *Nation and Narration*, hrsg. von Homi K. Bhabha (London und New York: Routledge, 1990), S. 291–322.

40 Paul Kennedy, *The Rise and Fall of the Great Powers: Economic Change and Military Conflict from 1500–2000* (New York: Random House, 1987); dt. *Aufstieg und Fall der großen Mächte* (Frankfurt/M.: S. Fischer, 1989), übers. v. C. Jurisch.

41 Joseph S. Nye Jr., *Bound to Lead: The Changing Nature of American Power* (1990; rev. Ausgabe New York: Basic Books, 1991), S. 260.

42 *Ibid.*, S. 261.

43 *The Humanities in American Life: Report of the Commission on the Humanities* (Berkeley: University of California Press, 1980).

44 In Edward W. Said, *The World, the Text, and the Critic* (Cambridge, Mass.: Harvard University Press, 1983), S. 226–247.

45 Robert A. McCaughey, *International Studies and Academic Enterprise: A Chapter in the Enclosure of American Learning* (New York: Columbia University Press, 1984).

46 Theodor W. Adorno, *Minima Moralia. Reflexionen aus dem beschädigten Leben* (Frankfurt/M.: Suhrkamp, 1951 u.ö.; hier BS 236), S. 63–64.

47 In Edward W. Said, *Covering Islam* (New York: Pantheon, 1981).

48 Fredric Jameson, »Postmodernism and Consumer Society«, in *The Anti-Aesthetic: Essays on Postmodern Culture*, hrsg. von Hal Foster (Port Townsend, Wash.: Bay Press, 1983), S. 123–125.

49 Eqbal Ahmad, »The Neo-Fascist State: Notes on the Pathology of Power in the Third World«, *Arab Studies Quarterly* 3, Nr. 2 (Frühjahr 1981), S. 170–180.

50 Eqbal Ahmad, »From Potato Sack to Potato Mash: The Contemporary Crisis of the Third World«, *Arab Studies Quarterly* 2, Nr. 3 (Sommer 1980), S. 230–232.

51 *Ibid.*, S. 231.

52 Paul Virilio, *L'Insécurité du territoire* (Paris: Stock, 1976), S. 88 ff.

53 Jean-François Lyotard, *La Condition postmoderne. Rapport sur le savoir* (Paris: Minuit, 1979), S. 37, 46; dt. *Das postmoderne Wissen* (Bremen: Impuls, 1982), S. 71–78.

54 Masao Miyoshi, *Off Center: Power and Culture Relations Between Japan and the United States* (Cambridge, Mass.: Harvard University Press, 1991), S. 623–624.

55 T.S. Eliot, »Little Gidding«, in *Collected Poems 1909–1962* (New York: Harcourt, Brace & World, 1963), S. 207–208; dt. von Nora Wydenbruck, in *Gesammelte Gedichte, 1909–1962*, hrsg. von Eva Hesse (Frankfurt/M.: Suhrkamp, 1972; Werke, Bd. 4), S. 333.

56 Gilles Deleuze und Félix Guattari, *Mille Plateaux* (Paris: Minuit, 1980), S. 511 (eigene dt. Übersetzung).

57 Virilio, *L'Insécurité du territoire, o.c.*, S. 84.

58 Adorno, *Minima Moralia, o.c.*, S. 52.

59 *Ibid.*, S. 82.

60 *Ibid.*, S. 82.

61 *Ibid.*, S. 101.

62 Ali Shariati, *On the Sociology of Islam: Lectures by Ali Shariati* (Berkeley: Mizan Press, 1979), S. 92–93.

63 Das wird in aller Ausführlichkeit beschrieben in meinen *Beginnings: Intention and Method* (1975; Neudr. New York: Columbia University Press, 1985).

64 John Berger und Jean Mohr, *Another Way of Telling* (New York: Pantheon, 1982), S. 108.

65 Immanuel Wallerstein, »Crisis as Transition«, in Samir Amin, Giovanni Arrighi, André Gunder Frank und Immanuel Wallerstein, *Dynamics of Global Crisis* (New York: Monthly Review, 1982), S. 30.

66 Hugo von St. Viktor, *Didascalicon*, übers. von Jerome Taylot (New York: Columbia University Press, 1961), S. 101 (eigene dt. Übersetzung).